KB117126

대변동

위기, 선택, 변화

UPHEAVAL
by Jared Diamond

This Korean edition was published by arrangement with Brockman, Inc.

대변동

위기, 선택, 변화

무엇을 선택하고 어떻게 변화할 것인가

UPHEAVAL

재레드 다이아몬드 | 강주헌 옮김

JARED DIAMOND

김영사

대변동: 위기, 선택, 변화

1판 1쇄 발행 2019. 6. 10.
1판 17쇄 발행 2021. 8. 27.

지은이 재레드 다이아몬드
옮긴이 강주헌

발행인 고세규
편집 이한경 | 디자인 이경희
발행처 김영사
등록 1979년 5월 17일(제406-2003-036호)
주소 경기도 파주시 문발로 197(문발동) 우편번호 10881
전화 마케팅부 031)955-3100, 편집부 031)955-3200 | 팩스 031)955-3111

값은 뒤표지에 있습니다. ISBN 978-89-349-9579-1 03300

홈페이지 www.gimmyoung.com　블로그 blog.naver.com/gybook
인스타그램 instagram.com/gimmyoung　이메일 bestbook@gimmyoung.com

좋은 독자가 좋은 책을 만듭니다.
김영사는 독자 여러분의 의견에 항상 귀 기울이고 있습니다.

이 도서의 국립중앙도서관 출판예정도서목록(CIP)은 서지정보유통지원시스템 홈페이지(http://seoji.nl.go.kr)와 국가자료공동목록시스템(http://www.nl.go.kr/kolisnet)에서 이용하실 수 있습니다.(CIP제어번호 : CIP2019017530)

한국 독자에게

신작을 한국 독자에게 소개할 수 있어 정말 기쁩니다.

한국과의 개인적 인연은 25년 전으로 거슬러 올라갑니다. 내가 《총, 균, 쇠》를 쓰려고 자료를 수집하고 연구하던 때였습니다. 문자의 발전을 다룬 부분을 준비하는 과정에서, 세계에 존재하는 거의 모든 언어의 문자가 먼저 존재한 언어의 문자를 채택해 변형한 것이란 사실을 알게 되었습니다. 그렇기 때문에 나중에 생긴 언어에서 소리와 문자가 일치하지 않는 경우가 허다한 것입니다.

예컨대 영어의 알파벳은 2,000년 전의 로마 문자를 채택한 것이고, 로마 문자는 2,700년 전의 에트루리아 문자를 채택한 것입니다. 또 에트루리아 문자는 2,800년 전의 그리스 문자, 그리스 문자는 3,200년 전의 페니키아 문자, 페니키아 문자는 3,800년 전의 원시原始 시나이 문자, 다시 원시 시나이 문자는 5,000년 전의 이집트 상형문자를 차례로 채택했습니다.

당연한 말이겠지만 영어에서 소리와 문자의 일관성은 끔찍할 정도입니다. 그래서 미국의 초등학교 교사는 철자법을 가르치는 데 많은 시간을 할애해야 합니다. 학생들의 시험을 채점할 때도 교사는 철자를 교정하는 데 시간을 들입니다. 미국 컴퓨터에 성인 사용자의 철자 오류를 교정하기 위한 기능, 즉 애플리케이션이 깔려 있는 것도 당연하게 여기는 일입니다.

《총, 균, 쇠》를 위해 자료를 조사하는 동안 나는 한국에 영어와 정반대편에 있는 고유한 문자가 있다는 걸 알게 되었습니다. 달리 말하면 영어는 세계에서 가장 일관성 없고 까다로운 문자 중 하나이지만, 여러분의 문자 한글은 가장 뛰어난 문자라는 뜻입니다. 게다가 한글만큼 학습하기 쉬운 문자도 없습니다. 이집트 상형문자로부터 시작해 힘든 단계를 거치며 생성된 문자가 아니라, 여러분의 세종대왕이 한국어의 소리에 맞추어 특별히 고안한 문자이기 때문입니다.

나를 비롯해 많은 언어학자가 한글의 경이로운 특징에 놀라움을 금치 못합니다. 한글 문자는 쉽게 알아볼 수 있는 형태를 띠고 자음과 모음도 금세 구분이 되며 자음 간의 구분도 그다지 어렵지 않습니다. 한글에서는 문자들이 결합되어 음절을 형성합니다. 따라서 한글은 알파벳문자(자음과 모음을 대신해 기호를 사용하는 문자 체계)의 장점과 음절문자(음절을 대신해 기호를 사용한 문자 체계)의 장점이 합쳐진 언어입니다. 그 결과, 한국인은 세계에서 어떤 국민보다 빠른 속도로 글을 읽는다고 들었습니다.

세종대왕은 언어학자가 아니라 '그저' 왕이었습니다. 하지만 놀랍게도 위대한 문자 체계를 고안해냈습니다. 세종대왕은 한글을 '문자 체계를 고안하기 위한 최초이자 유일한 시도'로 생각했으며, 한글을 창제한 후에는 왕으로 돌아와 선정을 베풀었습니다.

한글은 한국어에 완벽하게 맞아떨어지지만 다른 언어의 문자를 개량하기 위한 본보기로도 사용할 수 있습니다. 얼마 전, 아프리카 수단에서도 외딴 지역에서 일하는 한 교사에게 편지를 받았습니다. 그 지역에는 통용되는 부족어는 있지만 문자가 없었다고 합니다. 그래서 그 교사가 수단 학생들을 위해 한글을 기반으로 문자를 만들었다고 합니다. 그 부족어는 한국어와 아무런 관계도 없지만 한글의 원리가 다른 언어에 적용해도 유용하기 때문입니다. 하지만 안타깝게도 미국에서는 로마 문자-에트루리아 문자-그리스 문자-페니키아 문자-원시 시나이 문자-이집트 상형문자에 뿌리를 둔 문자 체계를 버리고 한글로 교체하려는 움직임이 전혀 없습니다.

《총, 균, 쇠》에서 한글을 찬양한 덕분인지 초빙을 받아 한국을 처음 방문했고, 그 후로도 나는 개인적 목적으로 한국을 계속 방문했습니다. 덕분에 한국의 고유한 문화 상품을 발견했지요. 한국인은 아름다운 컵과 접시, 상자 등 장식품을 잘 만들어냅니다. 나도 그런 장식품을 좋아하지만 내 아내 마리도 무척 좋아하더군요. 그래서 한국을 방문할 때마다 나는 마리를 위해 많은 장식품을 구입해 가져가서는 벽장 안의 서랍에 감추어두고, 그 후로 수년 동안 하나씩 꺼내 마리에게 선물로 줍니다. 마리는 모르겠지만 나는 2022년 생일 선물, 2023년 크리스마스 선물, 2024년 결혼 선물, 2025년 밸런타인데이 선물을 벌써 사서 잘 감추어두고 있습니다.

마리와 나, 또 언어학자 이외에 경제학자도 한국에 대한 관심이 대단합니다. 60년 전 미국의 경제학자와 외교정책 보좌관이 잘못 예측한 대표적 국가가 한국입니다. 당시 한국은 상대적으로 가난한 국가여서 평균 1인당 소득이 필리핀과 가나의 소득과 엇비슷했습니다. 그때 미국 경제학자들은 어떤 국가가 부자가 될 것인지를 예측하는 내기를 했다고 합니다. 대다수의 경제학자는 한국보다 필리핀과 가나가 부유하게 될 것이라고 예측했습니다. 그들의 추론이 터무니없지는 않았습니다. 한국과 달리 필리핀과 가나는 열대권에 위치해 따뜻하고, 바나나가 나무에 주렁주렁 매달려서 주민은 나무 밑에서 바나나가 익어 떨어지기를 기다리기만 하면 될 정도로 자연 자원이 풍부하다는 게 그들의 추론이었습니다.

그러나 경제학자들의 그런 예측은 완전히 잘못된 것으로 입증되었습니다. 오늘날 한국은 부유한 국가가 되었지만 필리핀과 가나는 아직도 가난에서 벗어나지 못하고 있습니다. 한국이 필리핀과 가나에는 없는 두 가지 결정적 이점을 올바르게 활용한 덕분이라 생각합니다. 첫째로 한국은 중앙정부와 법, 문자와 시장경제 같은 복잡하고 정교한 제도를 오래전부터 갖추고 있었습니다. 따라서 평화가 정착되고 투자가 이루어지자 그런 제도들에 힘입어 신속하게 부의 근원을 개발할 수 있었습니다. 반면 필리핀과 가나는 그 제도의 역사가 상대적으로 짧습니다. 둘째로 한국이 온대권에 위치한 것도 커다란 이점입니다. 따라서 토양이 더 비옥하고 심각한 풍토병이 거의 없습니다. 정교한 제도와 지리적 온대권 위치가 나무에서 떨어지는 바나나보다 국부의 확대에 훨씬 크게 기여합니다. 지금도 경제학자들은 한국과 북한을 경제적 성공에 제도가 얼마나 큰 영향을 미치는가를 보여주는 확실한 사례로 제시합니다. 두 국가는 지리적으로 인접하고 무척 유사하지만, 평균 소득 차이는 말로 표현할 수 없을 정도로 크니까요.

한국인은 나의 개인적 삶까지 풍요롭게 해주고 있습니다. 내가 거주하는 로스앤젤레스에는 커다란 한국인 공동체가 있습니다. 나는 피아노를 즐겨 연주하고 다른 악기를 연주하는 음악 애호가 친구들과 함께 실내악을 연주하길 좋아합니다. 가장 자주 함께 연주하는 협연자는 한국인 바이올린 연주자로, 오래전부터 한 달에 서너 번씩 피아노와 바이올린을 위한 소나타를 삼중주나 오중주로 연주합니다. 또 메이저리그 야구를 함께 관람하는 동반자도 한국인 친구로, 다저스 스타디움에서 경기하는 로스앤젤레스 다저스 야구팀을 응원합니다. (모두가 아시겠지만 안타깝게도 로스앤젤레스 다저스는 작년 월드 시리즈에 진출했지만 보스턴 레드삭스에 패했습니다.) 또 내가 캘리포니아대학교 로스앤젤레스 캠퍼스University of California, Los Angeles, UCLA에서 강의하는 지리학 수업에도 한국인 학생이 많습니다. 특히 내가 세계의 다양한 문자에 대해 강의하며 한글의 자음과 모음 및 음절을 칠판에 힘겹게 쓸 때마다 한국인 학생들은 예의 바르고 끈기 있게 기다렸다가 조심스레 앞으로 나와 내가 쓴 한글 문자를 수정해줍니다.

내 책들의 세계 판매량을 비교해보면 한국 독자가 특히 내 책을 좋아하는 것 같습니다. 한국보다 인구가 훨씬 많은 미국과 터키를 제외하면 한국에서 내 책의 판매량이 가장 많습니다. 이번 신간은 국가가 정치적 위기를 어떻게 극복하는가를 다루고 있어 한국 독자들이 특히 관심 있게 볼 것이라 믿습니다. 한국이 주된 위기를 지금까지 어떻게 반복해서 경험했고, 그 위기를 어떻게 극복해 번영할 수 있었는지 여러분에게 굳이 설명할 필요는 없을 것입니다.

여러분이 이번 책도 즐겁게 읽어주면 좋겠습니다. 어떤 경우이든 나는 한글, 한국인 친구들과 학생들을 앞으로도 계속 사랑할 것입니다. 물론 내 아내 마리도 내가 향후 6년 동안의 기념일을 위해 감추어 둔 한국 선물을 앞으로도 좋아할 것입니다.

재레드 다이아몬드

차례

나를 낳아주신 부모님

루이스와 플로라 다이아몬드의 영전에,

그리고

아내 마리 코헨과

두 아들 맥스와 조슈아 다이아몬드의 미래에

이 책을 바친다.

프롤로그

코코넛 그로브 화재 사건의 유산

두 이야기 – 위기란 무엇인가? – 개인의 위기와 국가의 위기 – 이 책에서 다룬 것과 다루지 않은 것 – 이 책의 구성

두 이야기

대부분의 경우, 우리는 삶을 살아가는 과정에서 한두 번쯤 개인적으로 격변이나 위기를 맞는다. 그 위기는 개인의 변화를 통해 성공적으로 해결될 수 있지만 그렇지 않을 수도 있다. 마찬가지로 국가도 국가적 차원의 위기를 겪는다. 그런 위기는 국가적 변화를 통해 성공적으로 해결되기도 하지만 그렇지 않기도 하다. 개인의 위기를 해결한 사례에 대해서는 학문적 연구도 많고, 심리 치료사가 남긴 일화적인 정보도 많은 편이다. 여기에서 얻은 결론을 국가 위기를 해결하는 데도 적용할 수 있을까?

나는 개인적으로 경험한 두 가지 이야기를 시작으로 개인의 위기와 국가의 위기를 설명해보려 한다. 어린아이는 네 살쯤 되어야 시기에 대한 기억이 자리 잡기 시작하는데, 그 이전의 사건도 흐릿하게

기억하긴 한다. 이런 일반화는 나에게도 그대로 적용된다. 내가 시기를 기억하는 최초의 사건인 보스턴의 나이트클럽, 코코넛 그로브 화재Cocoanut Grove Fire는 내가 다섯 번째 생일을 지낸 직후에 일어났기 때문이다. 다행스럽게도 내가 화재의 피해자는 아니었지만, 의사이던 아버지의 섬뜩한 설명을 통해 그 사건을 간접적으로 경험할 수 있었다.

1942년 11월 28일 화재가 발생해 불길이 급속도로 번지며 손님들로 붐비던 코코넛 그로브라는 보스턴의 나이트클럽을 완전히 휘감았다. 안타깝게도 하나뿐이던 출입구마저 차단된 상태였다. 질식이나 연기 흡입, 압사나 화상 등으로 총 492명이 사망했고 수백 명이 다쳤다. 보스턴의 의사들과 병원은 갈피를 잡지 못했다. 화재로 다치고 죽어간 직접적인 피해자뿐 아니라 남편이나 아내, 자식이나 형제자매가 참혹하게 죽어가는 모습을 보고 충격받은 가족과 친인척, 즉 심리적인 피해자 때문에도 보스턴은 큰 위기에 빠졌다. 생존자들도 수백 명이 죽은 사고에서 살아남았다는 이유로 죄책감에 사로잡혔다.

그날 오후 10시 15분까지는 모든 것이 정상적이었고, 모두가 추수감사절 주말과 미식축구 경기를 즐기고 있었다. 특별 휴가를 나온 군인들의 모습도 눈에 띄었다. 그러나 오후 11시쯤에는 대부분의 피해자가 죽은 뒤였고 그들의 친척과 생존자는 위기를 맞았다. 꿈꾸던 삶의 행로가 크게 뒤틀렸고 소중한 사람은 죽었는데 자신은 살아 있다는 걸 부끄럽게 여겼다. 자신에게 정체성을 부여해주던 중심축을 잃었다는 상실감에 괴로워하는 사람도 많았다. 그 화재는 생존자만이 아니라 당시 겨우 다섯 살이던 나를 포함해 화재 자체와 무관한 보스턴 시민들에게도 충격을 주었다. 정의로운 세계라는 우리의 믿

0.1 1942년 11월 28일 보스턴의 코코넛 그로브 나이트클럽 화재 사건. 손님들로 붐빈 나이트클럽에서 492명이 사망했고, 이 사건을 계기로 위기치료법이 확립되기 시작했다.

음이 뒤흔들렸다. 못된 소년들과 사악한 사람들이 벌을 받은 게 아니었다. 피해자들은 아무런 잘못도 없이 죽음을 맞은 평범한 보통 사람이었다.

적잖은 생존자가 사건의 충격을 완전히 떨치지 못한 채 평생을 살아야 했다. 소수였지만 자살을 시도한 사람도 있었다. 대부분은 몇 주 동안 극심한 고통에 시달리며 상실감을 견디지 못했다. 그러나 결국에는 세상 모든 게 파괴된 것은 아니라는 생각에 슬픔을 억누르며 각자의 가치관을 검토하고 삶을 다시 추스르는 느릿한 과정을 시작했다. 배우자를 잃은 사람도 새로운 짝을 찾아 재혼했다. 하지만 최선의 경우에도, 또 수십 년이 지난 후에도 그들은 코코넛 그로브 화재 이후에 형성된 새로운 정체성과 화재 이전에 확립한 과거의 정체성이 모자이크mosaic된 상태를 벗어나지 못했다. 이 책에서는 이질적 요소가 거북하게 공존하는 개인과 국가를 '모자이크'에 비유하는 경우가 적지 않다는 사실을 미리 말해두고 싶다.

코코넛 그로브 화재는 개인적 위기의 극단적 사례이다. 그러나 나쁜 일이 많은 피해자에게 동시에 발생했다는 점에서만 극단적일 뿐이다. 1장에서 자세히 살펴보겠지만 화재로 위기를 맞은 피해자가 너무 많아 새로운 해결책을 모색해야 할 정도였다. 많은 사람이 삶을 살아가는 과정에서 직접적으로, 혹은 친척이나 친구의 경험을 통해 간접적으로 개인적 비극을 경험한다. 그러나 한 사람에게만 영향을 미치는 비극도 코코넛 그로브 화재가 492명의 피해자와 관련된 사람들에게 고통을 주었듯이, 당사자뿐 아니라 당사자와 가까운 사람들에게까지 아픔을 준다.

이번에는 국가적 위기를 예로 들어보자. 내가 영국에 거주하던 1950년대 말과 1960년대 초, 당시 영국은 느릿한 국가적 위기를 겪고 있었다. 하지만 영국인 친구들과 나는 그 위기를 제대로 인식하지 못했다. 영국은 한때 과학 분야에서 세계를 선도하며 풍부한 문화사로 축복받은 국가였던 까닭에 세계 최고의 함대로 엄청난 부를 축적하고 역사상 가장 광대한 제국을 건설한 시대의 자존심을 떨쳐내지 못했다. 그러나 안타깝게도 1950년대 영국은 경제적으로 추락했고 제국과 영향력을 상실한 뒤라 유럽에서의 역할을 두고 갈등하는 중이었다. 해묵은 계급 격차, 이민자 물결과도 씨름하고 있었다. 1956~1961년에 상황이 점점 악화되었다. 이때 영국은 남은 전함을 빠짐없이 폐기했고, 처음으로 인종 폭동을 겪으며 아프리카 식민지 국가들의 독립을 인정하기 시작했다. 게다가 수에즈운하에서는 세계적인 강대국답지 않게 자주적 작전 능력까지 상실한 모습을 보이는 굴욕을 당하기도 했다. 영국인 친구들은 이런 사건들을 어떻게든 이해하며 미국인 방문객이던 나에게 설명해보려고 안간힘을 썼다. 이렇게 상황이 악화되자 영국 국민과 정치인들 사이에서도 영국의 정체성과 역할을 두고 뜨거운 논쟁이 벌어졌다.

그로부터 60년이 지난 지금의 영국은 새로운 자아와 옛 자아의 모자이크이다. 영국은 제국의 위상을 버리고 다민족 사회가 되었으며, 복지 정책을 채택하고 고등교육 기관을 운영함으로써 계급 격차를 줄였다. 영국은 세계를 지배하던 해군력과 경제력을 되찾지 못했고, '브렉시트Brexit'에서 보듯 유럽에서의 역할을 두고 지금도 갈등을 빚고 있다. 그러나 여전히 세계 6대 부국에 속하고 명목상 군주를 섬기는 의회 민주주의국가이며, 과학과 테크놀로지에서 세계를 선도하는 국가 중 하나이다. 게다가 유로가 아니라 파운드를 자국의 화폐로 유지하고 있다.

앞에서 언급한 두 이야기는 이 책의 주제를 압축적으로 설명해준다. 위기와 변화를 요구하는 압력은 개인과 집단 모두에게 닥친다. 한 사람의 개인부터 팀과 기업, 국가와 전 세계까지 규모를 막론하고 누구에게나 위기가 닥칠 가능성이 있다. 위기는 외부적 압력으로 야기될 수 있다. 예컨대 개인이라면 이혼으로 배우자와 헤어지거나 배우자의 죽음으로 혼자가 되기도 한다. 또 국가는 다른 국가의 위협이나 공격으로 위기에 빠진다. 한편 내부적 압력도 위기의 원인이 된다. 개인에게는 질병, 국가에는 사회적 갈등이 내부적 압력의 대표적 예이다. 외부적 압력이나 내부적 압력에 성공적으로 대응하려면 선택적 변화selective change가 필요하며, 이는 개인과 국가 모두에 해당한다.

여기에서 핵심은 '선택적'이란 단어이다. 개인이나 국가는 완전히 변할 수도 없고 과거의 정체성을 규정하던 모든 것을 버릴 수도 없다. 물론 그런 변화는 바람직하지도 않다. 위기를 맞은 개인과 국가 모두에게 중요한 과제는 정체성 중 제대로 기능해서 바꿀 필요가 없는 부분이 무엇인지, 제대로 작동하지 않아 바뀌야 하는 부분이 무엇인지 알아내는 것이다. 개인이든 국가든 압력을 받으면 자신의 능력과 가치를 정직하고 자세하게 조사해야 한다. 그 결과를 바탕으로 어떤 부분이 새로운 환경에서 제대로 기능하며 적정성을 유지하는지 알아낼 수 있다. 그런 부분은 당연히 보존하되 새로운 환경에 적응하려면 무엇을 바꾸어야 하는지 찾아내는 용기도 필요하다. 동시에 개인과 국가는 자신의 능력과 가치관에 양립하는 새로운 해결책도 찾아내야 한다. 물론 분명한 기준을 세우고 정체성에서 핵심적인 부분을 강조해야지, 그 부분까지 바꿀 이유는 없다.

지금까지 살펴보았듯 위기와 관련해 개인과 국가에는 서로 유사한 점이 많다. 그러나 뚜렷한 차이가 있다는 것도 인정해야 한다.

위기란 무엇인가?

그럼 '위기'란 무엇일까? 먼저 어원론적으로 정의하면, 영어에서 '위기'를 뜻하는 crisis는 그리스어의 명사 krisis와 동사 krino에서 파생했다. 이 단어들은 '분리하다', '결정하다', '구분하다', '전환점'을 뜻한다. 따라서 위기는 중대한 고비 혹은 결정적 순간으로 해석할 수 있다. 달리 말하면 그 '순간'의 전후 조건이 '많은' 다른 순간의 전후 조건과 '확연히' 달라지는 전환점이란 뜻이다. 내가 여기에서 '순간', '많은', '확연히'라는 단어를 의도적으로 강조한 이유가 있다. 그 순간이 얼마나 짧아야 하고, 변화된 조건이 얼마나 달라야 하며, 작은 사건이나 점진적이고 자연스러운 변화와 달리 '위기'라고 부를 만한 전환점이 대부분의 다른 순간보다 얼마나 드물어야 하는지 알아내야 하는 현실적 문제가 있기 때문이다.

전환점은 일종의 시험대를 뜻한다. 기존 대처법이 위기를 해결하는 데 적절하지 않은 것으로 드러나면 새로운 대처법을 고안하라는 압력이 빗발친다. 개인이나 국가가 더 나은 대처법을 찾아내면 우리는 그 위기가 성공적으로 해결되었다고 말한다. 그러나 1장에서 살펴보겠지만, 위기를 해결하는 데 성공과 실패의 차이가 뚜렷하지 않은 경우가 많다. 성공이 부분적인 데다 지속적이지 않아 똑같은 문제가 재발하는 경우도 적지 않다. 영국이 1973년 유럽연합에 가입하며 강대국의 역할을 '해결'했지만, 2017년 유럽연합 탈퇴 국민투표를 실시한 경우를 생각해보라.

이번에는 현실적 문제에 대해 논의해보자. '위기'라는 단어를 붙이려면 전환점이 얼마나 짧고, 얼마나 중대하며, 얼마나 드물어야 할까? 개인의 일생이나 1,000년의 지역 역사에서 얼마나 자주 일어나는 사건에 '위기'라는 단어를 붙이는 게 좋을까? 이런 질문에는 다양한 대답이 있을 수밖에 없다. 목적에 따라 대답이 달라지기 때문이다.

극단적으로 해석하면 긴 간격으로 드물게 일어나는 극적인 변동에만 '위기'라는 단어를 사용할 수 있다. 이런 기준에 따르면 개인에게는 평생 서너 번 정도, 국가의 경우에는 수세기 간격으로 위기가 닥친다. 일례로 고대 로마의 한 역사학자라면 기원전 509년경 로마 공화정이 탄생한 이후로 단 세 사건만 '위기'라고 표현했을 것이다. 첫째는 카르타고와 치른 두 번의 전쟁(기원전 264~241년과 기원전 218~201년), 둘째는 공화정의 몰락과 제국의 탄생(기원전 23년경), 셋째는 서로마 제국의 멸망으로 이어진 야만족의 침략(기원후 476년경)이다. 물론 로마의 역사학자가 기원전 509년부터 기원후 476년까지 일어난 다른 모든 사건을 사소하게 생각하는 것은 아니다. 다만 그 예외적인 세 사건만을 '위기'라고 조심스레 표현하는 것이다.

정반대로 '위기'라는 단어를 지나치게 느슨하게 해석하는 경우도 있다. 예컨대 캘리포니아대학교 로스앤젤레스 캠퍼스의 동료 교수 데이비드 리그비David Rigby는 피에르알렉상드르 발랑Pierre-Alexandre Balland과 론 보스마Ron Boschma의 도움을 받아 미국 도시들의 테크놀로지 위기를 치밀하게 연구한 논문을 발표했다. 이 논문에서 그들은 테크놀로지 위기를 특허출원의 지속적 침체로 정의했고, '지속적'이란 단어를 순전히 수학적으로 규정했다. 이에 따라 그들은 미국 도시가 평균 12년을 주기로 테크놀로지 위기를 맞이하고, 대체로 4년 동안 지속되며, 미국의 일반 도시는 10년마다 약 3년 동안 테크놀로지 위기 상태를 겪는다는 사실을 밝혀냈다. 또 "이렇게 정의한 테크놀로지 위기를 몇몇 도시라도 벗어나게 하려면 어떻게 해야 할까?"라는 실질적인 질문의 해답을 얻기 위해서도 위기를 느슨하게 정의하는 게 유익하다고 생각했다. 로마 역사학자라면 그들이 연구한 사례를 덧없고 하찮은 사건이라고 무시했을 것이다. 그러나 데이비드와 그의 동료들은 로마 역사학자가 세 사건을 제외하고 로마가 존재한 985년 동안 일어난 많은 사건을 도외시했다고 반박할 것이다.

내가 여기에서 말하려는 요점은 빈도와 기간과 영향력에 따라 '위기'를 다른 식으로 정의할 수 있다는 것이다. 그렇게 할 때 우리는 드물게 일어나는 큰 위기나 빈번하게 발생하는 작은 위기를 유효하게 연구할 수 있다. 내가 이 책에서 채택한 기간은 수십 년에서 한 세기까지 폭넓은 편이다. 또 여기에서 언급하는 국가들은 내가 '중대한 위기major crisis'로 분류한 사건을 경험한 국가들이다. 그렇다고 그 국가들이 다소 빈번하게 일어났던 작은 전환점을 경험한 사실을 부인하는 것은 아니다.

개인과 국가의 위기에서 우리는 한 번의 결정적 순간에 초점을 맞추는 경향이 있다. 예컨대 아내가 남편에게 이혼소송을 제기하겠다고 선언한 날이나 칠레 역사의 경우에는 군부가 민주 정부를 전복하고 대통령이 자살한 1973년 9월 11일을 주로 기억한다. 물론 2004년 12월 26일 급작스레 밀려와 20만 명의 목숨을 앗아간 수마트라의 쓰나미 혹은 인생의 황금기에 철도 건널목에서 불의의 사고로 기차에 치여 사망하며 아내와 네 자녀를 두고 홀연히 떠난 내 사촌의 경우처럼, 아무런 전조도 없이 위기가 닥치는 경우가 없지는 않다. 그러나 개인과 국가의 경우 대부분의 위기는 오랜 기간 축적된 점진적 변화의 결과이다. 오랫동안 갈등을 겪은 부부는 이혼하기 마련이고, 칠레의 쿠데타도 정치적이고 경제적인 어려움이 축적되어 나타난 결과였다. '위기'는 오랫동안 쌓이고 쌓인 압력이 갑자기 폭발할 때 닥친다. 오스트레일리아 총리 고프 휘틀럼Gough Whitlam(1916~2014)은 이런 사실을 명확히 인식했던지, 1972년 12월 19일 이후에 중대한 변화를 도모하는 전격적인 프로그램을 구상했지만 자신의 개혁 프로그램을 "이미 발생한 사건의 인정"이라고 겸허하게 표현했다(7장 참조).

개인의 위기와 국가의 위기

국가는 개인과 엄연히 다르다. 많은 점에서 개인과 명백히 다르다. 그럼에도 개인의 위기라는 렌즈를 통해 국가의 위기를 보는 것이 유익한 이유는 무엇일까? 또 이런 접근법의 이점은 무엇일까?

첫째, 내 개인적 경험에 따르면 친구들 또는 학생들과 함께 국가 위기에 대해 논의할 때마다 개인의 위기가 비역사학자에게는 더 친숙하고 이해하기도 쉽다는 것을 종종 확인했다. 개인의 위기라는 관점에서 접근할 때 일반 독자는 국가의 위기를 자신과 관련지을 수 있고, 그 위기의 복잡성을 이해하기가 더 쉽다.

둘째, 학자들은 개인의 위기를 연구한 성과로 12가지 요인을 찾아냈다. 그 요인들은 개인의 위기에서 비롯되는 다양한 결과를 이해하는 데도 도움을 주지만, 국가의 위기에서 비롯되는 여러 결과를 이해하는 데 필요한 기본 요인을 찾아내는 출발점이 된다. 뒤에서 살펴보겠지만 개인의 위기에서 비롯한 일부 요인은 국가의 위기에도 곧장 적용할 수 있다. 예컨대 개인은 위기를 맞으면 친구에게 도움을 구한다. 이와 마찬가지로 국가도 위기에 처하면 동맹국의 도움을 받을 수 있다. 또 개인이 위기에 처하면 유사한 위기를 경험한 다른 사람들의 사례를 타산지석 삼아 해결책을 모색하듯이, 국가도 위기에 처하면 유사한 위기에 부딪힌 다른 국가들이 이미 고안해낸 해결책을 차용하고 채택할 수 있다. 개인이 과거에 위기를 견뎌낸 사례에서 자신감을 얻듯 국가도 다를 바 없다.

위의 요인들은 거의 완벽하게 유사한 경우에 속한다. 그러나 개인의 위기에서 비롯되는 결과는 명확히 설명하지만 곧바로 국가의 위기에 적용할 수 없는 요인도 있다. 그러나 이 요인들도 국가의 위기와 관련한 요인을 암시하는 적절한 비유로 사용할 수 있다. 예컨대 심리 치료사들은 개인의 자질을 '자아 강도ego strength'로 규정하는 게 유용하다고 생각해왔다. 국가에는 심리적인 자아 강도라는 것이 없지만 이에 해당하는 중요한 개념, 즉 '국가 정체성national identity'이란 것이 있다. 개인의 경우에는 위기를 해소하는 방법을 선택할 자유가 양육 책임이나 직책에 부여되는 의무 같은 현실적인 조건에 의해 제약을 받는다. 그러나 국가는 양육 책임과 직책 의무에 제약을 받지 않지만 지정학적 제약과 국부國富의 규모 같은 다른 이유에서 선택의 자유가 제한된다.

개인의 위기와 비교해서 유사하지 않은 부분은 국가적 위기의 특징을 더욱 두드러지게 보여준다. 국가의 경우에는 변별적 특징을 주도하는 것이 있지만 개인의 경우에는 그런 것이 없다. 따라서 리더십 역할에 대한 의문이 국가의 위기에서는 시시때때로 제기되지만 개인의 위기에서는 그렇지 않다. 역사학자는 비범한 지도자가 역사의 흐름을 실질적으로 바꾸었는가, 아니면 다른 지도자였더라도 결과는 비슷했을 것인가라는 주장을 두고 오래전부터 지루한 토론을 벌였고, 지금도 계속하고 있다(전자는 역사의 위인론Great-Man View이라 일컫는 주장이다. 1930년 거의 일어날 뻔했던 자동차 사고로 히틀러가 죽었다면 제2차 세계대전이 일어났을까?). 국가에는 경제적이고 정치적인 고유한 제도가 있지만 개인에게는 없다. 국가의 위기를 해결하려면 국가적 차원에서 집단 상호작용과 집단 의사 결정이 필요하다. 그러나 개인은 단독으로 의사 결정을 하는 경우가 많다. 국가적 위기는 폭력적인 혁명(예: 1973년의 칠레)이나 평화적인 전환(예: 제2차 세계대전 후의 오스트레일리아)으로 해결될 수 있지만, 외톨이인 개인이 폭력적 혁명을 도모할 수는 없는 노릇이다.

내가 UCLA 학생들이 국가의 위기를 이해하는 걸 돕기 위해서라도 국가적 위기와 개인적 위기를 비교하는 게 유용하다고 생각하는 이유가 바로 이런 유사성과 차이 그리고 비유에 있다.

이 책에서 다룬 것과 다루지 않은 것

독자와 평론가는 이 책을 읽으며 깨닫겠지만 이 책에서 다루는 내용과 접근법은 예측이나 기대한 것과 전혀 다를 것이다. 그럼 이 책에서 다룬 것은 무엇이고 다루지 않은 것은 무엇일까? 또 어떤 접근법을 채택하고 어떤 접근법을 도외시했을까?

이 책은 현대의 일곱 국가에서 지난 수십 년 동안 일어난 위기와 그에 대응한 선택적 변화를 비교하며 이야기식으로 써 내려간 입문서이다. 나는 그 일곱 국가의 위기를 개인적으로 경험했고, 개인의 위기를 극복하기 위한 선택적 변화라는 관점에서 그 위기를 분석했다. 일곱 국가는 핀란드, 독일, 일본, 인도네시아, 오스트레일리아, 미국, 칠레이다. 이 문단에서 쓴 독특한 단어와 구절을 하나씩 살펴보자.

이 책은 '비교하는comparative' 책이다. 달리 말해 하나의 국가를 다루는 데 많은 분량을 한꺼번에 할애하지 않았다. 일곱 국가에 골고루 적절한 분량을 분배해 비교하는 데 초점을 맞추었다. 논픽션 저자는 단일한 사례 연구를 집중적으로 소개하는 방법과 다양한 사례를 비교하는 방법 중 하나를 선택해야 한다. 각각의 접근법에는 고유한 장점과 한계가 있다. 책 두께를 고려하면 단일한 사례 연구는 관련된 문제를 자세히 다룰 수 있지만, 비교 연구는 다양한 관점을 제시하며 하나의 사례만 연구할 때는 보이지 않는 쟁점을 찾아낼 수 있다.

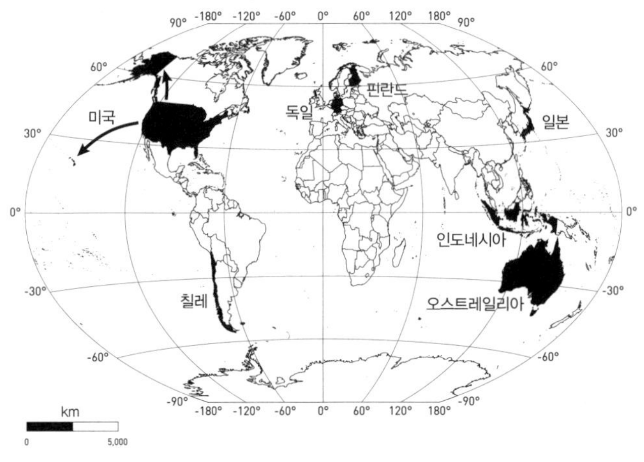

도판 1. 세계지도

역사를 비교해보면 하나의 사례 연구로는 거의 드러나지 않던 의문을 자연스레 품는 경우가 많다. 어떤 유형의 사건이 어떤 나라에서는 R_1이란 결과를 낳았는데, 다른 나라에서는 완전히 다른 결과 R_2를 낳은 이유가 무엇일까? 예를 들어 설명해보자. 나는 남북전쟁을 한 권으로 다룬 역사서를 즐겨 읽는다. 이런 역사서는 게티즈버그 전투 둘째 날에 여섯 페이지를 할애할 수는 있어도 스페인 내전이나 핀란드 내전과 달리 미국의 남북전쟁에서 승자가 패자를 살려주며 끝난 이유를 탐구하지는 않는다. 단일한 사례를 연구하는 저자는 비교 연구를 지나치게 단순하고 피상적이라고 매도하지만, 비교 연구의 저자는 단일 사례 연구가 다양한 의문을 폭넓게 다루지 못한다고 비판하며 "하나의 국가를 연구하는 사람은 결국 어떤 국가도 이해하지 못한다"라고 빈정댄다. 이 책은 비교 연구서이다. 거듭 말하지만, 이 접근법에도 고유한 장점과 한계가 있기 마련이다.

이 책은 일곱 국가를 다루며 각각 분량을 적절히 분배했다. 따라서 한 국가에 대한 설명이 간결할 수밖에 없다는 걸 뼈저리게 깨달았다. 하지만 책상 앞에 앉아 고개를 돌려 뒤를 볼 때마다 서재 바닥 곳곳에 대략 1.5미터 높이로 쌓인 책과 논문이 눈에 들어왔다. 하나의 장을 쓰는 데 그런 더미가 하나씩 필요했다. 1.5미터 높이로 쌓인 전후 독일에 대한 자료를 1만 1,000단어, 즉 한 장으로 압축하는 작업은 그야말로 고역이었다. 많은 것을 생략해야 했다! 그러나 간결함에는 그에 따른 보상이 있다. 간결하게 정리한 덕분에 독자는 지나치게 자세한 설명 및 예외와 가정에 집중력을 상실하거나 압도되지 않으면서 전후 독일과 다른 국가들 사이의 주된 쟁점을 어렵지 않게 비교할 수 있을 것이다. 그래도 자세한 내용을 알고 싶다면 뒤에 덧붙인 참고문헌에서 단일한 사례 연구를 다룬 책과 논문을 참조하기 바란다.

이 책은 이야기체narrative style로 서술했다. 달리 말하면 역사학자들의 전통적 서술 방식으로, 2,400년 전 그리스의 헤로도토스와 투키디데스가 개발해 역사학의 근원까지 거슬러 올라가는 방식이다. 이야기체는 방정식과 그래프, 통계적 가설 검증을 사용하지 않고 소수의 사례 연구를 근거로 추론하며 주장을 전개한다. 따라서 방정식과 검증 가능한 가설, 자료와 그래프, 통계 등 대규모 모집단을 복잡하게 사용하는 요즘의 사회과학 연구에서 자주 쓰는 계량적 접근법과는 뚜렷이 대비되는 방식이다.

나는 현대 계량적 방법론의 장점을 활용하는 법을 배웠다. 실제로 폴리네시아에서 73개 섬의 삼림 파괴를 통계적으로 연구할 때 그 방법론을 사용했고, 이야기식 설명으로는 삼림 파괴의 정도를 설득력 있게 끌어낼 수 없다는 결론에 도달하기도 했다.* 또 몇몇 공동 저자들이 계량적 방법론을 정교하게 사용해, 과거에 이야기체 역사학자들이 끝없이 논쟁하면서 어떤 결론에도 이르지 못한 의문—예컨대 나폴레옹의 군사 정복과 정변이 유럽의 경제 발전에 도움이 되었는가, 오히려 악영향을 끼쳤는가—을 해결하려고 시도한 책을 공동으로 편집하기도 했다.[••]

처음에 나는 이 책에도 현대의 계량적 방법론을 도입하려고 수개월간 노력했다. 그러나 곧 향후에 별도의 프로젝트로 시도하는 편이 낫겠다는 결론에 이르렀다. 이 책은 차후의 계량적 연구에서 검증해야 할 가정과 변수를 이야기식 연구법으로 찾아내는 데 초점을 맞추었다. 내가 표본으로 선택한 일곱 국가는 통계적으로 의미 있는 결론을 끌어내기에 수가 너무 적을 수 있다. 성공적인 위기 해결과 정직한 자기평가 같은 정성적 개념을 연산화하려면, 즉 언어적 개념을 숫자로 측정할 수 있는 단위로 바꾸려면 더 많은 연구가 필요할 것이다. 이 책은 이야기식으로 쓴 입문서이므로 머잖아 계량적인 방법으로 책의 결론이 검증되기를 바란다.

세계에는 210개 넘는 국가가 존재하지만 이 책에서는 나에게 익숙한 일곱 국가만 다룬다. 나는 일곱 국가를 자주 방문했고 그중 여섯 국가에서는 70년 전부터 상당 기간 거주했다. 물론 지금도 그렇지만 당시에도 여섯 국가의 언어를 구사할 줄 알았다. 나는 일곱 국가 모두를 좋아하고 동경하며 항상 즐거운 마음으로 방문한다. 또 최근 2년

• Barry Rolett and Jared Diamond. Environmental Predictors of Pre-European Deforestation on Pacific Islands. *Nature* 431: 443~446(2004).

•• Jared Diamond and James Robinson, eds. *Natural Experiments of History*. (Harvard University Press, Cambridge, MA, 2010).

사이에 일곱 국가를 방문했고, 특히 두 국가로 영원히 이주할 가능성을 심각하게 고려하기도 했다. 따라서 나는 직접경험과 그곳에 거주하는 오랜 친구들에게 전해 들은 간접경험을 토대로 그 국가들에 대해 심도 있게 호의적으로 쓸 수 있다. 나 자신은 물론이고 내 친구들도 충분히 오랜 기간 거주한 까닭에 주된 사건을 목격하고 겪었다. 일곱 국가 중 일본은 직접경험이 상대적으로 적은 국가이다. 내가 일본어를 모르는 데다 21년 전부터 잠깐잠깐 방문한 것이 전부이기 때문이다. 하지만 결혼으로 맺어진 친척들과 일본인 친구들, 학생들의 오랜 경험을 참조함으로써 부족함을 보완했다.

물론 개인적 경험을 근거로 선정했다고 해서 일곱 국가가 무작위로 선택한 표본은 아니다. 다섯 국가는 부유한 산업국이고, 한 국가는 평균적인 국가이며, 한 국가만이 가난한 개발도상국이다. 아프리카에 속하는 국가는 없다. 두 국가는 유럽, 두 국가는 아시아, 나머지 세 국가는 각각 북아메리카·남아메리카·오세아니아에 속한다. 이 일곱 국가에서 도출한 결론이 다른 국가에 어느 정도까지 적용되는지 검증하는 몫은 다른 학자에게 맡기고자 한다. 내가 그 한계를 분명히 인정하면서도 일곱 국가를 선택한 이유는 오랫동안 쌓은 개인적 경험과 우정 및 언어 구사력을 바탕으로 내가 제대로 알고 있는 국가를 다루는 것만으로도 충분한 이점이 있다고 생각했기 때문이다.

이 책은 거의 전적으로 '현대' 국가의 위기를 다룬다. 대부분의 위기가 내 생애에 일어난 사건이어서 그 순간을 목격한 경험자의 관점에서 이 책을 쓸 수 있었다. 물론 내가 태어나기 전 사건을 언급할 때는 국외자가 될 수밖에 없었다. 특히 두 장을 할애한 일본은 국외자적 관점에서 다루었다. 그중 한 장에서는 현재의 일본을, 나머지 한

장에서는 메이지 시대明治時代(1868~1912)의 일본을 다루었다. 메이지 시대의 일본을 포함한 이유는 메이지유신이 선택적 변화의 두드러진 사례인동시에 머지않은 과거이기 때문이다. 또 메이지 시대의 유산과 쟁점은 지금의 일본에서도 여전히 중요하다.

물론 국가적 위기와 변화는 과거에도 일어났고 유사한 의문이 제기되어왔다. 내 개인적 경험을 바탕으로 과거의 의문을 다룰 수는 없지만 그런 과거의 위기는 이미 많은 연구에서 다루었다. 기원후 4~5세기에 있었던 서로마제국의 쇠락과 멸망, 19세기에 아프리카 남부를 지배한 줄루 왕국의 흥망성쇠, 1789년의 프랑스혁명과 그 여파로 인한 프랑스의 재편성, 1806년 예나 전투에서의 재앙적 패전으로 나폴레옹에게 정복된 프로이센과 그 이후 불어닥친 사회와 행정·군부의 개혁 등이 대표적 예이다. 게다가 이 책을 쓰면서 제목부터 유사한 주제를 언급하는 책이 1973년 리틀브라운 출판사에서 이미 출간되었다는 사실을 알았다.• 그 책은 과거의 사례를 적잖게 포함하고 있다는 점에서, 또 기본적인 접근 관점에서도 내 책과 달랐다. 더구나 시스템 기능주의system functionalism라는 기준틀을 적용해 여러 명의 저자가 함께 저술한 연구서였다.

학계의 역사학자들은 '기록학'이란 연구 방법을 강조한다. 다시 말해 문서로 보존된 원천 자료의 분석을 중요하게 생각한다. 따라서 새롭게 발간되는 역사서는 과거에 전혀 사용하지 않았거나 제대로 활용하지 못한 원천 자료를 이용하거나, 다른 역사학자가 이미 사용한

• Gabriel Almond, Scott Flanagan and Robert Mundt, eds. *Crisis, Choice, and Change: Historical Studies of Political Development*. (Little, Brown, Boston, 1973).

원천 자료를 재해석할 때 존재 가치를 지닌다. 참고문헌에서 인용한 많은 연구서와 달리 이 책은 기록학적 연구에 기초한 것이 아니다. 오히려 개인적 경험에서 도출한 새로운 기준틀, 비교 연구적 방법론, 나와 친구들이 삶을 살아가며 겪은 경험에서 얻은 시각을 중심으로 쓴 책이다.

이 책은 시사 문제를 다룬 잡지가 아니다. 달리 말하면 출간한 후 서너 주 동안 읽힌 다음 폐기해도 상관없는 책이 아니라 앞으로도 수십 년 동안 꾸준히 인쇄되기를 기대하며 쓴 책이다. 이 책에서 현 트럼프 행정부의 특별한 정책, 트럼프 대통령의 리더십, 영국의 브렉시트 협상을 전혀 언급하지 않은 것을 보고 깜짝 놀랄 독자가 많을 텐데, 명백한 사실로 그 이유를 변명해보려 한다.

급속도로 변하는 쟁점에 대해 오늘 내가 뭔가를 쓴다면 이 책이 출간될 즈음에는 글의 가치가 민망할 정도로 떨어질 테고 수십 년이 지난 후에는 폐기해야 마땅한 정보가 될 것이기 때문이다. 트럼프 대통령과 그의 정책, 브렉시트에 관심이 많은 독자라면 관련 자료를 다른 곳에서 얼마든 구할 수 있을 것이다. 대신 미국에서 20년 전부터 꿈틀대기 시작했고 현 트럼프 정부에서 훨씬 큰 주목을 받고 있으며 앞으로도 최소한 10년 동안 관심이 식지 않을 중대한 쟁점을 9장과 10장에서 집중적으로 다루었다.

이 책의 구성

이번에는 책의 전체적인 구성에 대해 살펴보자. 1장에서 개인적 위기를 다루었고 그 이후는 전적으로 국가의 위기에 할애했다. 우리는 직접 위기를 겪고 친척과 친구의 위기를 목격하며 위기의 결과가 천양지차라는 걸 알게 되었다. 사람들이 새롭고 더 나은 대처법을 찾아내고 더 강해진다면 그야말로 최선의 경우라 할 수 있다. 반면 위기에 짓눌려 과거 방식으로 회귀하거나 새롭지만 더 나쁜 대처법을 채택한다면 안타깝기 그지없는 경우이다. 위기에 빠지면 자살을 시도하는 사람도 적지 않다. 심리 치료사들이 많은 요인을 찾아냈지만, 1장에서는 개인적 위기가 성공적으로 해결될 가능성에 영향을 미치는 12가지 요인을 다루었다. 이 요인들을 기초로 국가적 위기의 결과에 영향을 미치는 유사한 요인을 조사하고 분석했다.

"12가지 요인도 기억하기에 버겁다. 더 적은 수로 줄일 수 없는가?"라며 낭패감에 구시렁거리는 독자에게는 이렇게 대답해주고 싶다. 개인이나 국가가 이루어낸 결과를 몇몇 핵심어로 압축할 수 있다는 생각 자체가 불합리한 것이다. 만약 그렇게 주장하는 책을 만나면 더 읽지 말고 당장에 집어 던져버려라! 정반대로 위기의 해결에 영향을 미치는 76개의 모든 요인을 다루겠다고 호언하는 책을 만나면 역시 더 읽지 말고 던져버려라! 무한히 복잡한 삶을 이해해서 우선순위를 매기고 적절한 기준틀에 짜 맞추는 것은 저자의 몫이지 독자의 책무가 아니다. 나는 12가지 요인을 활용하는 것이 두 극단 사이의 무난한 타협이라고 생각했다. 비유하자면 현실의 대부분을 설명할 수 있을 정도로 자세하지만, 세상을 이해하기 위함이 아니라 세탁물을 찾는 데 필요한 세탁물 목록만큼 자세하지 않은 정도의 타협이었다.

개인의 위기를 다룬 1장 뒤로는 각각 다른 종류의 국가적 위기를 다룬 세 쌍의 장이 이어진다. 첫 번째 쌍에서는 다른 국가가 야기한 충격파에 갑작스레 격변을 맞은 두 국가(핀란드와 일본)를 다루었다. 두 번째 쌍은 역시 갑작스레 폭발했지만 내부적 요인에 의한 위기를 맞은 두 국가(칠레와 인도네시아)를 다루었다. 마지막 쌍에서는 전격적으로 폭발하기보다 제2차 세계대전의 스트레스 때문에 점진적으로 확대된 위기에 시달린 두 국가(독일과 오스트레일리아)를 다루었다.

1939년 11월 30일 소련의 대대적인 공격에 핀란드는 느닷없이 위기를 맞았다(2장). 그 결과로 시작된 겨울 전쟁Winter War에서 핀란드는 모든 잠재적인 동맹국들로부터 실질적으로 버림받고 엄청난 손실을 입었지만, 인구가 40배나 많은 소련으로부터 독립을 유지하는 데 성공을 거두었다. 나는 그로부터 20년 후의 여름을 핀란드에서 보냈고 겨울 전쟁에 참전한 퇴역 군인과 그 전쟁에서 남편과 아버지를 잃은 미망인과 자녀를 만났다. 전쟁의 유산은 뚜렷한 선택적 변화였고 그런 변화로 핀란드는 대조적인 요소로 뒤섞인 미증유의 모자이크가 되었다. 구체적으로 말하면 핀란드는 자유민주주의를 추구하는 부유한 작은 나라이지만, 강력한 군사력을 갖추었으되 가난하고 반동적인 독재국가 소련의 신뢰를 얻기 위해 온갖 수단을 동원하는 외교정책을 추진했다. 핀란드가 그런 정책을 채택한 역사적 이유를 이해하지 못한 많은 외부인은 이를 부끄럽게 생각하며 핀란드화Finlandization라고 비난했다. 내가 핀란드에서 보낸 여름 동안 겨울 전쟁에 참전한 퇴역 군인에게 무지하게도 비슷한 비난을 흘렸을 때 가장 기억에 남는 순간이 펼쳐졌다. 그는 핀란드가 동맹국들로부터 도움을 거절당하며 배운 쓰라린 교훈을 나에게 점잖게 설명해주었다.

일본도 외부 충격으로 위기를 겪은 국가였다. 일본이 오랫동안 유지하던 쇄국정책은 1853년 7월 8일 종식되었다. 미국 함대는 도쿄만에 진입하며 미국 상선과 선원의 권리를 보장하는 조약을 요구했다(3장). 그 결과로 일본의 지배 체제가 전복되었고 의식적으로 광범위한 변화를 추구하는 정책이 채택되었다. 그러나 전통적인 특징을 보존하는 정책도 아울러 채택한 까닭에 오늘날 일본은 고유한 특징을 간직한 부유한 산업국가로 남았다. 미국 함대가 도쿄만에 진입한 이후 메이지 시대라 일컫는 수십 년 동안 일본이 시도한 변화에서, 개인의 위기에 영향을 미치는 많은 요인을 국가 차원에서도 확연히 설명할 수 있다. 당시 일본의 의사 결정 과정과 그 이후의 군사적 성공을 보면 일본이 1930년대에 내렸던 결정과 결국 제2차 세계대전 패망으로 치닫게 된 이유가 조금이나마 이해된다.

4장에서는 칠레를 다루었다. 칠레는 국내의 정치적 타협이 결렬되는 내부적 요인에 의해 위기를 맞은 국가였다. 정치적 교착 상태가 지루하게 계속되던 1973년 9월 11일, 민주적으로 선출된 살바도르 아옌데Salvador Allende(1908~1973) 대통령의 정부가 쿠데타로 전복되었다. 쿠데타 지도자 아우구스토 피노체트Augusto Pinochet(1915~2006)는 그 후로 거의 15년 동안 권좌에 머물렀다. 쿠데타가 일어나기 전 내가 칠레에 거주한 수년 동안, 칠레에 있는 내 친구들은 쿠데타 자체도 예측하지 못했지만 피노체트 정부가 그처럼 가학적 고문을 자행할 것이라고도 예상하지 못했다. 오히려 그들은 칠레의 오랜 민주주의 전통을 자랑하며 남아메리카의 다른 국가와는 다르다고 설명했다. 오늘날 칠레는 남아메리카에서 다시 자랑스러운 민주국가가 되었고, 아옌데 정책과 피노체트 정책을 부분적으로 통합하며 선택적 변화를 모색했다. 이 책의 원고를 미리 읽고 논평한 미국 친구들은 칠레를 다룬 4장에서 민주 정부가 순식간에 가학적 독재 정부로 전락하는 모습에 큰 충격을 받았을 것이다.

4장과 짝을 이루는 5장에서는 인도네시아를 다루었다. 인도네시아에서도 정치적 타협의 결렬은 결국 쿠데타 시도로 이어졌다. 1965년 10월 1일 발발한 인도네시아 쿠데타의 결과는 칠레와 정반대였다. 쿠데타를 진압한 세력이 쿠데타 시도를 지원한 것으로 추정되는 당파를 무차별적으로 학살했다. 인도네시아는 이 책에서 언급한 다른 국가들과 뚜렷이 대비된다. 일곱 국가 중 가장 가난하고 산업화 수준도 가장 낮으며 한마디로 가장 서구화되지 않은 국가이다. 게다가 내가 그곳에서 연구하며 작업했던 40년 동안 국가 정체성이 확립되었다는 점에서 가장 젊은 국가이기도 하다.

6장과 7장에서는 독일과 오스트레일리아의 위기를 다루었다. 두 국가의 위기는 급작스레 닥치지 않고 점진적으로 확대되었다는 점에서 앞의 두 나라와 다르다. 그런 점진적 변화를 '위기'나 '격변'이라 표현하기에는 적합하지 않다고 생각할 독자도 있을 것이며 다른 용어로 표현하기를 원하는 사람도 있겠지만, 나는 급작스러운 변화를 다룰 때 사용한 것과 동일한 기준틀에서 점진적 변화를 분석하는 것도 효율적이라고 생각했다. 점진적 변화도 무엇을 취사선택할 것인가라는 동일한 문제를 제기하고, 결과에 영향을 미치는 요인이 똑같다는 걸 명확히 보여주기 때문이다. 게다가 '폭발적 위기explosive crisis'와 '점진적 변화gradual change'의 차이는 객관적이지 않고 임의적이어서 경계가 모호하다. 칠레의 쿠데타처럼 외형적으로 급격히 변동한 경우도 수십 년의 시간을 두고 갈등이 점점 심화된 끝에 쿠데타가 발발해 수십 년간의 점진적 변화가 뒤따른 것이다. 나는 6장과 7장에서 다룬 위기가 '겉보기에'만 점진적으로 전개되었다고 생각한다. 전후 독일의 위기는 이 책에서 다룬 어떤 국가보다 처참한 상황—제2차 세계대전에서 1945년 5월 8일 항복할 당시 폐허로 변한—에서 시작된 것이 사실이기 때문이다. 오스트레일리아도 마찬가지로 전후의 위기가 겉보기에는 점진적으로 전개되었지만, 실제로는 석 달도 안 되는 기간에 당한 세 번의 충격적인 군사적 패배에서 시작되었다.

비폭발적인 위기를 보여준 국가로는 제2차 세계대전 이후의 독일을 먼저 다룬다(6장). 당시 독일은 나치 시대의 유산, 독일 사회의 계급 구조에 대한 의견 충돌, 동독과 서독 간의 정치적 분할 등 여러 문제에 동시에 시달렸다. 비교 연구라는 기준틀에서 보면 전후 독일의 위기를 해결한 변별적 특징에는 세대 간의 격렬한 충돌, 지정학적 제약, 전쟁 동안 독일의 잔혹 행위에 피해를 입은 국가들과의 화해 과정이 있었다.

비폭발적 위기의 또 다른 사례로는 오스트레일리아를 다루었다(7장). 내가 그곳을 방문하기 시작한 55년 전부터 오스트레일리아는 국가 정체성을 개조해왔다. 내가 처음 방문했던 1964년 오스트레일리아는 영국이 태평양에 마련한 외딴 주거지처럼 보였다. 여전히 영국을 바라보며 국가 정체성을 찾았고 비유럽인 이민자를 제한하거나 배제하는 백호주의White Australia policy를 시행했다. 그러나 영국과 백인이란 정체성이 지리적 위치, 외교정책과 국방 전략, 경제, 인구 구성 등과 끊임없이 충돌했기 때문에 오스트레일리아는 정체성 위기를 맞닥뜨리고 있었다. 오늘날 오스트레일리아의 무역과 정치는 아시아를 향하고 있으며, 거리와 대학 캠퍼스는 아시아계 학생들로 북적거린다. 게다가 영국 여왕을 오스트레일리아의 국가원수에서 배제하려는 국민투표가 가까스로 부결되기도 했다. 하지만 핀란드와 메이지 시대 일본처럼 이런 변화는 선택적이었다. 오스트레일리아는 여전히 의회 민주주의를 유지하고 영어를 대표 언어로 사용하며 압도적 다수의 조상이 영국인이다.

지금까지 논의한 국가적 위기는 모두 제대로 인식 및 해결되었거나 적어도 해결 과정에 있으며, 그 결과를 평가할 수 있는 단계에 있다. 8장부터 11장까지 마지막 네 장에서는 결과가 아직 드러나지 않은 현재와 미래의 위기를 다루었다. 이 문제는 3장에서 이미 다룬 일본으로 시작된다(8장). 오늘날 일본은 많은 근본적인 문제를 마주하고 있으며, 그중에는 일본 국민과 정부가 폭넓게 인식하고 인정하는 문제도 있지만 일본인들이 인식하지 못하거나 완강히 부정하는 문제도 있다. 일본의 미래는 일본 국민의 손에 달려 있는 것이 분명하다. 메이지 시대 일본이 당시 위기를 어떻게 성공적으로, 또 대담하게 극복했는지 기억을 되살린다면 현대 일본도 지금의 문제를 극복할 수 있지 않을까?

9장과 10장에서는 미국을 집중적으로 다루었다. 칠레에서 그랬던 것처럼 향후 10년 내에 미국의 민주주의와 강대함을 침해할 가능성이 있는 네 가지 위기를 찾아냈다. 물론 그 위기들은 예전부터 점점 확대되어온 것이며 내가 처음 찾아낸 것은 아니다. 실제로 많은 미국인이 네 가지 위기를 공개적으로 논의한다. 미국 내에 위기감도 널리 확산되어 있다. 내가 보기에 이 문제들은 해결점을 향해 다가가는 게 아니라 오히려 악화되는 실정이다. 하지만 메이지 시대 일본처럼 미국도 우리의 마음에 오랜 아픔을 준 남북전쟁이나 갑자기 정치적 고립을 떨쳐내고 제2차 세계대전에 참전한 경우처럼 위기를 극복한 사례가 있다. 그때를 기억한다면 미국도 현재의 위기를 성공적으로 극복할 수 있지 않을까?

끝으로는 전 세계가 직면한 문제를 다루었다(11장). 우리 세계를 압박하는 문제를 끝없이 나열할 수도 있겠지만 현재 추세가 앞으로도 계속된다면 수십 년 후에는 세계인의 생활수준을 침해할 가능성이 있는 네 가지 문제에 초점을 맞추었다. 국가 정체성과 자치 정부, 성공한 집단 행위에 대한 기억과 역사를 지닌 일본이나 미국과 달리 세계에는 그런 역사가 없다. 전 세계에 치명적 타격을 가할지도 모를 문제를 역사상 처음으로 맞닥뜨렸는데, 영감을 주는 기억과 역사가 없는 세계가 그 문제를 해결할 수 있을까?

일곱 국가와 세계에 대한 우리 연구를 12가지 요인이란 관점에서 살펴본 에필로그로 이 책은 끝난다. 국력을 집중해 대대적 변화를 시도하도록 자극하기 위해서라도 국가에는 위기가 필요한 것일까? 코코넛 그로브 화재가 큰 충격을 남겼기 때문에 단기적인 심리 치료법이 달라졌다. 그렇다면 코코넛 그로브 화재 사건 같은 충격이 없어도 국가가 스스로 변화를 결정할 수 있을까? 또 지도자가 역사에 결정적 영향을 미칠까? 나는 이 의문에 직설적으로 대답하지 않고 향후 연구 방향을 제안하는 것으로 만족하며, 역사를 학습할 때 현실적으로 얻을 수 있는 교훈의 유형에 대해 넌지시 나열해두었다. 국민 혹은 지도자만이라도 과거의 위기를 되돌아보며 이해한다면 현재와 미래의 위기를 해결하는 데 도움이 되리라 굳게 믿는다.

1 개인

INDIVIDUALS

1장

개인의 위기

개인의 위기 – 궤적 – 위기의 처리 – 결과와 관련한 요인 – 국가의 위기

개인의 위기

스물한 살이었을 때 나는 학자로서 가장 혹독한 위기를 겪었다. 나는 고등교육을 받은 부모의 장남으로 태어나 보스턴에서 자랐다. 아버지는 하버드대학교 교수였으며 어머니는 언어학자로 교사이자 피아니스트이기도 했다. 이런 가정에서 자란 덕분에 나는 무엇이든 배우는 걸 좋아하게 되었다. 락스베리 라틴 학교라는 좋은 고등학교를 졸업했고 하버드 칼리지에 다녔다. 학창 시절을 무난히 보냈으며 모든 강좌에서 좋은 성적을 받았다. 학부생이었을 때 두 건의 실험 연구를 완료했고 그 결과를 논문으로 발표했으며 학과 수석으로 대학을 졸업했다. 나는 의사이던 아버지의 삶과 학부 시절에 시행한 연구를 성공한 즐거움에 영향을 받아 실험생리학으로 박사학위를 받겠다고 결심했다. 그래서 1958년 9월

당시 생리학에서 세계 최고이던 영국의 케임브리지대학교에 입학했다. 내가 케임브리지에 입학한 또 다른 이유로는 난생처음 집에서 멀리 떨어져 살면서 유럽을 여행하고, 책으로만 배운 여섯 개의 외국어를 실제로 사용할 기회를 즐기고 싶은 마음도 있었다.

영국의 대학원 과정은 락스베리 라틴 학교와 하버드의 강의보다 훨씬 어려웠다. 물론 학부 시절의 실험 연구보다도 어려웠다. 케임브리지에서 실험실과 연구실을 나와 함께 사용한 박사과정 지도교수는 전기뱀장어의 전기 발생을 연구하는 유명한 생리학자였다. 나는 그의 지시를 받아 전기를 발생시키는 뱀장어의 세포막에서 하전 입자(나트륨 이온과 칼륨 이온)가 어떻게 움직이는지 측정했다. 그렇게 하려면 측정 장비를 먼저 만들어야 했지만 나는 손재주가 좋지 않았다. 고등학교 시절에 단순한 라디오를 조립하는 숙제도 주변의 도움을 받지 않고는 완성해본 적이 없을 정도였다. 당연히 뱀장어의 세포막을 연구하기 위한 공간을 어떻게 만들어야 하는지도 몰랐고, 전기와 관련한 복잡한 장비를 만드는 방법은 더더욱 몰랐다.

내가 케임브리지대학원에 진학한 이유는 하버드대학교에서 내 연구를 도와준 교수가 적극 추천했기 때문이었다. 그러나 케임브리지의 지도교수에게 나는 실망스러운 존재였다. 연구 보조원으로 그에게 아무런 도움이 되지 못했다. 결국 그는 나를 독립된 별도의 실험실로 보냈고 그곳에서 단독으로 연구 과제를 구상할 수 있었다.

과학 장비를 다루는 손재주가 없는 나에게 적합한 연구 과제를 찾아내려고 노력하던 중 나는 단순한 봉지처럼 생긴 쓸개를 통해 이동하는 나트륨과 물을 연구하겠다는 생각을 굳혔다. 이 연구에 필요한 테크놀로지는 초보적인 수준이었다. 유동체로 채운 어류의 쓸개에서 정확히 10분 간격으로 쓸개에 함유된 물의 무게를 측정하면 그만이었다. 그 정도라면 나도 할 수 있었다! 쓸개는 그 자체로는 그다지 중요하지 않지만 콩팥과 창자처럼 훨씬 중요한 기관이 포함된 상피조직에 속해 있다. 1959년 당시 쓸개처럼 이온과 물을 운반하는 상피조직은 하전 이온을 운반할 때 전압을 발생시킨다는 게 정설이었다. 그러나 쓸개를 통과하는 전압을 측정할 때마다 내가 얻은 결과는 항상 제로였다. 이는 쓸개를 통과하는 전압이 있다면 그 전압을 충분히 탐지해낼 수 있는 단순한 과학 장비도 제대로 다루지 못했거나, 어떤 이유로든 쓸개를 죽여서 쓸개가 기능하지 않은 것이란 강력한 증거로 여겨졌다. 어떤 경우였든 나는 실험생리학자로 또 한 번 실패를 기록했다.

1959년 6월 케임브리지에서 열린 제1회 국제 생물리학회에 참석한 후 내 사기는 더욱 꺾였다. 세계 전역에서 모여든 수백 명의 학자가 연구 논문을 발표했지만 나는 발표할 만한 성과가 없었다. 굴욕감을 느꼈다. 학창 시절에는 1등을 도맡아 하던 내가 아니었던가! 그런데 당시 나는 보잘것없는 무명 학자였다.

그때부터 나는 과학자로 평생을 살아야 하는지에 대해 철학적 의문을 품기 시작했다. 헨리 데이비드 소로Henry David Thoreau(1817~1862)가 쓴 유명한 책《월든》을 읽고 또 읽었다. 그 책이 순전히 나를 위해 남긴 듯한 메시지에 전율감마저 느꼈다. 과학을 추구하는 진정한 동기가 다른 과학자에게 인정받으려는 이기적인 이유냐는 꾸짖음이었다. 대부분의 과학자가 그런 동기를 품고 있는 게 사실이다! 그러나 소로는 그런 거창한 동기를 헛된 자만이라며 설득력 있게 일축해버렸다.《월든》의 핵심 메시지는 "내가 삶에서 진정으로 원하는 것이 무엇인지 알아내야 한다. 남에게 인정받겠다는 허영심에 유혹되어서는 안 된다"라는 것이었다. 책을 읽을 때마다 케임브리지에서 과학 연구를 계속해야 하느냐는 내 의혹은 더욱 깊어갔다. 그러나 결정의 순간은 시시각각 다가왔다. 그해 여름이 끝나면 대학원 2년 차가 시작될 참이었고 그곳에서 계속 연구하려면 재등록을 해야 했다.

6월 말, 나는 한 달간 휴가를 보내려고 핀란드로 향했다. 2장에서 자세히 다루겠지만 핀란드에서 보낸 휴가는 멋지고 황홀한 경험이었다. 나는 그곳에서 생전 처음 책을 통하지 않고 주변 사람들과 대화하며 언어를 학습했다. 핀란드어는 아름답지만 배우기 쉽지 않은 언어였다. 그래도 나는 그런 학습법이 좋았다. 생리학 연구에 성공하지 못한 실망감을 상쇄할 만큼 핀란드어 학습은 만족스럽고 성공적이었다.

핀란드에서 계획한 한 달의 휴가가 끝나갈 무렵, 나는 과학자의 길을 포기하는 것을 진지하게 고민했다. 정확히 말하면 학자로서 삶을 포기한다는 뜻이었다. 그래서 스위스로 넘어가 언어에 대한 소질을 마음껏 발휘한 후 유엔에서 동시통역사로 일해야겠다는 생각도 해보았다. 달리 말하면 내가 그때까지 꿈꾸었고 교수이던 아버지가 본보기로 보여준 연구 활동과 창의적 사고 및 학문적 명성에 등을 돌려야 한다는 뜻이었다. 보수는 넉넉하지 않겠지만 통역사는 적어도 내가 능숙하고 재밌게 해낼 수 있는 일이었다. 당시에는 그렇게 생각했다.

핀란드에서 돌아와 파리에서 거의 1년 만에 만난 부모와 함께 일주일을 보내는 동안 내 위기는 최고조에 달했다. 나는 과학자의 길에 대한 실질적이고 철학적인 의문을 부모에게 솔직히 털어놓으며 통역사가 되고 싶다는 생각을 밝혔다. 내가 혼란에 싸여 힘들어하는 모습을 보고 두 분도 괴로웠을 것이다. 하지만 두 분은 묵묵히 듣기만 할 뿐 나에게 어떻게 하라고 섣불리 조언하지 않았다.

우리가 파리의 어느 공원 벤치에 앉아 있던 날 아침, 그 위기가 해결되었다. 과학자의 길을 포기할 것인지 아니면 계속 걸어야 하는지에 관련한 의문도 그럭저럭 해소되었다. 그날 아버지는 나에게 전혀 압력을 가하지 않으며 조심스레 조언해주었다. 아버지는 내가 과학자의 길에 대해 품은 의혹을 인정했다. 그러나 그때 나는 겨우 대학원 1년 차였고 쓸개를 연구한 것도 고작 수개월에 불과했다. 그럴진대 평생 직업으로 계획한 과학자의 길을 포기하는 것은 너무 성급한 판단 아닌가? 케임브리지로 돌아가 쓸개 문제를 해결하기 위해 다시 반년을 투자하지 못할 이유가 있는가? 그러고도 아무런 성과를 거두지 못하면 1960년 봄, 그때 가서 포기해도 늦지 않을 것이다. 여하튼 돌이킬 수 없는 중대한 결정을 성급히 내릴 필요가 없었다.

아버지의 조심스러운 조언은 물에 빠진 사람에게 던져준 구명조끼처럼 느껴졌다. 나는 다시 반년 동안 노력해보겠다는 정당한 이유로 중대한 결정을 미룰 수 있었으며, 그 때문에 부끄러울 것은 없었다. 결정을 반년 후로 미룬다고 내가 불가역적으로 학자의 길로 들어서는 것은 아니었다. 여전히 반년 후에는 동시통역사가 될 가능성이 있었다.

그렇게 위기가 해결되었다. 나는 케임브리지로 돌아가 2년 차를 시작했다. 물론 쓸개 연구도 다시 시작했다. 두 젊은 교수의 도움을 받아 나는 쓸개 연구에서 테크놀로지적 문제를 해결할 수 있었다. 그 교수에 대한 고마움은 평생 잊지 못할 것이다. 특히 한 교수는 쓸개를 통과하는 전압을 측정하는 내 방법이 조금도 잘못되지 않았다는 것을 확신했다. 쓸개는 적절한 조건하에 전압을 발생시켰고, 나는 이른바 확산 전위diffusion potential와 유동 전위streaming potential를 측정할 수 있었다. 쓸개가 이온과 물을 운반하는 동안 전압을 발생시키 않았을 뿐이었다. 거기에는 분명한 이유가 있었다. 당시 알려진 이온 등을 운반하는 상피조직 중 유일하게 쓸개만이 양이온과 음이온을 똑같은 정도로 운반해서 순전하net charge를 운반하지 않았고, 따라서 전압도 발생하지 않았던 것이다.

내 연구 결과에 다른 생리학자들도 관심을 보였다. 물론 나 자신도 행복하기 그지없었다. 쓸개 연구가 성공하자 다른 과학자들에게 인정받겠다는 허영심에 대한 철학적 의혹도 싹 사라졌다. 결국 나는 케임브리지에서 4년을 보냈고 박사학위를 받았다. 미국에 돌아와서는 유명한 대학교(처음에는 하버드, 그 후에는 UCLA)에서 교수직을 얻어 연구를 계속하며 생리학을 가르쳤고 성공한 생리학자가 되었다.

앞의 사례는 내가 직업 선택과 관련해 처음 마주한 위기였고 개인적 위기의 전형이었다. 물론 그 위기가 삶에서 겪은 마지막 위기는 아니었다. 1980년과 2000년경에는 연구 방향의 전환과 관련한 두 번의 작은 위기가 있었다. 또 결혼하고 7년 반 후 이혼이라는 심각한 위기도 겪었다. 여하튼 직업과 관련해서 내가 맞닥뜨린 첫 위기는 세부 사항에서 유일무이한 것이었다. 동시통역사가 되려고 쓸개에 대한 생리학적 연구를 포기할까 고민한 사람이 세계 역사에서 또 있겠는가? 그러나 뒤에서 언급하겠지만 포괄적 관점에서 보면 1959년의 내 위기가 제기한 쟁점은 개인적 위기의 전형 자체였다.

궤적

1959년 내가 개인적으로 위기를 겪었듯 이 책을 읽는 독자도 개인의 위기에 해당하는 격변을 이미 경험했거나 앞으로 경험하게 될 것이다. 만약 지금 위기의 한복판에 있더라도 위기를 학문적으로 정의하려고 고심할 필요는 없다. 스스로 위기를 맞았다는 걸 분명히 알게 될 테니 말이다. 위기가 지나가고 훗날 그 위기를 되돌아볼 여유가 생긴다면 당시를 회고하며 위기는 "일반적 대처법과 문제 해결법으로는 극복할 수 없는 중대한 도전에 직면한 상황"이라 정의할 수 있을 것이다. 위기가 닥치면 당신은 새로운 대처법을 찾아내려 발버둥 치고, 내가 그랬던 것처럼 당신의 정체성과 가치관과 세계관에 의문을 품을 것이다.

물론 개인의 위기는 형태와 원인에 따라 제각각이고 궤적도 다르다. 예컨대 사랑하는 사람의 갑작스러운 죽음, 예고 없는 해고, 중대한 사고와 자연재해처럼 예상하지 못한 충격의 형태를 띠는 위기가 있다. 그리고 그에 따른 상실이 위기를 촉발한다. 배우자를 잃었다는 상실 자체가 위기의 원인이기도 하지만, 세상은 공평하다는 믿음이 산산조각 나며 정서적 고통이 밀려오기 때문이기도 하다. 코코넛 그로브 나이트클럽 화재로 사망하거나 다친 피해자의 친척과 절친한 친구도 마찬가지였다. 한편 문제가 천천히 곪을 대로 곪다가 터지며 위기가 발생하는 경우도 있다. 결혼 생활의 파탄, 자신이나 사랑하는 사람의 중대한 만성질환, 돈이나 경력과 관련한 문제가 대표적인 예이다. 또 청소년기와 중년 그리고 은퇴 이후와 노년처럼 삶의 중대한 전환기에 닥치는 위기, 즉 발달적 위기도 있다. 예컨대 중년의 위기를 맞으면 대부분 황금기가 끝났다고 생각하며 남은 삶을 만족스럽게 보낼 목표를 찾아내려고 고심한다.

이처럼 개인의 위기는 다양한 형태를 띤다. 개인의 위기를 촉발하는 가장 흔한 원인 중 하나는 인간관계이다. 절친한 관계 혹은 부부라도 불화와 불만이 쌓이고 쌓이면 그 관계를 지속해야 하는지 의문이 들게 마련이다. 또 이혼은 당사자를 이런 의문에 빠지게 한다. 대체 내가 무엇을 잘못했지? 왜 그 사람이 나를 떠나려고 하는 걸까? 배우자를 선택하는 데 내가 그처럼 실수한 이유가 무엇일까? 다음에는 다른 선택을 할 수 있을까? 그런데 나에게 다음이란 기회가 있기나 할까? 가장 가깝고 내가 선택한 사람과도 관계를 유지하지 못하면서 내가 제대로 할 수 있는 게 무엇일까?

인간관계 외에 사랑하는 사람의 죽음과 질병도 개인의 위기를 촉발하는 주원인이다. 자신의 건강과 경력과 재정적 상태가 역행할 때도 마찬가지이다. 종교도 개인을 위기로 몰아넣는 많은 원인 중 하나이다. 평생 신을 신실히 믿던 사람이 갑자기 의혹에 빠질 수 있고, 반대로 전혀 신을 믿지 않던 사람이 종교에 심취하기도 한다. 그러나 원인이 무엇이든 모든 개인의 위기에 공통점이 있다면, 현재 삶의 방식에서 중요한 것이 제대로 작동하지 않기 때문에 새로운 방법을 찾아내야 한다는 절박감이다.

다른 사람들도 그렇겠지만 내가 개인의 위기에 관심을 가진 이유는 간단하다. 내가 직접 위기를 경험했기 때문이기도 하지만 친구와 친척에게 닥친 위기를 목격했기 때문이기도 하다. 그 지극히 평범한 개인적 동기가 임상심리학자이던 아내 마리 덕분에 더욱 강화되었다. 우리가 결혼한 첫해, 마리는 지역 정신보건센터에서 수련을 받았다. 심리적 위기에 빠진 지역민에게 단기적인 심리 치료를 제공하는 지역 정신보건센터였고, 환자들은 혼자 해결할 수 없는 문제에 압도된 상태에서 그곳을 방문하거나 전화를 걸어 도움을 받곤 했다. 보건센터 문이 열리고 환자가 들어오기 전까지, 또 전화벨이 울리고 환자가 푸념을 늘어놓기 전까지 상담사는 그 환자가 어떤 문제에 직면해 있는지 알지 못한다. 그러나 상담사는 과거의 상담 사례를 근거로 환자가 개인적으로 중대한 위기에 빠졌고, 기존의 대처법으로는 이겨낼 수 없다고 스스로 인정함으로써 유발된 위기라는 것을 알 수 있다.

정신보건센터가 심리적 위기에 빠진 환자와 상담한 결과는 무척 다양하다. 자살을 시도하거나 자살하는 경우처럼 안타까운 사례는 없었지만, 자신에게 적합한 새로운 대처법을 찾아내지 못하는 환자가 적지 않았다. 그들은 과거의 방식으로 되돌아가고 결국 슬픔과 분노와 좌절의 포로가 된다. 최선의 결과라면 환자가 기존 방식보다 더 나은 새로운 대처법을 찾아내 예전보다 더 강한 존재로 거듭나는 것이다. 이런 결과는 '웨이-지'로 발음되며 crisis를 뜻하는 중국 문자 危機에도 반영되어 있다. 웨이危는 '위험'을 뜻하고, 지機는 '중대한 시점, 임계점, 기회'를 뜻한다. 독일 철학자 프리드리히 니체Friedrich Nietzsche(1844~1900)도 "우리를 죽이지 않는 것은 예외 없이 우리를 더 강하게 만든다"라는 재밌는 말로 비슷한 생각을 피력했다. 또 윈스턴 처칠Winston Churchill(1874~1965)의 "좋은 위기를 헛되이 보내지 마라!"라는 경구도 마찬가지이다.

갑자기 중대한 위기에 빠진 사람을 돕는 이들의 반복된 관찰에 따르면 약 6주 내에 어떤 형태로든 결과가 나타난다. 그 짧은 과도기에 우리는 그때까지 소중히 간직하던 믿음에 의문을 제기하며 상대적으로 안정적이던 과거보다 개인적 변화를 더 적극적으로 받아들인다. 우리가 더 오랫동안 슬픔과 고통에 시달리거나 실직한 상태에서 분노할 가능성도 있지만, 아무런 대처법도 생각하지 않고 6주 이상을 보내지는 않는다는 뜻이다. 약 6주의 시간 내에 우리는 궁극적으로 더 나은 새로운 대처법을 탐색하거나 오히려 부적절한 새로운 대처법을 시도할 수도 있으며, 과거의 부적절한 대처법으로 자연스레 되돌아갈 수도 있다.

물론 갑자기 닥친 위기에 대한 이런 관찰이 우리 삶을 '(1) 충격을 받으면 자명종을 6주 후에 울리도록 설정한다, (2) 과거의 대처법으로는 부족하다는 걸 인정한다, (3) 새로운 대처법을 탐색한다, (4) 자명종이 울리면 위기를 해결하는 데 성공해서 그 이후 행복하게 살거나 그렇지 않으면 포기하고 과거로 돌아가야 한다'라는 식으로 단순화할 수 있다는 뜻은 아니다. 오히려 많은 삶이 급격히 변하지 않고 점진적으로 변한다. 또 문제가 위기로 확대되어 우리를 짓누르기 전에 그런 문제를 찾아내 해결하는 경우도 많다. 위기가 갑작스레 닥친 경우에도 회복은 서서히 오랫동안 진행될 수 있다. 특히 중년의 위기가 그렇다. 이런저런 해결책이 마음에 들지 않아 불만이 급격히 폭발하지만 새로운 해결책이 효과를 발휘하려면 시간이 오래 걸릴 수 있기 때문이다. 그렇다고 위기가 항상 반드시 해결되는 것은 아니다. 예컨대 심각한 불화를 그럭저럭 해결하며 이혼을 피하는 부부의 경우, 불화의 원인을 근본적으로 해결하지 않아 똑같은 문제나 유사한 문제로 반복해서 씨름해야 할 것이다. 또 내가 그랬듯 누구나 어떤 위기를 해결했더라도 다시 새로운 문제에 부딪히고 새로운 위기를 맞닥뜨릴 수 있다. 그러나 위기 형태는 다양하더라도 위기를 통과하는 과정은 내가 대략 묘사한 것과 크게 다르지 않다.

위기의 처리

심리 치료사는 위기에 빠진 사람을 어떻게 대해야 할까? 장기적인 심리 치료라는 전통적 방법은 당면한 문제의 근본 원인을 찾아내기 위해 어린 시절의 경험에 초점을 맞추는 경우가 많으므로 효과를 기대하기까지 속도가 무척 느리기에 위기 상황에서는 부적절하다. 그러나 '위기 치료crisis therapy'는 현재의 위기 자체에 초점을 맞춘다. 위기 치료법을 처음으로 시도한 사람은 독일계 정신분석학자 에리히 린데만Erich Lindemann(1900~1974)이었다. 코코넛 그로브 화재가 일어난 직후 보스턴의 병원들은 중상을 입고 죽어가는 환자의 목숨을 구하기 위한 의학적 문제만이 아니라 훨씬 더 많은 생존자와 친척, 친구의 슬픔과 죄책감을 다루어야 하는 심리 문제와도 씨름해야 했다. 그들은 그런 불행을 허락한 세상을 원망하며 심리적 혼란에서 벗어나지 못했고, 사랑하는 사람은 화상과 질식과 압사로 끔찍하게 죽었는데 자신은 여전히 살아 있다는 죄책감에 시달렸다. 예컨대 한 남자는 아내를 코코넛 그로브 나이트클럽에 데려가 죽게 만들었다고 자책하며 죄책감에 빠졌는데, 결국 아내와 함께하겠다며 창문에서 뛰어내렸다. 의사들이 화상 환자를 치료하는 동안 심리 치료사들은 화재로 인한 심리적 피해자를 어떤 방법으로 도울 수 있었을까? 이 의문은 코코넛 그로브 화재가 심리 치료법에 제기한 위기였고, 그 화재는 결국 위기 치료의 탄생을 앞당긴 사건이 되었다.

정신적 충격을 받은 많은 피해자를 돕기 위해 안간힘을 쓰던 린데만은 오늘날 위기 치료라 불리는 새로운 기법을 개발했다. 그 기법은 코코넛 그로브 화재의 피해자에게만 아니라 내가 앞서 언급한 다른 유형의 급격한 위기에도 곧바로 적용되었다. 1942년 이후로 수십 년 동안 다른 심리 치료사들도 위기 치료법을 꾸준히 탐구했고, 그 방법들은 마리가 수련을 받은 정신보건센터를 비롯해 많은 병원에서 시행·교육하고 있다. 위기 치료법은 급격한 위기가 대략 6주 내에 어떤 형태로든 마무리된다는 점에서 주 1회씩 대략 여섯 번의 상담으로 이루어지는 단기적 요법이다. 치료법은 계속 발전했지만 이런 상담 과정은 변하지 않은 기본 핵심이다.

처음 위기 상태에 빠지면 누구나 삶에서 모든 것이 잘못된 듯한 기분에 사로잡힌다. 그렇게 좌절에 빠진 상태에서는 한 번에 하나씩 문제를 해결해나가기 쉽지 않다. 따라서 첫 상담에서 심리 치료사의 일차적 목표는 '울타리 세우기building a fence'라 일컫는 방법을 동원해 그런 마비를 해소하는 것이다. 우리가 혼자 혹은 친구의 도움을 받아 위기 극복을 시도하는 경우에도 마찬가지이다. 달리 말하면 위기가 진행되는 동안 실제로 잘못된 것을 구체적으로 찾아내 "내 문제는 이 울타리 안쪽에 있어. 바깥쪽에 있는 것들은 모두 정상이고 전혀 문제가 없어!"라고 말할 수 있어야 한다. 이렇게 문제를 명확히 규정하고 그 주변에 울타리를 세우면 그것만으로도 많은 사람이 곧바로 안도감을 느낀다. 다음 단계에서 심리 치료사는 환자가 울타리 안쪽의 문제에 대응하는 다양한 방법을 찾아내도록 도움을 준다. 환자는 그렇게 '선택적 변화'를 시작한다. 얼핏 생각하면 전체적인 변화가 필요할 듯하지만, 그런 변화는 애초부터 불가능하고 환자에게 압박감만 더해줄 뿐이다. 하지만 선택적 변화는 얼마든지 가능하다.

첫 상담에서는 울타리를 세우는 작업 이외에 "왜 하필이면 지금인가?"라는 의문도 종종 다룬다. 구체적으로 풀이하면 "하필이면 '오늘' 정신보건센터를 찾아와 도움을 구하기로 마음먹은 이유가 무엇인가? 좀 더 일찍 위기를 인식하거나 아예 위기를 느끼지 못할 수도 있었을 텐데 '지금' 위기감을 느낀 이유는 무엇인가?"와 같은 질문이다. 코코넛 그로브 화재처럼 하나의 예기치 못한 충격적 사건에서 비롯된 위기의 경우에는 환자에게 이렇게 물을 필요가 없다. 그 답이 자명하기 때문이다. 그러나 서서히 축적되다가 급기야 폭발한 위기, 10대와 중년처럼 삶의 단계와 관련한 발달적 위기의 경우에는 그 답이 명확하지 않다.

예를 들어 남편이 불륜을 저지르고 있어 정신보건센터를 찾은 여인이 있다고 하자. 그런데 상담 결과에 따르면 그녀는 남편이 불륜을 범하고 있다는 걸 오래전부터 알고 있었다. 왜 그녀는 한 달 전이나 1년 전이 아니고 오늘에야 도움을 구하려고 마음먹은 것일까? 남편이 불쑥 내뱉은 한마디 혹은 과거의 유의미한 무엇인가를 떠올리게 한 지극히 사소한 사건이 그녀가 '최후의 한계'로 붙들고 있던 것을 던져버리고 상담소를 찾아오게 만든 직접적 원인일 수 있다. 환자가 "왜 하필이면 지금인가?"라는 질문에 대한 답을 모르는 경우도 적지 않다. 그러나 어떻게든 그 답을 찾아내면 환자나 심리 치료사 혹은 둘 모두에게 위기를 이해하는 데 도움이 될 수 있다. 1959년 내가 직업 선택을 두고 겪은 위기는 반년 동안 곪았던 것이지만, 1959년 8월 첫 주에야 '지금'이 된 이유는 부모를 만나 내가 대학원 2년 차를 위해 케임브리지 생리학 실험실로 돌아가야 하는가를 솔직히 물었기 때문이다.

물론 단기적 위기 치료가 개인의 위기에 대처하는 유일한 방법은 아니다. 내가 여기에서 단기적 위기 치료를 다룬 이유는 한시적인 6주간의 치료가 국가적 위기에 대처하는 방법과 유사하기 때문이 아니다. 국가의 위기는 단기적인 여섯 단계로 문제를 논의한다고 해결되는 것이 아니다. 그런데도 내가 단기적 위기 치료를 강조한 이유는 개인적으로 상당한 경험을 축적하고 관찰한 결과를 공유하는 심리 치료사들의 전문 분야이기 때문이다. 그들은 결과에 영향을 미치는 요인에 대해 서로 의견을 교환하고 논문과 책을 발표하는 데 많은 시간을 투자한다. 마리가 위기 치료를 담당하는 정신보건센터에서 수련을 받는 동안 거의 매주 나는 마리에게 심리 치료에 대한 이야기를 귀에 딱지가 앉도록 들었다. 그때의 경험에 비추어보면 국가적 위기의 결과에 영향을 미치는 것으로 검토할 만한 가치를 지닌 요인을 찾아내는 데는 심리 치료사의 방법을 빌리는 것도 유용한 듯하다.

결과와 관련한 요인

위기 치료사들은 지금까지의 경험을 바탕으로 개인적 위기를 해결하는 데 도움이 될 요인을 12가지 찾아냈다(표 1). 치료를 시작할 때 혹은 그 이전에도 반드시 필요한 서너 가지 요인을 필두로 그 요인들을 차례로 살펴보자.

1. 위기 상태의 인정

자신이 위기에 빠졌다는 걸 인정해야 치료를 받기 위해 병원을 찾는다. 이를 인정하지 않으면 누구도 병원을 찾지 않을 것이고, 병원을 찾지 않으면 위기 해결을 위한 어떤 조치도 시작되지 않을 것이다. 물론 위기 상태를 인정하기까지 오랜 시간이 걸릴 수 있지만 "그래, 나한테 문제가 있어!"라고 인정할 때까지는 그 문제의 해결을 위한 진전이 있을 수 없다. 내 경우에도 1959년 위기의 해결은 내가 대학원에 진학하기 전까지 항상 우수한 성적을 거두었음에도 실험실 과

표 1. 개인적 위기의 결과와 관련한 요인

1. 위기 상태의 인정
2. 무엇인가 해야 한다는 개인적 책임의 수용
3. 울타리 세우기. 해결해야 할 개인적 문제를 규정하기 위한 조건
4. 다른 사람과 지원 단체의 물질적이고 정서적인 지원
5. 문제 해결 방법의 본보기로 삼을 만한 다른 사람의 사례
6. 자아 강도
7. 정직한 자기평가
8. 과거에 경험한 위기
9. 인내
10. 유연한 성격
11. 개인의 핵심 가치
12. 개인적 제약으로부터 해방

학자로서는 실패자라는 걸 인정한 순간부터 시작되었다.

2. 무엇인가 해야 한다는 개인적 책임의 수용

그러나 "나한테 문제가 있어!"라고 인정하는 것만으로는 충분하지 않다. 그 후에는 대부분이 "하지만 내 문제는 다른 사람 때문에 생긴 거야. 그 사람 때문에, 외부 요인 때문에 내가 이렇게 불행한 거야!"라는 핑계를 덧붙인다. 이처럼 피해자 역할을 자처하는 경향, 즉 자기 연민은 사람들이 개인적 문제의 해결을 피하려고 내세우는 가장 흔한 무기이다. 따라서 우리가 "나한테 문제가 있어!"라고 인정한 후 넘어야 할 또 하나의 장애물은 그 문제를 해결하려는 책임을 떠맡는 것이다. "그래, 외부 요인도 있고 다른 사람도 있어. 하지만 그들이 나

는 아니잖아. 내가 그 사람들을 바꿀 수도 없고. 내 행동을 완전히 통제할 수 있는 사람은 나밖에 없어. 외부 요인과 다른 사람이 변하기를 바라면 그들이 바뀌도록 유도하는 것도 내 책임이야. 그렇게 하려면 나부터 행동하고 대응하는 태도가 달라져야 하겠지. 내가 먼저 변하지 않으면 그들도 자발적으로 변하지 않을 거야."

3. 울타리 세우기

위기를 인정하고 그 위기를 해결하기 위해 무엇인가 해야 한다는 책임을 받아들인 후 위기치료센터를 방문하면 첫 상담은 '울타리 세우기'라는 단계에 집중한다. 해결해야 할 문제를 찾아내고 자세히 묘사하는 단계이다. 위기를 맞은 사람이 문제가 무엇인지 알아내지 못하면 자신에게 결함이 많다고 생각해 무력감에 빠질 수 있다. 이런 실패를 예방하려면 핵심적인 질문을 자신에게 해야 한다. 당신의 어떤 부분이 아직 제대로 기능하고 있는가? 변할 필요가 없는 부분과 계속 고수해야 할 부분은 무엇인가? 새로운 것으로 교체하기 위해 무엇을 버릴 수 있고, 버려야 하는가? 뒤에서 살펴보겠지만 이런 '선택적 변화'는 위기에 빠진 국가의 재평가에서도 반드시 필요하다.

4. 다른 사람과 지원 단체의 물질적이고 정서적인 지원

위기를 극복한 사람은 친구 혹은 관련 단체의 물질적·정서적 지원이 큰 역할을 했다고 이구동성으로 증언한다. 암 환자, 알코올의존증 환자, 마약의존증 환자 등의 경우 그들을 지원하는 제도화된 협력단체의 도움도 다를 바 없다. 물질적 지원의 대표적 예로는 파경을 맞은 사람이 임시로 거주할 수 있도록 제공하는 쉼터가 있다. 위기에 처한 사람은 문제 해결 능력이 일시적으로 저하되기 때문에 대신 냉정하게 판단해주는 서비스를 제공하거나, 정보와 새로운 직업 및 새로운 동반자를 구하고 양육 문제를 해결하는 데 실질적 편의를 제공하는 것도 물질적 지원의 한 방법일 수 있다. 한편 정서적 지원으로는 푸념을 묵묵히 들어주고 쟁점을 명확히 규정하는 데 도움을 주며, 일시적으로 상실한 희망과 자신감을 되찾도록 지원하는 방법이 있다.

도움의 요청은 위기를 해결하기 위한 첫걸음이다. 위기치료센터를 찾은 환자는 도움이 필요하다는 걸 깨달았기에 찾아온 것이다. 한편 위기에 처한 사람이 위기치료센터를 방문하지 않는다고 전혀 도움을 청하지 않는 것은 아니다. 오히려 좀 더 일찍 혹은 나중에 누군가에게 도움을 요청할 수 있다. 물론 주변에 전혀 도움을 요청하지 않는 경우도 있다. 주변의 도움 없이 위기를 극복하려는 시도는 고생을 자초하는 무모한 짓이지만 이런 고생을 묵묵히 겪는 사람도 적지 않다. 위기치료센터 밖에서 도움을 요청한 사례로 내 경우를 들어보자. 첫 아내가 이혼하고 싶다고 말하며 나에게 큰 충격을 주었을 때였다. 며칠 동안 나는 절친한 친구 네 명에게 전화를 걸어 속내를 털어놓았다. 네 명 모두 내 상황을 이해하고 측은지심을 감추지 않았다. 세 친구는 이미 이혼한 상태였고 한 친구는 삐걱거리던 결혼 생활을 힘겹게 극복한 뒤였기 때문이다. 내 경우에는 그렇게 도움을 요청했어도 궁극적으로는 이혼을 피하지 못했지만, 도움 요청이 관계를 재검토하고 결국 행복한 재혼에 성공하는 오랜 과정의 첫걸음이었다는 게 입증되었다. 절친한 친구들에게 속내를 털어놓자, 나만이 결함 있는 존재가 아니고 나도 결국 그들처럼 다시 행복해질 수 있다는 자신감을 얻었다.

5. 문제 해결 방법의 본보기로 삼을 만한 다른 사람의 사례

다른 사람에게 도움을 청하는 이유는 그의 가치관을 대안적 대처법의 본보기로 여기기 때문이다. 위기를 이겨낸 사람이면 누구나 동의하겠지만, 유사한 위기를 무사히 견뎌냈고 성공한 대처법을 지닌 까닭에 모방하고 본보기로 삼을 만한 사람을 알고 있다는 사실 자체가 커다란 이점이다. 언제라도 대화를 나눌 수 있고 우리가 당면한 것과 유사한 문제를 어떻게 해결했는지 가감 없이 가르쳐줄 친구가 있다면 가장 이상적일 것이다. 그러나 우리가 사적으로 모르는 사람, 즉 글과 소문으로만 삶과 대처법이 알려진 사람도 본보기가 될 수 있다. 예컨대 이 책을 읽는 독자는 넬슨 만델라Nelson Mandela(1918~2013)와 엘리너 루스벨트Eleanor Roosevelt(1884~1962), 윈스턴 처칠을 개인적으로 모를 것이다. 하지만 개인의 위기를 해결하기 위한 본보기로 그들의 사례를 활용하는 사람에게 그들의 전기나 자서전은 영감과 감화를 줄 수 있다.

6. 자아 강도

심리학에서 '자아 강도'라 일컫는 요인은 위기에 대처할 때 중요한 동시에 사람마다 정도의 차이가 있다. 자아 강도는 자신감과 관계가 있지만 의미의 폭이 훨씬 더 넓다. 자아 강도는 다른 사람에게 인정받으려 발버둥 치지 않고 생을 위해 자의식과 목적의식으로 무장해 다른 사람에게 의존하지 않는 독립된 자아로서 존재한다는 뜻이다. 자아 강도에는 격한 감정을 견뎌낼 수 있는 능력, 압박감을 받으면서도 집중력을 유지하는 능력, 자신의 의견을 자유롭게 표현하고 현실을 정확히 인식하며 건전한 결정을 내릴 수 있는 능력이 포함된다.

이런 능력들은 서로 관련이 있으며, 위기 상황에서 종종 야기되는 지독한 두려움을 극복하고 새로운 해결책을 모색하는 데 반드시 필요하다. 자아 강도는 어린 시절에 발달하기 시작한다. 특히 자녀를 독립된 존재로서 있는 그대로 인정하며 자녀에게 부모의 꿈을 강요하지 않고, 실제보다 더 점잖거나 더 패기 있게 행동하기를 요구하지 않는 부모 밑에서 자랄 때 자아 강도가 발달한다. 또 자녀가 원한다고 무엇이든 밀어주지 않고 반대로 자녀가 원하는 것을 무작정 빼앗지 않음으로써 자녀에게 좌절을 견뎌내는 법을 가르치는 부모 밑에서도 자아 강도가 발달한다. 이런 모든 배경이 자아 강도를 형성하며 궁극적으로는 우리가 위기를 헤쳐나갈 수 있도록 돕는다.

7. 정직한 자기평가

이 요인은 자아 강도와 관련 있지만 따로 떼어 언급할 만한 가치가 있다. 위기를 맞은 사람이 올바른 선택을 하려면 고통스럽더라도 정직한 자기평가가 반드시 필요하다. 자신의 강점과 약점, 제대로 작동하는 부분과 그렇지 않은 부분을 정확히 평가하는 경우에만 강점을 유지하고, 약점을 새로운 대처법으로 교체하며 선택적 변화를 시도할 수 있기 때문이다. 위기의 해결에서 정직의 중요성은 새삼스레 언급할 필요가 없을 정도로 명백하지만 많은 사람이 이런저런 이유로 자신에게 정직하지 못한 게 사실이다.

정직한 자기평가라는 요인은 나의 1959년 위기를 악화시킨 중대한 원인 중 하나였다. 나는 어떤 면에서는 내 능력을 지나치게 과신한 반면 어떤 면에서는 지나치게 과소평가했다. 언어를 좋아하는 성향을 언어능력으로 과대평가한 탓에 나에게 동시통역사가 되기에 충분한 능력이 있는 것으로 착각했다. 그러나 언어를 좋아하는 성향만으로는 훌륭한 동시통역사가 되기에 충분하지 않다는 걸 깨달았다. 미국에서 성장한 까닭에 나는 열한 살 이후에야 외국어를 구어로 배우기 시작했다. 게다가 비영어권 국가에서 거주한 적이 없어 스물세 살이 되어서야 첫 외국어로 독일어를 원만하게 구사할 수 있었다. 이렇게 상대적으로 늦은 나이에 다른 언어로 말하기 시작했기에 내가 가장 능숙하게 구사하는 언어들에서도 미국식 억양이 남아 있다. 영어가 아닌 두 언어를 신속하게 뒤바꿀 수 있게 된 것도 칠순을 넘긴 뒤였다. 그러나 동시통역사가 되려면 여덟 살에 이미 여러 언어를 능숙하게 구사하고 쉽게 변환하는 능력을 지닌 스위스 태생의 통역사들과 경쟁해야 했다. 결국 "나는 통역사로서 스위스 사람들과 얼마든지 경쟁할 수 있을 거라는 착각에 빠져 있었다"라는 걸 인정할 수밖에 없었다.

1959년 위기에서 내가 스스로를 과소평가하며 자기평가를 잘못한 부분은 과학적 연구와 관련 있는 것이었다. 테크놀로지 측면에서 까다로운 문제를 해결하지 못했다는 이유로, 즉 전기뱀장어의 세포막을 통과하는 이온의 흐름을 제대로 측정하지 못했다는 이유로 나에게는 과학적 재능이 없다고 일반화하는 잘못을 저질렀다. 그러나 나는 쓸개의 무게를 측정하는 단순한 방법으로 쓸개에서 이동하는 물의 양을 완벽하게 측정할 수 있었다. 그로부터 60년이 지난 지금도 나는 과학 연구에서 지극히 단순한 테크놀로지만 사용한다. 내게는 단순한 테크놀로지로 해결할 수 있는 중요한 과학 문제를 기막히게 알아내는 재주가 있다. 여하튼 지금도 나는 47개의 버튼이 달린 리모컨으로 텔레비전을 켜지 않는다. 최근에 구입한 아이폰에서도 지극히 단순한 기능만 사용할 줄 안다. 컴퓨터가 필요한 작업에는 철저히 비서와 아내에게 의존한다. 나는 복잡한 테크놀로지가 필요한 연구 프로젝트—예컨대 상피세포에서 전류의 전달에 대한 분석, 세포막 이온 통로에서의 잡음 분석, 짝을 이룬 조류 분포의 통계적 분석—를 수행해야 할 때마다 운 좋게도 이런 유형의 분석에 능숙하면서도 나와 능동적으로 협력하려는 동료들을 만나곤 했다.

이런 과정을 거친 뒤에야 나는 내가 할 수 있는 것과 할 수 없는 것을 정직하게 평가하는 방법을 터득했다.

8. 과거에 경험한 위기

과거 어떤 위기에 성공적으로 대처한 경험이 있다면 그 경험은 이번에 닥친 새로운 위기도 해결할 수 있을 것이란 자신감을 북돋아 준다. 반면 과거의 위기를 제대로 극복하지 못했다면 어떤 수를 쓰더라도 이번 역시 성공하지 못할 것이란 무력감에 빠질 수 있다. 일반적으로 위기는 중·장년보다 청년과 청소년에게 더 큰 충격을 주기 때문에 과거의 경험이 중요하다. 친밀한 관계의 붕괴는 어떤 연령층에나 큰 충격을 주지만, 특히 가까운 관계의 해체는 엄청나게 파괴적인 영향을 미친다. 이런 관계의 붕괴가 또 닥치면 무척 고통스러우나 과거에 비슷한 고통을 극복한 기억을 되살리기 마련이다. 1959년의 위기는 내가 삶의 과정에서 처음 겪은 위기였기에 특히 충격적이었다. 그 위기에 비하면 1980년과 2000년의 위기는 그다지 충격적이지 않았다. 1980년 나는 세포막생리학에서 진화생리학으로 연구 방향을 전환했고, 2000년 이후에는 생리학에서 지리학으로 전환했다. 과거의 경험을 통해 결국 괜찮아질 것이라 확신했기에 그런 결정으로 마음이 괴롭지는 않았다.

9. 인내

불확실성과 애매모호함 혹은 변화 시도의 실패를 용납하는 마음가짐, 즉 인내심도 고려해야 할 요인이다. 위기에 빠진 사람이 첫 시도에서 완벽한 대처법을 찾아낼 가능성은 거의 없다. 위기를 해결하기 위해 다양한 방법을 시도하고 어떤 방법이 성격과 맞아떨어지는지 시험해봐야 한다. 최종적으로 합당한 해결책을 찾아낼 때까지 그 과정을 몇 번이고 끈기 있게 시도한다. 불확실성과 실패를 용납하지 않는 사람, 탐색을 성급히 포기하는 사람은 친화적인 새로운 대처법을 찾아낼 가능성이 상대적으로 떨어진다. 이런 이유에서 아버지가 파리의 공원 벤치에 앉아 "케임브리지로 돌아가 생리학을 연구하는 데 반년을 더 투자하지 못할 이유가 있니?"라며 건넨 자상한 조언은 나에게 구명조끼처럼 느껴졌다. 나 혼자서는 생각해내지 못한 해결책이었다. 이렇게 아버지는 나에게 인내심의 소중함을 일깨워주었다.

10. 유연한 성격

선택적 변화를 통해 위기를 극복하는 데는 경직되고 융통성 없는 성격보다 유연한 성격이 더 낫다. '경직성'은 하나의 방법밖에 없다는 완고한 믿음을 뜻한다. 이는 다른 방법의 탐색을 방해하고, 과거에 실패한 접근법을 성공적인 새로운 접근법으로 교체하려는 시도를 방해하는 장애물이다. 경직성과 완고성은 과거에 겪은 학대와 정신적 외상의 후유증일 수도 있고, 가족의 규범에 어긋나는 행동을 허용하지 않는 양육법의 결과일 수도 있다. 한편 유연한 성격은 성장 과정에서 스스로 선택하는 권리를 허락받은 자유에서 비롯될 수 있다.

내 경우에는 열대우림에 서식하는 조류를 연구하려고 뉴기니섬을 스물여섯 살부터 방문한 덕분에 유연한 성격을 뒤늦게라도 갖춘 듯하다. 상세한 계획을 세워도 뉴기니에서는 거의 모든 일이 예정대로 진행되지 않는다. 하늘과 강과 육지의 교통수단이 시시때때로 고장 나거나 추락하고 가라앉는다. 지역민과 정부 관리도 예상대로 행동하지 않고 지시를 내려도 소용이 없다. 다리와 철로는 무용지물이며 산은 지도에 그려진 위치에 있지 않다. 이 밖에도 제대로 돌아가지 않는 것이 무수히 많다. 뉴기니를 방문하기 전에 X부터 시작하겠다고 마음먹지만 그곳에 도착하면 X의 시행이 불가능하다는 걸 깨닫는다. 따라서 유연하게 처신할 수밖에 없다. 즉, 현장에서 새로운 계획을 즉흥적으로 세워야 한다. 마리와 내가 아이를 낳았을 때, 뉴기니에서 새를 관찰하며 겪은 이러한 경험이 좋은 아버지가 되기 위한 유익한 준비 과정이었다고 생각했다. 자식은 예측할 수 없고 지시를 제대로 따르지 않는 존재이니 부모는 유연하게 대처할 수밖에 없지 않은가.

11. 개인의 핵심 가치

역시 자아 강도와 관련 있는 또 하나의 요인은 핵심 가치core value이다. 자신의 정체성을 규정하는 데 가장 중요한 기준이 되는 믿음을 뜻한다. 또 종교와 가족에 헌신하는 마음처럼 도덕률과 인생관의 기초를 이루는 것도 핵심 가치라 할 수 있다. 위기에 맞닥뜨리면 선택적 변화를 받아들일 때 기준을 어디에 두느냐를 먼저 결정해야 한다. 다시 말해 어떤 핵심 가치를 타협의 대상이 아니라고 생각하며 끝까지 고수할 것인지 알아내야 한다. "죽어도 '그것'을 바꿀 수는 없어!"라고 다짐할 만한 핵심 가치는 무엇인가? 예컨대 많은 사람이 가족애와 종교, 정직성을 결코 양보할 수 없는 핵심 가치라 생각한다. 위기에서 벗어나려고 가족을 배신하지 않은 사람, 거짓말하지 않고 종교를 바꾸지 않은 사람, 도둑질하지 않은 사람을 우리는 존경하는 편이다.

그러나 위기로 말미암아 전에는 타협할 수 없는 것으로 여기던 가치가 다시 고려 대상이 되어 회색 지대가 형성될 수 있다. 예컨대 이혼소송을 제기한 부부는 배우자에게 헌신하겠다는 맹세를 깨기로 결심한 것이다. 제2차 세계대전 때 나치의 강제수용소에서 포로들은 "도둑질하지 마라"라는 신의 명령을 포기해야 했다. 식량이 충분히 배급되지 않아 훔치지 않으면 생존 자체가 불가능했기 때문이다. 강제수용소에서 살아남은 많은 생존자가 신에 대한 믿음만으로는 수용소의 열악한 환경에서 견딜 수 없다고 생각한 까닭에 종교를 버렸다. 예컨대 아우슈비츠 생존자이며 위대한 이탈리아계 유대인 작가 프리모 레비Primo Levi(1919~1987)는 훗날 "아우슈비츠에서 겪은 참혹한 경험은 내가 교육받아 간직하던 종교의 유산을 깡그리 지워버리기에 충분했다. 아우슈비츠가 존재했고, 그곳에는 신이 존재할 수 없었다. 나는 그 딜레마를 해결할 방법을 찾아내지 못했다"라고 말했다.

따라서 핵심 가치 덕분에 위기를 해결하는 게 더 쉬워지기도 하지만, 그 때문에 더 어려워지기도 한다. 요컨대 개인 차원에서 핵심 가치는 명료성을 더해줄 수 있다. 그렇게 되면 자신의 일부를 바꾸려는 확신이 강해지고 깊어질 것이다. 반대로 핵심 가치가 변화한 환경에 적합하지 않다는 게 드러난 후에도 이를 고집하면 위기를 해결하기 힘들 수 있다.

12. 개인적 제약으로부터 해방

마지막으로 언급해야 할 요인은 선택의 자유이다. 당면한 문제와 책임에 얽매여 선택에 제약을 받아서는 안 된다는 뜻이다. 자식 등 다른 사람의 삶에 대한 과도한 책임을 짊어지거나 무척 까다로운 과제를 해내야 한다면, 또 시시때때로 물리적 위험에 노출된다면 새로운 해결책을 실험하기가 어렵기 마련이다. 그렇다고 부담을 짊어진 채 위기를 타파하는 게 불가능하다는 뜻은 아니지만 어려움이 더해지는 것은 사실이다. 1959년 내가 연구 과학자가 되기를 여전히 원하는가 하는 문제로 한참 고민할 때 선택의 자유를 방해할 만한 제약이 없었던 것은 그야말로 천운이었다. 오히려 미국 국립과학재단에서 장학금을 받아 학비와 생활비를 충당하며 케임브리지에서 수년간 더 머물 수 있었다. 또 케임브리지 생리학과도 나에게 시험을 통과해야 한다고 압박하지 않았다. 누구도 나에게 포기하라고 강요하지 않았다. 나 자신을 제외하면!

국가의 위기

지금까지 살펴본 요인들은 심리 치료사들이 개인적 위기의 결과에 영향을 미치는 것이라고 책에 밝히거나 구두로 나에게 알려준 것이다. 표 1에 정리한 요인을 활용해 국가의 위기에 대처한다면 어느 정도의 효용성을 기대할 수 있을까?

물론 국가가 개인이 아니라는 것은 애초부터 명백한 사실이다. 뒤에서 언급하겠지만 국가의 위기는 개인의 위기에서 나타나지 않는 리더십, 집단 의사 결정, 국가기관 등과 관련한 많은 문제를 야기한다.

한편 개인이 성장하고 살아가는 국가 및 준국가적 집단의 문화와 동떨어진 개인의 위기 대처법이 존재할 수 없다는 것도 명백한 사실이다. 이런 넓은 의미의 문화는 행동과 목표, 현실 인식과 문제 해결 등과 같은 개인의 특성에 지대한 영향을 미친다. 따라서 개인이 개인의 문제에 대처하는 방법과 개인으로 구성된 국가가 국가의 문제에 대처하는 방법에는 어떤 관계가 있지 않을까 짐작한다. 예컨대 자신을 수동적이고 무력한 피해자라 생각하지 않고 솔선해서 무엇인가를 하겠다는 책임 의식을 지니고, 위기를 정확히 파악·평가하며 도움을 구하고, 본보기에서 교훈을 얻겠다는 마음가짐은 개인과 국가 모두에 필요하다. 이 단순한 원칙들은 지극히 명백하지만 개인과 국가는 경쟁이라도 하듯 이 원칙들을 빈번하게 무시하거나 부정한다.

국가가 위기에 대처하는 방법 중 개인과 유사한 부분과 그렇지 않은 부분이 무엇인지 파악하기 위해서 이런 사고실험thought experiment을 생각해보자. 세계 곳곳에서 무작위로 선택한 개인을 비교하면 그들이 문화와 지리적 위치, 유전적 특징 등으로 분류되며 많은 이유에서 다르다는 것을 확인할 수 있다. 예컨대 1월의 어느 날 오후, 다섯 남자의 상의를 비교해보자. 한 명은 북극권의 전통적인 이누이트족이고, 두 명은 로스앤젤레스의 길거리를 돌아다니는 평범한 미국인이며, 한 명은 뉴욕의 사무실에 점잖게 앉아 있는 은행장이고, 마지막 한 명은 뉴기니의 저지대 열대우림에 거주하는 부족민이다. 지리적인 이유로 이누이트족은 모자가 달린 따뜻한 파카를 입고 있을 것이고, 미국인은 두꺼운 파카가 아니라 셔츠를 입었을 것이며, 뉴기니인은 아예 상의를 입지 않았을 것이다. 한편 문화적인 이유에서 은행장은 십중팔구 넥타이를 맸을 것이고, 로스앤젤레스의 두 남자는 넥

타이를 매지 않은 편안한 차림으로 거리를 거닐고 있을 것이다. 또 무작위로 선택한 까닭에 각자 다른 색의 셔츠를 입고 있을 수도 있다. 한편 상의가 아니라 머리카락의 색깔로 관심을 돌리면 유전적 요인도 고려 대상에 포함된다.

이번에는 이 다섯 사람이 핵심 가치에서 어떻게 다른지 생각해보자. 세 미국인 사이에도 개인적 차이가 있겠지만 이누이트족이나 뉴기니인보다는 그들끼리 핵심 가치를 공유할 가능성이 크다. 핵심 가치는 성장 과정에서 학습되기 때문에 한 사회의 구성원이 폭넓게 공유하는 문화적 특징의 일례에 불과하다. 그러나 여러 사회의 구성원들 사이에도 개인의 특성은 당연히 다르며, 그 차이는 지리적 이유로는 부분적으로만 설명되거나 전혀 설명되지 않는다. 만약 로스앤젤레스의 두 남자 중 한 명이 미국 대통령이라면 그의 문화적 핵심 가치, 예컨대 개인의 권리와 책임에 대한 가치관은 미국의 국가정책에 엄청난 영향을 미칠 것이다.

개인의 특징과 국가의 특징 사이에서 어떤 관련성을 찾아내려는 것이 이 사고실험의 목적이다. 개인은 하나의 국가 문화를 공유하며 국가의 결정은 궁극적으로 개인의 견해, 특히 국가 문화를 공유하는 지도자의 견해에 의존한다. 이 책에서 다룬 국가 중 칠레와 인도네시아와 독일에서 특히 지도자의 견해가 중요했던 것으로 밝혀졌다.

표 2는 국가적 위기의 결과와 관련해 이 책에서 다루는 12가지 요인을 정리한 것이다. 심리 치료사들이 개인적 위기의 결과와 관련한 것으로 인정한 요인을 정리한 표 1과 비교해보라. 두 표를 비교하면 양쪽 요인이 거의 비슷하다는 사실을 확인할 수 있다.

표 2. 국가적 위기의 결과와 관련한 요인

1. 국가가 위기에 빠졌다는 국민적 합의
2. 무엇인가 해야 한다는 국가적 책임의 수용
3. 울타리 세우기. 해결해야 할 국가적 문제를 규정하기 위한 조건
4. 다른 국가의 물질적이고 경제적인 지원
5. 문제 해결 방법의 본보기로 삼을 만한 다른 국가의 사례
6. 국가 정체성
7. 국가의 위치에 대한 정직한 자기평가
8. 역사적으로 과거에 경험한 국가 위기
9. 국가의 실패에 대처하는 방법
10. 상황에 따라 유연하게 대응하는 국가의 능력
11. 국가의 핵심 가치
12. 지정학적 제약으로부터의 해방

12가지 요인 중 일곱 가지가 거의 똑같다.

요인 1: 개인과 마찬가지로 국가도 위기에 처했다는 사실을 인정하거나 거부한다. 그러나 국가가 위기를 인정하려면 어느 정도의 국민적 합의가 필요하다. 그러나 개인의 경우에는 혼자 인정하거나 부정하는 것으로 충분하다.

요인 2: 문제 해결을 위해서 국가와 개인은 각각 국가의 책임과 개인의 책임을 인정해야 한다. 반대로 자기 연민에 빠지거나 다른 사람 또는 국가를 탓하고 피해자 역할을 떠안으며 책임을 부정하기도 한다.

요인 3: 국가는 울타리 세우기로 제도와 정책에서 선택적 변화를 시도한다. 달리 말하면 변화가 필요한 제도 및 정책과 변할 필요가 없는 부분을 구분한다. 마찬가지로 개인도 울타리 세우기로 자신의 특성에서 선택적 변화를 시도한다.

요인 4: 국가와 개인은 다른 국가와 개인으로부터 물질적이고 경제적인 지원을 받을 수 있다. 개인의 경우엔 정서적인 도움도 받을 수 있다.

요인 5: 제도와 정책에서 국가는 다른 국가를 본보기로 삼을 수 있다. 물론 개인도 다른 사람의 대처법을 본보기로 삼을 수 있다.

요인 7: 개인이 그렇듯 국가는 자신을 정직하게 평가하기도 하지만 그렇지 않기도 하다. 정직한 자기평가를 위해서는 국가의 경우 상당한 정도의 국민적 합의가 필요하다. 그러나 개인은 단독으로 자신을 평가할 뿐 다른 사람의 동의가 필요하지 않다.

요인 8: 국가는 역사적으로 과거에 위기를 경험한 적이 있으며, 개인은 개인의 위기를 개인적으로 기억한다.

한편 다음 두 가지 요인에서는 국가와 개인의 유사성이 일반적이거나 구체적이지 않다.

요인 9: 국가마다 실패에 대처하는 방법이 다르다. 처음으로 시도한 해법이 실패할 때 문제를 해결하기 위해 다른 방법을 모색하려는 의지도 국가마다 다르다. 예컨대 제1차 세계대전 후의 독일, 제2차 세계대전 후의 독일, 제2차 세계대전 후의 일본, 베트남전쟁 이후의 미국이 각각 군사적 패배에 어떻게 대응했는지 생각해보자. 그 국가들의 대처법은 현저히 달랐다. 한편 개인은 실패에 대한 관용에서 저마다 다르다. 개인의 경우 이런 특징은 '인내'로 지칭된다.

요인 12: 국가는 지리적 위치와 국부 및 군사력과 정치력을 이유로 선택의 자유에서 제약을 받는다. 개인도 양육 책임, 직업과 소득 등을 이유로 제약을 받는다. 선택의 자유에서 국가와 개인을 제약하는 원인은 완전히 다르다.

나머지 세 가지 요인의 경우, 개인적 요인은 국가와 관련한 요인의 은유적 표현으로 여길 수 있다.

요인 6: 심리학자들은 '자아 강도'라 일컫는 개인의 특징을 자세히 규정하며 설명해왔다. 자아 강도는 개인에게만 적용되며 '국가의 자아 강도'라는 표현은 사용하지 않는다. 대신 국가 차원에는 '국가 정체성'이라는 특징이 있다. 이에 대해서는 뒤에서 자세히 살펴보겠지만, 국가 정체성은 개인의 자아 강도에 해당하는 위치를 국가에서 갖는다. 국가 정체성은 그 국가만의 독특한 언어와 문화, 역사의 특징을 뜻한다. 또 국민에게 자부심을 주고 전 국민이 공유한다고 생각하는 특징이기도 하다.

요인 10: 심리학자들이 자세히 규정하며 설명해온 또 하나의 개인적 특징은 유연성과 정반대편에 있는 경직성이다. 유연성과 경직성은 개인의 성격에도 반영된다. 유연한 성격은 특정 상황에 얽매이지 않는다. 예컨대 어떤 사람이 친구에게 돈을 절대 빌려주지 않는 확고한 습관이 있는데 다른 부분에서는 유연하게 처신한다면, 누구도 그에게 경직된 성격이란 딱지를 붙이지 않을 것이다. 반면 경직된 성격은 대부분 엄격한 행동 규칙을 따른다. 대부분의 상황에서 이처럼 경직되게 행동하는 국가가 있는지는 분명하지 않다. 예를 들면 많은 사람이 섣불리 판단해서 일본과 독일에 '경직된 국가'라는 딱지를 붙이는 경향이 있지만, 몇몇 시기에 두 국가는 많은 중대한 사안에서 놀라운 유연성을 보여주었다. 이에 대해서는 3장과 6장에서 차례로 살펴보기로 하자. 그러나 개인의 유연성과 달리 국가의 유연성은 상황에 따라 제한적일 수 있다. 이 문제는 에필로그에서 다룰 예정이다.

요인 11: 개인이 정직과 야망, 종교와 가족애 등을 핵심 가치로 삼듯 국가도 국가의 핵심 가치라 일컬을 만한 것을 지향하며, 몇몇은 개인의 핵심 가치와 중첩된다(예: 정직과 종교). 국가의 핵심 가치는 국가 정체성과 관계가 있지만 일치하지는 않는다. 예컨대 셰익스피어와 앨프리드 테니슨Alfred Tennyson(1809~1892)의 시적 언어는 영국의 정체성 중 일부이지만, 테니슨 자체가 영국이 1940년 5월의 지독히 암울했던 시기에도 히틀러와 타협하기를 거부한 이유가 되지는 않는다. 영국이 타협을 거부한 이유는 "우리는 결코 항복하지 않는다!"라는 핵심 가치 때문이었다.

프롤로그에서 언급했듯이 국가의 위기는 개인의 위기에서 전혀 제기되지 않거나 비슷한 듯하면서도 그렇지 않은 의문을 추가로 제기한다. 그 의문을 대략 소개하면 다음과 같다.

- 정치제도와 경제제도의 역할
- 위기 해결에서 국가 지도자의 역할
- 집단 의사 결정 방법
- 국가의 위기는 평화적 타협과 폭력적 혁명 중 어느 쪽을 통해 선택적 변화로 이어지는가?
- 여러 형태의 국가적 변화가 통합 프로그램의 일환으로 동시에 시도되는가 아니면 시기별로 따로따로 시행되는가?
- 국가의 위기가 내부의 문제로 촉발되었는가 아니면 다른 국가에 의한 외부적 충격으로 촉발되었는가? 혹은 또 다른 이유가 있는가?
- 한 국가에서 대립하는 집단들 간의 화해, 국가들 간의 화해를 어떻게 추진할 것인가? 특히 전쟁이나 대량 학살과 관련한 위기가 발생한 후 어떻게 하면 갈등 당사자들의 화해를 도모할 수 있을까?

다음 장에서는 다른 국가의 위협적인 공격으로 갑작스레 닥친 국가적 위기 사례를 소개하며, 위의 의문에 차근차근 답해보려 한다. 1959년 나에게 닥친 개인적 위기를 잊고 지내는 데는 핀란드어를 배우는 즐거움이 큰 역할을 했다. 핀란드의 위기는 국가적 위기의 결과와 관련한 요인을 명확히 보여준다.

국가:
위기의 전개

NATIONS:
CRISES THAT UNFOLDED

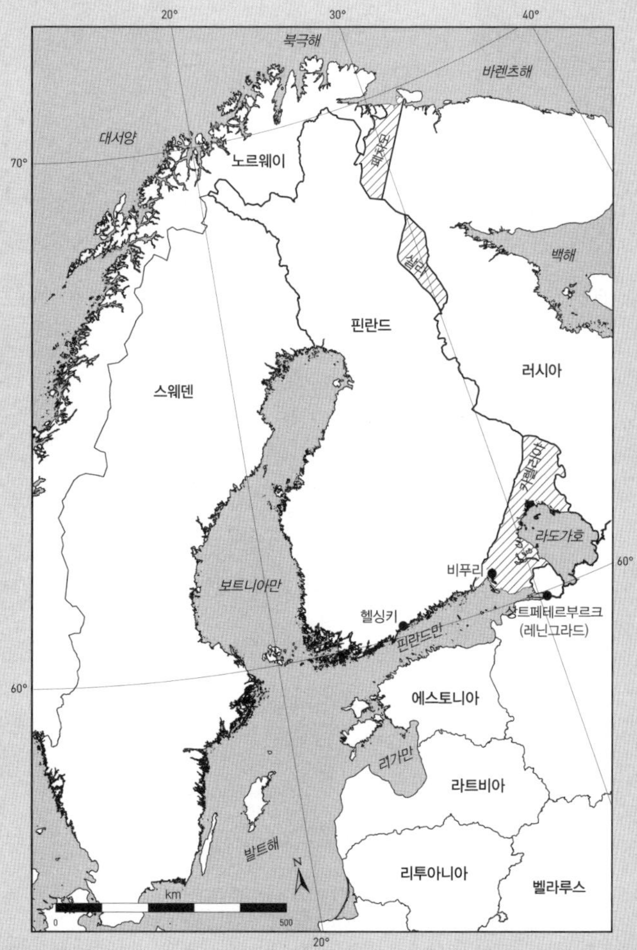

20°
30°
40°
북극해
바렌츠해
대서양
70°
노르웨이
백해
핀란드
러시아
스웨덴
카렐리야
라도가호
비푸리
60°
보트니아만
헬싱키
상트페테르부르크
(레닌그라드)
핀란드만
에스토니아
리가만
라트비아
발트해
리투아니아
벨라루스
km
0
500
N

도판 2. 핀란드 지도

2장

핀란드와 소련의 전쟁

핀란드 방문 – 핀란드어 – 1939년까지의 핀란드 – 겨울 전쟁 – 겨울 전쟁의 결과 – 계속 전쟁 – 1945년 이후 – 외줄 타기 – 핀란드화 – 위기의 기준틀

핀란드 방문

핀란드는 스칸디나비아반도에서 서쪽으로는 스웨덴, 동쪽으로는 러시아와 국경을 마주하는 국가로 인구는 600만 명에 불과하다. 제1차 세계대전 전의 핀란드는 러시아의 한 자치 구역에 불과했고 독립국가는 아니었다. 가난해서 유럽 내에서도 주목받지 못했고, 유럽 밖의 국가들은 거의 거들떠보지도 않았다. 제2차 세계대전이 발발했을 때 핀란드는 독립한 상태였지만 여전히 가난했고 경제도 농업과 임업에 집중했다.

그러나 오늘날 핀란드는 과학기술과 공업이 발달한 나라로 세계 전역에 알려졌고 세계에서 손꼽히는 부국이 되었으며, 1인당 평균 소득은 독일과 스웨덴에 견줄 정도이다. 하지만 안보는 그야말로 역설적 상황에 처해 있다. 자유로운 사회민주주의 국가로, 과거에는 공산

2.1 핀란드어로 쓴 게시판. 핀란드어를 모르는 사람은 이해할 수 없겠지만 핀란드의 국가 정체성에 초점을 맞춘 글이다.

주의 국가이던 소련과, 지금은 독재국가인 러시아와 수십 년 전부터 신뢰할 수 있는 우호적인 관계를 맺고 있기 때문이다. 이런 복합적 특징은 선택적 변화의 좋은 예이다.

핀란드를 처음 방문한 사람이 그 국민과 역사를 알고 싶다면 가장 먼저 가봐야 할 곳은 핀란드의 수도 헬싱키에서 가장 큰 묘지, 히에타니에미Hietaniemi 묘지이다. 미국의 경우에는 워싱턴 외곽의 알링턴 국립묘지를 비롯해 전국 곳곳에 군인을 기리는 묘지가 많지만 핀란드의 경우에는 전몰장병의 묘가 흩어져 있지 않다. 핀란드 전몰장병의 시신은 고향으로 옮겨져 그곳의 민간인 묘지에 묻혔다. 히에타니에미 묘지도 상당한 구역을 헬싱키 출신의 전몰장병들에게 할애했다. 그들은 육군 원수 카를 구스타프 만네르헤임Carl Gustaf

Mannerheim(1867~1951)의 기념물을 에워싸며 핀란드 역대 대통령과 정치 지도자의 묘보다 약간 위쪽에 위치하고 있다.

히에타니에미 묘지에 가까이 다가갈 때 가장 먼저 눈에 띄는 것은 도무지 이해되지 않는 도로 표지판과 게시판이다. 거의 모든 유럽 국가에서는 그 국가의 언어를 몰라도 여행자는 적잖은 단어를 그럭저럭 알아볼 수 있다. 영어를 비롯해 대부분의 유럽어가 인도·유럽어족에 속하고, 모든 인도·유럽어족 언어의 많은 단어가 동일한 어원에서 파생된 것이기 때문이다. 리투아니아와 폴란드, 아이슬란드에서도 여행자는 도로 표지판과 게시판을 어렵지 않게 이해할 수 있다. 그러나 핀란드어는 인도·유럽어족과 아무런 관계가 없는 극소수 언어 중 하나이기 때문에 여행자가 식별하기 상당히 힘들다.

히에타니에미 묘지에 들어서면 누구나 그 단순함과 아름다움에 놀라지 않을 수 없을 것이다. 핀란드에는 단순함으로 아름다운 효과를 빚어내는 능력이 탁월한 세계적으로 유명한 건축가와 실내장식가가 많다. 내가 핀란드를 처음 방문해 한 친구의 집에 초대를 받아 거실에 들어섰을 때의 기억이 아직도 생생하다. 거실에 들어서는 순간 '지금까지 보았던 어떤 거실보다 아름다운 곳이야!'라는 생각이 머릿속을 스치고 지나갔다. 당시를 회상해보면 단순한 가구 서너 점이 놓여 있었을 뿐 거실은 거의 빈 상태였는데 그렇게 아름답게 느껴진 이유가 궁금했다. 거실의 자재와 형태, 서너 점의 가구는 단순함과 아름다움에서 핀란드의 전형이었다.

다음에는 히에타니에미 묘지에 묻힌 핀란드 전몰장병의 수에 놀라게 된다. 내가 직접 확인한 바에 따르면 시신이 수습된 장병의 이름을 새긴 3,000개 이상의 묘비가 곡선 형태로 줄줄이 배치되어 있었다. 히에타니에미 묘지에서 전몰장병을 위한 구역은 약 1.2미터 높이에 몇백 미터 길이가 넘는 담으로 이루어져 있다. 55개 공간으로 구획된 담에는 시신이 수습되지 않아 고향에 돌아오지 못해 '행방불명'으로 처리된 더 많은 장병의 이름이 새겨져 있었다(나는 715명까지 헤아렸다). 한편 적의 포로가 되어 이름 없이 사망한 핀란드 병사를 추념하는 기념물도 있었다. 히에타니에미 묘지에 묻힌 장병은 모두 헬싱키 출신일 뿐이다. 핀란드의 모든 도시와 교구에 조성된 시민 묘지에도 전몰장병에게 할애한 유사한 구역이 있다. 얄궂게도 공동묘지에서 우리는 많은 핀란드인이 전쟁으로 전사했다는 사실을 깨닫게 된다.

히에타니에미에서 묘비들 사이를 걸으며 묘비에 쓰인 글을 보다 보면 다시 놀라게 된다. 물론 핀란드어로 쓰였기에 어떤 뜻인지 이해할 수는 없다. 그러나 어느 곳에 있고 어떤 언어로 쓰였든 간에 전 세계 대부분의 묘비에는 사망자 이름, 생년월일과 출생지, 사망한 날짜와 장소가 적혀 있다. 이런 공식은 핀란드 묘지의 묘비에서도 쉽게 볼 수 있다. 모든 사망일이 1939년부터 1944년까지, 즉 제2차 세계대전 기간이다. 대다수의 출생일은 1910년대와 1920년대이다. 달리 말하면 병사 중 대부분이 20대에 사망했다는 뜻이다. 그러나 놀랍게도 50대와 풋풋한 10대에 전사한 병사도 많았다. 예를 들면 요한 빅토르 파흘스텐의 묘비를 보면 그는 1885년 8월 4일에 태어나 1941년 8월 15일에 전사했다. 56번째 생일을 지내고 11일째 되는 날이었다. 클라라 라팔라이넨은 1888년 7월 30일에 태어났고 55세이던 1943년 10월 19일에 전사했다. 반면 학생이었을 라우리 마르티 해맬라이넨은 1929년 7월 22일에 태어났지만 자원입대해 14번째 생일을 5주 앞둔 13세이던 1943년 6월 15일에 전사했다. 왜 핀란드는 20세도

2.2 겨울 전쟁 동안 핀란드는 20세 이상의 남성만이 아니라 10대 소년과 장년층, 여성까지 군인으로 징집했다.

안 된 어린 학생만이 아니라 50세를 넘긴 중년의 남녀까지 전쟁에 투입했을까?

묘비에 기록된 사망 날짜와 장소를 보면 짧은 기간에 소수의 장소에서 집중된 것을 확인할 수 있다. 1940년 2월 말부터 3월 초에 전사자가 가장 많았고, 그 후에는 1941년 8월, 1944년 6월과 8월에 많은 병사가 전사했다. 장소로는 비푸리와 그곳에서 인접한 쉬배리, 칸나스, 이한톨라 같은 곳이 주로 기록되었다. 따라서 이런 의문을 품게 된다. 비푸리 주변에서 얼마나 격렬한 전투가 벌어진 것일까? 많은 핀

2.3 1940년 2월 핀란드에서 두 번째로 큰 도시였던 비푸리가 러시아의 포격을 받았다.

2.4 비푸리의 현재 모습. 수십 년이 지난 뒤 핀란드의 비푸리는 지금 러시아의 도시가 되었다.

란드인이 그처럼 짧은 시간에 전사한 이유는 무엇일까?

비푸리는 소련에 양도되기 전까지 핀란드에서 두 번째로 큰 도시였기 때문이다. 1939~1940년에 벌어진 흉포한 전쟁과 1941~1944년의 제2차 세계대전이 있은 후 핀란드는 비푸리를 포함해 전 영토의 10분의 1을 소련에 양도했다. 1939년 10월 소련은 발트해의 네 국가 핀란드·에스토니아·라트비아·리투아니아에 영토를 양도할 것을 요구했다. 핀란드는 그 요구를 유일하게 거절했다. 소련은 엄청난 규모의 군사력을 보유했고 인구도 핀란드보다 50배나 많았지만, 핀란드는 격렬히 저항하며 독립을 유지하는 데 성공했다. 그러나 거의 10년 동안 일련의 위기가 계속되며 핀란드의 생존은 여전히 불확실했다. 묘비가 증명하듯이 가장 많은 전사자가 발생한 세 번의 시기는 소련군이 비푸리를 포위한 1940년 2~3월, 핀란드가 비푸리를 탈환한 1941년 8월, 또 소련군이 비푸리를 다시 궁지에 몰아넣은 1944년 여름이었다.

소련과의 전쟁에서 핀란드의 사망자 수는 거의 10만 명에 이르렀고 대부분 남자였다. 히로시마와 함부르크와 도쿄에서는 엄청난 폭격으로 거의 10만 명이 순식간에 죽음을 맞았다. 또 제2차 세계대전 중 사망한 소련인과 중국인은 각각 2,000만 명에 달한다. 이런 사실을 기억하는 요즘의 미국인과 일본인 그리고 핀란드를 제외한 유럽인에게 5년이 넘는 기간에 10만 명의 사망은 별것 아닌 것으로 여길 수 있다. 그러나 10만 명은 당시 핀란드 총인구 370만 명의 2.5%였고 남성의 5%였다. 미국에 빗대어 말하면 전쟁으로 900만 명의 미국인이 사망한 것과 같고, 240년의 미국 역사에서 온갖 전쟁으로 전사한 미국인 수보다 거의 10배나 많다.

내가 가장 최근에 히에타니에미 묘지를 방문한 때는 2017년 5월 14일 일요일이었다. 히에타니에미의 전몰장병 묘역에서 마지막으로 진행된 장례 의식은 75년 전, 즉 1944년에 있었다. 그런데도 많은 묘에 싱싱한 꽃이 놓여 있었고, 묘비 사이를 걷는 가족도 눈에 띄었다. 나는 걸음을 멈추고 네 명의 가족과 담소를 나누었다. 가장은 40대쯤으로 보이는 남자였다. 달리 말하면 그 가족이 성묘한 묘의 주인은 그들의 아버지가 아니라 할아버지나 증조할아버지라는 뜻이다. 내가 그 남자에게 생생한 꽃을 들고 그렇게 묘를 계속 방문하며 추념하는 이유가 무엇이냐고 묻자, 그는 "그때 모든 핀란드인은 영원히 기억해야 할 가족을 잃었습니다"라고 대답했다.

내가 핀란드를 처음 방문한 때는 1959년 여름이었다. 핀란드와 소련의 전쟁이 끝나고 15년이 지난 뒤였고, 헬싱키 외곽에 주둔하던 소련군이 철수하고 겨우 4년밖에 지나지 않은 때였다. 핀란드에서 지내는 동안 나는 그 전쟁에 참전한 퇴역 군인들, 그 전쟁에서 남편을 잃은 미망인들과 아버지를 잃은 자녀들을 만났다. 물론 현역 군인도 만났다. 그들은 자신의 삶에 대한 이야기와 핀란드가 최근에 겪은 역사를 말해주었다.

나는 또 관광객으로 곳곳을 돌아다녔고, 핀란드어가 어떻게 핀란드를 특별한 나라로 만드는지 나름대로 판단할 수 있을 정도로 핀란드어를 신속하게 배웠다. 앞 장에서 언급했듯이 그 때문에 내가 언어에 재능이 있다고 착각하며 삶의 위기를 자초하기도 했다. 핀란드를 방문하는 행운을 누리지 못한 독자가 핀란드의 국가적 위기와 변화를 쉽게 이해하도록 이 책에서는 핀란드 국가 정체성의 힘과 기원, 핀란드의 지정학적 상황에 대한 지나치게 현실적인 평가, 그로 인해 모순되게 조합된 선택적 변화를 위기와 변화의 기준틀에 넣었다. 또 선택의 자유가 제약되고 중대한 순간에 동맹으로부터 도움을 받지 못한 상황, 본보기로 삼을 만한 국가의 부재도 기준틀에 포함했다.

핀란드어 핀란드는 스칸디나비아와 동일시되고 스칸디나비아의 일부로도 여겨진다. 스웨덴인과 노르웨이인처럼 많은 핀란드인이 푸른 눈에 금발이다. 유전적으로 핀란드인은 스웨덴인과 노르웨이인처럼 75%가 스칸디나비아인이고, 나머지 25%는 동쪽에서 넘어온 침략자의 유전자이다. 그러나 지리적 환경과 언어 그리고 문화에서 다른 스칸디나비아 국가들과 다른데 핀란드는 이런 차이를 자랑스레 생각한다. 핀란드인이 묘사하는 핀란드는 "우리는 작은 나라이다!"와 "우리의 지리는 영원히 변하지 않을 것이다!"라는 두 구호로 요약된다. 특히 두 번째 구호는 핀란드가 러시아(혹은 그 이후의 소련)와 맞댄 국경이 유럽에서 그 어떤 국가의 국경보다 길다는 뜻이다. 실제로 핀란드는 러시아와 스칸디나비아의 완충지대이기도 하다.

유럽에는 거의 100개 언어가 존재한다. 고립된 바스크어와 다른 네 언어를 제외하면 모든 언어가 인도·유럽어족과 관계가 있다. 네 언어는 핀란드어, 그와 밀접한 관계가 있는 에스토니아어, 먼 친척어라 할 수 있는 헝가리어와 라프어(혹은 사미어)로 모두 핀우그리아어족 Finno-Ugric languages에 속한다. 핀란드어는 아름다우며 핀란드인에게 국민적 자부심과 국가 정체성의 중심이다. 핀란드의 국민 서사시 〈칼레발라Kalevala〉가 핀란드의 국민 의식에서 차지하는 위치는 영어 사용자에게 셰익스피어의 희곡이 갖는 위치보다 훨씬 크다. 외부 사람들에게 핀란드어는 노래하는 듯한 아름다운 언어이지만 배우기 무척 어렵다. 무엇보다 어휘를 학습하기가 어렵다. 단어가 인도·유럽어족과 어원이 다르기 때문이기도 하지만 대부분의 단어를 하나씩 암기해야 하기 때문이다.

핀란드어를 학습하기 어려운 또 다른 이유는 발음과 문법 때문이다. 핀란드어에서 가장 흔히 사용하는 문자는 k이다. 내 핀란드-영어 사전은 200쪽인데 그중 31쪽이 k로 시작하는 단어이다. (《칼레발라》의 한 구절에서도 이런 사실을 확인할 수 있다. "Kullervo, Kalervon poika, sinisukka äijön lapsi, hivus keltainen, korea, kengän kauto kaunokainen 칼레르보의 아들 쿨레르보, 푸르디푸른 긴 양말을 신고 샛노란 금발에 멋진 가죽 신발을 신은 청년—옮긴이".) 나는 k에 아무런 반감도 없다 하지만 안타깝게도 영어와 달리 핀란드어에는 단자음(예: k)과 다르게 발음되는 이중자음(예: kk)이 있다. 단자음과 이중자음은 핀란드어 발음에서 빼놓을 수 없는 특징이지만 내가 짤막하게 말할 때도 그 둘을 정확히 구분하지 못하는 까닭에 너그러운 친구들도 내 말을 알아듣지 못하고 곤혹스러워하는 경우가 있었다. 단자음과 이중자음을 명확히 구분해서 발음하지 못한 결과는 끔찍할 수 있다. 예컨대 핀란드어에서 '만나다'를 뜻하는 동사는 단자음 p가 들어가는 tapaa인 반면, '죽이다'를 뜻하는 동사는 이중자음 pp가 들어가는 tappaa다. 따라서 핀란드인에게 당신을 만나달라고 부탁하면서 실수로 이중자음 p를 발음하면 당신은 싸늘한 시체로 변할 수 있다.

핀란드어에는 단모음과 장모음도 있다. 예를 들어 설명해보자. '경계'를 뜻하는 단어 raja의 첫 a는 단모음이지만 '다리'나 '팔'을 뜻하는 raaja의 첫 a는 장모음이다. 따라서 내가 핀란드 국립공원의 가장자리에 있다는 걸 말하려고 첫 a를 실수해서 길게 발음하면 내 의도를 정확히 전달하지 못하게 된다. 핀란드어의 세 모음 a와 o와 u는 두 형태로 존재하며 각각 입의 뒤쪽과 안쪽에서 발음되고, 문자로는 차례로 a와 ä, o와 ö, u와 y로 표기한다. 하나의 단어에 세 모음이 모두 쓰이면 셋 모두가 후설모음이나 전설모음으로 발음해야 한다. 모음조화라 일컫는 현상이다. 예컨대 '좋은 밤'이라고 말할 때 자주 사용할 수밖에 없는 '밤'을 뜻하는 yötä에는 전설모음만 있고, '강바닥'을 뜻하는 uoma에는 후설모음만 있다.

독일어의 4격이나 라틴어의 6격에도 헷갈리는 사람에게 핀란드어에 15격이 있다는 사실을 알려주면 질겁할지도 모른다. 그 격의 대부분은 영어에서 전치사로 대체되는 것이다. 내가 핀란드에서 지내는 동안 가장 즐거웠던 순간은 한 핀란드 병사에게 영어의 전치사 on, off, onto, in, out of, into로 대체되는 핀란드어의 여섯 가지 처소격을 배울 때였다. 그 병사는 영어를 전혀 몰라서 나와 핀란드어로 대화할 수밖에 없었다. 그는 컵이 놓인 탁자pöydällä(모음조화), 못이 박힌 탁자pöydässä를 가리키고, 컵을 탁자 쪽으로 움직이며pöydälle, 탁자에서 컵을 들어 올리고pöydältä, 못을 탁자에 박고pöytään, 못을 탁자에서 뽑아내며pöydästä 여섯 가지 처소격을 재밌게 가르쳐주었다.

외국인이 가장 어렵게 생각하는 격은 목적격과 부분격이다. 라틴어와 독일어에는 부분격이 없지만 모든 직접 목적어는 목적격으로 표현한다. 가령 영어에서 I hit the ball은 독일어로는 Ich schlage den ball이다. 그러나 핀란드어에서는 직접 목적어를 사용할 때마다 화자는 동사가 목적어 전체(목적격)에 작용하는지, 아니면 목적어의 일부(부분격)에만 작용하는지를 결정해야 한다. 공 전체를 때리는지, 공의 일부만 때리는지 판단하기는 쉬운 편이다. 그러나 목적어로 추상명사를 사용하면 목적격과 부분격 중 어느 쪽을 사용할지 결정하기가 쉽지 않다. 예컨대 당신에게 어떤 아이디어가 있고 그 사실을 핀란드어로 표현하려면, 당신이 그 아이디어 전체를 가진 것인지 일부만 가진 것인지를 먼저 결정해야 한다. 그래야 목적격과 부분격 중 어느 쪽을 사용하는 게 올바른지 판단할 수 있기 때문이다. 1959년 내가 핀란드를 방문했을 때 사귄 친구 중 한 명은 스웨덴계 핀란드인이었다. 그는 모국어가 스웨덴어였고 핀란드어도 유창하게 구사했다. 하지만 그는 핀란드의 어떤 정부 기관에서도 일자리를 얻지 못했다. 핀란드 정부 기관에서 일하려면 핀란드어와 스웨덴어 모두로 시험을 통과해야 하기 때문이다. 1950년대에는 목적격과 부분격의 선택에서 단 한 번만 실수해도 시험에 낙방해 정부 기관에서 일할 수 없었다.

이런 모든 특징이 복합된 핀란드어는 독특하고 아름다우며 국민적 자부심의 원천이기도 하다. 또 핀란드인을 제외하고는 누구도 사용하지 않는 까닭에 핀란드어는 핀란드 국가 정체성의 핵심이 된다. 그런 국가 정체성을 지키려고 많은 핀란드인이 소련과의 전쟁을 마다하지 않고 기꺼이 목숨을 던졌다.

작곡가, 건축가와 실내장식가, 장거리 육상 선수도 핀란드의 국가 정체성을 형성하는 주요한 부분이다. 핀란드 작곡가 장 시벨리우스Jean Sibelius(1865~1957)는 20세기 최고의 작곡가 중 한 명으로 평가받는다. 핀란드 건축가와 실내장식가는 세계적으로 유명하다. 미주리주 세인트루이스의 게이트웨이 아치, 미국 워싱턴 외곽의 덜레스 국제공항, 뉴욕 케네디 공항의 TWA 터미널은 모두 핀란드 태생의 건축가 에로 사리넨Eero Saarinen(1910~1961)이 설계한 건축물이다. 제1차 세계대전 이후 핀란드를 포함해 많은 신생국가가 연합국 덕분에 독립했지만, 핀란드는 시벨리우스와 '나는 핀란드인Flying Finn'으로 불린 유명한 장거리 육상 선수 파보 누르미Paavo Nurmi(1897~1973) 덕분에 더욱 두드러져 보였다. 1924년 올림픽 게임에서 누르미는 1,500미터 경주에서 올림픽 기록을 세우며 금메달을 땄고, 한 시간 후 열린 5,000미터 경주에서도 금메달을 획득했다. 이틀 후에는 10,000미터 크로스컨트리에서 금메달을 목에 걸었고, 이튿날에는 3,000미터 경주에서 다시 금메달을 땄다. 누르미는 1마일 경주에서 8년 동안 세계 기록을 보유하기도 했다. 이 때문에 누르미를 비롯해 핀란드 육상 선수들이 "핀란드를 세계지도에 그린다"라는 말이 생겨났을 정도였다. 이런 눈부신 성취 덕분에 핀란드 국민은 남다른 국가 정체성을 자각하며 절대적으로 불리한데도 소련과 기꺼이 맞서 싸운 것이다.

1939년까지의 핀란드

현 핀란드어의 조어祖語를 사용하던 사람들은 수천 년 전 선사시대에 핀란드에 들어왔다. 핀란드 역사에 대한 최초의 자세한 설명은 기원후 1100년경에 기록되기 시작했다. 이후 스웨덴과 러시아가 핀란드의 소유권을 두고 다투었다. 핀란드는 1809년 러시아에 합병될 때까지 주로 스웨덴의 지배 아래 있었다. 합병 이후에도 러시아 황제들은 핀란드의 자치권을 대폭 허용했다. 따라서 핀란드는 자체로 의회와 행정부를 두었고 고유한 화폐를 사용했으며 러시아어를 강요받지도 않았다. 그러나 니콜라이 2세가 1894년 황제에 즉위하며 니콜라이 보브리코프(1839~1904, 1904년 핀란드인에게 암살됨)라는 간악한 사람을 총독으로 임명했다. 그 이후 러시아의 통치는 억압적으로 변했다. 그리고 제1차 세계대전이 끝나갈 무렵, 즉 러시아에서 볼셰비키 혁명이 일어난 1917년 말 핀란드는 독립을 선언했다.

독립선언의 결과는 쓰라린 핀란드 내전으로 이어졌다. 보수적 성향을 띠던 백군白軍은 독일에서 훈련받은 핀란드군으로 구성되었는데, 독일군이 핀란드까지 들어와 백군을 지원했다. 상대편은 공산주의자 핀란드인으로 구성된 적군赤軍과 당시에도 핀란드에 주둔해 있던 러시아군이었다. 백군은 1918년 5월 승리를 굳혔고 약 8,000명의 적군을 사살했다. 게다가 2만 명의 적군이 포로수용소에 갇혀 있는 동안 기아와 질병으로 사망했다. 내전에 따른 월별 사망자를 인구 비율로 계산하면 1994년 르완다 대학살이 있기 전까지 핀란드 내전은 세계에서 가장 피로 얼룩진 내전이었다. 하지만 양측은 신속히 화해했고 살아남은 좌파는 정치 권리를 완전히 되찾았다. 게다가 1926년에는 좌파가 핀란드 총리가 되기도 했다. 그러나 내전은 러시아와 공산주의에 대한 두려움을 핀란드인에게 심어주었다. 따라서 내전의 여파로 핀란드가 분할되었다면 그 이후 소련에 대응하는 태도에도 중대한 영향을 미쳤을 것이다.

1920년대와 1930년대에도 핀란드는 소비에트연방으로 재편된 러시아를 계속 두려워했다. 이념적으로 핀란드와 소련은 서로 반대편에 있었다. 핀란드는 자유 자본주의 민주국가였던 반면, 소련은 억압적인 공산주의 독재국가였다. 핀란드인은 러시아 마지막 황제의 압제를 잊지 않았다. 그들은 소련이 핀란드 공산주의자를 지원한다는 명목으로 핀란드 정부를 전복하며 재정복을 시도하지 않을까 노심초사했다. 따라서 핀란드는 스탈린의 공포 정치와 편집증적인 숙청을 걱정스러운 마음으로 지켜보며 1930년대를 보냈다. 소련이 핀란드와 국경을 맞댄 지역, 게다가 인구밀도도 희박한 지역에 비행장과 철로를 건설하자 핀란드의 걱정은 더욱 커졌다. 특히 핀란드로 향한 철로는 국경을 조금 앞둔 숲 한복판까지 이어졌다. 따라서 핀란드를 쉽게 침략하려는 목적 이외에 다른 목적은 뚜렷이 생각나지 않았다.

1930년대에 핀란드도 내전에서 백군을 승리로 이끈 카를 구스타프 만네르헤임 장군의 지휘 아래 국방력을 강화하기 시작했다. 많은 핀란드인이 주된 방어선을 강화하는 작업을 자진해서 지원하며 1939년 여름을 보냈다. 핀란드와 가장 인접하고 소련에서 두 번째로 큰 도시 레닌그라드와 핀란드 남동 지역을 가르는 카렐리야지협 너머에 주된 방어선을 구축했고, 그 방어선을 만네르헤임 선Mannerheim Line이라 불렀다. 당시 독일은 히틀러 정권 아래 재무장하며 소련에 적대적으로 변해갔다. 핀란드는 중립적인 외교정책을 유지했고, 소련의 행동을 못 본 척하며 소련의 위협이 구체화되지 않기를 바랐다. 한편 소련은 핀란드 내전에서 독일군의 지원을 받아 공산주의 진영을 격퇴한 부르주아 이웃 국가, 즉 핀란드에 대한 의심을 거두지 않았다.

핀란드가 소련의 위협을 걱정한 데에 지리적이고 역사적인 충분한 이유가 있었듯이 소련이 핀란드를 의심한 데도 지리적이고 역사적인 충분한 이유가 있었다. 제2차 세계대전 전 핀란드와 소련의 국경은 레닌그라드에서 북쪽으로 약 48킬로미터밖에 떨어지지 않은 곳에 있었다(도판 2 참조). 독일군은 핀란드에서 1918년 공산주의자와 전투한 적이 있었고, 영국군과 프랑스군은 1850년대의 크림전쟁 기간에 레닌그라드(1924년 이전과 현재는 상트페테르부르크)를 봉쇄하거나 공격하려고 핀란드만에 들어온 적이 있었다. 핀란드도 상트페테르부르크를 공격할 준비를 하려고 1700년대에 헬싱키항에 거대한 요새를 구축했다. 게다가 1930년대 말, 히틀러가 지배하는 독일에 대한 스탈린의 두려움은 점점 커져갔는데 거기에는 타당한 근거가 있었다. 공산주의자와 나치는 치열한 선전전을 벌였다. 히틀러는 자서전 《나의 투쟁》

에서 독일 영토를 동쪽, 즉 소련 쪽으로 확대하려는 야망을 거침없이 밝혔다. 스탈린은 히틀러의 독일이 1938년 3월 오스트리아를 흡수하고, 1939년 3월에는 체코슬로바키아를 점령한 후에는 폴란드까지 위협하기 시작하는 걸 불안한 마음으로 지켜보았다. 따라서 스탈린은 프랑스와 영국과 폴란드에 서로 협력해서 독일의 위협에 맞서 폴란드를 지키자고 제안했지만 그들은 거부했다.

1939년 8월 히틀러와 스탈린이 선전전을 별안간 중단하고 몰로토프리벤트로프 조약Molotov-Ribbentrop Pact이라고도 일컫는 독소불가침 조약German-Soviet Non-Aggression Pact을 체결했다는 소식에 핀란드뿐 아니라 전 세계가 놀랐다. 핀란드는 당연히 그 조약에 영향권을 분할하는 밀약, 즉 핀란드는 소련의 영향권에 있다는 걸 독일이 인정하는 밀약이 있었을 것이라 의심했는데 바로 현실로 나타났다. 그 조약을 맺은 후 곧바로 독일은 폴란드를 침략했고, 수주 후에는 소련이 폴란드 동부 지역을 침략했다. 스탈린이 소련 국경을 이처럼 서쪽으로 최대한 밀어내려 한 이유는 독일의 위협을 미리 차단하기 위한 것이었다.

1939년 10월 소련은 여전히 독일의 공격을 염려한 탓에 서쪽 국경을 서쪽으로 더욱더 밀어내려 애썼다. 몰로토프리벤트로프 조약으로 일시적인 안전을 확보하자 소련은 발트해의 네 국가, 즉 리투아니아와 라트비아와 에스토니아로 구성된 발트 3국과 핀란드에 최후통첩을 보냈다. 발트 3국은 군사기지를 제공하라는 소련의 요구를 받아들였고 소련군이 군사기지까지 자국 영토를 통과할 권리도 허용했다. 소련군이 주둔하면 무방비 상태가 될 수밖에 없었지만 발트 3국은 지극히 작은 국가이던 까닭에 저항은 무모한 짓이라 생각하며 소련의 요구를 받아들였고, 결국 1940년 6월 소련에 합병되고 말았다.

이런 성공에 고무된 소련은 1939년 10월 초, 핀란드에 두 가지를 요구했다. 하나는 카렐리야지협이던 소련과 핀란드의 국경을 레닌그라드에서 훨씬 뒤쪽으로 옮기라는 요구였다. 핀란드에 다시 주둔한 독일군이 1918년에 그랬던 것처럼 레닌그라드를 전격적으로 폭격하고 점령하려는 시도를 예방하기 위한 조치였다. 핀란드가 소련을 공격할 위험은 없었지만 유럽 강대국이 핀란드를 경유해 소련을 공격할 가능성까지 배제할 수는 없었다. 다른 하나는 헬싱키 근처의 핀란드 남부 해안에 소련의 해군기지를 설치하는 걸 허락하고 핀란드만의 작은 섬들을 양도하라는 요구였다.

핀란드와 소련의 비밀 협상은 1939년 10월과 11월에 계속 이어졌다. 핀란드는 조금 양보할 각오였지만 소련이 원하는 만큼은 아니었다. 따라서 만네르헤임 장군은 핀란드군이 허약하다는 사실을 알았고, 러시아 황제군에서 중장으로 복무한 적이 있어 소련의 관점에서 보면 소련의 요구가 지리적으로 타당하다고 판단한 까닭에 핀란드 정부에 더 많이 양보하라고 강력히 촉구했다. 그러나 핀란드는 좌익과 우익, 내전 당시의 적군과 백군 등 정치적 견해 차이와 상관없이 모두가 한목소리로 더 이상의 타협을 거부했다. 핀란드의 모든 정당이 정부의 타협 거부에 동의한 반면, 영국의 정치 지도자들은 어떻게든 평화를 유지하려고 1940년 7월에 히틀러와 타협하는 쪽으로 기울어졌다.

핀란드 국민이 한목소리로 더 이상의 타협을 거부한 이유 중 하나는 핀란드 전체를 장악하는 것이 스탈린의 진짜 목적이라고 생각했기 때문이다. 핀란드는 오늘 소련의 온건한 요구에 굴복하면 훗날 소련의 더 큰 요구를 거부하지 못할 것이라 걱정했다. 따라서 핀란드가 카렐리야지협의 육상 방어선을 포기하면 소련이 육상으로 핀란드를 침략하기가 한결 쉬울 것이고, 헬싱키 근처에 소련의 해군기지가 설치되면 소련이 육지와 바다로 핀란드 수도 헬싱키를 폭격할 수 있었다. 핀란드는 체코슬로바키아의 운명에서 얻은 교훈을 잊지 않았다. 1938년 체코슬로바키아는 압력을 견디지 못하고 강력한 방어선이 구축된 주데텐 국경 지역을 독일에 양도했다. 그 때문에 체코슬로바키아는 무방비 상태가 되어 1939년 3월 독일에 완전히 점령되지 않았던가.

핀란드가 타협을 거부한 또 다른 이유는 스탈린이 허세를 부리는 것일 뿐이므로 결국에는 지나친 요구를 거두어들일 것이라 오판한 때문이었다. 그러나 스탈린도 핀란드가 허세를 부리는 것일 뿐이라고 오판한 것은 마찬가지였다. 그처럼 작은 나라가 미치광이처럼 인구가 50배나 많은 국가에 맞서 싸우겠다고 나설 것이라고는 전혀 생각지 못한 것이다. 소련의 전쟁 계획에 따르면 헬싱키를 보름 이내에 점령할 작정이었다. 또 전통적으로 핀란드에 우호적인 국가들이 핀란드를 지원할 것이라고 오판한 것도 핀란드가 더 이상의 타협을 거부한 이유였다. 일부 정치인의 잘못된 판단도 문제였다. 만네르헤임 장군의 경고에도 정치인은 핀란드군이 소련의 침략을 적어도 6개월가량 저항할 수 있을 것이라 판단했다.

1939년 11월 30일 소련은 핀란드군의 포탄이 소련 영토에 떨어져서 몇몇 소련 병사가 죽었다고 주장하며 핀란드를 공격하기 시작했다(훗날 흐루쇼프가 인정했듯이 전쟁을 촉발하려는 한 소련 장군의 명령으로 소련군 대포가 발사한 포탄이었다). 이렇게 시작된 전쟁이 '겨울 전쟁'으로 알려진 것이다. 소련군은 핀란드와 소련의 국경 전역에서 공격을 시도했고, 소련군 폭격기는 헬싱키를 비롯한 몇몇 주요 도시를 폭격했다. 폭격이 시작된 첫날 밤에 발생한 민간인 사상자는 제2차 세계대전 5년 동안 발생한 핀란드 민간인 전쟁 피해자 전체의 10%에 달했다. 소련군이 국경선을 넘어 인근 마을을 점령하자 스탈린은 지체 없이 오토 쿠시넨Otto Kuusinen(1881~1964)이라는 핀란드 공산당 지도자를 핀란드 '민주' 정부의 수반으로 인정했다. 그러고는 핀란드를 침략한 것이 아니라 핀란드 '민주' 정부를 보호하려고 국경을 넘은 것일 뿐이라 변명했다. 스탈린이 그렇게 꼭두각시 정부를 수립하자 소련이 핀란드 전부를 원하는 것이라는 핀란드인의 의심은 더욱 확고해졌다.

겨울 전쟁

1939년 11월 30일 전쟁이 발발할 당시 두 국가의 군사력은 비교 자체가 우스꽝스러웠다. 소련의 인구는 1억 7,000만 명이었지만 핀란드의 인구는 370만 명에 불과했다. 소련은 4분의 1의 병력 50만 명을 동원해 핀란드를 공격했고 나머지 병력은 예비로 남겨두거나 다른 군사적 목적에 활용했다. 핀란드는 모든 군사력을 동원해 방어에 나섰지만 9개 사단의 12만 명에 불과했다. 소련 보병대는 수천 대의 탱크와 현대식 전투기, 대포의 지원을 받았지만, 핀란드에는 탱크와 전투기와 현대식 대포가 거의 없었다. 물론 대전차포와 방공포도 없었다. 핀란드군에도 좋은 소총과 기관총이 있었지만 탄약이 부족했다. 따라서 소련군이 가까이 접근할 때까지 발포를 자제하며 탄약을 아끼라는 명령이 병사들에게 전해졌다.

이런 현격한 차이에서 보듯이 스탈린이 승리하기로 마음먹는다면 핀란드가 소련을 격퇴할 가능성은 전혀 없었다. 게다가 핀란드보다 인구가 10배나 많고 훨씬 현대적인 군비를 갖춘 폴란드가 소련 군사력의 절반에 불과한 독일군에 몇 주 만에 어떻게 패퇴했는지 전 세계가 이미 목격한 뒤였다. 따라서 핀란드가 미치지 않았다면 군사적으로 승리할 수 있다고 생각할 수 없었다. 핀란드의 한 친구는 당시를 이렇게 회상했다. "우리 목적은 러시아의 승리를 늦추고 힘들게 하는 것이었다. 러시아에 최대한의 피해를 안겨주는 것이었다." 구체적으로 말하면 핀란드의 목적은 정부가 우방국들로부터 군사적 지원을 받는 시간을 확보하고, 스탈린이 소련의 군사적 피해에 짜증을 내도록 끈질기게 저항하는 것이었다.

핀란드는 소련만이 아니라 전 세계가 놀랄 정도로 완강히 저항했다. 소련이 국경선 전체를 전선으로 확대한 까닭에 카렐리야지협 너머의 만네르헤임 선도 당연히 전선이 되었고, 핀란드 국토에서 가장 좁은 지역을 습격해 '핀란드의 허리를 끊으려는 시도'도 소련의 공격 계획에 포함되었다. 소련 탱크가 만네르헤임 선을 공격하자 핀란드인은 대전차포가 부족한 현실을 보완하려고 '몰로토프 칵테일'을 발명해냈다. 이 칵테일은 휘발유와 여러 화학물질을 혼합한 폭발물로 소련 탱크에 심각한 손상을 입히기에 충분했다. 또 용감한 병사들은 개인용 참호에 숨어 탱크가 지나가기를 기다렸다가 무한궤도에 통나무를 쑤셔 넣고 탱크를 꼼짝하지 못하게 만들기도 했다. 그래서 탱크가 멈추면 저돌적인 병사는 탱크에 달려가 소총을 포신이나 관측구에 밀어 넣고 총격을 가해 탱크 안의 소련군을 쏘아 죽였다. 당연한 말이겠지만 핀란드군 대전차병의 사망률은 70%에 달했다.

핀란드군은 핀란드의 허리 부분을 공격한 소련군 두 개 사단을 괴멸하며 세계를 깜짝 놀라게 했다. 당시 소련에서 핀란드로 들어가

2.5 핀란드군은 하얀 위장복을 입고 스키로 숲을 가로질러 이동하며, 길을 따라 종대로 전진하던 소련군을 공격했다.

는 길은 손가락으로 꼽을 정도였다. 소련군은 트럭과 탱크를 앞세우고 그 길을 따라 진격했다. 소수로 구성된 핀란드 병사들은 눈밭에서 눈에 띄지 않도록 하얀 위장복을 입고 스키로 길도 없는 숲을 통과해 소련군을 부분적으로 고립시켰으며, 그렇게 고립시킨 부대를 차례로 몰살했다.

1959년에 만난 한 퇴역 군인은 자신과 동료들이 당시 겨울 전투에 사용한 전술을 나에게 말해주었다. 밤이면 소련군은 좁은 숲길을 따라 트럭을 일렬로 세워두고 커다란 모닥불 옆에 모여 몸을 녹이곤 했다. 한편 핀란드 병사들은 밤이면 천막 안에 작은 난로를 피워놓고 따뜻하게 지냈다. 물론 그 난로는 밖에서 보이지 않았다. 그 퇴역 군인은 소대원들과 함께 스키를 타고 숲으로 들어가 소련군이 사격권에 들어올 때까지 접근했다. 하얀 위장복 덕분에 눈밭에서 그들의 존재

2.6 핀란드 스키 부대의 습격을 받아 파괴된 소련군 기계화 부대.

는 눈에 띄지 않았다. 그들은 소총을 메고 근처의 나무에 올라가서 모닥불 빛에 소련군 장교를 찾아낼 때까지 끈기 있게 기다렸다. 장교가 확인되면 지체 없이 사격해 그를 죽였다. 그러고는 다시 스키를 타고 숲을 빠져나갔다. 졸지에 장교를 잃은 소련군은 놀라서 겁먹었고 지휘관이 없어 우왕좌왕할 수밖에 없었다.

병력과 군비에서 압도적으로 우세하던 소련군에 맞서 핀란드군이 오랫동안 방어하는 데 성공한 이유는 무엇일까? 하나의 이유는 동기부여motivation였다. 핀란드 병사들은 가족과 조국, 독립을 위해 싸운다는 걸 알고 있었다. 그들은 그 목적을 위해 기꺼이 목숨을 던졌다. 예컨대 소련군이 얼어붙은 핀란드만을 건너 진격했을 때 그곳의 섬들에 주둔한 소수의 병사가 소련군의 진격을 막아야 했다. 게다가 그들

에게 지원군은 없을 것이란 끔찍한 경고까지 있었다. 따라서 그들은 섬을 지키며 죽기 전에 최대한 많은 소련군을 죽여야 했고 실제로 그렇게 해냈다. 둘째, 핀란드 병사들은 겨울이면 숲에서 스키를 타고 다니는 데 익숙했다. 게다가 그들은 전투 지역의 지형을 훤히 알고 있었다. 셋째, 핀란드 병사들은 핀란드의 겨울에 적합한 의복과 신발, 천막과 소총을 갖추고 있었지만 소련군은 그렇지 못했다. 끝으로, 요즘의 이스라엘 군대처럼 핀란드 군대도 병사들에게 맹목적으로 명령을 따르지 않고 창의력을 발휘해 독자적인 결정을 내리는 권한을 허용한 덕분에 수적 열세에도 놀라운 성과를 거두었다.

그러나 핀란드군의 완강한 저항과 일시적인 성공은 시간을 버는 역할만 했을 뿐이다. 봄이 오고 예상대로 얼음과 눈이 녹자 소련군은 병력과 군비의 우세를 십분 활용해 카렐리야지협과 핀란드만을 건너 진격했다. 핀란드는 우방의 병력과 군비 지원을 기대할 수밖에 없었다. 그 외교 전선에서는 어떤 일이 벌어지고 있었을까?

거대한 소련에 맞서 용감하게 싸운 핀란드에 대한 동정심이 널리 확산되며 외국 지원병 1만 2,000명이 핀란드로 몰려왔는데 대부분이 스웨덴인이었다. 그러나 전쟁이 끝날 때까지 그 지원병들은 군사훈련마저 완료하지 못했다. 몇몇 국가는 군사 장비를 보냈지만 유용성은 들쑥날쑥했다. 예컨대 이탈리아가 보낸 대포는 제1차 세계대전 때 사용하던 낡은 것이었다. 따라서 포탄을 발사하면 대포가 뒤로 밀려나기 때문에 튼튼한 받침틀에 굳건히 올려놓아야 했다. 게다가 대포마다 포탄을 넣는 포병만이 아니라 포탄이 떨어진 지점을 확인하고 사격 방향을 수정하기 위해 대포에서 좀 떨어진 곳에 배치되는 탄착 관측병도 필요했다. 그러나 그 낡은 이탈리아 대포는 잘못 설계해 반동 충격을 제대로 흡수하지 못해 탄착 관측병이 두 명 있어야 했다. 한 명은 원래대로 대포 앞에서 포탄이 떨어진 곳을 관측했고, 다른 한 명은 대포 뒤에 배치되어 대포가 얼마나 밀려나는지 측정해야 했다.

핀란드가 판단할 때 많은 병력과 군비를 지원해줄 것이라 기대할 수 있는 국가는 스웨덴과 독일, 영국과 프랑스 그리고 미국이 전부였다. 그러나 그 국가들은 역사와 문화를 오랫동안 공유하며 핀란드와 밀접한 관계에 있었음에도 소련과의 전쟁에 휘말릴지 모른다는 두려움에 군대를 파견하지 않았다. 독일은 과거에 핀란드 독립을 응원하려고 군대를 보낸 적이 있었고 오래전부터 문화적 관계와 우정을 맺어왔지만, 히틀러는 선불리 핀란드를 지원하며 몰로토프리벤트로프 조약을 위반하지 않으려 했다. 미국은 지리적으로 너무 멀리 떨어진 데다 루스벨트 대통령의 두 손은 미국의 오랜 전통인 고립 정책에서 비롯된 중립주의에 묶여 있었다.

따라서 현실적으로 도움을 기대할 수 있는 곳은 영국과 프랑스밖에 없었다. 영국과 프랑스는 기꺼이 군대를 파견하겠다고 약속했지만 두 국가는 이미 독일과 전쟁 중이었고, 그 전쟁 때문에 딴 곳에 신경을 쓸 여유가 없었다. 당시 독일은 중립국인 스웨덴에서 대량의 철광석을 수입했는데 그중 대부분이 스웨덴에서 철로로 노르웨이의 부동항 나르비크까지 운반되어온 후 다시 선박으로 독일로 들어왔다. 영국과 프랑스가 실제로 원한 것은 스웨덴의 철광석에 대한 통제권을 확보하고 나르비크 항구에서 시작되는 무역로를 차단하는 것이었다. 따라서 핀란드를 돕기 위해 중립국인 노르웨이와 스웨덴을 거쳐 지원군을 파견하겠다는 제안은 자신들의 진정한 목표를 달성하기 위한 구실에 불과했다.

이런 이유에서 영국과 프랑스가 수만 명 규모의 병력으로 핀란드를 돕겠다고 제안했지만, 결국 대부분의 병력을 스웨덴의 철광석 산지에서 나르비크까지 이어지는 철로 주변과 나르비크 항구에 배치할 예정이었다. 따라서 극히 일부의 병력만이 실제로 핀란드에 들어갈 수밖에 없었다. 이런 병력 배치도 노르웨이 정부와 스웨덴 정부의 허락이 필요했지만, 두 정부는 중립을 유지하겠다는 이유로 영국과 프랑스의 요구를 받아들이지 않았다.

겨울 전쟁의 결과

1940년 1월 마침내 소련은 12월에 병력과 군비를 잃은 이유를 깨달았다. 먼저 스탈린은 핀란드 공산주의 지도자 오토 쿠시넨을 앞세워 수립한 꼭두각시 정부와 아무런 관계가 없다고 부인했다. 핀란드 국민이 선출한 정부를 스탈린이 실질적으로 인정하겠다는 뜻이었다. 따라서 핀란드 정부는 평화 협상을 위한 대표단을 파견했다. 한편 소련군은 핀란드의 허리를 차단하려는 시도를 중단하고, 병력과 포대와 탱크를 카렐리야지협에 집결시켰다. 그곳은 사방이 트인 개활지여서 소련군이 작전을 전개하기에 유리했다. 핀란드군은 벌써 2개월째 전선에서 쉬지 않고 싸운 탓에 기진맥진한 상태였지만, 소련은 기운이 왕성한 예비군을 무한적으로 투입할 수 있었다.

2월 초, 소련군은 마침내 만네르헤임 선을 뚫었다. 결국 핀란드는 뒤쪽 더 허약한 방어선까지 후퇴할 수밖에 없었다. 장군들이 만네르헤임에게 훨씬 뒤쪽으로 물러나 더 나은 방어선을 구축하자고 간청했지만 만네르헤임은 그런 제안을 담대히 거부했다. 핀란드군이 중대한 피해를 입더라도 평화 협상이 불가피하게 시작되면 핀란드를 위해서라도 더 많은 영토를 점령하는 게 중요하다는 사실을 알았기 때문에 그는 더 이상 후퇴하지 않았다.

1940년 2월 말, 핀란드가 탈진해서 평화 협상을 받아들이려 하자 영국과 프랑스는 핀란드에 끝까지 저항하라고 촉구했다. 특히 프랑스 총리 에두아르 달라디에Édouard Daladier(1884~1970)는 3월 말까지 5만 병력을 파견하고 당장이라도 이륙할 수 있는 100대의 폭격기가 준비되어 있으며, 병력이 노르웨이와 스웨덴을 육지로 통과하는 허락을 어떻게든 받아내겠다는 전문電文을 핀란드에 황급히 보냈다. 이 전문에 용기를 얻은 핀란드는 다시 한 주 동안 전투를 계속했지만, 수천 명의 핀란드인이 애꿎은 죽음만 맞았을 뿐이다.

영국은 달라디에의 제안이 기만적인 허세였다는 걸 인정했다. 달라디에가 언급한 병력과 폭격기는 준비되지 않은 상태였고, 노르웨이와 스웨덴이 여전히 병력의 육로 이동을 거부하고 있다는 걸 자백했다. 결국 달라디에는 연합국의 목적을 미리 천명하고 자신의 체면을 지키려고 그렇게 제안한 것일 뿐이었다. 따라서 핀란드 총리는 평화 협상을 위해 대표단을 이끌고 모스크바로 달려갔다. 그즈음 소련은 핀란드에서 두 번째로 큰 도시이며 카렐리야주 주도이던 비푸리를 공격하면서 군사적 압박을 멈추지 않았다. 히에타니에미 묘지에서 "1940년 2월(또는 3월), 비푸리"라고 새겨진 묘비를 본다면 그 전투에서 희생된 병사의 묘이다.

소련이 1940년 3월의 평화 협상에서 강요한 조건은 핀란드가 1939년 10월에 거부한 조건보다 훨씬 더 가혹했다. 소련은 카렐리아주 전체, 핀란드-소련 국경에서 북쪽으로 상당한 면적의 영토, 헬싱키 근처의 항코항을 소련의 해군기지로 사용할 권리를 요구했다. 당시 핀란드 국민의 10%를 차지하던 카렐리야 주민들은 고향을 지키겠다고 소련의 점령 아래 있는 것보다 고향을 떠나 핀란드의 다른 지역으로 떠나는 길을 선택했다. 1945년 그들은 집을 제공받을 때까지 다른 핀란드인의 아파트나 주택에서 비좁게 더부살이해야 했다. 국내에서 대대적으로 인구가 이동한 많은 유럽 국가와 달리 핀란드는 고향을 잃은 피란민을 집단 수용소에 수용하지 않았다. 19년이 지난 후에도 내가 만난 핀란드인들은 그 카렐리야 주민들에게 적절한 의식주를 구해주려고 노력하던 엄청난 중압감을 생생히 기억하고 있었다.

1940년 3월 스탈린이 소련군에게 계속 진격해 핀란드 전역을 점령하라고 명령하지 않은 이유가 무엇일까? 핀란드가 격렬히 저항하면 진격 속도가 느려질 것이고 소련도 큰 희생을 감수해야 할 것이 분명했다. 게다가 소련은 당장 대처해야 할 더 큰 문제가 있었다. 즉 독일의 공격에 대비해 군사 조직을 재정비하고 재무장해야 했다. 소규모의 핀란드군도 제대로 처리하지 못하는 소련군의 무능함에 소련 지도부는 큰 충격을 받았다. 핀란드 병사 한 명을 죽이는 데 소련 병사 여덟 명이 희생해야 했다. 핀란드와의 전쟁이 길어지자 영국과 프랑스가 개입할 위험도 높아졌다. 그렇게 될 경우 소련은 두 강대국과 전쟁에 말려들 것이 뻔하고 영국과 프랑스가 캅카스의 소련 유전 지대를 공격할 가능성도 있었다. 여하튼 1940년 3월의 가혹한 조건을 보며 핀란드가 1939년 10월 스탈린의 상대적으로 온건한 조건을 받아들였어야 했다는 게 증명되었다고 결론지은 학자들도 있었다. 그러나 핀란드의 의심은 1990년대에 공개된 러시아 문서에서 확인되었다. 소련은 상대적으로 온건한 요구로 작은 영토를 확보하고 궁극적으로는 1939년 10월의 핀란드 방어선을 무너뜨린 후 핀란드 영토 전체를 점령할 의도였다. 실제로 소련은 1940년 발트 3국을 그런 식으로 점령한 사례가 있었다. 하지만 핀란드가 죽음을 두려워하지 않고 격렬히 저항한 까닭에 전쟁이 예상대로 진척되지 않자 소련은 1940년 3월 핀란드 전부를 차지하겠다는 욕심을 포기할 수밖에 없었다.

계속 전쟁

1940년 3월의 정전 이후 소련은 군대를 재조직하며 발트 3국을 합병했다. 독일은 1940년 4월 노르웨이와 덴마크를 점령했고, 1940년 6월에는 프랑스를 격퇴했다. 따라서 핀란드는 외부의 지원에서 완전히 차단되고 말았다. 독일만이 유일한 희망이었다. 핀란드는 군대를 재건하기 시작했다. 특히 독일산 장비로!

이듬해, 즉 1941년 히틀러는 소련을 공격하기로 결정했다. 또 독일군 전략가들은 핀란드군 전략가들과 함께 소련을 공격하는 '가상' 합동 작전을 논의하기 시작했다. 핀란드는 히틀러와 나치즘에 동의하지 않았지만 독일과 소련 중 어느 한쪽을 선택하지 않고 중립을 지키는 게 불가능하다는 잔혹한 현실을 받아들일 수밖에 없었다. 중립을 고집하면 둘 중 하나 혹은 둘 모두가 핀란드의 점령을 시도할 것이 분명했기 때문이다. 핀란드는 겨울 전쟁에서 단독으로 소련에 맞서며 쓰라린 아픔을 경험한 적이 있었다. 똑같은 아픔을 되풀이하지 않으려면 나치 독일과 전략적 연대를 맺는 편이 나았다. 만네르헤임 장군의 전기를 쓴 미국 역사학자 스티븐 잘로거Steven Zaloga의 말을 인용하면 독일과의 연대는 "지독히 고약한 선택 중 그나마 나은 것"이었다.

게다가 겨울 전쟁에서 드러난 소련군의 무능함에 핀란드만이 아니라 독일과 영국과 미국까지 모든 주변국은 독일과 소련이 맞붙으면 독일의 승리로 끝날 것이라 확신했다. 당연한 말이겠지만 핀란드는 카렐리야주를 되찾기를 바랐다. 1941년 6월 21일 독일이 소련을 공격했다. 핀란드는 중립을 유지할 것이라 선언했지만, 6월 25일 소련 폭격기가 핀란드 도시들을 폭격하자 그날 밤 핀란드 정부는 다시 소련과 전쟁을 시작하겠다고 공표했다.

제1차 겨울 전쟁에 뒤이어 시작된 제2차 소련-핀란드 전쟁은 '계속 전쟁Continuation War'이라 부른다. 이번에 핀란드는 전 국민의 6분의 1을 동원했는데, 그들은 군인으로 복무하거나 군대를 위해 일했다. 제2차 세계대전에서 백분율로 이처럼 많은 국민이 전쟁에 동원된 국가는 없었다. 오늘날에 비유하면 미국이 징병제를 다시 도입하며 5,000만 명 이상의 군대를 구축하는 것과 같았다. 16세부터 50대 초반의 남성과 전선 부근의 일부 여성이 군대에 입대해 복무했다. 15세부터 64세까지 군대에서 복무하지 않는 핀란드인은 남녀를 불문하고 군수산업, 농업과 임업 등 국가 방위에 필요한 분야에서 일해야 했다. 10대는 밭과 제재소, 대공 진지에서 일했다.

소련군은 독일의 공격을 막는 데 여념이 없었던 까닭에 핀란드는 핀란드령 카렐리야를 곧바로 되찾았고, 과거의 국경을 넘어 소련령 카렐리야로 진격했다. 그러나 핀란드의 이번 전쟁 목적은 무척 제한적이었다. 따라서 핀란드는 '동맹'이 아니라 나치 독일과 '공동 교전국'에 불과하다고 분명히 선언했다. 특히 핀란드는 독일의 두 가지 요구를 단호히 거부했다. 하나는 핀란드계 유대인을 색출해 체포하라는 요구였고(하지만 소수의 비핀란드계 유대인을 게슈타포에 넘겼다), 다른 하나는 독일이 남쪽에서 레닌그라드를 공격하는 동안 그곳을 북쪽에서 공격해 달라는 요구였다. 핀란드가 독일의 요구를 거부한 덕분에 레닌그라드는 독일의 오랜 포위 작전을 견뎌낼 수 있었고, 이런 결과는 훗날 카렐리야 너머까지 핀란드를 침략할 필요가 없다는 스탈린의 결정에도 영향을 주었다.

어찌 됐든 핀란드가 나치 독일의 편에서 싸웠던 것은 사실이다. 핀란드 상황을 이해하지 못한 외부 사람들에게 '동맹'과 '공동 교전국'의 구분은 공감을 얻지 못했다. 제2차 세계대전을 미국에서 보낸 나는 핀란드를 독일과 이탈리아와 일본과 더불어 추축국의 하나, 즉 네 번째 추축국으로 생각했을 정도였다. 또 스탈린의 압력으로 영국은 핀란드에 전쟁을 선포했다. 그러나 영국이 취한 행동은 투르쿠라는 핀란드 도시를 한 차례 공습한 것이 전부였다. 이때 영국 조종사들은 투르쿠를 겨냥하지 않고 포탄을 일부러 바다에 떨어뜨렸다고 전해진다.

1941년 12월 초 이후 핀란드군은 진격을 중단했다. 그때부터 거의 3년 동안 소련과 핀란드의 계속 전쟁에서는 별다른 사건이 벌어지지 않았다. 핀란드는 카렐리야 점령 이외에 다른 목적이 없었고, 소련은 독일군과 싸우는 데 여념이 없어 핀란드 전선에 군대를 파견할 여유가 없었다. 마침내 독일군을 소련 밖으로 밀어내고 핀란드에 관심을 돌릴 만한 여력을 되찾은 후에야 소련군은 카렐리야지협에서 대대적인 공격을 시작했다. 그때가 1944년 6월이었다. 소련군은 만네르헤임 선을 재빨리 뚫었지만, 1941년 2월에 그랬던 것처럼 핀란드는 곧 전선을 안정화하는 데 성공했다. 그 후 소련군의 전진은 다시 지지부진해졌다. 스탈린이 병력을 베를린에 집중한 것이 부분적 이유였다. 서쪽에서 진격하는 미군과 영국군보다 소련군이 먼저 동쪽에서 베를린에 입성하는 게 중요하다는 것이 스탈린의 판단이었다. 또 겨울 전쟁에서 이미 경험한 값비싼 교훈이 영향을 미치기도 했다. 요컨대 핀란드의 격렬한 저항과 숲에서 전개되는 게릴라전을 제압하려면 상당한 대가를 치러야 할 게 분명했다. 또 핀란드의 저항을 제압하는 데 성공하더라도 핀란드를 처리할 방법을 찾아내는 것도 쉽지 않았다. 따라서 1941년에 그랬듯 1944년에도 핀란드의 저항은 현실적인 목적을 달성한 셈이었다. 내 핀란드 친구의 표현에 따르면 그 현실적인 목표는 소련군을 격퇴하는 게 아니라, 소련이 승리하더라도 그 시간을 늦추며 호된 대가를 치르게 하는 것이었다. 그 결과, 핀란드는 제2차 세계대전에서 적의 점령을 피하기 위해 싸운 유일한 유럽 대륙 국가가 되었다.

1944년 7월 전선이 다시 안정화되자 핀란드 지도자들은 모스크바로 날아가 평화를 제안하고 새로운 조약에 서명했다. 소련의 영토 요구는 1941년과 거의 똑같았다. 소련은 핀란드령 카렐리야와 핀란드 남부 해안의 해군기지를 돌려받았다. 소련이 추가로 합병해 얻은 땅은 북극해와 맞닿아 있는 핀란드 항구와 니켈 광산이 전부였다. 핀란드는 북부 지역, 즉 라피주에 주둔한 20만 명의 독일군을 추방하는 데 동의했다. 그러지 않으면 소련군이 독일군을 몰아내겠다는 이유로 핀란드 영토를 침략할 염려가 있었기 때문이다. 독일군은 라피주 전역에서 소중한 가치가 있는 모든 것을 파괴하며 철수한 까닭에 완전히 퇴각하는 데만도 수개월이 걸렸다. 내가 핀란드를 방문한 1959년, 핀란드 친구들은 한때 동맹이던 독일군이 핀란드에 등을 돌리며 라피주를 초토화한 것을 몹시 비판했다.

겨울 전쟁과 계속 전쟁, 두 번의 전쟁에서 소련군과 독일군에 맞

2.7 스웨덴으로 피신하는 핀란드 아이들. 전쟁으로 인한 역사상 최대 규모의 어린이 피란이었다.

선 대가로 핀란드는 약 10만 명의 국민을 잃었다. 당시 핀란드 인구를 고려하면 오늘날 900만 명의 미국인이 전쟁으로 죽은 것과 똑같았다. 또 9만 4,000명이 장애인이 되었고 3만 명의 여성이 남편을 잃었으며 5만 5,000명의 아이가 고아가 되었고 61만 5,000명이 집을 잃었다. 다시 오늘날의 미국에 비교하면 전쟁으로 800만 명이 장애를 입고 250만 명의 여성이 남편을 잃었으며 50만 명의 아이가 고아가 되었고 5,000만 명이 집을 잃은 것과 같다. 게다가 역사상 최대 규모의 피란이 있었다. 이때 8만 명의 아이가 주로 스웨덴으로 피란했고, 그에 따른 정신적 충격은 오랫동안 지속되어 다음 세대까지 이어졌다. 당시 어린아이로 피란길에 올랐던 여성의 딸은 그렇지 않은 여성의 딸보다 정신 질환으로 입원한 확률이 두 배나 높았다. 한편 소련이 핀란드와의 전쟁으로 입은 피해는 전사자 50만 명, 부상자 25만 명으로 추정한다. 이 전사자 수에는 핀란드군의 포로로 잡혔지만 휴전 후 소련으로 송환된 5,000명의 소련 병사도 포함된다. 그들은 투항했다는 이유로 총살되었기 때문이다.

휴전협정은 핀란드에 "전쟁 범죄로 기소된 사람을 체포하는 일에서 연합국에 협조할 것"을 요구했다. 연합국이 해석하는 '핀란드인 전범'은 핀란드가 소련과 전쟁할 때의 정부 지도자들이었다. 핀란드가 당시의 정부 지도자들을 직접 기소하지 않는다면 소련이 기소해 가혹한 판결, 즉 십중팔구 사형을 선고할 것이 뻔했다. 따라서 핀란드는 다른 상황이었다면 굴욕적으로 여겼을 조치를 취할 수밖에 없었다. 핀란드는 소급법을 통과시켜 정부 지도자들이 당시 핀란드 법 체제에서는 합법적이고 국민의 폭넓은 지지를 받은 정책을 채택함으로써 핀란드를 방어한 행위는 불법이었다고 선언했다. 핀란드 법원은 전쟁 당시 대통령이던 리스토 뤼티Risto Ryti(1889~1956)와 총리이던 요한 빌헬름 랑엘Johan Wilhelm Rangell(1894~1982)과 에드빈 링코미에스Edwin Linkomies(1894~1963), 외무부 장관 외에 네 명의 장관, 베를린 주재 대사에게 징역형을 선고했다. 그 지도자들은 특별히 마련한 편안한 교도소에서 형기를 채우고 나온 후 대부분이 정부 고위직에 임명 또는 선출되었다.

평화조약을 체결하면서 핀란드는 소련에 3억 달러라는 부담스러운 배상금을 6년 내에 지불해야 했다. 소련이 그 조건을 8년으로 연장하고 배상금을 2억 2,600만 달러로 줄여주었지만 산업화되지 않은 작은 핀란드 경제에는 그것도 여전히 엄청난 부담이었다. 역설적으로 들리겠지만 오히려 그 부담스러운 배상금이 경제적 자극이 되었다. 핀란드가 조선업 같은 중공업과 수출 지향적 산업을 발전시키는 계기가 되었기 때문이다(따라서 그 배상금은 중국어에서 위험을 뜻하는 '웨이'와 기회를 뜻하는 '지'로 이루어진 '웨이지', 즉 '위기'의 어원을 증명해주는 전형적인 예이다). 전쟁 후의 산업화로 핀란드는 눈부신 경제성장을 이루어내며 가난한 농업국가에서 현대 산업국가(현재는 첨단 산업국가)로 발돋움했다.

핀란드는 배상금을 지불하는 데 그치지 않고 소련과의 교역을 총 교역량의 20%까지 확대하는 데도 동의해야 했다. 핀란드는 소련에서 특히 원유를 수입했다. 이런 조건은 오히려 핀란드에 큰 이득이 되었다. 유럽의 다른 국가들처럼 중동 석유에 의존할 필요가 없었기 때문이다. 그러나 무역협정의 일환으로 핀란드는 소련의 조악한 기관차, 원자력발전소, 자동차 등 공산품을 수입해야 했다. 그러나 서방 세계에서 수입했더라면 질적으로 훨씬 더 좋은 제품을 더 싼값에 구입할 수 있었을 것이다. 핀란드는 구식 이탈리아 대포를 다룰 때 했던 것처럼 이런 불만을 풍자적이고 냉소적인 유머로 극복해냈다. 예를 들어 내가 핀란드를 방문한 1959년, 많은 핀란드인이 보유한 소련제 모스크비치형 승용차는 걸핏하면 고장이 나곤 했다. 당시 유럽과 미국에서 제작한 승용차에는 선루프가 있어 날씨가 화창하면 지붕을 열고 햇살을 즐길 수 있었다. 이때 핀란드에서 유행한 우스갯소리는 "신형 모스크비치에는 선루프만이 아니라 선플로어까지 있을 것"이라고 빈정거렸다. 그럼 당연히 의문이 생긴다. 햇살을 들이지도 못하는 선플로어가 무슨 소용이 있을까? 잠시 짬을 내어 답을 맞혀보자. 모스크비치가 걸핏하면 고장 난다는 게 힌트이다. 모스크비치가 고장 날 때마다 선플로어를 열고 발을 딛고 서서 모스크비치를 밀고 갈 수 있다!

1945년 이후

핀란드인은 1945~1948년을 '위험의 시대'로 칭한다. 돌이켜 생각해보면 핀란드는 결국 살아남았지만 그 기간에는 지금 같은 행복한 결말은 불확실했다. 최악의 위험은 소련의 지원을 받은 국내 공산주의자들에 의한 전복이었다. 생존을 위해 공산주의 소련에 대항해 싸운 민주주의국가로서는 묘하게도 1945년 3월의 자유선거에서 핀란드 공산당과 그 지지 세력이 국회에서 4분의 1의 의석을 얻었고 경찰력을 장악하려 시도했다. 소련은 이미 동독을 점령한 뒤였고 다시 폴란드와 헝가리, 불가리아와 루마니아를 탈취하려는 공작을 전개하고 있었다. 체코슬로바키아에서는 성공적으로 쿠데타를 획책했고, 그리스에서도 쿠데타를 지원했지만 실패했다.

그럼 핀란드가 다음 표적이었을까? 아직 산업화되지 않아 농업이 큰 부분을 차지하는 핀란드 경제에서 소련에 갚아야 할 배상금은 엄청난 부담이었다. 게다가 전쟁으로 핀란드의 기반 시설도 크게 파괴되었다. 들판은 한동안 방치되었고 공장도 황폐했다. 핀란드가 자랑하던 선단도 3분의 2가 파괴되었고 트럭도 낡아 힘겹게 털털거리며 달렸지만 예비 부품이 없었다. 연료도 휘발유가 아니라 목탄이었다. 고향 카렐리야를 떠난 수십만의 피란민, 장애인이 된 남성, 부모를 잃은 고아와 남편을 잃은 미망인이 수십만 명에 이르렀고 그들에게는 비바람을 피할 주택이 필요했다. 그나마 손실을 입지 않고 건강한 가정의 정서적·금전적 지원도 필요했다. 또 스웨덴으로 피신한 수만 명의 아이들이 다시 돌아왔지만, 그곳에서 지내는 동안 모국어인 핀란드어와 부모를 거의 잊을 정도로 심각한 정신적 충격에 시달렸다.

그 위험의 시대에 핀란드는 소련의 탈취로부터 벗어나기 위한 새로운 전후 정책을 고안해냈다. '파시키비-케코넨 원칙'이라고 알려진 정책으로, 그 정책을 35년 동안 창안하고 다듬고 엄격히 시행한 두 대통령 유호 파시키비Juho Paasikivi(1870~1956, 재임 1946~1956)와 우르호 케코넨Urho Kekkonen(1900~1986, 재임 1956~1981)의 이름을 딴 것이다. 파시키비-케코넨 원칙은 러시아를 무시하던 핀란드의 1930년 정책을 뒤집은 것이었다. 파시키비와 케코넨은 그때의 실수에서 교훈을 얻었다. 핀란드가 조그맣고 약한 국가라는 사실은 그들에게 견디기 힘들었지만 엄연한 현실이었고, 서방 세계로부터 어떤 도움도 기대할 수 없었다. 따라서 핀란드는 소련의 관점을 이해하고 항상 염두에 두어야 했다. 최고위층부터 말단 관리까지 모든 계급의 소련 정부 관리와 끊임없이 대화해야 했고, 핀란드는 약속을 지키고 협정을 충실히 이행한다는 걸 입증하면서 소련의 신뢰를 얻고 유지해야 했다. 따라서 위협받지 않는 강력한 민주국가라면 결코 양도할 수 없는 국권國權이라 생각했을 경제적 독립과 공개적으로 발언하는 표현의 자유를 부분적으로 희생하더라도 소련의 신뢰를 유지하기 위해 비상한 노력을 기울여야 했다.

파시키비와 케코넨은 소련과 그 국민을 잘 알았다. 특히 파시키비는 1939년 10월과 1940년 4월 또 1944년 9월에 소련과의 협상을 주도했고, 모스크바 주재 대사를 지내기도 했다. 그의 판단에 따르면 스탈린이 핀란드와 우호적 관계를 맺으려고 애쓴 주된 이유는 이데올로기가 아니라 전략적이고 지정학적인 것이었다. 구체적으로 말하면 핀란드와 핀란드만을 경유한 외세의 공격으로부터 두 번째로 큰 도시(레닌그라드)를 지키려는 군사적 이유였다. 과거에 실제로 그런 사례가 있었다. 따라서 소련이 이쪽 전선을 걱정하지 않는다면 핀란드도 안심할 수 있었지만, 소련이 불안을 느끼면 핀란드도 안심할 수 없는 상황이었다. 좀 더 일반적으로 말하면 전쟁이 세계 어디에서 벌어지더라도 소련은 불안을 느끼며 핀란드에 온갖 요구를 할 가능성이 높았다. 따라서 핀란드는 세계 평화를 지키기 위해 능동적 역할을 해야 했다. 파시키비와 케코넨은 스탈린과 흐루쇼프, 브레즈네프와 꾸준히 신뢰 관계를 구축하고 유지하는 데 성공했다. 그 때문인지 스탈린은 동유럽의 모든 국가에서 공산당이 정권을 잡도록 공작했지만 핀란드에서 그러지 않은 이유가 뭐냐는 질문을 받았을 때 "파시키비가 있는데 굳이 핀란드 공산당까지 필요할까요?"라고 되물었다.

케코넨 대통령은 자서전에서 파시키비와 자신의 정책에 대해 이렇게 설명했다. "핀란드 외교정책의 기본 과제는 핀란드의 지정학적 환경을 지배하는 이해관계에 핀란드의 실존을 맞추는 것이다. (…) 핀란드 외교정책은 예방 외교이다. 예방 외교의 과제는 위험이 코앞에 닥치기 전에 미리 감지해서 그 위험을 피하는 데 도움이 되는 조치를 취하는 것이다. 가급적이면 눈에 띄지 않게! (…) 입장을 상황에 따라 이리저리 바꿀 수 있다고 착각해서는 안 되는 작은 국가는 군사와 정치 분야의 향후 발전에 영향을 미치는 요인들을 미리미리 정확히 인지하는 게 무엇보다 중요하다. (…) 국가라면 당연히 독립 독행해야 한다. 전쟁을 통해 우리는 이런 점에서 값비싼 교훈을 얻었다. (…) 작은 국가는 외교정책의 해법에 공감이든 반감이든 감성을 뒤섞을 여유가 전혀 없다는 것도 경험적으로 배웠다. 현실적인 외교정책은 국제정치를 결정하는 요인들, 즉 국가 간 권력 관계와 국익에 대한 자각에 기초해야 한다."

핀란드가 파시키비-케코넨 원칙을 고수해서 얻은 구체적인 보상은 소련과 지금의 러시아가 지난 70년 동안 핀란드에 행한 것과 행하지 않은 것이다. 즉 소련은 핀란드를 침략하지 않았고 핀란드 공산당이 존재했지만 그 당을 통해 핀란드를 탈취하려는 공작을 전개하지 않았다. 또 핀란드가 소련에 약속한 전쟁 배상금의 총액을 줄이고 기간도 늘려주었다. 게다가 1955년에는 헬싱키에서 16킬로미터 밖에 떨어지지 않은 포르칼라의 해군기지를 철거하고 포병대를 철수했다. 소련은 핀란드가 서구 세계와 교역을 확대하고 소련과의 교역을 줄여가는 것을 용인했다. 그리고 핀란드가 유럽경제공동체European Economic Community, EEC와 관계를 맺고, 유럽자유무역연합European Free Trade Association, EFTA에 가입하는 것도 묵인했다. 이 모든 것을 금지하느냐 않느냐는 전적으로 소련의 권한 내에 있었다. 소련이 핀란드와 핀란드의 지도자들을 신뢰하지 않고 불안하게 여겼다면 결코 그렇게 행동하지 않았을 것이다.

외줄 타기

외교 관계에서 핀란드는 서구와의 관계를 꾸준히 개선하면서도 소련의 신뢰를 얻는 외줄 타기를 끊임없이 계속했다. 1944년 계속 전쟁이 끝난 직후 소련의 신뢰를 얻기 위해 핀란드는 휴전과 뒤이은 평화조약의 모든 조건을 충실히 이행했다. 약속대로 독일군을 핀란드에서 추방했고, 핀란드 전쟁 지도자들의 전범 재판을 진행했다. 또 소련의 핀란드 정복 시도를 막으려고 핀란드 공산당을 합법화하며 정부의 일원으로도 받아들였다. 핀란드 국민이 결혼 기념물로 간직하던 귀금속까지 내놓아야 할 정도로 부담스러웠지만 소련에 전쟁 배상금도 어김없이 지불했다.

서구와의 관계를 확대하면서도 핀란드는 경제적으로 서구에 통합될지 모른다는 소련의 고질적인 의심을 줄이려는 노력을 게을리하지 않았다. 예컨대 핀란드는 마셜플랜의 지원이 간절히 필요했지만 미국의 제안을 조심스레 거부했다. 유럽경제공동체와 협정을 맺거나 유럽자유무역연합에 가입할 때도 동유럽 공산주의 국가들과 동시에 협정을 맺었다. 또 핀란드는 소련에 최혜국 지위를 보장했고, 무역 관계에서 유럽경제공동체 회원국들에 제공한 혜택을 똑같이 소련에도 약속했다.

서구 국가들이 주된 무역 상대국이 된 후에도 핀란드는 독일에 이어 소련의 두 번째로 큰 무역 상대국이었다. 핀란드를 통과하는 컨테이너는 서구 상품이 소련으로 수입되는 주된 경로였다. 소련에 수출한 핀란드 상품으로는 선박과 쇄빙선과 소비재 및 병원과 호텔을 짓는 데 필요한 건축자재가 있었다. 소련 입장에서 핀란드는 서구 테크놀로지를 구입하는 주된 통로인 동시에 서구를 들여다보는 중요한 창이었다. 따라서 소련은 더 이상 핀란드를 점령할 이유가 없었다. 공산 위성국으로 정복되거나 전락한 핀란드보다 독립국가로서 서구 세계와 협력하는 핀란드가 소련에는 훨씬 더 가치가 있었기 때문이다.

소련 지도자들이 파시키비와 케코넨을 신뢰했기 때문에 정상적인 민주국가와 달리 핀란드는 두 대통령을 교체하지 않기로 결정했다. 따라서 파시키비와 케코넨은 35년 동안 대통령직을 유지했다.

파시키비는 86세로 사망하기 직전까지 10년 동안 대통령직에 있었고, 그 뒤를 이은 케코넨은 건강 문제로 81세에 물러날 때까지 25년 동안 대통령으로 재임했다. 핀란드가 유럽경제공동체와 협상하던 1973년, 케코넨은 브레즈네프를 찾아가 핀란드가 유럽경제공동체와 협정을 맺더라도 소련과의 관계에는 어떤 영향도 없을 것이란 확약을 직접 전달함으로써 브레즈네프의 걱정을 덜어주었다. 핀란드 의회도 대통령 임기를 다시 4년 동안 연장하는 긴급조치법을 채택해 1974년으로 예정된 대통령 선거를 연기함으로써 케코넨이 그 약속을 지킬 수 있도록 뒷받침해주었다.

핀란드 정부와 언론도 소련에 대한 비판을 자제하며 정상적인 민주국가에서는 생각할 수 없는 자발적인 자체 검열까지 시도했다. 예컨대 소련이 헝가리와 체코슬로바키아를 침략했을 때, 또 소련이 아프가니스탄과 전쟁을 시작했을 때 거의 모든 국가가 소련을 규탄했지만 핀란드 정부와 언론은 침묵했다. 핀란드의 한 출판사는 소련의 심기를 건드릴까 걱정하며 솔제니친의 《수용소 군도》의 출간 계획을 취소하기도 했다. 1971년 핀란드의 한 신문이 1939년 발트 3국이 소련에 의해 점령되었다는 진실을 보도하며 소련의 비위를 건드렸을 때 소련의 한 언론은 그 보도를 핀란드와 소련의 우호적 관계를 방해하려는 부르주아적 음모라고 비난했고, 소련 외무부 장관은 핀란드 정부에 향후에는 그런 사고를 미연에 방지하기를 기대한다는 경고를 보냈다. 결국 핀란드 정부는 그 신문사에 더 '책임 있게' 처신해달라고 요청해야만 했다. 다시 말하면 소련을 자극할 가능성이 있는 보도를 자체 검열해달라는 부탁이었다.

핀란드의 줄타기 외교는 소련으로부터 독립을 유지하며 경제성장을 추진하는 데 큰 역할을 했다. 경제성장이란 점에서도 핀란드는 작은 나라로서 현실을 직시해야 했다. 지금도 인구가 600만 명에 불과한 핀란드는 인구가 9,000만 명인 독일이나 3억 3,000만 명인 미국처럼 규모의 경제라는 이점을 앞으로도 누리기 힘들 것이다. 또 유럽과 북미 밖의 여러 국가처럼 저임금 노동자를 제공할 수 없어 낮은 생활수준에 의존하는 경제권으로 성공할 가능성은 더더욱 없다. 세계 기준에 따르면 핀란드는 노동인구도 적지만 한결같이 고임금을 기대하는 노동자이다. 따라서 핀란드는 가용할 수 있는 노동력을 최대한 활용하고 고수익을 창출하는 산업을 예부터 개발해야 했다.

전 국민을 생산적으로 활용하기 위해 핀란드의 교육제도는 모두를 잘 가르치는 것을 목표로 삼는다. 이런 점에서 일부를 잘 가르치고 다수를 거의 방치하는 미국의 교육제도와 완전히 다르다. 핀란드는 양질의 교육을 평등하게 제공하는 공립학교가 많고 사립학교는 소수에 불과하다. 미국의 부자들에게는 놀랍겠지만 그 소수의 사립학교도 공립학교와 똑같은 수준의 보조금을 정부로부터 받기 때문에 학부형에게 수업료와 부담금을 부과하거나 기부금을 요구할 수 없다. 미국에서 교사는 사회적 지위가 낮아 대학 성적이 좋지 않은 졸업생이 주로 교사가 되지만, 핀란드의 교사는 경쟁이 상당히 치열한 선발 과정을 거쳐야 한다. 따라서 고등학교와 대학교에서 가장 똑똑한 졸업생이 교사가 되고, 심지어 대학교수보다 사회적 지위는 물론 보수도 높다. 모든 교사가 석사나 박사학위를 보유하고 가르치는 방법에서도 많은 자율성을 보장받는다. 그 결과, 핀란드 학생은 문해력과 수학과 문제 해결 능력에서 세계 최고의 위치에 있다. 핀란드는 남성만이 아니라 여성 인력도 최대한 활용한다. 실제로 세계에서 핀란드는 뉴질랜드에 이어 여성에게 두 번째로 투표권을 부여한 국가였고, 내가 방문했을 때는 대통령이 여성이었다. 핀란드는 경찰력도 최대한 활용한다. 미국인에게는 놀랍겠지만 핀란드 경찰은 학사학위가 있어야 하고 96%의 국민에게 신뢰를 받는다. 게다가 총을 거의 사용하지 않는다. 작년을 예로 들면 핀란드 경찰은 근무 중 여섯 번 권총을 발사했다. 그중 다섯 번은 경고 사격에 불과했다. 내가 살고 있는 로스앤젤레스의 경찰이 매주 발포하는 평균 횟수보다 훨씬 더 적은 수이다.

이렇게 교육을 강조한 결과 핀란드의 노동력은 무척 생산적이다. 핀란드의 경우 인구 대비 공학자의 비율이 세계에서 가장 높고 과학기술에서도 선두권이다. 수출이 국내총생산Gross Domestic Product, GDP의 거의 절반을 차지하고, 현재의 주된 수출품은 제2차 세계대전 이전과 달리 목재를 비롯한 전통적인 임산물이 아니라 최첨단 중장비와 공산품이다. 핀란드는 숲의 나라에서 새로운 최첨단 제품을 개발하는 세계적인 선두 국가가 되었다. 양털과 구리, 심지어 기타를 수출하던 나라에서 발전기와 비료와 방직섬유를 수출하는 국가가 되었다.

민간과 정부가 투자하는 연구 개발비는 국내총생산의 3.5%에 달한다. 유럽연합의 다른 국가에 비하면 거의 두 배이고 이는 세계에서 가장 높은 수준에 가깝다. 물론 국내총생산 대비 교육비 투자도 세계에서 가장 높은 편이다. 뛰어난 교육 체제를 운영하고 연구 개발비를 효율적으로 투자한 결과 반세기 만에 핀란드는 가난에서 벗어나 세계에서 가장 부유한 국가 중 하나가 되었다. 현재 1인당 평균 소득은 프랑스와 독일과 영국 수준에 이르렀다. 세 국가는 인구가 핀란드보다 10배나 많고 역사적으로 오래전부터 부유한 국가였다.

핀란드화 1959년 핀란드를 방문했을 때 나는 핀란드가 소련과 벌인 두 번의 전쟁에 대해 거의 아무것도 몰랐다. 그래서 핀란드가 많은 부분에서 양보하며 엉망진창인 모스크비치 승용차를 수입하고, 소련의 공격 가능성을 걱정하는 이유에 대해 주변의 핀란드인에게 묻고 또 물었다. 돌이켜 생각해보면 무지한 탓에 요령 없이 내가 핀란드인에게 그렇게 물은 것보다 잔인한 짓은 없었다. 1939년 소련의 공격을 받았을 때 핀란드는 미국과 스웨덴, 독일, 영국, 프랑스의 도움을 받지 못했다. 핀란드에는 그야말로 쓰라린 기억이었다. 이들의 역사에서 생존과 독립은 스스로 쟁취하는 것이고, 소련이 안전하다고 생각하며 핀란드를 신뢰할 때 핀란드도 안전하다는 교훈을 얻었다.

핀란드인이 아니면 나처럼 핀란드 사정에 대해 무지한 사람이 많았다. 그들은 상황을 제대로 모른 채 핀란드 정책에 '핀란드화'라는 경멸적인 딱지를 붙이곤 했다. 일례로 1979년 〈뉴욕타임스〉는 핀란드화를 "전체주의적 초강대국의 군사적·정치적 무자비함에 위압되어 그 옆에 있는 작고 약한 국가가 체면을 버리고 당혹스러울 정도로 자주적인 자유를 양보하는 개탄스러운 상황"이라고 정의했다. 핀란드화를 매도하는 사람들은 핀란드 정책을 비열하다고 생각하는 것이다.

핀란드의 많은 행동이 서유럽과 미국 관측가들에게 반감을 불러일으키는 것은 사실이다. 단지 소련의 심기를 건드리지 않겠다는 이유로 대통령 선거를 연기하고, 대통령 후보가 사퇴하고, 출판사가 출판 계획을 취소하고, 신문사가 자체 검열을 한다는 것은 미국이나 독일에서 상상조차 할 수 없을 것이다. 엄밀히 말하면 이런 일은 행동의 자유라는 민주주의의 권리를 위배하는 것이다.

그러나 주변 국가의 심기는 모든 국가에 문제로 작용한다. 케코넨 대통령의 견해를 인용하면 이렇다. "일반적으로 한 국가의 독립은 절대적이지 않다. (…) 역사적 필연성을 인정하지 않고 존재한 국가는 단 하나도 없었다." 핀란드가 미국이나 독일보다 역사적 필연성을 더 많이 인정할 수밖에 없는 데는 분명한 이유가 있다. 핀란드는 러시아와 국경을 맞댄 작은 나라이지만 미국과 독일은 그렇지 않다. 그럼 핀란드화를 매도하는 평론가들은 핀란드가 어떻게 했어야 한다고 생각하는가? 소련이 다시 침략할 위험이 있는데 소련의 반응을 심각하게 고려하지 않으면 어떻게 했어야 한다고 생각하는가?

핀란드화를 비판하는 비핀란드계 평론가들이 감추고 있는 두려움은 공산국가 소련이 주변 국가를 꼬드겨 위성국가로 만들 수 있다는 염려에서 비롯한 것이었다. 그러나 다른 서유럽 국가와 미국은 완전히 다른 지정학적 상황에 존재하는 까닭에 핀란드 같은 지정학적 문제로 고민할 필요가 없었다. 요컨대 핀란드 정책에 대한 케코넨의 변명은 "핀란드화는 수출용이 아니다"라는 말로 요약되었다.

당연한 말이겠지만 핀란드의 대소련 외교정책은 비잔틴 양식처럼 복잡하기 그지없었다. 덕분에 제2차 세계대전 이후 70년 동안 핀란드는 소련이나 러시아의 위성국이 되지 않았다. 오히려 핀란드는 서구 세계와 꾸준히 관계를 증진하면서도 러시아와 좋은 관계를 유지했다. 물론 핀란드 국민은 삶이 불확실하다는 사실을 알고 있어서 지금도 남성의 경우에는 병역이 의무이고 여성의 경우 선택이다. 핀란드는 군인이라면 당연히 전투 능력을 갖추어야 한다고 생각하기 때문에 군사훈련은 무척 엄격하며 기간은 1년이다. 훈련이 끝난 후에도 30~35세 혹은 그 이후까지 수년마다 예비군 훈련을 받아야 한다. 현재 핀란드 국민의 15%가 예비군이다. 인구 대비로 미국에 비유하면 5,000만 명의 예비군을 보유한 셈이다.

위기의 기준틀

핀란드의 최근 역사에 비추어, 개인의 위기와 관련한 요인(표 1)을 유추해서 국가적 위기의 해결과 관련된 것으로 상정된 12가지 요인을 평가해보자(표 2). 12가지 요인 중 일곱 가지는 핀란드의 근본 문제, 즉 이웃한 강대국으로부터의 위협을 해결하는 데 도움을 주었고, 한 가지는 처음에는 방해했지만 나중에는 도움을 주었으며, 나머지 세 가지는 핀란드에 없었던 까닭에 문제 해결에 걸림돌이 되었다.

위기 해결을 위해 핀란드가 확실히 보여준 일곱 가지 요인은 책임의 수용(요인 2), 울타리 세우기(요인 3), 강력한 국가 정체성(요인 6), 정직한 자기평가(요인 7), 국가의 실패에 대처하는 자세(요인 9), 유연성(요인 10), 국가의 핵심 가치(요인 11)였다. 첫째로 핀란드는 책임의 수용과 정직하고 현실적인 자기평가에서 탁월한 모범국이었다. 소련군의 침략으로 많은 국민이 죽었고 과부나 고아가 되었으며 집을 잃었기 때문에 핀란드의 재평가는 가혹할 정도로 냉정했다. 핀란드는 자기 연민과 원한 때문에 소련과의 관계를 무력화하려는 유혹에 빠지지 않아야 했다. "핀란드는 작은 나라이고 러시아와 긴 국경을 맞대고 있다. 동맹들로부터 실질적인 지원을 기대할 수 없으므로 생존의 책임은 전적으로 자국에 있다. 소련에 얼마 동안은 저항하며 침략을 늦추었고, 소련에 호된 대가와 고통을 안겨주었지만 영원히 저항할 수는 없었다"라는 현실을 핀란드는 인정했다. 결국 핀란드는 정치적 독립을 유지하는 유일한 방법이 경제적 독립과 표현의 자유를 조금 희생하더라도 소련의 신뢰를 얻는 것이란 사실을 직시한 것이다.

핀란드는 선택적 변화와 울타리 세우기(요인 3)라는 이 책의 핵심 주제를 명확히 설명해주는 사례이기도 하다. 1944년 9월 이후 소련의 공격에 대한 대응에서 핀란드는 소련을 무시하며 상대하지 않던 과거의 오랜 정책을 뒤집었다. 핀란드는 소련과 정치적으로 빈번히 대화하고 경제 개발도 함께 하는 새로운 정책을 채택했다. 그러나 핀란드는 소련에 점령당하지 않아 정치적으로 독립국가였고, 사회적으로 자유로운 민주주의 국가였기 때문에 이런 변화는 지극히 선택적이었다. 따라서 겉보기에 상반된 두 정체성이 공존한 까닭에 많은 외부 사람들이 어리둥절하며 분노했고, 그 현상에 '핀란드화'라는 경멸적인 이름까지 붙였다. 달리 말하면 핀란드가 다른 식으로 행동할 수 있었을 것이고 그렇게 행동했어야 했다는 뜻이었다.

핀란드는 강력한 국가 정체성(요인 6)도 눈에 띄게 보여주었다. 핀란드를 잘 모르는 사람이라면 스칸디나비아에 속한 그처럼 작은 국가에서 그렇게 강력한 국가 정체성을 전혀 기대하지 않았을 것이다. 핀란드의 국가 정체성과 핀란드가 특별한 국가라는 믿음은 아름답지만 외부 사람이라면 배우려고 시도조차 않는 독특하고 까다로운 핀란드어와 관련한 구전 서사시(《칼레발라》)에서 비롯되었다. 러시아에 합병된 후에도 한 세기 동안 자치권을 유지했고, 자체의 의회와 행정부를 두고 고유한 화폐를 사용한 오랜 역사도 핀란드의 강력한 국가 정체성을 형성하는 데 큰 역할을 했다. 게다가 세계적으로 인정받은 음악가와 체육인, 건축가와 실내장식가를 배출한 국가라는 자긍심, 또 겨울 전쟁에서 보여준 군사적 성취에 대한 자부심도 핀란드가 현재의 국가 정체성을 형성하는 데 기여했다. 또 영국인을 제외하면 다른 어떤 나라의 국민보다 핀란드 국민은 제2차 세계대전을 자랑스럽게 생각한다. 2017년 독립 100주년 기념식에서도 1917년의 독립 성취만큼이나 제2차 세계대전에 초점을 맞추었을 정도였다. 다시 미국에 비유하면 7월 4일 독립기념일 행사에서 1776년의 독립선언보다 제2차 세계대전의 승리를 더욱 강조한 셈이다.

핀란드는 위기에 대응하는 초기의 실패를 관대히 용납하고 효과적인 해결책을 찾아낼 때까지 이런저런 해결책을 끈질기게 실험하는 자세를 보여준 좋은 예이다(요인 9). 1939년 10월 소련이 핀란드에 무리한 요구를 했을 때 핀란드는 훗날 그랬던 것처럼 당시에는 정치와 경제의 협력을 제안하는 식으로 대응하지 않았다. 당시 핀란드가 그렇게 제안했더라도 십중팔구 스탈린은 그 제안을 거부했을 것이다. 스탈린이 핀란드를 독립국가로 인정한 이유는 겨울 전쟁에서 보여준 핀란드의 격렬한 저항 때문이었다. 소련을 무시한 전쟁 전의 정책과 군사적 해결책을 찾으려던 전시의 정책이 실패했다고 인정한 1944년 이후, 핀란드는 경제와 정치의 독립을 어느 정도까지 유지할 수 있으며 그 대가로 소련에 무엇을 주어야 하는지 알아내기 위해 거의 중단 없이 계속된 오랜 실험 시간을 보내야 했다.

핀란드는 위기 해결에 반드시 필요한 타고난 유연성을 보여준 국가이기도 하다(요인 10). 소련의 걱정과 예민한 심기를 다독거리기 위해 핀란드는 다른 민주국가에서는 상상조차 할 수 없는 조치를 취했다. 예컨대 소급법을 제정해서 전시의 지도자들을 재판에 회부하고 징역형을 선고했다. 의회는 긴급조치법을 채택하며 대통령 선거를 연기했고, 유력한 대통령 후보는 사퇴 설득을 흔쾌히 받아들였다. 또 언론은 소련의 심기를 건드릴 만한 보도를 자체 검열했다. 다른 민주국가였다면 이런 조치들을 수치스럽게 생각했을 것이다. 그러나 핀란드의 이런 행동에서는 가장 소중하다고 생각하는 원칙, 즉 정치적 독립을 유지하기 위해서는 민주주의의 신성한 원칙을 조금은 희생할 수 있다는 유연한 사고방식을 엿볼 수 있다. 만네르헤임의 전기를 쓴 스티븐 잘로거의 말을 다시 인용하면 핀란드는 "지독히 고약한 선택 중 그나마 나은 것"을 협상하는 데 탁월한 능력을 보여주었다.

핀란드 역사에서는 어떤 경우에도 양보할 수 없는 핵심 가치(요인 11), 즉 어떤 강대국에도 예속되지 않겠다는 독립에 대한 굳은 신념을 엿볼 수 있다. 핀란드는 다수의 죽음을 불사하더라도 그 핵심 가치를 지키기 위해 싸우는 길을 택했다. 운 좋게 그들은 살아남았고 독립도 유지했다. 그런 고민스러운 딜레마에 보편적으로 적용하는 정답은 없다. 1939년의 폴란드, 1941년의 유고슬라비아, 1956년의 헝가리도 차례로 독일 또 독일과 소련의 요구를 거부하고 독립을 지키기 위해 싸웠지만 핀란드처럼 결과가 좋지는 않았다. 세 국가 모두 점령당했고 점령된 상태에서 잔혹한 고통을 겪어야 했다. 반대로 체코슬로바키아는 1938년, 에스토니아와 라트비아와 리투아니아는 1939년, 일본은 1945년 8월에 군사적 상황이 절망적이라 판단해 차례로 독일과 소련과 미국의 최후통첩을 받아들였다. 돌이켜 생각하면 체코슬로바키아와 에스토니아의 상황은 절망적이지 않았을 수 있지만 우리가 어찌 알 수 있겠는가.

핀란드의 위기 해결을 처음에는 방해했지만 나중에는 도움을 준 요인은 국민적 합의였다(요인 1). 처음에는 위기에 대한 국민적 합의가 부족했지만 결국 합의를 이루어냈다. 1930년대 내내 핀란드는 소련으로부터 위기가 닥칠 것이란 경고를 대체로 무시했다. 1939년에도 스탈린의 요구가 조금은 허세라고 잘못 판단했다. 하지만 1944년부터 파시키비-케코넨 원칙으로 정리되는 국민적 합의, 즉 핀란드 정부는 소련의 정치 지도자들과 자주 대화하고 소련의 관점에서 판단하는 방법을 배워야 한다는 국민적 합의가 이루어졌다.

위기 해결에 도움을 주지만 핀란드에는 없었던 까닭에 다른 방식으로 보완했던 세 가지 요인은 동맹의 지원(요인 4), 본받을 만한 사례(요인 5), 지정학적 제약으로부터의 해방(요인 12)이었다. 이 책에서 다룬 국가 중 핀란드만큼 동맹으로부터 지원을 받지 못한 국가는 없었다. 핀란드는 겨울 전쟁 동안 동맹의 지원을 간절히 바랐지만 잠재적인 우방은 물론 전통적인 우방도 충분한 지원을 제공하지 않았다. 스웨덴이 비정부적 차원에서 약 8,000명의 지원병을 제공하고 핀란드 어린이들의 피란을 받아들인 정도였으며, 독일은 계속 전쟁 동안 군사·경제적으로 기본 수준의 원조를 제공했을 뿐이다. 핀란드는 소련과 나치 독일의 요구에 저항하는 데 성공한 작은 나라의 사례를 구할 수 없었다. 유럽의 거의 모든 국가가 그런 요구에 응하며 독립을 상실했거나(발트 3국), 저항했지만 처절하게 정복되는 참상을 겪었다(폴란드와 유고슬라비아). 자체의 군사력으로 저항하는 데 성공한 국가는 핀란드보다 훨씬 강한 나라였다(영국). 스위스와 스웨덴처럼 나치 독일의 요구를 수용하며 독립을 유지한 국가도 있었지만, 나치 독일이 그들에게 요구한 조건은 소련이 핀란드에 요구한 조건보다 훨씬 가벼운 것이었다. 반대로 "핀란드화는 수출용이 아니다"라는 말처럼 핀란드가 소련과의 관계에서 성공한 외줄 타기 정책을 본보기로 사용할 수 있는 국가는 없었다. 핀란드는 강대국인 소련과 긴 국경을 맞대고 있다는 지정학적 제약으로 선택의 자유를 크게 제한받았다. 강대국의 위세에 행동의 자유를 제한받은 정도에서 제2차 세계대전 이후의 독일이 핀란드에 근접했다.

개인의 위기에는 제기되지 않고 국가의 위기에만 해당하는 문제에서 핀란드의 경우에는 두 가지 논의가 더 필요하다. 하나는 리더십의 역할이고, 다른 하나는 갈등 이후의 화해이다. 핀란드는 제2차 세계대전 동안 군사와 정치에서 유능한 리더십 덕에 많은 혜택을 누렸다. 군사 지도자 만네르헤임 장군은 부족한 자원을 적절히 분배하고, 소련이 여러 전선에 가하는 상대적 위험의 정도를 판단하고, 말할 수 없이 고통스러운 상황에서도 냉정하고 명철하게 생각하며 병사와 장교에게 자신감을 심어주는 데 빈틈이 없었다. 한편 핀란드의 총리와 대통령을 지낸 유호 파시키비와 그의 후임 우르호 케코넨은 모두 러시아어에 능통했고 약자 입장에서 스탈린과 협상하며 편집증적인 그의 신뢰를 얻는 뛰어난 능력을 보여주었다. 게다가 핀란드의 독립이 소련에도 좋은 정책이란 믿음을 스탈린에게 심어주기도 했다. (1944년 9월 파시키비가 계속 전쟁을 끝내기 위한 평화 협상에서 스탈린을 만나려고 모스크바로 날아갈 때 어떤 심정이었을지 상상해보라. 파시키비는 1940년 3월에도 겨울 전쟁을 끝내기 위한 평화 협상에 참석하려고 이미 모스크바를 방문한 적이 있었다. 더구나 그때는 핀란드가 독일을 편들고 1941년 여름에 카렐리야를 되찾으며 1940년 3월의 협정을 깨뜨린 뒤였다. 당신이 파시키비였다면 1944년 스탈린에게 무엇이라 말했겠는가? "저를 믿으십시오. 이번에는 저를 믿을 수 있겠습니까?"라고 말할 수 있었겠는가?) 그러나 만네르헤임, 파시키비와 케코넨이 지도자로서 미친 영향을 과장되게 평가해서는 안 된다. 그들의 능력이 탁월했던 것은 분명하지만 목표와 전략에서 그들은 핀란드를 이끈 다른 장군들이나 정치인들과 크게 다르지 않았기 때문이다.

국가의 위기에만 해당하는 또 하나의 문제는 내부 갈등, 즉 내전 이후의 화해와 관련한 것이다. 1918년의 내전 이후에 핀란드는 신속하고 파격적으로 화해를 시도했다. 피노체트가 일으킨 군사 쿠데타 이후의 칠레는 그러지 못했다(4장). 심지어 인도네시아는 1965년 군부가 자행한 대량 학살 이후에 상처를 봉합하기 위한 어떤 조치도 제대로 취하지 않았다(5장). 군부가 여전히 강력한 힘을 지녀 예전의 정적들을 계속 위협할 정도였다는 사실에서 국가의 차이가 부분적으로 설명된다. 실제로 인도네시아에서는 군부가 1965년 이후에도 정권을 장악했고, 칠레에서는 피노체트가 대통령에서 물러난 후에도 군부의 힘은 강력하고 위협적이었다. 반면 핀란드에서 군부는 내전 이후에 거의 눈에 띄지 않았다. 또 핀란드 국민이 공유하는 '특별한 국민이란 의식'—핀란드 내전의 승자와 패자가 똑같이 평등주의를 전통으로 공유하고 세계에서 유일하게 핀란드어를 말하며 〈칼레발라〉를 암송하고, 장 시벨리우스 및 파보 누르미와 같은 나라 사람이라는 자부심—도 이런 차이를 빚어낸 원인일 수 있다.

핀란드는 갑작스러운 외부 충격으로 위기를 맞은 국가의 사례로 선택한 두 국가 중 하나이다. 다음 장에서는 메이지 시대의 일본을 살펴보았다. 일본은 핀란드만큼 강력한 국가 정체성과 독특한 언어가 있고 문화적으로는 핀란드보다 더욱 독특한 국가이다. 따라서 선별적 선택에서도 훨씬 더 파격적이었다. 메이지 시대의 일본도 핀란드처럼 냉정하고 현실적으로 행동했지만 지정학적 상황이 달랐던 까닭에 일본은 핀란드보다 더 독립적으로 장기적인 전략을 추구할 수 있었다.

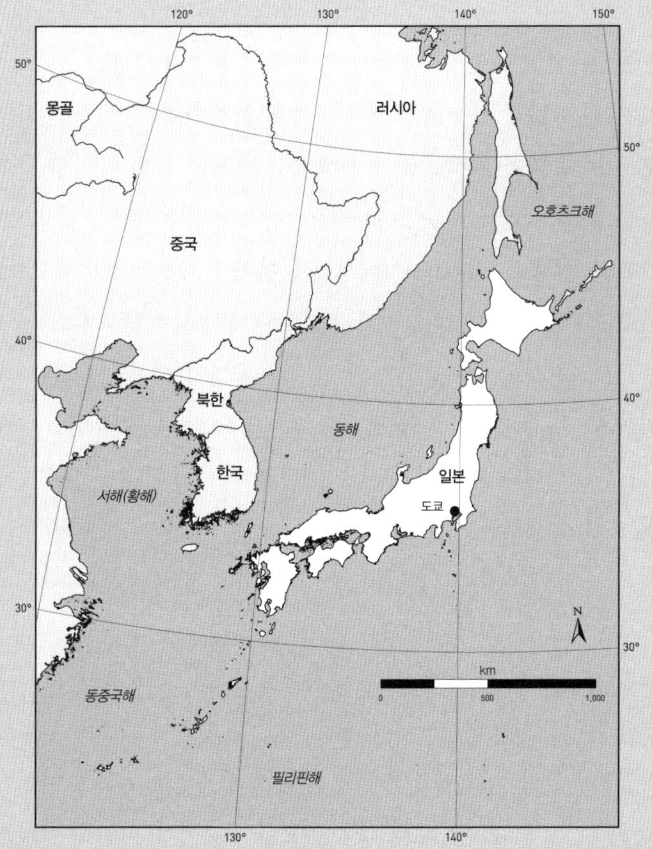
120°
130°
140°
150°
50°
40°
30°
몽골
러시아
중국
오호츠크해
북한
동해
한국
일본
서해(황해)
도쿄
N
km
0
500
1,000
동중국해
필리핀해

도판 3. 일본 지도

3장

현대 일본의 기원

일본과 나의 관계 – 1853년 이전의 일본 – 페리 제독 – 1853년부터 1868년까지 – 메이지 시대 – 메이지유신 – 서구화 –군사적 팽창 정책 – 위기의 기준틀 – 남은 문제들

일본과 나의 관계

이 책에서 다룬 나머지 국가들과 달리 일본의 경우 나는 그곳에서 오랫동안 살아본 적도 없고 20년 전에야 처음으로 방문했다. 물론 일본어도 모른다. 하지만 전통적 특징과 유럽의 특징이 적절히 뒤섞인 일본의 선택적 변화에 대해 간접적으로 듣고 공부할 기회가 많았다. 내가 태어나고 자란 미국 동부 해안의 보스턴을 떠나 캘리포니아로 이주했을 때 미국의 어떤 지역보다 아시아인이 많은 지역에서 살게 되었다. 특히 일본인, 정확히 말하면 일본계 미국인이 많은 곳이었다.

지금 내가 재직하고 있는 캘리포니아대학교 로스앤젤레스 캠퍼스의 학생 분포에서는 아시아인이 가장 높은 비율을 차지하며 유럽계 학생보다 압도적으로 많다. 따라서 나에게는 일본인 친구도 많고 뛰어난

연구 조교를 비롯해 일본인 동료도 많다. 대다수는 미국이나 유럽에서 오랫동안 거주한 까닭에 그 대륙을 잘 알고 있으며, 심지어 미국인이나 유럽인과 결혼한 일본인 친구도 적지 않다. 반대로 일본에서 오랫동안 거주한 까닭에 일본을 잘 아는 미국인 친구와 동료도 많다. 물론 일본인과 결혼한 미국인 친구도 적지 않다. 나 자신도 일본 혈통과 관련 있는 집안으로 장가간 덕분에 일본인 사촌과 조카를 덤으로 얻었다.

따라서 나는 일본과 미국과 유럽 모두에서 오랫동안 거주한 경험이 있는 일본인과 미국인과 유럽인에게 일본과 미국, 일본과 유럽의 차이에 대해 귀에 딱지가 앉을 정도로 자주 들었다. 내 일본인 친척, 학생과 친구와 동료는 일본 사회와 미국·유럽 사회 사이에는 비슷한 점과 차이점이 공존한다고 이구동성으로 말한다. 그들이 주로 언급하는 차이에 대해 그 중요성을 따지지 않고 무작위로 나열하면 (1) 사과하는 습관, (2) 배우기 쉽지 않은 언어, (3) 곤경을 말없이 견디는 자세, (4) 장래의 고객을 대하는 듯한 싹싹한 태도, (5) 극단적 공손함, (6) 외국인에 대한 감정, (7) 공개적으로 여성을 혐오하는 행동, (8) 환자와 의사 간 커뮤니케이션, (9) 아름다운 서체에 대한 자부심, (10) 소심한 개인주의, (11) 의붓부모와의 관계, (12) 다른 사람들과 다르게 보이지 않으려는 조심성, (13) 여성의 지위, (14) 감정 표현, (15) 이타적 심성, (16) 다른 사람의 의견에 동의하지 않는 방법 등이다. 물론 그 밖에도 많은 차이가 있다.

이런 모든 차이는 서구 세계가 일본에 미친 영향과 더불어 공존하는 전통적 일본의 유산이다. 이런 혼합성은 1853년 7월 8일 급작스레 폭발한 위기와 함께 시작되었고, 1868년부터 거의 반세기 동안 이어진 선택적 변화를 착수한 메이지유신明治維新으로 가속화되었다.

메이지 시대 일본은 현대 세계에서 다른 국가들을 본보기로 활용하며 선택적 변화를 시도한 대표 사례로 손꼽힌다. 앞에서 살펴본 핀란드의 위기처럼 일본의 위기도 (실질적 공격은 없었지만) 외세의 위협으로 급작스레 시작되었다. 핀란드처럼 일본도 정직한 자기평가와 효과적 해결책을 찾아낼 때까지 여러 가능성을 실험하는 끈기와 인내를 유감없이 보여주었다. 그러나 핀란드와 달리 일본은 훨씬 더 포괄적인 선택적 변화를 시도했고 행동의 자유도 상당히 누렸다. 따라서 메이지 시대 일본은 핀란드와 짝을 이루는 좋은 연구 사례가 된다.

1853년 이전의 일본

생활수준, 산업화, 과학기술에서 일본은 유럽 사회와 신유럽계 사회(미국과 캐나다, 오스트레일리아와 뉴질랜드) 수준으로 올라선 최초의 현대 비유럽계 국가였다. 오늘날 일본은 경제와 과학기술에서만 아니라 의회 민주주의와 높은 문해율 그리고 서구식 의상에서 보듯이 정치와 사회의 많은 면에서도 유럽 또는 신유럽과 유사하다. 음악에서도 일본 전통음악과 서구 음악이 뒤섞여 공존한다. 그러나 다른 점, 특히 사회 문화적인 면에서 유럽 사회들이 서로 다른 수준을 넘어 일본은 유럽의 모든 사회와 사뭇 다르다. 일본 사회가 비유럽적인 면을 띤다고 놀랄 것은 전혀 없다. 일본은 서유럽에서 1만 3,000킬로미터 떨어진 곳에 위치하는 데다 아시아 대륙의 인접한 국가, 특히 오랜 역사를 공유하는 중국과 한국으로부터 많은 영향을 받았기 때문에 그런 차이는 충분히 예상할 수 있는 것이다.

유럽의 영향이 처음 일본에 미친 때는 1542년이었다. 1542년부터 1639년까지 유럽이 해외로 활발하게 진출하던 때와 맞물려 일본은 꾸준히 영향을 받았지만, 그 이후로 1853년까지 영향이 크게 줄어든 시대가 뒤따랐다. 현재 일본 사회의 유럽적인 면은 1853년 이후에 도래한 것이 대부분이다. 물론 유럽적인 면이 일본의 모든 것을 대체하지는 않았다. 지금도 일본의 전통문화가 많이 남아 있다. 코코넛 그로브 화재의 생존자들과 제2차 세계대전 후의 영국처럼 일본도 과거의 자아와 새로운 자아가 뒤섞인 모자이크이다. 더 정확히 말하면 이 책에서 다룬 국가보다 모자이크의 정도가 심하다.

메이지유신이 있을 때까지 일본의 실질적 지배자는 쇼군將軍이라 불리던 세습 군사독재자였고 황제는 실제 권한이 없는 명목상의 최고 위자에 불과했다. 1639년부터 1853년까지 쇼군은 일본인과 외국인의 접촉을 제한했고, 섬이라는 지리적 환경에서 비롯된 오랜 고립의 역사를 지속했다. 따라서 세계지도를 펼쳐놓고 일본과 영국의 지리적 위치를 비교하면 처음에는 일본의 고립된 역사에 놀라지 않을 수 없다.

겉으로 보면 두 열도列島는 각각 유라시아의 동쪽 해안과 서쪽 해안에 있어 지리적으로 다를 것이 없다. 이 말이 믿기지 않으면 직접 세계지도를 펴고 확인해보라! 일본과 영국은 면적도 엇비슷하고 유라시아 대륙에서 떨어진 거리도 크게 다르지 않다. 따라서 대륙과의 관계에서 유사한 역사를 지녔을 것이란 추론이 가능하다. 하지만 현실은 그렇지 않았다. 기원후 이후로 영국은 대륙으로부터 네 번이나 침략을 받았지만 일본은 한 번도 받지 않았다. 한편 1066년의 노르만 정복 이후로 영국은 유럽 대륙 어디에나 군대를 파견해 싸웠지만, 일본은 두 번의 짧은 기간을 제외하고는 아시아 대륙에 군대를 파견한 적이 없었다. 3,000년 전 청동기시대에도 영국과 유럽 대륙 사이에는 교역이 활발했다. 영국 콘월Cornwall의 광산들은 유럽 청동을 만드는 주석의 주된 산지였다. 또 한두 세기 전 영국은 세계 최고의 무역국이었지만 일본의 해외무역은 여전히 보잘것없었다. 지리적 환경이 유사한 두 국가가 이처럼 큰 차이를 보인 이유가 무엇일까?

지리적 위치를 면밀히 분석하면 그런 모순된 차이가 어느 정도 이해가 된다. 얼핏 보면 일본과 영국은 면적과 고립의 정도에서 비슷하지만 대륙과 떨어진 거리는 일본이 다섯 배 멀고(약 177킬로미터와 35킬로미터), 면적은 일본이 1.5배 넓고 토양은 훨씬 더 비옥하다. 따라서 현재 인구에서 일본은 영국의 두 배를 넘고, 뭍에서 생산하는 식량과 목재, 해안에서 수확하는 해산물도 더 많다. 석유와 금속의 수입에 의존하는 산업이 발전하기 전까지 일본은 기본적인 자원을 대체로 자급자족한 까닭에 해외무역이 거의 필요하지 않았지만 영국은 달랐다. 결국 이런 지리적 특징에 따른 고립이 일본 역사에 큰 영향을 미쳤고, 1639년 이후에는 더욱더 강화되었다.

유럽인이 바다를 통해 중국과 일본에 처음 도착한 때는 차례로 1514년과 1542년이었다. 당시 일본은 이미 중국·한국과 교역을 하고 있었던 까닭에 유럽의 네 국가—포르투갈과 스페인, 네덜란드와 영국—와도 교역을 시작했다. 하지만 일본과 유럽 간의 직접적 교역은 아니었다. 중국과 동남아시아의 해안 지역에 마련한 거류지를 통한 교역이었다. 유럽과의 접촉은 무기부터 종교까지 일본의 많은 영역에 큰 영향을 미쳤다. 포르투갈 모험가들이 1542년 처음 일본에 도착해 원시적인 총을 쏘았을 때 일본인은 깊은 인상을 받았는지 자체의 화기를 열정적으로 개발해 1600년쯤에는 세계 어느 국가보다 일본에 총기가 더 많았고 성능도 뛰어났다. 최초의 기독교 선교사가 일본에 들어온 때는 1549년이었고 1600년쯤에는 약 30만 명이 가톨릭교도가 되었다.

그러나 쇼군은 여러 가지 이유에서 유럽의 전반적 영향, 특히 기독교의 영향을 염려했다. 일본의 정치에 간섭하고, 정부에 저항하는 반도叛徒에게 무기를 공급한다는 이유로 유럽인을 향해 비난이 쏟아지기 시작했다. 게다가 가톨릭교도는 다른 종교를 용납하지 말라고 설교하면서, 그렇게 설교하지 말라는 일본 정부의 명령을 거역했다. 더욱이 일본 정부는 그들을 교황이라는 외국의 지배자에게 충성하는 사람들이라고 여겼다. 따라서 쇼군은 수천 명의 일본인 가톨릭교도를 십자가에 매달아 죽인 후 1636년과 1639년 사이에 일본과 유럽의 거의 모든 교역을 끊어버렸다. 가톨릭교의 숭배도 금지했다. 또 대부분의 일본인에게 해외여행과 해외 이주도 금지했다. 바다에 표류하다가 유럽이나 미국 선박에 의해 구출되어 천신만고 끝에 일본에 돌아온 어부들은 가택 연금당하거나 당시의 경험을 발설하는 게 금지되었다.

중국 무역상에게 나가사키의 한 구역, 네덜란드 무역상에게 나가사키항에 인공적으로 건설한 데지마섬을 허용한 것을 제외하면 외국인의 일본 입국은 완전히 차단했다. 네덜란드 무역상은 프로테스탄트였고, 일본인은 프로테스탄트를 비기독교인으로 보았다. 또 4년마다 네덜란드 무역상은 예정된 경로를 따라 위험한 병균처럼 감시를 받으며 일본 수도까지 공물을 가져가야 했다. 물론 일부 지역은 한국·중국과 계속 교역했고, 심지어 본섬에서 남쪽으로 수백 킬로미터 떨어진 오키나와섬이 포함된 류큐제도琉球諸島와 교역하기도 했다. 그러나 간헐적인 한국 사절단의 방문은 한국의 '공물'을 받기 위해 허락한 방문으로 위장되었다. 이런 모든 접촉은 규모에 제한적일 수밖에 없었다.

네덜란드와 일본 간의 소규모 교역은 경제적인 면에서 보잘것없었다. 그러나 네덜란드 무역상이 유럽에 대한 정보를 전달하는 중요한 역할을 했다는 점에서 두 국가의 교역은 일본에 상당한 의미가 있었다. 일본의 사설 교육기관이 제공한 강의 목록에는 이른바 '네덜란드 연구'라는 게 있었다. 그 강의에서는 실용적이고 과학적인 학문, 특히 서양 의학, 천문학, 지도 제작과 측량, 총기와 폭약 등에 대해 네덜란드 무역상에게 얻은 정보를 가르쳤다. 일본 정부의 천문학국 내에는 앞의 학문들에 대해 네덜란드에서 발행한 서적을 일본어로 번역하는 부서가 있었다. 유럽을 비롯해 외부 세계에 대한 많은 정보가 중국과 중국 서적, 중국어로 번역된 유럽 서적을 통해서도 전해졌다. 요컨대 1853년까지 일본 정부는 외국과의 접촉을 제한하고 통제했다.

페리 제독

1853년의 일본은 지금의 일본과 사뭇 달랐다. 1900년의 일본과도 중대한 부분에서 달랐다. 1853년의 일본은 여전히 중세 유럽처럼 여러 영지로 분할된 봉건적 계급사회였다. 영지는 다이묘大名라 불리던 번주가 지배했고 다이묘의 권한은 중세 유럽의 영주를 넘어섰다. 권력 사다리의 정상에는 쇼군이 있었고, 당시의 쇼군은 1603년부터 일본을 지배하며 쌀 생산지의 4분의 1을 장악한 도쿠가와 가문이었다. 다이묘는 결혼하고 성을 옮기고 세우거나 보수하는 데도 쇼군의 허락을 받아야 했다. 또 격년으로 다이묘는 자신의 비용으로 가신들을 쇼군이 있는 수도까지 데려가 그곳에 머물러야 했다. 따라서 쇼군과 다이묘의 긴장 관계는 높아질 수밖에 없었고, 특히 도쿠가와 시대에는 빈번한 반란과 도시

3.1 쇼군은 메이지유신이 시작되기 전까지 일본의 실질적인 지도자였다.

화, 상인 계급의 발흥으로 쇼군에게 지출과 수입 간의 격차가 커지면서 다른 문제도 제기되었다. 그러나 도쿠가와 쇼군은 그런 문제에 훌륭하게 대처하며 250년 동안 권력을 유지했다. 도쿠가와 쇼군을 궁극적으로 무너뜨린 충격은 서구의 도래였다.

서구가 일본을 압박한 이유는 궁극적으로 중국을 압박하기 위한 것이었다. 서구인이 원하는 상품이 일본보다 중국에서 훨씬 많이 생산되었기 때문이다. 유럽 소비자는 특히 중국차와 비단을 원했지만 중국이 원하는 것은 유럽에서 거의 생산되지 않았다. 따라서 유럽은 중국으로 은을 실어 나르며 무역 적자를 메워야 했다. 영국 무역상들은 은의 손실을 줄이기 위해 기발한 생각을 해냈다. 인도에서 생산한 아편을 중국산보다 낮은 가격에 중국에 판매하자는 발상이었다(영국의 아편 정책은 서구를 비방하려고 조작한 것이 아니라 실제로 존재했다. 따라서 서구를 향한 중국의 입장을 이해하려면 이런 역사를 알아야 할 필요가 있다). 당연히 중국 정부는 아편을 건강에 유해하다고 비난하며 수입 금지 조치를 취했다. 또 유럽 밀수범들에게 중국 연안에 정박한 선박에 적재된 아편을 넘겨달라고 요구한 것도 당연했다. 영국은 불법적인 무역 규제라며 중국의 이런 대응에 반발했다.

그 결과로 일어난 것이 영국과 중국이 1839년부터 1842년까지 벌인 아편전쟁이다. 아편전쟁은 중국과 서구가 군사력을 견준 최초의 전쟁이었다. 인구와 면적에서 중국은 영국을 압도했지만 영국의 해군과 육군이 중국보다 장비와 훈련 면에서 앞섰다는 게 밝혀졌다. 결국 중국이 패했고 굴욕적인 양보를 강요받았다. 따라서 엄청난 배상금을 지급하고, 영국 무역상에게 중국의 다섯 항구를 개방한다는 조약에 서명해야 했다. 그 후에는 프랑스와 미국이 중국으로부터 똑같은 양보를 얻어냈다.

일본 정부는 중국이 그렇게 당하는 걸 보았기 때문에 서구 열강이 일본에도 유사한 조약으로 항구의 개방을 요구하는 것은 시간문제라며 두려워했다. 1853년 마침내 일본의 걱정은 현실화되었고 일본의 문을 두드린 서구 강대국은 미국이었다. 미국이 일본의 문호를 개방하겠다고 적극적으로 나선 이유는 1848년 멕시코로부터 캘리포니아를 인수한 후 금광을 발견하며 태평양 연안에서 해상 교통이 폭발적으로 증가한 때문이었다. 태평양을 무대로 한 포경선과 무역선도 크게 증가했으며 필연적으로 일부 미국 선박이 난파되었다. 당연히 일본 주변의 바다에서 난파되는 선박도 있었고 적잖은 선원이 일본의 구조를 받았지만, 도쿠가와 쇼군의 쇄국정책에 따라 살해 또는 체포되었다. 하지만 미국은 일본이 그 선원들을 보호하고 도와주기를 원했고, 더 나아가 미국 선박이 일본에서 석탄을 구입할 수 있기를 바랐다.

따라서 미국 대통령 밀러드 필모어Millard Fillmore(1800~1874)는 매슈 페리Matthew Perry(1794~1858) 제독을 네 척의 군함과 함께 일본에 파견했다. 그중 두 척은 대포를 장착한 증기선으로 당시 일본의 어떤 전함보다 월등한 성능을 자랑했다(당시 일본에는 증기선은커녕 증기기관도 없었다). 1853년 7월 8일 페리 제독은 일본의 허락을 구하지 않은 채 함대를 이끌고 에도만(현재는 도쿄만)에 들어섰다. 당장 떠나라는 일본의 요구를 거절하며 페리는 필모어 대통령의 친서를 전달했고, 이듬해 다시 올 때 답신을 받을 수 있기를 기대한다고 알렸다.

일본의 관점에서 보면 페리의 느닷없는 출현과 압도적 전력을 앞세운 공개적 위협은 이 책에서 정의하는 '위기'와 맞아떨어진다. 즉 기존의 대처법으로는 해결할 수 없는 심각한 도전이었다. 페리가 떠난 후 쇼군은 필모어의 편지를 다이묘에게 돌리며 최선의 대응책에 대한 의견을 구했다. 이런 조치조차 이례적인 것이었다. 다이묘는 다양한 의견을 제시했지만 쇄국정책을 유지하려는 욕망을 강력히 피력하면서도 페리의 전함에 대적해 일본을 지키는 게 불가능하다는 사실을 인정하고, 서구의 대포와 첨단 무기를 확보할 수 있는 시간을 벌기 위해서라도 타협을 제안하자는 의견이 대세였다.

1854년 2월 13일 페리가 이번에는 아홉 척의 전함을 이끌고 다시 왔다. 이때 쇼군은 일본이 서구 국가와 최초로 맺은 조약에 서명하는 수밖에 없었다. 일본은 무역협정을 맺자는 페리의 요구를 연기하는 데 성공했지만 215년 동안 지속된 쇄국정책을 끝내는 이런저런 양보를 해야 했다. 예컨대 미국 선박이 정박할 곳으로 삼을 항구 두 곳을 개방했고 그중 한 곳에 미국 영사가 거주하는 걸 허용했으며, 조난된 미국인 선원을 인도적으로 대우하는 데 동의했다. 일본과 미국이 그런 협정을 맺자 영국과 러시아와 네덜란드의 극동 지역 해군 사령관들이 앞다투어 일본과 비슷한 협정을 맺었다.

1853년부터 1868년까지

쇼군의 정부, 즉 막부幕府가 일본의 오랜 쇄국을 끝내는 조약에 서명한 1854년부터 14년의 시간은 일본 역사에서 그야말로 격동의 시기였다. 도쿠가와 막부는 강요된 개방에서 비롯된 문제를 해결하려고 안간힘을 다했다. 개방으로 일본 사회와 정부가 걷잡을 수 없이 변하기 시작했기 때문에 쇼군의 저항은 궁극적으로 실패했다. 오히려 변화의 물결에 힘입어 경쟁자들이 쇼군을 무너뜨렸다. 그 경쟁자들이 주도한 새로운 정부에서 더 많은 변화를 시도했다.

페리가 맺은 조약과 그 후 영국·러시아·네덜란드가 맺은 조약으로도 일본의 교역을 개방하려던 서구의 목표가 완전히 성취되지는 않았다. 따라서 1858년 일본에 새로 부임한 미국 영사가 무역을 다룬 상당히 포괄적인 조약을 협상했고, 곧이어 영국과 프랑스, 러시아와 네덜란드가 비슷한 조약을 맺었다. 그 조약들은 일본인에게 굴욕적으로 여겨졌으며 '불평등조약'으로 일컬어졌다. 서구 열강이 서로 주고받는 대우의 수준을 일본에 허락할 필요가 없다는 서구의 시각이 그 조약들에 반영되었기 때문이다. 예컨대 조약에서는 일본에 거주하는 서구 시민에게 치외법권을 허용했다. 다시 말하면 그들은 일본 법에 구속받지 않았다. 따라서 그 후로 반세기 동안 일본의 주된 목표는 불평등조약을 원 상태로 돌리는 것이었다.

1858년 일본의 군사력은 허약했기에 그 목표는 먼 미래로 미루어졌다. 하지만 1858년 막부가 은밀히 세운 작은 목표는 서구의 침투, 그들의 사상과 영향을 최소화하는 것이었다. 일본은 조약을 이행하는 척하면서 실제로는 차일피일 미루었고, 합의를 일방적으로 바꾸거나 일본의 모호한 지명에 서구인이 익숙하지 못한 현실을 이용했다. 아울러 서구 국가들이 서로 반목하도록 유도함으로써 그 작은 목표는 상당한 성과를 거두었다. 여하튼 1858년의 조약에서 일본은 무역을 두 항구로 제한하며, 외국인이 두 항구에서도 특정 구역에만 거주하고 그 구역 밖으로 여행하는 걸 금지하는 데 성공했다.

1854년 이후로 막부의 기본 전략은 시간을 버는 것이었다. 달리 말하면 최소한으로 양보하며 서구 열강을 만족시키되 그동안에 군사와 비군사 분야 모두에서 서구의 지식과 장비, 과학기술과 장점을 도입함으로써 하루빨리 서구에 저항할 수 있는 수준으로 올라서겠다는 뜻이었다. 실제로 막부와 명목상으로 막부에 종속되었지만 상당한 자율권을 누린 사쓰마번薩摩藩과 조슈번長州藩은 서구의 선박과 화기를 구입했고 군대를 현대화했으며, 학생들을 유럽과 미국에 보내기도 했다.• 그 학생들은 항해술과 조선, 공업과 공학, 과학과 과학기술 같은 실용적인 학문만이 아니라 법률과 헌법, 정치학과 경제학, 언어와 문자까

• 사쓰마번은 일본은 가장 남쪽에 있는 섬 규슈의 남쪽 끝에 있었고, 조슈번은 본섬 혼슈의 남서쪽 끝단에 있었다. 두 강력한 번주는 일본 근대사의 많은 단계에서 중요한 역할을 했다. 두 영지의 번주는 1600년 도쿠가와 군대에 패했다. 1860년대 초 두 번주는 서구인과 서구의 선박을 공격하는 데 앞장선 까닭에 서구로부터 호된 보복을 받았다. 또 사쓰마번과 조슈번은 1868년 함께 손잡고 마지막 쇼군을 무너뜨렸지만 1870년대에는 메이지 정부에 저항하는 가장 큰 반란을 일으켰다.

지 배웠다. 막부는 '야만인의 책을 연구하기 위한 기관'을 설립해 서구의 책들을 번역했고, 영어 문법서와 영어 사전의 제작을 지원했다.

그러나 막부와 강력한 영지가 힘을 키우려고 애쓰는 동안에도 서구와의 접촉으로 일본에서는 여러 문제가 생겨났다. 첫째, 막부와 영지가 무기를 구입하고 학생들을 해외로 유학 보낸 비용으로 외국인 채권자들에게 진 빚이 눈덩이처럼 불어났다. 둘째, 소비재 가격과 생활비가 올라갔다. 셋째, 많은 사무라이(무사 계급)와 상인이 외국 무역을 독점하려는 막부의 노력에 반발했다. 넷째, 페리가 처음 일본에 입항했을 때 쇼군이 다이묘에게 조언을 구한 이후로 몇몇 다이묘가 예전처럼 모든 결정을 쇼군에게 일임하지 않고 정책 수립과 계획에 참여하기를 원했다. 또 쇼군이 직접 서구 열강과 협상하고 조약에 서명했음에도 외딴 지역의 다이묘는 그 조약을 위반했고 쇼군은 그런 다이묘를 통제하지 못했다.

그 결과, 갈등과 충돌이 이어졌다. 서구 열강은 개방의 폭을 두고 일본과 충돌했다. 서구는 일본에 더 개방하라고 요구했고, 일본은 개방 폭을 줄이겠다고 반발했다. 사쓰마번과 조슈번처럼 예전에도 이미 막부와 충돌했던 영지들은 서구 장비와 지식을 활용하고 동맹까지 맺어가며 막부와 더 첨예하게 대립하며 충돌했다. 영지들 사이의 충돌도 증가했다. 심지어 명목상의 황제와 막부도 충돌했다. 막부가 황제인 양 행동했다는 게 이유였다. 구체적으로 말하면 막부가 미국과 협상한 1858년의 조약을 황궁은 승인하지 않았지만 막부가 어떤 이유로든 조약에 서명했다는 것이다.

이러한 첨예한 충돌은 "당장 저항하며 외국인을 쫓아낼 것인가, 아니면 일본이 더 강해질 때까지 기다릴 것인가?"라는 일본의 기본적 딜레마에서 비롯된 것이었다. 막부가 불평등조약에 서명한 것이 일본인의 반발을 불러일으켰다. 일본의 명예를 짓밟은 외국인에 대한 분노, 일본이 그렇게 수치를 당하는 걸 방관한 쇼군과 번주에 대한 분노였다. 1859년경 성급하고 순진한 젊은 사무라이들이 분개해서 칼을 휘두르며 암살 작전으로 외국인을 쫓아내겠다는 목표를 세우기 시작했다. 이런 사무라이들은 '고결한 목적을 지닌 사람'을 뜻하는 '시시志士'로 알려졌다. 일본의 전통적 가치라 믿는 것에 호소하며 그들은 자신들이 노회한 정치인보다 도덕적으로 우월하다고 생각했다.

시시들은 1861년에 발표한 행동강령에서 그들의 분노를 고스란히 담아냈다. "야만인들이 숭고하고 신성한 우리 나라를 모욕하고, 먼 옛날부터 전해진 일본의 영혼이 곧 꺼질 듯한 지경으로 전락한 까닭에 천황 폐하께서 큰 슬픔에 빠지셨다. (…) 주군이 모욕을 받으면 가신들은 죽음을 택해야만 한다는 게 우리의 전통이다. 황국이 불명예를 당한 현재 상황을 묵묵히 두고 보아야만 하는가? (…) 우리는 우리가 섬기는 신들 앞에서 맹세하노라. 황국의 깃발이 올려지면 우리는 천황의 마음을 편하게 해주고, 옛 군주의 의지를 수행하며 우리 땅에서 악을 씻어내기 위해 물불을 가리지 않겠다고! 이 대의를 실천함에 누구라도 사사로운 이익을 앞세운다면 분노한 신의 형벌을 면하지 못할 것이고 동료 앞에 소환되어 할복해야 하리라."

시시의 폭력은 외국인을 겨냥한 것이었지만 외국인에게 부역하거나 결탁한 일본인을 향한 경우가 더 많았다. 1860년대 한 무리의 시시가 번주 이이 나오스케井伊直弼(1815~1860)를 암살했다. 그가 서구와의 조약을 옹호했다는 게 암살의 이유였다. 외국인을 향한 이들의 공격은 사쓰마번과 조슈번이 관련된 1862년과 1863년의 두 사건에서 정점에 달했다. 1862년 9월 14일, 28세의 영국 상인 찰스 리처드슨Charles Richardson(1834~1862)이 노상에서 사쓰마번의 사무라이들에게 공격을 받아 죽었다. 사쓰마 번주의 아버지가 지나는 행렬에 리처드슨이 적절한 경의를 표하지 않았다는 게 공격의 이유였다. 영국은 즉각 배상과 사과를 압박했고 사쓰마번과 막부의 관련된 범인들을 처형하라고도 요구했다. 영국은 사쓰마번과 거의 1년 동안 협상을 벌였지만 실패하자 영국 함대가 사쓰마번의 수도 가고시마를 포격했다. 가고시마의 대부분 지역이 파괴되었고 사쓰마번에서만 1,500명의 병사가 죽었다. 또 한 번의 중대한 사건은 1863년 6월 말에 있었다. 조슈번의 해안 포대가 서구의 선박을 향해 포격한 후 혼슈 본섬과 규슈섬 사이의 시모노세키해협을 폐쇄하면서 시작된 사건이었다. 1년 후, 17척의 영국·프랑스·미국·네덜란드 전함으로 이루어진 함대가 조슈번의 해안 포대를 포격해 파괴했고 남은 대포를 강탈했다.

두 번에 걸친 서구의 매서운 보복에 사쓰마와 조슈의 고집불통들도 서구 화기의 위력을 인정하고, 상대적으로 약한 상황에서 외국인을 쫓아내려는 시도는 헛된 짓이라는 걸 인정할 수밖에 없었다. 일본이 서구와 군사적으로 대등한 수준에 이를 때까지 그들도 기다려야만 했다. 얄궂게도 그 방향은 막부가 이미 추진하던 정책이었고 고집불통들이 막부를 맹렬히 비난하던 정책이기도 했다.

그러나 일부 번주, 특히 사쓰마 번주와 조슈 번주는 쇼군이 일본을 서구에 저항할 수 있을 정도로 강력하게 키워낼 수 없다고 확신했다. 서구의 과학기술을 도입하겠다는 막부의 목표에 공감하더라도 그 목표를 성취하려면 일본 정부와 사회를 대대적으로 재조직해야 한다는 결론에 이르렀다. 따라서 그들은 쇼군을 축출할 계획을 차근차근

3.2 1867년 왕위를 물려받아 선택적 변화로 메이지 시대를 이끈 일본 황제.

추진했다. 사쓰마와 조슈는 예부터 경쟁 관계였기 때문에 서로 의심하며 싸운 적이 한두 번이 아니었다. 하지만 군사력을 강화하려는 쇼군의 계획을 위협이라 판단해 이번에는 힘을 합치기로 결정했다.

1866년 기존 쇼군이 사망한 후 새로운 쇼군이 현대화와 개혁을 위한 비상 계획을 추진했다. 프랑스로부터 군사 장비를 수입하는 동시에 군사 고문을 영입하겠다는 계획도 포함되었다. 이런 계획의 발표에 사쓰마와 조슈는 큰 위협을 느꼈다. 1867년에는 황제가 사망하고 15세인 아들이 지위를 물려받았다. 사쓰마 번주와 조슈 번주는 신임 황제의 외할아버지와 공모하여 황제의 지지를 얻어냈다. 1868년 1월 3일 그들은 교토의 황궁을 점령하고 긴급위원회를 소집해 쇼군의 영지와 지위를 박탈했다. 그리하여 막부 시대가 막을 내렸다. 그 위원회는 과거에는 쇼군이 일본을 실질적으로 지배했지만 그 권력을 황제에게 되돌려주겠다고 선언했다. 이른바 '메이지유신', 특히 왕정복고로 알려진 사건이었다. 아울러 메이지 시대라 일컫는 새로운 시대의 개막을 알리는 사건이기도 했다.

메이지 시대

일종의 쿠데타로 교토의 황제가 권력을 되찾은 후 메이지 시대의 지도자들이 직면한 당면 문제는 일본 전체에 대한 지배권을 확립하는 것이었다. 쇼군 자신은 패배를 인정했지만 막부의 패배를 인정하지 않는 세력이 많았다. 따라서 황제의 지배를 지지하는 군벌과 반대하는 군벌 간의 내전이 벌어졌다. 반대 세력이 홋카이도에서 1869년 6월 최종적으로 패퇴한 후에야 서구 열강은 황제의 정부를 일본 정부로 인정했다. 그리고 이때부터 메이지 시대 지도자들은 국가 개혁을 위한 노력을 진행할 수 있었다.

메이지 시대 초기에는 많은 부분을 새롭게 정립해야 했다. 일부 지도자는 전제적인 황제를 원했지만, 일부는 황제를 명목상의 지도자로 옹립하고 실질적 권한은 '자문위원회'에 두기를 바랐다(궁극적으로는 이 해법을 채택했다). 차라리 이번 기회에 황제가 없는 공화국을 수립하자고 제안하는 지도자도 있었다. 또 몇몇 일본인은 서구의 알파벳을 높이 평가하며 일본 문자를 알파벳으로 교체하자고 제안하기도 했다. 말하자면 중국어에서 파생된 한자와 두 종류의 음절문자로 이루어진 일본 고유의 복잡한 표기 체계를 버리자는 뜻이었다. 또 일부는 한국과 지체 없이 전쟁을 시작하기를 바랐지만, 일부는 기다려야 한다고 주장했다. 한편 사무라이는 자체로 사병私兵을 보유할 수 있기를 바랐지만 차제에 사무라이를 무장해제하고 해체해야 한다는 사람도 많았다.

이처럼 상충되는 제안이 혼란스럽게 뒤섞였지만 메이지 시대 지도자들은 세 가지 기본 원칙에 입각한 결정을 내렸다. 첫째, 일부 지도자는 쇄국주의자를 편들며 당장 서구인을 추방하기를 바랐지만 현실주의가 더 우세했다. 쇼군이 그렇게 생각했듯 메이지 시대 지도자들이 보기에도 당시 일본에는 서구인을 추방할 만한 힘이 없었다. 서구인을 추방하기 전에 일본도 서구가 강해진 근원을 받아들임으로써 강한 국가로 거듭날 필요가 있었다. 무기를 구입하는 데 그치지 않고 강력한 서구 사회를 뒷받침하는 정치·사회적 개혁을 이루어내야 한다는 뜻이었다.

둘째, 메이지 시대 지도자들의 궁극적 목표는 서구가 일본에 강요한 불평등조약을 바로잡는 것이었다. 그렇게 하려면 일본이 강해져야 했고 서구식 헌법과 법률을 갖춤으로써 서구 사회가 보기에도 서구식의 적법한 국가로 다시 태어나야 했다. 실제로 영국의 그랜빌 외무부 장관은 일본 협상가들에게 "일본이 계몽되고 문명화되는 정도에 따라 일본에 거주하는 영국 국민에 대한 일본의 사법권을 인정하겠다"라고 직설적으로 말한 적이 있었다. 문명화의 진척 정도는 영국 기준에 따라 영국이 판단하겠다는 조건도 덧붙였다. 메이지유신이 시작되고 26년이 지난 후에야 일본은 서구 열강에 압력을 가해 불평등조약을 개정할 수 있었다.

메이지 시대 지도자들이 내세운 세 번째 원칙은 각각의 생활권에서 일본의 상황과 가치에 가장 적합한 외국 모델을 찾아 채택하고 수정하는 것이었다. 메이지 시대 일본은 특히 영국과 독일, 프랑스와 미국의

3.3 서구의 관습을 배우기 위해 1871~1873년 미국과 유럽을 방문한 이와쿠라 사절단. 한 사람을 제외하고 모두가 서구식 복장이다.

모델을 다양하게 차용했다. 결국 여러 국가가 다양한 영역에서 본보기가 된 것이다. 예컨대 일본 해군과 육군은 차례로 영국 해군과 독일 육군을 본보기로 삼았다. 한편 특정한 영역에서는 여러 국가의 모델을 연이어 시험하기도 했다. 예컨대 민법을 제정할 때 법무부는 초안을 프랑스 학자에게 맡겼지만 수정할 때는 독일 민법을 모델로 삼았다.

메이지 시대 일본은 서구 사회로부터 의식적이고 계획적으로 많은 것을 차용했다. 서구인을 일본에 데려온 것도 그런 차용의 일환이었다. 예컨대 서구의 교사를 초빙해 교육을 맡겼고 교육에 대한 조언을 구했다. 또 두 명의 독일 학자를 초빙해 헌법을 기초하는 데 도움을 받았다. 따라서 일본 헌법은 독일 헌법에 큰 영향을 받았다. 그러나 관찰자로서 유럽과 미국을 여행한 일본인도 그런 차용에 적잖은 역할을 했다. 메이지 정부가 권력을 강화하고 2년 만에 이와쿠라 사절단(1871~1873)을 유럽과 미국에 파견하는 중대한 조치를 단행했다. 50명의 대표로 구성된 사절단은 미국과 12개국의 유럽을 순방하며 공장과 관청을 방문했고, 율리시스 그랜트Ulysses Grant(1822~1885) 미국 대통령과 유럽의 정부 지도자들을 만났다. 사절단은 귀국한 후 서구의 관례를 광범위하고 자세히 소개하는 다섯 권의 보고서를 발간하며 그 목적을 "계몽된 국가들에서 널리 행하는 다양한 제도 중 우리의 현재 상황에 가장 적합한 것을 선택하기 위함"이라고 말했다. 1870년 프랑스와 프로이센 사이에 전쟁이 발발하자 일본은 지극히 구체적인 목적을 띤 관찰자 두 명을 파견했다. 유럽인은 어떻게 싸우는지 직접 관찰하라는 것이었다!

이렇게 바깥세상을 경험한 일본인이 정부와 민간 분야 모두에서 지도자로 부상하는 경우가 많았다. 그들은 상대적으로 젊은 지도자로 메이지 정부에서 1880년대에 권력을 얻었다. 예컨대 일본 헌법의 기본 방향을 설계한 이토 히로부미伊藤博文(1841~1909)는 유럽을 여러 차례 오랫동안 방문한 적이 있었고, 독일에서 군사학을 공부한 야마가타 아리토모山縣有朋(1838~1922)는 총리가 되었다. 고다이 도모아쓰五代友厚(1836~1886)는 유럽에서 공부한 경험을 살려 오사카 상공회의소 회장 및 철도와 광산을 개발하는 기업가가 되었다. 1867년 파리에 파견된 일본 사절단의 감사관이던 시부사와 에이이치澁澤榮一(1840~1931)는 금융 산업과 섬유 산업을 발전시키는 데 앞장섰다.

이렇게 서구 사회로부터 많은 것을 차용하면서 메이지 정부는 전통주의자의 심기를 거스르지 않으려고 그런 혁신과 차용은 새로운 것이 아니라 일본의 전통으로 회귀하는 것이라 주장했다. 예를 들어 일본 황제는 1889년 일본 최초의 헌법을 직접 공포할 때 자신이 "영원히 끊기지 않고 직계로 이어지는 옥좌"에 올랐으며 "우리가 조상으로부터 물려받은 국가의 통치권"을 행사하는 것이라고 특별히 언급했다. 또 메이지 시대에 황궁이 제정한 새로운 의례는 예부터 전해지는 영원히 변하지 않는 의례라는 주장도 덧붙였다.

혁신을 이렇게 유보된 전통—다른 국가의 혁신에서는 흔히 '만들어진 전통'이라 일컫는 현상—으로 재정의한 덕분에 메이지 시대 지도자는 과감한 변화를 시도할 수 있었다. 물론 1868년 1월 권력을 잡았을 때 그들은 위험한 상황에 직면한 잔혹한 현실을 이겨내야 했다. 당시 일본은 외세의 공격을 받았고 막부를 반대하는 세력과 지지하는 세력 간의 내전에도 시달렸다. 번주들 간의 전쟁도 끊이지 않았고 과거의 권력과 지위를 상실할 위험에 처한 집단들의 폭동도 일어났다. 사무라이의 특권이 폐지되자 그들의 반란이 잇달았고, 그중 1877년에 일어난 사쓰마번 사무라이의 반란은 가장 극렬했다. 1870년대에는 무장 농민반란도 주기적으로 일어났다. 그러나 메이지유신에 대한 반대는 예상만큼 격렬하지 않았다. 메이지유신을 이끈 지도자들은 현재의 반대자만이 아니라 잠재적 반대자까지 매수하거나 포용하고 받아들이는 노련한 솜씨를 발휘했다. 예컨대 1869년까지 홋카이도에서 메이지 정부에 저항한 해군 제독 에노모토 다케아키榎本武揚(1836~1908)는 결국 메이지 정부에 합류해 각료와 특사로 일했다.

메이지유신

이제 메이지 시대 일본에서 어떤 선택적 변화를 실질적으로 채택했는지 살펴보자. 그 변화는 예술과 의복, 국내 정치, 경제와 교육, 황제 역할, 봉건제도, 외교정책, 정부 구조, 머리 모양, 이데올로기, 법과 사회, 군사 조직, 과학기술 등 대부분의 생활 영역에 영향을 미쳤다. 메이지 시대 초기에 가장 화급히 시행하거나 시작한 변화는 현대식 군대를 창설하고 봉건주의를 폐지하며, 국가 교육 체제를 확립하고 세제 개혁을 통해 정부 수입을 확보하는 것이었다. 그 후에는 법 체제를 개편하고 헌법을 제정하며 해외로 진출하고 불평등조약을 바로잡는 쪽으로 관심을 돌렸다. 메이지 시대 지도자들은 이렇게 당면한 현실적 문제에 관심을 쏟는 동시에 일본 시민의 지지를 얻기 위한 이데올로기를 만들어내는 과제를 고심하기 시작했다.

군사 개혁은 서구의 군사 장비를 구입하고 프랑스와 독일 장교를 초빙해 군대를 훈련시키는 것으로 시작했다. 나중에는 프랑스와 영국의 모델을 차례로 실험하며 현대식 해군을 키워갔다. 그 결과를 보면 메이지 시대 지도자들이 일본에 가장 적합한 외국 모델을 선택했다는 게 입증된다. 일본은 한 국가의 군대만 본보기로 선택하지 않고 육군은 독일을, 해군은 영국을 본보기로 삼았다. 19세기 말 유럽에서 독일은 가장 강한 육군을 보유했고, 영국은 가장 강한 해군을 보유했기 때문이다. 다른 예를 들어 설명해보자. 일본은 영국에서 발명한 '순양전함'이라는 신속한 전함을 건조하는 방법을 알아내고 싶어 했다. 그래서 영국의 한 조선소에 순양 전함을 설계하고 건조해달라고 의뢰해서 인도받은 후 그 전함을 본보기로 활용하며 세 곳의 일본 조선소에서 세 척의 전함을 더 건조했다.

일본은 유럽 각국의 징병법을 기초로 제정한 징병법을 1873년에 채택하며 화기로 무장하고 3년 동안 복무하는 군대를 완성했다.

3.4 메이지유신 이전까지 일본의 전통적인 사병 조직이었던 사무라이.

과거에는 봉건 영지마다 사무라이라는 사병이 있었다. 칼을 사용하는 사무라이는 현대전에서 무용지물이었지만 일본 정부에 여전히 위협적인 존재였다. 따라서 처음에는 사무라이에게 칼을 휴대하거나 사형私刑의 집행을 금지했고 나중에는 사무라이를 비롯해 세습 직업을 폐지했다. 그 후 옛 사무라이들은 정부 연금 형태로 급료를 받았고, 최종적으로 그 연금은 이자부 국채로 전환되었다.

또 하나의 화급한 과제는 봉건주의의 종식이었다. 강한 일본을 만들기 위해서는 서구 국가처럼 중앙집권화한 국가를 수립해야 했다. 1868년 1월 당시 새로운 제국 정부의 실질적 권력은 쇼군의 항복을 받아낸 사람들에게 있었기에 중앙집권화한 국가의 수립은 쉬운 일이 아니었다. 게다가 다이묘, 즉 봉건 번주의 권력도 여전히 막강했다. 따라서 1868년 3월 메이지유신을 주도한 사쓰마와 조슈의 다이묘를 포함해 네 명의 다이묘가 모호하게 작성된 문서에 설득당해 각자의 영지와 신민을 황제에게 양도하겠다고 제안했다. 그해 7월 황제가 그 제안을 받아들이자 다른 모든 다이묘에게도 똑같은 제안을 하라는 명령을 내렸고, 다이묘들을 달래기 위한 보상으로 그들을 옛 영지의 '총독'으로 임명했다. 마침내 1871년 8월에는 영지와 총독직을 폐지하고 중앙에서 관리하는 현縣으로 대체했다. 다이묘는 옛 영지에서 거둔 사정 소득액assessed income의 10%만 차지할 수 있었지만 그 대가로 과거에 짊어진 모든 빚을 덜어냈다. 따라서 3년 6개월 만에 수세기 동안 이어져온 봉건제도가 완전히 해체되었다.

황제는 계속 황제로 남았으며 어떤 변화도 없었다. 하지만 더 이상 교토의 황궁에 갇혀 지내지 않았다. 실질적 수도, 도쿄로 개명한 에도로 거처를 옮겼다. 45년간 통치하는 동안 메이지 황제는 102번이나 도쿄 밖으로 나가 일본 전역을 돌아다녔다. 265년 동안 계속된 도쿠가와 막부 시대(1603~1868)에 모든 황제가 단 세 번밖에 교토를 떠나지 않았다는 사실과 비교하면 엄청난 차이였다.

교육도 대대적으로 개혁했고 크게 달라졌다. 역사상 처음으로 일본은 국가 교육 체제를 갖추게 되었다. 1872년에는 초등교육 의무화를 확립했고, 1877년에는 일본 최초의 대학을 설립했다. 1881년에는 중학교, 1886년에는 고등학교를 최초로 세웠다. 처음에 학제는 중앙에서 관리하는 프랑스 모델을 따랐지만, 1879년 지역에서 관리하는 미국 모델로 옮겨갔고, 최종적으로 1886년 독일 모델을 채택했다. 교육개혁의 결과로 오늘날 일본은 세계에서 가장 복잡하고 배우기 어려운 문자를 사용하지만 세계 최고의 문해율(99%)을 자랑하게 되었다. 새로운 국가 교육 체제는 서구에서 영향을 받았지만 내부적 목표는 철저히 일본적이었다. 달리 말하면 황제를 섬기고 국민적 일체감으로 가득한 충성스럽고 애국적인 시민으로 일본인을 키워간다는 것이었다.

일본이 세계에서 우뚝 올라서고 번영하기 위해 정부에 필요한 인재를 양성하고 일본의 인적자원을 개발하겠다는 것도 교육개혁의 중대한 목적이었다. 1880년대 중앙정부는 공자 철학보다 서구 지식을 묻는 시험으로 관료를 채용했다. 정부가 세습 직업을 정식으로 폐지한 데다 국가 교육 체제를 확립함으로써 일본의 전통적인 계급 구분이 흔들렸다. 태생보다 교육이 정부 고위직에 올라가는 디딤돌이 되었기 때문이다. 그 결과, 현재 인구도 많고 부유한 민주국가 14개국 중 일본은 부의 분배가 가장 평등하고 인구 대비 억만장자의 비율도 가장 낮은 국가이다. 미국은 두 부문 모두에서 가장 반대편에 있다.

메이지 정부가 최우선순위에 둔 또 다른 목표는 정부 운영을 위한 수입원을 마련하는 것이었다. 일본은 역사적으로 서구식 국세를 징수한 적이 없었다. 다이묘가 제각각 자신의 영지에 세금을 부과해 운영비를 확보했고, 쇼군도 자신의 영지에 비슷하게 세금을 부과했지만 모든 다이묘에게 특정한 목적을 위한 자금을 추가로 요구했다. 하지만 메이지 정부는 옛 다이묘에게 총독으로서의 책임을 덜어주며 현은 그때부터 중앙정부가 관리할 것이라 포고했다. 메이지 시대 지도자들의 표현을 빌리면 옛 다이묘는 운영비를 자체로 마련하기 위한 수입원이 필요하지 않았다. 따라서 메이지 정부의 재무부는 쇼군과 모든 다이묘가 예전에 징수한 정도의 연간 세입이 최소한으로 필요하다고 추론했다. 메이지 정부는 서구식으로 3%의 토지세를 국세로 징수함으로써 그 목표를 달성했다. 농부들은 수확량에 상관없이 매년 현금을 세금으로 지불해야 했기에 시시때때로 불만을 터뜨리며 폭동을 일으키곤 했다. 그러나 농부들도 요즘 서구의 세율을 알았더라면 자신들이 운 좋다고 생각했을 것이다. 내가 거주하는 캘리포니아의 경우에는 1%의 재산세와 최고 12%의 소득세를 주세로 납부하고 추가로 최고 44%까지 소득세를 국세로 납부해야 한다.

일본의 전통적인 사법제도를 서구식 법 체제로 전환하는 과제는 상대적으로 덜 화급한 문제였다. 판사가 진행하는 법정은 1871년에 도입했고, 대법원은 1875년에 설립했다. 형법과 상법과 민법은 여러 외국 모델을 차례로 실험하며 각각 다른 방식으로 서구화했다. 형법은 처음에 프랑스 모델을 기초로 개혁했지만, 나중에는 독일 모델을 차용했다. 상법은 독일 모델을 본보기로 삼았다. 민법은 프랑스와 영국의 민법 및 일본의 고유 사상을 수용했지만, 최종적으로 독일 민법의 영향이 가장 컸다. 체제 전환의 최대 과제는 일본의 세계관과 양립하는 해결책을 찾아내고, 불평등조약을 바로잡는 데 필요한 국제적 책임을 다하기 위해 서구의 제도를 받아들이는 것이었다. 그렇게 하려면 예를 들어 일본은 전통적으로 지속해왔지만 서구 사회에서는 더 이상 바람직하게 생각하지 않는 고문과 사형을 폐지할 필요가 있었다. (그러나 일본은 현재도 사형제도를 유지하고 있다.—옮긴이)

일본에서 기반 시설의 현대화는 메이지 시대 초기에 시작했다. 1872년에는 전국적 우편제도를 창설했고, 최초의 철도와 전신선을 건설했다. 뒤이어 1873년에는 국립은행을 설립했고, 도쿄에는 가로등을 설치했다. 정부도 벽돌과 시멘트, 유리와 기계류, 명주를 서구의 기계와 방법으로 제조하는 공장을 건립하며 일본의 산업화에 관여했다. 제1차 중일전쟁, 즉 청일전쟁(1894~1895)에서 승리한 후 일본 정부의 지출은 석탄과 전기, 무기 공장, 철강, 철도와 조선 같은 전쟁 관련 산업에 집중되었다.

일본이 국제적 책임을 다하려면 정부 구조의 개혁이 특히 중요했지만 쉽지 않은 과제였다. 1885년 의원내각제를 도입했다. 사회의 압력에 부응하며 헌법을 곧 제정할 것이란 예고는 이미 1881년에 있었다. 하지만 일본 상황에 부응하는 서구식 헌법을 제정하는 데는 꼬박 8년이 걸렸다. 헌법을 제정할 때는 미국 헌법보다 독일 헌법을 표본으로 삼았다. 강력한 황제를 강조한 독일이 일본 상황에 더 부합했기 때문이다. 일본 헌법에는 황제가 신의 후손으로 수천 년 전부터 끊이지 않고 직계로 이어지는 존재라는 일본인의 믿음이 반영되었다. 일본 제국을 건국한 지 2,549번째 되던 해, 또 건국일로 전통적으로 인정하는 날 2월 11일 황궁의 알현실에서 개최한 의식에서 메이지 황제는 자신의 혈통을 언급하며 황제가 일본에 내리는 선물로서 새로운 헌법을 쓴 두루마리를 총리에게 건넸다. 당시 의식에는 해외 외교단과 해외 공동체의 대표들이 참석했다. 일본이 세계 곳곳의 입헌 정부와 마찬가지로 헌법을 갖춘 문명화한 국가라는 사실을 서구 열강에 알리며, 더 이상 불평등조약으로 차별받을 국가가 아니라는 선언이기도 했다.

일본의 여러 생활 영역이 그랬듯이 일본 문화도 서구적 요소와 일본의 전통 요소가 혼합된 모자이크가 되었다. 요즘은 서구식 의복과 머리 모양이 지배적인 게 당연하지만 당시 일본 남자들도 이를 신속히 받아들였다. 예컨대 메이지유신이 시작되고 4년 후, 즉 페리 제독이 도쿄만에 입항하고 19년밖에 지나지 않은 1872년, 다섯 명의 이와쿠라 사절단이 찍은 단체 사진을 보면 네 명은 양복에 넥타이를 맸고 머리 모양도 서구식이다. 이와쿠라만이 일본 전통 의상을 입었고 머리 모양도 전통에 따라 상투를 틀었다. 예술에서도 일본의 전통음악, 미술과 목판화, 가부키 연극과 노能 가무극이 살아남아 서구의 사교춤, 군악대와 관현악단, 오페라와 연극, 회화 및 소설 등과 공존하고 있다.

3.5 메이지 시대의 일본 스포츠 팀. 이미 서구식 옷차림을 하고 있다.

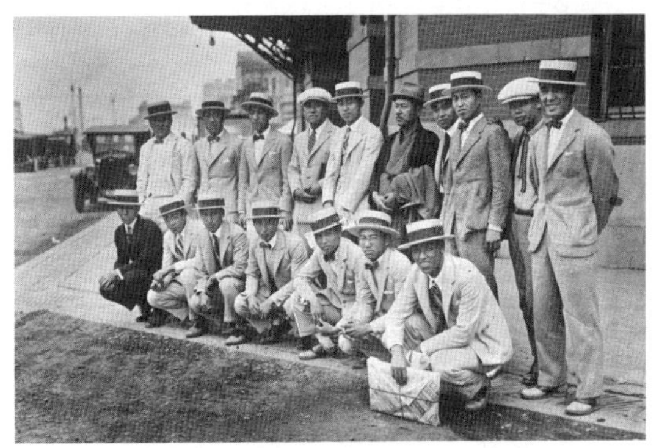

3.6 메이지 시대에 미국을 방문한 일본인들 역시 서구식 옷차림이다.

국가를 통합하려는 이념에 국민이 공감하지 못한다면 어떤 국가라도 무너질 수 있다. 어느 국가나 통합 이념을 만들어내는 과제에 부합하는 친숙한 이상과 구호가 있기 마련이다. 예컨대 미국의 이상은 민주주의와 평등, 자유와 해방, 기회라 할 수 있고 그런 이상은 "무일푼에서 부자로", "모든 인종이 뒤섞이는 용광로", "자유의 땅", "평등한 기회의 땅", "무한한 가능성의 땅"이란 구호에 녹아 있다. 특히 인도네시아 같은 신생 독립국이나(5장 참조) 메이지 시대 일본처럼 급속한 변화를 겪는 국가에서는 정부가 국민을 통합하려는 이념을 의식적으로 만들어내 선전한다. 메이지 시대 일본은 그런 통합 이념을 어떻게 만들어내고 알렸을까?

메이지 시대 일본에서도 통합 이념의 필요성은 1890년 황제의 교육 교서에 대해 널리 유포된 1891년의 해석에서 명확히 표현되었다. "일본은 (…) 작은 나라이다. 다른 나라를 무도하게 삼키려는 나라가 많기 때문에 우리는 전 세계를 적으로 보아야 한다. (…) 따라서 진실한 일본 국민이라면 사회적 의무감을 가져야 마땅하다. 사회적 의무감은 자신의 목숨을 먼지처럼 가볍게 생각하며 힘차게 전진하고, 국가를 위해 자신을 기꺼이 희생하는 정신을 뜻한다. (…) 교서의 목적은 효심과 형제애, 충성심과 성실성이란 미덕을 함양함으로써 국가의 기초를 튼튼히 하고, 애국심을 키워 국가적 비상사태에 대비하려는 것이다. (…) 우리가 국민을 하나로 통합하지 못한다면 요새를 짓고 전함을 건조하는 것으로도 충분하지 않을 것이다. 우리가 국민을 하나로 통합한다면 백만의 가공할 적도 우리를 해치지 못할 것이다."

메이지 정부는 세제 개혁과 법 체제같이 세속적이지만 화급한 과제를 처리한 후, 메이지 시대의 마지막 20년 동안 일본 국민에게 사회적 의무감을 심어주는 데 심혈을 기울였다. 이 과제는 전통 종교에 대한 정부의 지원으로 적잖게 성취되었고, 교육에 대한 정부의 깊은 관심은 더 큰 역할을 해냈다. 일본의 전통 종교는 애국심과 시민의 의무, 효도, 신에 대한 공경심과 황제는 신의 후손이라는 공유된 믿음을 가르치며 일본 국민을 하나로 통합하는 데 크게 기여했다. 따라서 정부는 전통 종교인 신도神道와 유교 철학을 권장했고, 주요한 신사들에 보조금을 지급했으며, 그런 신사를 관리할 사제를 임명하기도 했다. 황제를 살아 있는 신으로 섬기는 숭배와 관련한 이런 가치는 교육의 각 수준에서 똑같이 사용하는 국정교과서에 그대로 반영되었다.

서구화

지금까지 우리는 메이지 시대 일본에서 어떤 선택적 변화를 취했는지 대략 살펴보았다. 이제 메이지 시대 일본이 해외 진출을 위한 정책에서는 어떤 변화를 선택했는지 살펴보려 하는데, 그 전에 메이지 시대 일본이 추구한 변화를 되돌아보며 오해의 가능성을 미리 차단하고자 한다.

메이지 시대 지도자들이 추구한 목표는 일본의 '서구화'가 아니었다. 적어도 일본을 유럽에서 멀리 떨어진 유럽 사회로 전환하는 것은 아니었다. 오스트레일리아를 영국에서 멀리 떨어진 영국 사회로 전환하는 게 목표이던 오스트레일리아에 정착한 영국인과는 달랐다(7장 참조). 메이지 시대 일본의 목표는 서구의 많은 장점을 채택하되 일본 상황에 적합하도록 수정하고, 전통을 대폭 유지하는 것이었다. 그렇게 채택하고 수정한 서구의 특징을 먼 옛날부터 유지해온 일본의 핵심 가치에 접목했다. 예컨대 일본의 문해력과 도시화의 본보기로 유럽은 필요하지 않았다. 도쿠가와 시대부터 일본의 문해력은 높았다. 또 페리 제독이 일본에 입항하기 150년 전에도 막부의 수도 에도(훗날 도쿄로 개칭)는 이미 세계 최대 도시였다. 메이지 시대 일본의 서구화는 서구 제도를 무턱대고 모방하는 것이 아니라 서구 사회의 군사와 교육 및 여러 제도를 정확히 이해함으로써 일본 상황에 적합하게 수정해 채택하는 것이었다. 메이지 시대 지도자들은 그 역할을 훌륭히 해냈다.

메이지 시대 일본은 많은 모델을 활용했다. 여러 영역에서 영국과 미국, 독일과 프랑스 등 본보기로 활용할 만한 많은 모델이 있었다. 물론 되살려내고 유지해야 할 일본의 고유한 전통적 모델도 많았다. 역사의 뒤안길로 물러선 도쿠가와 시대의 일본은 240곳의 영지로 이루어졌고, 조세제도를 비롯해 많은 제도가 제각각이었다. 이런 긍정적 모델 이외에 메이지 시대 일본은 부정적 역사에서도 교훈을 끌어냈다. 대표적 예가 중국이었다. 서구에 종속되는 서글픈 운명을 맞은 중국은 일본이 반드시 피해야 할 본보기였다.

메이지유신은 크게 두 '관객audience'을 향한 것이었다. 하나는 일본 국민이었고, 다른 하나는 해외의 서구인이었다. 유신의 궁극적 대상은 일본이었다. 달리 말하면 일본을 군사적·경제적으로 강하게 키워내고 국가를 하나로 통합하는 이념을 국민에게 심어주는 것이 유신의 일차적 목표였다. 유신의 또 다른 목표는 서구 세계가 일본을 존중하며 평등하게 대하도록 하는 것이었다. 서구가 존중하는 제도를 일본도 도입했기 때문에 그런 목표는 당연한 것이었다. 서구식 헌법과 법 체제 같은 기본적인 통치 도구, 서구식 의복과 머리 모양 같은 외관, 서구식으로 한 명의 부인과 결혼하는 황제 등이 새롭게 도입한 제도의 일부였다(과거 일본 황제는 많은 후궁을 두었다).

메이지 시대 지도자들은 서구에 저항할 수 있을 만큼 일본을 강한 국가로 키우자는 전반적 목표에는 동의했지만 모든 것을 아우르는 청사진을 갖고 시작하지는 않았다. 정확히 말하면 메이지유신은 단계에 따라 단편적으로 기획하고 채택했다. 국군 창설, 세수 확보, 국가 교육 체제 확립을 먼저 시도했고 다음 단계에서 헌법 및 민법과 형법을 제정했다. 전쟁을 통한 해외 진출은 한참 후에 이루어졌다. 또 이런 모든 개혁을 순조롭게 한목소리로 진행한 것도 아니었다. 앞에서 언급했듯이 메이지 시대 일본에서도 내분이 있었다. 사무라이의 반란과 농민 폭동이 대표적 예이다.

군사적 팽창 정책

메이지 시대에 시도한 선택적 변화의 주된 줄기로 우리가 아직 다루지 않은 영역은 일본이 해외 진출과 군사적 침략의 표적에서 행위자로 변한 과정이다. 도쿠가와 시대의 일본은 고립 정책을 추진하며 해외 정복이란 야망도 품지 않았다. 그 결과로 1853년 일본은 군사적으로 월등한 외세로부터 위협을 받을 수밖에 없었던 듯하다.

하지만 1868년 메이지 시대가 열렸을 때 이미 시작한 군사 개혁과 산업화로 일본은 임박한 위험을 해소한 뒤였고 어느덧 단계적 팽창을 추진할 수 있었다. 첫 단계는 1869년 홋카이도섬의 공식적 합병이었다. 원래 홋카이도는 일본인과 상당히 다른 종족인 아이누족의 땅이었지만, 막부 시대에도 이미 부분적으로 일본의 지배를 받는 상태였다. 1874년에는 타이완섬에 징벌적 원정군을 파견했다. 원주민들이 류큐제도 어부 수십 명을 살해한 때문이었다. 하지만 징벌을 끝내고 병력을 철수하며 타이완을 합병하지는 않았다. 1879년에는 일본 남단에서 수백 킬로미터 떨어진 류큐제도를 합병했다. 1894~1895년에는 처음으로 해외에서 중국을 상대로 전쟁을 벌여 승리를 거두었고 타이완을 합병했다.

러일전쟁(1904~1905)에서 일본은 처음으로 서구 강대국을 상대로 자웅을 겨루었는데 해군과 육군 모두가 러시아에 승리를 거두었다.

3.7 1904년 러일전쟁 초기에 항구에서 일본의 어뢰에 맞아 침몰하는 러시아 전함.

3.8 1905년 쓰시마 전투에서 일본 해군은 러시아 함대를 전멸시켰다.

러일전쟁에서 일본의 승리는 세계사의 획기적 사건이었다. 전면전에서 아시아 국가가 유럽 강대국을 무찌른 최초의 사례였기 때문이다. 그 후 맺은 평화조약에서 일본은 사할린섬의 남쪽 절반을 합병했고,

3.9 1914년 일본군의 포로가 된 독일 식민지 부대원들.

남만주철도의 관리권을 획득했다. 1905년에는 한국을 보호국에 두었고 1910년에는 한국을 완전히 병합했다. 1914년에는 독일의 영향권에 있던 중국 땅과 미크로네시아의 식민지 섬들을 정복했다. 끝으로 1915년에는 이른바 '21개조 요구Twenty-one Demands'를 중국에 제시하며 실질적으로 중국을 속국화하겠다는 뜻을 피력했다. 중국은 일부 요구에 굴복했지만 모든 요구를 받아들이지는 않았다.

일본은 1894년 이전에 이미 중국과 한국 침략을 고려하고 있었지만, 군사력이 충분히 강하지 않다고 판단한 데다 유럽 열강이 개입할 명분을 주지 않으려고 그런 생각을 거두었다. 일본이 자국의 군사력을 유일하게 과대평가한 시기는 1895년 청일전쟁에서 승리한 때였다. 이때 일본은 중국에서 랴오둥반도遼東半島 지배권을 양도받았다. 랴오둥반도는 중국과 한국을 오가는 해로와 육로를 지배하는 전략적으로 중요한 지역이었다. 그러자 프랑스와 러시아와 독일이 크게 반발하며 일본을 향해 그 반도의 지배권을 포기하라는 압력을 가했고, 3년 후에는 러시아가 랴오둥반도를 중국으로부터 조차租借했다. 이런 굴욕적인 후퇴에 일본은 단독으로 서구 열강을 상대하기에는 역부족이란 현실을 절감했다. 따라서 1902년 영국과 동맹을 맺어 보호막을 확보했고, 1904년에는 러시아를 공격했다. 영국과의 동맹으로 확실한 안전을 보장받았지만 일본은 섣불리 행동하지 않았다. 유럽 열강의 군사력이 제1차 세계대전에 묶여 1895년과 달리 간섭할 수 없게 된 후에야 일본은 중국에 21개조 요구를 제시했다.

요컨대 메이지 시대 일본의 군사 정복은 대체로 성공적이었다. 그 이유가 무엇이었을까? 매 단계에서 일본과 상대국의 힘에 대한 정직하고 현실적이며 신중하고 정확한 평가와 일본이 현실적으로 해낼 수 있는 수준에 대한 냉정한 자기평가가 있었기 때문이다. 내친김에 메이지 시대의 성공적인 팽창 정책과 1945년 8월 14일의 일본 상황을 비교해보자. 그때 일본은 중국과 러시아, 미국과 영국, 오스트레일리아와 뉴질랜드를 상대로 동시에 전쟁을 벌이고 있었다. 게다가 일본을 상대로 전쟁을 선포했지만 적극적으로 전투를 시작하지 않은 국가도 많았다. 그야말로 중과부적이었고 절망적 상황이었다. 게다가 대부분의 일본군이 오래전부터 중국에 발목이 붙잡힌 상태였다. 미국 폭격기들이 주요 도시들을 파괴하고 원자폭탄이 떨어진 히로시마와 나가사키는 지도에서 지워진 상황이었다. 게다가 영국과 미국 함대는 일본 해안 지역을 끝없이 포격했고, 러시아군은 만주와 사할린에서 일본의 허약한 저항선을 향해 진격했으며, 오스트레일리아군과 뉴질랜드군은 태평양 섬들에 주둔한 일본군을 소탕하고 있었다. 일본의 전함과 상선은 거의 전부가 침몰하거나 항해할 수 없는 상태였다. 게다가 이미 300만 명 넘는 일본인이 죽은 터였다.

외교정책의 실수로 일본이 그 모든 국가의 공격을 받았다면 그것만으로도 불미스러운 잘못이었을 것이다. 하지만 일본의 실수는 그야말로 최악의 지경까지 이르렀다. 일본이 그 국가들을 먼저 공격한 도발자였던 것이다. 1937년 일본은 중국과 전면전을 시작했다. 또 1938년과 1939년에는 러시아를 상대로 짧지만 유혈이 낭자한 두 번의 국경전을 벌였다. 1941년에는 러시아와 전쟁을 다시 시작해야 할지도 모르는 민감한 상황에서 미국과 영국, 네덜란드를 동시에 공격했다. 영국을 겨냥한 공격은 자동적으로 영국의 태평양 자치령이던 오스트레일리아와 뉴질랜드에 대한 선전포고가 되었고, 실제로 일본은 오스트레일리아를 폭격했다. 마침내 1945년 러시아가 일본을 공격했다. 일본은 오랫동안 미루었지만 필연적이던 결말을 받아들이며 1945년 8월 15일 항복을 선언했다. 메이지 시대 일본이 1868년부터 현실적이고 성공적인 군사 팽창 정책을 단계적으로 시행한 반면, 1937년 이후의 일본이 그처럼 비현실적이고 실패할 수밖에 없는 군사 팽창 정책을 무리하게 추진하는 실수를 범한 이유가 무엇일까?

러시아를 상대로 승리한 전쟁, 베르사유조약에 대한 환멸, 1929년 수출이 주도하던 일본 경제성장의 붕괴 등 많은 이유가 있었다. 그러나 이 책의 주제와 관련해 또 하나의 이유를 추가할 수 있다. 즉 지도자들의 정직한 자기평가 역량에서 1930~1940년대 일본은 메이지 시대 일본과 달랐다는 점이다. 메이지 시대에는 군부 지도자를 비롯해 많은 일본인이 해외를 방문하고 여행했다. 따라서 그들은 중국과 러시아, 미국과 독일 및 그곳의 육군과 해군을 직접 보고 느낄 수 있었다. 또 서구 열강의 힘과 일본의 힘을 정직하고 냉철하게 평가할 수 있었다. 따라서 승리를 확신할 수 있는 경우에만 공격했다. 그러나 1930년대 아시아 본토에 주둔한 일본군 지휘관은 나치 독일을 제외하고 해외 경험이 없는 젊고 성급한 장교들이었다. 게다가 그들은 도쿄에 있는 노련한 지도자들의 명령에 순순히 따르지 않았다. 그 젊고 고집스러운 장교들은 미국의 산업력과 군사력에 대한 직접경험이 없었으며, 일본의 잠재적인 적국들에 대한 직접적인 지식도 없었다. 그들은 미국인의 심리를 이해하지 못한 채 미국을 싸움에 끼어들지 않는 장사꾼 나라라고 착각했다.

그러나 1930년대의 일본 정부와 군부(특히 해군)에도 미국과 유럽의 힘을 직접 보고 경험해 알고 있는 노회한 지도자들이 적잖게 있었다. 1998년 내가 일본을 처음 방문했을 때였다. 어느 날 나는 일본 철강 회사 중역으로 은퇴한 분과 저녁 식사를 함께 했다. 당시 90대이던 그분은 1930년대에 미국 철강 회사를 방문했을 때를 회상하며 고급 철강 생산 능력에서 미국이 일본의 50배라는 사실을 알고 깜짝 놀랐다고 말했다. 아울러 그런 사실만으로도 일본이 미국을 상대로 전쟁하는 건 미친 짓이라 확신했다고 말해주었다.

그러나 1930년대 일본에서는 해외 경험이 없는 젊은 고집불통들이 해외 경험이 있는 연로한 지도자들을 억누르며 위협했고 심지어 몇몇 지도자를 암살하기도 했다. 1850년대 말과 1860년대에 완고한 시시들이 당시 지도자를 암살하고 위협하던 경우와 다를 바 없었다. 물론 시시들도 1930년대의 젊은 장교들처럼 서구 열강의 힘을 직접 보고 경험한 적이 없었다. 두 경우의 차이가 있다면 서구인을 겨냥한 시시들의 공격으로 서구의 강력한 전함이 가고시마와 시모노세키해협의 포격을 유발하며 시시에게 자신들의 전략이 비현실적이었다는 깨달음을 주었지만, 1930년대에는 해외 경험이 없는 젊은 장교들에게 현실을 깨닫게 해줄 만한 외국의 보복이 없었다는 것이다.

게다가 메이지 시대에 성년이 된 지도자 세대의 역사적 경험은 1930년대에 일본의 지도자가 된 세대와 전혀 달랐다. 메이지 시대 지도자들은 강력하고 잠재적인 적의 공격 가능성에 노심초사하던 허약한 일본에서 인격 형성기를 보냈지만, 1930년대 지도자들에게 전쟁은 러일전쟁의 황홀한 승리를 뜻했다. 이때 일본 해군은 아르투르항 Port Arthur(뤼순항)에 정박해 있던 러시아 태평양 함대를 급습해 파괴했고, 쓰시마 해전에서는 러시아 발틱 함대에 완승을 거두었다. 이때 얻은 허망한 자신감이 훗날 진주만의 미국 함대를 급습하는 계기가 되었다. 독일을 다룬 6장에서 우리는 한 국가의 두 세대가 다른 역사를 경험한 탓에 극단적으로 상이한 정치관을 지닌 사례를 또다시 보게 된다.

따라서 일본이 무모하게 제2차 세계대전을 시작한 이유의 전부는 아니지만, 1930년대의 젊은 군사 지도자들에게 정직하고 현실적이며 신중한 자기평가에 필요한 역사적 경험과 지식이 부족했다는 것이 부분적인 이유였다. 그 결과는 일본에 그야말로 재앙이었다.

위기의 기준틀

놀랍게도 메이지 시대 일본은 1장에서 개인적 위기의 결과에 영향을 미치는 요인이라고 확인한 12가지 요인 대부분에 맞아떨어진다. 특히 요인 5에서 일본은 일곱 국가 중 가장 두드러진 사례이고, 요인 7에서는 두드러진 두 국가 중 하나이다. 나머지 요인(1, 3, 4, 6, 9, 10, 11)도 역시 중요하며 요인 12는 긍정적으로 작용했지만 부정적으로도 작용했다.

이 책에서 다룬 어떤 국가보다 메이지 시대 일본은 특정한 영역마다 일본 상황에 가장 적합한 모델을 찾아내기 위해 여러 모델을 신중하게 비교한 후 차용하는 선택적 변화를 분명히 보여주었다(요인 5). 그 결과, 일본의 헌법과 육군은 독일 모델을 근거로 삼았고 해군은 영국 해군을 본보기로 삼았다. 민법을 처음 기초할 때는 프랑스 모델, 1879년 교육개혁을 시도할 때는 미국 모델을 빌려왔다. 이타가키 다이스케板垣退助(1837~1919)와 후쿠오카 다카치카福岡孝弟(1835~1919)는 1870년 초안을 작성한 정부 개혁안의 모델로 미국 독립선언문을 사용하기도 했다. 그들의 개혁안이 모든 사람은 원칙적으로 평등하게 태어났다고 선언하는 전문으로 시작되며, 그런 전문에서 많은 결론을 끌어냈다는 점에서 그렇다(미국 독립선언문의 2장이 "모든 진리를 자명한 것으로 받아들인다. 즉 모든 사람은 평등하게 태어났고"라고 시작하며 많은 결론을 끌어냈다는 점을 생각해보라). 그렇다고 이타가키와 후쿠오카가 미국 정부 모델을 채택한 것은 아니었다. 많은 다른 국가의 모델을 골고루 채택했다.

핀란드에서 그랬듯이 현실적인 자기평가는 메이지 시대 일본에서도 중요한 역할을 했다(요인 7). 앞에서 분명히 보았듯이 국가의 정직한 자기평가를 위해서는 두 가지 요소가 필요하다. 하나는 고통스러운 진실을 직시하려는 적극적 자세이다. 일본의 경우에는 증오스러운 야만인이 일본보다 강하고 일본이 그 야만인들에게 배워야 강해질 수 있다는 진실을 인정해야 했다. 또 하나의 전제 조건은 지식이다. 메이지 시대의 지도자들과 메이지유신 이전의 시시들이 서구 군사력에 대한 고통스러운 진실을 직시하려는 의지를 보인 것만으로는 충분하지 않았다. 그들에게는 서구의 힘을 직접 보고 경험하며 얻어야 하는 지식이 필요했다. 그러나 1930년대 일본의 젊은 군 장교들에게는 서구 군사력에 대한 직접적인 지식이 없었다. 메이지 시대 일본의 현실적인 자기평가는 다른 예측 요인, 즉 페리 제독의 출현이 안겨준 위기에 대한 일본 국민의 전반적인 합의와 관계가 있다(요인 1).

메이지 시대 일본은 '울타리 세우기'와 선택적인 변화의 필요성도 여실히 보여주었다(요인 3). 경제와 법, 군사와 정치, 사회와 과학기술 등 많은 영역에서 거대한 변화가 일어났다. 그러나 전통적인 일본의 많은 특징도 유지되었다. 유교적 도덕관, 황제 숭배, 민족의 동질성, 효도, 신도, 일본의 고유 문자 등이 대표적 예였다. 처음에는 이런 특징들도 부분적으로 달라져야 한다는 주장이 있었다. 예컨대 일본도 공화국이 되어야 하고 서구식 알파벳을 도입하자는 제안이 있었다. 그러나 일본은 전통에서 유지해야 할 특징과 변화를 모색해야 할 특징을 구분하는 울타리를 신속하게 세웠다. 변화의 욕구도 강렬했지만 전통을 유지하려는 욕망도 그에 못지않게 강력했다. 따라서 적잖은 변화를 '만들어진 전통'의 유보로 묘사하며 바람직한 것으로 포장했다. 급진적 변화와 보수적 유보의 공존은 상황에 따라 유연하게 대응하는 국가의 능력을 보여주는 증거이기도 하다(요인 10).

메이지 시대 일본은 해외 본보기의 중요성만 아니라 해외 지원의 중요성도 분명히 보여주었다(요인 4). 예컨대 나가사키를 기반으로 활동하던 영국 무역상 토머스 글로버Thomas Glover(1838~1911)는 사쓰마 출신의 학생 14명을 1864년 영국으로 유학 보냈고, 많은 서구인이 일본인을 유럽이나 미국으로 초대했다. 또 법학자 알베트르 모세Albert Mosse(1846~1925)와 헤르만 뢰슬러Hermann Roesler(1834~1894)는 1886년 고문 자격으로 일본에 들어와 이토 히로부미가 일본 헌법을 제정하는 데 도움을 주었다. 영국의 비커스 조선소가 건조한 일본 최초의 순양 전함 곤고는 훗날 일본에서 건조한 순양 전함 하루나, 히에이, 기리시마의 본보기가 되었다.

메이지 시대 일본과 오늘의 일본은 강력한 국가 정체성도 분명히 보여주는 예이다(요인 6). 일본 국민과 지도자는 일본을 다른 세계와 구분되는 특별하고 우월한 국가라 생각한다. 이런 믿음을 공유했기에 일본인은 메이지 시대의 압박을 견뎌낼 수 있었다. 또한 때론 일본의 미래를 안전하게 지키는 최선의 방법에 대한 의견이 달랐지만 일본의 핵심 가치를 의심하지는 않았다.

메이지 시대 일본은 인내, 처음의 실패를 용인하는 너그러움, 효과적 해결책을 집요하게 찾아내는 끈기의 표본이었다(요인 9). 1850~1860년대 외세의 위협에 대한 일본의 반응은 처음엔 외국인이 들어오지 못하게 하려 애썼고, 외국인이 일본의 특정한 조약 항treaty port에 거주하는 걸 허용한 후에도 외국인을 쫓아내려 애썼다. 그러나 이런 방법이 유효하지 않고 다른 접근법이 필요하다는 게 점점 분명해졌다. 따라서 일본을 서구에 개방하고 서구로부터 배워야 일본이 강해질 수 있다는 현실을 막부와 시시 및 메이지 시대 지도자들은 인정할 수밖에 없었다. 마찬가지로 법 체제와 국가 교육 체제, 헌법을 확립하는 데도 수년의 실험과 수정이 필요했다. 세 영역 모두에서 메이지 정부는 처음부터 하나 이상의 외국 모델을 시험하며 일본 상황에 부적절한 것은 폐기했고 최종적으로 적합한 외국 모델을 채택했다. 예컨대 민법을 제정할 때 처음에는 프랑스와 영국 것을 본보기로 삼아 초안을 작성했지만 최종적으로는 독일 민법을 기초로 삼았다.

어떤 경우에도 양보할 수 없는 핵심 가치는 일본인을 하나로 통합하며 희생을 기꺼이 감수하게 만들었다(요인 11). 가장 고결한 가치는 황제를 향한 충성심이었다. 이 핵심 가치는 제2차 세계대전 말 미국이 무조건 항복을 요구했을 때 극적으로 입증되었다. 두 발의 원자폭탄이 떨어지고 군사적으로 절망적인 상황에서도 일본은 "항복 선언에는 최고 통치자로서 황제의 대권을 침해하는 어떤 요구도 포함되지 않는다"라는 조건을 끝까지 고집했다. 그 조건이 받아들여지지 않으면 미국의 본섬 침략에도 저항하겠다는 각오였다. 일본의 강력한 핵심 가치는 제2차 세계대전 때 기꺼이 자살을 택한 병사의 수에서도 입증되었다. 일반 전투기나 글라이더에 폭탄을 싣고 적함에 충돌해 자살한 가미카제 조종사와 바카 조종사가 가장 유명한 예이다. 또 일본 선박이 발사한 어뢰를 타고 조종하며 적함을 향해 돌진한 가이텐 선원도 있었다. 가미카제와 바카, 가이텐이라는 자살 특공대는 제2차 세계대전이 끝날 즈음 등장했지만 이전에는 수류탄을 손에 감추고 항복하는 척하며 적군과 함께 목숨을 버리는 일본 병사들의 저강도 자살이 수년 동안 계속되었다. 이런 모든 형태의 자살은 적군을 죽임으로써 당면한 군사적 목적을 달성했다. 물론 전투에 패한 일본군 병사와 장교가 항복하지 않고 명예로운 죽음을 택하겠다며 자살하는 경우도 있었다. 1943년 11월 타라와 환초環礁에 상륙한 미군과 맞서 싸우며 그곳을 지키던 2,571명의 일본군 중 2,563명이 전사했는데, 다수가 자살을 택했고 포로로 잡힌 병사는 여덟 명에 불과했다.

일본은 육지에 국경이 없는 섬나라인 덕분에 육지에서 다른 국가들과 국경을 맞대고 있는 핀란드와 독일 같은 국가와 비교하면 지정학적으로 유리한 편이다(요인 12). 2장에서 보았듯 러시아와 맞댄 긴 국경은 핀란드에 근본 문제였다. 6장에서 살펴보겠지만 이웃한 강대국과 맞댄 국경은 독일의 역사에서도 주된 문젯거리였다. 도쿠가와 시대 일본과 메이지 시대 일본에는 그런 문제를 제기하는 강대국이 없었지만, 지구의 정반대 드넓은 바다 너머에 그런 국가들이 있었다. 따라서 오늘날에는 더욱더 그렇지만 19세기에도 이미 테크놀로지가 지정학적 제약을 상당히 극복한 듯하다. 그러나 지정학적 제약이 완전히 해소되지는 않는다.

남은 문제들

메이지 시대 일본에 대한 논의를 끝맺기 전에 국가의 위기 상황에서만 제기되는 네 가지 문제—혁명적 변화와 점진적 변화, 리더십, 집단의 갈등과 화해, 통일된 비전의 유무—에서 일본은 어디쯤 위치하는지 살펴보자.

국가의 위기는 폭력적 혁명(1973년의 칠레, 1965년의 인도네시아) 혹은 평화적인 점진적 변화(제2차 세계대전 이후의 오스트레일리아) 형태를 띨 수 있다. 메이지 시대 일본은 그 중간쯤이었지만 점진적 변화에 더 가까웠다. 막부는 거의 무혈 쿠데타로 1868년 1월 3일 막을 내렸다. 쇼군을 포기하면서 쇼군의 일부 지지자가 저항했지만 1년 6개월간의 내전 끝에 결국 패배했다. 그러나 1965년 인도네시아의 쿠데타와 반反쿠데타, 1973년 칠레의 쿠데타와 그 후유증, 1918년 핀란드 내전과 비교하면 인구 비례로 볼 때 그 내전의 사망자는 훨씬 더 적었다.

나치 독일, 1973년 이후의 칠레, 1965년 이후의 인도네시아에 개인적으로 영향을 미친 히틀러와 피노체트와 수하르토만큼 메이지 유신에 영향을 미친 개인적인 지도자는 없었다. 하지만 메이지 시대에는 단계마다 다수의 지도자가 있었고, 1880년에는 리더십의 점진적 교체가 있었다. 다양한 영역의 지도자들이 서구 세계를 직접 보고 경험한 끝에 외국 모델을 선별적으로 활용하며 일본을 강하게 키워야 한다는 기본 전략에 공감하며 헌신했다. 또 일본 황제는 메이지 시대에도 실질적인 지도자가 아니라 상징적인 최고 지도자였다.

집단의 갈등과 화해에 대해 살펴보면 1853년부터 1868년까지는 기본 전략에 대한 충돌이 있었다. 기본 전략이 확립된 1868년 이후에도 여느 국가와 마찬가지로 그 전략을 달성하기 위한 정책에 대한 충돌이 있었다. 이런 충돌은 1877년까지 폭력으로 이어졌다. 1869년까지 막부와 사쓰마-조슈 동맹이 무력으로 충돌했고, 1860년대에는 시시와 온건파의 충돌이 있었다. 또 메이지 정부에 불만을 품은 사무라이들의 반란이 있었다. 물론 칠레와 인도네시아에 비교하면 폭력 수준은 온건한 편이었다. 그 이후 갈등하던 세력 간의 화해는 칠레와 인도네시아의 경우보다 훨씬 더 완벽하고 철저하게 이루어졌다. 더 적은 사람이 죽은 것도 부분적인 이유였지만, 칠레와 인도네시아의 군부 지도자보다 메이지 정부의 지도자들이 반대 세력과 화해하려 더 진지하게 노력했고 더 유능한 솜씨를 보여주었기 때문이기도 하다. 폭력적 갈등의 유산을 척결한 점에서 1918년 내전 이후 핀란드와 메이지 시대 일본은 무척 유사하다.

대부분의 국가적 위기를 해결하는 데는 많은 정책 변화가 필요하며, 그 변화는 단편적으로 취할 수도 있고 통일된 비전의 일환으로 한꺼번에 시도할 수도 있다. 메이지 시대 일본은 통일된 비전에 따라 변화를 추구한 극단적 사례라 할 수 있다. 그렇다고 메이지 시대 지도자들이 모든 정책 변화를 동시에 착수했다는 뜻은 아니다. 그들은 문제마다 화급성의 정도가 다르다는 사실을 알았다. 따라서 1870년대 초에 먼저 제국 군대를 창설하고 세제를 개혁했으며 그 밖의 화급한 문제를 해결했다. 해외로 팽창하기 위한 전쟁은 1894년 이후에야 본격적으로 시작했다. 하지만 이 모든 정책은 메이지 시대 초기에 합의된 원칙, 즉 서구로부터 선별적으로 배우며 많은 영역에서 강한 일본을 만들어야 한다는 원칙에 근거한 것이었다.

따라서 메이지 시대 일본은 선별적 선택을 통한 국가의 위기를 해결하는 문제를 연구하기에 좋은 또 하나의 사례이다. 오랫동안 무르익던 외부의 군사적 위협이 갑자기 구체화되며 급작스레 위기를 맞았다는 점에서 핀란드와 메이지 시대 일본은 유사했다. 핀란드인과 일본인은 강력한 국가 정체성과 핵심 가치를 지닌 까닭에 절대적 열세를 무릅쓰고 목숨을 희생하며 국가를 지켰다. 일본인은 메이지 시대보다 제2차 세계대전에서 그런 시험을 받았다. 핀란드와 일본은 무서울 정도로 정직하고 현실적이었다. 하지만 다른 부분에서 두 국민은 정반대였다. 메이지 시대 일본은 많은 국가, 그것도 일본 자체를 위협하던 국가로부터 도움을 받았지만 핀란드는 겨울 전쟁 동안 실질적으로 어떤 도움도 받지 못했다. 일본은 문제의 해결을 본보기로 삼을 만한 모델이 많았지만 핀란드는 그런 본보기가 없었다. 또 많은 인구, 경제력, 적들로부터 멀리 떨어진 거리라는 이점을 활용해 일본은 위협하는 국가들과 군사적으로 대등한 수준에 올라서는 데 필요한 시간과 공간을 확보할 수 있었지만 핀란드는 러시아와 국경을 맞댄 데다 국력도 약해 그런 선택의 여지가 없었다. 4장과 5장에서는 핀란드와 메이지 시대 일본처럼 갑자기 위기가 닥쳤지만 원인이 내부에 있었던 두 국가를 살펴보기로 하자.

-70°
-60°
-10°
-10°
브라질
페루
볼리비아
-20°
-20°
남태평양
아타카마사막
파라과이
칠레
아르헨티나
-30°
-30°
산티아고
우루과이
-40°
-40°
남대서양
-50°
-50°
N
km
0
500
1,000
-80°
-70°
-60°
-50°

도판 4. 칠레 지도

4장

모든 칠레인을 위한 칠레

칠레 방문 - 1970년 이전의 칠레 - 아옌데 - 쿠데타와 피노체트 - 끝까지 경제! - 피노체트 이후 - 피노체트의 그림자 - 위기의 기준틀 - 다시 칠레로

칠레 방문

1967년 나는 칠레에서 안식년을 보냈고 당시 칠레는 모든 면에서 평화로웠다. 나를 초대한 칠레 친구들은 칠레가 라틴아메리카의 다른 국가들과 무척 다르다고 강조했다. 그들의 설명에 따르면 간혹 무혈 군사 쿠데타로 끊기기는 했지만 칠레에는 민주 정부가 지배한 오랜 역사가 있었다. 또 페루와 아르헨티나 같은 중부와 남부의 라틴아메리카 국가처럼 칠레는 군사정부가 빈번하게 지배하지도 않았다. 한마디로 칠레는 라틴아메리카에서 정치적으로 가장 안정된 국가로 평가받았다.

칠레 국민은 라틴아메리카보다 유럽이나 미국과 동질감을 느낀다. 예컨대 나는 칠레대학교와 캘리포니아대학교의 교환 프로그램으로 당시 칠레를 방문했었다. 그 프로그램은 칠레와 캘리포니아

가 각각 남·북아메리카 대륙의 서쪽 해안에서 유사한 위치를 차지한다는 지리적 사실과 사회 분위기나 안정된 정치 상황이 유사하다는 사실을 인식하며 시작된 것이었다. 내 칠레 친구들은 그런 정치적 상황을 "우리 칠레 사람은 스스로 다스릴 줄 안다"라는 한마디로 요약했다.

그러나 내가 방문하고 6년 후인 1973년, 군사독재 정권이 칠레를 장악한 후 자행한 가학적 고문은 세계 기록을 깨뜨릴 정도였다. 9월 11일 군사 쿠데타가 진행되는 동안 민주적으로 선출된 칠레 대통령은 대통령궁에서 자살했다. 쿠데타로 정권을 장악한 군사정부는 많은 국민을 죽였고 더 많은 국민을 고문했으며, 심리적이고 물리적인 비도덕적 고문 기법을 새롭게 고안해내 훨씬 더 많은 칠레인을 추방했다. 게다가 칠레 밖에서도 정치적 테러를 자행했다. 2001년 9월 11일(우연의 일치이겠지만 칠레 쿠데타의 기념일) 세계무역센터에 대한 테러 공격이 있기 전까지 미국 땅에서 미국 시민을 상대로 정치적 테러 살상을 자행한 주범도 칠레 군사정부였다(1976년 워싱턴 D.C.). 군사정부는 거의 17년 동안 칠레를 지배했다.

군사정부가 퇴진하고 29년이 지난 현재까지 칠레는 군사정부가 남긴 유산과 씨름하는 중이다. 몇몇 고문자와 군사 지도자는 교도소에 들어갔지만 군사정부의 최고위직은 투옥되지 않았다. 지금도 칠레에는 고문을 개탄하면서도 쿠데타는 필요하고 피할 수 없었던 것으로 생각하는 사람이 많다.

이제부터 간략하게 소개하는 칠레의 근대사를 읽고 나면 많은 의문이 생길 것이다. 강력한 민주주의 전통을 지닌 국가가 어떻게 그처럼 급작스레 방향을 뒤집었고, 그런 급작스러운 변화를 어떻게 설명할 수 있을까? 어떻게 해야 칠레 같은 국가가 끔찍한 과거의 역사를 해소할 수 있을까? 국가의 위기와 선택적 변화는 칠레에서 어떤 역할을 했을까? 칠레의 경우에도 정부의 경제정책과 정치적 타협에서 엄청난 선택적 변화가 있었다. 물론 정직한 자기평가, 행동의 자유, 동맹의 지지 혹은 반대, 본보기의 역할 같은 요인이 칠레에 어떤 역할을 했는지도 살펴볼 것이다. 한편 칠레의 두 지도자는 "뚜렷한 개성을 지닌 지도자가 역사 흐름을 정말 바꿔놓을 수 있는가?"라는 역사적으로 반복되는 의문을 제기한다.

이 장을 읽는 대부분의 미국인에게 칠레는 쉽게 잊을 수 없는 섬뜩한 의문을 제기할 것이다. 미국과 칠레는 강력한 민주주의 전통을 공유한다. 그 전통이 무너지고 독재 정권에 굴복했다는 사실이 1967년의 칠레인에게는 전혀 믿기지 않았을 것이다. 그러나 칠레에서는 실제로 그런 일이 일어났고 돌이켜 생각해보면 분명한 경고 신호가 있었다. 그렇다면 미국에서도 그런 사태가 벌어지지 않을 것이라 장담할 수 있을까?

1970년 이전의 칠레

칠레의 지리적 환경과 역사, 국민부터 시작해보자. 앞의 지도를 보면 칠레가 세계에서 가장 좁고 길쭉한 나라인 걸 확인하고는 깜짝 놀랐을 것이다. 동서의 폭은 평균 160킬로미터를 조금 넘고 남북 길이는 거의 4,820킬로미터에 달한다. 지리적으로 높은 안데스산맥이 칠레를 다른 국가들과 분리하고 있다. 동쪽으로는 아르헨티나와 분리되고 북쪽으로는 세계에서 가장 척박한 사막에 의해 볼리비아·페루와 분리된 환경이다. 따라서 칠레가 독립을 쟁취한 이후 외국과 치른 전쟁은 1836~1839년과 1879~1883년에 북쪽의 이웃 국가 볼리비아와 페루를 상대로 싸운 것이 전부였다.

그 엄청난 길이에도 칠레의 생산적인 농지와 농경 및 인구는 일부 지역, 즉 수도 산티아고를 에워싼 중부 협곡Depresión Intermedia(칠레 해안산맥과 안데스산맥 사이)에 집중되어 있다. 산티아고에서 고작 95킬로미터밖에 떨어지지 않은 곳에 칠레의 주요 항구 발파라이소가 있다. 발파라이소는 남아메리카의 서부 해안에서 가장 큰 항구이기도 하다. 이런 지리적 집중과 민족적 동질성이 칠레의 통합에 크게 기여했다. 따라서 면적이 유사한 대부분의 다른 국가와 달리 칠레는 지리적 분리 운동을 겪은 적이 없었다.

남아메리카에서 열대권에 있는 국가들과 달리 칠레는 아르헨티나·우루과이와 더불어 남아메리카 남단의 온대권에 위치한 덕분에 두 가지 큰 이점을 향유한다. 하나는 평균적으로 높은 농업 생산성이고, 다른 하나는 열대권에 비해 낮은 질병률이다. 아르헨티나 정부의 만성적인 잘못된 경제정책에도 불구하고 칠레와 아르헨티나와 우루과이는 남아메리카에서 평균 1인당 소득이 가장 높은 국가들이다. 칠레의 상대적인 풍요로움은 농업과 어업, 광업, 제조업에 기반한 것이다. 1840년대의 골드러시로 캘리포니아와 오스트레일리아의 인구가 폭발적으로 증가했을 때부터 칠레는 그 두 곳에 밀을 대규모로 수출한 국가였고, 이후에도 주된 농산물 수출국이었다. 수십 년 전에는 남아메리카만이 아니라 세계에서도 손꼽히는 수산물 수출국이 되었으며, 대부분의 라틴아메리카 국가보다 제조업이 눈부시게 발전했다.

칠레의 역사와 국민에 대해 말하자면 유럽인이 들어오기 전까지 칠레에는 원주민이 드문드문 살고 있었을 뿐이다. 현재의 볼리비아·페루·에콰도르가 차지한 북쪽의 잉카제국처럼 강력하고 부유하거나 인구가 많은 제국도 아니었고, 내놓을 만한 문화적·정치적 성취도 없는 땅이었다. 중남미, 즉 라틴아메리카에 속한 대부분의 국가가 그랬듯이 칠레를 1540년대부터 정복하고 정착한 유럽인은 스페인계였다. 그들은 극소수의 아프리카계 노예를 수입했고 원주민과 결혼했다. 따라서 대부분의 남아메리카 국가와 달리 현재의 칠레는 민족적으로 상당히 동질적이며, 순수한 원주민이나 아프리카계는 많지 않다. 칠레에는 스페인계와 메스티소Mestizo(스페인계 후손과 원주민의 혼혈)가 압도적으로 많으며 거의 모두가 가톨릭교도로 스페인어를 사용한다. 라틴아메리카의 다른 국가에는 원주민어를 사용하는 소수민족이 많다. 칠레에서 가장 규모가 큰 소수민족인 마푸체족도 국민의 1%에 불과하다. 스페인계와 원주민이 아닌 국민도 상대적으로 소수에 지나지 않는다.

따라서 칠레의 지리와 역사 그리고 국민이 모두 국가의 통합에 기여했다. 이 요인들은 칠레 역사에서 긍정적으로 작용했고 덕분에 칠레는 라틴아메리카에서 다른 국가에 비해 평온하게 살아온 편이었다. 그러나 북아메리카에 정착한 유럽인은 소규모 농장을 차지하는 것에 만족했지만, 라틴아메리카에 정착한 스페인계 유럽인은 넓은 땅을 차지했다. 이런 공통된 역사는 칠레에도 부정적 영향을 미쳤다. 따라서 미국과 캐나다에서는 유럽인이 정착하기 시작한 때부터 광범위한 민주 정부가 발달했지만, 칠레에서는 소수의 독재자가 대부분의 토지와 부를 차지했고 정치까지 지배했다. 이러한 정치권력의 집중은 칠레 역사에서 근본 문제가 되었다.

전통적인 권력인 비타협적 과두 집단과 새로운 권력으로 부상한

다른 사회 계급 간의 갈등은 정치적 타협이 있었더라면 해결될 수 있었겠지만, 정치적 교착 상태가 계속 이어지면서 해결되지 않았다. 특히 1925년 대통령 선거와 상원·하원 선거를 엇갈리게 배치한 신헌법을 채택한 후 정치적 교착 상태가 더욱 빈번해졌다. 그런 신헌법은 세력 균형이라는 고결한 원칙에서 채택했지만, 안타깝게도 대통령·상원·하원의 권력이 각각 다른 정당에 속하는 경우가 많았다. 달리 말하면 선거를 시행하는 해에 어느 정당이 강하느냐에 따라 결과가 달라졌다. 또한 선거법에서 크게 두 조항이 개정되면서 과두 집단이 권력을 잃고 좌익의 득표가 증가했다. 하나는 1934년 지방 선거, 1949년 대통령 선거에서 여성에게도 투표권을 부여한 것이었다. 다른 하나는 과거엔 투표를 사람들 앞에서 공개적으로 실시해 지주가 소작인에게 영향력을 행사하기 쉬웠지만, 1958년부터는 비밀투표로 개정해 좌익에 유리해졌다.

칠레의 정당들은 세력이 엇비슷한 집단—좌익과 중도와 우익—으로 결국 정리되었다. 따라서 정부는 중도가 어느 쪽으로 기울어지느냐에 따라 좌익 정부가 되거나 우익 정부가 되었다. 각 집단에도 성향이 다른 무리들이 서로 충돌했다. 예컨대 좌익 집단에도 정통파 공산주의자를 비롯해 헌법에 근거해서 변화를 추구하려는 온건파와 안달하며 혁명적 변화를 원하는 급진파가 있었다. 군부는 1973년까지 정치투쟁에 개입하지 않았다.

내가 칠레에 살던 1967년 직전의 대통령 선거는 1964년에 있었다. 그 이전에는 유력한 대통령 후보가 대체로 과반을 조금 넘는 표를 얻었지만, 1964년의 선거에서는 중도파 후보 에두아르도 프레이 몬탈바Eduardo Frei Montalva(1911~1982)가 예외적으로 압도적 지지를 얻었다. 몬탈바는 선의의 정직한 정치인으로 여겨졌다. 마르크스주의 프로그램과 좌익 연맹의 힘에 두려움을 느낀 우익 유권자가 몬탈바를 지지한 덕분이었고, 그의 정당은 1965년 선거에서 하원의 다수당이 되었다. 그 결과, 몬탈바는 주된 변화를 시도하고 칠레의 정치적 교착 상태를 끝낼 수 있을 것이란 희망이 커졌다.

몬탈바는 신속하게 행동하며 미국 기업이 소유한 칠레 구리 광산 회사들의 51% 지분을 칠레 정부 이름으로 인수했다. 정부 자금을 경제에 대대적으로 투자하며 가난한 국민에게도 교육받을 기회를 확대했고, 1인당 금액으로는 라틴아메리카에서 미국의 경제 지원을 가장 많이 받는 국가로 만들었으며 대농장을 분할하는 농지개혁도 실시했다. 그러나 고질적인 정치적 교착이 칠레 사회를 개혁하려는 몬탈바의 노력을 방해했다.

칠레의 우익이 보기에 몬탈바의 개혁 프로그램은 지나치게 급진적이었지만 좌익의 판단에는 충분하지 않았다. 좌익은 구리 광산 회사에 대한 지배권을 더 강화하고 정부 투자를 더 확대하며 토지 재분배를 더 철저하게 시행하기를 바랐기 때문이다. 몬탈바 시대에도 칠레 경제는 파업과 인플레이션 그리고 자원 부족에 계속 시달렸다. 예컨대 내가 칠레에 체류하던 동안에도 육류는 만성적으로 부족했다. 고래 고기와 질긴 쇠고기조차 구하기 힘들었다. 결국 길거리의 폭력이 늘어났고 내 친구들도 길거리 폭력에 피해를 당하는 경우가 많았다. 1969년쯤에는 칠레의 모든 정파, 즉 우익과 좌익 및 중도 모두가 정치적 상황에 불만을 품기에 이르렀다.

아옌데

1970년 이후에는 정치 성향과 성격에서 정반대인 두 지도자, 살바도르 아옌데Salvador Allende(1908~1973)와 아우구스토 피노체트Augusto Pinochet(1915~2006)가 연이어 칠레를 통치했다. 그 둘의 공통점이라고는 각각 그렇게 행동한 이유가 지금까지도 오리무중이라는 것이다.

아옌데에 대한 나의 판단은 그에 대한 공적 정보, 그와 그 가족에 대해 잘 알고 있는 칠레 친구들의 기억에 근거한 것이다. 아옌데는 부유한 중산층 가정 출신의 전형적인 지식인이었고, 똑똑한 이상주의자로 뛰어난 웅변가였으며 매력적인 성격의 소유자이기도 했다. 아옌데는 학창 시절에 이미 공공연한 마르크스주의자였고 칠레 공산당보다 더 좌익적인 칠레 사회당을 창당했다. 그러나 칠레 사회주의자 기준

4.1 살바도르 아옌데. 민주적으로 선출된 칠레 대통령이었지만 1973년 쿠데타가 진행되던 중 사망했다.

에서 보면 아옌데도 온건파로 분류되었다. 그의 목표는 무력 혁명이 아니라 민주적 방법으로 마르크스주의 정부를 칠레에 세우는 것이었기 때문이다. 아옌데는 의과대학을 졸업했고 겨우 31세에 보건부 장관이 되었지만 누구나 인정할 정도로 장관 역할을 훌륭하게 해냈다. 1952년, 1958년, 1964년 대통령 선거에 출마했지만 세 번 모두 낙선했고 두 번은 큰 차이로 패했다. 따라서 1970년 사회주의자와 공산주의자, 급진주의자와 중도파의 연합 정당인 인민연합당의 대표로 대통령 선거에 다시 출마했을 때도 그는 "조금도 위협적이지 않은 영원한 패자"라는 평판에서 벗어나지 못했다.

1970년의 선거에서 아옌데는 가장 많은 표(36%)를 얻었지만 박빙의 승리였다. 그를 반대한 압도적 다수(64%)의 유권자가 우익 연합(35%, 아옌데보다 1.4% 부족!)과 중도 연합(28%)으로 갈렸기 때문이다. 아옌데는 과반에 미치지 못하는 최다 득표를 얻은 것에 불과했기에 그의 당선은 의회의 승인을 얻어야 했다. 의회는 표현의 자유를 비롯한 기본 자유를 보장하는 일련의 헌법 수정을 대가로 아옌데의 당선을 승인했다. 아옌데의 위협적이지 않은 성격과 행동거지에도 불구하고 미국 정부는 그의 당선을 저지하려고 칠레 의회의 지원을 받으려 했지만 실패하고 말았다. 한 칠레 친구는 아옌데가 어떤 정책을 시행하는지 지켜보지도 않은 채 모든 식구를 데리고 칠레를 떠나기도 했다. 그처럼 점잖은 온건파 대통령이 당선되었는데 부정적 반응이 곳곳에서 나타난 이유가 무엇일까?

아옌데와 그의 인민연합당이 칠레에 마르크스주의 정부를 세울 것이란 목표를 공언한 때문이었다. 칠레의 우익과 중도, 군부와 미국 정부를 겁먹게 하기에 충분한 목표였다. 소련이 붕괴하고 냉전이 종식된 지 수십 년이 지났기 때문에 1940년·1950년·1960년대를 경험하지 못한 상대적으로 젊은 독자는 칠레의 마르크스주의 정부를 어떻게든 미연에 방지했어야 하는 이유를 이해하기 힘들 것이다. 그 이유를 설명하자면 제2차 세계대전이 끝나자 소련이 세계를 지배하겠다는 정책을 추진하며 원자폭탄과 수소폭탄 및 대륙간탄도탄을 개발했다는 사실부터 언급해야 한다.

또 1948년에는 서베를린으로 이어지는 모든 도로를 차단하며 서베를린을 고립시켰다. 게다가 소련은 체코슬로바키아와 동독, 헝가리, 폴란드에서 일어난 저항을 야만적이고 폭력적 방법으로 억누르며 공산주의 정권을 수립했다. 이 밖에 동유럽의 여러 국가에 소련군을 파견해 공산주의 독재 정권을 지원했다.

피델 카스트로Fidel Castro(1926~2016)가 쿠바에 마르크스주의 정부를 수립한 이후 가장 위험했던 순간은 카스트로와 흐루쇼프가 미국 해안에서 140킬로미터밖에 떨어지지 않은 쿠바에 탄도미사일을 설치하려는 위험천만한 짓을 시작한 때였다. 당시를 살았거나 그때를 기억할 만한 나이의 사람들 머릿속에 깊이 새겨진 1962년 10월의 그 섬뜩했던 한 주 동안 세계는 역사상 그 어느 때보다 핵전쟁 직전까지 치달았다. 그 위기 이후 점진적으로 공개된 미국과 소련 양쪽의 기밀문서에서 분명히 확인할 수 있듯이 세계는 당시 생각한 정도보다 훨씬 더 위험한 순간이었다. 당시 미국 군 지도자들은 쿠바에 최소한 162기의 미사일이 배치되었다는 사실을 알았지만 핵탄두가 도착하지는 않았다고 생각했다. 하지만 실제로는 다수의 핵탄두가 쿠바에 이미 도착해 있었다는 사실이 나중에야 밝혀졌다.

쿠바 미사일 위기 이후 소련은 더욱 강력한 핵무기와 대륙간탄도

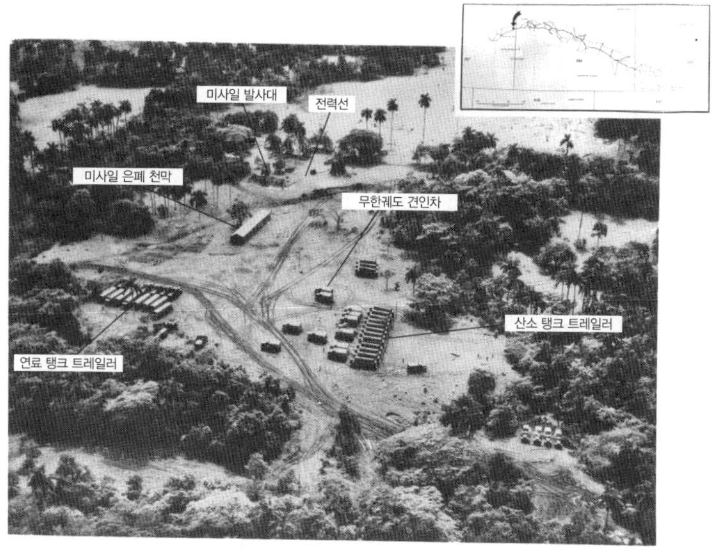

4.2 1962년 쿠바에 건설 중이던 소련 핵미사일 기지. 이는 미국과 칠레의 우익, 중도 및 군부가 칠레에 마르크스주의 정부를 수립하겠다는 아옌데 대통령의 공공연한 목표를 무산시키겠다고 단호히 결정한 주된 이유였다.

미사일ICBM을 개발하는 프로그램을 가속화했다. 소련의 이러한 도발에 미국은 공산주의 정부가 서반구에 들어서는 걸 다시는 용납하지 않겠다는 단호한 자세로 대응했다. 만약 그런 사태를 예방하지 못한 미국 대통령이 있었더라면 미국의 안전을 도외시한 잘못으로 즉각 탄핵되고 대통령직에서 쫓겨났을 것이다. 실제로 케네디 대통령은 쿠바에서 소련 미사일을 철거하는 데 실패하면 탄핵될 것이란 경고를 받기도 했다. 1960년대에 접어들었을 때 미국은 베트남을 비롯해 동남아시아 여러 국가의 공산주의 위협에 다른 생각을 할 겨를이 없었다. 칠레의 우익과 중도 및 군부도 카스트로가 권력을 장악한 후 쿠바와 반反마르크스주의자에게 어떤 사태가 닥쳤는지 똑똑히 보았기 때문에 칠레에 마르크스주의 정부를 용납할 수 없다는 데 의견이 일치했다. 그들은 칠레에서도 그런 역사가 되풀이되는 걸 허용하지 않으려 했다.

미국이 칠레에 대해 걱정한 또 하나의 주된 이유는 미국이 자본을 투자해 칠레의 구리 광산 회사들을 소유하고 개발한 때문이었다. 구리는 칠레 경제에서 가장 큰 분야였지만 19세기만 해도 칠레는 자체로 구리 광산을 개발할 만한 자본과 기술이 없었다. 몬탈바 대통령 시대에도 칠레는 광산 회사의 51% 지분을 수용하고 그에 상응하는 자금을 지급한 적이 있었다. 아옌데라면 아무런 대가도 지급하지 않고 남은 49%를 몰수할지 모른다는 미국의 걱정은 당연했고, 훗날 밝혀졌듯이 이 걱정은 정확한 것이었다. 따라서 1960년대 이후 좌익 혁명을 예방하려고 미국은 '진보를 위한 동맹Alliance for Progress'이란 프로그램을 통해 칠레를 포함한 라틴아메리카의 중도적 개혁 정당들을 지원했다. 따라서 그런 정당이 지배하는 라틴아메리카 국가에 해외 원조 기금이 쏟아져 들어갔다. 몬탈바 대통령 시대에 칠레는 라틴아메리카에서 미국의 개발 원조를 가장 많이 받는 국가였다.

이런 현실적 상황들을 고려할 때 아옌데가 대통령이 되자마자 어떤 정책을 채택했겠는가? 아옌데는 칠레 유권자의 36%만이 자신을 지지했고 칠레 군부와 미국 정부가 자신의 당선을 달갑게 여기지 않는다는 사실을 알았지만, 신중한 타협과 온건주의를 포기하고 반대 세력이 싫어할 만한 정책을 추진했다. 그가 의회의 전폭적 지지를 얻어 추진한 첫 정책은 미국이 소유한 구리 광산 회사를 국유화한 것이었다. 물론 미국 기업에는 어떤 보상도 없었다. 이런 정책은 국제사회를 적으로 만들기에 충분했다(아옌데는 미국 기업이 이미 회수한 이익에 '초과 이익excess profit'이란 딱지를 붙였으며, 그 액수가 보상금을 훌쩍 넘어섰기 때문에 보상을 하지 않은 것이라고 변명했다). 아옌데는 여러 다국적기업도 국유화했다. 게다가 많은 쿠바인을 칠레에 데려오고 피델 카스트로를 초빙해 칠레 군부를 겁주기도 했다. 이때 카스트로는 아옌데에게 개인용 화기를 선물로 주었고 5주 동안 칠레에 머물렀다. 또 아옌데는 구두끈 같은 사소한 소비재까지 모든 물가를 동결했고 칠레 경제의 자유 시장적 요소를 사회주의식 계획경제로 대체했다. 노동자 임금을 대폭 인상했고 정부 지출도 크게 늘렸으며 그로 인한 적자를 메우려고 지폐도 발행했다. 게다가 대농장을 몰수해 농민 협동조합에 넘겨주며 몬탈바의 농지개혁을 확대했다. 농지개혁과 아옌데의 목적이 선의에서 비롯했더라도 부적격하게 시행되었다. 예컨대 현재 경제학자인, 당시 19세로 대학조차 졸업하지 않은 한 칠레 친구는 경제학과에 재학 중이란 이유로 소비재 가격을 결정하는 책임을 떠맡을 정도였다. 또 다른 칠레 친구는 아옌데의 정책을 이렇게 평가했다. "아옌데의 생각은 좋았지만 그걸 시행하는 방법이 엉망이었다. 그는 칠레 문제를 정확히 진단했지만 그 문제를 해결하기 위해 채택한 방법이 잘못되었다."

그 결과, 아옌데 정책은 경제적 혼란과 폭력 사태를 불러일으켰고 반대 세력도 확대되었다. 재정 적자를 지폐 발행만으로 메우려 함으로써 극심한 인플레이션을 초래하기도 했다. 예컨대 명목임금이 인상되었지만 인플레이션율을 좇아가지 못한 탓에 실질임금이 1970년대 수준 이하로 떨어졌다. 해외투자와 국내 투자만이 아니라 해외 원조도 말라붙었고 무역 적자도 확대되었다. 소비재, 심지어 화장지까지 시장에서 구하기 힘들었다. 상점에는 점점 비는 진열대가 늘어갔고 상점 앞에는 줄이 길게 늘어섰다. 식량과 식수의 배급 수준도 심각한 상태였다. 아옌데를 무작정 지지하던 노동자들도 반대로 돌아섰고 전국적인 파업에 돌입했다. 특히 구리 광부와 트럭 기사의 파업은 칠레 경제에 치명적이었다. 길거리 폭력이 횡행했으며 쿠데타를 예견하는 목소리도 커져갔다. 좌익에서는 아옌데의 극렬한 지지자들이 무장했고 길거리에는 '자카르타 비에네Yakarta Viene'라고 쓴 벽보가 나붙었다. 우익이 붙인 듯한 그 벽보는 직역하면 '자카르타가 오고 있다'라는 뜻이었는데, 1965년 인도네시아 우익이 공산주의자를 대규모로 학살한 행위를 가리킨다(5장 참조). 칠레 우익이 좌익을 향해 그런 학살을 가하겠다는 공개적 협박이었고 실제로 그런 참혹상이 벌어졌다. 아옌데가 학생 세대를 육체노동 현장에 보냄으로써 그들을 협력적이고 이타적인 신인류new men로 키워내겠다는 목표로 공립학교만이 아니라 가톨릭계 사립학교에 의무적인 학과목 개혁을 강제하자, 칠레에서 강력한 영향력을 지닌 가톨릭교회도 그에게 등을 돌렸다.

이런 혼란의 결과가 1973년의 쿠데타였다. 다수의 내 칠레 친구는 쿠데타를 불가피한 것이었다고 평가했지만 쿠데타가 진행된 형태는 결코 불가피한 것이 아니었다. 경제학자 친구는 아옌데의 몰락을 이렇게 요약해주었다. "아옌데의 경제정책은 다른 나라에서 이미 몇 번이고 실패한 대중 영합적인 조치에 의존했기 때문에 실패했습니다. 그런 조치는 단기적으로는 이익이었지만 궁극적으로는 칠레의 미래를 좀먹고 걷잡을 수 없는 인플레이션을 유발했습니다." 많은 칠레인이 아옌데를 존경하고 심지어 성자로 추앙했지만 성자 같은 품성이 반드시 정치의 성공으로 이어지지는 않는다.

나는 아옌데에 대해 언급하면서 그가 그렇게 행동한 이유가 지금까지도 오리무중이라고 말했다. 지금도 나는 가끔 이런 의문을 품는다. 노련하고 온건한 정치인이던 아옌데가 칠레 국민은 물론 군부조차 받아들이지 않을 거라는 걸 뻔히 알면서도 극단적 정책을 추진한 이유가 도대체 무엇일까? 내 칠레 친구들은 두 가지 가능성을 조심스레 제시했지만, 어느 쪽이 아옌데의 생각을 정확히 설명한다고 누구도 확신할 수 없다. 하나는 아옌데가 과거에 정치적으로 성공한 자신감에 반대 세력을 다독거릴 수 있을 것이라 착각했을 가능성이다. 실제로 아옌데는 보건부 장관으로 성공한 이력이 있고, 경제정책과 관련해 그의 손을 옭아매는 헌법을 수정함으로써 그에 대한 의회의 의혹도 누그러뜨리는 수완을 발휘했다. 의회는 아무런 보상도 없이 구리 회사들을 몰수한 그의 정책을 만장일치로 승인하지 않았던가. 더구나 아옌데는 세 명의 참모총장을 모두 내각에 입각시키며 군부를 달래려고도 했다. 또 다른 가능성은 아옌데가 가장 급진적이던 지지 세력 '혁명적 좌파 운동Movimiento de Izquierda Revolucionaria, MIR'의 압력 때문에 좀 더 나은 정책을 버리고 극단적 정책에 내몰렸을 가능성이다. 실제로 MIR는 자본주의국가이던 칠레를 하루라도 빨리 뒤집는 혁명적 변화를 원했고, 무기를 모으며 "국민이여, 무장하라!"라는 구호를 채택했다. 또한 아옌데가 지나치게 유약하다고 비판하며 "몇 년만 더 인내하며 기다려달라!"라는 그의 간청에 귀 기울이지 않았다.

두 가능성 중 하나 혹은 둘 모두가 아옌데의 실제 이유였을지 모르지만 내 생각에는 둘 모두 만족스럽지 않다. 당시에도 그렇지만 나중에 뒤돌아보더라도 아옌데의 정책은 비현실적인 평가에 기초한 것이었기 때문이다.

쿠데타와 피노체트

마침내 모두가 예상하던 쿠데타가 1973년 9월 11일 일어났다. 칠레 군대의 세 부문—육군, 해군, 공군—이 모두 열흘 전에 쿠데타에 합의한 뒤였다. 미국 중앙정보부Central Intelligence Agency, CIA가 아옌데의 반대파를 끊임없이 지원하며 아옌데의 기반을 약화시키려 했다. 하지만 CIA가 칠레 문제에 개입했다고 폭로한 미국 평론가들도 쿠데타의 주역은 칠레 군부였지 CIA는 아니었다는 데 모두가 동의한다. 칠레 공군은 산티아고의 대통령궁을 폭격했고 육군은 탱크를 동원해 대통령궁을 포격했다. 아옌데는 절망적인 상황인 것을 인정하고 피델 카스트로에게 선물로 받은 기관총으로 자살했다. 한때 나는 이런 주장에 상당히 회의적이었고 아옌데가 쿠데타 군인들에게 살해되었을 것이라 생각했다. 그러나 군사정부 종식 후 들어선 민주 정부가 조직한 조사위원회도 아옌데가

4.3 1973년 9월 11일 칠레의 수도 산티아고에서 쿠데타를 일으킨 칠레 병사들과 탱크.

실제로 자살로 삶을 끝냈다는 결론을 내렸다. 불타던 대통령궁에 투입된 소방대의 소방관을 개인적으로 알고, 아옌데의 생전 모습을 마지막으로 본 동료를 포함해 살아남은 동료들을 직접 만난 한 칠레 친구도 그런 결론을 나에게 다시 한번 확인해주었다.

중도와 우익, 다수의 중산층은 안도하며 쿠데타를 전반적으로 환영했다. 아옌데 정부의 어리석은 경제정책으로 인한 경제 혼란과 길거리 폭력은 용납할 수 없는 지경에 이른 터였다. 쿠데타 지지자들은 1970년대 이전 상황, 즉 중산계급과 상류계급이 지배하는 정치 상황을 회복하기 위해 군사정부를 피할 수 없는 과도기로 받아들였다. 한 칠레 친구는 쿠데타가 있고 3개월 후 1973년 12월에 참석한 만찬회에 대한 이야기를 해주었다. 군사정부가 얼마나 오랫동안 권력을 잡느냐는 궁금증으로 대화 주제가 넘어갔을 때 18명의 손님 중 17명이 2년을 예상했다. 한 손님만 7년이라고 말했는데 모두가 그 예상은 터무니없이 길다며 핀잔을 주었다. 게다가 과거의 모든 군사정부는 신속히 문민정부에 권력을 이양했다며 칠레에는 결코 그런 불미스러운 사태가 일어나지 않을 거라고 덧붙였다. 그날 만찬회에 참석한 사람들도 그랬지만 군사정부가 거의 17년 동안 권력을 내놓지 않을 거라는 걸 어느 누구도 예상하지 못했다. 군사정부는 모든 정치 활동을 중단시켰고 의회를 폐쇄했다. 좌익 정당들은 물론이고 놀랍게도 중도이던 기독교민주당까지 강제로 해산시켰다. 게다가 칠레의 대학들을 점령한 후에는 군사령관들을 총장으로 임명했다.

군사정부 위원으로서 순전히 우연으로 최고 지도자가 된 인물은 최후의 순간에 쿠데타에 가담하며 계획을 세우는 데는 참여하지도 않은 아우구스토 피노체트 장군이었다. 쿠데타가 있기 보름 전까지

4.4 아우구스토 피노체트 장군(선글라스를 끼고 의자에 앉아 있는 인물)은 1973년 쿠데타 이후에 칠레를 지배한 군사독재자가 되었다.

도 육군 참모총장이 군사 개입을 반대한 까닭에 칠레 육군은 참모총장에게 사임 압력을 가했고, 자연스레 신임 육군 참모총장은 산티아고 지역의 군부대를 지휘하던 피노체트가 되었다. 당시에도 피노체트는 58세로 비교적 늙은 장군이었다. 칠레의 육군 장군들과 군사령관들은 피노체트를 정확히 알고 있다고 생각했다. 그에 대해 광범위한 정보를 수집한 CIA도 다를 바 없었다. CIA의 평가에 따르면 피노체트는 조용하고 온화하며 정직하고 악의가 없으며 상냥하고 근면하며 성실하고 종교적인 사람이었다. 또 검소하게 생활하며 헌신적인 남편이고 너그러운 아버지로 군대와 가톨릭교회와 가족 이외에는 관심이 없는 것으로 알려진 인물이었다. 한마디로 쿠데타를 지휘할 만한 인물이 아니었다. 군사정부는 평등한 위원들로 구성되고 최고 지도자는 교대로 맡을 것이라 예상했다. 피노체트를 첫 지도자로 선택한 이유가 무엇이었을까? 최연장자였고 육군에서 규모가 가장 큰 부대를 지휘하기도 했지만, 그가 위협적인 인물이 아니라는 CIA의 평가를 다른 위원들도 공감했기 때문이다. 군사정부가 정권을 장악했을 때 피노체트 자신도 최고 지도자는 군사 위원들이 교대로 맡을 것이라고 발표했다.

그러나 피노체트는 최고 지도자 자리에서 내려와야 할 때가 되었음에도 그렇게 하지 않았다. 오히려 그가 창설한 첩보 기관을 동원해 동료 군사 위원들을 협박하며 겁주었다. 군사정부 내의 알력을 비롯해 수많은 사건이 터졌지만 그때마다 피노체트는 자신이 원하는 방향으로 사태를 정리하는 데 성공했다. 동료 군사 위원들과 CIA 등 누구도 피노체트의 무자비함과 강력한 리더십을 예측하지 못했다. 게다가 권력에 그렇게 집착하면서도 자상한 노인이며 독실한 가톨릭교인으로 자신을 포장하는 능력을 지녔을 것이라고는 누구도 예상하지 못했다. 실제로 국영 언론에서는 자식들과 함께 성당에 가는 그의 모습을 자주 보도하기도 했다.

피노체트의 역할을 인정하지 않으면 1973년 9월 11일 이후 칠레에서 일어난 야만적 행위를 정확히 이해할 수 없다. 1930~1940년대 독일의 히틀러처럼 피노체트는 역사의 흐름에 자신의 족적을 남긴 지도자이다. 피노체트는 아옌데보다 훨씬 더 수수께끼 같은 인물이었다. 앞에서 언급했듯 아옌데의 행동에 대해서는 두 가지 가능한 해석이 있었지만, 피노체트의 가학적 행위에 대한 그럴듯한 설명은 전혀 듣지 못했다. 한 칠레 친구의 표현을 빌리면 "피노체트의 심리는 도무지 이해되지 않았다"라고 했다.

군사정부는 정권을 잡자마자 문자 그대로 칠레 좌익의 씨를 말리겠다는 목표 아래 아옌데의 인민연합당과 그 밖의 좌익 인물들을 샅샅이 수색해 체포했다. 대학생들과 유명한 민중 가수 빅토르 하라Víctor Jara(1932~1973)도 이때 체포되었다. 처음 열흘 만에 수천 명의 좌익이 산티아고의 두 경기장에 갇힌 채 심문과 고문을 받았고 죽임을 당했다. 더러운 수로에서 발견된 하라의 시신에는 44개의 총구멍이 있었고 모든 손가락이 잘려 나갔으며 얼굴은 뭉개져 있었다. 쿠데타가 일어나고 5주 후 피노체트는 한 장군에게 훗날 '죽음의 캐러밴Caravana de la Muerte'으로 알려진 암살단을 이끌고 칠레의 도시들을 돌아다니며 정치범과 인민연합당 정치인을 학살하라는 은밀한 명령을 내리기도 했다. 군대의 학살이 너무 굼뜨다는 게 이유였다. 군사정부는 모든 정치 활동을 중단시키고 의회를 폐쇄했으며 대학까지 점령했다.

쿠데타에 성공하고 두 달 후 피노체트는 훗날 국가 정보기관이며 비밀경찰인 국가정보국Dirección de Inteligencia Nacional, DINA으로 발전한 조직을 창설했다. DINA는 칠레 정치범의 주된 억압 수단이었고 그곳의 국장은 피노체트에게 곧장 보고했다. 칠레 군부대의 정보국도 잔혹하기로 유명했지만, 그 기준으로 보아도 DINA의 잔혹성은 악명 높았다. DINA는 비밀 수용소를 곳곳에 설치했고 새로운 고문 방법을 고안해냈다. 그 때문에 많은 칠레인이 '행방불명'되었다. 다시 말하면 흔적도 없이 살해되었다는 뜻이다. '라 벤다 섹시La Venda Sexy'라고 부르던 수용소는 주로 성적 학대로 정보를 캐내는 곳이었다. 예를 들면 정치범의 가족을 끌고 와 그 앞에서 말로 표현할 수 없을 정도로 혐오

4.5 칠레의 유명한 좌익 민중 가수 빅토르 하라. 1973년 쿠데타로 정권을 잡은 군사 정부에 의해 살해당했는데, 그의 시신에서는 44개의 총구멍이 발견되었다.

스러운 방법이나 설치류, 훈련된 개 등을 이용해 그 가족을 성적으로 학대하는 끔찍한 짓을 저질렀다. 산티아고를 방문할 기회가 있다면 지금은 박물관으로 개조한 비야 그리말디Villa Grimaldi를 둘러보기 바란다. 그곳도 DINA가 심문하고 고문하던 수용소였다.

1974년 DINA는 칠레 밖에서도 공작을 했다. 아르헨티나에서 자동차에 폭탄을 설치해 칠레의 옛 육군 총사령관 카를로스 프라트스Carlos Prats(1915~1974)와 그의 부인 소피아를 살해한 것이 해외 공작의 시작이었다. 피노체트는 쿠데타에 참여하기를 거부한 프라트스를 잠재적인 위협으로 생각한 때문에 살해한 것이었다. 그 후로 DINA는 '콘도르 작전Operación Cóndor'이라는 국제 테러 작전을 추진했다. 칠레와 아르헨티나, 우루과이와 파라과이, 볼리비아와 브라질 비밀경찰의 수장이 모여 국경을 넘나들며 망명자와 좌익 정치범을 추적하는 작전에 서로 협조하기로 합의했다. 그 결과, 칠레인 수백 명이 남아메리카의 다른 국가와 유럽에서 추적당하고 살해되었다. 심지어 미국에서도 한 명이 DINA에 의해 살해되었다. 그 테러 사건은 1976년 워싱턴 D.C.에서 일어났다. 그것도 백악관으로부터 겨우 14구역 떨어진 곳에서! 차량에 설치한 폭탄이 터지며 옛 칠레 외교관 오를란도 레텔리에르Orlando Letelier(1932~1976, 아옌데 정부에서 국방장관 역임)와 미국인 동료가 사망했다. 앞에서도 말했듯이 2001년 세계무역센터의 테러 공격이 있기 전까지 미국 땅에서 미국 시민을 살해한 유일한 외국의 테러 사건이었다.

1976년까지 피노체트 정부는 13만 명, 즉 칠레 국민의 1%를 체포했다. 결국 과반수가 풀려났지만 DINA와 군 정보국의 만행에 칠레인 수천 명이 사망하거나 행방불명되었고 그중 대부분이 35세 이하였다. 미국 시민 네 명과 다른 국가의 적잖은 시민도 희생되었다. 사망 이전에는 거의 필수적으로 고문을 당했고 고문의 일부 이유는 정보를 캐내는 것이었다. 하지만 순전한 가학증으로 고문을 얼마나 저질렀는지는 분명하지 않다. 여하튼 이 문제로 나와 토론한 칠레 대학생들은 두 가능성 모두를 조심스레 내비쳤다. 약 10만 명이 해외로 망명해 달아났고 대다수가 돌아오지 않았다.

과거에 민주주의를 경험한 국가가 어떻게 그처럼 야만적인 국가로 전락할 수 있었을까? 칠레 역사에서 군부가 개입한 적은 있지만 어떻게 기간과 살상자 수 및 가학적 고문에서 과거의 사례를 훌쩍 넘어서는 군사정부가 계속될 수 있었을까? 완전한 대답은 아니겠지만 정치적 분위기의 양극화와 폭력성의 증가 및 정치적 타협의 결렬이 크고 작은 원인이었다. 또 아옌데 시대에 심화된 극좌의 무장, 극우에 의한 대학살을 예고하는 듯한 '자카르타 비에네'라는 벽보도 원인으로 손꼽을 만했다. 아옌데가 추진한 마르크스주의적 설계와 쿠바와의 관계가 과거의 좌익 프로그램보다 훨씬 더 급진적이던 까닭에 군부가 겁먹고 예방적 행위를 준비한 것도 큰 원인이었을 것이다.

한편 내가 만나 면담한 칠레인들의 의견에 따르면 피노체트라는 인간에게서 그 대답을 찾아야 했다. 피노체트는 겉보기에 무척 평범하고 자상하며 독실한 가톨릭교도라는 이미지를 대외적으로 심어주려 애썼지만 실제로는 특이한 사람이었다. 피노체트와 잔혹 행위를 직접적으로 연결시키는 자료는 거의 없다. '죽음의 캐러밴'을 시행하라고 한 장군에게 내린 명령이 결정적 증거에 가장 가깝다고 할 수 있다. 지금까지도 칠레의 많은 우익은 피노체트가 직접 고문과 학살을 명령하지는 않았을 것이고, 다른 장군과 지도자의 명령으로 대학살이 벌어졌을 것이라 믿고 있다. 그러나 피노체트가 매주 혹은 매일 DINA 국장을 만나지는 않았겠지만, 피노체트의 명확한 명령도 없이 그 많은 군 장교가 일상적으로 고문을 행하지는 않았을 것이다.

따라서 히틀러처럼 피노체트는 역사의 흐름을 바꿔놓은 사악한 지도자의 전형인 듯하다. 하지만 칠레 군부의 범죄에 대한 책임을 피노체트에게만 물을 수는 없다. 피노체트가 직접 누군가를 죽였거나 고문했다고 주장하는 사람은 전혀 없기 때문이다. DINA 요원은 한때 4,000명이 넘었고 그들의 임무는 심문하고 고문하고 죽이는 것이었다. 그렇다고 내가 대부분의 칠레인이 모두 사악하다고 해석하는 것은 아니다. 어떤 나라에나 명령을 받거나 허락을 받으면 사악한 짓을 서슴없이 행하는 수천 명의 반사회적 인격 장애자가 있게 마련이다.

예컨대 당신이 영국과 미국처럼 민주적인 국가에서도 교도소에 투옥되어 당신을 괴롭히라는 구체적인 명령을 받지도 않은 죄수와 법 집행관의 끔찍한 가학적 행위를 경험한다면, 그들이 괴롭히라고 명령을 받는다면 어떻게 행동했을지 충분히 상상할 수 있을 것이다.

끝까지 경제!

피노체트 독재 정권은 좌익의 씨를 말리는 동시에 정부의 포괄적 개입이라는 과거의 규범을 뒤집고 자유 시장의 원칙 아래 칠레 경제를 개편하는 정책을 추진했다. 피노체트가 정권을 잡고 1년 6개월 동안에는 이런 정책 전환이 없었다. 따라서 경제는 계속 위축되었고 인플레이션은 지속되었으며 실업률은 치솟았다. 그러나 1975년부터 피노체트는 신자유주의를 신봉하는 경제 보좌관들에게 경제 운영을 맡겼다. 훗날 그들은 시카고대학교에서 경제학자 밀턴 프리드먼Milton Friedman(1912~2006)에게 배운 까닭에 '시카고 보이스Chicago Boys'로 알려졌다. 그들의 정책은 자유기업과 자유무역, 시장 지향, 균형 예산과 낮은 인플레이션, 칠레 기업의 현대화를 강조했고 정부의 간섭을 줄였다.

남아메리카에 들어선 군사정부는 직접 통제할 수 없는 자유 시장 경제보다 자신들에게 이익이 되는 방향으로 통제할 수 있는 경제구조를 선호하는 경향이 있었다. 그런데 칠레 군사정부는 뜻밖에도 시카고 보이스의 정책을 채택했고 그 이유는 아직도 불확실하다. 군사정부 위원이던 공군 장군 구스타보 레이그Gustavo Leigh(1920~1999)를 비롯해 몇몇 고관이 신자유주의 정책에 반대했기 때문에 피노체트가 없었다면 그런 정책을 시행하지 못했을 것이다. 여하튼 리 장군은 1978년 강제로 퇴역해야 했다. 밀턴 프리드먼이 1975년 칠레를 방문해서 피노체트를 45분 동안 면담했고, 그 후 이런저런 권고로 가득한 장문의 편지를 피노체트에게 보냈기 때문에 신자유주의를 채택한 것이란 소문이 있었지만 실제로는 그렇지 않았다. 그날 나눈 대화에서 피노체트는 프리드먼에게 단 하나만 질문했고, 프리드먼은 면담을 끝낸 후 피노체트를 대수롭지 않게 평가했다. 게다가 시카고 보이스의 프로그램은 프리드먼의 권고안과 무척 달랐고, 칠레 경제학자들이 '벽돌el ladrillo'이란 별칭으로 부른 문서에 이미 자세히 설계된 계획안에 기초한 것이었다. 스페인어에서 '벽돌'은 길고 지루한 일을 뜻한다. 실제로 그 문서는 장황하고 진지하게 쓰였기 때문에 그렇게 불렸다.

칠레가 신자유주의 경제정책을 채택한 이유는 이렇게도 설명할 수 있다. 즉 피노체트가 경제에 대해 아무것도 모른다는 걸 인정하며 자신을 단순한 사람이라 묘사했듯이 시카고 보이스의 단순하고 일관되며 설득력 있는 제안을 매력적이라 판단했기 때문이란 주장도 있다. 또 피노체트가 시카고 보이스와 그들의 제안을 미국의 뜻과 동일시한 것도 요인 중 하나일 수 있다. 미국이 피노체트를 강력히 지지한 데다 공산주의자에 대한 증오심을 높이 평가했고, 쿠데타 직후 칠레에 대한 차관을 재개했기 때문이다. 피노체트와 아옌데의 여러 행위가 그렇듯이 신자유주의를 채택한 이유 또한 명확하지 않다.

기업이 다시 민영화되었지만 구리 회사까지 민영화되지는 않았다. 모든 정부 부처의 예산을 전면적으로 15~25%씩 삭감함으로써 재정 적자를 크게 낮추었고, 평균 수입 관세도 120%에서 10%로 대폭 낮추며 칠레 경제를 국제 경쟁 시장에 개방했다. 물론 칠레의 소수 독점적 실업가와 전통적인 족벌은 과거에는 비효율적으로 경영하더라도 높은 관세로 국제 경쟁에서 보호받았지만 이제는 어쩔 수 없이 경쟁하며 혁신해야 하는 까닭에 시카고 보이스의 신자유주의 정책을 반대했다. 그러나 시카고 보이스의 경제정책 덕분에 아옌데 시대에는 연간 600%이던 인플레이션율이 연간 9%로 떨어졌고, 연간 경제성장률은 거의 10%에 달했다. 해외투자도 급증했고 개인 소비도 증가했으며 궁극적으로는 수출도 다각화되며 증가했다.

아무런 좌절도 없고 아무런 고통도 없이 이런 긍정적 결과를 얻은 것은 아니다. 미국 달러에 대한 칠레 페소의 가치를 고정하는 불운한 결정으로 1982년에는 대규모 무역 적자가 발생했고 경제 위기가 닥쳤다. 또 경제활동의 이익이 칠레 국민에게 불평등하게 분배되었다. 그 결과로 중산층과 상류층은 부자가 되었지만 많은 칠레인이 빈곤선 이하 상태의 삶을 살며 고통받았다. 민주주의를 제대로 운영했다면 그처럼 많은 칠레인에게 삶의 고통을 주지 않았을 것이고, 소수의 대기업이 반대하는 정책을 도입하기도 쉽지 않았을 것이다. 두 모순된 정책의 추진은 억압적인 독재 정권이었기에 가능했다. 하지만 다른 상황에서는 피노체트에게 조금도 동정적이지 않던 한 칠레 친구가 "맞다. 하지만 아옌데 시대에도 경제 문제로 많은 칠레인이 이미 고통받고 있었고 내일이면 나아질 것이란 희망도 없었다"라고 설명했다. 군사정부가 과도적인 임시정부로 끝나지 않고 계속 정권을 유지할 것이란 의도가 분명해졌지만, 불평등한 분배와 정부의 억압에도 중산층과 상류층은 경제 발전을 이유로 피노체트를 계속 지지했다. 아옌데 시대에 팽배하던 경제 혼란이 끝났다는 안도의 한숨과 낙관적 전망이 칠레 사회, 정확히 말하면 고문과 살상이 없는 사회 분야에서 감돌았다.

많은 칠레인이 그랬듯이 미국 정부도 군사독재가 계속되던 기간의 절반 이상 동안 피노체트를 지원했다. 미국이 피노체트를 지원한 가장 큰 이유는 그의 반공주의 때문이었다. 미국 정부는 정책적으로 칠레에 군사적·경제적 원조를 확대했고, 몇몇 미국 시민이 고문을 받고 죽음을 당했지만 피노체트의 인권 학대를 공개적으로는 부인했다. 미국 국무장관 헨리 키신저Henry Kissinger는 "군사정부의 행위가 바람직하지 않지만 우리에게는 아옌데보다 피노체트 정부가 더 낫다"라고 했다. 피노체트를 지원하고 인권 학대에 눈감은 미국 정부의 소극적 태도는 리처드 닉슨, 제럴드 포드, 지미 카터의 시대를 지나 로널드 레이건 시대의 초기까지 계속되었다.

그러나 1980년대 중반부터 두 가지 이유에서 미국 정부는 피노체트에게 등을 돌렸다. 하나는 인권침해에 대해 축적된 증거였다. 미국 시민을 학대했다는 명백한 증거도 있었다. 더는 무시할 수 없을 정도로 증거가 많았다. 결정적 전환점은 합법적인 미국 거주자이던 젊은 사진작가 로드리고 로하스Rodrigo Rojas(1967~1986)가 산티아고에서 끔찍하게 살해된 사건이었다. 이때 칠레 군인은 로하스의 몸에 휘발유를 붓고 불을 붙였다. 그야말로 로하스는 새까맣게 불타 죽었다. 1982~1984년 칠레 경제가 침체한 것도 레이건 정부가 피노체트에게 등을 돌린 또 다른 요인이었다. 이때부터 칠레의 여론도 피노체트에게 등을 돌리기 시작했다. 1984년부터 경제는 조금씩 회복되었지만 많은 칠레인의 삶은 나아지지 않았다. 그 결과, 좌파가 다시 힘을 얻었고 피노체트가 독실한 가톨릭 신자였음에도 가톨릭교회가 반대 세력의 중심에 섰다. 군부도 피노체트에게 반감을 품었다. 요컨대 피노체트는 단순히 사악한 통치자가 아니었다. 미국 정부의 판단에는

4.6 1988년 피노체트 장군의 재선에 '반대'하는 캠페인 포스터.

더 심각한 존재, 즉 미국의 정치적 이익에 조금도 도움이 되지 않는 골칫거리였다.

1980년 군사정부는 우익과 군부의 이익을 견고히 확립하는 새로운 헌법을 제안함과 동시에 피노체트의 대통령 임기를 8년(1981년부터 1989년까지) 연장하는 국민투표를 제안하며 피노체트의 장기 집권을 합법화하려 했다. 군부가 엄격히 통제한 국민투표에서 칠레 국민의 압도적 다수가 신헌법과 피노체트의 임기 연장을 승인했다. 그렇게 연장된 임기가 종료되는 1989년이 다가오자 군사정부는 1988년 피노체트의 임기를 1997년까지 다시 8년을 연장하는 국민투표를 시행하겠다고 선언했다. 1997년이면 피노체트가 82세 되는 해였다.

하지만 이번에는 피노체트가 잘못 판단했고 반대파에게 허를 찔렸다. 국제사회의 관심에 투표는 공정하게 진행되었다. 미국은 반대 세력을 은밀히 지원했다. 피노체트의 집권 연장을 반대하는 세력은 잠재적 유권자 중 92%가 등록하도록 엄청난 노력을 기울였고, "반대!"라는 단순한 구호로 정교하게 기획한 캠페인을 펼쳤다. '반대' 캠페인은 투표수의 58%를 얻어 승리하며 피노체트에게 큰 충격을 안겨주었다. 그날 밤 피노체트는 투표 결과를 수긍하지 못한다는 반응을 보였지만 군사정부 위원들의 압력에 피노체트도 그 결과를 받아들일 수밖에 없었다. 그러나 이 자유투표에서조차 칠레 국민 중 42%가 여전히 피노체트를 지지했다는 사실은 놀랍기만 하다.

피노체트 이후

'반대' 캠페인의 승리로 마침내 피노체트 반대파는 1990년으로 예정된 대통령 선거에서 권력을 되찾을 기회를 얻었다. 그러나 이 캠페인에 참가한 집단은 무려 17곳이었다. 달리 말하면 피노체트에 반대한 이유가 17가지라는 뜻이다. 따라서 칠레는 제2차 세계대전에서 독일과 일본을 물리친 연합국의 전철을 밟을 위험에 직면했다. 윈스턴 처칠이 쓴《제2차 세계대전》의 여섯 번째 마지막 권《승리와 비극》에서 "위대한 민주국가들이 어떻게 승리를 거두었고 그 국가들은 거의 국운을 끝낼 뻔한 어리석은 짓을 다시 되풀이할 수 있을까?"라고 말한 위험이었다. 이와 똑같은 의문이 칠레에도 제기되었다. 요컨대 칠레 국민은 많은 사람의 목숨을 빼앗고 민주 정부까지 잃게 한 어리석은 짓, 즉 과거의 고집스럽고 비타협적인 태도를 되풀이할 것인가?

피노체트가 집권한 1973년 이후 그에게 살해되지 않은 10만 명의 좌익이 조국을 등지고 망명했다. 그들은 1989년까지 거의 16년 동안 망명자로 살아야 했다. 따라서 과거의 비협력적 태도를 반성할 충분한 시간이 있었다. 그들 중 다수가 서유럽이나 동유럽에서 지내며 유럽의 사회주의자와 공산주의자 등 좌익이 어떻게 활동하고 어떤 점에서 그들과 다른지 지켜볼 기회가 있었다. 동유럽으로 망명한 칠레 좌익은 비타협적인 좌익 이상주의자들이 권력을 잡고서도 국민을 행복하게 해주지 못하는 걸 보고 실망한 반면, 서유럽으로 망명한 칠레 좌익은 온건한 사회민주주의가 어떻게 작동하는지 관찰할 수 있었다. 또 서유럽 국가들은 생활수준도 높고 정치적 분위기가 칠레보다 평온한 것도 확인했다. 그 결과, 서유럽으로 망명한 칠레인은 좌익이라고 해서 반드시 급진적이고 비타협적일 필요가 없으며 정치적 견해가 다른 사람들과 협상하고 타협함으로써 많은 목표를 달성할 수 있다는 것을 깨달았다. 또 망명자들은 소련과 동유럽에서 공산주의 정부의 붕괴를 경험하고, 1989년 중국에서의 폭압적 시위 진압을 경험한 사람들이었다. 이런 경험이 축적되며 칠레의 좌익은 극단주의와 공산주의에 대한 연민을 누그러뜨릴 수 있었다.

1989년의 '반대' 캠페인이 진행되는 동안 그 운동에 참여한 사람들은 피노체트에 반대한 이유가 제각각이었지만, 서로 협력하지 않으면 승리하지 못한다는 사실을 깨달았다. 또 피노체트가 기업체와 상류층의 광범위한 지지를 얻고 있어 피노체트를 지지하는 세력이 피노체트 이후 시대에도 개인적 안전을 보장받지 못하면 승리하지 못하고, 승리하더라도 권력을 잡지 못할 가능성이 높다는 것도 깨달았다. 달갑지 않았지만 좌익은 권력을 잡더라도 과거의 적들에게 관용을 베풀어야 했다. 그들에게 끔찍한 짓을 서슴지 않은 적들을 용서해야 했다. 한마디로 '모든 칠레인을 위한 칠레'를 건설하겠다는 의지를 천명해야 했다. 그 의지는 피노체트 이후 민주적으로 선출된 첫 대통령 파트리시오 아일윈Patricio Aylwin(1918~2016)이 1990년 3월 12일의 취임 연설에서 공언한 목표였다.

'반대' 캠페인에 참여한 17곳의 집단은 그렇게 연합함으로써 국민투표에서 승리를 거두었다. 하지만 연합체의 좌익은 중도파, 즉 기독교민주당에 좌익 정부를 두려워할 필요가 없고 새로운 좌익 정부는 아옌데 정부처럼 급진적이지도 않을 거라는 확신을 주어야 했다. 따라서 좌익 정당과 중도 정당은 '콘세르타시온Concertación'이란 선거 연합체를 결성했다. 좌익의 양보로 연합체가 1990년의 선거에서 승리를 거두면 대통령직을 좌익과 중도가 교대로 맡고 기독교민주당이 대통령직을 먼저 수행하기로 했다. 좌익이 이런 조건에 합의한 이유는 자명했다. 그들이 궁극적으로 권력을 되찾는 유일한 방법은 그것밖에 없다는 걸 알았기 때문이다.

실제로 콘세르타시온은 피노체트 이후에 실시한 네 번의 선거, 즉 1990년과 1993년, 2000년과 2006년 치른 선거에서 모두 승리했다. 처음 두 번은 기독교민주당의 파트리시오 아일윈과 에두아르도 프레이 루이스타글레Eduardo Frei Ruiz-Tagle(전 대통령 에두아르도 프레이 몬탈바의 아들)가 대통령이 되었고, 그 이후 두 번은 사회주의자 리카르도 라고스Ricardo Lagos와 베로니카 미첼 바첼레트Verónica Michelle Bachelet가 대통령에 취임했다. 특히 바첼레트는 칠레 최초의 여성 대통령으로 피노체트 군사정부에서 고문을 당하고 투옥된 장군의 딸이었다. 2010년 콘세르타시온은 우익 후보 세바스티안 피녜라Sebastián Piñera

에게 패했다. 2014년 선거에서 사회주의자 바첼레트가 정권을 되찾았지만 2018년에는 우익 피녜라가 다시 승리했다. 따라서 피노체트 이후의 칠레는 라틴아메리카에서는 여전히 이례적인 '기능적 민주주의'로 복귀했다. 그러나 이는 관용과 타협, 권력의 공유라는 엄청난 선택적 변화의 결과였다.

정치적 비타협성을 포기한 이외에 피노체트 이전 시대의 민주 정부와 비교해서 새로운 콘세르타시온 민주 정부가 취한 주된 변화는 경제정책에도 해당되었다. 새로운 정부는 피노체트의 자유 시장경제정책을 대부분 이어받았다. 그 정책이 장기적으로는 대체로 유익하다고 판단했기 때문이다. 콘세르타시온 정부는 자유 시장경제정책을 더욱 가열차게 추진했다. 예컨대 수입 관세를 꾸준히 낮춤으로써 2007년에는 평균 3%에 불과했는데 이는 세계에서 가장 낮은 관세율이었다. 그리고 미국과 캐나다와 자유무역협정을 체결했다. 콘세르타시온이 군사정부의 경제정책에 도입한 주된 변화는 사회보장 프로그램에 대한 정부 지출을 늘리고 노동법을 개혁한 것이었다.

그 결과, 1990년 정부가 교체된 이후 칠레 경제는 눈부시게 발전하며 경제적으로는 라틴아메리카의 모든 국가를 앞섰다. 1975년에는 평균 소득이 미국 평균의 19%에 불과했지만 2000년에는 44%까지 상승했다. 하지만 같은 기간 라틴아메리카에서 다른 국가들의 평균 소득은 떨어졌다. 현재 칠레의 인플레이션율은 낮고, 법치가 강력하게 시행되며 개인의 재산권도 충분히 보호받고 있다. 1967년 내가 방문할 당시 곳곳에 만연하던 부패도 줄어들었다. 경제 상황이 이렇게 개선된 결과 민주국가로 복귀했고, 첫 7년 동안 해외투자가 두 배로 증가했다.

오늘날 산티아고는 내가 1967년에 방문한 도시와는 전혀 다른 모습이다. 남아메리카에서 가장 높은 건물을 포함해 고층 건물로 가득하고 새로 건설한 지하철과 공항이 있다. 하지만 칠레의 경제 성과는 골고루 분배된 성공은 아니다. 경제적 불평등은 여전히 높고 사회경제적 계급 이동은 낮다. 따라서 칠레는 예전과 다름없이 빈부 격차가 심하다. 칠레의 부유층이 대농장을 소유한 가문에서 기업가로 바뀌었을 뿐이다. 그러나 칠레 경제가 전반적으로 크게 향상되었다는 것은 빈부의 '상대적' 격차가 여전히 존재하지만, 가난한 사람의 '절대적' 경제적 지위는 예전보다 훨씬 나아졌다는 뜻이다. 실제로 빈곤선 이하 상태에서 살아가는 인구 비율이 피노체트 집권 마지막 해에는 24%였지만 2003년에는 5%로 급감했다.

피노체트의 그림자

'반대'파가 1989년의 국민투표에서 승리했다고 칠레가 피노체트와 군부에서 완전히 해방된 것은 아니었다. 결코 그렇지 않았다. 군부는 피노체트가 대통령에서 하야하기 전 그를 종신 상원의원에 임명하고 그에게 서너 명의 신임 대법원 판사를 지명하는 권리를 부여하며, 1998년 83세로 은퇴할 때까지 총사령관직을 유지하는 법을 통과시켰다. 따라서 칠레 민주 정부 지도자들의 마음에는 피노체트가 끊임없이 어른거렸고 그가 다시 쿠데타를 꾀할 가능성까지 걱정해야 했다. 한 칠레 친구는 "나치 독일이 1945년 5월 9일 항복했을 때 히틀러가 자살하지 않고 종신 상원의원이자 독일군 총사령관으로 군림한 것과 다를 바 없었다"라고 설명했다. 게다가 피노체트가 개정한 헌법은 칠레 군부의 위상을 강화하는 조항까지 포함되어 있었다. 구리 판매액의 10%를 매년 국방 예산에 할당해야 한다고 규정한 조항은 지금도 여전히 유효하다. 거듭 말하지만 이익이 아니라 판매액이다! 이 조항 덕분에 칠레 군부는 외국의 위협에 맞서 국가를 방위하는 데 필요한 예산을 훌쩍 초과해 확보하는 재정적 기반을 마련하게 되었다. 하지만 칠레가 역사적으로 치른 두 번째 전쟁이자 가장 최근의 전쟁이 한 세기 전인 1883년에 일어났고, 칠레 국경이 바다와 사막과 높은 산맥으로 보호받으며 아르헨티나·볼리비아·페루 등 이웃 국가들이 위험하지 않다는 사실을 고려하면 그런 식의 재정적 기반은 불필요한 것이다. 결국 칠레 군대를 활용하는 유일한 경우는 칠레 국민을 억압할 때이다.

피노체트 시대에 승인된 칠레 헌법에는 우익에 유리한 세 개의 조항이 있었다. 하나는 35석의 상원 중 10석을 국민이 선출하지 않고 육군과 해군에서 사령관을 지낸 우익 인사로만 구성할 가능성이 높은 고위 관리 명단에서 대통령이 지명한다고 규정한 조항이었다. 또 전임 대통령은 종신 상원의원으로 지명되었다. 또 하나는 각 선거구에서 하원의원 두 명을 선출했고 동일한 정당에서 나온 후보 중 한 명은 다수 표를 얻으면 되지만, 다른 한 명은 80%를 득표해야 한다고 규정한 조항이었다. 따라서 한 선거구에서 좌익 후보 두 명이 당선되기는 무척 힘들었다. 이 조항은 2015년에 삭제되었다. 마지막은 헌법 개정에 7분의 5의 동의가 필요하다고 규정한 조항이었다. 민주국가에서, 특히 칠레처럼 분열된 국가에서 헌법을 어떻게 개정하더라도 유권자의 7분의 5에게 동의를 얻기는 쉽지 않다. 따라서 피노체트가 대통령에서 물러난 지 수십 년이 지났고 그의 시대에 승인된 헌법을 이리저리 수정했지만, 대부분의 국민이 부조리하다고 생각하는 헌법이 여전히 칠레를 지배하고 있다.

어떤 국가든 공직자가 자국과 타국 시민에게 범한 잔혹한 행위를 인정하고 용서를 구하기는 고통스럽기 마련이다. 어떻게 하더라도 과거의 잘못을 되돌릴 수 없기 때문에 괴로운 것이다. 게다가 가해자들이 여전히 생존해 과거를 뉘우치지 않은 채 권력을 휘두르는 경우도 많다. 칠레의 경우에는 과거에 대한 인정과 속죄가 특히 어려웠다. 피노체트가 1989년 자유롭게 시행한 국민투표에서 상당수의 지지를 받는다는 사실이 확인되었고, 피노체트가 여전히 군 총사령관이었으며 민주 정부가 군 가해자들에게 소송을 제기하면 쿠데타가 다시 일어날 가능성을 배제할 수 없었기 때문이다. 실제로 피노체트의 아들이 조사를 받았을 때, 또 인권위원회가 잔혹 행위를 조사하기 시작했을 때 군인들이 완전군장을 갖추고 시내에 나타난 적이 있었다. 군부는 '일상적 훈련'이라고 둘러댔지만 암묵적 위협인 것이 분명했다.

피노체트 이후 첫 대통령 파트리시오 아일윈은 신중하게 처신했다. 따라서 그가 '가능한 범위 내에서' 정의를 약속했을 때 심판을 기대한 칠레 국민은 환멸을 느끼며 그 말이 "정의는 없다"를 에두른 표현에 불과하지 않을까 걱정했다. 그러나 아일윈은 '진실과 화해 위원회Comisión de la Verdad y Reconciliación'를 설립했고 그 위원회는 살해 및 '행방불명'된 3,200명의 명단을 1991년에 발표했다. 2003년의 제2차 위원회는 고문을 고발하는 보고서를 발표했다. 아일윈 대통령은 텔레비전으로 중계한 연설에서 거의 눈물을 흘리며 칠레 정부를 대신해 희생자 가족에게 용서를 구했다. 정부 지도자가 정부의 잔혹한 행위를 그렇게 진심으로 사과한 사례는 현대사에서 찾아볼 수 없을 정도였다. 가장 근접한 사례를 찾자면 독일 총리 빌리 브란트Willy

Brandt(1913~1992)가 바르샤바의 게토에서 나치 정부의 피해자들에게 진심으로 사과한 경우일 것이다(6장 참조).

1998년 피노체트가 의학적 치료를 위해 런던의 한 병원을 방문했을 때 영국 정부가 체포 영장을 발부하며 그를 심판하려는 노력이 전환점을 맞았다. 체포 영장은 인권을 유린하고 스페인 시민을 살해한 범죄의 책임을 물으려고 피노체트를 스페인으로 송환하려던 스페인 판사의 요구로 발부된 것이었다. 처음에 피노체트의 변호사들은 고문과 살해는 정부의 적법한 기능이므로 피노체트는 기소에서 면책해야 한다고 주장했다. 영국 상원이 그런 주장을 거부하자 변호사들은 피노체트가 고령이고 병약하기 때문에 인도적 차원에서 석방해야 마땅하다고 주장했다. 변호사들의 요구에 피노체트는 휠체어에 앉은 모습만 사진에 담았다. 503일간의 가택 연금을 시행한 후 영국 내무장관은 스페인의 송환 요구를 거부했다. 피노체트가 법정에서 증언할 만큼 기력이 없다는 게 이유로 추정되었지만 영국이 1982년 아르헨티나와 포클랜드 전쟁을 벌일 때 피노체트가 영국을 도와준 것도 크게 작용했으리란 추정도 있었다. 영국 정부가 결정을 내린 후 피노체트는 즉시 칠레로 돌아갔다. 항공기가 칠레 공항에 도착하자 피노체트는 휠체어에서 일어나 활주로를 가로질러 그의 귀국을 환영하려고 나온 칠레 장성들과 악수를 나누었다.

그러나 피노체트가 미국 내 125개 비밀 계좌에 3,000만 달러를 은닉해두었다는 미국 상원 소위원회의 폭로에는 칠레 우익조차 큰 충격을 받았다. 고문과 살해까지도 용납할 각오였지만, 라틴아메리카의 다른 부정직한 독재자와 다르고 그들보다 훨씬 낫다고 생각해온 피노체트가 큰돈을 횡령했다는 사실을 알자 우익도 환멸을 느꼈다. 칠

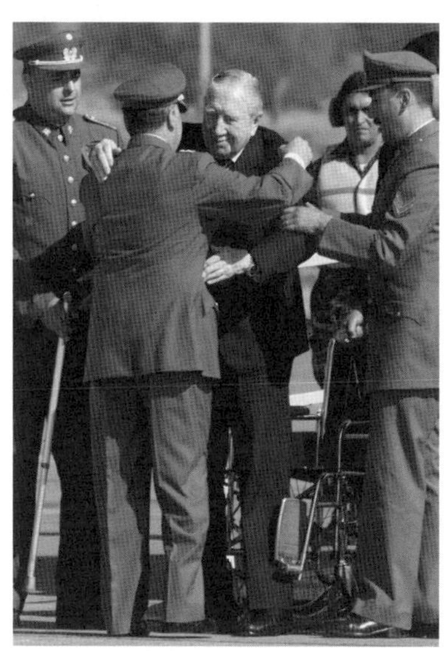

4.7 2000년 칠레로 귀향한 피노체트. 의학적인 이유로 일어나지 못한다고 알려졌지만 휠체어에서 일어나 그를 환영 나온 장군들과 인사를 나누었다.

레 대법원은 피노체트가 종신 상원의원으로서 향유하던 기소 면책권을 박탈했다. 또 미국 국세청에 해당하는 칠레 조세 당국은 소득을 거짓 신고했다는 이유로 피노체트를 기소했다(칠레 당국은 살인과 밀주 제조를 명령·실행하고 도박장과 매춘업소를 운영하고서도 유죄판결을 피했지만, 결국 연방 소득세 탈루로 투옥된 미국의 유명한 조직폭력배 알 카포네의 사례에서 영감을 얻었다). 그 후 피노체트는 다른 금융 범죄와 살인으로도 기소되어 가택 연금을 당했다. 그의 부인과 네 자식도 체포되었다. 그러나 2002년 피노체트는 치매로 재판을 받기에 부적합하다는 선고를 받았다. 그는 2006년 91세의 나이에 심장마비로 사망했다.

결국 수백 명의 고문자와 살인자가 기소되었고 그중 수십 명이

유죄판결을 받았다. 예컨대 피노체트의 DINA 국장이던 마누엘 콘트레라스Manuel Contreras(1929~2015)는 526년형을 선고받았지만 죽을 때까지 참회하지 않았다. 지금도 칠레의 노인 중 그 선고를 지나치게 가혹하다고 생각하며 피노체트가 괜찮은 사람이었지만 부당하게 박해받았다고 여기는 사람이 많다. 반면 그런 선고도 지나치게 가볍다고 여기거나 극히 드물게만 내려지며 고위층 범죄자보다 하급 범죄자에게 가혹한 판결을 내리고, 고위층은 유죄 선고를 받더라도 리조트처럼 안락하게 꾸민 특별한 교도소로 보낸다고 불만을 터뜨리는 사람도 많다. 예컨대 1973년 칠레의 유명한 가수 빅토르 하라를 살해한 죄로 열 명의 군 장교가 기소되고, 1986년 로드리고 로하스를 살해한 죄로 다른 일곱 명의 군 장교가 기소된 때가 2015년이었다. 범죄가 있고 차례로 42년과 29년이 지난 후였다. 2010년 칠레 대통령 미첼 바첼레트는 산티아고에 비야 그리말리 박물관을 개관했다. 그 박물관은 군사정부 시대에 자행된 고문과 살상을 자세히 고발하는 자료로 가득하다. 피노체트가 계속 총사령관직을 꿰차고 있었더라면 생각할 수도 없는 변화였다.

칠레는 옛 군사정부의 긍정적 면과 부정적 면을 어떻게 평가하느냐는 도덕적 딜레마로 아직도 씨름하고 있다. 특히 경제적 성과로 잔혹한 범죄를 상쇄할 수 있느냐는 딜레마로, 결코 쉽게 해결할 수 없는 문제이다. 물론 경제적 성과와 잔혹한 범죄를 어떻게 비교할 수 있느냐, 군사정부가 끔찍한 짓만이 아니라 유익한 유산도 남겼다는 걸 어떻게 인정할 수 있느냐 하고 단순히 반박할 수 있을 것이다. 그러나 칠레 국민은 1989년의 국민투표에서 군사정부의 부정적인 면과 긍정적인 면을 비교해서 평가할 기회가 있었다. 그때 그들은 피노체트의 대통령 임기를 다시 8년 연장하는 안에 '찬성'하는지 '반대'하는지 둘 중 하나를 선택해야 했다. "찬성하지만…"이나 "반대하지만…"이라며 사족을 덧붙인 선택지는 없었다. 비야 그리말리 박물관에 전시된 끔찍한 행위에도 42%의 국민이 피노체트의 임기 연장을 찬성했다. 이제 상대적으로 젊은 층은 대체로 피노체트를 경멸하지만, 아옌데 시대와 피노체트 시대를 기억할 정도로 나이 먹은 연령층의 견해는 내가 인터뷰한 두 부부의 사례로 요약할 수 있다. 두 경우 모두에서 남편과 아내는 그 고통스러운 시대에 대한 견해가 달랐던지 나에게 따로 인터뷰해주기를 바랐다. 두 경우 남편들은 "피노체트의 정책은 칠레 경제에 도움을 주었지만 고문과 학살은 용서받지 못할 짓이었다"라고 말했다. 반면 아내들은 "피노체트의 고문과 학살은 악랄한 짓이었지만 그의 정책이 칠레 경제에 도움을 주었다는 걸 인정해야 한다"라고 말했다.

위기의 기준틀

위기의 결과에 영향을 미치는 요소들과 관련한 기준틀에서 보면 칠레는 많은 부분에서 좋은 예이다.

무엇보다 칠레의 변화는 선택적이고 대대적인 변화였다(표 2의 요인 3). 처음에 칠레 군부는 군사 개입을 최소화한다는 오랜 전통을 깨뜨렸고, 정부의 간섭을 극대화하는 정책과 최소화하는 정책 간의 오랜 갈등에서 불간섭주의를 채택하는 극적인 변화를 선택했다. 정권을 문민정부에 이양할 때도 그 과정이 선택적으로 행해졌다. 민주 정부를 회복했지만 군사정부가 도입한 자유 시장경제는 유지되었다. 이 변화는 칠레가 그 후에 유연성을 발휘하며 지속적으로 추구한 두 선택적 변화 중 하나가 되었다(요인 10). 달리 말하면 사회주의자는 학수고대하던 권력을 되찾았지만 사회주의를 포기하고 가증스러운 군사정부의 경제정책을 이어받았다. 또 하나의 선택적 변화는 칠레의 근대사를 특징짓던 정치적 타협의 극단적 거부를 중단한 것이었다.

칠레가 이런 선택적 변화를 채택한 데는 두 번의 불확실성과 실패가 바탕이 되었다(요인 9). 첫째는 정치적 타협을 거부하고 마르크스주의 정부를 도입함으로써 칠레의 만성적 경제사회적인 문제를 해결하려던 아옌데의 실패였다. 둘째는 역시 타협을 거부한 채 군사정부를 지속하고 순전히 자신을 위해 대통령 임기를 연장하려던 피노체트의 실패였다. 1988년에 국민투표 결과를 잘못 예상함으로써 피노체트의 임기 연장 시도는 실패로 끝나고 말았다.

거의 17년이나 지속된 군사정부의 억압과 정부 주도의 파괴적인 잔혹 행위를 겪고도 칠레는 어떻게 큰 정신적 충격을 받지 않고 그 상황에서 벗어날 수 있었을까? 칠레는 피노체트 시대의 후유증과 지금도 싸우고 있지만 나는 칠레가 더는 고통받지 않는 게 반갑고 놀라울 뿐이다. 칠레의 국가 정체성과 자부심은 현재의 결과에서 주로 형성되었다(요인 6). 1967년에 만난 칠레 친구들이 나에게 전해준 "칠레는 라틴아메리카의 다른 국가들과 무척 다르다. 우리 칠레 사람은 어떻게 처신해야 하는가를 잘 알고 있다"라는 말은 지금도 많은 칠레인에게 통용되는 듯하다. 칠레는 라틴아메리카의 여느 국가들과 다른 길을 걷고, 효율적으로 행동하기 위해 무척 노력해왔다. 다른 계통의 칠레인을 같은 조상의 후예로 받아들이지 않는 칠레인이 많고 그들의 주장이 틀린 것은 아니지만, 칠레 국민은 '모든 칠레인을 위한 칠레'를 건설하자는 구호를 예부터 충실히 지켜왔다. 이런 국가 정체성이 없었다면 칠레는 정치적 마비 상태에서 벗어나지 못했을 것이고, 라틴아메리카에서 가장 민주적이고 가장 부유한 국가로 되살아나지 못했을 것이다.

칠레는 정직하고 현실적인 평가만이 아니라 현실주의의 상실을 보여준 전형적인 예이기도 하다(요인 7). 1973년 피노체트와 군부 지도자들은 칠레와 해외에서 적들을 압도할 수 있다는 사실을 입증했다. 한편 마르크스주의 정부를 칠레에 민주적으로 접목할 수 있을 것이란 아옌데의 믿음은 잘못되었다는 것이 입증되었다. 선의의 온화한 사람에게 성공이 보장되는 것은 아니고, 사악한 사람이 반드시 실패하는 것은 아니라는 서글픈 진실을 명확히 보여주는 차이이다.

칠레는 위기 해결에서 동맹의 지원(요인 4)과 본보기로 삼을 만한 사례(요인 5)의 역할을 제대로 보여준 국가이기도 하다. 미국의 반대가 아옌데의 몰락에 적잖은 역할을 했고, 1973년 쿠데타 이후에는 미국의 신속한 경제원조 재개가 군사정부의 오랜 생존에 중요한 역할을 했다. 피노체트는 미국 경제를 자유 시장경제의 본보기로 인식했으며 그가 시카고 보이스의 경제정책을 수용하는 데 그런 인식이 큰 역할을 했다.

또 칠레는 행동의 자유가 있는 이점과 그런 자유가 없는 불리함도 극명하게 보여주는 국가이다(요인 12). 산맥과 사막이 칠레를 라틴아메리카의 이웃 국가들로부터 보호한다. 이런 지리적 고립 덕분에 아옌데와 피노체트는 칠레의 정책이 아르헨티나와 페루와 볼리비아 등 이웃 국가들을 자극하지 않을까 걱정할 필요가 없었다. 반면 우간다와 르완다, 동파키스탄(현재는 방글라데시—옮긴이)과 캄보디아 등 많은 국가의 독재 정권은 이웃 국가들의 간섭에 무너졌다. 그러나 아옌데의 행동의 자유는 멀리 떨어진 미국의 제약을 받은 한편, 칠레의 모든 정부는 칠레가 마음대로 통제할 수 없는 세계시장에 구리 산업이 노출됨으로써 행동의 자유를 제약받았다.

지금까지 살펴본 칠레의 위기 특징은 개인의 위기라는 관점에서 접근한 것이다. 이번에는 개인의 위기에는 나타나지 않고 국가의 위기에서만 나타나는 특징을 살펴보고, 칠레에서 일어난 사건을 다른 국가들에서 일어난 사건과 비교해보자.

첫째, 1973년 칠레에 닥친 위기는 1965년 인도네시아의 위기(5장 참조)처럼 내부적인 것이었지 1853년의 일본과 1939년의 핀란드를 덮친 외부의 충격이 아니었다(그렇다고 미국의 압력이 칠레의 위기에 미친 영향을 부인하는 것은 아니다). 칠레와 인도네시아의 위기는 정치계의 양극화, 깊이 내재된 핵심 가치의 불일치, 타협의 거부와 정적의 살해에서 비롯된 것이었다.

둘째, 칠레 역사는 폭력적인 혁명과 평화적인 점진적 변화의 차이를 명확히 보여주는 사례이다. 독일에서 1948년과 1968년 벌어진 급진적인 폭력 혁명은 실패했지만, 그 이후의 평화적인 점진적 변화는 동일한 목표를 이끌어내는 데 성공했다. 오스트레일리아가 1945년 이후에 취한 변화도 평화적이고 점진적 과정을 통해 이루어졌으며, 그 과정에서 폭력적 혁명의 시도는 전혀 없었다. 반면 칠레와 인도네시아가 각각 1973년과 1965년에 맞이한 위기는 결국 폭력적 혁명으로 끝났고, 그 결과로 권력을 장악한 군사정부가 오랫동안 지속되었다. 그러나 양국의 군사정부는 평화적인 저항에 의해 결국 권력에서 밀려나고 말았다. 이런 저항을 처음 시작할 때 성공이 보장된 것은 아니었다. 폭력적인 봉기로 피노체트와 수하르토를 권력에서 제거하는 방법을 선택했다면 틀림없이 군부를 자극해 실패했을 것이다. 그러나 칠레 군부와 인도네시아 군부는 평화적으로 시위하는 많은 군중에게 총구를 겨누지 않았다.

셋째, 칠레는 예외적인 지도자 한 명이 국가의 위기에 어떤 역할을 하는지 잘 보여주었다는 점에서 1965년의 인도네시아와 1933년의 독일과 같았지만, 메이지 시대 일본이나 전후의 오스트레일리아와는 달랐다. 내 생각이지만 피노체트는 지극히 사악한 지도자였다. 지금도 내 칠레 친구들은 1960년대 말과 1970년대 초에 정치계가 점차 양극화되었기 때문에 그 현상이 폭력적으로 해결될 수밖에 없었을 것이라고 말한다. 1973년 9월 11일 쿠데타 이전에도 폭력은 거의 6년 동안 나날이 심해졌다. 1973년 12월의 만찬에 참석한 사람들이 군사정부가 2년 내에 권력을 문민정부에 이양할 것이라 예상했듯 많은 칠레인이 그 이후에도 계속된 폭력에 경악했다. 쿠데타 이후로 며칠 혹은 몇 주 동안 발작적 현상으로만 폭력과 살상이 되풀이된 것은 아니었다. 많은 칠레인을 상대로 오랫동안 고문과 살상이 계속되었고, 피노체트는 거의 17년 동안 칠레를 지배했다.

이런 결과는 평범한 칠레인은 물론이고, 피노체트의 행동을 가장 잘 예측할 것이라 여기던 두 집단—수십 년 동안 군대에서 그를 따르며 군 생활을 함께한 군사정부의 동료 장군들과 다른 국가에서 어떤 일이 일어날 위험이 있는지 항상 감시하는 게 본업인 CIA—까지 누구도 예상하지 못한 것이었다. 군사정부의 동료들은 칠레의 역사에서 과거의 쿠데타 지도자들과 달리 권력을 민간에 이양하지 않고 고수하려는 피노체트의 무자비함과 단호함에 경악했고, CIA도 마찬가지였다. 피노체트의 개인 심리는 지금도 역사학자들이 풀어야 할 수수께끼이다.

과거의 사악한 행위를 파악하는 데 방해가 되는 제약과 관련한 요인도 칠레의 현대사에서 찾을 수 있다. 1945년 5월 나치 독일은 군사적으로 완전히 패했고 많은 나치 지도자가 자살했으며 전국이 연합군, 즉 적군에게 점령되었다. 제2차 세계대전 이후에도 독일 정부에는 전前 나치당원이 여전히 많았지만 나치 범죄를 공개적으로 옹호하지는 않았다. 따라서 독일은 나치 범죄를 공개적으로 처리했다. 이와 정반대편에는 인도네시아가 있다. 인도네시아 군부는 1965년 약 50만 명의 인도네시아인을 직접 죽이거나 죽일 계획을 세웠지만 그런 대량 살상의 배후에 있던 인도네시아 정부가 그때부터 지금까지 정권을 잡고 있다. 따라서 대량 살상이 있고 50년 이상이 지난 지금까지도 인도네시아가 그 사건에 대해 언급하는 걸 망설이는 것은 그다지 놀랍지 않다.

칠레는 중간 정도라 할 수 있다. 살상을 명령하던 군사정부가 민주 정부에 평화적으로 권력을 넘겼다. 그러나 군부 지도자들은 여전히 살아남아 권력을 거의 그대로 유지했다. 처음에 새로운 민주 정부는 군부의 범죄자들을 대담하게 처리하지 못했다. 지금도 무척 조심스럽게 고소할 뿐이다. 왜 이렇게 조심스러워하는 것일까? 군부가 다시 쿠데타를 시도할까 두렵기 때문이다. 지금도 피노체트를 변호하는 국민이 여전히 많기 때문이고 '모든 칠레인을 위한 칠레'가 안타깝게도 과거의 전범까지 포함하는 칠레를 뜻하기 때문이다.

오늘날 미국 정치계에서 심화되는 양극화를 걱정하는 미국 독자라면 칠레의 현대사를 읽을 때 등골이 서늘해지는 기분을 느꼈을 것이다. 칠레도 민주적 전통이 굳건했지만 정치적 분위기의 양극화와 타협의 실패는 결국 폭력과 독재로 종결되었다. 당시 이런 결과를 예측한 사람은 거의 없었다. 미국에도 이 같은 사태가 닥칠 수 있을까?

물론 "말도 안 돼! 절대 그런 일은 없을 거야! 미국은 칠레와 달라. 미군은 결코 반란을 일으키지 않을 것이고, 독재 정권을 수립할 생각도 하지 않을 거야!"라고 즉각적으로 반박할 사람도 있을 것이다. 그렇다. 미국은 칠레와 분명 다르다. 많은 차이에서 미국의 민주주의가 끝장날 가능성은 없지만 오히려 그런 위험을 증대하는 차이도 있다. 미국에서 민주주의가 종식된다면 군부 지도자들이 주도한 반란 때문은 아닐 것이다. 다른 방법으로도 민주주의는 종식될 수 있다. 미국과 관련한 이 문제는 9장에서 자세히 다룰 것이다.

다시 칠레로

1967년 칠레를 떠난 이후 2003년 처음으로 다시 칠레를 찾았을 때 나는 관광 명소로 유명해진 아옌데의 대통령궁을 방문했다. 내가 들은 바로는 누구나 무료로 들어갈 수 있었다. 정문에는 엄숙한 표정의 경찰관carabinero이 소총을 메고 45센티미터 높이의 단 위에 서 있었다. 그는 미소조차 찾기 어려운 냉랭한 표정으로 나를 내려다보며 원하는 게 무엇이냐고 물었다. 나는 관광객이고 대통령궁에 들어가고 싶다고 대답했다. 그 경찰관이 어떻게 반응할지 궁금했지만 내가 부지불식간에 규정을 어기고 있는 것인지도 모른다는 불안감이 들었다. 순간 '이런 경찰이나 군인이 로드리고 로하스에게 휘발유를 끼얹고 불을 붙였겠군!' 하는 생각이 머릿속을 스치고 지나갔다. 나는 가슴을 졸이며 곧 그곳을 떠났다. 하지만 칠레의 민주 정부가 피노체트 시대의 고문자와 살인자를 기소하는 데 조심스러워하는 이유를 충분히 이해할 수 있었다.

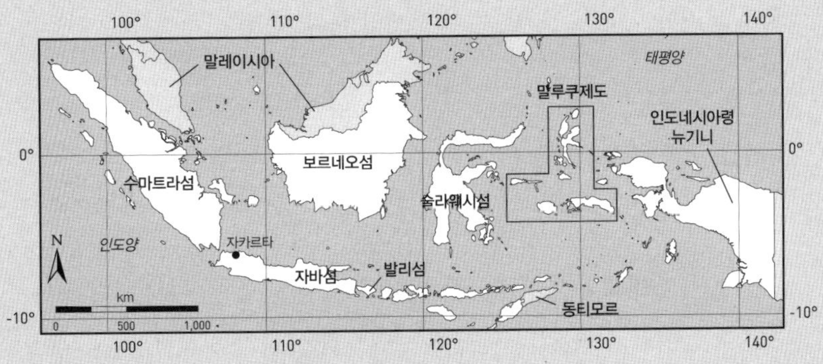

100°
110°
120°
130°
140°
말레이시아
태평양
말루쿠제도
인도네시아령
뉴기니
0°
보르네오섬
수마트라섬
술라웨시섬
N
인도양
자카르타
발리섬
자바섬
km
0
500
1,000
동티모르
-10°

도판 5. 인도네시아 지도

5장

인도네시아: 신생국가의 탄생

호텔에서 – 인도네시아의 배경 – 식민지 시대 – 독립 – 수카르노 – 쿠데타 – 대량 학살 – 수하르토 – 수하르토의 유산 – 위기의 기준틀 – 다시 인도네시아로

호텔에서

인도네시아는 세계에서 네 번째로 인구가 많은 국가이다. 인구수가 2억 6,000만 명으로 중국과 인도와 미국만이 인도네시아를 앞선다. 또 대부분이 무슬림이어서 무슬림 인구가 파키스탄과 방글라데시와 이란보다 더 많은 국가이기도 하다. 이런 사실 때문이라도 인도네시아는 미국과 유럽의 언론에서 많은 관심을 받을 것이라고 예상하는 독자가 많을 것이다.

그러나 '무슬림'이란 단어에서 서구인은 인도네시아라는 국가를 선뜻 떠올리지 못한다. 오히려 서구인의 의식에 훨씬 큰 자리를 차지하는 다른 국가들을 생각하기 십상이다. 실제로 요즘에도 미국과 유럽의 언론은 아주 드물게만 인도네시아를 언급할 뿐이다. 지난 15년 동안 서구 언론의 제1면에 실린 기사로 내 기억에 남은 사건은 거의 없

다. 2018년 많은 사람의 목숨을 앗아간 두 번의 큰 지진과 항공기 추락 사고, 2015년 외국의 항의에도 외국 시민을 포함해 마약 밀반입범을 처형한 사건, 2004년 약 20만 명의 목숨을 빼앗은 쓰나미, 2002년 발리에서 많은 희생자를 낳은 폭탄 테러가 전부인 듯하다. 서구 언론이 이처럼 인도네시아에 별다른 관심을 두지 않는 이유가 무엇일까? 요즘의 인도네시아는 내전도 없고 테러리스트나 해외 이민자가 몰려드는 국가도 아니고, 크게 부유하지도 않고 절망적으로 가난하지도 않으며 국제정치에서 소동을 일으키는 국가도 아니기 때문이다. 한마디로 국제 언론의 머리기사를 장식할 만한 사건이 거의 일어나지 않는 국가이다. 미국인에게도 인도네시아의 이미지는 많은 관광지가 있는 개발도상국가이다. 특히 발리의 아름다운 풍경과 해변, 힌두교 신전, 세계에서 가장 다양한 산호초, 가장 흥미로운 스쿠버다이빙과 스노클링을 즐길 수 있는 곳, 바틱 기법으로 염색한 아름다운 천 등으로 유명하다.

내가 인도네시아를 처음 방문한 것은 1979년이었다. 그때 묵은 호텔의 로비 벽에는 인도네시아 역사를 요약한 그림들이 전시되어 있었다. 미국이었다면 독립 혁명, 남북전쟁, 캘리포니아의 골드러시, 대륙횡단철도 등 150~250년 전 일어난 주된 사건들을 묘사했을 것이다. 그러나 인도네시아 호텔의 로비를 장식한 그림에 표현된 것은 바로 35년 전 사건이었다. 대부분의 그림 주제가 '1965년 공산주의자 폭동'이라 일컫는 사건이었다. 한 그림과 그 아래의 짤막한 설명 글에는 공산주의자가 일곱 명의 장군을 어떻게 고문하고 살해했는지 생생하게 묘사되어 있었다. 또 공산주의자의 표적이 된 한 장군은 담을 넘어 가까스로 탈출했지만 다섯 살이던 딸이 총격을 받아 며칠 후 사망한 사고를 묘사한 그림과 설명 글도 있었다. 그 전시회 그림들은 장군들에게 가한 고문과 살해, 소녀의 죽음이 인도네시아 역사에서 가장 끔찍한 사건이었다는 인상을 관람객의 머릿속에 남기기에 충분했다.

그러나 그 전시회는 장군들이 죽은 이후에 일어난 사건—인도네시아 군부의 선동으로 약 50만 명의 인도네시아인이 살해된 사건—에 대해서는 전혀 언급하지 않았다. 인도네시아 역사를 다룬 전시회에서 그 학살을 언급하지 않은 것은 중대한 누락이었다. 제2차 세계대전 이후로 대량 학살이 가끔 있었지만 사망자 수에서 인도네시아를 넘어서는 경우는 손가락으로 꼽을 정도이기 때문이다. 첫 방문 이후 20년 동안 나는 인도네시아를 자주 방문하고 오랫동안 체류하기도 했지만 인도네시아 친구들이 그 대량 학살을 언급하는 걸 한 번도 듣지 못했다. 적어도 1998년 정권이 교체될 때까지는 그랬다. 비유해 말하면 칠레에서 피노체트 장군 정부가 알려진 것보다 100배 이상의 칠레인을 학살했지만, 살아남은 칠레인은 물론 당국의 칠레 역사에 대한 설명에서 그 학살을 전혀 언급하지 않는 것과 같았다.

물론 여기에서도 위기와 변화라는 쟁점을 다루지만, 인도네시아와 칠레를 비교하는 것이 주목적이다. 두 국가는 정치적 타협의 실패, 정권을 차지하려는 좌익의 노력을 끝장내고 오랜 독재 정권을 시작한 쿠데타를 경험했다는 점, 또 한 명이 아니라 두 명의 연이은 지도자, 독특하지만 상반된 성격을 지닌 두 지도자의 역할을 명확히 보여준다는 점에서도 유사하다. 경쟁하던 정치 집단을 대량 학살한 후 국가적 타협을 시도할 때 인도네시아는 핀란드와 정반대편에 있었다면 칠레는 중간쯤에 있었다. 이 책에서 다룬 어떤 국가보다 인도네시아는 젊은 국가이지만 국가 정체성을 성공적으로 확립하는 과정을 잘 보여주는 사례이다.

인도네시아의 배경

1965년 인도네시아의 위기와 그 이후에 닥친 사건을 정확히 이해하기 위해 먼저 인도네시아라는 국가의 배경부터 살펴보자. 인도네시아는 1910년경에야 식민지로서 통일되고 1945년에 독립한 신생국가이다. 열대 지역, 정확히 말하면 적도에 위치하며 동쪽으로는 뉴기니와 오스트레일리아가 있고 서쪽으로는 인도 대륙이 있다. 현재도 활동하는 활화산을 비롯해 높은 산이 많기도 하다. 특히 크라카타우 화산은 1883년 폭발하며 근대사에서 가장 큰 재앙을 남긴 것으로 유명하다. 거의 섬 전체에서 분화하며 이듬해까지 세계 기후를 바꿔놓을 정도로 대기에 화산재를 내뿜은 폭발이었다. 인도네시아는 많은 섬 중 자바섬과 발리섬, 수마트라섬과 술라웨시섬이 가장 널리 알려졌고, 다른 국가와 공유하는 유명한 섬으로는 보르네오섬과 뉴기니섬이 있다(도판 5 참조).

지리적으로 인도네시아는 세계에서 가장 조각조각 쪼개진 국가이다. 정확히 말하면 수천 개의 유인도가 서쪽에서 동쪽까지 약 5,500킬로미터 지역에 흩어져 있다. 지난 2,000년 동안에는 일부 섬에 토착 국가가 있었다. 그러나 그 국가들은 결국 인도네시아 군도群島를 지배하지 못했고, 현재 인도네시아로 알려진 것을 가리키는 이름과 개념에 아무런 흔적을 남기지 못했다. 언어적 면에서 인도네시아는 세계에서 가장 다양한 언어를 보유한 국가이다. 현재까지 알려진 언어만도 700개가 넘는다. 물론 종교적으로도 다양하다. 대부분이 무슬림이며 기독교와 힌두교가 소수 종교이지만 큰 편이고, 불교와 유교도 약간 있으며, 지역의 전통적인 종교를 추종하는 사람도 있다. 종교적 갈등과 폭동이 있었지만 남아시아와 중동에 비하면 규모가 무척 작은 편이었다. 대다수의 인도네시아인은 상대 종교에 관대한 편이다. 내가 인도네시아 곳곳을 여행하며 확인했듯이 기독교 마을과 무슬림 마을이 서로 인접한 경우가 많았다. 따라서 어떤 마을에 들어가 모스크나 교회를 확인할 때까지 그 마을이 어떤 종교를 믿는지 알 수 없는 경우가 적지 않았다.

식민지 시대

1510년부터는 포르투갈, 1595년부터는 네덜란드, 그 후에는 영국이 현재 인도네시아에 속한 섬들에 식민지를 건설하기 시작했다. 결국 영국령은 보르네오섬 일부에 국한되었고, 포르투갈령으로 남은 지역은 티모르섬의 동쪽 절반에 불과했다. 가장 성공한 식민지 개척자는 네덜란드인이었다. 가장 많은 원주민이 살던 자바섬에 집중적으로 정착한 때문이었다. 지금도 인도네시아 국민의 절반 정도가 자바섬에 살고 있다.

1800년대에 네덜란드인은 식민지를 개척하는 노력도 보상받고 이익도 얻기 위해 자바섬과 수마트라섬에 수출용 대농장을 조성했다. 그러나 네덜란드인은 인도네시아 군도에 처음 도착하고 3세기가 지난 후, 즉 1910년경에야 그 광대한 군도를 전반적으로 지배하게 되었다. 인도네시아 동부의 플로레스섬과 근처의 작은 코모도섬이 세계에서 가장 큰 도마뱀, 즉 '코모도 왕도마뱀Komodo Dragon'의 서식지라는 것도 1910년에야 네덜란드 총독에 의해 알려졌다. 이런 사실은 그때까지도 네덜란드인의 발길이 닿지 않은 섬이 얼마나 많았는지 보여주는 좋은 증거이다. 코모도 왕도마뱀은 길이가 3미터, 몸무게가 수백 킬로그램에 달하지만 유럽인이 인도네시아에 도래하고도 4세기 동안 알려지지 않은 것이다.

'인도네시아Indonesia'라는 단어가 1850년경 한 유럽인이 만들어 낼 때까지 존재하지 않았다는 사실도 주목해야 한다. 네덜란드인은 자신들의 식민지를 '인도제도', '네덜란드령 인도제도', 혹은 '동인도제도East Indies'라 불렀다. 그 군도의 원주민에게는 공통된 국가 정체성도 없었고 공용어도 없었으며 네덜란드에 대항할 만한 일체감도 없었다. 예컨대 자바 군대는 네덜란드 군대와 손잡고 수마트라섬을 지배하던 국가를 정복하는 데 큰 역할을 했다. 하기야 그 국가가 자바섬의 국가들과 전통적으로 경쟁 관계에 있기는 했다.

1900년대 초, 네덜란드 식민 정부는 순전히 착취적이던 정책을 중단하고 '윤리 정책ethische politiek'으로 전환하려는 노력을 시작했다. 달리 말하면 인도네시아에 이익이 되는 정책을 시행하기 시작했다는 뜻이다. 예컨대 자바섬에 학교를 설립했고 철도와 관개시설을 건설했다. 또 주요 도시에 지방 의회를 수립했고, 인구가 적은 외곽의 섬으로 이주를 권장함으로써 자바섬의 과밀한 인구밀도를 해소하려고 시도했다. 물론 예부터 그곳에 거주하던 원주민의 반발이 있었다. 그러나 네덜란드의 이런 윤리 정책은 별다른 성과를 거두지 못했다. 네덜란드 자체가 인도네시아에 막대한 돈을 투자할 수 있을 정도로 큰 국가가 아니었던 것도 부분적 이유였지만, 주민의 삶을 개선하려던 네덜란드와 그 후에 독립한 인도네시아의 노력이 급속한 인구 증가로 성공하지 못한 탓도 컸다. 한마디로 먹여 살려야 할 인구가 갑자기 늘어난 것이었다. 따라서 오늘날 인도네시아인은 네덜란드 식민 시대의 부정적 효과가 긍정적 효과보다 더 크다고 생각한다.

1910년경 네덜란드령 동인도제도의 주민 수가 증가하자 '국민 의식national consciousness'도 형성되기 시작했다. 다시 말하면 그들은 자바섬과 수마트라섬에서 네덜란드가 지배하는 술탄국의 주민일 뿐만 아니라 '인도네시아'라 칭하는 더 큰 지역에 속해 있다고 의식하기 시작한 것이다. 이렇게 더 광범위한 정체성을 의식하게 되자 인도네시아인은 서로 다르지만 중첩되는 조직을 경쟁적으로 구성했다. 예를 들어 문화적으로 우월하다고 자부하던 자바섬 주민으로 구성한 조직, 인도네시아를 위한 이슬람 정체성을 추구하던 이슬람 운동 조직, 노동조합, 공산당, 네덜란드로 유학을 떠난 학생들 등이 있었다. 인도네시아 독립운동 조직은 이념과 지리와 종교에 따라 분열되며 독립 이후에 인도네시아를 괴롭힌 문제를 예고하는 듯했다.

그 결과, 네덜란드를 겨냥한 파업과 음모가 있었고, 인도네시아인 조직 간의 갈등도 끊이지 않아 혼란스러운 상황이 빚어졌다. 하지만 네덜란드에 저항하는 반발이 계속되자 결국 1920년대에 네덜란드는 억압 정책을 채택했고, 저항 조직의 지도자를 멀리 떨어지고 질병이 만연한 네덜란드령 뉴기니로 보냈다. 그곳은 실질적으로 강제수용소와 다를 바 없었다.

궁극적으로 인도네시아를 하나로 통합하는 데 중요한 역할을 한 것은 오랜 역사를 지닌 교역어이던 말레이어가 발전하고 변형된 바하사Bahasa 인도네시아어였다. 바하사 인도네시아어는 현재 모든 인도네시아인이 공유하는 국어國語이다. 인도네시아에는 수백 개의 지역어가 있는데, 그중 인구가 가장 많은 중앙자바주州의 자바어조차 인도네시아 국민의 3분의 1이 사용하지 않는다. 자바어가 가장 큰 지역어라는 이유로 국어가 되었다면 자바가 인도네시아를 지배한다는 상징이 되었을 것이고 독립 이후 인도네시아에서도 사라지지 않은 문제, 즉 자바가 인도네시아의 다른 섬들을 지배할지 모른다는 두려움이 심화되었을 것이다. 게다가 자바어는 경어법이 발달한 까닭에 상대의 계급 고하에 따라 사용하는 단어가 달라지는 불편함이 있다. 나도 그렇지만 오늘날의 인도네시아인은 멋진 바하사 인도네시아어가 국어로 채택된 것을 몹시 고맙게 생각한다. 무엇보다 배우기가 쉽기 때문이다.

인도네시아가 네덜란드령 뉴기니를 점령한 후 그곳 사람들에게 바하사 인도네시아어를 가르치기 시작하고 겨우 18년밖에 지나지 않은 때 내가 확인한 바에 따르면 외딴 마을의 교육받지 않은 뉴기니인까지 바하사 인도네시아어를 구사하고 있었다. 바하사 인도네시아어의 문법은 단순하다. 또 많은 어근에 접두어와 접미어를 덧붙여 새로운 단어를 만들어낼 수 있는데 그 단어의 뜻은 쉽게 즉각적으로 예측할 수 있다. 예컨대 '깨끗한'을 뜻하는 관형사는 '베르시bersih'이고, '깨끗이 하다'를 뜻하는 동사는 '멤베르시칸membersihkan', '청결'을 뜻하는 명사는 '케베르시안kebersihan', '청소'를 뜻하는 명사는 '펨베르시안pembersihan'이 된다.

독립

일본은 1941년 12월 미국에 전쟁을 선포한 후 태평양 섬들과 동남아시아로 영토를 확장했고 곧바로 네덜란드령 동인도제도를 점령했다. 말레이시아의 고무와 주석만이 아니라 네덜란드령 보르네오섬의 유전 지대가 일본이 전쟁을 선포한 주된 동기, 어쩌면 가장 중요한 동기였다. 일본에는 유전이 없어 미국이 수출하던 원유에 의지했지만 일본이 중국에 전쟁을 선포한 데다 프랑스령 인도차이나를 점령하자 루스벨트 미국 대통령이 그에 대한 보복으로 원유 공급을 중단했기 때문이다. 보르네오 유전은 일본에 미국산 원유를 대신할 수 있는 최고의 공급처였다.

처음에 일본 군부 지도자들은 네덜란드령 동인도제도를 점령한 후 인도네시아와 일본은 반反식민주의라는 새로운 질서를 위해 함께 싸워야 하는 아시아 형제국이라 주장했다. 따라서 인도네시아 민족주의자들도 처음에는 일본군을 환영하며 네덜란드인을 몰아내는 데 협조했다. 그러나 일본은 네덜란드령 동인도제도에서 전쟁 기계를 만들기 위한 자원, 특히 원유와 고무를 뜯어가는 데 몰두했고 네덜란드보다 훨씬 더 억압적으로 변해갔다. 전쟁이 일본에 불리하게 전개되자 1944년 11월 일본은 인도네시아에 독립을 약속했지만 명확한 시기를 정하지 않았다. 일본이 1945년 8월 15일 항복하자 이틀 후에 인도네시아는 독립을 선언했고, 이튿날 헌법을 비준했으며 지역 민병대를 창설했다. 그러나 네덜란드를 몰아낸 일본이 독립을 약속했고 미군을 비롯한 연합군이 일본을 물리쳤다고 자동으로 인도네시아의 독립이 보장되는 게 아니라는 사실을 인도네시아인이 깨닫는 데는 오랜 시간이 걸리지 않았다. 1945년 9월 영국군과 오스트레일리아군이 일본군에게 점령권을 인계받기 위해 인도네시아에 들어왔고, 그 후에는 네덜란드군이 네덜란드 지배권을 회복할 목적으로 또 들어왔다. 곧이어 영국군과 네덜란드군이 인도네시아 군대와 맞붙는 치열한 전투가 벌어졌다.

네덜란드는 종족적 다양성과 인도네시아의 영토 확장을 들먹이며 인도네시아 연방이란 개념을 내세웠다. 하지만 그 개념은 지배권을 유지하기 위해 '분할해서 통치한다divide and rule'라는 네덜란드 본연의 원칙에 근거한 것이었다. 실제로 그들은 재정복한 지역을 여러 주로 분할했다. 반면 인도네시아의 많은 혁명가는 과거의 네덜란드령 동인도제도 전체를 하나의 공화국으로 통일하려고 노력했다. 1946년 11월에 도달한 예비 합의에서 네덜란드는 인도네시아공화국의 권한을 인정했지만, 자바섬과 수마트라섬에 국한된 것이었다. 하지만 1947년 7월 네덜란드는 결국 분노를 터뜨렸고 이른바 '치안 활동police action(선전포고가 없는 군사 행위의 완곡한 표현—옮긴이)'을 시작하며 인도네시아공화국을 파괴하겠다는 목표를 노골적으로 드러냈다.

잠시 휴전한 후 네덜란드의 치안 활동이 다시 시작되었지만 유엔과 미국의 압력에 네덜란드가 양보하며 인도네시아공화국에 권한을 이양하기로 합의했다. 최종적인 이양은 1949년 12월에 완료했지만 인도네시아를 분노에 몰아넣었고, 궁극적으로 되돌리는 데 12년이 걸린 두 가지 큰 제약이 있었다. 하나는 네덜란드가 네덜란드령이란 이유로 뉴기니섬의 서쪽 절반을 넘기지 않은 것이었다. 뉴기니섬의 서쪽은 네덜란드령 동인도제도의 어떤 곳보다 정치적으로 발달하지 못했고 독립할 준비가 전혀 되지 않았으며, 뉴기니인과 인도네시아인이 유럽인과 다른 만큼이나 대부분의 뉴기니인이 대부분의 인도네시아인과 종족적으로 다르다는 근거로 네덜란드의 관리 아래 두었다. 다른 하나는 셸 석유 회사 같은 네덜란드계 기업이 인도네시아 천연자원 소유권을 유지한 것이었다.

1945~1949년 네덜란드는 인도네시아의 지배권을 되찾으려고 야만적인 수단을 서슴지 않았다. 1979년 내가 숙박한 호텔의 로비에

전시된 인도네시아 역사화에는 그때의 참혹상도 묘사되었는데, 인도네시아 동료들은 30년이 지난 후에도 당시 상황을 나에게 생생히 전달해줄 정도였다. 예를 들면 네덜란드 군인 두 명이 인도네시아 여자를 강간하는 장면을 묘사한 그림도 있었다. 물론 인도네시아인이 인도네시아인을 상대로 저지른 야만 행위도 있었다. 인도네시아 내에도 인도네시아공화국에 저항하는 세력이 많았고, 특히 동부의 많은 인도네시아인과 수마트라인은 공화국을 자바가 지배하는 것으로 해석했기 때문이다. 실제로 1980년대에 나는 비非자바계 인도네시아 친구들이 인도네시아로부터 정치적 독립을 바라며 분개하는 목소리를 자주 들었다. 물론 인도네시아 공산주의자들도 인도네시아공화국에 반대했고, 그들의 저항은 1948년의 반란으로 이어졌다. 하지만 인도네시아공화국 군대는 그 반란을 진압했고 그 과정에서 적어도 8,000명의 인도네시아 공산주의자가 학살되었다. 이 학살은 1965년 실패한 쿠데타 이후에 훨씬 큰 규모로 진행된 대학살의 전조였다.

수카르노

인도네시아라는 신생국가는 독립 이전부터 존재했고, 독립한 후에는 부분적으로 더욱더 악화된 심각한 문제에 직면했다. 네덜란드인에게 네덜란드의 이익을 위해 오랫동안 식민지로 지배받은 까닭에 독립한 인도네시아는 경제적 후진국으로 시작할 수밖에 없었다. 인구 증가는 네덜란드 시대에도 그랬듯이 1960년대에는 매년 거의 3%에 달하며 독립 후에도 인도네시아 경제에 큰 부담을 주었다. 또 많은 사람이 여전히 자신을 자바인, 말루쿠인, 수마트라인 등으로 여기며 인도네시아인이라 생각하지 않았다. 달리 말하면 국가 정체성이 없는 사람이 많았다. 인도네시아어는 궁극적으로 인도네시아를 하나로 통일하는 데 크게 기여했지만, 당시에는 폭넓게 확립되지 않았고 오히려 700개의 지방어를 사용했다. 게다가 자신을 인도네시아인이라 생각한 사람들도 인도네시아에 대한 전망은 제각각이었다. 무슬림 지도자들은 인도네시아가 이슬람 국가가 되기를 바랐지만, 공산당은 공산주의 국가가 되기를 바랐다. 한편 비자바계 인도네시아인은 지역적 자치권을 획득하거나 내친김에 독립을 바라며 반란을 일으켰지만 공화국 군대에 진압되었다.

군부도 분열의 진원지였다. 구체적으로 말하면 군부 내에서도 군부 역할에 대한 치열한 논쟁이 있었다. 많은 민주국가에서 그렇듯 군부는 민간 정치인에게 지배를 받아야 하는가? 하지만 인도네시아 군부에는 그런 가능성에 의혹을 품는 군 장교가 증가하는 추세였다. 아니면 군부가 자율권을 행사하며 인도네시아를 위한 자체의 정책을 추진해야 하는가? 군부는 혁명의 구원자, 국가 정체성의 보호자를 자처하며 의회에서 일정한 몫의 의결권을 요구했다. 한편 문민정부는 군부대를 없애고 장교단의 규모를 축소함으로써 정부 지출을 줄이는 방법을 모색했다. 군부대 간의 내적 갈등도 있었다. 특히 육군과 해군에 대한 공군의 불만이 많았다. 군사령관들 사이에도 의견 충돌이 있었다. 지역 지휘관들은 혁명적 성향을 띤 반면 중앙 사령부의 지휘관들은 대체로 보수적이었다. 군 지도자들은 병력 보강을 핑계로 민간인과 기업으로부터 돈을 갈취했고, 무선 통신 소유권과 전기에 과세하고 밀수로 자금을 마련했으며 지역 경제권을 점점 장악해나갔다. 이렇게 부패가 만연하고 제도화해 오늘날까지 인도네시아의 가장 큰 골

5.1 인도네시아의 건국 대통령 수카르노.

칫거리 중 하나가 되었다.

인도네시아의 초대 대통령 수카르노Sukarno(1901~1970)는 네덜란드 시대부터 네덜란드 식민지 정부에 항거하는 민족주의 지도자로서 정치적 이력을 쌓아갔다. 많은 인도네시아인이 그렇듯이 수카르노도 성姓은 없고 이름만 있다. 네덜란드는 그를 추방했고 일본이 동인도 제도를 점령한 후 귀국했다. 1945년 8월 17일 인도네시아 독립선언문을 발표한 주역도 수카르노였다. 수카르노는 인도네시아의 국가 정체성이 약하다는 사실을 깨닫고 '판차실라Pancasila'라는 다섯 가지 원칙을 만들었다. 판차실라는 1945년 헌법에도 명시되어 지금까지도 인도네시아를 하나로 통합하는 이데올로기로 기능한다. 판차실라에 담긴 원칙들은 포괄적—일신교 신앙, 인도네시아의 국가 정체성, 인도주의, 민주주의, 모든 인도네시아 국민을 위한 사회 정의—이다.

수카르노 대통령은 인도네시아의 가난이 네덜란드의 제국주의와 자본주의에서 비롯된 것이라 판단해 인도네시아가 과거로부터 물려받은 빚을 폐지했고, 네덜란드계 재산을 국유화하며 그 대부분의 관리를 군부에 넘겼다. 그리고 국가 중심의 경제를 운영했는데 수카르노는 물론 군부와 관료들은 서로 자신의 주머니부터 채우려고 국민의 고혈을 짜냈다. 당연한 말이겠지만 인도네시아의 민간 기업 활동과 해외 원조는 줄어들었다. 미국과 영국은 인도네시아의 정세에 불안감을 떨칠 수 없었다. 미국은 칠레에서 아옌데 정권을 무너뜨리려고 시도했듯이 영국의 지원을 받아 수카르노 정부를 와해할 방법을 모색했다. 수카르노는 "빌어먹을 원조는 필요 없으니 지옥에나 가라!"라는 식으로 미국에 대응했다. 게다가 1965년에는 미국 평화봉사단을 추방했고 유엔과 세계은행과 국제통화기금에서 탈퇴했다. 인플레이션이 심화됐고 인도네시아 통화(루피아)의 가치는 1965년에만 90% 폭락했다.

인도네시아는 독립했지만 그때까지 민주적 자치 정부를 구성한 역사가 없었다. 당시 인도네시아 정부가 수십 년 동안 경험한 네덜란드 지배는 경찰국가와 다를 바 없었고, 1942년 이후의 일본 지배도 마찬가지였다. 기능적인 민주주의를 위해서는 높은 문해력, 정부 정책을 반대할 권리의 인정, 다양한 시각의 용인, 투표에서 패배할 가능성의 수용, 정치력이 없는 힘없는 사람에 대한 정부 보호가 반드시 필요하다. 명확한 이유로 이 같은 전제 조건은 인도네시아에서 제대로 충족되지 않았다. 이런 까닭에 1950년대에는 총리와 장관이 끊임없이 바뀌었다. 1955년 9월의 선거에서는 등록 유권자registered voter 중 92%가 투표소를 찾았지만 네 개 주요 정당이 득표수와 의석에서 각각 15~22%를 차지하는 짜증스러운 결과를 맞이했다. 그 정당들은 서로 타협하지 못했고 정치적 교착 상태에 빠졌다. 힘이 비등비등한 정당들이 타협하지 못한 결과는 칠레와 피노체트의 쿠데타에서 이미 본 적 있다(4장 참조). 그러나 칠레에는 민주 정부를 경험한 오랜 역사와 문해율 높은 국민이 있었지만, 인도네시아에는 없었다는 커다란 차이가 있다.

수카르노 대통령은 그런 교착 상태를 타개하기 위해 1957년 계엄령을 선포했고, 그와 동시에 인도네시아 민주주의를 '교도 민주주의guided democracy'로 교체했다. 교도 민주주의가 인도네시아 국민성에 더 적합하다고 판단했기 때문이다. 교도 민주주의하에서 인도네시아 의회는 정당이 경쟁하는 무대로서 입법부라는 전통적 개념보다 '상호 협력'이나 '숙의를 통한 합의'를 실행하는 곳이어야 했다. 게다가 의회가 수카르노의 목적에 확실히 협조하게 만들려고 절반 이상의 의석을 투표로 선출하지 않고 수카르노가 지명하는 사람으로 채웠으며, 그들을 정당보다 이른바 '기능 집단functional group'에 할당했다. 예컨대 군부가 그런 기능 집단이었다.

수카르노는 자신만이 인도네시아 국민의 의식적·무의식적 소망을 예측하고 해석할 수 있으므로 그들을 위한 예언자로 봉사할 수 있다고 확신했다. 1955년 아시아와 아프리카 국가들이 참석한 '반둥 회의Bandung Conference'가 열린 후 수카르노는 자신의 목표를 세계 무대로 확대하며 화급한 국내 문제가 산적해 있는데도 제3세계의 반식민 정책에서 주도적 역할을 하는 것이 자신의 개인적 책무라고 인식하기 시작했다. 1963년에는 종신 대통령으로 추대되었다.

수카르노는 자신의 반식민적 세계관을 행동으로 옮기기 위해 두

5.2 제3세계의 반식민 정책을 추진한 수카르노(가운데). 좌우는 중국 지도자와 이집트 지도자.

가지 운동을 시작하며 독립을 앞둔 두 지역을 합병하려 했다. 첫 번째 운동은 네덜란드령 뉴기니를 겨냥한 것이었다. 인도네시아가 독립한 후에도 그곳은 네덜란드가 종족의 차이를 거론하며 인도네시아에 양도하지 않은 땅이었다. 네덜란드는 뉴기니의 독립을 지원하기 위한 긴급 계획에 착수했고, 이에 뉴기니 지도자들은 독자적인 국기와 국가를 채택했다. 그러나 수카르노는 네덜란드령 뉴기니의 반환을 요구하며 네덜란드에 외교적 압력을 점차 강화해나갔다. 1961년에는 인도네시아의 삼군三軍에 네덜란드령 뉴기니를 무력으로 장악하라고 명령했다.

그 결과는 수카르노에게 정치적 성공을 안겨주었지만, 그 공격에 동원된 많은 인도네시아 병사들과 독립을 기대하던 네덜란드령 뉴기니인에게는 크나큰 불행이었다. 1979년 내가 숙박한 호텔의 로비에 전시된 그림 중 하나에는 네덜란드 전함을 향해 돌진하는 인도네시아 '전함'이 묘사되어 있었다. 그러나 정확히 말하면 전함이 아니라 작은 순시선에 불과해서 네덜란드 전함의 공격에 침몰되었고, 그 때문에 많은 인도네시아 수병水兵이 목숨을 잃었다. 인도네시아 낙하산 부대원들도 공군 항공기를 타고 네덜란드령 뉴기니에 침투해 낙하했다. 그 결과에 대해서는 당시 네덜란드 방위군에 복무하던 친구에게 자세히 들었다. 대낮에는 네덜란드 대공포 위력이 두려웠던지 낙하산 부대원들은 야밤에 숲 지대에 무작정 낙하했다. 맹인이 낙하하는 것과 다를 바 없어 그 자체로 잔혹하기 이를 데 없는 작전이었다. 따라서 불운한 낙하산병은 모기가 득실대는 뜨뜻한 습지에 죽은 채로 떠 있었고, 습지를 뒤덮은 사고야자나무에 부딪치는 충격에도 운 좋게 살아남은 낙하산병은 나무에 대롱대롱 매달려 있었다. 극소수만이 낙하산을 끊고 물이 고인 습지로 떨어지거나 야자나무를 타고 기어 내려왔다. 하지만 습지를 에워싼 채 일주일 전부터 기다리고 있던 내 친구를 비롯한 네덜란드군이 보트를 타고 다가가 힘겹게 살아남은 그들을 체포하거나 구조했다.

이처럼 네덜란드군은 성공적으로 뉴기니 영토를 방어했지만 미국 정부는 제3세계의 반식민 운동을 지지하는 것처럼 보이고 싶었는지 네덜란드에 네덜란드령 뉴기니를 양도하라는 압력을 가했다. 미국의 체면을 살려주려는 의도로 네덜란드는 그 땅을 양도했다. 하지만 인도네시아에 곧장 양도하지 않고 유엔에 넘겼다. 7개월 후 유엔은 인도네시아에 소유권이 아니라 행정권만 이양하며 향후 국민투표로 소유권을 결정한다는 조건을 덧붙였다. 그러자 인도네시아 정부는 다른 지역에서 뉴기니로 대대적으로 이주하는 정책을 실시했다. 뉴기니

출신이 아닌 인도네시아인으로 그곳 인구의 절반 이상을 채우겠다는 속셈이었다. 7년 후, 고르고 고른 뉴기니 지도자들로 구성된 주 의회가 사방의 압력을 받으며 투표한 끝에 네덜란드령 뉴기니를 인도네시아에 병합하는 안건을 통과시켰다. 네덜란드로부터 독립을 코앞에 둔 뉴기니인은 다시 인도네시아로부터 독립을 쟁취하기 위한 게릴라전을 시작했고, 그 게릴라전은 반세기가 지난 지금까지도 계속되고 있다.

수카르노가 자신의 반식민적 세계관을 행동으로 옮기려고 시도한 두 번째 운동은 과거 영국 식민지이던 말레이시아 영토로 향했다. 말레이시아는 1957년 독립을 쟁취한 아시아 본토에 붙은 말레이반도와 보르네오섬 중 과거 영국 식민지이던 지역(사바주와 사라왁주)으로 이루어진 연방국이다. 현재 보르네오섬은 말레이시아와 인도네시아와 브루나이가 나누어 소유하고 있다. 사바주와 사라왁주는 1963년 말레이시아에 편입되었다. 수카르노는 네덜란드 동인도제도의 일부로 네덜란드령 뉴기니에 대한 세습권을 주장했지만 말레이시아령 보르네오에 대해서는 그런 주장을 할 수 없었다. 하지만 네덜란드령 뉴기니의 성공에서 용기를 얻은 수카르노는 1962년 말레이시아와 '대치'하기 시작했고, 이듬해에는 말레이시아령 보르네오를 군사적으로 공격했다. 그러나 말레이시아령 보르네오 주민들은 인도네시아와 합병하는 걸 전혀 원하지 않았다. 게다가 영국을 비롯한 영연방이 실질적으로 군대를 파견해 말레이시아를 지원했고, 인도네시아 군부도 그런 군사적 대치를 원하지 않았다.

쿠데타

1960년대는 인도네시아에서 가장 강력한 힘을 지닌 세 세력이 복잡하고 혼란스럽게 뒤섞이며 싸우던 때였다. 한 세력은 수카르노였다. 그는 카리스마 있는 지도자였고 노련한 정치인이었다. 또 조국 독립의 아버지이자 초대 대통령이며 그때까지의 유일한 대통령으로 많은 인도네시아인에게 광범위한 지지를 받았다. 두 번째 세력은 군사력을 독점한 군부였고, 세 번째 세력은 인도네시아 공산당Partai Komunis Indonesia, PKI이었다. 공산당은 군사력이 없었지만 인도네시아에서 가장 잘 조직된 강력한 정당이었다.

그러나 세 세력은 독립된 주체로 기능하며 각각 다른 방향을 지향했다. 수카르노의 교도 민주주의는 자신과 군부의 결탁에 기초한 것이었지만, 정작 그 자신은 군부를 견제하려고 공산당과 동조했다. 중국계 인도네시아인들은 인도네시아에 팽배한 반중反中 감정에 크게 겁먹고 많은 사람이 중국으로 돌아갔다. 하지만 인도네시아는 중국과 외교적 관계를 강화했고 곧 중국을 본받아 자체 원자폭탄을 개발하겠다고 선언하며 미국과 영국을 놀라게 했다. 한편 군부도 수카르노 지지파, PKI 지지파, 군부를 이용해 PKI를 해체하려는 장교들로 나뉘었다. 이런 목적에서 군 장교들이 PKI에 침투했고, PKI도 이에 대응해 군부에 침투했다. 1965년 PKI는 군부의 약점을 보완하겠다며 농민과 노동자의 무장을 제안했고 수카르노의 지지를 받았다. 표면적으로는 육군과 해군과 공군 및 경찰 이외에 제5의 무장 조직을 창설하겠다는 것이었다. 반공주의에 투철한 군 장교들은 이 제안에 화들짝 놀라며 눈에 띄게 확대되는 공산주의자들의 위협을 억제할 대책을 세우려고 '장군 협의회'를 설립했다고 전해진다.

이런 삼자 투쟁은 1965년 9월 30일에서 10월 1일로 막 넘어간 한밤중 새벽 3시 15분경에 최고조에 이르렀다. 두 군부대의 좌익 지휘관들이 2,000명의 병력을 이끌고 쿠데타를 일으킨 것이다. 그들은 당시 국방부 장관이던 육군 참모총장을 비롯해 핵심적인 장군 일곱 명을 체포하기 위해 군대를 그들의 집으로 보냈다. 쿠데타 세력은 그 장군들을 생포해 수카르노 대통령에게 끌고 가서 장군 협의회를 억압하라고 대통령을 설득할 예정이었다. 여하튼 10월 1일 아침 7시 15분, 쿠데타 지도자들은 인도네시아 수도 자카르타의 중앙 광장에 있는 전기통신 건물을 장악한 후 라디오 방송을 통해 자신들이 '9월 30일 운동 조직'이라 선언함과 동시에 CIA와 영국의 도구로 여기는 부패한 장군들의 쿠데타 음모를 미연에 방지하며 수카르노 대통령을 보호하는 게 목적이라는 성명서를 발표했다. 오후 2시까지 쿠데타 지도자들은 세 번 더 라디오 방송을 했지만 그 이후에는 입을 다물었다. 1979년 내가 숙박한 인도네시아 호텔의 로비에 전시된 그림에서는 공산주의자의 쿠데타로 생생하게 묘사되었지만, 그 반란은 공산주의 폭도가 아니라 인도네시아의 군부대가 일으킨 것이었다.

그러나 쿠데타는 엉망진창이었다. 핵심 장군들을 납치하는 임무를 맡은 일곱 분대의 병사들은 제대로 훈련받지도 않아 예민하게 행동했고 막판에 가서야 모두 소집되었다. 그들은 납치 과정을 연습해 본 적도 없었다. 더구나 가장 중요한 임무를 맡은 두 분대, 즉 두 최고위 장군을 죽이지 않고 납치하는 임무를 맡은 두 분대의 지휘관은 아무런 경험도 없는 미숙한 하급 장교였다. 결국 그들은 세 장군을 가택에서 살해하는 실수를 저질렀다. 두 장군은 총격을 받아 죽었고, 한 장군은 총검에 찔려 사망했다. 한편 한 장군은 뒷담을 넘어 탈출하는 데 성공했다. 내가 인도네시아 호텔의 로비에 전시된 그림에서 보았듯이 그들은 그 장군의 다섯 살짜리 딸에게 사고로 총격을 가했고, 그의 참모 장교도 죽였다. 그를 장군으로 착각했기 때문이다. 결국 그들은 세 명의 장군을 생포하는 데 성공했다. 하지만 그 장군들을 산 채로 수카르노에게 데려오라는 명령을 수행하지 않고 생포한 후 죽여버렸다.

쿠데타 지도자 중 수카르노 대통령의 경호대장이 있었고, 경호대장이라면 수카르노가 어디에 있는지 알아야 마땅했지만 쿠데타 세력은 수카르노를 찾아낼 수 없었다. 때마침 수카르노가 네 부인 중 한 명의 집에서 그날 밤을 보냈기 때문이다. 쿠데타 지도자들이 중앙 광장 한쪽에 위치한 육군전략사령부Komando Strategis Angkatan Darat, Kostrad 점령을 시도하지 않은 것은 중대한 실책이었다. 쿠데타 세력은 나머지 세 방향을 점령하는 것으로 만족했다. 그들에게는 탱크도 없고 휴대용 무전기도 없었다. 전기통신 건물을 장악할 때 자카르타의 전화망도 끊었기 때문에 자카르타 곳곳에 흩어져 있던 쿠데타 지도자들은 서로 교신할 수 없어 전령을 주고받을 수밖에 없었다. 믿기지 않겠지만 쿠데타 지도자들은 중앙 광장에 주둔한 병사들에게 적절한 식량과 식수도 제공하지 못했다. 따라서 굶주림과 갈증에 지친 병사들은 길거리를 헤매고 다녔다. 한 대대는 자카르타의 할림 공군기지를 찾아갔다. 정문이 굳게 닫힌 것을 확인하고는 공군기지 앞을 서성대며 밤을 보냈다. 또 쿠데타를 조직하는 데 협조했을 것으로 추정하는 PKI 지도자도 PKI 당원들을 조직적으로 동원하며 기민하게 대응하지 못했다. 따라서 공산주의자의 대규모 폭동도 없었다.

육군전략사령부 사령관은 수카르노의 뒤를 이어 인도네시아의

5.3 수하르토. 인도네시아의 군사독재자로서 1965년 쿠데타 이후 1988년까지 대통령을 지냈다.

제2대 대통령이 되었고, 역사의 흐름에 영향을 미칠 만큼 흔치 않은 능력을 갖춘 인물이었다. 수하르토Suharto(1921~2008)라는 그의 이름은 수카르노와 헛갈릴 정도로 유사했고, 자바 출신에 정치적으로 능수능란했다는 점에서도 수카르노와 닮았다. 하지만 수하르토는 수카르노보다 스무 살이나 젊었기 때문인지 네덜란드 식민지 정부에 저항하는 투쟁에서 의미 있는 역할을 한 적이 없고, 1965년 10월 1일 아침까지는 군인 사회 밖에는 거의 알려지지 않은 존재였다. 그날 새벽에 반란이 일어났다는 걸 알자 수하르토는 일련의 대책을 수립하는 동시에 시간을 벌며 신속하면서 혼란스럽게 진행되는 쿠데타 상황을 파악하려 애썼다. 수하르토는 중앙 광장에 주둔한 두 대대의 지휘관에게 전략사령부로 자신을 만나러 오라는 소환령을 내렸다. 수하르토는 두 대대장에게 엉겁결에 반란에 가담하게 된 것이라 말하고, 그때부터 그의 명령에만 따르라고 지시했다. 두 대대장은 수하르토의 지시에 순순히 따랐다. 숨 가쁘게 진행되는 상황에 수하르토만큼이나 당혹스러웠던 수카르노와 쿠데타 지도자들은 할림 공군기지에 모였다. 삼군 중 공군이 공산주의에 가장 호의적이었기 때문이다. 수하르토는 믿을 만한 부대를 파견해 먼저 전기통신 건물을 되찾은 후 할림 공군기지로 진압군을 보냈다. 진압군은 최소한의 전투로 공군기지의 지휘권을 되찾았다. 10월 1일 저녁 9시, 수하르토는 자신이 인도네시아 군부를 지휘해 9월 30일 운동 조직을 분쇄하고 수카르노 대통령을 보호할 것이라고 라디오 방송으로 발표했다. 쿠데타 지도자들은 할림 공군기지와 자카르타에서 탈출해 제각각 기차와 비행기로 중앙자바주의 다른 도시로 흩어졌다. 그들은 다시 반란을 조직해서 몇몇 장군을 살해했지만 충성스러운 군부에 의해 하루 이틀 만에 진압되었다. 자카르타의 반란이 그랬던 것처럼!

대량 학살

실패한 쿠데타에 대해서는 지금까지도 풀리지 않는 의문이 많다. 분명한 것은 그 쿠데타가 두 세력—공산주의에 호의적인 일부 하급 군 장교들과 한두 명의 PKI 지도자—의 협업이었다는 것이다. 그러나 직업 군 장교들이 치밀한 계획도 없이 그처럼 허술하고 엉망진창인 쿠데타를 시도한 이유가 무엇일까? 기자회견을 열어 국민의 호응을 구하지 않은 이유는 또 무엇일까? PKI의 쿠데타 개입이 정말 일부 지도자에 국한되었을까? 중국 공산당이 쿠데타를 계획하고 지원하는 데 개입했을까? 쿠데타 지도자들이 납치할 장군들의 목록에 수하르토를 포함하지 않은 이

5.4 1965년 쿠데타 이후 군부는 공산주의자로 추정되는 사람들을 발본색원했다.

유는 무엇일까? 쿠데타 세력이 중앙 광장의 한쪽을 차지한 전략사령부를 점령하지 않은 이유는 무엇일까? 수카르노 대통령은 사전에 쿠데타 계획을 알았을까? 수하르토 장군은 사전에 쿠데타에 대해 알았을까? 투철한 반공주의자 장군들은 사전에 쿠데타 계획을 알았지만 PKI를 제거할 명분을 마련하려고 묵인한 것일까?

군부가 신속히 대응했다는 점에서 마지막에 언급한 가능성은 상당한 설득력을 갖는다. 사흘 만에 군사령관들은 인도네시아 공산주의자들과 공산주의에 동조하는 사람들의 대대적인 소탕과 살해를 합리화하기 위한 프로파간다, 즉 선무 공작을 시작했다. 쿠데타는 10월 1일 자카르타에서 12명, 10월 2일 자바의 다른 도시들에서 몇 명을 살해한 것이 전부였다. 그러나 그 소수의 살인 행위가 수하르토와 인도네시아 군부에 대량 학살의 빌미를 주었다. 쿠데타에 대한 군부의 대응은 무척 신속했고 효율적이었으며 대대적이었다. 따라서 뜻밖의 사건에 대응해 며칠 내에 즉흥적으로 해낼 수 있는 수준의 것이 아니었다. 결국 엉망진창인 쿠데타가 10월 1일과 10월 2일에 제공한 핑곗거리를 치밀한 계획하에 기다린 것이 분명하다.

군부가 대량 학살을 자행한 동기가 무엇일까? 1950~1960년대 초 정치적 타협과 민주 정부의 수립 실패가 시작이었다면, 1965년 PKI와 군부와 수카르노 대통령의 치열한 권력투쟁은 종착점이었다. 군부가 권력투쟁에서 패하기 시작하는 듯한 조짐이 보였다. 인도네시아에서 가장 잘 조직된 최대 정당이던 PKI는 군부의 정치력을 위협하며 군부가 국영기업에서 뜯어내고 밀수와 부패로 확보하던 자금까지 압박했다. 노동자와 농민을 무장시켜 별도의 무장 조직을 창설하겠다는 PKI의 제안에도 군사력을 독점하던 군부는 위협을 느꼈다. 그 후의 사건 전개에서 보았듯이 수카르노 대통령도 혼자서는 군부를 억누를 수 없었다. 따라서 수카르노는 군부를 견제할 잠재적 협력자로 PKI를 생각하고 있었다. 게다가 군부는 내부적으로 분열되었고 PKI 지도자 한두 명과 함께 쿠데타를 조직한 장교들을 비롯해 공산주의에 호의적인 장교도 적지 않았다. 따라서 쿠데타는 반공주의에 투철한 장교들에게 군부 내의 정적을 숙청할 기회를 주었다. PKI의 세력 확대에 놀란 군 지휘관들이 불의의 사태에 대비한 사전 대책을 준비했고, 쿠데타가 일어나자 그 대책을 신속히 시행했다고 해서 놀라울 것은 없다. 수하르토가 그 사전 대책을 준비하는 데 참여했는지, 혹은 칠레의 피노체트 장군처럼 수하르토도 마지막 순간에 다른 장교들이 준비한 쿠데타의 지도자가 되었는지는 여전히 확실하지 않다.

10월 4일 수하르토는 '악어 구덩이'라는 뜻의 루방 부아야Lubang Buaya에 모습을 드러냈다. 그곳에는 쿠데타 과정에서 납치된 장군들의 시신을 내던진 웅덩이가 있었다. 사진기자와 텔레비전 카메라 앞에서 부패가 시작된 시신들을 웅덩이에서 끌어 올렸다. 다음 날인 10월 5일 장군들의 관이 자카르타 시내를 관통해 운구되었고 연도에 늘어선 수천 명의 시민이 이를 지켜보았다. 장군들의 실질적인 살해범은 군부대였지만 군 지도부는 지체 없이 PKI를 살인 주범으로 지목했다. 그러고는 십중팔구 사전에 계획한 대로 공산주의를 혐오하는 분위기를 조성하기 위한 프로파간다를 시작했고, 인도네시아인에게 공산주의자 때문에 나라가 중대한 위험에 빠졌다고 경고했다. 공산주의자들이 살해할 시민의 명단을 작성했고, 눈알을 후벼파는 방법을 시행하는 것으로 알려졌다는 소문도 퍼뜨렸다. 게다가 PKI의 여성 당원들이 납치한 장군들을 성적으로 고문하고 신체를 훼손했다는 험담도 있었다. 수카르노 대통령은 10월 1일 쿠데타 시도의 의미를 최소화하려고 애쓰며 군부의 파괴적인 대책에 반대했지만, 군부가 수카르노로부터 지배권을 확실히 빼앗은 뒤였다. 10월 5일 이후 군부는 PKI의 모든 당원 및 PKI와 관련한 모든 조직, 조직원, 심지어 그들의 가족까지 제거할 목적으로 대대적인 검거를 시작했다.

PKI의 반응은 쿠데타를 계획한 조직답지 않았다. 10월과 11월 내내 PKI 당원은 군부대와 경찰서에 출두하라는 소환을 받았다. 게다가 많은 당원이 자발적으로 출두하기도 했다. 모두가 심문을 받으면 당연히 석방될 것이라 생각한 때문이었다. PKI가 정말 쿠데타를 지원했더라면 철도 노동자에게 기차 운행을 방해하고 정비공에게 군 차량을 고장 내고 농민에게 도로를 차단하라고 지시하며 군부의 대책에 저항했을 것이다. 그러나 PKI는 전혀 그렇게 대응하지 않았다.

제2차 세계대전 때 강제수용소에서 유대인을 살해한 나치처럼 인도네시아는 꼼꼼하게 자료를 남기지 않아 피해자 수는 여전히 불확실하다. 최대 추정치는 약 200만 명이지만 가장 널리 인용되는 수치는 약 50만 명으로, 이 수치는 수카르노 대통령이 구성한 진상조사위원회가 조사한 것이기도 하다. 나치에 비교하면 인도네시아의 살인 기술은 훨씬 단순했다. 인도네시아에서는 큼직한 칼이나 손도끼로 혹은 교살로 한 명씩 살해했다. 가스실에서 수백 명이 한꺼번에 살해되지는 않았다. 시신의 처리도 무계획적이었다. 나치처럼 특별히 제작한 커다란 소각실을 사용하지 않았다. 그럼에도 1965~1966년 인도네시아에서 일어난 학살은 제2차 세계대전 이후 세계 최악의 대량 학살 중 하나로 평가된다.

피해자의 전부 혹은 대부분이 중국계 인도네시아인이라는 속설은 잘못된 것이다. 전혀 그렇지 않았다. 대부분의 피해자는 비非중국계 인도네시아인이었다. 표적은 공산주의자로 의심되는 사람과 그와 관련 있는 사람이었지 중국인이 아니었다. 또 비이성적이고 감정적으로 불안하며 미성숙한 주민들, 즉 갑자기 미쳐서 살인자가 되는 성향을 띤 사람들에게 살해당한 사람도 많다는 속설 또한 잘못된 것이다. 전혀 그렇지 않았다. 인도네시아인이 본질적으로 불안정하고 잔인하다는 증거는 어디에도 없다. 인도네시아 군부는 자신들의 이익을 보호하기 위해 학살을 치밀하게 계획하고 조직적으로 시행했다. 또 군부의 프로파간다에 넘어간 많은 인도네시아 시민 역시 자신들의 이익을 보호하려고 살인을 저질렀다. 군부의 학살 조장은 사악한 짓이었지 비이성적인 짓은 아니었다. 군부의 학살은 가장 강력한 정적의 절멸을 목표로 삼았고 그 목표를 성공적으로 이루었다.

따라서 1965년 10월 말 당시의 상황에 따르면 수하르토는 일부 충성스러운 군 지도자를 지휘했을 뿐이다. 군 지도자 모두가 수하르토에게 충성을 맹세한 것은 아니었다. 수카르노는 여전히 종신 대통령이었고 많은 국민에게 인도네시아 건국의 아버지로 추앙받았으며, 군 장교와 일반 병사에게 인기가 높았다. 물론 정치적 수완도 여전히 뛰어났다. 수하르토는 수카르노를 구석으로 몰아낼 수 없었다. 미국 건국의 아버지 조지 워싱턴이 대통령으로 두 번째 임기를 반쯤 끝냈을 때 야심 찬 장군들이 워싱턴을 밀어낼 수 없었던 것과 다를 바 없었다.

수하르토는 그전까지 유능한 장군으로 평가받았지만 그 이상은 아니었다. 그러나 바야흐로 수하르토도 수카르노의 정치력을 뛰어넘는 정치적 수완을 발휘하기 시작했다. 수하르토는 군 지도자들을 서서히 자신의 편으로 끌어들였고, PKI에 호의적이던 군 장교와 문관을 자신에게 충성하는 장교로 교체해갔다. 또 2년 6개월 동안 천천히 신중하게 수카르노를 권력에서 밀어내며 수카르노 역할을 대신했다. 결국 1966년 3월 수카르노는 압력을 견디다 못해 권력을 수하르토에게 양도하는 서한에 서명했다. 1967년 3월 수하르토는 대통령 권한 대행자가 되었고, 1968년 3월에는 수카르노의 후임으로 정식 대통령이 되었다. 이후 30년 동안 수하르토는 인도네시아를 지배했다.

수하르토

수카르노와 달리 수하르토는 제3세계 반식민 정책을 추진하지 않았고 인도네시아 군도 너머로 영토를 확장할 야망도 없었다. 대신 수하르토는 국내 문제에 집중했다. 특히 보르네오를 두고 말레이시아와 무력으로 다투던 수카르노의 '대치'를 끝냈고 유엔에 다시 가입했다. 또한 수카르노가 이념적 이유로 공산주의 중국을 지지하던 정책을 포기하고 경제적이며 전략적인 이유로 서구 편에 섰다.

수하르토는 대학 교육을 받지 않았고 경제 이론에 대한 지식도 없었다. 하지만 수하르토는 인도네시아의 '공식적' 경제를 인도네시아의 뛰어난 경제학자들에게 맡겼다(이른바 '비공식적' 경제에 대해서는 아래에서 살펴보기로 하자). 그중 대다수가 캘리포니아대학교 버클리 캠퍼스에서 학위를 받은 박사였다. 따라서 그들에게는 '버클리 마피아'라는 별명이 붙었다. 수카르노 시대에 인도네시아 경제는 적자 재정을 감수한 까닭에 과도한 빚과 높은 인플레이션에 시달렸다. 칠레 피노체트의 시카고 보이스처럼 수하르토의 버클리 마피아는 균형 예산과 보조금 삭감 및 시장을 중시하는 경제개혁을 시도하며 나랏빚을 줄이고 인플레이션을 낮추는 데 주력했다. 수카르노의 좌경화된 정책을 포기한 수하르토의 결단을 활용해서 버클리 마피아는 해외투자를 유인했고, 미국과 유럽의 지원을 받아 인도네시아의 천연자원, 특히 석유와 광물을 개발했다.

인도네시아에서 경제계획을 담당한 또 하나의 축은 군부였다. 수하르토는 "군부는 국가와 사회의 현대화 과정과 지대한 이해관계가 있다. (…) 군부가 신질서orde baru를 강화하는 과정에서 제기되는 문제에 중립을 지킨다면 군부의 역할과 역사의 부름을 부인하는 셈이다. (…) 군부에는 두 가지 기능이 있다. 하나는 국가를 방위하는 무장 조직으로서의 기능이고, 다른 하나는 혁명 목표를 달성하기 위한 조직으로서의 기능이다"라고 말했다. 미국에서 장군이 대통령이 되자마자 미군에 대해 이렇게 말한다고 상상해보라! 실제로 인도네시아 군부는 공식적인 정부 예산과 거의 엇비슷한 액수의 유사 예산을 세운 유사 정부와 다를 바 없었다. 게다가 수하르토 시대에는 시장과 자치단체장과 주지사 중 절반 이상이 군 장교였다. 지역 군사령관은 '안보에 해로운' 행위를 저지를 것으로 의심되면 누구라도 체포해서 무기한으로 구금할 권한이 있었다.

장교는 직접 기업을 설립해서 부정행위와 갈취를 서슴지 않았으며, 군대의 운영 자금을 마련하고 개인적인 주머니를 채웠다. 수하르토 자신은 표면적으로 호화롭게 살지는 않았지만 그의 부인과 자식들은 엄청난 부정행위를 저지른 것으로 알려졌다. 자식들은 자신의 돈을 한 푼도 투자하지 않고 사업체를 설립해서 부를 축적했다. 따라서 가족들이 부패로 기소되었을 때 수하르토는 분노하며 그들이 사업가로 뛰어난 재능 덕분에 부를 축적한 것이라 주장했다. 수하르토의 부인(이부 티엔: 티엔 부인)이 정부 계약 중 10%를 뜯어낸 것으로 알려졌기에 인도네시아인은 그녀에게 '10% 부인'이란 별명을 붙일 정도였다. 수하르토 정권이 끝날 즈음, 인도네시아는 세계에서 가장 부패한 국가로 인식되었다.

부패는 인도네시아의 모든 부분에 만연해 있었다. 예컨대 내가 국제 환경 조직 세계야생생물기금World Wildlife Fund, WWF의 일원으로 인도네시아에서 일할 때 역시 WWF의 직원으로 일하던 한 인도네시아 친구는 WWF 인도네시아 지부의 한 국장을 은밀히 가리키며 나에게 그 사람 별명이 '미스터 부패'라고 귓속말했다. 흔히 부패한 정도가 아니라 지독히 부패한 사람이었기 때문이다. 해외의 WWF 기부자들이 인도네시아 지부를 위해 특별히 구입해준 보트를 개인 소유로 착복했을 정도였다. 정부가 아닌 조직의 부패를 보여주는 또 다른 예를 들어보자. 나는 인도네시아에서 작업하려면 무거운 짐을 항공기로 운반해야 했고 따라서 수하물 초과 요금을 지불해야 할 때가 많았다. 따라서 인도네시아 국내 공항에서 탑승 수속을 할 때마다 항공사 직원이 수속대 뒤에서 나에게 슬그머니 다가와 초과 요금을 현찰로 요구했다. 물론 그 돈은 항공사에 전달되지 않고 개인 주머니에 들어갔다.

수하르토는 수카르노의 교도 민주주의라는 통치 원칙을 '신질서'로 교체했다. 신질서는 1945년 헌법의 순수한 정신과 판차실라의 다섯 가지 원칙으로 돌아가자는 뜻이었다. 또 수하르토는 인도네시아 정당들의 잘못된 행동에 따른 나쁜 변화를 바로잡겠다고 선언했다. 요컨대 수하르토는 정당의 존재 자체를 좋아하지 않았다. 그는 인도네시아 국민이 제대로 교육받지 않아 무지하기 때문에 위험한 사상에 쉽게 휩쓸리고 민주주의를 받아들일 준비가 되지 않았다고 생각했다. 또 수하르토는 자서전에서 "판차실라 민주주의에는 서구식 반대가 허용되지 않는다. 판차실라 민주주의에서 국민의 합의에 도달하기 위한 숙의는 인정된다. (…) 하지만 서구식의 반대는 인정되지 않는다. 반대를 위한 반대, 남들과 다르게 보이려는 반대는 인정되지 않는다. (…) 민주주의는 규율과 책임을 의식해야 한다. 이 둘이 없는 민주주의는 혼돈만을 뜻하기 때문이다"라고 말했다.

수하르토의 중심 사상, 즉 하나의 길만 있고 분쟁이 없어야 한다는 사상은 삶의 많은 부문에 적용되었다. 하나의 이념, 즉 판차실라만 용인했다. 공무원과 군 장교는 관료적 세뇌 프로그램을 통해 판차실라를 학습해야 했다. 물론 노동쟁의도 판차실라에 반한다는 이유로 금지했다. 유일하게 용인하는 민족 정체성은 인도네시아로 통일했다. 따라서 중국계 인도네시아인은 한자漢字를 사용할 수 없었고, 중국식 이름의 사용도 금지했다. 정치적으로도 통일해야 했던 까닭에 아체와 동티모르, 인도네시아령 뉴기니 등 어떤 지역에도 자치권을 인정하지 않았다. 수하르토는 당연히 하나의 정당만 존재하길 바랐겠지만, 인도네시아 지배 구조가 국제사회의 눈에 적법하게 보이려면 의원 선거에는 여러 정당이 참가할 필요가 있었다. 하지만 약칭으로 '골카르Golkar'로 불린 직능단체당이 70%가량의 표를 얻어 항상 선거에 승리하곤 했다. 한편 다른 모든 정당은 두 곳의 기능적 조직function group으로 통합되었다. 하나는 이슬람 조직이었고, 다른 하나는 비非이슬람 조직이었다. 이렇게 통합하고도 항상 선거에 패했다. 따라서 수하르토 시대의 인도네시아는 네덜란드 식민지 정부가 지배하던 마지막 10년처럼 군사 국가military state가 되었다. 과거에는 외국인이 다스렸지만 이제는 인도네시아인이 다스린다는 게 다를 뿐이었다.

내가 1979년 호텔 로비에서 본 역사화들은 1965년의 실패한 쿠데타가 공산당의 음모였다는 수하르토의 해석을 강조하며 인도네시아 현대사를 규정하는 순간으로 묘사되었다. '혁명의 일곱 영웅'으로 여기는 일곱 장군의 죽음을 애도하려고 1969년 건립한 거대한 판차실라 기념물에서는 판차실라를 기억하고 헌정하는 의식을 매년 성대하게 개최했고 오늘날에도 계속하고 있다. 기념물에 부조로 새긴 조각과 그 옆 PKI 반역 박물관에는 식민 시대 이후의 인도네시아 역사가 반역적인 공산주의자 활동의 연속이었고, 그 반역이 1965년 쿠데타 시도로 막을 내린 것으로 묘사되어 있다. 매년 9월 30일이면 인도네시아의 모든 텔레비전 방송국은 음울한 네 시간짜리 영화를 의무적으로 방영하고 학생들은 의무적으로 시청해야 했다. 정부가 제작을 의뢰한 영화답게 일곱 장군이 어떻게 납치되고 살해당했는지를 으스스하게 연출한 영화였다. 물론 그에 대한 보복으로 50만 명이 학살된 참

5.5 1965년 쿠데타 당시 살해된 일곱 장군을 추념하는 거대한 판차실라 기념물.

극에 대한 언급은 없었다. 쿠데타가 있고 14년이 지난 후 내가 인도네시아에서 일하기 시작한 1979년에야 대부분의 정치범이 풀려났다.

인도네시아 의회는 수하르토를 5년 임기의 대통령으로 매번 재선출했다. 거의 33년이 지난 후, 정확히 말하면 의회가 수하르토를 일곱 번째로 5년 임기의 대통령으로 선출한 직후 그의 체제는 갑자기 예기치 않게 붕괴되었다. 그때가 1998년 5월이었다. 많은 요인이 복합된 결과였지만 주된 원인 중 하나는 아시아 금융 위기 때문이었다. 그로 인해 인도네시아 화폐의 가치가 80%까지 폭락했고 폭동이 일어났다. 또 하나의 원인은 수하르토 자신이었다. 당시 77세이던 수하르토는 현실과 접촉하는 횟수를 많이 줄였고 정치적 감각도 크게 상실한 뒤였다. 게다가 가장 가까운 동반자이자 정신적 지주이던 아내와 1996년 사별하며 정신적으로 크게 흔들리기도 했다. 그의 가족이 축적한 부와 부패에 대한 국민의 분노 또한 들불처럼 퍼져나갔다. 수하르토의 개인적 성공이 인도네시아 사회의 현대화와 산업화로 이어진 까닭에 인도네시아 시민은 민주주의를 운영하기 적합하지 않다는 수하르토의 주장이 더 이상 용납되지 않았다. 칠레에서 1989년 '반대' 캠페인이 있은 후에 칠레 군부가 그랬듯이 인도네시아 군부도 저항의 물결을 억압할 수 없다는 결론에 이르렀고, 상황이 통제할 수 없는 지경으로까지 치닫기 전에 피노체트처럼 수하르토도 사임해야 한다고 결론지었다.

1999년 수하르토가 실각한 이듬해, 인도네시아는 거의 40년 만에 처음으로 비교적 자유로운 선거를 실시했다. 그 이후에 실시한 일련의 선거에서 인도네시아의 투표율은 70~90%로 미국보다 훨씬 높았다. 미국의 투표율은 대통령 선거에서도 60% 남짓일 뿐이다. 2014년에 실시한 인도네시아 대통령 선거에서는 군 경력이 없지만 자카르타 시장을 지낸 민간인 조코 위도도Joko Widodo가 군 장군을 꺾고 당선되었다. 그러면서 부패도 점차 줄어들었고 때로는 부패에 대한 처벌이 가해지기도 했다.

수하르토의 유산

수하르토 시대와 1965년의 실패한 쿠데타와 반쿠데타로 야기된 위기의 유산을 요약해보자. 나쁜 유산은 명확하다. 최악의 유산은 50만 명을 학살하고 10년 이상 동안 약 10만 명을 투옥한 사건이다. 부패가 만연한 까닭에 군부가 많은 돈을 착복하며 유사 예산을 세운 유사 정부를 운영하지 않았더라면 얼마든지 달성할 수 있었을 경제성장을 이루지 못했다. 그런 부패는 인도네시아 사회 곳곳에도 스며들어 항공사 직원까지 서슴없이 부정행위를 저질렀다. 인도네시아 국민은 자치할 능력이 없다는 수하르토의 잘못된 믿음에 민주적으로 자치할 방법을 학습하는 기회를 수십 년 뒤로 미루어야 했다.

1965년의 쿠데타와 반쿠데타로부터 인도네시아 군부는 국민의 불만을 해결하려고 힘들게 노력하기보다 무력을 사용해 국민을 학살해야 성공을 확실히 보장받는다는 교훈을 끌어냈다. 그런 학살적인 억압 정책에 인도네시아령 뉴기니와 수마트라, 특히 정치적 이유로 동쪽은 포르투갈 식민지, 서쪽은 인도네시아 영토로 분할된 티모르섬에서 많은 인도네시아인이 호된 대가를 치러야 했다. 포르투갈이 1974년 마지막으로 남은 식민지들을 잃어가던 때 지리적 이유에서 동티모르는 인도네시아에 반환되어야 마땅한 듯했다. 게다가 인도네시아는 다른 문화·언어·역사를 지닌 지역을 이미 합병한 적이 있었다. 물론 캐나다가 미국의 일부가 아니고, 덴마크가 독일의 일부가 아니며, 국경은 지리적 논리로만 경계 지어지는 것은 아니라고 반박할 사람도 있을 것이다. 그러나 동티모르의 지리적 상황은 캐나다와 덴마크의 경우와 완전히 다르다.

동티모르는 인도네시아령의 많은 섬이 길게 줄줄이 늘어선 열도에 위치한 작은 섬의 동쪽 절반에 불과하다. 인도네시아 정부와 군부가 최소한의 요령이라도 피웠더라면 동티모르에 자치권을 허용하며 인도네시아에 합병하는 방향으로 협상할 수 있었을 것이다. 하지만 인도네시아 군부는 동티모르를 침략해 끔찍한 학살을 저지른 후 강제로 합병했다. 인도네시아 군부는 두려웠겠지만, 수하르토의 뒤를 이은 하비비Habibie 대통령은 국제사회의 압력에 1999년 8월 동티모르

5.6 인도네시아 수도 자카르타의 고층 건물들.

의 독립을 묻는 국민투표를 실시했다. 물론 압도적 다수가 독립을 찬성했다. 그러자 인도네시아 군부는 친인도네시아 민병대를 조직해 다시 대학살을 저질렀고, 동티모르 국민 다수를 인도네시아령 서티모르로 강제로 이주시켰으며, 신생국가 동티모르의 건물들을 거의 불태워 버렸다. 하지만 국제평화군이 질서를 회복했고 동티모르는 '티모르레스트Timor-Leste'라는 국명으로 마침내 자치권을 확보했다. 이로써 인도네시아 군부는 아무런 결실도 얻지 못했다. 동티모르는 독립을 얻은 대가로 인구 중 4분의 1을 잃어야 했고 생존자들은 1인당 소득이 인도네시아의 6분의 1에 불과한, 아시아에서 가장 가난한 소국에서 살고 있다. 한편 인도네시아는 해저에 원유가 매장된 지역을 독립국으로 상실하는 대가를 치렀다. 따라서 그 원유에서 예상되는 수익도 잃어야 했다.

지금까지 우리는 수하르토 시대의 끔찍한 유산을 따져보았고 더는 말할 것이 없는 듯하다. 그러나 역사에는 완전한 악도 없고 완전한

5.7 인도네시아 수도 자카르타의 빈민가.

선도 없다. 따라서 역사는 정직하게 검토되어야 한다. 수하르토 시대는 다른 면에서 보면 끔찍하기 짝이 없지만 긍정적 유산도 있었다. 경제성장이 부패로 훼손되기는 했지만, 그래도 경제성장을 이루어냈으며 그럭저럭 유지했다. 해외투자도 꾸준히 끌어들였다. 세계의 흐름에 동참한다며 반식민지 정책에 헛심을 쏟거나 이웃한 말레이시아를 해체하겠다고 무모하게 달려들지 않고 국내 문제에 심혈을 기울였다.

수하르토는 가족계획을 권장하며 과거 네덜란드의 식민지이던 때만이 아니라 독립한 후에도 인도네시아를 괴롭히던 가장 근본적 문제 중 하나, 즉 인구 문제를 해결하려고 노력했다(인도네시아령 뉴기니에서 가장 외딴 마을에도 가족계획을 권장하는 정부 벽보가 게시된 것을 내 눈으로 직접 확인한 적이 있다). 수하르토 정부는 비료 공급과 종자 개량으로 쌀을 비롯한 곡물의 수확량을 증대하는 녹색혁명을 주도했고, 그 결과로 농업 생산성이 크게 향상되고 국민의 영양 상태도 개선되었다. 인도네시아는 1965년 전에는 무척 위험하고 긴장된 상태였다. 많은 섬으로 분할된 영토, 수천 킬로미터에 달하는 동서 길이, 수백 개의 토속어, 다양한 종교의 공존 등 재앙에 적합한 온갖 조건을 갖추었다. 하지만 적어도 현재의 인도네시아는 붕괴될 가능성이 전혀 없다. 80년 전까지도 대부분의 인도네시아인은 자신들이 인도네시아인이 될 거라고 전혀 생각하지 않았겠지만 지금은 현재의 국가 정체성을 당연하게 받아들인다.

그러나 인도네시아와 해외에서는 많은 사람이 수하르토 정권의 공로를 거의 인정하지 않는다. 수하르토 정권이 아니었더라도 인도네시아는 거의 똑같은 정도의 발전을 이루어낼 수 있었을 것이라고 그들은 반박한다. 이른바 "…였다면 어땠을까?"라는 역사의 의문이지만 누구도 이런 의문에 확실히 대답할 수 없다. 1965년 이후 인도네시아에서 실제로 일어난 변화와 두 가지 대안에서 일어났을 법한 변화를 비교할 수 있을 뿐이다. 첫 번째 대안은 1965년 이후에도 수카르노 체제가 계속된 경우이고, 두 번째 대안은 권력을 장악하려고 애쓰던 PKI의 공산주의 체제로 대체된 경우이다.

수카르노 정권은 1965년 당시 인도네시아를 정치적 혼란과 경제적 침체에 빠뜨린 주역이었다. 또 고문과 살해, 끝없이 계속되는 빈곤 및 비상식적인 정책이 반복되는 캄보디아와 북한 등 공산주의 독재 정권의 현재 상황에서 보듯이 공산주의 체제로 전환되었더라면 수하르토의 인도네시아보다 훨씬 더 끔찍했을 수 있다. 하지만 수카르노 정권이 계속되었더라면 멋진 결과를 빚었을 것이고, PKI의 공산주의 정권은 다른 지역의 공산주의 정권과 다르다는 걸 입증했을 것이라고 주장하는 사람도 적지 않다. 여하튼 역사에 가정은 없는 법이다.

위기의 기준틀

인도네시아의 위기는 국가적 위기를 개인적 위기에 맞대어 비교하려는 우리의 기준틀에 얼마나 부합할까?

인도네시아는 선택적 변화와 울타리 세우기의 좋은 예이다(표 2의 요인 3). 변화를 시도할 때가 되었다고 여긴 영역이 울타리 안에 들어갔다. 예컨대 수하르토는 문민정부를 군사독재 정권으로 교체했고, 경제 침체에서 벗어나 경제성장을 추구하려고 서구에서 교육받은 경제학자를 발탁했으며, 수카르노가 열망하던 제3세계 정치 리더십을 포기했다. 그러나 수하르토의 후임 지도자들이 군사독재 정권을 문민정부로 교체한 것도 선택적 변화의 한 예이다. 한편 울타리 밖에는 1965년 이후로도 온전히 보존된 인도네시아의 주된 특징—영토의 보전, 상당한 종교적 관용, 비非공산주의 정부—이 있었다. 이런 연속성은 수카르노와 수하르토 및 수하르토 이후의 지도자들에게도 협상 불가능한 핵심 가치로 여겨졌다. 수카르노가 군부를 견제하려고 공산주의자들과 제휴한 것이 유일한 예외였다.

인도네시아가 자체의 문제를 해결하기 어려웠던 이유도 몇몇 요인에서 찾을 수 있다. 식민지에서 독립한 신생국가였던 까닭에 인도네시아는 국가 정체성이 거의 없는 상태에서 시작해야 했다(요인 6). 독립하기 전부터 거의 반세기 동안 자치권을 누린 핀란드와는 달랐다. 신생국가로서 인도네시아는 자신감을 얻을 만한, 과거에 성공한 변화의 역사도 없었다(요인 8). 굳이 찾자면 1945~1949년에 일어난 독립 투쟁이 전부였다. 정직하고 현실적인 자기평가(요인 7)도 수카르노 대통령에게는 부족했다. 수카르노는 자신에게 인도네시아 국민의 무의식적인 바람을 읽어내는 특별한 능력이 있다고 믿었다. 많은 혹은 대부분의 군 장교에게도 많은 사람을 기꺼이 죽일 만한 핵심 가치가 있었다. 하지만 그들은 그 핵심 가치를 위해 자신의 목숨을 던지지는 않았다(요인 11). 빈곤과 많은 인구라는 내적 제약이 행동의 자유를 제한했다(요인 12).

한편 인도네시아에는 자체의 문제를 해결하는 데 도움이 되는 요인도 있었다. 군도인 까닭에 인도네시아는 외적 제약으로부터 자유로웠다. 이런 점에서는 핀란드와 달랐고 칠레와 비슷했다. 네덜란드가 떠난 이후로 인도네시아를 위협한 국가는 없었다(다시 요인 12). 버클리 마피아는 인도네시아 경제를 개혁하고 경제성장을 추구하는 데 다른 국가에서 이미 검증된 모델을 사용할 수 있었다(요인 5). 수하르토가 수카르노의 친중 정책을 포기하고 친서방 정책을 채택한 덕분에 인도네시아는 해외투자를 크게 받아들였고, 서방 국가들에서 원조를 얻어 경제를 재건할 수 있었다(요인 4).

수하르토는 대체로 정직하고 현실적이며 마키아벨리적인 자기 평가를 보여주었다(요인 7). 인도네시아 건국의 아버지이자 초대 대통령이던 수카르노를 서서히 권좌에서 밀어내며 신중하게 처신했다. 또 단계마다 자신의 능력으로 무엇을 할 수 있고, 무엇을 할 수 없는지 냉정히 판단했다. 그 결과, 비록 시간이 걸리긴 했지만 수카르노를 대체하는 데 성공했다. 말레이시아를 상대로 한 게릴라전, 제3세계의 반식민 운동을 주도하려던 시도 등 인도네시아의 한계를 넘어선 수카르노의 야심을 포기한 것도 수하르토의 현실적 판단을 잘 보여주는 예이다.

인도네시아는 개인의 위기에서는 제기되지 않고, 국가의 위기에서만 제기되는 세 가지 쟁점을 잘 보여주는 예이다. 첫째로 핀란드와 달리 칠레처럼 인도네시아도 정치적 타협에 실패한 사례이다. 그 결과 1950년대 초의 침체와 분리주의 운동이 시작되었고, 그런 혼란은 수카르노의 교도 민주주의로 이어졌으며 결국에는 노동자와 농민을 무장시키자는 인도네시아 공산당의 요구까지 잇달았다. 공산당의 그런 요구에 군부는 대량 학살로 대응했다. 또 핀란드와 달리 칠레처럼 인도네시아도 예외적인 지도자 역할을 분명히 보여주는 사례인데 수카르노와 수하르토가 바로 그들이다. 수카르노는 카리스마를 타고났지만 지나치게 자신을 과신하는 허점이 있었다. 한편 수하르토에게는 인내심과 신중함 그리고 정치적 감각이 있었지만 살인적인 잔혹함과 가족의 부패를 인지하지 못하는 허점이 있었다. 게다가 국민에 대한 믿음도 부족했다. 끝으로 정치적 타협의 실패로 야기된 학살 후의 타협에서 인도네시아는 핀란드의 정반대편에 있었고 칠레는 중간쯤이었다. 핀란드는 내전 후에 신속히 화해했고, 칠레의 경우에는 많은 공개적 토론과 가해자에 대한 심판이 있었지만 불완전한 화해였다. 그러나 인도네시아의 경우에는 토론과 화해가 무척 제한적이었고 심판도 없었다. 인도네시아에서 재판을 통한 심판이 없었던 이유를 꼽자면 민주주의에 대한 허약한 전통, 피노체트 후의 칠레를 이끌어간 '모든 칠레인을 위한 칠레'와 유사한 구호가 수하르토 이후의 인도네시아에는 없었다는 사실, 특히 대량 학살이 벌어진 후 33년 동안 군사독재 정권의 지배를 받았고 오늘날에도 군부가 여전히 강력한 권력을 움켜쥐고 있다는 것이다.

다시 인도네시아로

인도네시아의 선택적 변화는 내 개인의 경험에서도 확인할 수 있었다. 나는 수하르토 시대에 17년 동안, 즉 1979년부터 1996년까지 인도네시아에서 일했고, 수하르토가 실각한 후 14년이 지난 2012년에 다시 찾았으며 그 후로도 꾸준히 인도네시아를 방문해왔다. 다시 방문했을 때 나는 많은 부문에서 일어난 변화를 보고 놀랐다.

첫 번째로 놀란 것은 항공기 여행과 관련한 것이었다. 1980~1990년대 인도네시아 민간 항공사의 운영은 원칙이 없었고 위험했다. 수화물 초과 요금을 뇌물로 처리하는 일이 다반사였으며 한번은 승객 칸에 아무렇게나 적재한 커다란 연료통과 함께 비행한 적도 있었다. 비행기가 이륙하는 동안에도 승무원은 서 있었고 승객을 위한 안전벨트와 멀미용 봉투가 없는 좌석도 많았다. 심지어 멀미하며 구토하는 승객도 있었다. 또 한번은 파푸아주의 주도 자야푸라로 상당히 큰 항공기를 타고 가던 때였다. 조종사와 부조종사는 조종실 문을 열어놓고 여승무원들과 수다를 떠는 데 얼마나 푹 빠져 있던지 무척 높은 고도로 활주로에 접근하고 있다는 사실을 전혀 눈치채지 못했다. 뒤늦게 그 사실을 깨닫고는 급강하를 시도했고, 착륙해서는 브레이크를 세게 밟아야 했다. 덕분에 비행기는 활주로 끝의 도랑을 6미터쯤 남겨두고 가까스로 멈추었다. 그러나 2012년 인도네시아의 대표 항공사인 가루다 항공은 세계에서 가장 안전한 지역 항공사 중 하나라는 평가를 받았다. 그리고 탑승 수속을 하며 기본 중량을 초과하는 수하물을 저울에 올려놓으면 그때마다 나는 초과 수하물을 처리하는 가루다 항공사 사무실로 안내를 받았고, 그곳에서 신용카드로 초과 요금을 지불하고 영수증을 받았다. 또 1996년까지는 걸핏하면 뇌물을 요구받았지만 2012년 이후로는 그런 적이 없었다.

2012년 배를 타고 인도네시아의 연안 해역을 둘러보는 동안 나는 근처에 있는 군용선처럼 보이는 배가 무엇을 하는 것이냐고 옆 사람에게 물었다. 그 배가 불법 어로를 단속하는 정부 순시선이란 대답을 듣고 놀라지 않을 수 없었다. 1996년 이전이었다면 나는 '인도네시아 정부 순시선'이란 대답을 '대하jumbo shrimp'처럼 모순어법이라 생각했을 것이다. 당시만 해도 인도네시아 군부의 활동은 순시하는 게 아니라 순시할 이유를 조작하는 것이었으니까.

2014년 인도네시아령 뉴기니 해안에 상륙했을 때 나는 크고 울긋불긋한 새들이 해안 마을이나 근처에서 지저귀며 멋진 자태를 뽐내는 걸 보고 깜짝 놀랐다. 과거에는 불법 사냥의 주된 표적이던 새들, 즉 황제비둘기와 코뿔새, 야자잎검은유황앵무새와 극락조 등이었다. 과거에 이 새들은 마을 근처에 나타나면 어김없이 총격을 받거나 덫에 걸렸기 때문에 마을에서 멀리 떨어진 곳에 가야 만날 수 있었다.

내가 인도네시아령 뉴기니에 다시 돌아오자 인도네시아 친구들이 나에게 전해준 이야기는 1980~1990년대에 듣던 이야기와 별로 다르지 않았다. 인도네시아령 뉴기니 마을에서 인도네시아 경찰이 얼마 전 주민 네 명을 쏘아 죽였다는 이야기, 지역 행정관이 지독하게 부패했다는 이야기 등이었다. 그래서 새로운 게 뭐냐고? 이번에는 경찰과 행정관이 재판을 받고 교도소에 들어갔다는 게 달라진 점이었다. 전에는 생각할 수도 없던 일이었다. 이런 변화가 진보의 증거이지만 과장해서는 안 된다. 정도의 차이가 있지만 인도네시아의 많은 해묵은 문제가 아직도 해결되지 않고 있다. 나는 더 이상 맞닥뜨리지 않았지만 소문에 따르면 뇌물 수수는 여전히 만연한 현상이다.

내 인도네시아 친구들은 1965년의 대량 학살을 여전히 입에 올리지 않는다. 당시 태어나지 않은 젊은 친구들과 당시를 살았던 나이 든 친구들, 즉 내 인도네시아 친구들은 그 사건을 함구하지만 미국인 동료들의 증언에 따르면 많은 인도네시아인이 대량 학살에 관심을 두고 있는 듯하다. 또 군부가 민주주의를 간섭할지 모른다는 두려움이 여전히 팽배하다. 실제로 2014년 대통령 선거에서 민간인 후보가 장군을 상대로 승리했을 때 장군 후보가 선거를 무효화하지 못할 것이라는 게 분명해질 때까지 수개월을 불안한 마음으로 보내야 했다. 2013년 나는 전세 헬리콥터를 타고 인도네시아령 뉴기니 상공을 비행할 때 지상에서 소총 사격을 받은 적이 있었다. 여전히 독립을 되찾으려고 싸우는 뉴기니 게릴라가 사격한 것인지, 인도네시아 병사가 강력한 단속을 핑계로 게릴라인 척하며 사격한 것인지 확실하지 않았다.

내가 개인적으로 목격한 변화에 대해서는 더 많은 설명이 필요하다. 이 책에서 다룬 국가 중 인도네시아는 국가로서의 역사가 가장 짧고 언어가 가장 다양하다. 또 처음에는 영토가 갈기갈기 분할될지도 모를 심각한 위험에 직면한 유일한 국가였다. 프랑스 식민지이던 인도차이나가 베트남과 캄보디아와 라오스로 분할되었듯이, 네덜란드의 식민지이던 동인도제도도 여러 국민국가로 분할될 가능성이 있었다. 네덜란드가 1940년대 식민지에 여러 연방국을 설립하려고 시도한 것으로 판단하면 통일된 신생 인도네시아공화국의 힘을 꺾어놓을 속셈으로 동인도제도를 여러 국가로 분할하려고 한 것이 분명했다.

그러나 인도네시아는 쪼개지지 않았다. 처음부터 놀랍게도 신속한 속도로 국가 정체성을 구축했다. 그 정체성은 어느 정도 자연스럽게 형성되었지만 정부의 의식적인 노력으로도 크게 강화되었다. 인도네시아의 국가 정체성을 뒷받침하는 근원 중 하나는 1945~1949년 일어난 독립 투쟁으로 네덜란드의 지배를 떨쳐냈다는 자부심이다. 정부는 1945~1949년에 벌인 투쟁을 여러 형태로 변환해서 독립을 위한 영웅적 투쟁 이야기로 국민에게 전달하며, 이런 자연 발생적인 자부심을 북돋워주는 역할을 한다. 미국이 초·중등학교에서 모든 학생에게 독립 혁명에 대한 이야기를 다각도로 전해주는 것과 다를 바 없다. 인도네시아는 광활한 영토 또한 자랑스럽게 생각하며 국가國歌에도 '사방부터 메라우케까지'라는 뜻의 "다리 사방 삼파이 메라우케"라는 가사가 있을 정도이다. 사방과 메라우케는 각각 인도네시아 동쪽 끝과 서쪽 끝에 있는 도시로 둘 사이의 거리는 5,500킬로미터에 달한다. 인도네시아의 국가 정체성을 뒷받침하는 또 하나의 근원은 국어로 선택한 바하사 인도네시아어이다. 배우기 쉽고 놀라울 정도로 유연한 바하사 인도네시아어를 국어로 신속히 채택하며 700개의 지방어와 공존하고 있다.

국가 정체성과 관련한 이런 근원에만 기대지 않고 인도네시아 정부는 판차실라의 다섯 가지 원리를 강조하고, 자카르타의 판차실라 기념물에서 일곱 장군을 추념하는 의식을 매년 개최하며 국가 정체성을 강화하려 노력하고 있다. 그러나 2012년부터 인도네시아를 다시 방문하기 시작한 이후 많은 호텔에서 체류했지만 1979년 처음 인도네시아를 방문했을 때 숙박한 호텔의 로비에 펼쳐진 '공산주의자가 주동한 쿠데타' 같은 전시회를 요즘에는 본 적이 없다. 이제 국가 정체성에 대한 국민 의식이 확고해졌다고 확신하는 까닭에 '공산주의자가 주동한 쿠데타'라는 오해의 소지가 있는 주장까지 앞세우며 국가 정체성을 강화할 필요가 없다는 뜻이다. 방문객인 내가 인도네시아에서 경험한 가장 큰 변화라면 점점 확고해지는 국가 정체성이다.

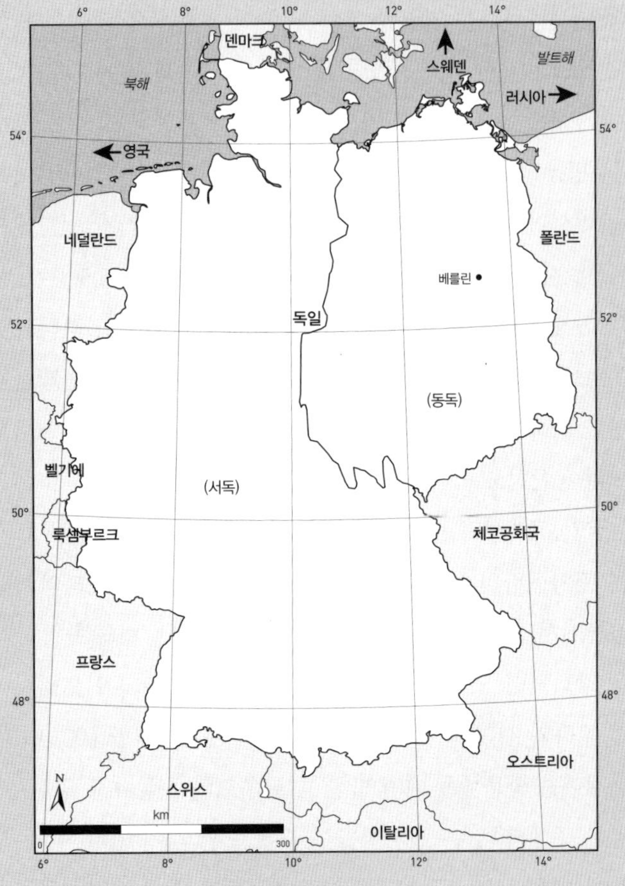

덴마크
북해
스웨덴
발트해
러시아
영국
네덜란드
폴란드
베를린
독일
(동독)
벨기에
(서독)
룩셈부르크
체코공화국
프랑스
오스트리아
스위스
이탈리아
km

도판 6. 독일 지도

6장

독일의 재건

1945년의 독일 – 1945년부터 1961년까지 – 심판하는 독일 – 1968년 – 1968년의 후유증 – 브란트와 재통일 – 지리적 제약 – 자기 연민? – 지도자와 현실주의 – 위기의 기준틀

1945년의 독일

1945년 5월 7일과 8일, 독일이 항복하며 유럽에서 제2차 세계대전은 끝났다. 당시 독일의 상황은 다음과 같았다.

나치의 지도자들, 즉 아돌프 히틀러Adolf Hitler(1889~1945), 요제프 괴벨스Joseph Goebbels(1897~1945)와 하인리히 힘러Heinrich Himmler(1900~1945), 마르틴 보어만Martin Bormann(1900~1945)은 이미 자살했거나 자살을 앞두고 있었다. 독일군은 유럽 대부분을 점령했지만 곧이어 후퇴를 거듭했고 결국 패배하고 말았다. 약 700만 명의 독일인이 죽었는데 군인은 전쟁터에서 전사했고 민간인은 폭격으로 죽었다. 특히 독일군이 소련 시민에게 가한 끔찍한 짓을 복수하려고 동유럽으로 진격하던 소련군에게 많은 민간인이 피란 중 죽음을 맞아야 했다.

6.1 폐허로 변한 독일 도시에 있는 독일 시민과 연합군 병사.

살아남은 수천만 명의 독일인은 연합군의 엄청난 폭격을 기억에서 지워내지 못하고 정신적 충격에 시달려야 했다. 독일의 거의 모든 주요 도시가 폭격과 시가전으로 산산이 부서졌다. 도시의 주택은 적게 보면 4분의 1, 많게 보면 2분의 1이 파괴되었다. 옛 영토의 4분의 1도 폴란드와 소련에게 잃었다. 독일은 남은 영토마저 네 곳의 점령 지역으로 분할되었고 최종적으로 두 국가가 되었다. 약 1,000만 명이 집 없는 난민이 되었으며, 수백만 명이 행방불명된 가족을 찾아 나섰고 수년 후에 일부만 기적적으로 살아서 돌아왔다. 그러나 대부분은 돌아오지 않았다. 게다가 그들 대다수가 죽은 시간과 장소, 상황은 영원히 수수께끼로 묻혔다.

나에게 처음 독일어를 가르쳐준 선생님은 망명해서 1954년 미국에 살고 있었는데 아들이 있다는 걸 무심결에 털어놓았다. 나는 순

6.2 쾰른을 폭격하는 연합군 폭격기. 쾰른을 비롯해 대부분의 독일 도시가 폭격으로 파괴되었다. 라인강을 가로지르는 다리가 끊긴 게 보인다. 다행히 쾰른 대성당은 기적적으로 파괴되지 않았다.

진하게 그 아들에 대해 물었고 선생님은 고뇌에 찬 표정으로 "그놈이 내 아들을 끌고 갔어! 그 후로 두 번 다시 아들에 대한 소식을 듣지 못했어!"라고 버럭 소리를 질렀다. 내가 그 선생님을 만났을 무렵, 선생님 부부는 거의 10년 동안 그렇게 불안한 마음으로 아들의 소식을 손꼽아 기다리며 살고 있었던 것이다. 지금은 고인이 된 두 독일인 친구는 그나마 '운이 좋은 편'이었다. 한 친구는 아버지에게 마지막 편지를 받고 1년 후에 아버지가 사망한 게 거의 확실하다는 걸 알았고, 또 한 친구는 형과 헤어지고 3년 후에 형의 죽음을 알았다.

1945년 당시 독일 경제는 완전히 붕괴된 상태였다. 인플레이션으로 독일 화폐가치는 급속히 떨어졌다. 독일인은 무려 12년 동안 나치의 세뇌 프로그램을 받은 뒤였다. 실질적으로 모든 관리와 판사가 나치의 공모자였고 협력자였다. 정부에서 일자리를 얻으려면 히틀러에게 개인적으로 충성 서약을 해야 했기 때문이다. 한마디로 독일 사회는 권위주의적이었다.

오늘날 독일은 자유민주주의 국가이다. 경제 규모는 세계에서 네 번째로 크고 수출로는 세계에서 선두를 다투며, 러시아 서쪽의 유럽에서 영향력이 가장 큰 국가이기도 하다. 안정적인 자체 통화 도이치 마르크를 구축했고, 그 후에는 유럽에서 공통으로 사용하는 통화 유로를 도입하는 데 주도적 역할을 했다. 독일만이 아니라 독일이 근래에 공격한 국가들이 다 함께 평화롭게 지내기 위해 유럽연합을 설립하는 데도 앞장섰다. 이제 독일은 나치의 잔재를 대체로 청산했고 사회적으로도 과거에 비하면 훨씬 덜 권위주의적이다.

1945년 5월부터 오늘날까지 어떤 일이 있었기에 이런 변화가 일어난 것일까? 내가 독일을 처음 방문한 것은 1959년이었고, 1961년에는 상당한 기간을 독일에서 살았다. 물론 그 후에도 독일을 뻔질나게 드나들었다. 이제부터 내가 전후 독일에서 직접 목격한 다섯 가지 변화에 대해 살펴보려 한다. 그중 두 가지(동서 분할과 서독의 경제 부흥)는 내가 독일에 체류하던 때 거의 완료된 상태였고, 다른 두 가지(나치의 유산에 직면한 독일과 사회적 변화)는 당시 이미 진행 중이었지만 이후에 더욱 가속화되었다. 나머지 하나, 즉 재통일은 수십 년 후에 일어났는데 1961년 당시엔 나는 물론 내 독일 친구들도 전혀 상상하지 못한 결과였다.

이 책에서 다루는 위기와 변화의 기준틀에서 보면 독일은 지리적 제약과 지도자의 부정적이고 긍정적인 역할 등 많은 면에서 극단적인 경우를 대표한다. 특히 직면한 위기의 규모에서 독일은 최악의 사례였다. 메이지 시대 일본은 외부 공격에 위협을 받은 정도에 불과했고,

핀란드와 오스트레일리아는 공격을 받았지만 점령당하지는 않았다. 그러나 1945년의 독일과 일본은 공격을 받아 정복되고 점령당했다. 한마디로 독일은 이 책에서 언급한 어떤 국가보다 파괴되고 쑥대밭으로 변했다.

1945년부터 1961년까지

제2차 세계대전에서 승리한 연합국은 독일을 네 곳의 점령 지역으로 분할했다. 남부는 미국, 남서부는 프랑스, 북동부는 영국, 동부는 소련이 점령했다. 수도 베를린은 소련이 점령한 지역의 중앙에 있었지만 그곳도 다시 네 지역으로 분할되어 소련 점령 지역 내에 섬처럼 떠 있는 비소련 점령 지역이 되었다. 1948년 소련은 미국과 영국과 프랑스가 베를린 내의 점령 구역에 육로로 접근하는 걸 차단했다. 서구의 세 연합국이 베를린 내의 구역을 포기하게 만들려는 속셈이었다. 세 연합국은 이른바 '베를린 공수작전'으로 맞서며 거의 1년 동안 베를린에 항공기로 물자를 공급했다. 결국 1949년 소련은 봉쇄를 포기하고 풀었다.

바로 그해 1949년 연합국은 세 점령 지역을 하나로 통합하며 독일연방공화국Federal Republic of Germany(독일어로는 Bundesrepublik Deutschland)이라 칭했고 흔히 서독으로 불렀다. 소련 점령 지역은 별도의 국가, 즉 독일민주공화국Deutsche Demokratische Republik이 되었다. 흔히 동독으로 불렀고 독일어 두문자로는 DDR라고 썼다. 하지만 결국 동독은 붕괴해 실질적으로 서독에 흡수된 실패한 공산주의 독재국가로 잊히고 말았다. 독일민주공화국이란 국명 자체가 새빨간 거짓말로 기억되고 있을 뿐이다. 현재 북한이 취하고 있는 '조선민주주의인

민공화국'이란 명칭도 다를 바 없다. 소련의 폭압만이 아니라 독일 공산주의자의 이상주의가 동독의 붕괴에 크게 기여했다는 사실도 쉽게 잊혔지만, 당시 많은 독일 지식인이 서독과 해외 망명지에서 동독으로의 이주를 선택했다는 사실도 어느새 잊히고 말았다.

그러나 생활수준과 자유의 수준에서 결국 동독은 서독에 훨씬 뒤처지고 말았다. 미국은 서독에 경제원조를 퍼부었지만, 소련은 동독에 경제적 배상을 요구하며 공장을 통째로 해체해 러시아로 옮겨갔고 동독 농업을 '집단 농장'으로 재조직했다. 그 후 1990년 재통일될 때까지 두 세대 동안 서구 민주국가의 시민과 달리 동독인은 좀 더 나은 삶을 위해 열심히 일하겠다는 동기부여를 학습할 기회를 얻지 못했다.

그 결과, 동독인이 서독으로 탈출하기 시작했다. 따라서 1952년 동독은 서독과 마주한 국경을 봉쇄했지만 동독인은 동베를린에서 서베를린로 넘어간 후 서베를린에서 항공편으로 서독까지 날아가는 방법으로 탈출을 시도했다. 전쟁 전부터 존재한 베를린의 공공 교통수단, 즉 U반(지하철)과 S반(국철)에는 서베를린과 동베를린을 잇는 노선이 있었다. 따라서 동베를린에서 누구나 기차에 올라타기만 하면 서베를린에 들어갈 수 있었다. 나는 1960년에 베를린을 처음 방문했다. 그때까지도 서구의 다른 여행자처럼 U반을 타고 동베를린을 방문한 후 서베를린으로 돌아왔다.

1953년 동독인의 불만이 폭발하며 파업이 폭동으로 확대되었지만 소련군에게 진압되고 말았다. 하지만 베를린 공공 교통수단을 이용한 동독인의 탈출은 계속되었다. 마침내 1961년 8월 31일 밤, 동독 정부는 갑자기 동베를린 U반 정거장을 폐쇄했고 동베를린과 서베를린 사이에 장벽을 세웠다. 국경 경비원들은 장벽을 넘으려고 시도

6.3 동독 정부가 동·서베를린 사이에 세운 악명 높았던 장벽. 동독 정부는 서독 간첩이 동베를린에 잠입하는 걸 막기 위한 조치라고 주장했지만, 실제로는 동독인이 서베를린으로 탈출하는 걸 막기 위한 수단이었다.

하던 사람들을 쏘아 죽였다. 당시 나는 독일에 머물고 있던 때여서 장벽을 세운 이튿날 아침, 서독 친구들이 말과 표정으로 보여준 충격과 분노를 지금도 생생히 기억한다. 동독은 불만 많은 동독인이 서베를린으로 탈출하는 걸 예방하기 위한 조치라는 걸 인정하지 않고, 서독의 간첩과 범죄자로부터 동독을 보호하기 위한 조치라고 주장하며 장벽의 건설을 합리화했다. 서구 연합국은 동독과 소련군에게 에워싸인 서베를린을 위해 아무것도 할 수 없다는 사실을 알았기 때문에 대담하게 그 장벽을 허물지 못했다.

그때부터 동독은 죽음을 각오하지 않으면 서독으로 탈출할 가능성을 전혀 허용하지 않는 별개의 국가가 되었다(실제로 탈출을 시도하다가 사망한 독일인이 1,000명을 넘었다). 한쪽에는 소련·동유럽의 공산주의 진영, 맞은편에는 미국·서유럽이 극단적으로 대립한 상황에서 독일이 재통일할 현실적인 가능성은 전혀 없었다. 비유해서 말하면 미국이 미시시피강을 사이에 두고 동부의 공산주의 진영과 서부의 민주주의 진영으로 갈라진 후 가까운 장래에 다시 합칠 희망이 전혀 없는 경우와 다를 바 없었다.

제2차 세계대전 직후 서구 연합국이 서독에 대해 고려한 하나의 정책은 독일이 공업을 재건하지 못하도록 방지하고 이른바 '모겐소 플랜Morgenthau Plan'에 따라 독일 경제를 농업 중심으로 전환하며, 연합국이 제1차 세계대전 후에 그랬고 소련이 당시 동독에 시행한 것처럼 전쟁 배상금을 받아내는 것이었다. 이런 정책적 전략은 독일이 히틀러 시대에는 제2차 세계대전을, 역사적으로 논란이 많지만 빌헬름 2세 시대에는 제1차 세계대전을 도발했듯 다시 공업화되면 세계대전을 또 일으킬 수 있다는 연합국의 보편적 견해에서 비롯한 것이었다.

연합국이 이런 견해를 바꾼 결정적 계기는 본격적으로 시작된 냉전과 세계대전이 다시 일어난다면 독일보다 소련이 근원일 것이라는 깨달음이었다. 4장에서 칠레에 대한 미국의 정책과 관련해 설명했듯 그런 두려움은 제2차 세계대전 이후 수십 년 동안 미국 외교정책의 기저를 이룬 지배적인 동기였다. 공산주의가 동유럽의 모든 국가를 점령했고 소련은 원자폭탄뿐 아니라 수소폭탄까지 확보했다. 소련은 1948~1949년 서베를린을 봉쇄하며 옥죄려 했고, 서유럽의 일부 민주국가(특히 이탈리아)에서는 공산당이 강력하게 부상하기도 했다. 따라서 서유럽은 냉전이 또 다른 세계대전으로 폭발할 가능성이 가장 큰 지역이었다. 1961년 내가 독일에서 거주하려고 준비하던 때 아버지는 미국인답게 아주 진지한 표정으로 유럽에 조금이라도 위험한 징조가 보이면 앞뒤 가리지 말고 안전한 스위스로 피신하라고 나에게 신신당부했다.

이런 관점에서 보면 서독은 유럽의 한복판에 위치하며 공산국가인 동독과 체코슬로바키아와 국경을 맞대고 있어 서유럽의 자유를 지키려면 지정학적으로 무척 중요한 국가였다. 따라서 공산주의를 차단할 방벽으로 서독을 다시 강하게 키워낼 필요가 있었다. 또 제1차 세계대전 이후에 그랬듯이 좌절에 빠진 독일이 정치적 극단주의에 다시 빠져드는 위험을 줄이고, 경제적으로 허약해진 서독을 물질적으로 계속 지원해야 하는 경제적 비용을 줄이기 위해서라도 서구 연합국은 독일을 다시 강하게 키워낼 필요가 있었다.

1945년 이후 이런 견해의 변화가 서구 연합국 사이에 무르익는 데는 여러 해가 걸렸고, 그 기간에 서독 경제는 계속 추락하고 악화되었다. 마침내 1948년 미국이 다른 서유럽 국가에 1947년부터 제공하기 시작한 마셜플랜에 따른 경제원조를 서독으로 확대했다. 이때 서독은 가치가 폭락한 통화를 새로운 도이치마르크로 교체했다. 서구 연합국은 세 점령 지역을 하나로 통합하면서도 서독의 입법 행위에 대한 거부권을 유지했다. 하지만 서독의 초대 총리 콘라트 아데나워Konrad Adenauer(1876~1967)는 공산주의에 대한 미국의 두려움을 교묘하게 활용하는 수완을 발휘하며 연합국이 권한을 줄여가고 서독에 더 많은 권한을 위임하는 묵인을 끌어냈다. 아데나워 시대의 경제장관이던 루트비히 에르하르트Ludwig Erhard(1897~1977)는 수정 시장경제 정책을 도입했고, 마셜플랜의 원조를 적극적으로 활용하며 놀라운 경제 회복을 이루어냈다. 이런 경제 회복은 훗날 '경제 기적'이란 뜻에서 '비르트샤프츠분더Wirtschaftswunder' 혹은 '라인강의 기적'으로 일

켰었다. 배급 제도를 폐지했고 산업 생산량이 급증했으며 생활수준이 크게 향상되었다. 그 결과, 서독인에게는 자동차와 집을 구입할 수 있다는 꿈이 실현되었다.

내가 영국에서 서독으로 이주했을 무렵 서독은 영국보다 더 번창하고 만족스러운 삶을 사는 듯했다. 내 영국 친구들도 "제2차 세계대전에서 독일이 패했고 영국이 승리했지만, 경제 기적을 이루어낸 곳은 영국보다 서독이었다"라고 씁쓸하게 인정하곤 했다. 정치적으로 말하면 1955년 서독은 주권을 되찾았고 연합국의 군사 점령도 종식되었다. 연합국은 독일을 무찌르고 무장해제하려 두 번의 세계대전을 치렀지만, 서독은 군대를 다시 조직하고 재무장하기 시작했다. 서독 자체의 결단에 의한 것이 아니었다. 믿기지 않겠지만 서독 의회가 반대했는데도 서구의 요구에 응한 것이었다. 따라서 서독은 서유럽을 방어하는 부담을 연합국과 나누어야 했다. 1945년의 관점에서 보면 이런 결과는 미국과 영국과 프랑스의 대독일 정책에서 엄청난 변화였다.

서독 경제의 특징을 요약하면 양호한 노사 관계와 드문 파업, 탄력적인 고용조건이라 할 수 있다. 기업이 성장할 수 있도록 고용원은 파업하지 않고, 고용주는 그로 인한 사업 성과를 노동자와 공유할 것이라는 암묵적 합의가 둘 사이에 맺어져 있다. 또 독일 산업의 특징인 도제제도가 오늘날에도 존재한다. 따라서 젊은이들은 기업에 도제로 들어가 일하며 관련 기술을 익히고, 기업은 도제에게 적절한 보수를 지급한다. 도제 기간이 끝나면 그 기업에서 일자리를 얻는다. 현재 독일은 유럽에서 경제 규모가 가장 큰 국가이다.

심판하는 독일

제2차 세계대전이 끝난 후 연합국은 생존한 24명의 나치 최고 지도자를 전범으로 기소해 뉘른베르크 법정에 세웠다. 외무장관이던 요아힘 폰 리벤트로프Joachim von Ribbentrop(1893~1946)와 공군 총사령관이던 헤르만 괴링Hermann Göring(1893~1946)을 비롯해 열 명에게는 사형이 선고되었다(괴링은 사형이 집행되기 전날 독약으로 자살했다). 일곱 명은 장기형이나 종신형을 선고받았다. 뉘른베르크 법원은 그 밖에 많은 중간 계급의 나치 전범을 법정에 세워 단기형이라도 선고했다. 연합국은 훨씬 많은 독일인에게 나치로서 과거를 반성하고 재교육을 받는 '탈나치화denazification' 작업을 실시했다.

그러나 뉘른베르크 재판과 탈나치화 작업으로는 나치의 유산을 완전히 청산하지 못했다. 수백만 명의 하급 관리는 확신범이든 나치의 명령을 어쩔 수 없이 따랐든 간에 기소되지 않았다. 또 재판 주체가 독일이 아니라 연합국이던 까닭에 독일인에게 가한 행동에 대해 책임져야 할 독일인은 기소되지 않았다. 따라서 독일에서 뉘른베르크 재판은 '승자의 재판siegerjustiz'이라고 여겨 무시하는 지경에 이르렀다. 승자가 패자에게 복수하는 재판에 불과하다는 뜻이었다. 서독도 자체적으로 기소했지만 처음에는 그 범위가 무척 제한적이었다.

전후 독일에 기능적인 정부를 세우려던 연합국과 독일이 부딪친 실질적 문제는 어떤 정부에나 경험 많은 관리가 필요하다는 것이었다. 그러나 1945년 당시 정부에서 일한 경험이 있는 독일인 중 압도적 다수가 나치 정부에서 일한 경력자였다. 달리 말하면 전후 독일 정부에서 일할 만한 경험을 갖춘 관리와 판사는 모두 확신에 찬 나치였거나 적어도 나치에 협력한 사람이었다. 망명을 떠났거나 나치에 체포되어 강제수용소에 수감된 까닭에 정부에서 일한 경험이 없는 독일인만이 유일한 예외였다.

예컨대 전후 서독의 초대 총리 콘라트 아데나워는 나치의 압력에 쾰른 시장에서 쫓겨난 비非나치당원이었다. 아데나워가 총리로 취임하자마자 취한 정책은 '사면과 통합'으로 요약된다. 그 정책은 독일인 개개인에게 나치 시대에 무엇을 했는지 묻지 말자는 정책을 완곡하게 표현한 것이다. 결국 독일 정부는 식량과 주택을 제대로 공급받지 못하는 수천만 명의 독일인에게 식량과 주택을 제공하고, 폭격에 쑥대밭이 된 도시와 황폐해진 경제를 재건하며 12년간 이어진 나치 통치를 딛고 일어나 민주 정부를 재확립해야 한다는 화급한 과제에 집중한 것이었다.

그 결과, 나치 범죄는 사악한 지도자로 이루어진 소규모 패당의 잘못이고, 대다수 독일인은 결백하며 소련에 맞서 영웅적으로 싸운 평범한 독일 병사들도 죄가 없고 더 깊이 조사할 만한 중대한 나치 범죄는 남지 않았다는 해석을 대부분의 독일인이 받아들이게 되었다. 서독 정부가 나치 부역자를 기소하는 데 깔끔하게 성공하지 못한 또 다른 이유가 있다면 정부를 대변한 검찰관 중에도 옛 나치당원이 많았다는 것이다. 예컨대 서독 연방형사청Bundeskriminalamt에 소속된 47명의 고급 관리 중 33명과 서독 정보기관의 많은 요원이 광적인 나치 친위대Schutzstaffel의 중간 지도자였다.

1961년 나는 독일에 체류하던 동안 나치 시대에 30~40대를 보낸 노인들이 그 시대를 옹호하는 말을 간혹 듣곤 했다. 물론 그들은 흉금을 터놓을 정도로 나와 친해진 사람들이었고 주변에 아무도 없는 곳에서 나에게 사사롭게 내뱉은 말이었다. 예컨대 나와 함께 첼로-피아노 소나타를 간혹 연주하던 여성 음악가의 남편은 "수백만 명의 유대인을 학살했다는 소문은 수학적으로 불가능하며 역사상 가장 큰 거짓말"이라고 말했다. 또 다른 노령의 독일 친구는 히틀러의 녹음된 연설을 나에게 들려주며 거의 황홀한 표정으로 그 연설을 들었다.

마침내 1958년 서독 모든 연방주의 법무부 장관들이 서독 영토 안팎에서 범한 나치 범죄의 기소를 총괄하는 중앙 본부를 설립했다. 이 본부에서 핵심적 역할을 맡은 인물은 독일계 유대인 변호사로 반나치 사회민주당원이었으며 1935년 독일을 떠나 덴마크로 망명할 수밖에 없었던 프리츠 바우어Fritz Bauer(1903~1968)였다. 바우어는 1949년 독일로 돌아오자마자 나치 범죄를 기소했다. 1956년부터 1968년 세상을 떠날 때까지 그는 헤센주의 검사장으로 일했다. 프리츠 바우어가 평생 지향한 원칙은 독일인은 스스로 심판해야 한다는 것이었다. 달리 말하면 연합국이 기소한 지도층에만 국한하지 말고 평범한 독일인도 기소해야 한다는 뜻이었다.

바우어는 독일에서 '아우슈비츠 재판Auschwitz trials'으로 알려진 재판으로 명성을 얻었다. 이 재판에서 그는 나치가 운영한 가장 큰 강제수용소 아우슈비츠에서 하급 관리로 활동한 독일인들을 기소했다. 아우슈비츠에서 근무했다는 이유로 그에게 기소된 사람들은 주로 의복 관리자, 약제사, 의사 등 하급 관리였다. 그 후에도 하급 나치 경찰, 유대인과 독일 레지스탕스 지도자를 불리하게 재판하며 사형을 선고한 판사, 유대인 기업가를 학대한 나치당원, 의사와 판사 등 나치의 안락사 프로그램에 관계한 사람, 독일 외무부에 근무한 관리 등을 계속 기소했다. 특히 동부 전선에 주둔한 병사들이 잔혹한 행위를 범했다고 기소되었을 때 독일 국민은 큰 충격을 받았다. 잔혹한 행위는 친위대 같은 광적인 집단이 범한 짓이지, 평범한 독일 병사의 잘못은 아니라는 게 독일인의 보편적 믿음이었기 때문이다.

바우어는 이렇게 기소하는 데 만족하지 않고 전쟁 이후에 사라진 가장 악질적이던 나치당원을 추적해 찾아내려 애썼다. 히틀러의 보좌관 마르틴 보어만(앞에서 자살한 것으로 언급했지만 뉘른베르크 재판 당시 보어만이 남아메리카에 살고 있다는 증언이 있었다—옮긴이), 아우슈비츠 강제수용소의 의사로 수감자들을 대상으로 생체 실험을 한 것으로 알려진 요제프 멩겔레Josef Mengele(1911~1979), 유대인을 찾아내 강제수용소로 이송한 책임자 아돌프 아이히만Adolf Eichmann(1906~1962)이 대표적인 예였다. 바우어는 멩겔레와 보어만을 찾아내지 못했다. 멩겔레는 결국 1979년 브라질에서 사망했고, 보어만은 1945년 히틀러와 비슷한 시점에 자살한 것으로 훗날 밝혀졌다.

그러나 바우어는 아르헨티나로 달아난 아이히만의 피신처에 대한 정보를 받았다. 그는 그 정보를 독일 비밀경찰에게 넘길 수 없다고 판단했다. 비밀경찰이 아이히만을 체포해 처벌하기는커녕 그에게 은신처가 발각되었다는 걸 귀띔해 도망갈 기회를 제공하지 않을까 걱정한 때문이었다. 그래서 바우어는 아이히만의 행방에 대한 정보를 이스라엘 비밀경찰에 넘겼고, 이스라엘 비밀경찰은 아르헨티나에서 아이히만을 납치해 은밀히 이스라엘로 데려오는 데 성공했다. 이스라엘은 그를 공개재판에 세웠고 결국 교수형에 처했다. 당시 재판으로 세계인은 아이히만에게는 물론 나치 범죄와 관련 있는 개인에게도 관심을 갖게 되었다.

바우어의 기소는 독일 내에서 폭넓은 관심을 끌었다. 무엇보다 그의 기소는 1930~1940년대의 독일인이 나치 시대에 어떤 짓을 했는지 1960년대의 독일인에게 폭로하는 행위였다. 그에게 기소된 나치 옹호자들의 변명은 한결같이 동일한 논조를 띠었다. "그냥 명령을 따랐던 것입니다." "당시 사회의 규범과 법을 지켰던 것입니다." "그 사람들을 죽이는 데 아무런 책임도 없습니다." "유대인들을 기차로 죽음의 수용소까지 이송하는 데 작은 역할을 했을 뿐입니다." "나는 아우슈비츠의 약제사 혹은 경비원에 불과했습니다." "나는 개인적으로 아무도 죽이지 않았습니다." "나치 정부가 내세운 이념과 권위에 눈이 멀었던 것입니다. 그래서 내가 나쁜 짓을 하고 있는 것을 인식할 수 없었습니다."

바우어가 법정과 대중 앞에서 거듭 밝힌 대응법은 다음과 같았다. 바우어에게 기소된 독일인들은 인류에 대한 범죄를 범한 사람들이었다. 나치 시대의 법은 위법적이었다. 따라서 그런 법을 따랐다는 주장으로 자신의 행위를 변명할 수는 없다. 인류에 대한 범죄를 정당화할 수 있는 법은 없다. 누구에게나 옳고 그름을 판단하는 분별력이 있고 각국의 정부가 무엇이라 말하든 간에 그 분별력을 따라야 한다. 바우어가 살인 기계라 칭한 것, 즉 아우슈비츠 강제수용소 같은 기구에 참여한 사람은 누구나 그것만으로도 범죄자가 된다. 게다가 그가 심판대에 올린 피고, 또 압력에 어쩔 수 없이 그렇게 행동할 수밖에 없었다고 변명한 피고 중 대다수가 강압 때문이 아니라 자신의 확신으로 그렇게 행동했다는 게 점점 명백해졌다.

하지만 바우어의 기소는 대체로 패배했다. 피고들이 독일 법정에서 무죄 선고를 받는 경우가 많았다. 1960년대에도 달라지지 않았다. 오히려 바우어 자신이 자주 언어 공격의 표적이 되었고 죽음의 위협까지 받았다. 하지만 나치 시대에 독일인이 어떻게 믿었고 어떻게 행동했는지 섬뜩할 정도로 자세히 독일 국민에게 독일 법정에서 몇 번이고 되풀이해서 보여준 것이 바우어의 기소에 담긴 의미였다. 나치 악행은 소수의 사악한 지도자가 저지른 짓이 아니었다. 서독 정부에서 고위 관리로 근무하는 다수를 비롯해 많은 평범한 병사와 관리가 나치의 명령을 수행했고 그런 행위는 인류에 대한 범죄였다. 뒤에서 다시 다루겠지만 바우어의 이 같은 노력은 1968년 독일 대학생의 저항을 가능하게 해준 중요한 양식이 되었다.

내가 독일을 떠난 1961년 이후로 나치 시대에 대한 독일인의 견해가 달라졌다는 것은 21년 후, 즉 1982년의 경험에서 명확히 확인했다. 그해 나는 아내와 함께 독일에서 휴가를 보냈다. 고속도로를 타고 뮌헨으로 가던 길에 다하우라는 교외를 가리키는 고속도로 출구 표식이 눈에 들어왔다. 다하우는 나치 강제수용소(독일어로는 Konzentrationslager, KZ)가 있던 곳이었고 당시는 박물관으로 개조한 뒤였다. 우리는 그때까지 강제수용소를 둘러본 적이 없었지만 강제수용소의 생존자인 아내의 부모에게서 그곳의 이야기를 자주 들었고, 어릴 때 뉴스 영화를 통해 그곳의 참상을 보았기 때문에 강제수용소에 대해 상당히 많이 알고 있다고 자부했다. 따라서 '한낱' 박물관에서 큰 감동을 받을 거라고는 전혀 예상하지 못했다. 독일이 강제수용소를 그처럼 정직하게 설명할 거라고는 상상조차 못했기 때문이다.

한마디로 우리에게 다하우를 방문한 것은 엄청나게 충격적인 경험이었다. 그 이후 규모가 훨씬 더 크고 악명도 높은 아우슈비츠를 방문했을 때만큼이나 큰 충격이었다. 물론 아우슈비츠도 전시관으로 꾸몄지만 아우슈비츠는 폴란드에 있어 독일이 꾸민 것은 아니다. 사진과 독일어로 쓰인 설명 글은 다하우 강제수용소와 그 배경을 생생하게 묘사하고 설명했다. 나치는 1933년 권력을 잡았고 1930년대 내내 유대인과 비나치 독일인을 박해했으며, 다하우 강제수용소를 비롯한 강제수용소를 운영했다는 걸 숨김없이 밝혔다. 다하우 박물관은 독일의 책임을 회피하기는커녕 "독일인은 스스로 심판해야 한다!"라는 프리츠 바우어의 원칙을 보여주는 좋은 예였다.

그때 아내와 내가 다하우에서 본 것은 독일에서 모든 어린이가 1970년대 이후로 줄곧 본 것의 일부였다. 독일 아이들은 학교에서 나치의 잔혹 행위에 대해 자세히 배우고 많은 아이가 다하우처럼 과거에는 강제수용소였지만 전시관으로 꾸민 곳을 견학한다. 과거의 범죄를 이처럼 국가적 차원에서 직시하는 현상은 결코 당연한 일은 아니다. 내가 과문해서인지 몰라도 독일만큼 과거의 책임을 진지하게 받아들이는 국가는 없었다. 인도네시아 아이들은 지금도 1965년의 대량 학살에 대해 아무것도 배우지 않는다(5장 참조). 내가 개인적으로 알고 지내는 일본 청년들의 증언에 따르면 일본도 과거의 전쟁 범죄에 대해 아이들에게 가르치지 않는다(8장 참조). 미국이 베트남에서 범한 범죄, 아메리카 원주민과 아프리카계 노예에 가한 잔혹 행위를 아이들에게 자세히 가르치는 것은 미국의 국가정책이 아니다. 1961년 나는 독일이 어두운 과거를 국가적 차원에서 인정하는 경우를 거의 보지 못했다. 이런 점에서 독일이 완전히 변하게 된 상징적인 분수령으로 손꼽을 만한 해는 1968년이다. 이제부터 1968년에 어떤 사건이 일어났는지 살펴보자.

1968년

저항과 항거, 특히 대학생들의 저항이 1960년대에 자유세계의 많은 지역에서 들불처럼 확산되었다. 미국에서는 시민 평등권 운동civil rights movement, 베트남 전쟁에 반대하는 반전 시위, 캘리포니아대학교 버클리 캠퍼스의 자유 언론 운동free speech movement, 민주사회학생회Students for a Democratic Society 등으로 저항이 시작되었다. 학생 시위는 프랑스와 영국, 일본과 이탈리아, 독일에서도 확산되었다. 미국에서 그랬듯 이런 국가들에서도 학생 시위는 구세대에 대한 신세대의 저항을 어느 정도 대변했지만, 이런 세대 충돌은 독일에서 두 가지 이유로 특히 폭력적 양상을 띠었다. 첫째, 독일의 구세대는 나치와 관련이 있었기에 신세대와 구세대 간의 골은 미국보다 훨씬 깊었다. 둘째, 독일 사회는 전통적으로 권위주의적 태도를 띠었기 때문에 구세대와 신세대는 서로 경멸하게 되었다. 시위가 자유화로 이어지며 1960년대 내내 독일에서 점점 격화되었지만 시위가 폭발하며 길거리로 쏟아져 나온 때는 1968년이었다. 왜 하필이면 1968년이었을까?

독일만이 아니라 미국에서도 세대마다 경험이 다르고 각 세대에 붙인 이름 또한 다르다. 미국에서는 각 세대에 베이비붐 세대, X 세대, 밀레니엄 세대 등 대략적으로 규정된 이름을 붙였다. 그러나 독일에서는 해마다 변화의 속도와 깊이가 훨씬 빠르고 깊었다. 예컨대 당신이 미국인 새 친구를 사귀면 당신과 그 친구는 각자가 살아온 과정을 서로 이야기하더라도 "나는 1945년에 태어났습니다. 이렇게만 해도 내 삶과 사고방식에 대해 굳이 자세히 말하지 않아도 충분히 짐작할 수 있을 겁니다"라는 식으로 시작하지는 않을 것이다. 그러나 독일인은 "내가 태어난 해가 1945년입니다"라고 하며 대화를 시작하는 경

6.4 1968년 서독 학생들의 시위는 세대교체의 신호탄이었다.

우가 많다. 독일인은 언제 태어나고 자랐느냐에 따라 무척 다른 삶을 살았다는 걸 알기 때문이다.

내 또래 독일 친구들, 즉 1937년경에 태어난 독일인의 경험을 예로 들어보자. 그들은 성장 과정에서 미국인과 상대적으로 젊은 독일인이 정상적이라 생각하는 삶을 경험하지 못했다. 전쟁 때문에 그들은 어린 시절 나쁜 일을 겪었다. 예컨대 1937년에 태어난 가장 절친한 여섯 명의 독일 친구 중 한 명은 군인이던 아버지가 전사한 까닭에 고아가 되었다. 한 명은 아버지가 생존하기는 했지만 연합군의 폭격을 받던 지역에 근무한 까닭에 아버지의 무사 귀환을 매일 간절히 기도해야 했다. 또 한 명은 한 살이었을 때 헤어진 아버지를 열한 살 때에 재회했다. 아버지가 전쟁 포로가 된 때문이었다. 한 명은 두 형을 전쟁에서 잃었고, 또 한 명은 수년 동안 밤이면 집을 나와 다리 아래에서 시간을 보냈다. 그 친구의 고향이 매일 밤 폭격을 받아 집에서 밤을 보내는 건 안전하지 않았기 때문이다. 한 명은 어머니의 부탁에 매일 철도역 야적장으로 석탄을 훔치러 갔다. 석탄이 있어야 따뜻하게 지낼 수 있었으니까! 따라서 1937년에 태어난 동갑내기 독일 친구들은 전쟁과 그에 뒤따른 혼돈과 가난 및 학교의 폐쇄에 심리적 충격을 받은 사람들이었다. 그러나 히틀러 유겐트Hitler Jugend라는 나치 청소년 조직에 가입해 나치 이념을 억지로 머릿속에 주입해야 할 정도의 연령층은 아니었다. 또 1955년에 창설한 서독 군대에 징집되기에도 너무 어린 연령이었다. 1937년생은 징병에 소집되지 않은 마지막 연령이었다.

독일인이 어느 해에 태어났느냐에 따라 다른 삶을 살았다는 사실은 1968년 독일에서 폭력적인 학생 시위가 일어난 이유를 설명하는데 도움이 된다. 일반적으로 1968년의 시위자들은 1945년경, 즉 전쟁이 끝났을 무렵에 태어났다. 그들은 나치로 성장하기에는 너무 어렸고 전쟁을 경험하거나 전쟁 후의 혼돈과 가난을 기억하기에도 너무 어렸다. 독일이 경제를 회복한 후, 즉 경제적으로 안정된 시대에 그들은 성장했다. 따라서 살아남기 위해 힘겹게 투쟁할 필요가 없었으며 저항과 시위에 전념할 수 있을 정도로 여유롭고 안전한 삶을 누렸다.

1968년 그들은 20대 초반이었고 프리츠 바우어가 그들의 부모 세대인 평범한 독일인이 나치의 부역자로 저지른 범죄를 폭로하던 1950년대와 1960년대 초에는 10대였다. 1945년에 태어난 시위자들의 부모는 대체로 1905~1925년에 태어났다. 달리 말하면 1945년에 태어난 세대의 부모는 히틀러를 총통으로 선택했고 히틀러의 명령에 순종했으며, 히틀러를 위해 싸웠고 히틀러 유겐트라는 청소년 조직을 통해 나치의 이념에 세뇌된 사람들로 자식들에게 비쳤다.

모든 10대는 부모를 비판하고 저항하는 경향이 있다. 1960년대에 프리츠 바우어는 자신의 조사 결과를 널리 알렸지만 1945년에 태어난 세대의 부모는 나치 시대에 대한 언급을 피하며 자신의 일에 몰두했고 그 결과 전후 경제 기적을 이루어냈다. 자식이 "엄마와 아빠는 나치 시대에 무엇을 했나요?"라고 물으면, 1961년에 나이가 더 많은 독일인이 나에게 "자네 같은 젊은이는 전체주의국가에서 사는 게 어떤 것인지 상상조차 하지 못할 것이네. 신념대로 행동하기가 쉽지 않아"라고 한 말처럼 대답했을 것이다. 물론 그런 변명에 젊은 층은 만족하지 못했을 것이다.

따라서 1945년 전후에 태어난 독일인은 자신의 부모와 부모 세대를 나치 부역자로 불신했다. 이렇게 해석하면 제2차 세계대전의 두 침략국, 이탈리아와 일본에서도 학생 시위가 폭력적 성향을 띤 이유가 설명된다. 반면 미국에서 1945년생의 부모는 제2차 세계대전의 전범이 아니라 전쟁 영웅으로 여겨졌다. 그렇다고 1960년대에 미국의 10대가 부모 세대를 비판하지 않았다는 뜻은 아니다. 다만 부모 세대를 전쟁 범죄자로 무시하지는 않았다는 뜻이다.

아우슈비츠의 가스실에서 아버지를 잃은 유대인과 결혼한, 유대인이 아닌 독일 여성 베아테 클라르스펠트Beate Klarsfeld(1939년생으로 1945년생보다 나이가 약간 많았다)의 행동은 독일에서 1968년을 상징하는 순간으로 폭넓게 기억되었다. 1968년 11월 7일 베아테는 서독 총리 쿠르트 키징거Kurt Kiesinger(1904~1988)에게 "나치!"라고 소리치며 그의 빰을 때렸다. 키징거가 나치당원이었기 때문이다. 그러나 1945년생이 나치 범죄에 공모했다는 이유로 부모를 경멸하는 경향을 띠었지만, 나치라는 얼룩진 과거가 1968년 저항의 유일한 이유는 아니었다. 독일 학생들은 미국 학생들과 히피들이 저항했던 것—베트남전쟁, 권위와 부르주아적 삶, 자본주의와 제국주의, 전통적인 도덕—과 유사한 것에 훨씬 격렬하게 저항했다. 독일의 68 세대는 자본주의화된 독일 사회를 파시즘과 동일시한 반면, 나이가 많은 보수적 세대는 폭력적이고 좌파적이며 반항적인 학생들을 '히틀러의 자식들', 즉 폭력적이고 광적이던 나치 돌격대와 친위대의 환생으로 보았다. 반항적인 수많은 학생이 극좌적 성향을 띠었고, 실제로 일부 학생은 동독으로 이주한 후 서독의 동조자에게 자금과 자료를 은밀히 보내기도 했다. 한편 서독의 중·장년층은 반항적인 학생들에게 "그래, 여기가 싫으면 동독으로 가라!"고 면박하는 식으로 대응했다.

1968년 미국의 급진적인 학생과 비교할 때 독일의 급진적인 학생은 훨씬 더 폭력적인 성향을 띠었다. 심지어 테러리스트 훈련을 받겠다며 팔레스타인으로 달려간 학생들도 있었다. 이런 테러 집단으로 가장 유명한 조직은 적군파Rote Armee Fraktion, RAF로 특히 악명이 높았던 두 지도자 울리케 마인호프Ulrike Meinhof(1934~1976)와 안드레아스 바더Andreas Baader(1943~1977)의 이름을 따서 '바더-마인호프단團'으로도 불렀다. 그들은 상점의 방화로 시작해서 납치와 폭파와 살인으로 테러 범위를 점점 확대해나갔다. 그들에게 납치되고 살해된 피해자 중에는 독일 '기득권층'의 지도자들도 있었다. 예컨대 서베를린 대법원장, 서베를린 시장 후보, 독일연방 검사, 도이치은행장, 서독사용자협의회 회장 등이 그들에게 테러를 당했다. 그 결과, 대부분의 독일 좌익이 급진적 좌익의 폭력성에 위기를 느끼며 그들에 대한 지지를 철회했다. 서독에서 테러는 1971~1977년 최고조에 달했고, 1977년 안드레아스 바더와 적군파의 다른 두 지도자가 루프트한자 항공기를 납치해서 감옥에 수감된 테러리스트들을 풀려나게 하려던 시도가 실패한 후 감옥에서 자살한 이후로 수그러들었다. 그 후로도 두 번의 연속된 테러 공격이 더 있었지만 결국 1998년 적군파는 해체되었다고 선언했다.

1968년의 후유증

1968년 독일 학생 시위는 때때로 '성공한 실패'로 묘사되곤 한다. 달리 말하면 극단적인 학생들이 자본주의를 다른 경제체제로 대체하고 서독의 민주 정부를 전복하겠다는 목표를 성취하는 데는 실패했지만, 그들이 제시한 의제를 부분적으로 서독 정부가 채택했고 그들이 주장한 많은 사상을 서독의 주류 사회가 받아들였기 때문에 그들의 목적은 간접적으로 성취된 셈이다. 게다가 1968년 시위를 이끈 급진적 학생들 중 일부는 훗날 서독 녹색당의 핵심 인물로 성장했다. 예컨대 기성세대에 돌을 던지는 급진적 학생으로 활동하던 요슈카 피셔Joschka Fischer는 깔끔한 정장을 입고 포도주를 즐기는 취향을 터득한 후 부총리 겸 외무부 장관이 되었다.

전통적인 독일 사회는 정치적으로나 사회적으로 권위주의적이었다. 이런 특징은 히틀러 이전부터 이미 존재했지만 나치 사회에서 더욱 부각되었다. 나치가 '퓌러프린치프Führerprinzip', 즉 '지도자 원리'를 강조한 때문이었다. 히틀러가 공식적으로 '퓌러'라 칭했고 모든 독일인이 퓌러에게 절대적인 정치적 복종을 맹세했다. 게다가 나치 시대에는 삶의 거의 모든 영역에서 지도자에 대한 사회적이고 정치적인 복종을 당연하게 여겼다.

제2차 세계대전에서 무참히 패하며 독일의 권위가 땅에 떨어졌지만 늙은 기성세대와 그들의 사고방식은 전쟁이 끝난 후에도 여전히 큰 자리를 차지했다. 정치적 사례는 아니지만 1961년 내가 독일에 체류하던 때 맞닥뜨린 몇몇 사례를 살펴보자. 어린아이의 엉덩이를 때리는 처벌은 당시에 만연한 현상이었다. 부모에게 허락된 체벌이었고 때로는 부모의 의무로도 여겼다. 당시 내가 독일에서 일하던 과학 연구소는 소장이 120명 연구원의 이력과 관련한 결정을 거의 전적으로 혼자 처리하는 곳이었다. 예컨대 독일 대학에서 교수직을 얻으려면 박사 이상의 학위, 하빌리타치온Habilitation이 필요했다. 그러나 우리 연구소 소장은 매년 120명의 연구원 중 한 명에게만 하빌리타치온 자격을 얻는 걸 허락했고 그 사람마저 직접 선택했다. 또 도로와 잔디밭, 학교, 민간 건물과 공공 건물 등 어디를 가더라도 무엇인가를 금지한다는 팻말, 또 어떻게 행동해야 하고 어떤 행동은 안 된다고 지시하는 팻말이 있었다.

어느 날 아침, 한 독일 동료가 화난 얼굴로 연구실에 들어왔다. 전날 저녁 퇴근해서 집에 가는데 평소 아이들이 놀이터로 삼던 아파트 잔디밭에 철조망이 둘러져 있더라는 것이었다. 독일에서 철조망은 곧바로 강제수용소를 연상시켰다. 그 동료는 아파트 관리소장에게 항의했지만 관리소장은 사과하기는커녕 "잔디밭에 들어가는 건 금지돼 있습니다. 하지만 버릇없는 녀석들이 잔디밭에 들어가므로 철조망을 설치해서라도 녀석들이 들어가지 못하게 막아야 한다고 생각했습니다"라고 반박했다.

돌이켜 생각하면 1961년 내가 독일에 체류하던 때와 그 직후부터 독일의 권위주의적 행동과 사고방식은 이미 변하고 있었다. 1962년의 슈피겔 사건Spiegel-Affäre이 유명한 예이다. 연방 정부에 비판적이던 시사 주간지 〈슈피겔〉이 독일연방 방위군Bundeswehr의 방위력에 의문을 제기하는 기사를 보도했다. 이때 아데나워 정부의 국방부 장관 프란츠 요제프 슈트라우스Franz Josef Strauß(1915~1988)는 반역 혐의로 〈슈피겔〉 편집진을 체포하고 관련 자료를 압수하는 등 권위주의적이고 오만하게 대응했다. 당연히 국민의 격렬한 항의가 뒤따랐다. 연방 정부는 〈슈피겔〉에 대한 탄압을 포기했고 슈트라우스 장관은 사임했다. 그러나 슈트라우스는 여전히 권력층에 머물렀다. 1978년부터 1988년까지 바이에른주 총리를 지냈으며, 1980년에는 연방 총리에 출마했지만 패배했다.

그렇게 진행 중이던 자유화 물결이 1968년 이후에는 더욱 거세졌다. 그 결과가 1969년에는 거의 20년 동안 연립정부 형태로 중단 없이 독일을 지배하던 보수 정당의 패배로 나타났다. 1961년과 비교하면 오늘날의 독일은 사회적으로 훨씬 자유화되었다. 어린아이의 엉덩이를 때리는 체벌도 없고, 아예 법으로도 금지했다! 의상도 상당히 자유로워졌고 여성에 대한 불평등도 많이 완화되었다. 앙겔라 메르켈Angela Merkel이 여성이지만 총리로 장수하고 있는 현실을 생각해보라. 격식에 얽매이지 않는 2인칭 대명사 Du를 더 자주 쓰고, 격식을 차린 2인칭 대명사 Sie를 사용하는 경우는 줄어든 편이다.

그러나 요즘도 나는 독일을 방문할 때마다 '금지' 팻말을 곳곳에서 목격한다. 미국을 경험한 독일 친구들은 둘로 나뉜다. 오늘날의 독일을 미국보다 훨씬 덜 권위주의적이라 평가하는 쪽과 미국에 비교하면 오늘날에도 독일은 여전히 계급적이라고 푸념하는 쪽이다. 한편 독일을 방문한 미국인에게 독일이 권위주의적이라 생각하느냐고 물으면 응답자의 연령에 따라 대답이 둘로 나뉜다. 1970년대와 그 이후에 태어난 미국인은 1950년대의 독일을 경험하지 못한 까닭에 본능적으로 오늘날의 독일과 미국을 비교하며 독일 사회가 상당히 권위주의적이라고 대답한다. 그러나 나처럼 나이가 들어 1950년대의 독일을 경험한 미국인은 지금의 독일과 1950년대의 독일을 비교하며, 독일이 과거보다 훨씬 덜 권위주의적이라고 대답한다. 내 생각에는 두 대답이 모두 정확한 듯하다.

브란트와 재통일

1968년 학생들이 폭력적으로 시위하며 내세운 목표 중 다수가 연방 정부의 주도로 평화롭게 성취되었고, 빌리 브란트 총리 시대에 더욱 가속화되었다. 브란트는 1913년에 태어났고 정치적 견해 차이로 나치 시대에 독일을 떠나 그 시기를 노르웨이와 스웨덴에서 보내야 했다. 1969년에는 독일 사회민주당의 당수로서 서독 최초의 좌파 총리가 되면서 독일 기독교민주연합을 중심으로 20년간 지속되던 콘라트 아데나워의 보수 정권을 끊어냈다. 브란트 시대에 독일은 사회 개혁을 시작하며 독일 사회의 권위주의를 떨쳐내고 여성의 권리를 신장하라는 학생들의 요구를 정부 주도로 추진했다.

그러나 브란트의 가장 큰 업적은 외교 관계에 있었다. 보수 정권에서 서독 정부는 동독 정부의 존재 자체를 법적으로 인정하지 않았고, 서독이 독일 국민을 유일하게 합법적으로 대표한다고 주장했다. 또 소련을 제외하고는 동유럽의 어떤 공산국가와도 외교 관계를 맺지 않았다. 오데르강과 나이세강의 동쪽 영토를 실질적으로 상실했다는 사실, 즉 동프로이센은 소련에게, 나머지 지역은 폴란드에게 양도했다는 사실도 인정하지 않았다.

브란트는 이런 모든 형식적 부인을 뒤집는 새로운 외교정책을 채택했다. 브란트는 동독과 조약을 체결했고 폴란드를 비롯한 동유럽 국가들과도 외교 관계를 수립했다. 또 오데르-나이세 선을 폴란드와 독일의 국경으로 인정함으로써 그 선의 동쪽 영토를 완전히 상실했다는 현실도 받아들였다. 달리 말하면 오랫동안 독일 영토였고 독일 정체성의 중심이던 슐레지엔, 프로이센과 포메라니아의 일부를 포기한 것이다. 이런 포기는 미래를 위한 거대한 진전이었지만 보수적인 기독교민주연합은 결코 받아들일 수 없는 쓰디쓴 약이라며 1972년 선거에서 승리하면 그 모든 조약을 취소하겠다고 선언했다. 하지만 독일 유권자들은 그 쓰디쓴 약을 삼킨 브란트의 결정을 지지했고 브란트의 정당은 1972년 선거에서 크게 승리했다.

브란트의 이력에서 가장 극적인 순간은 1970년 폴란드 수도 바르샤바를 방문했을 때였다. 폴란드는 제2차 세계대전 동안 백분율로 가장 많은 인구를 잃은 국가였다. 또 나치의 대형 강제수용소들이 있던 곳이기도 했다. 따라서 폴란드가 독일인을 회개하지 않는 나치라 혐오하는 데도 충분한 이유가 있었다. 브란트는 1970년 12월 7일 바르샤바를 방문했을 때 비록 실패했지만 1943년 4월과 5월 나치의 점령에 항의한 유대인 폭동이 일어난 바르샤바 게토를 일부러 찾아갔다. 그러고는 폴란드 군중 앞에 자진해서 무릎을 꿇었고, 나치에게 수백만 명이 희생된 사실을 인정하며 히틀러 독재와 제2차 세계대전의 용서를 구했다. 독일인을 끝없이 불신하던 폴란드인조차 브란트의 행동을 계획하지 않은 진실한 마음에서 우러난 것으로 인정했다. 치밀

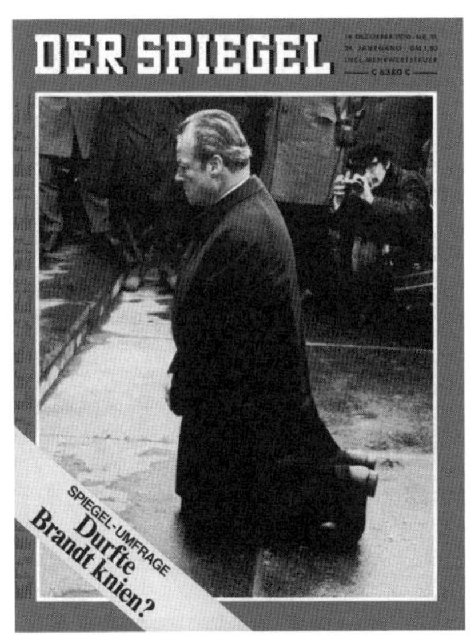

6.5 현대 독일사의 결정적인 순간. 서독 총리 빌리 브란트는 폴란드 바르샤바의 게토를 방문했을 때 자발적으로 무릎을 꿇고 나치의 전쟁 범죄를 인정하며 폴란드 사람들에게 용서를 구했다.

하게 계획하고 감정이 전혀 개입되지 않는 요즘의 외교에 비추어보면 바르샤바 게토에서 무릎을 꿇은 브란트의 행동은 가해국의 지도자가 큰 고통을 당한 피해국의 국민에게 보낸 진심 어린 사과로 여기기에 충분했다. 미국 대통령이 베트남 국민에게, 일본 총리가 한국인과 중국인에게, 스탈린이 폴란드인과 우크라이나인에게, 드골이 알제리인에게 무릎을 꿇고 사과한 적이 있었던가?

브란트가 바르샤바 게토를 방문해서 무릎을 꿇고 20년이 지난 후에야 서독은 그에 대한 보상을 받았다. 브란트가 1974년 총리에서 물러나고 오랜 시간이 지난 뒤였다. 1970~1980년대에 서독 총리가 서독과 동독을 재통일하기 위해 직접적으로 할 수 있는 일은 아무것도 없었다. 브란트 이후로 두 총리, 사회민주당의 헬무트 슈미트Helmut Schmidt(1918~2015)와 헬무트 콜Helmut Kohl(1930~2017)도 동독과 교역하는 브란트의 정책을 계속 추진하며 동유럽 국가들과 화해를 모색했고, 철의 장막 양쪽의 국가 지도자들과 개인적 친분을 돈독히 쌓아갔다. 마침내 미국과 서유럽권은 서독을 민주국가로서 신뢰할 만한 동맹으로 받아들일 수 있다는 결론을 내렸고, 소련과 동유럽권은 서독을 주요한 무역 상대국으로 평가하며 더는 군사적으로 영토를 위협할 국가로 두려워할 필요가 없다는 결론에 도달했다.

브란트가 맺은 조약과 그 후에 슈미트와 콜이 맺은 협정으로 수십만 명의 서독인이 동독을 방문할 수 있었고, 소수의 동독인이 서독을 방문할 수 있었다. 서독과 동독 간의 교역량도 증가했다. 서독의 텔레비전 방송을 시청하는 동독인도 꾸준히 증가했다. 따라서 동독인은 점점 향상되는 높은 생활수준을 향유하는 서독과 점점 하락하는 낮은 생활수준에 허덕이는 동독을 스스로 비교할 수 있게 되었다. 소련도 경제적·정치적 어려움에 헐떡이며 동유럽 국가들에 소련의 뜻을 강요하는 강도가 크게 떨어졌다. 이런 변화를 배경으로 동독의 몰락이 시작되었고, 동독과 서독의 어느 쪽도 그 흐름을 되돌릴 수 없었다.

1989년 5월 2일 헝가리는 서쪽으로 오스트리아와 국경을 대신하고 있던 담을 허물기로 결정했다. 헝가리는 북쪽으로 체코슬로바키아를 넘으면 동독과 만나는 동유럽 국가였고, 오스트리아는 서독과 국경을 마주한 서유럽 민주국가였다. 그로부터 넉 달 후 헝가리가 공식적으로 국경을 개방하자 수천 명의 동독인이 그 기회를 놓치지 않고 체코슬로바키아와 헝가리를 경유해 서유럽으로 탈출했다(국경이 공식적으로 개방된 날은 9월 11일이었다. 우연찮게도 칠레에서 1973년 쿠데타가 일어난 날이었고, 2001년 미국의 쌍둥이 건물이 공격받은 날이기도 하다). 곧이어 정부에 항의하는 수십만 명의 동독인이 라이프치히를 필두로 많은 도시에서 길거리로 쏟아져 나왔다. 동독 정부는 서독 여행 허가증을 발급하겠다고 발표하며 이런 저항에 대응하려 했다. 하지만 텔레비전 방송을 통해 공식적으로 그렇게 발표하자 저항은 더욱 커졌고, 동독 정부는 '즉각' 서독 여행을 허락하겠다고 수정해 발표할 수밖에 없었다. 그날 밤, 즉 1989년 11월 9일 수만 명의 동독인이 국경 수비대의 공격을 받지 않고 즉시 서베를린으로 넘어갔다.

당시 독일 총리 헬무트 콜은 그런 개방을 주도하지 않았지만 그 순간을 재통일의 기회로 신중하고 현명하게 활용했다. 1990년 5월 콜 총리는 동독과 서독의 경제와 사회를 통합하는 조약을 체결하면서도 정치적 통일을 서두르지 않았다. 콜은 여전히 꺼림칙하게 생각하는 서구와 소련의 반발을 완화하며 독일의 재통일 허락을 받아내려고 능수능란하면서도 혼신의 힘을 다해 노력했다. 예컨대 1990년 미하일 고르바초프와의 중요한 회담에서 콜 총리는 소련에 두둑한 금융 지원을 약속하며 독일의 재통일을 용인하고, 통일된 독일이 나토에 계속 머무는 것도 용인하라고 고르바초프를 설득했다. 그리고 마침내 1990년 10월 3일 동독은 새로운 주州, Bundesland의 형식으로 서독, 즉 독일에 통합되었다.

지리적 제약

지금까지 우리는 전후 독일의 역사를 간략하게 살펴보았다. 앞에서 네 국가에 적용한 기준들을 전후 독일에도 유익하게 적용할 수 있을까? 표면적으로 보면 전후 독일의 역사는 상당히 다르다. 앞의 네 국가에서는 하나의 위기가 하루 만에 폭발적으로 닥쳤다. 1853년 7월 8일 일본 항구에 입항한 매슈 페리 제독, 1939년 11월 30일 소련의 핀란드 공격, 1973년 9월 11일 칠레의 피노체트가 시행한 쿠데타, 1965년 10월 1일 인도네시아에 닥친 군사 쿠데타. 반면 전후 독일에서는 지배적인 위기의 폭발이 없었다. 오히려 1945년부터 1990년까지 여러 위기가 중첩되며 점진적으로 서독을 괴롭혔다. 7장에서 보겠지만 오스트레일리아도 독일처럼 점진적인 위기를 겪었고, 앞의 네 국가처럼 위기가 급작스레 닥치지는 않았다. 그럼 '위기'라는 표현을 폭발적인 사례가 아닌 점진적인 사례에도 확대해 적용하면 오해의 소지가 있지 않을까?

엄격히 말하면 두 유형의 사례를 구분 짓는 명확한 기준은 없다. 두 유형의 차이는 정도의 차이에 불과하다. 독일도 갑작스러운 타격을 받았다. 다만 한 번의 타격이 아니라 세 번의 타격이 순차적으로 닥쳤다. 첫째로 1945년 5월 7일과 8일 연합국에 항복한 때의 독일은 이 책에서 다룬 어떤 국가보다 더 큰 위기를 맞닥뜨린 최악의 상황이었다. 두 번의 다른 위기는 1961년 8월 13일 베를린장벽을 세운 때와 1968년 서너 달 동안 계속된 학생 시위였다. 정확히 말하면 일본에 들이닥친 페리 제독과 칠레를 충격에 빠뜨린 피노체트의 쿠데타도 전혀 예상하지 못한 뜻밖의 사건은 아니었다. 수십 년 전부터 축적되어온 문제가 정점에 달하고 그 문제를 불완전하게라도 해결하는 데 다시 수십 년이 걸린 사건이었다. 전후 독일의 경우도 다를 바 없었다. 이제부터 이른바 '급작스러운 국가의 위기'와 관련한 요인이 이른바 '점진적인 국가의 위기'와 관련한 요인과 유사한지 살펴보기로 하자.

이런 이유에서 나는 동일한 기준틀로 두 유형의 역사를 살펴보는 것도 유익하다고 생각했다. 전후 독일의 역사에서도 우리 기준틀과 관련한 요인 중 대부분이 명확히 드러날 뿐만 아니라 특히 네 가지 요인이 극단적으로 명확히 드러난다. 먼저 네 가지 극단적인 경우부터 살펴본 후 덜 극단적이지만 그래도 여전히 중요한 특징을 차례로 살펴보기로 하자.

독일이 극단적 특징을 띤 첫째 요인은 지리적 제약이다(표 2의 요인 12). 더 구체적으로 말하면 어떤 행동을 독자적이고 주도적으로 시행할 수 없고 주변 국가들의 행동에서 비롯되는 유리한 기회를 수동적으로 기다려야 하는 지리적 제약이다. 이 책에서 다루는 여섯 국가 중 핀란드만이 독자적 행동을 방해하는 지리적 제약에서 독일에 견줄 만하다. 20세기의 독일이 독자적 행동을 억제하기는커녕 정반대로 행동했다고, 즉 빌헬름 2세와 히틀러 시대에 두 번의 세계 전쟁으로 이어진 군사행동을 대담하게 시작했다고 생각하는 데 길든 독일인이 아닌 독자에게는 이런 일반화가 터무니없게 들릴 수 있다. 하지만 두 번의 세계 전쟁이 내가 주장하는 일반화를 뒷받침해주는 듯하다. 두 번의 전쟁은 독일에 처참한 패배를 안겨주며 끝났다. 빌헬름 2세와 히틀러가 유리한 기회를 기다리지 않았고 주도적으로 먼저 행동했기 때문에 끔찍한 결과를 떠안을 수밖에 없었다는 것이다.

현재의 독일 지도(도판 6 참조)와 유럽의 최근 역사 지도를 보면 독일의 자주성을 제한하는 지리적 제약을 어렵지 않게 이해할 수 있다.

현재의 독일은 육지에서 아홉 국가와 국경을 맞대고 있고(네덜란드, 벨기에, 룩셈부르크, 프랑스, 스위스, 오스트리아, 체코공화국, 폴란드, 덴마크), 바다로는 북해와 발트해를 사이에 두고 여덟 개 국가와 마주 보고 있다(영국, 노르웨이, 스웨덴, 핀란드, 러시아, 에스토니아, 라트비아, 리투아니아). 게다가 독일은 1938년 오스트리아를 합병함으로써 세 국가(이탈리아, 유고슬라비아, 헝가리)를 이웃으로 얻었고, 1918~1939년에는 또 한 곳의 이웃 국가(리투아니아)를 얻었다. 1918년까지 몇몇 국가는 러시아와 합스부르크 제국에 속해 있었다. 따라서 과거와 현재를 통틀어 이중으로 계산하지 않으면 역사적으로 독일의 이웃 국가는 무려 20개국에 이른다. 20개국 중 스위스를 제외하고 19개국이 1866~1945년 육지나 바다로 독일을 침략했거나 독일의 침략을 받았고, 독일군이 주둔하거나 독일군이 통과하도록 영토를 내주어야 했다. 한편 다섯 국가는 현재 강대국이거나 과거에 강대국이었다(프랑스, 러시아, 영국, 합스부르크 제국, 과거의 스웨덴).

물론 독일에만 이웃 국가가 있는 것은 아니다. 대부분의 국가에는 이웃이 있지만 국경이 지리적 방어 장벽과 일치하는 경우가 많다. 하지만 북독일은 평평한 북유럽 평원North European Plain의 일부여서 어떤 자연의 방어벽으로도 국경이 나누어지지 않는다. 스페인과 프랑스를 경계 짓는 피레네나 이탈리아를 에워싸는 알프스 같은 산맥이 없고, 강이 있지만 무척 좁아 역사적으로 어떤 군대라도 쉽게 건널 수 있었다. 라인강조차 군대에는 어려운 장애물이 아니었다. 내 아내 마리는 폴란드계 미국인이다. 우리 부부가 베를린에서 비행기를 타고 바르샤바로 날아갈 때였다. 독일과 폴란드의 별다른 경계 없이 평평하게 펼쳐진 평원을 내려다보며, 역사의 슬픔을 딛고 온전한 정신을 유지하려면 블랙 유머가 필요한 폴란드 출신답게 아내는 "탱크전

6.6 북유럽 평원에는 지리적 장애물이 없어 1939년 독일군은 폴란드를 쉽게 침략했고(사진), 역사적으로 주변 국가들도 현재의 독일 지역을 쉽게 침략할 수 있었다.

을 하기엔 최적의 땅이네요!"라고 말했다. 마리는 1939년 폴란드로 진격한 히틀러의 탱크를 생각한 것이다. 그러나 역사에 관심 있는 독일인이라면 제2차 세계대전의 소련군과 연합군, 두 세기 전의 나폴레옹 군대, 그리고 그 이전의 침략군을 비롯해 동쪽과 서쪽에서 북독일로 진격해온 모든 군대를 생각했을 것이다.

내 생각이지만 이렇게 많은 이웃에 둘러싸인 지리적 위치가 독일 역사에서 가장 중요한 요인이었던 듯하다. 물론 그런 위치가 이점이 없었던 것은 아니다. 덕분에 독일은 교역과 과학기술, 미술과 음악, 문화의 교차로가 되었다. 냉소적인 사람이라면 그런 지리적 이점 때문에 독일이 제2차 세계대전 동안 많은 나라를 쉽게 침략할 수 있었다고 빈정거릴 것이다.

그러나 그런 지리적 조건에 따른 독일의 정치적이고 군사적인 불리함은 실로 막대했다. 17세기 서유럽과 중앙 유럽의 강대국들이 종교권을 두고 다투던 30년전쟁의 주된 전쟁터는 독일이었다. 그 때문에 그 지역에서는 인구가 50%까지 줄었으며 경제와 정치가 참담하게 후퇴했고 그 후유증이 두 세기 동안이나 계속되었다. 독일은 1871년 서유럽에서 마지막으로 통일된 대국이었고, 그 대국에는 주변 강국들의 있을 법한 반응을 고려하는 탁월한 능력을 갖춘 노련한 외교관의 리더십이 필요했다(비스마르크). 통일된 독일이 예상할 수 있는 군사적 악몽이라면 서쪽 이웃(프랑스) 및 동쪽 이웃(러시아)과 동시에 전쟁을 벌이는 것이었다. 그 악몽이 현실화되면서 결국 두 번의 세계대전에서 독일은 패전했다. 제2차 세계대전 후 세 이웃과 미국이 독일을 분할했다. 서독이 재통일을 위해 직접적으로 할 수 있는 일은 없었다. 이웃 나라들의 사건에서 비롯하는 유리한 기회를 기다리는 수밖에 없었다.

이런 지리적 제약 때문에 나쁜 지도자가 들어섰을 때 지리적 제약이 크지 않은 국가에 비해 독일은 훨씬 고통스러운 결과를 감수할 수밖에 없었다. 예컨대 황제 빌헬름 2세와 그 시대의 총리와 장관은 어리석은 실수와 비현실적 판단으로 악명이 높았지만, 독일의 지도층만 무능했던 것은 아니다. 미국과 영국 및 다른 국가들도 제1차 세계대전의 발발에 한몫했다. 그러나 미국과 영국은 바다가 가로막고 있어 어리석은 지도자가 멍청한 짓을 해도 재앙이 곧바로 국가에 닥치지는 않았다. 하지만 빌헬름 2세와 그 내각의 어리석은 판단은 제1차 세계대전이란 큰 재앙을 독일에 안겨주었다.

성공한 독일 정치인들의 외교정책에 담긴 기본 철학은 비스마르크의 비유로 요약된다. "우리는 신이 세계사의 흐름에서 어디를 걷고, 어느 쪽을 향하고 있는지 항상 유념해야 한다. 그러고는 신에게 달려들어 신의 옷옷 뒷자락을 움켜잡고 갈 수 있을 때까지 끌려서라도 가야 한다." 1969년부터 1974년까지 빌리 브란트의 선제적 조치가 있은 후 마침내 독일의 재통일 기회가 동독과 소련의 정치 상황에서 찾아왔을 때 1989~1990년 헬무트 콜 총리가 사용한 전략도 이것이었다. 미식축구에도 '실수를 노려라!'라는 똑같은 내용의 전략이 있다. 제국의 힘이 한창 번성하던 영국은 이런 기본 철학을 생각할 수 없었을 것이다. 물론 지금의 미국도 이런 철학을 상상할 수 없을 것이다. 미식축구라면 몰라도 적어도 외교정책에서는! 오히려 제국 시대의 영국이 그랬듯이 지금의 미국도 주도권을 잡고 앞장서면 자신의 뜻을 주변국에 강요할 수 있을 것이라 생각한다.

자기 연민?

독일이 우리 기준틀에서 극단적 특징을 보인 또 하나의 요인은 자기 연민과 피해 의식이다(요인 2). 하지만 독일은 완전히 상반된 양극단을 보이므로 이 문제는 우리에게 많은 깨달음을 주는 무척 흥미로운 주제이다. 정확히 말하면 제1차 세계대전과 제2차 세계대전에 대한 독일 국민의 반응은 대조적이었다.

1918년 10월 제1차 세계대전이 끝나기 직전, 독일군은 서부 전선에서 최후의 군사적 공세를 시도했지만 실패했다. 한편 연합군은 진격을 계속했고 약 100만 명의 미군이 증원되면서 더욱 강해졌다.

따라서 독일의 패전은 필연적으로 시간문제였다. 그러나 독일군은 여전히 질서 정연하게 퇴각했고 연합군은 그때까지 독일 국경에 도달하지 못했다. 독일 함대가 반란을 일으키고 독일 내에서 무장 폭동이 일어나면서 휴전 협상이 서둘러 마무리되었다. 이 때문에 전후 아돌프 히틀러를 비롯한 선동가들에게 독일군은 군사적으로 패한 것이 아니라 기만적인 정치인의 '뒤통수 치기'에 배반당한 것이라고 주장할 수 있는 빌미를 주었다. 승리한 연합국이 독일에 요구한 베르사유조약Treaty of Versailles의 조건, 특히 독일을 전쟁에 책임이 있는 침략국으로 낙인찍은 '전쟁에 관한 유죄 조항war guilt clause'은 독일이 원한을 품게 만들기에 충분했다. 따라서 전후의 많은 독일 역사학자가 독일이 전쟁 전에 저지른 정치적 실수 때문에 불리한 상황에서 전쟁에 휘말릴 수밖에 없었다고 분석한 반면, 전후의 독일 국민에게 독일은 피해자일 뿐이며 지도자들은 패전에 대한 책임이 없다는 원망이 팽배했다.

이번에는 제1차 세계대전 후의 이런 피해 의식과 제2차 세계대전 후의 독일인 의식을 비교해보자. 1945년 5월 독일군은 모든 전선에서 패배했고 모든 영토가 연합군에게 정복되었으며 독일의 항복은 무조건적이었다. 제2차 세계대전이 순전히 히틀러의 헛된 야망으로 시작된 것이란 주장을 독일 안팎에서 누구도 부인하지 않았다. 독일 국민은 독일 정부가 정책적으로 강제수용소에서 저지른 미증유의 잔혹 행위에 대해서, 또 독일 군대가 동부 전선에서 저지른 잔혹 행위에 대해서도 조금씩 알아갔다. 독일 국민도 전쟁 때문에 많은 고통을 받았다. 함부르크와 드레스덴을 비롯한 여러 도시에 떨어진 폭격 때문에도 고통받았고, 전진하는 소련군에 앞서 피란을 가야 했기 때문에도 고통받았다. 게다가 전쟁이 끝난 직후 폴란드와 체코 등 동유럽 정부들은 동유럽과 옛 독일 영토에 거주하던 독일인을 가차 없이 추방했다. 소련의 진군과 그런 추방으로 약 1,200만 명의 독일인이 피란길에 올랐는데, 그중 200만 명이 사망하고 약 100만 명의 여성이 강간당한 것으로 추정한다.

독일의 평범한 국민이 겪은 이런 고통은 전후 독일에서 상당한 관심사가 되었다. 그러나 제1차 세계대전 이후와 달리 자기 연민과 피해 의식은 제2차 세계대전 이후에 독일인의 지배적인 의식이 아니었다. 그 이유의 전부는 아니지만 러시아와 폴란드와 체코가 독일 시민에게 저지른 끔찍한 짓은 독일이 얼마 전까지 그 국가들에 자행한 끔찍한 짓에서 비롯된 것이란 전반적인 인식이 독일 국민에게 있었기 때문이다. 그러나 독일인이 제2차 세계대전 이후에는 피해자 역할을 거부하고 수치심을 수용한 태도를 당연하게 받아들여서는 안 된다. 제1차 세계대전 후의 독일인과 제2차 세계대전 후의 일본인이 피해자 역할을 자임한 경우와는 완전히 대조되기 때문이다(8장 참조). 과거를 이렇게 처절히 반성한 결과가 오늘날 독일에 유리하게 작용해, 현재의 독일은 제1차 세계대전 이후의 독일이나 현재의 일본보다 과거의 적들과 더 확실하고 좋은 관계를 맺고 있다.

지도자와 현실주의

독일이 우리 기준틀에서 극단적인 면을 보여주는 두 가지 다른 특징, 즉 리더십의 역할과 정직한 자기평가는 서로 밀접한 관계가 있다(요인 7). 중앙 유럽에 위치한 지리적 조건 때문에 독일은 바다를 천혜의 장벽으로 삼은 영국이나 미국보다 많은 위험과 어려움에 고질적으로 노출될 수밖에 없었다. 따라서 영국과 미국보다 독일은 리더십에 더 큰 영향을 받았다.

나쁜 영향을 남긴 지도자로는 히틀러가 근대사에서 단연 1위일 것이다. 물론 베르사유조약, 1923년의 통화 붕괴, 1929년부터 시작된 실업과 경제 침체 등이 복합적으로 작용해 히틀러가 없었더라도 베르사유조약을 무효화하려고 독일은 전쟁을 도발했을 것이란 반박이 있을 수 있다. 그러나 히틀러 없는 독일이 세계대전을 도발했다면 그 전쟁은 양상이 사뭇 달랐을 것이란 주장도 가능하다. 히틀러의 유별나게 사악한 정신 구조, 카리스마와 대담한 외교정책, 유대인의 씨를 말리겠다는 결정에 그 시대에도 수정주의적인 독일 지도자들은 공감하지 않았다. 처음에는 군사적으로 성공했지만 비현실적인 평가로 히틀러는 장군들의 의견을 걸핏하면 무시했고 결국에는 독일의 패전을 자초했다. 이미 영국과 소련을 상대로 교전 중이던 1941년 12월 정당한 이유도 없이 미국에 전쟁을 선포한 결정, 1942~1943년 스탈린그라드에서 허덕이던 독일군의 후퇴를 허락해달라는 장군들의 간청을 깔아뭉갠 행동은 그야말로 치명적인 비현실적 결정이었다.

독일 근대사에서 나쁜 지도자로 히틀러의 뒤를 잇는 2위는 황제 빌헬름 2세이다. 그는 제1차 세계대전의 패전으로 퇴위하며 30년 통치를 끝냈다. 물론 이번에도 빌헬름 2세가 없었더라도 제1차 세계대전은 일어났을 것이란 반박이 있을 수 있다. 하지만 빌헬름 2세는 히틀러와 달랐지만 역시 유별난 지도자였기에 빌헬름 2세 없는 전쟁은 무척 다른 양상을 띠었을 가능성이 크다. 빌헬름 2세는 히틀러만큼 권력을 강력하게 장악하지 못했지만, 그래도 총리를 임명 및 해임할 권한이 있었고 독일 군대를 명령하고 지휘했다. 또 대부분의 독일 국민이 빌헬름 2세에게 충성했다. 그는 사악하지는 않았지만 감정적으로 불안정했고 비현실적이었으며, 판단력이 부족한 까닭에 전략적으로 행동하지 못하고 불필요한 문제를 야기하는 많은 실수를 저질렀다. 빌헬름 2세는 정책적으로 많은 잘못을 범했지만 비스마르크가 러시아와 맺은 조약을 갱신하지 않은 까닭에 불리한 상황에서 제1차 세계대전을 시작할 수밖에 없었고 결국 패전하고 말았다. 구체적으로 말하면 러시아와의 조약을 갱신하지 않음으로써 독일은 지리적 제약에 따른 군사적 악몽에 노출되었고, 그 결과로 러시아와 프랑스를 상대로 두 전선에서 동시에 싸워야 했다.

한편 독일에서 좋은 지도자와 현실적 평가의 예를 보여준 인물은 빌리 브란트이다. 브란트는 서독이 과거 20년 동안 고수하던 외교정책을 포기하며 동독을 비롯한 동유럽 국가들을 인정했고, 폴란드·러시아와 조약을 맺었으며 오데르-나이세 선 너머의 옛 영토를 완전히 상실했다는 현실을 받아들였다. 브란트 이후의 서독 총리들도 그 정책을 계속 추진했지만 브란트의 리더십이 그런 차이를 만들어낸 것이라 주장할 수 있다. 야당이던 기독교민주연합이 수년 동안 집요하게 브란트의 정책에 반대한 것은 사실이다. 특히 오데르-나이세 선을 인정하려면 전임 총리들에게는 없는 남다른 현실주의와 정치적 용기가 필요했다. 또 후임 총리들에게는 바르샤바 게토를 방문해서 감동적이고 설득력 있게 행동한 브란트만큼의 카리스마가 없었다. 제2차 세계대전 이후의 독일 총리로 콘라트 아데나워와 헬무트 슈미트와 헬무트 콜도 탁월한 리더십을 발휘했다. 제2차 세계대전 이후 독일 총리들은 한결같이 뛰어난 분별력을 보여주었다. 같은 시기에 몇몇 평범한, 아니 실패한 대통령 때문에 고통을 받은 미국인으로서는 독일의 그런 선택에 박수를 보내지 않을 수 없다.

차이를 만든 성공한 지도자의 또 다른 표본은 오토 폰 비스마르크Otto von Bismarck(1815~1898)이다. 비스마르크는 프로이센 총리였고 1871년 독일 통일 후에는 독일제국의 재상이 되었다. 엄청난 어려움을 극복한 끝에 이루어낸 통일이었다. 특히 프로이센보다 작은 제후국들이 통일을 반대했다. 이웃한 합스부르크 제국과 프랑스도 반대했는데, 그러한 반대는 전쟁으로만 해결될 수 있었다. 상대적으로 멀리 떨어진 러시아와 영국도 독일의 통일을 달갑게 여기지 않았다. 게다가 "여러 제후국으로 흩어진 독일 국민이 통일 독일에 현실적으로 통합될 수 있을 것인가?"라는 짜증스러운 문제도 제기되었다.

비스마르크는 철저한 현실주의자였고 1848년의 혁명이 실패한 이유를 정확히 인식했으며, 대내외적으로 독일 통일을 반대하는 세력이 많다는 것도 알고 있었다. 또 작은 조치부터 시작해서 그것이 실패해야만 더 강력한 조치로 옮겨가는 방법, 즉 단계적인 진행에 익숙한 정치인이었다. 비스마르크는 지리적 제약으로 프로이센이 중대한 정책을 앞장서서 추진하기에는 한계가 있다는 걸 인정하며, 유리한 조건이 형성되기를 기다렸다가 신속하게 행동하는 정책을 채택해야 한다고 판단했다. 정치적 능력에서 그에게 비견될 만한 독일 정치인은 그 세대에 없었다. 비스마르크는 적절한 후계자를 훈련시키지 않았고, 그가 재상직을 사임하고 24년 후 제1차 세계대전으로 구체화된 독일의 내재적 문제를 해결하지 못했다는 이유로 종종 비난받아왔다. 하지만 빌헬름 2세와 그가 임명한 장관들의 어리석은 행동을 이유로 그를 비난하는 것은 부당한 듯하다. 비스마르크도 호전적이었다고 비난받을 수 있겠지만 그가 세 번의 전쟁을 감당하지 못했다면 독일은 지배적인 반대를 무릅쓰고 통일되지 못했을 것이다. 더구나 두 번의 전쟁은 무척 짧게 끝나지 않았던가. 이탈리아의 통일에는 네 번의 전쟁이 필요했지만 누구도 이탈리아를 호전적인 국가라고 낙인찍지 않았다. 독일은 1871년 통일하면서 독일어를 사용하는 수백만 명의 독일인을 국경 밖에 두었다. 요컨대 비스마르크는 현실적으로 판단하며 가능한 한 최선의 성과를 얻어내는 데 만족했다. 주변 강대국들이 독일의 영토 확장을 더는 용납하지 않을 것이라는 걸 알았기 때문이다.

위기의 기준틀

우리 기준틀에 맞아떨어지는 독일의 특징은 아주 간략히 정리할 수 있다. 제2차 세계대전 후의 독일은 선택적 변화의 좋은 사례이다(요인 3). 이 책에서 다룬 여섯 국가 중 독일은 정치적 국경의 변화를 가장 크게 겪은 국가이기도 하다. 또 독일은 나치 시대의 과거를 철저하게 재평가했다. 특히 권위주의 및 여성의 지위와 관련해 상당한 사회적 변화가 있었다. 그러나 전통적인 독일 사회의 많은 핵심 가치는 거의 바뀌지 않았다. 예컨대 정부는 예술 및 의료와 연금을 지원해야 한다는 철학, 개인의 권리보다 공동체 규범을 우선시해야 한다는 가치관은 그다지 변하지 않았다. 독일을 방문할 때마다 나는 작은 도시에도 오페라극장이 있고, 늙은 독일 친구들이 은퇴한 후에도 여유롭게 살아가며, 토지 사용 제한법이 주택의 지붕 모습까지 지역색에 맞추어야 한다고 규정하고 있기 때문에 마을마다 고유한 특색을 간직한 것을 새삼스레 발견하면 놀라면서도 기분이 좋다.

최근의 독일 역사에서 다른 국가의 지원은 지역과 시대에 따라

크게 달랐다(요인 4). 마셜플랜을 통한 미국의 지원을 현명하게 활용한 까닭에 서독은 1948년 이후 경제 기적을 이루어냈다. 그러나 전쟁 배상금이라는 명목으로 착취당한 까닭에 제2차 세계대전 후의 동독과 제1차 세계대전 후의 독일 바이마르공화국은 고난의 시기를 겪어야 했다.

강력한 국가 정체성도 독일이 잿더미로 변한 점령과 분할의 시대를 딛고 일어서는 데 도움이 되었다(요인 6. 하지만 독일 밖에서는 몇 걸음 더 나아가 독일의 국가 정체성이 지나치게 강하다고 주장할 사람도 적지 않을 것이다). 이런 국가 정체성과 국민적 자부심의 기저에는 세계적으로 유명한 음악과 미술, 문학과 철학, 과학이 있다. 또 다양한 독일 방언을 초월해 마르틴 루터의《성경》번역으로 체계화된 독일어의 결속력, 오랜 세기 동안 정치적으로 파편화되어 있었지만 독일인은 여전히 하나의 민족이라 생각하게 해주는 공통된 역사에 대한 기억도 강력한 국가 정체성의 원인이라 할 수 있다.

독일은 과거의 패배와 초기의 실수에서 터득한 인내의 대명사이며(요인 9), 과거의 성공에서 배운 자신감을 명확히 보여주는 사례이기도 하다(요인 8). 독일은 두 번의 세계 전쟁에서 당한 패배를 딛고 일어섰다. 온갖 어려움을 극복하고 1871년에 성취한 통일, 역시 주변의 회의적인 시선을 극복하고 1990년에 이루어낸 재통일, 전후의 경제 기적에도 그런 인내가 필요했다.

전후의 독일 발전에는 내부적인 계기와 외부적인 계기가 있었다. 내부적인 계기로 독일은 나치의 부끄러운 과거를 각성하게 되었고, 1968년에는 학생들의 시위가 가능할 수 있었다. 또 1989년 헝가리가 오스트리아와의 국경을 개방하고 소련이 쇠락하는 외부적인 계기로 독일은 재통일을 꿈꿀 수 있었다.

개인의 위기에는 나타나지 않고 국가의 위기에만 해당하는 요인 중 독일은 과거의 적과 화해하는 수준에서 남다른 모습을 보여주었다. 브란트 수상이 바르샤바 게토에서 무릎을 꿇은 사건으로 상징화되듯이 독일은 나치의 과거를 인정함으로써 이웃 국가인 폴란드 · 프랑스와 비교적 원만하고 정직한 관계를 회복할 수 있었다. 이런 점에서도 한국과 중국에 보여준 일본의 태도와 사뭇 달랐다(8장 참조). 국가의 위기에만 해당하는 또 다른 요인은 극적인 변화가 폭력적 혁명과 점진적 변화 중 어느 쪽으로 일어나는가 하는 것이다. 현대 독일에는 세 번의 혁명 또는 폭동이 있었고, 그중 두 번은 즉각적인 결과를 얻는 데 실패했다. 하나는 통일과 민주화를 요구한 1848년 혁명이었고, 다른 하나는 독일 사회와 경제체제 및 권력 구조를 바꾸려고 시도한 1968년의 학생 시위였다. 그들이 제기한 목표들은 그 후 점진적 변화로 하나씩 성취되었다. 예컨대 1968년 학생 혁명가들이 내세운 많은 목표가 그 이후에 평화적으로 이루어졌고, 1989~1990년에 급작스레 찾아온 재통일도 평화적으로 이루어낸 변화였다.

흥미롭게도 독일은 각각 21~23년이란 기간 동안 참담한 패배를 당한 후 그 패배를 딛고 금세 일어서는 네 번의 사례를 보여주었다. 첫째는 1848년의 실패한 통일 시도부터 통일에 성공하는 1871년까지 23년의 기간, 둘째는 1918년 제1차 세계대전의 패전부터 그 패전의 조건을 뒤집기 위해 제2차 세계대전을 시작하는 1939년까지 21년의 기간이다. 셋째는 1945년 제2차 세계대전 패전부터 1945년경에 태어난 대학생들이 시위하며 저항한 1968년까지 23년의 기간이고, 넷째는 1968년의 대학생 시위부터 독일이 재통일된 1990년까지 22

년의 기간이다. 물론 네 기간과 관련한 사건들 사이에는 큰 차이가 있고 그 기간, 특히 1968년부터 1990년까지의 기간을 결정하는 데는 외부 요인이 큰 역할을 했다. 하지만 이 기간의 유사함에는 중대한 의미가 있는 듯하다. 21~23년은 대략 인간의 한 세대이다. 1848년, 1918년, 1968년은 당시 청소년 혹은 성년기에 접어든 독일인에게 중대한 영향을 미쳤다. 그로부터 20년 후에 그들은 독일 지도자로 성장했고, 청년기에 경험한 사건을 궁극적으로 완료하거나(1871년, 1990년) 뒤집을 수 있는 위치에 서게 되었다(1939년). 1968년의 학생 시위에 참여한 주역과 시위를 이끈 지도부는 당시 40대나 50대이던 노련한 정치인이 아니라 20대이던 미숙한 급진주의자였다. 하지만 1968년의 학생 시위를 경험한 한 독일 친구는 나에게 이렇게 말해주었다. "1968년이 없었다면 1990년도 없었을 겁니다."

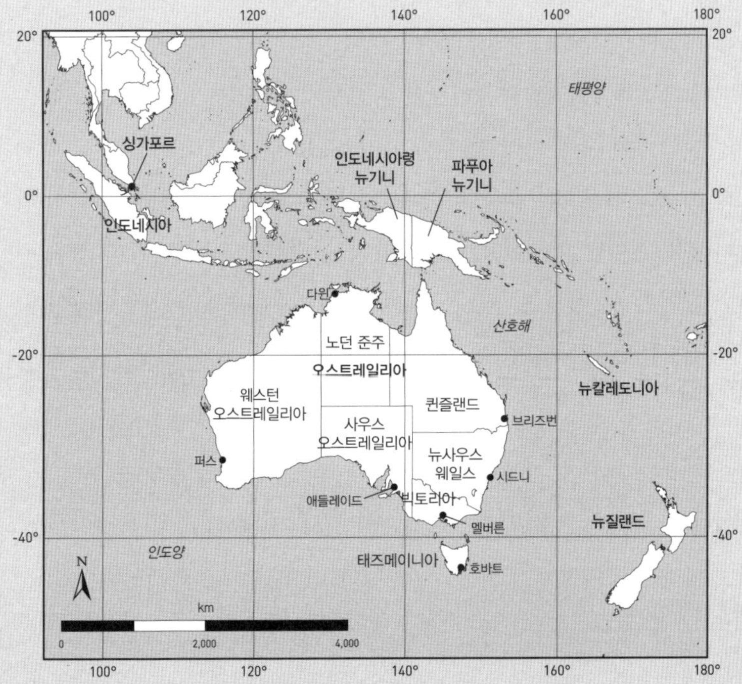

도판 7. 오스트레일리아 지도

7장

오스트레일리아: 우리는 누구인가?

오스트레일리아 방문 – 최초의 수인 선단과 오스트레일리아 원주민 – 초기 이주자 – 자치를 향하여 – 연방 – 그들을 막아라! – 제1차 세계대전 – 제2차 세계대전 – 느슨해지는 유대 관계 – 백호주의의 포기 – 위기의 기준틀

오스트레일리아 방문

내가 오스트레일리아를 처음 방문한 것은 1964년으로, 영국에서 4년간 거주한 직후였다. 당시 오스트레일리아는 나에게 영국보다 더 영국에 가깝다는 인상을 주었다. 비유해서 말하면 시간이 얼어붙어 수십 년 전 영국처럼 느껴졌다. 오스트레일리아에서 가장 큰 도시 시드니의 거리 풍경은 곳곳에서 나에게 영국을 떠올려주었다. 시드니에도 하이드 파크, 킹스크로스 전철역, 옥스퍼드 스트리트가 있었다.

오스트레일리아 국민의 조상은 압도적 다수가 백인이었고 그것도 압도적으로 영국인이었다. 음식도 따분한 영국 전통 음식이었다. 일요일에 의례적으로 먹는 선데이 로스트, 어디에서나 눈에 띄는 피시앤드칩스, 영국의 마마이트를 오스트레일리아식으로 흉내 낸 일종

의 스프레드로 아침 식사에 반드시 등장하는 베지마이트가 대표적인 음식이었다. 영국식 술집도 많았다. 물론 남자 손님만을 위한 공간도 있었고, '레이디스 라운지ladies' lounge'로 부르지만 남녀가 함께 사용하는 공간도 있었다. 영업시간이 제한된 것도 당시 영국의 술집과 똑같았다. 전통적인 영국 음식이 아닌 다른 음식을 맛보려면 이탈리아 식당과 그리스 식당, 때로는 중국 식당을 찾아가야 했다.

오스트레일리아를 처음 방문한 이후에도 나는 수십 차례 다시 방문하며 변화를 지켜보았다. 그 변화는 나에게 2008년의 경험으로 요약되는 듯하다. 그때 나는 브리즈번의 퀸즐랜드대학교에서 한 학기를 보낼 예정이어서 아들 조슈아를 오스트레일리아에 데려갔다. 조슈아와 함께 대학 캠퍼스를 둘러보고는 내가 과거에 알던 오스트레일리아가 아니라는 생각이 들었다. 오히려 내가 근무하는 캘리포니아대학교 로스앤젤레스 캠퍼스에 있는 듯한 기분이었다. 왜 그랬을까? 너무도 많은 학생이 아시아계였다. 오스트레일리아는 더 이상 백인, 그것도 영국계 백인의 땅이 아니었다.

1964년에도 오스트레일리아 사회는 지리적 위치와 인구 구성 간의 모순을 여실히 보여주는 곳이었다. 따라서 감성과 문화도 주변 국가들과 달랐다. 오스트레일리아의 인구와 국가 정체성은 거의 영국적이었다. 그러나 오스트레일리아는 지구에서 완전히 영국의 반대편에 위치하지 않은가. 북반구가 아니라 남반구에 있고 시간도 영국보다 열 시간 빠르다. 캥거루와 난생 포유동물, 웃는물총새와 큰도마뱀, 유칼립투스, 사막 등이 어우러진 오스트레일리아의 풍경은 인간이 존재하는 어떤 대륙에서도 볼 수 없는 것이며 영국에서는 더더욱 불가능한 풍경이다. 지리적으로 오스트레일리아는 유럽보다 중국과 일본

7.1 사막과 캥거루가 있는 오스트레일리아 풍경은 유럽의 풍경과 무척 다르다.

및 동아시아 국가들과 더 가깝고, 특히 영국보다 인도네시아와 50배나 더 가깝다. 하지만 1964년에는 오스트레일리아의 길을 걸을 때 아시아와 인접한 곳이란 흔적은 전혀 찾아볼 수 없었다.

그로부터 44년 후 조슈아를 데리고 브리즈번을 방문했을 때는 지리적으로 아시아와 인접한 곳이라는 증거가 곳곳에서 눈에 띄었다. 무엇보다 아시아인이 많았고 일본 식당과 태국 식당, 베트남 식당도 곳곳에 있었다. 아시아계 이주민을 받지 않던 공식적인 백호주의 White Australia Policy와 영국계가 아니면 유럽계 백인까지 견제하던 비공식적인 정책은 이미 사라진 뒤였다. 그러나 오스트레일리아의 언어는 여전히 영어이고, 영국 여왕이 오스트레일리아의 명목적인 국가수반인 것도 여전하며, 오스트레일리아 국기에는 영국 국기가 포함되어 있다. 오스트레일리아는 참 경이로운 국가이다. 항상 세계에서 가장 거주하고 싶은 국가 중 하나로 선정되고, 국민의 만족도와 기대 수명이 가장 높은 국가 중 하나이기도 하다. 또 내가 한때 진지하게 이주

7.2 1900년대 중엽 오스트레일리아 인구는 백인이 압도적으로 많았다.

를 고려한 두 국가 중 하나이다. 오스트레일리아는 영국이지만 영국이 아니다. 내가 오스트레일리아를 꾸준히 방문하던 수십 년 동안 무엇이 그런 선택적 변화를 가져온 것일까?

이제부터 오스트레일리아 역사를 간략히 살펴보려 한다. 그 역사를 읽어가며 위기와 관련해서 우리가 다룬 다른 다섯 국가와 오스트레일리아를 비교해보길 바란다. 오스트레일리아의 위기는 하룻밤 사이에 급작스레 폭발한 것이 아니었다는 점에서 독일과 비슷하고, 2~5장에서 다룬 네 국가와는 다르다(하지만 1941년에서 1942년으로 넘어가던 71일 사이에 겪은 세 번의 군사적 충격은 무척 중요했다). 오스트레일리아의 위기는 독일의 위기처럼 제2차 세계대전 기간에 대한 부분적 대응이었다. 제2차 세계대전으로 적어도 독일과 오스트레일리아 양국에서는 국가의 위기를 해결하기 위한 전통적인 방법이 더는 효과 없다는 게

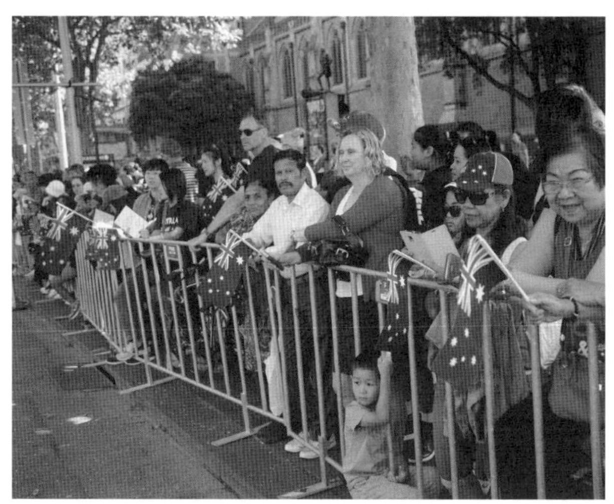

7.3 오늘날 오스트레일리아의 인구는 인종적으로 아주 다양해졌다.

입증되었다. 특히 오스트레일리아보다 전쟁으로 산산조각 난 독일에서 훨씬 더 명확하고 확실하게 입증되었다. 또 이 책에서 다룬 어떤 국가보다 오스트레일리아에 제기된 근본 문제는 국가 정체성과 관련한 것으로 "우리는 누구인가?"였다. 제2차 세계대전으로 지구 반대편에 있는 제2의 영국이란 자아상이 이제는 낡았고, 오스트레일리아의 변한 상황에 더 이상 적합하지 않다는 국민의 인식이 표면화되었다. 그러나 대부분의 오스트레일리아인에게서 그런 자아상을 떼어놓으려면 전쟁만으로는 충분하지 않았다.

개인도 "나는 누구인가?"라는 의문에 새로운 답을 내놓으려면 상당한 시간이 걸린다. 하물며 인구가 수백만을 넘고 국가 정체성에 대해 다양한 생각을 지닌 여러 집단으로 구성된 국가가 "우리는 누구인가?"라는 근본 문제를 풀려면 훨씬 오랜 시간이 걸리기 마련이다.

따라서 오스트레일리아인이 지금도 그 문제로 씨름한다고 해도 조금도 놀라운 게 아니다. 오스트레일리아에서 위기의 해결은 느릿했지만, 심지어 많은 오스트레일리아인이 위기가 있었다고 생각하지도 못할 정도로 느릿했지만, 오스트레일리아는 여섯 국가 중 가장 짧은 기간, 즉 1972년 12월의 19일 동안 가장 광범위하지만 일관성을 띤 변화를 겪은 국가이다. 그 모든 변화는 현대 오스트레일리아에 대한 이야기에서 내가 가장 흥미롭게 생각하는 부분이다.

최초의 수인 선단과 오스트레일리아 원주민

오스트레일리아에 원주민의 조상들이 정착하고 대략 5만 년이 지난 후, 첫 유럽 정착자들이 1788년 1월에 그 땅을 밟았다. 영국에서 보낸 11척의 선단first fleet이었다. 영국 정부가 오스트레일리아를 매력적이고 멋진 곳이라 생각했기 때문에 그 선단을 보낸 것은 아니었다. 죄수가 폭발적으로 증가하는 문제로 골머리를 앓던 영국 정부가 죄수들을 영국에서 멀리 떨어진 어딘가에 내던져놓으려 했기 때문이다. 오스트레일리아와 열대의 서아프리카가 적절한 후보지로 떠올랐지만 서아프리카는 열대성 질병 때문에 유럽인의 건강에 해로운 곳이었다. 영국 정부는 오스트레일리아를 여러모로 유리한 곳으로 여겼다. 일단 서아프리카보다 훨씬 멀었고 유럽인의 건강에 특별히 해롭다는 증거가 없었다(훗날 대부분의 지역이 유럽인에게 해롭지 않다는 사실이 밝혀졌다). 또 오스트레일리아는 영국 해군과 상선, 포경선, 목재와 아마 운반선을 위한 태평양 기지로 활용할 가능성도 있었다. 이런 이유에서 최종적으로 오스트레일리아, 특히 훗날 시드니가 된 지역 부근을 선택한 것이다.

수인囚人 선단은 730명의 죄수, 그들을 관리할 간수와 행정관, 일반 일꾼 및 총독인 영국 해군 장교로 구성되었다. 그 후에도 선단과 이주선이 계속 뒤따랐고 더 많은 죄수를 시드니에 내려놓았으며, 얼마 후에는 오스트레일리아 대륙의 다른 네 곳에도 죄수들이 상륙했다. 죄수와 간수는 금세 자유로운 정착자와 뒤섞였다. 하지만 32년 후인 1820년에도 오스트레일리아 인구의 84%가 강제로 이주한 죄수였고, 영국에서 오스트레일리아로 죄수를 이송하는 일은 1868년까지 지속되었다. 황무지인 오스트레일리아에서 살아남고 번성하기는 어려웠다. 따라서 죄수를 조상으로 둔 현대 오스트레일리아인은 이런 과거를 수치스러운 것이 아니라 자랑스러운 훈장으로 생각한다. 1620년 '메이플라워호'를 타고 아메리카 땅에 도착한 정착자들의 후손인 현대 미국인이 느끼는 자부심과 비슷하다.

영국 정부는 죄수들과 정착자들이 자급할 만큼의 충분한 식량을 확보하는 방법을 찾아내는 데는 오랜 시간이 걸릴 것이라 예측했고 그 예측은 당연한 것이었다. 따라서 수인 선단에는 식량선이 있었고 영국은 1840년대까지 꾸준히 식량을 오스트레일리아에 보냈다. 하지만 수십 년이 지난 후에는 오스트레일리아가 영국에 상당한 수출품을 보낼 수 있었다. 처음에는 고래와 바다표범을 사냥해서 얻은 부산물이 전부였지만 1830년대 이후에는 양모를 수출했고, 1851년부터 시작된 골드러시 때는 황금도 수출했다. 1880년대에는 살코기와 버터를 실은 냉장선도 운영했다. 오늘날 세계에서 생산하는 양모 중 3분의 1이 오스트레일리아산産이며, 개체 수는 1인당 다섯 마리에 이른다. 그러나 제2차 세계대전 이후 오스트레일리아 경제는 천혜의 선물로 받은 광물 개발이 주도했다. 구체적으로 말하면 오스트레일리아는 알루미늄과 석탄, 구리와 황금, 철과 납, 마그네슘과 은, 텅스텐과 티타늄 그리고 우라늄의 최대 수출국이다.

지금까지는 1788년부터 시작된 유럽인의 오스트레일리아 이주에 대해 간략히 설명했다. 이제부터는 오스트레일리아에 훨씬 먼저 정착한 원주민에게 그 시기에 어떤 일이 벌어졌는지 살펴보자. 미국과 캐나다, 인도와 피지, 서아프리카 같은 식민지에서 영국 정착자들은 지역 족장이나 군주와 협상함으로써 원주민을 평화롭게 다루거나 군대를 파견해 군사적으로 부족민을 억압했다. 하지만 이런 방법이 오스트레일리아에서는 통하지 않았다. 오스트레일리아 원주민은 군대도 없고 족장이나 군주도 없는 소규모 무리로 이루어졌기 때문이다. 또 원주민은 유목 생활을 해서 일정한 거주지가 없었다. 이런 삶의 방식 때문에 유럽 정착자들은 원주민이 땅의 '주인'이 아니라는 뜻으로 해석했다.

따라서 유럽 정착자들은 협상이나 적절한 땅값을 지불하지 않고 원주민의 땅을 차지했다. 원주민 군대와의 전쟁도 없었다. 원주민이 정착자를 공격하고 정착자가 원주민을 공격하는 작은 충돌이 있었을 뿐이다. 원주민은 양을 캥거루나 야생동물과 다른 것이라 생각하지 않았다. 그래서 캥거루를 사냥하듯 양을 죽여서 원주민과 정착자 간에 적잖은 충돌이 벌어지기도 했다. 원주민에 대한 최후의 대량 학살(32명)은 1928년에 일어났다. 이때 영국인 총독은 원주민을 살해한 유럽인을 심판하고 교수형에 처하라는 명령을 내렸다. 하지만 백인들은 오히려 살인자들을 옹호하고 나섰다. 런던의 식민성은 죄수들을 멀리 떨어진 오스트레일리아에 떨어뜨려놓아도 원주민 살해 등 제멋대로 행동하는 걸 막을 수 없다는 걸 절감해야 했다.

원주민은 정착한 농경인이 아니라 수렵 채집인이었기 때문에 백인 정착자들은 그들을 원시인으로 깔보았다. 나는 교육받은 오스트레일리아인들 사이에서도 원주민에 대한 경멸이 여전히 팽배한 것을 간혹 확인할 수 있는데 그때마다 놀라지 않을 수 없다. 한 오스트레일리아 상원의원은 "원주민이 인간이라는 과학적 증거는 없다"라고 말하기도 했다. 원주민의 수는 질병과 살상, 토지 박탈로 줄어들었지만, 백인은 원주민이 도태되고 있는 것이라 생각했다. 실제로 오스트레일리아 주교는 "원주민이 사라지고 있다. 길게 보아도 한두 세대가 지나면 마지막 오스트레일리아 흑인(즉 원주민)이 쓰러지며 대지를 따뜻하게 데울 것이다. (…) 그때가 되면 선교사의 역할은 그 죽어가는 종족에게 푹신한 베개를 반듯하게 펴주는 것일 수 있다"라고 말했다.

또 원주민은 정부의 허락을 받지 않으면 비非원주민과 결혼하는 것도 금지되었다. 1930년대에는 원주민과 백인 사이에 태어난 혼혈 자녀와 원주민 자녀를 원주민 가정에서 강제로 떼어내 제도적 기관이나 위탁 가정에서 키우는 정책을 실시했다. 물론 그 아이를 위한 것이란 변명이 있었지만 그 정책은 많은 논란을 낳았다. 또 1990년대에는 일부 백인이 원주민에게 사과하자는 운동을 시작했지만, 그 운동은 강력한 반발에 부딪혔다. 2008년 케빈 러드Kevin Rudd 총리가 공식적으로 사과했지만, 전임 총리 존 하워드John Howard는 "현세대의 오스트레일리아인은 정작 아무런 역할도 하지 않은 과거의 행동과 정책에 대해 죄책감과 책임감을 통감할 필요가 없다"라고 주장했다.

요컨대 영국령 오스트레일리아의 백호주의 정책은 해외에서 그곳으로 이주하려는 비백인에게만 국한된 것이 아니라 원주민에게도 적용되었다. 따라서 그들은 백인 정착자에게 땅을 빼앗기고 땅에 대한 권리를 인정받지 못했다. 많은 백인 정착자는 원주민이 하루라도 빨리 죽어 사라지기를 바랐다.

초기 이주자

오스트레일리아에 식민지를 개척하고 처음 수십 년 동안에는 죄수뿐 아니라 자유로운 정착자도 모두 영국계였다(아일랜드인도 있었지만 당시 아일랜드는 영국의 일부였다). 비영국계로 구성된 상당한 규모의 첫 이민단이 1836년 사우스오스트레일리아에 들어왔다. 그들은 외딴곳에 버려질 죄수가 아니라 부동산 개발 회사가 유럽에서 신중하게 선발한 전향적인 정착자로 구성된 이민단이었다. 그중에는 종교의 자유를 찾아 고향을 떠난 독일 루터교인들도 있었다. 물론 종교의 자유는 오스트레일리아보다 미국의 초기 역사에서 더욱 두드러진 이민의 이유였다. 솜씨 좋은 그 독일계 이주자들은 판매용 채소밭과 포도밭을 가꾸며 오스트레일리아에 신속히 적응해나갔다. 게다가 기존 정착민의 반발을 거의 불러일으키지 않았다.

하지만 오스트레일리아의 첫 골드러시가 시작된 1850년대 수만 명의 중국인이 들어오면서 분란이 일어났다. 그 결과, 군중이 중국인을 구타·강탈하고 심지어 머리 가죽을 벗기는 폭동이 일어났다. 영국 정부는 이를 진압하기 위해 군대를 동원해야 했다. 이것이 오스트레일리아에서 영국 군대가 마지막으로 무력을 행사한 사건이다.

세 번째 비영국계 이민단은 1860년대 퀸즐랜드에서 사탕수수 플랜테이션을 시작하며 들어왔다. 플랜테이션에 투입된 노동자는 뉴기니를 비롯한 멜라네시아와 폴리네시아의 태평양 섬사람들이었다.

일부는 자발적으로 찾아온 일꾼이었지만 흑인 노예 유괴로 끌려온 사람이 대다수였다. 섬사람들의 피부가 검다는 이유로 그런 유괴 행위를 '블랙버딩blackbirding'이라고 불렀다. 거의 언제나 기습적으로 행해진 납치 과정에는 살인이 수반되기 일쑤였다. 나중에 독일령과 오스트레일리아령 뉴기니에서 주로 코코넛 플랜테이션을 시작할 때도 오스트레일리아의 사례를 그대로 채택해 그곳에서 일할 노동자를 태평양 섬사람들로 채웠다. 이런 식으로 농장 노동자를 보충하는 관습은 20세기에도 계속되었다. 1966년 내가 오스트레일리아령 뉴기니에서 만난 한 오스트레일리아인은 자신을 인력 모집원이라 소개하며, 힘들지만 현금을 더 얹어주더라도 자발적 노동자만 모집한다고 했다. 그러면서 인력 모집원으로 경쟁 관계에 있는 몇몇 사람과 달리 자신은 섬사람을 납치하는 '블랙버더(이 단어를 그때까지도 사용하고 있었다)'가 아니라고 떳떳하게 말했다. 여하튼 1860년대 이후로 오스트레일리아의 사탕수수 농장에서 일하는 검은 피부의 일꾼들은 자발적이든 납치든 기한부 고용계약으로 왔고, 그 기한이 끝나면 오스트레일리아에서 쫓겨났기 때문에 오스트레일리아 거주민의 피부색이 더 까매지지는 않았다.

한편 비영국계 이민단 중에는 역시 소수이지만 당시 영국 식민지이던 인도에서 건너온 이민자도 있었다. 독일인, 중국인과 인도인, 태평양 섬의 계약 노동자가 소규모로 꾸준히 유입되었지만, 오스트레일리아는 백호 정책을 유지함으로써 제2차 세계대전 이후까지 영국계 백인이 압도적 다수를 차지했다.

자치를 향하여

미국 역사에 정통한 미국인이라면 영국이 어차피 같은 식민지이던 미국과 오스트레일리아와 관계를 끊는 과정이 현격하게 다른 것을 의아하게 생각할 것이다. 미국은 독립을 쟁취했고 연방을 결성했다. 또 7년 동안 계속된 독립 전쟁 후에도 영국군의 강력한 압력에 맞서 영국과 모든 정치적 유대 관계를 끊었다. 매년 7월 4일, 즉 미국 독립선언 기념일은 모든 미국인이 가장 중요하게 생각하는 국경일 중 하나로 이날을 축하한다. 반면 오스트레일리아에는 독립 기념일이란 것이 없으며, 당연히 기념일을 축하하는 행사도 없다. 오스트레일리아는 영국의 큰 반대 없이 자치권을 얻었고 영국과의 유대 관계를 완전히 끊지도 않았다. 오스트레일리아는 지금도 영국연방Commonwealth of Nations에 속해 영국과 인연을 이어가며 영국의 군주를 오스트레일리아의 명목상 국가수반으로 인정한다. 이처럼 오스트레일리아와 미국에서 영국과의 관계가 완화 혹은 단절로 다르게 전개된 이유는 무엇일까?

여기에는 여러 가지 이유가 있었다. 하나는 영국이 미국의 독립 전쟁에서 패배하며 값비싼 교훈을 얻은 덕분에 백인 식민지에 대한 정책에 변화를 주며, 캐나다와 뉴질랜드와 오스트레일리아에 기꺼이 자치권을 부여한 때문이다. 게다가 오스트레일리아가 요구하기도 전에 영국은 자발적으로 오스트레일리아에 적잖은 자치권을 부여하기도 했다. 두 번째 이유는 영국과 미국 동부 해안까지의 항해 거리보다 영국에서 오스트레일리아까지의 항해 거리가 훨씬 멀었기 때문이다. 수인 선단이 오스트레일리아에 도착하는 데는 8개월이 걸렸다. 그 후로도 19세기 초반에는 항해 시간이 반년에서 1년까지 들쑥날쑥했다. 따라서 교신이 늦어질 수밖에 없어 런던 식민성은 오스트레일리아를 효과적으로 통제할 수 없었다. 그래서 영국 정부는 행정적 결정과 법의 제정을 처음에는 총독에게, 그 후에는 오스트레일리아인에게 위임해야 했다. 예컨대 오스트레일리아 뉴사우스웨일스 식민지 총독은 1809년부터 1819년까지 꼬박 10년 동안 새롭게 채택한 법들을 런던에 알리지도 않았다.

영국이 오스트레일리아와 미국을 다른 식으로 대한 세 번째 이유는, 미국에는 대규모 군대를 주둔시키며 막대한 비용을 감당해야 했기 때문이다. 그 군대는 캐나다에 근거를 두고 북아메리카의 통치권을 다투던 프랑스군을 견제해야 했고, 군사적 장비가 좋지는 않았지만 추장을 중심으로 일사불란하게 조직되고 인구도 많은 원주민 부족 또한 견제해야 했다. 반면 오스트레일리아 대륙에는 식민지를 건설하려고 영국과 경쟁하는 유럽 강대국이 없었고 원주민도 극소수에 불과했다. 게다가 원주민에게는 총도 없고 특별한 지도자도 없었다. 따라서 영국은 오스트레일리아에 군대를 주둔시킬 필요가 없었고, 그 군대를 운영하려고 오스트레일리아인에게 부담스러운 세금을 부과할 필요도 없었다. 미국의 경우에는 식민지 주민의 의견을 구하지도 않고 식민지에 세금을 부과한 결정이 미국 독립 전쟁의 직접적 원인이었다. 오스트레일리아에 파견된 소규모 분견대도 1870년에 최종적으로 철수했다. 그것도 오스트레일리아의 압력 때문이 아니라 영국 정부의 자발적 결단이었는데, 또 하나의 요인을 꼽자면 미국과 달리 오스트레일리아는 식민지로서 영국에 별다른 이익을 주지 못하는 데다 중요하지도 않았다는 것이다. 따라서 영국 정부가 오스트레일리아에 관심을 두고 주목할 만한 이유가 거의 없었다. 캐나다와 인도, 남아프리카와 싱가포르 등 영국에는 오스트레일리아보다 훨씬 큰 이익을 주는 중요한 식민지가 많았다. 뒤이어 자세히 설명하겠지만 오스트레일리아는 오랫동안 영국의 주된 식민 정착지였지만, 정치적 교환이 거의 없어 실질적으로 독립된 식민지나 마찬가지였다.

오스트레일리아가 식민지로서 자치권을 획득한 과정은 다음과 같다. 1828년, 즉 수인 선단이 도착하고 40년이 지난 후 영국은 오스트레일리아에서 가장 오래된 두 식민지, 뉴사우스웨일스와 태즈메이니아에 선출직까지는 아니었지만 지명직 입법부를 설립했다. 하지만 1842년에는 부분적으로나마 주민이 직접 선택한 대표로 구성된 최초의 오스트레일리아 정부가 수립되었다(뉴사우스웨일스). 1850년 영국은 오스트레일리아 식민지를 위한 헌법을 제정했지만 총독부는 헌법을 자유롭게 수정할 수 있었다. 달리 말하면 식민지를 관할하는 총독부가 자체의 통치 구조를 자유롭게 설계할 수 있었다는 뜻이다. 1850년 헌법과 그 이후에 수정된 헌법은 방위, 반역, 귀화 같은 오스트레일리아 문제에 대한 결정을 '유보'해두며 식민지법을 인정하지 않는 이론적 권리를 영국에 남겨두었다. 하지만 실제로 영국이 그 유보된 권리를 행사하는 경우는 거의 없었다. 1800년대 말까지 영국이 유일하게 실질적으로 행사한 주된 권리는 오스트레일리아의 외교 문제에 대한 통제였다.

영국은 이렇게 권리 행사를 유보하면서도 1800년대 내내 독립국이었다면 자체적으로 해결했어야 할 중요한 서비스를 오스트레일리아에 제공했다. 그중 하나가 영국 전함을 동원한 군사적 보호였다. 특히 1800년대 말에는 유럽 열강 및 일본과 미국이 태평양에서 점점 목소리를 높여갔기 때문이다. 다른 하나는 영국이 식민지에 파견한 총독과 관련이 있었다. 총독들은 영국에 저항하는 오스트레일리아 식민지에 강제로 파견된 데 따른 원한에 사로잡힌 폭군이 아니었다. 오히려 그들은 오스트레일리아 자치 정부가 난관에 부딪힐 때마다 그 어려움을 극복하는 데 핵심 역할을 해냈다. 게다가 총독은 식민지 입법부에서 상원과 하원이 충돌할 때마다 타협점을 모색하고, 연립정부의 구성을 중개하며, 언제 의회를 해산하고 선거를 치러야 할지 결정해야 했다.

연방

지금까지 우리는 오스트레일리아에 세운 식민지에 대해 살펴보며 그 식민지가 오늘날 통일된 오스트레일리아의 직접적인 전신인 것처럼 말했다. 엄밀히 말하면 오스트레일리아는 여섯 곳의 식민지—뉴사우스웨일스, 태즈메이니아, 빅토리아, 사우스오스트레일리아, 웨스턴오스트레일리아, 퀸즐랜드—로 시작했지만 훗날 미국의 주가 된 북아메리카 식민지들에 비하면 그들 간의 접촉은 거의 없다시피 했다. 그렇게 접촉이 제한될 수밖에 없었던 원인은 오스트레일리아의 지리적 환경에 있었다.

오스트레일리아는 생산적인 지역이 별로 없는 데다 그 지역들마저 넓디넓은 사막과 비생산적 땅으로 분할되어 있었다. 1917년에야 오스트레일리아 본토의 다섯 주도가 철도로 이어졌다. 태즈메이니아는 오스트레일리아 본토에서 200킬로미터나 떨어진 섬이어서 여섯 번째 주도, 즉 태즈메이니아의 호바트까지는 지금도 철도가 연결되지 않았다. 하지만 식민지마다 채택한 궤간의 폭이 105센티미터부터 160센티미터까지 제각각이어서 기차가 한 식민지에서 다른 식민지까지 곧장 달릴 수 없었다. 또 식민지들은 독립국처럼 보호관세로 장벽을 세웠고, 식민지의 경계에 세관을 두고 수입관세를 징수했다. 1864년 뉴사우스웨일스와 빅토리아는 경계지에서 무력 충돌 직전까지 치닫기도 했다. 따라서 수인 선단이 도착하고 113년이 지난 1901년에야 여섯 식민지는 하나의 국가로 통합되었다.

처음에 식민지들은 통합에 별다른 관심을 보이지 않았다. 정착자들은 처음에 자신들을 해외의 영국인으로 생각했고, 그 후에도 오스트레일리아인이 아니라 빅토리아 주민이나 퀸즐랜드 주민으로 생각했다. 1800년대 후반에야 연방에 관심을 보였다. 당시는 일본이 군사력을 확대하던 때였고, 미국과 프랑스와 독일도 태평양에서 세력을 확장하며 태평양 섬을 하나씩 합병해나가며 영국의 태평양 식민지에 잠재적 위협을 가했다. 그러나 영국 식민지 연합의 영해선이 어디인지 처음에는 불분명했다. 1886년 '오스트로네시아Austronesia' 연방 평의회가 처음 소집되었고, 이때 오스트레일리아에서 멀리 떨어진 영국 식민지이던 피지와 뉴질랜드의 대표도 참석했지만 정작 오스트레일리아에서는 네 식민지의 대표만이 참석했다.

오스트레일리아 연방헌법의 초안은 1819년에 준비했지만 통합된 오스트레일리아 연방은 1901년 1월에야 개국했다. 헌법은 전문에서 "그레이트브리튼과 아일랜드 연합 왕국의 왕관 아래 하나의 분리될 수 없는 대연방으로 연합하기로 동의했다"라고 선언한다. 총독은 영국에서 임명하고 오스트레일리아 최고법원의 결정은 영국 추밀원(영국 최고재판소에 해당)에 상고할 수 있다는 조항도 덧붙였다. 미국 연방헌법에 이런 조항이 있다고 상상해보라! 오스트레일리아 헌법은 오스트레일리아인이 여전히 영국 왕실에 충성했다는 걸 명확히 보여주는 증거이다. 달리 말하면 "법치, 언론의 자유, 개인권의 보호, 영국 해

7.4 오스트레일리아 국기(왼쪽)는 영국 국기(오른쪽)를 남십자자리가 에워싼 모양이다.

군으로 대표되던 당시 최강국이 제공하는 보호권, 태양이 결코 지지 않는 제국의 일부라는 자부심, 빅토리아 여왕에 대한 애정이란 가치를 공유하겠다"라는 것이었다.* 당시 오스트레일리아가 채택한 국기는 지금도 오스트레일리아의 국기이며, 영국 국기(유니언잭)를 남반구의 별자리인 남십자자리가 에워싼 모양이다.

그들을 막아라!

연방헌법을 제정할 때 오스트레일리아는 많은 문제를 두고 언쟁을 벌였지만 비백인을 오스트레일리아에서 배제하는 데는 의견이 일치했다. 1896년 일간지 〈멜버른 에이지〉에 게재된 기사가 '하얀 오스트레일리아White Australia'를 보존하겠다는 당시 오스트레일리아인의 생각을 명확히 보여준다. "우리는 오스트레일리아가 역사적으로 동질적인 백색 인종의 고향이며 미국을 남북전쟁으로 몰아넣은 문제를 걱정할 염려가 전혀 없는 땅으로 유지될 수 있기를 바란다. (…) 우리가 극빈한 흑인 노

* Frank Welsh, *Australia*, p. 337.

동자의 정착을 인정한다면 극동 지역의 가난한 노동력으로부터 우리 노동자를 보호하려고 해도 소용없다." 1901년 영국으로부터 독립한 오스트레일리아 연방이 초기에 제정한 법안 중 하나가 이민 제한법Immigration Restriction Act이었고, 이 법은 모든 정당의 합의로 통과되었다. 이민 제한법은 오스트레일리아를 백인의 땅으로 유지하겠다는 게 목적이었다. 또 매춘부와 정신이상자, 혐오스러운 질병을 앓는 사람, (원래 오스트레일리아가 범죄자를 폐기하던 곳이었지만) 범죄자의 이민도 금지했다. 흑인과 아시아인의 이주도 허락하지 않으며 오스트레일리아는 "하나의 민족이어야 하고, 다른 종족이 혼합되지 않은 하나의 민족으로 유지되어야 한다"라고도 규정했다. 심지어 한 노동 지도자조차 "외부인이 유입되면 공동체의 총체적 기준이 한없이 낮아져서 단기간에 사회적 입법도 효과가 없어질 것이다. 그러나 우리가 민족의 순수성을 유지하며 고유한 국민성을 구축하면 우리가 더 장수하고 더 강해짐으로써 영국 정부가 자랑스럽게 생각할 진보적인 국민이 될 것이다"라고 주장했다.

오스트레일리아가 연방으로 건국되었을 당시 외부인에 대한 사람들의 견해를 소개하면 다음과 같다. "외부의 유색인은 오스트레일리아의 적막한 미개척지에서 눈에 띄어야 할 만큼 멋진 인간이 아니다." "오스트레일리아가 수세기 전부터 물려받은 문명의 수준에 중국인이 도달할 가능성은 없다." "아름답게 차려입은 여인이 예배에 참석한다. (…) 요코하마에서 옮겨온 온갖 질병의 세균으로 악취를 풍기는 뚱뚱보 깜둥이가 그 여인이 앉을 자리를 따뜻하게 데워놓은 것을 교회는 반갑게 생각해야 할 것이다." 심지어 오스트레일리아의 초대 연방 총리 에드먼드 바턴Edmund Barton(1849~1920)조차 "인종 간의 평등은 없다. 백인종과 비교할 때 백인이 아닌 인종은 (…) 동등하지 않고 열등하다. 인간은 평등하다는 원칙은 애초부터 영국인과 중국인의 평등에 적용되는 것이 아니었다. (…) 교화와 교습 등 어떤 것으로도 서로 다른 종족들을 동등하게 만들지 못한다"라고 말했다. 후임 총리 앨프리드 디킨Alfred Deakin(1856~1919)도 "인종의 통일은 오스트레일리아의 통일을 위한 절대적인 필수 조건이다"라고 선언했다.

영국의 식민성 장관은 인종을 명확히 언급한 오스트레일리아의 이민 제한법을 반대했다. 당시 영국이 일본과 군사동맹을 맺으려고 협상하던 때여서 오스트레일리아의 이민 제한법이 협상을 방해했기 때문이다. 따라서 오스트레일리아는 이민자에게 받아쓰기 시험에 합격할 것을 요구함으로써 인종을 언급하지 않고도 비백인에게 이민을 제한하려던 목표를 달성했다. 받아쓰기 시험은 반드시 영어로만 치른 것은 아니었다. 이민을 총괄하는 관리의 재량에 따라 유럽에서 사용하는 언어 중 하나를 선택하기도 했다.

예컨대 영국 식민지 몰타섬에서 많은 노동자가 오스트레일리아에 입국했을 때였다. 몰타섬은 인종적으로 뒤섞인 지중해의 섬이었지만, 그곳 사람들은 영어로 받아쓰기 시험에 통과할 가능성이 컸다. 따라서 그들을 추방할 구실을 마련하려고 그들에게는 네덜란드어 받아쓰기 시험을 요구했다. 네덜란드어는 몰타에서는 물론이고 오스트레일리아에서도 사용하지 않던 언어였다. 노동자로 오스트레일리아에 이미 입국해서 일하던 비백인들, 즉 태평양 섬사람들과 중국인·인도인은 강제로 추방되었지만 두 전문가 집단(낙타를 모는 아프가니스탄인과 진주조개를 채취하는 일본인 잠수부)에는 오스트레일리아에 체류하는 것을 허용했다.

이렇게 이민을 제한한 이유는 대체로 그 시대의 인종차별주의였지만, 오스트레일리아의 노동당이 값싼 노동력을 제공하는 이민을 제한함으로써 오스트레일리아 노동자의 고임금을 보호하려던 정책도 부분적 원인이었다. 그렇다고 나는 오스트레일리아인이 유난한 인종차별주의자였다고 비방하고 싶지는 않다. 그들도 세계 전역에 만연하던 인종차별적 시각을 공유한 것일 뿐이고, 그 시각을 인종 배척에 기초한 이민 정책에 반영하면서도 오스트레일리아의 낮은 인구밀도 때문에 영국인의 이민을 독려했다는 점에서 달랐다. 당시 영국과 대륙의 유럽 국가들은 이민을 독려하거나 전혀 받아들이지 않았다.

제2차 세계대전 이후 서인도제도의 식민지에서 아프리카계 흑인들이 영국으로 유입되기 시작했고, 그 결과로 1958년 노팅엄과 노팅힐에서 인종 폭동이 일어났다고 말할 수 있다. 일본은 지금도 이민자를 대대적으로 받아들이지 않고 있다. 미국은 오스트레일리아와 달리 영국의 일부라는 정체성을 거부했지만 결국 중앙 유럽, 멕시코와 동아시아에서 이민자를 대거 받아들였다. 그러나 그 과정에서 많은 저항을 극복해내야 했다.

제1차 세계대전

제2차 세계대전 이후 상황이 변하기 시작할 때까지 오스트레일리아인의 정체성은 영국인이라는 의식에 기초한 것이었다. 오스트레일리아에는 직접적 이해관계가 없는 영국의 전쟁에서 영국 군대와 함께 열정적으로 싸웠다는 사실에서도 입증된다. 예를 들어 설명해보자. 오스트레일리아 연방이 건국되기 훨씬 전 1885년 뉴사우스웨일스 식민지는 수단에서 폭동을 진압하던 영국군을 지원하려고 군대를 파견했다. 당시 수단은 멀리 떨어진 데다 오스트레일리아와 아무런 관계도 없던 영국 식민지였다. 1899년 영국과 네덜란드 식민지 개척단의 후손들이 남아프리카에서 맞붙은 보어전쟁도 오스트레일리아와는 직접적 관계가 전혀 없었다. 하지만 오스트레일리아군은 보어전쟁에서 맹활약하며 빅토리아 훈장Victoria Cross(전쟁터에서의 용감한 행위에 수여하는 영국 최고 훈장)을 다섯 번이나 받았고, 그 전쟁에서 300명의 병사를 잃은 대가로 충성스러운 영국 신민이라는 명성과 명예를 얻었다.

영국은 제1차 세계대전이 발발한 1914년 8월 독일에 전쟁을 선포할 때 오스트레일리아와 캐나다에 번거롭게 의견을 묻지 않았다. 영국이 임명한 오스트레일리아 총독은 그 선전포고를 오스트레일리아 국민이 선출한 총리에게 전달했을 뿐이다. 오스트레일리아는 보어전쟁과 수단에서의 전쟁의 경우보다 훨씬 큰 규모로 영국을 지체 없이 지원했다. 이때 오스트레일리아의 한 언론인은 "우리는 우리 조국을 지켜야 한다. 우리는 독일의 무력행사로부터 이 신성한 유산을 신성하게 지켜야 한다"라고 썼을 정도였다. 영국을 '우리' 조국이라 칭한 것이 주목된다. 제1차 세계대전은 그나마 오스트레일리아의 이해관계에 영향을 미치긴 했다. 구체적으로 말하면 오스트레일리아에 독일 식민지이던 뉴기니섬의 북동 지역과 비스마르크제도를 점령할 구실을 주었다. 그러나 오스트레일리아는 그에 비하면 엄청난 규모의 지원군을 파견해 제1차 세계대전의 승리에 크게 기여했다. 오스트레일리아가 징집한 병력은 40만 명에 달했는데, 당시 500만 명에 불과하던 총인구 중 군 복무가 가능한 인원수의 절반이 넘는 규모였다. 그들은 프랑스와 중동 등 지구 반대편에서 영국의 이익을 지키기 위해 싸웠다. 30만 명 이상이 해외로 파견되었고 그중 3분의 2가 부상당하거나 전사했다. 이후 오스트레일리아의 거의 모든 작은 시골 마을은 중심지에 위령탑을 세웠다. 그 탑에는 제1차 세계대전에서 전사한 지역민의 이름이 새겨져 있다.

오스트레일리아군이 제1차 세계대전에 참전해서 벌인 가장 유명한 전투는 겔리볼루반도(혹은 갈리폴리반도)에 주둔하고 있던 터키군에 대한 앤잭 군단Australian and New Zealand Army Corps, ANZAC(혹은 오스트레일리아-뉴질랜드 군단)의 공격이었다. 앤잭 군단은 1915년 4월 25일 반도에 상륙했지만 작전을 지휘하던 영국 장군의 무능한 리더십 때문에 많은 병력을 잃었고, 영국이 결국 그 작전을 실패로 결론지은 1916년에 철수했다. 이후 겔리볼루반도에 상륙한 날을 기념하는 '앤잭의 날(4월 25일)'은 오스트레일리아에서 가장 중요하고 감성적인 국경일이 되었다.

비非오스트레일리아인으로서는 앤잭의 날을 오스트레일리아의 국경일로 강조하는 이유를 이해하지 못할 것이다. 지구 반대편에서, 즉 오스트레일리아의 국익에는 수단만큼이나 관계가 없는 반도에서 영국 장군의 무능함 때문에 그 많은 젊은이가 억울하게 전사한 날을 기념하는 이유가 도대체 무엇일까? 그러나 이런 의문을 푸는 과정에서 나는 때로는 합리적인 질문도 삼가며 입을 다물어야 한다는 걸 배웠다. 내 오스트레일리아 친구들이 한 세기가 지난 지금도 겔리볼루반도 상륙작전에 대해 언급하면 어김없이 눈물을 흘렸기 때문이다. 그들의 설명에 따르면 겔리볼루반도에서 맞은 청년들의 죽음만큼 부모의 나라 영국을 위해 기꺼이 죽겠다는 오스트레일리아인들의 의지를 더 잘 보여주는 것은 없었다. 겔리볼루 전투는 오스트레일리아라

7.5 앤잭 군단은 1915년 지구 반대편의 겔리볼루반도에서 모국이던 영국의 편에서 터키군과 맞서 싸웠다. 겔리볼루반도에 상륙한 4월 25일은 오스트레일리아의 중요한 국경일이다.

는 국가의 탄생으로 여겨지며, 한 국가의 탄생을 위해서는 희생과 피가 필요하다는 일반적 세계관을 다시 한번 확인해주었다. 빅토리아주민이나 태즈메이니아주민이나 사우스오스트레일리아인이 아니라 오스트레일리아인으로서 영국이란 조국을 위해 싸운 까닭에, 겔리볼루에서의 죽음은 오스트레일리아인에게는 국민적 자부심을 상징하는 동시에 오스트레일리아인이 영국의 충성스러운 신민이란 사실을 공개적으로 천명한 감성적 봉헌식을 의미하게 되었다.

이런 자기 정체성은 1923년에 다시 강조되었다. 이때 대영제국에 속한 국가들은 회의를 열어 자치령은 외교 관계를 영국 대사에 일임하지 않고 자체로 대사와 외교관을 외국에 파견할 수 있다는 합의를 보았다. 캐나다와 남아프리카공화국과 아일랜드는 즉시 각국에 자체의 외교관을 파견했지만 오스트레일리아는 그렇게 하지 않았다. 영국으로부터 완전히 독립하겠다는 뚜렷한 징후와 국민적 열정이 오스트레일리아에는 없다는 게 이유였다.

하지만 영국을 향한 오스트레일리아의 감정은 존경받는 모국의 승인을 구하려는 착한 아이의 마음만은 아니었다. 사랑과 증오가 복합된 마음도 있었다. 개인적 경험을 예로 들어보자. 오스트레일리아의 양 도축장에서 일하는 친구가 있었다. 그곳에서 생산한 양고기 중 일부는 국내에서 소비했고 나머지는 냉동해 영국에 수출했다. 영국에 수출할 간을 포장한 상자에 내 친구와 동료들은 가끔 쓸개를 슬쩍 떨어뜨려놓기도 했다. 쓸개의 담즙은 영원히 기억에서 지워지지 않을 정도로 쓴맛이지 않은가. 영국과 오스트레일리아의 관계에서 증오에 해당하는 사례는 제2차 세계대전 후 오스트레일리아 총리들이 표명한 견해에서도 확인할 수 있다. 이에 대해서는 뒤에서 자세히 살펴보기로 하자.

제2차 세계대전

오스트레일리아에서 제2차 세계대전의 의미는 제1차 세계대전의 의미와 사뭇 달랐다. 제2차 세계대전에서는 오스트레일리아가 직접 공격을 받았고 지구의 반대편보다 바로 옆의 섬들에서 치열한 전투가 벌어졌기 때문이다. 싱가포르에 있던 영국 해군기지를 일본에 양도한 사건이 오스트레일리아의 자아상을 바꿔놓은 결정적 전환점으로 여겨진다.

제1차 세계대전 이후 20년 동안 일본은 육군과 해군을 증강했고 선전포고도 없이 중국을 공격했다. 따라서 일본이 오스트레일리아에 중대한 위협으로 떠올랐다. 영국은 말레이반도 끝 싱가포르에 있던 해군기지를 강화하며 오스트레일리아의 방어군이란 역할을 자임하고 나섰다. 하지만 그 기지는 오스트레일리아에서 6,400킬로미터나 떨어진 곳에 있었다. 결국 오스트레일리아는 멀리 떨어진 영국 해군기지 또는 훨씬 더 멀리 떨어진 지중해와 대서양에 집중된 영국 함대에 의지해야 했다. 그러나 싱가포르 전략의 궁극적 실패를 영국만의 탓으로 돌릴 수는 없다. 오스트레일리아가 자체 방어를 위한 조치를 등한시했기 때문이다. 오스트레일리아는 1930년 징집제를 폐지했고 공군과 해군을 소규모로 유지하는 데 만족했다. 하지만 항공모함도 없었고 군함도 없었다. 게다가 경순양함보다 큰 전함도 없어 일본의 공격에 맞서 오스트레일리아와 인근 바다를 지켜내기에는 턱없이 부족했다. 그 시기에 영국은 독일로부터 훨씬 심각하고 임박한 위협을 마주하고 있었고, 일본의 공격에 대한 군사적 대비에도 뒤처져 있었다.

제1차 세계대전이 발발했을 때처럼 1939년 9월 3일 영국이 다시 독일에 전쟁을 선포하자 오스트레일리아 총리는 의회에 의견을 묻지 않고 즉각 "영국이 전쟁을 선포했다. 따라서 오스트레일리아도 독일과 전쟁에 돌입했다"라고 선언했다. 또 제1차 세계대전 때 그랬듯 지구 반대편인 유럽에서 벌어진 제2차 세계대전도 처음에는 오스트레일리아와 직접적 이해관계가 없었다. 독일이 폴란드, 영국과 프랑스 등 서유럽 국가들과 맞붙었을 뿐이었다. 그러나 역시 제1차 세계대전 때 그랬듯 오스트레일리아는 유럽 무대에 군대를 파견했고, 특히 북아프리카와 크레타에서 싸웠다. 일본의 공격 가능성이 높아지자 오스트레일리아 정부는 국가 방위를 위해 자국 군대의 철수를 연합국

7.6 1941년 12월 10일 일본 폭격기의 공격을 받아 침몰하는 영국 전함 프린스 오브 웨일스호. 그 결과, 싱가포르 해군기지를 지키려던 영국의 노력도 물거품이 되었다.

에 요구했다. 그러나 윈스터 처칠 영국 총리는 영국 함대가 싱가포르 기지를 활용해 일본의 침략, 즉 오스트레일리아 영해에 나타날 수도 있는 일본 함대로부터 오스트레일리아를 지켜주겠다고 약속하며 오스트레일리아를 안심시키려고 애썼다. 하지만 훗날 입증되었듯이 그 약속은 지켜지지 않았다.

일본은 1941년 12월 7일부터 미국과 영국, 네덜란드령 동인도제도를 공격했다. 12월 10일, 즉 일본이 전쟁을 선포하고 사흘 만에 일본 폭격기가 영국의 대형 함선 두 척, 전함 '프린스 오브 웨일스호'와 순양함 '리펄스호'를 침몰시켰다. 두 전함은 극동에서 활동하며 오스트레일리아를 지켜줄 수 있던 유일한 함선이었다. 1942년 2월 15일 영국의 싱가포르 기지 사령관이 일본군에 항복하며 약 10만 명의 영

7.7 1942년 2월 15일 영국의 싱가포르 기지 사령관이 일본군에게 항복했다. 그 결과 오스트레일리아는 일본의 공격에 노출되었다.

국군과 대영제국군이 전쟁 포로수용소로 보내졌다. 영국이 역사적으로 수모를 견뎌야 했던 최악의 군사적 패배였다. 안타깝게도 포로수용소에 갇힌 군인 중에는 절망적인 상황에 빠진 싱가포르를 지키는 데 도움을 주겠다고 고작 3주 전, 1942년 1월 24일 싱가포르에 입국한 2,000명의 오스트레일리아 병사도 있었다. 오스트레일리아를 지켜줄 만한 영국 함선이 없었기 때문에 미국의 진주만 해군기지를 폭격한 일본 항공모함이 1942년 2월 19일 오스트레일리아의 북부 도시 다윈을 대대적으로 폭격했다. 그때를 시작으로 일본은 오스트레일리아를 60회 이상 공습했고, 일본 잠수함은 시드니항 습격을 시도하기도 했다.

오스트레일리아인에게 싱가포르 양도는 충격적이고 놀라운 군

7.8 1942년 2월 19일 일본의 대대적인 폭격으로 오스트레일리아의 북부 도시 다윈은 화염과 연기에 휩싸였다.

사적 패퇴였을 뿐 아니라, 영국이란 조국이 오스트레일리아를 배신한 사건으로도 해석되었다. 일본군이 싱가포르를 공격하고 있을 때 오스트레일리아 총리 존 커틴John Curtin(1885~1945)은 윈스턴 처칠에게 영국이 난공불락이라고 확신하던 싱가포르를 포기한다면 '용납할 수 없는 배신'이 될 것이라는 전신을 보냈다. 그러나 싱가포르는 결국 일본에 함락되고 말았다. 영국의 군사력이 유럽 무대부터 극동까지 지나치게 넓게 펼쳐져 있었기 때문이기도 했지만, 방어하는 영국군과 대영제국군이 수적으로 우세했으나 공격하는 일본군이 전술적으로 더 뛰어났기 때문이기도 했다.

오스트레일리아가 자체 방어력을 키우는 걸 등한시한 것도 잘못이었다. 하지만 영국에 대한 오스트레일리아의 배신감은 쉽게 지워지지 않았다. 싱가포르 항복이 있고 50년이 지난 1992년 말, 오스트레일리아 총리 폴 키팅Paul Keating은 의회 연설에서 영국을 준열하게 비판하며 증오심을 유감없이 터뜨렸다. "학교에서 (…) 저는 오스트레일리아의 자존감과 자긍심에 대해 배웠습니다. 말레이반도를 포기하고 싱가포르를 머릿속에서 지워버리기로 결정한 국가, 일본의 공격으로부터 우리의 자유를 지키기 위해 우리 군대를 철수시키는 것도 허용하지 않은 국가에 비굴하게 굽실거리라고는 배우지 않았습니다. 그 국가는 여러분(두 보수 정당에 소속된 의원들)을 버렸을 때에도 여러분이 죽도록 헌신한 국가였습니다."

제2차 세계대전이 오스트레일리아에 남긴 교훈은 두 가지였다. 첫째, 영국은 전혀 오스트레일리아를 지켜주지 못했다는 것이다. 오히려 미국 장군 더글러스 맥아더Douglas MacArthur(1880~1964)가 오스트레일리아에 사령부를 두고 광범위하게 전개한 미국의 전함과 항공기 및 육군에 국가 방위를 크게 의존했다. 맥아더가 단독으로 지휘한 작전에도 오스트레일리아군이 참여했지만 미국과 오스트레일리아 사이는 평등한 동반자 관계가 아니었다. 일본이 오스트레일리아에 상륙할 가능성이 있었지만 다행히 그런 염려는 구체화되지 않았다. 그러나 일본의 상륙이 있었다면 영국이 아니라 미국이 방어하고 나섰을 게 분명하다. 일본과의 전쟁이 거의 4년 동안 느릿하게 전개되는 동안 오스트레일리아군은 뉴기니섬, 뉴브리튼섬, 솔로몬제도에서 싸웠고 결국에는 보르네오섬에서도 일본군과 맞섰다. 특히 1942년 일본군이 오스트레일리아령 뉴기니의 수도 포트모르즈비를 점령하기 위해 코코다 트레일Kokoda Trail을 넘어 진격할 때 오스트레일리아군은 선봉에 서서 일본군을 격파하는 데 큰 역할을 했다. 하지만 그 후로

맥아더는 오스트레일리아군을 전선에서 멀리 떨어진 부차적인 작전에 주로 투입했다. 그 덕분에 오스트레일리아는 제1차 세계대전과 달리 제2차 세계대전에서는 직접적으로 공격을 받았지만 사상자는 제1차 세계대전에 비해 절반 이하였다.

둘째, 제2차 세계대전을 계기로 오스트레일리아는 두 전쟁에 모두 참전해 멀리 떨어진 유럽 무대에서 싸웠지만 정작 중대한 위협은 가까운 아시아에 있다는 걸 깨달았다. 당연한 결론이겠지만 오스트레일리아는 일본을 적으로 여기게 되었다. 전쟁 동안 일본군 포로가 된 약 2만 2,000명의 오스트레일리아 병사는 포로수용소에서 이루 말로 표현할 수 없는 야만적인 대우를 받았고 그 때문에 36%가 수용소에서 사망했다. 독일의 전쟁 포로수용소에서 사망한 미군과 영국군이나 연합군의 전쟁 포로수용소에서 사망한 독일군이 1%에 불과했다는 사실을 고려하면 엄청나게 높은 수치였다. 특히 산다칸 죽음의 행진 Sandakan Death March은 오스트레일리아인에게 크나큰 충격이었다. 일본군의 포로로 잡혀 보르네오섬 북동부에 위치한 산다칸에 억류되어 있던 2,700명의 오스트레일리아군과 영국군은 서쪽으로 150킬로미터쯤 떨어진 라나우까지 행진해야 했다. 그 과정에서 많은 병사가 굶주림과 구타를 이기지 못해 죽고 극소수만이 라나우에 도착했다. 하지만 그들마저도 처형을 당해 결국 거의 모든 포로가 죽음을 맞았다.

느슨해지는 유대 관계

제2차 세계대전 이후 영국과 오스트레일리아의 유대 관계는 점점 느슨해졌다. '오스트레일리아 대륙의 충성스러운 영국인'이란 자기 정체성에도 변화가 생졌고, 그 결과는 백호주의 정책의 해체로 이어졌다. 오스트레일리아 자체에 별다른 관심이 없는 역사학자에게도 이런 변화는 "우리는 누구인가?"라는 질문에 대한 국민의 대답이 어떻게 변했는가에 대한 연구의 표본이 될 수 있다. 국가는 다양한 이해관계를 지닌 많은 집단으로 이루어지기 때문에 이런 변화는 개인의 경우처럼 신속하게 변할 수 없다. 오스트레일리아에서 그 변화는 수십 년 전부터 본격적으로 시작되었지만 지금도 여전히 계속되고 있다.

제2차 세계대전은 오스트레일리아의 이민 정책에 즉각적 영향을 미쳤다. 1943년에 이미 오스트레일리아 총리는 적은 인구로는 일본의 위협에 효과적으로 대처하며 거대한 대륙을 유지할 수 없다는 결론에 이르렀다. 1945년을 기준으로 할 때 오스트레일리아 인구는 800만 명을 넘지 않았지만 일본 인구는 1억 명이 넘었다. 고작 320킬로미터 떨어진 인도네시아의 인구는 2억 명에 가까웠고, 중국의 인구는 약 10억 명이었다. 일본이나 자바섬, 중국의 높은 인구밀도에 비교하면 오스트레일리아는 텅 빈 땅으로 보여 아시아인이 몰려들 만했다. 오스트레일리아 총리는 그렇게 생각했지만 정작 아시아인은 그렇게 생각하지 않았다. 많은 이민자를 받아야 한다고 주장한 또 하나의 근거는, 강력한 제1세계의 경제로 도약하려면 인구가 많아야 한다는 잘못된 믿음에서 비롯한 것이었다.

여하튼 이민 정책에 변화를 주어야 한다는 두 논증은 앞뒤가 맞지 않았다. 오스트레일리아의 인구밀도가 일본이나 자바섬보다 훨씬 낮은 데는 예나 지금이나 부득이한 이유가 있다. 일본과 자바섬의 토지는 습하고 비옥하며 대부분의 지역에서 농업 생산성을 기대할 수 있다. 그러나 오스트레일리아는 대부분의 지역이 척박한 사막이며 극히 일부 지역만 생산적인 농지로 사용한다. 강력한 제1세계의 경제로 도약하려면 많은 인구가 필요하다는 논증의 허구성은 덴마크와 핀란드, 이스라엘과 싱가포르의 경제적 성공으로 증명된다. 네 국가의 인구는 오스트레일리아 인구의 4분의 1에 불과하다. 결국 경제의 성공에는 양보다 질이 더 중요하다는 뜻이다. 어쩌면 오스트레일리아의 인구가 지금보다 더 적었더라면 훨씬 더 부유한 국가가 되었을지 모른다. 인구가 적었다면 그러잖아도 취약한 오스트레일리아 풍경에 끼친 인간의 영향이 줄었을 것이고, 인간에 대한 자연 자원의 비율이 증가했을 것이다.

그러나 1940년대의 오스트레일리아 총리들은 생태학자도 아니었고 경제학자도 아니었다. 따라서 전후 오스트레일리아는 이민을 권장하는 긴급 프로그램을 시행했다. 안타깝게도 영국과 아일랜드의 이민 지원자가 턱없이 부족해서 오스트레일리아는 목표를 채울 수 없었다. 하지만 백호주의 정책 때문에 다른 대안은 생각할 수 없었다. 오스트레일리아에 주둔하던 미군을 계속 머물도록 유도할 수도 없는 상황이었다. 대다수 미군이 아프리카계 미국인, 즉 흑인이었기 때문이다. 결국 전후 오스트레일리아가 영국과 아일랜드 다음으로 이민자로 받아들일 '차선'의 지역은 북유럽이었고, 그다음의 선택지는 남유럽이었다. 덕분에 나는 1964년 이탈리아 식당과 그리스 식당을 애용할 수 있었다. 이민 정책의 확대를 지지하던 사람들은 "적절히 선택하면 이탈리아인은 훌륭한 시민이 될 것이다!"라고 주장했다. 이런 방향의 첫 조치로, 전쟁 포로로 오스트레일리아에 끌려온 이탈리아인과 독일인에게 영구 체류를 허락했다.

1945년부터 1949년까지 이민성 장관을 지낸 아서 콜웰Arthur

Calwell(1896~1973)은 노골적인 인종차별주의자였다. 그는 오스트레일리아 병사가 주둔지에서 비애국적으로 일본인, 중국인, 인도네시아인과 결혼했다는 이유로 신부와 자식들을 오스트레일리아에 데리고 들어오는 것조차 허락하지 않았다. 콜웰은 "일본 여자는 물론 어떤 혼혈인에게도 오스트레일리아의 입국을 허락하지 않을 것이다. 그들은 우리에게 바람직하지도 달갑지도 않다. (…) 혼혈의 오스트레일리아는 불가능하다"라고 말했을 정도이다. 콜웰은 영국 이외에 발트 3국(에스토니아, 라트비아, 리투아니아)에서 이민자를 받아들이는 데는 동의했다. 발트 3국이 러시아에 합병된 후 교육을 제대로 받고 눈동자와 머리카락색이 영국인과 비슷한 수천 명의 백인이 조국을 떠나려 했기 때문이다. 1947년 콜웰 장관은 전후 유럽의 난민 수용소를 순회하며 그곳에 '뛰어난 인재splendid human material'가 많다는 사실을 확인했다. 따라서 발트 3국에 대해 "많은 사람이 붉은 머리카락에 푸른 눈동자였다. 남녀 모두에서 백금색의 머리카락도 많았다"라고 긍정적으로 평가했다. 이렇게 이민자를 선별한 결과 1945년부터 1950년까지 오스트레일리아는 약 70만 명의 이민자를 받아들였는데, 그중 절반은 영국인이었고 나머지는 다른 유럽 국가 출신이었다. 70만 명이면 1945년 오스트레일리아 인구의 약 10%에 해당했다. 1949년 오스트레일리아는 이민자의 기준을 완화하며 일본인 전쟁 신부를 데려오는 걸 허용했다.

2008년 브리즈번에서 내가 아시아 이민자와 아시아 식당을 만날 수 있었던 이유는 백호주의가 후퇴한 때문이었다. 그럼 백호주의가 후퇴한 이유는 무엇일까? 군사적 보호, 아시아의 정치적 발전, 무역 상대국의 변화, 이민자의 구성비, 영국 정책 등 다섯 가지로 요약할 수 있다. 군사적 보호라는 고려 사항에 관해 말하자면 제2차 세계대전으로 영국이 더 이상 태평양을 지배하는 군사적 강국이 아니라는 게 명백해졌다. 오히려 오스트레일리아는 미국과 유대 관계를 맺는 게 더 유리했다. 이런 관계는 미국과 오스트레일리아와 뉴질랜드가 1951년 앤저스 안전보장조약Australia, New Zealand, United States Security Treaty, ANZUS Treaty을 체결함으로써 공식화되었다. 이 조약에 영국은 참여하지 않았다. 한국전쟁, 말라야 연방과 베트남에 대한 공산주의의 위협, 네덜란드령 뉴기니와 말레이시아령 보르네오와 포르투갈령 티모르에 대한 인도네시아의 군사적 간섭 때문에 오스트레일리아는 안보 문제에 더욱 신경 쓰게 되었다.

1956년 수에즈 위기 때 영국은 이집트의 나세르 대통령을 실각시키지 못한 상황에서 미국의 경제적 압력에 굴복하며 병력을 철수해야 했다. 이 사건으로 영국의 군사적·경제적 허약성이 백일하에 드러났다. 게다가 1967년에는 영국이 수에즈운하 동쪽에 주둔하던 병력 전부를 철수할 계획이라고 발표해 오스트레일리아인에게 다시 충격을 안겨주었다. 이런 과정을 거치며 오스트레일리아의 보호자라는 영국의 오랜 역할이 공식적으로 막을 내렸다.

이번에는 아시아의 정치적 발전에 대해 말하자면 아시아에서 과거에 식민지와 보호령과 위임 통치령이던 곳이 하나씩 독립국가가 되었다. 인도네시아, 동티모르, 파푸아뉴기니, 필리핀, 말레이시아, 베트남, 라오스, 캄보디아, 태국이 대표적 예이다. 모두 오스트레일리아와 가까운 곳에 위치한 국가이다. 예컨대 파푸아뉴기니는 160여 킬로미터밖에 떨어지지 않았고, 인도네시아 및 동티모르까지의 거리는 350킬로미터를 넘지 않았다. 모든 국가가 독자적으로 외교정책을 추진했고 과거처럼 식민 지배국의 외교정책에 종속되지 않았다. 게다가 모두가 경제적으로도 성장하고 있었다.

무역에서는 1950년대 초까지 영국이 오스트레일리아 수입의 45%, 수출의 30%를 차지하며 가장 큰 상대국이었다. 하지만 1957년 일본과 무역협정을 체결하며 제2차 세계대전에서 비롯된 적대감을 씻어내고 인종차별적 사고방식을 극복함으로써 일본과의 교역량이 급증했다. 그 결과, 1980년대 오스트레일리아의 최대 무역 상대국은 일본이었고, 그다음은 미국이었으며 영국은 한참 뒤였다. 1982년 일본은 오스트레일리아 수출 중 28%를 차지했고, 미국은 11%, 영국은 4%에 불과했다. 그러나 오스트레일리아가 일본을 비롯한 아시아 국가들과 부지런히 교역을 하면서도 일본인과 그 밖의 아시아인은 오스트레일리아에 정착하기에 적합하지 않다고 생각하는 사고방식은 명백한 모순이었다.

영국인을 선호하던 백호주의가 후퇴할 수밖에 없었던 또 다른 요인은 이민자 구성비의 변화였다. 제2차 세계대전 이후에 이주해온 이탈리아인, 그리스인, 에스토니아인, 라트비아인, 리투아니아인은 모두 의심할 여지가 없는 백인이었지만 영국계는 아니었다. 또 그들에게는 영국의 충성스러운 신민이라는 오스트레일리아의 전통적 자아상이 없었고, 1950년대 말까지 오스트레일리아와 영국에 팽배하던 아시아인에 대한 인종차별적 편견도 없었다.

끝으로 오스트레일리아만이 영국에서 멀어지고 있었던 것은 아니다. 영국도 오스트레일리아를 조금씩 떼어놓고 있었다. 오스트레일리아와 영국, 양국 모두의 이해관계가 변했고 전통적 자아상도 시대에 뒤떨어진 것이 되어갔다. 영국 정부가 오스트레일리아 정부보다 먼저 그런 잔혹한 현실을 깨달았다. 하지만 그런 현실을 인정하는 것은 양쪽 모두에게 너무도 힘들고 고통스러운 것이었다. 내가 영국에 체류하던 때, 즉 1958~1962년에 영국은 가장 크게 변했다. 오스트레일리아인은 전통적으로 자신의 정체성을 대영제국 내의 영국 시민으로 인식했다. 하지만 그런 인식의 근거이던 동일한 조상과 교역량, 군사적 보호라는 현실이 변해가고 있었다. 영국의 전통적 정체성도 세계사에서 가장 큰 제국의 주인('태양이 결코 지지 않는 제국'), 그 후에는 영국연방의 지도국이란 자부심에 기초한 것이었다. 대영제국과 그 후의 영국연방은 영국의 주된 무역 상대국이었고 병력의 주된 공급처였다. 오스트레일리아인, 뉴질랜드인, 인도인, 캐나다인으로 구성된 군대가 두 번의 세계대전에서 영국군과 함께 죽었다는 사실을 생각해보라!

그러나 영국과 연방국 간의 교역량은 점점 줄어들고 영국의 주된 교역은 유럽을 향해 옮겨가고 있었다. 마찬가지로 오스트레일리아의 교역량도 영국과는 줄어들고 아시아와 미국으로 옮겨가고 있었다. 아프리카와 아시아의 영국 식민지들도 독립해서 고유한 국가 정체성을 확립했고, 영국연방 내에서도 독자적으로 외교정책을 추진했다. 게다가 영국의 반대에도 불구하고 이들 국가는 아파르트헤이트라는 인종차별 정책을 이유로 남아프리카공화국을 영국연방에서 퇴출시켰다. 오스트레일리아가 영국이나 아시아와 미국 중 선택해야 한다는 압박감을 느꼈듯이 영국도 영국연방과 유럽 중에서 선택해야 한다는 압박감을 느꼈다.

1955년 영국은 유럽경제공동체EEC(오늘날 공동시장의 전신)를 결성하기 위한 서유럽 6개국(프랑스, 독일, 이탈리아, 벨기에, 네덜란드, 룩셈부르크)과의 협상에서 철수하기로 결정했다. 영국의 예상과 달리 서유럽 6개국은 1957년 영국을 배제한 상태에서 EEC를 구체화하는 데 성공했다. 1961년 영국 총리 해럴드 맥밀런Harold Macmillan(1894~1986)은 영국의 이해관계국이 달라졌다는 걸 인정했다. 달리 말하면 경제적으로나 정치적으로 영국연방보다 유럽이 영국에 더 중요하다는 사실을 인정해야 했다. 따라서 영국은 EEC에 가입하겠다고 신청했다. 영국의 EEC 가입과 그 이후의 과정은 싱가포르를 포기한 것보다 영국과 오스트레일리아의 관계를 근본부터 뒤흔드는 충격이었다. 하지만 싱가포르를 포기한 것이 더 극적이고 상징적인 사건이었고, 오늘날에도 오스트레일리아가 영국을 원망하는 가장 큰 원인인 것은 변함이 없다.

영국이 EEC에 가입함으로써 영국과 오스트레일리아의 이해관계는 필연적으로 충돌할 수밖에 없었다. 서유럽 6개국은 EEC의 비회원국에 대해 공동 관세장벽을 세웠고 영국도 그 장벽에 동의할 수밖에 없었기 때문이다. 관세장벽은 오스트레일리아의 식료품과 제련한 금속에도 당연히 적용되었다. 당시 영국은 두 상품의 주된 수출 시장이었다. 요컨대 영국에 수출하던 오스트레일리아 식료품이 프랑스와 네덜란드, 이탈리아와 덴마크의 식료품으로 대체된다는 뜻이었다. 맥밀런 영국 총리는 오스트레일리아 총리 로버트 멘지스Robert Menzies(1894~1978)만큼이나 잔혹한 현실을 잘 알고 있었다. 맥밀런은 영국이 EEC와 협상할 때 영국연방의 이익을 지키겠다고 오스트레일리아를 비롯한 영국연방 국가들에 약속했지만, 맥밀런이 그 약속을 지킬 수 있을 것이란 공언은 처음부터 무척 의심스러웠다. 실제로 서유럽 6개국은 오스트레일리아의 이익을 위해 양보하는 걸 거부했다.

영국의 EEC 가입에 대한 오스트레일리아의 반응은 싱가포르 포기에 대한 반응과 거의 똑같았다. 영국의 EEC 가입은 부도덕하고 부정직한 짓이며 겔리볼루에서의 배신, 오스트레일리아가 영국을 위해 희생한 한 세기에 대한 배신, 오스트레일리아의 전통적 국가 정체성에 내재한 영국의 유산에 대한 배신이란 비난이 퍼부어졌다. 달리 말하면 그 충격이 구체적이기도 했지만 상징성도 컸다. 하지만 그보다 더 큰 충격이 곧이어 닥쳤다. 영국의 1962년 영국연방 이민법은 서인도제도와 파키스탄에서 영국연방으로의 이민을 차단하는 게 실질적 목적이었고, 오스트레일리아를 포함해 영국연방의 시민이면 영국에 입국해 거주할 수 있는 권리를 자동으로 부여하던 원칙을 폐기함으로써 인종차별의 돌출을 원천적으로 방지했다. 또 영국의 1968년 이민법은 조부모 중 한쪽이라도 영국 태생이면 자동으로 부여하던 영국 입국권을 폐지했다. 따라서 많은 오스트레일리아인이 졸지에 '외국인'이 되고 말았다! 결국 1972년 영국은 오스트레일리아인을 '외국인'이라고 선언했다. 이는 오스트레일리아인에게는 견디기 힘든 큰 모욕이었다!

요컨대 영국을 어머니로 섬기는 자식이던 오스트레일리아가 독립을 선언한 것이 아니었다. 어머니가 먼저 독립을 선언함으로써 영국연방 국가들과의 유대 관계를 느슨하게 풀며 자식들과 인연을 끊은 것이다.

영국과 유럽의 협상은 중단과 재개를 거듭하며 짜증스러울 정도로 느릿하게 진행되었다. 프랑스 대통령 샤를 드골Charles de Gaulle(1890~1970)은 1963년 영국이 EEC에 가입하겠다고 신청했을 때 거부권을 행사했고, 1967년 다시 신청했을 때도 거부했다. 드골이 사임과 사망한 이후 1971년 영국은 세 번째로 신청해 서유럽 6개국의 승인을 받았고, 다시 국민투표로 영국 국민에게도 승인을 얻었다. 그즈음 영국은 오스트레일리아의 수출에서 8%밖에 차지하지 않았다. 결국 오스트레일리아 정치인도 영국으로서는 EEC 가입이 필수적이고, 오스트레일리아는 자국의 이익을 위한 영국의 선택에 반발해서도 안 되며 반발할 수도 없다는 걸 인정할 수밖에 없었다. 또 오스트레일리아와 영국의 옛 관계는 어느덧 신화가 되었다는 사실도 인정해야 했다.

백호주의의 포기

오스트레일리아의 관점에서 보면 오스트레일리아의 정체성이 1972년 갑자기 완전히 변한 듯한 기분이었을 것이다. 1972년은 오스트레일리아에서 노동당이 23년 만에 처음으로 정권을 잡고 고프 휘틀럼Gough Whitlam (1916~2014)이 총리가 된 해였다. 총리에 취임하고 19일 동안, 즉 새로운 내각을 구성하기도 전에 휘틀럼과 부총리는 선택적 변화를 추구하는 긴급 프로그램을 시행했다. 현대사를 통틀어 신속성과 포괄성에서 그에 비견되는 사례는 거의 없었다. 19일 동안 도입한 변화에는 징병제 종료, 베트남에서 모든 오스트레일리아군의 철수, 중화인민공화국 인정, 국제연맹League of Nations과 국제연합, 즉 유엔으로부터 위임받아 오스트레일리아가 위임 통치령으로 거의 반세기 동안 관리하던 파푸아뉴기니에 대한 독립 약속, 인종적으로 선별된 해외 선수단(특히 백인 남아프리카공화국 선수단을 위한 규정)에게만 허용하던 입국의 폐지, 영국식 서훈 제도(기사 작위, 대영제국 4등 훈장, 세인트마이클 앤드 세인트조지 훈장 등)의 폐지와 오스트레일리아 고유의 서훈 제도 마련 등이 있었다. 또 백호주의도 공식적으로 폐기했다.

휘틀럼 내각이 완전히 갖추어진 후에는 더 많은 변화를 긴급 프로그램으로 추진했다. 투표 연령을 18세로 낮추고 최저임금을 인상했다. 또 노던 준주Northern Territory와 오스트레일리아 수도 준주Australian Capital Territory에 연방 상원의원 선출 권한을 부여하는 동시에 주 의회를 설립할 권한도 부여했다. 산업 개발에는 환경 영향 평가를 의무화했고 원주민에 대한 지출을 증액했으며, 여성에게도 동일 임금을 보장하도록 했다. 당사자 쌍방의 책임을 묻지 않는 이혼을 허용하고 포괄적인 의료보험 제도를 계획했다. 대학 수업료를 폐지하고 각급 학교에 대한 재정 지원을 강화하며, 제3차 교육tertiary education(중등학교 이후의 대학과 직업교육—옮긴이)에 대한 책임을 주 정부에서 연방 정부로 이전하는 등 교육제도를 크게 개선하겠다고도 약속했다.

휘틀럼은 그런 개혁을 무無에서 새롭게 시작하는 혁명이 아니라 "이미 일어난 현상의 인정"이라고 정확히 표현했다. 실제로 오스트레일리아에서 영국인이라는 정체성은 점차 위축되고 있었다. 1942년 싱가포르 포기가 최초의 큰 충격이었다면, 1951년 앤저스 안전보장조약은 첫 인정이었고, 동유럽과 베트남의 공산주의 위협은 경고 신호였다. 그러나 싱가포르 포기 이후에도 오스트레일리아는 오랫동안 영국에 의지하며 영국을 편들었다.

오스트레일리아군은 1940년대 말에는 말라야에서 공산주의자의 반란에 맞서, 1960년대 초에는 말레이시아령 보르네오에서 인도네시아군에 맞서 영국군을 지원하며 싸웠다. 또한 영국이 미국에 의존하지 않고도 군사 강국으로 군림할 수 있도록 1950년대 말에는 외딴 사막에서 원자폭탄을 시험하는 것까지 허용했다. 1956년 영국이 이집트를 공격하며 자초한 수에즈 위기에서도 오스트레일리아는 영국을 지지한 극소수 국가 중 하나였다. 1954년 엘리자베스 여왕이 오스트레

7.9 1954년 엘리자베스 영국 여왕의 방문을 환영하려고 연도에 늘어선 수백만 명의 오스트레일리아 국민.

일리아를 처음 방문했을 때 친영 감정이 폭발적으로 표출되었다. 오스트레일리아 국민의 75% 이상이 도로로 쏟아져 나와 여왕을 환영했다. 그러나 영국이 처음 EEC 가입을 신청하고 2년 후, 즉 1963년 엘리자베스 여왕이 다시 방문했을 때는 여왕과 영국에 대한 오스트레일리아인의 신뢰가 크게 떨어진 뒤였다.

백호주의의 해체도 휘틀럼이 공식화하기 전에 이미 단계적으로 진행되고 있었다. 예컨대 1949년 일본인 전쟁 신부의 입국 허용이 첫 단계였다. 그리고 아시아 개발을 지원하는 콜롬보 계획Colombo Plan 아래 1950년대 1만 명의 아시아계 학생 방문자를 받아들였다. 1958년에는 이민 지망자 모두가 혐오하던 받아쓰기 시험을 폐지했다. 같은 해에 제정한 이민법에서는 '탁월하고 능력이 뛰어난 아시아인'의 이민을 허락했다. 따라서 1972년 휘틀럼이 백호주의의 종결을 선언하며 한 세기 넘게 완강히 옹호해오던 온갖 형태의 인종차별 정책을 공식적으로 폐지했을 때 예상한 수준보다 저항은 훨씬 더 적었다.

1978~1982년에 오스트레일리아는 인구 대비 세계 어떤 나라보다 많은 인도네시아 난민을 받아들였다. 결국 1980년대 말경에는 오스트레일리아 인구의 거의 절반이 해외에서 태어난 이민자이거나 한쪽 부모가 해외에서 태어난 이민자였다. 1991년쯤에는 오스트레일리아 이민자의 절반 이상이 아시아인이었고, 2010년쯤에는 해외에서 태어난 사람의 비율(25% 이상)이 이스라엘에 이어 세계에서 두 번째로 높았다. 아시아계 이민자의 영향은 이러한 수치의 비율을 훌쩍 넘어섰다. 예컨대 아시아계 학생이 시드니 상위 학교에서 정원의 70% 이상을 차지했고, 내가 2008년 퀸즐랜드대학교의 캠퍼스를 돌아다닐 때 확인했듯이 대학생도 아시아계가 상당 부분을 차지했다. 게다가 의과대학생도 아시아계와 비유럽계가 절반 이상을 차지했다.

오스트레일리아는 정치와 문화 부문에서도 크게 변했다. 1986년 오스트레일리아는 영국 추밀원에 상고上告하는 권리를 포기함으로써 영국 통치의 마지막 흔적을 지워버리며 영국으로부터 완전히 독립했다. 1999년 오스트레일리아 최고법원은 영국을 '외국'이라고 선언했다. 문화의 전선에서도 1960년대까지 고기 파이와 맥주로 상징되던 영국 음식이 오스트레일리아를 지배했지만, 음식 또한 다양하게 국제화되면서 이탈리아 식당과 그리스 식당뿐 아니라 중국 식당

7.10 시드니 오페라하우스는 오스트레일리아에서는 물론 세계에서도 가장 유명한 건축물 중 하나로 손꼽힌다.

도 간혹 눈에 띄었다. 오늘날 오스트레일리아산 몇몇 포도주는 세계에서 가장 좋은 포도주로 손꼽히기도 한다. 예컨대 드 보톨리의 노블 원De Bortoli's Noble One은 훌륭하면서도 가격이 적당한 디저트용 포도주이고, 펜폴즈 그레인지Penfolds Grange는 가격이 비싸지만 무척 훌륭한 적포도주이며, 루더글렌 머스캣의 모리스 포도주Rutherglen Muscat's Morris Wine는 알코올 도수가 높은 가성비 좋은 포도주이다. 1973년에 개장한 시드니 오페라하우스는 이제 오스트레일리아의 상징인 동시에 세계에서 가장 위대한 현대건축물 중 하나로 여겨진다. 더구나 이 오페라하우스를 설계한 인물은 덴마크 건축가 예른 웃손Jørn Utzon(1918~2008)이다.

"우리는 누구인가?"에 대한 논쟁은 오스트레일리아의 실질적 정체성에 대한 문제를 넘어 정체성과 관련한 모든 상징으로도 확대되었다. 예컨대 오스트레일리아는 통화로 영국처럼 십진법이 아닌 파운드를 계속 사용해야 하는가 아니면 '캥거루'를 축약한 '루'처럼 오스트레일리아 고유의 명칭을 가져야 하는가?(최종적인 결정은 파운드를 포기하고, 미국처럼 십진법 화폐로 달러를 채택했다.) 오스트레일리아는 영국 국가인 〈하느님, 여왕 폐하를 지켜주소서〉를 국가로 계속 사용해야 하는가?(1984년 오스트레일리아는 〈아름다운 오스트레일리아여 전진하라〉를 국가로 채택했다.) 오스트레일리아 국기는 여전히 영국 국기, 유니언잭을 기초로 한 것이어야 하는가?(지금도 국기는 바뀌지 않았다.) 1915년 겔리볼루반도에서 영국의 이익을 지키기 위해 터키군에게 패한 오스트레일리아인의 영웅적 죽음을 여전히 가장 큰 국경일로 기념해야 하는가 아니면 오스트레일리아의 이익을 지키기 위해 뉴기니의 코코다 트레일에서 일본군을 격파한 승리를 가장 큰 국경일로 경축해야 하는가?(겔리볼루반도에서 패한 앤잭의 날을 아직도 기념하고 있다.) 또 오스트레일리아는 영국 여왕을 인정해야 하는가 아니면 공화국이 되어야 하는가?(아직도 영국 여왕을 인정하고 있다.)

위기의 기준틀

오스트레일리아는 우리가 제시한 위기의 기준틀과 선택적 변화에 얼마나 들어맞을까? 이 책에서 다룬 어떤 국가보다 오스트레일리아는 국가 정체성과 핵심 가치라는 문제와 관련한 쟁점에서 지금도 여전히 논쟁 중이다(표 2의 요인 6과 11). "우리는 누구인가?" 오스트레일리아는 아시아에 인접해 있지만 이웃한 아시아 국가들에 크게 신경 쓰지 않는 영국의 전초기지인가? 오스트레일리아인은 영국의 인정에서 자신감을 얻고 영국의 보호를 기대하며 자체로 외국에 대사를 파견할 필요를 느끼지 않는 영국의 충성스러운 신민인가? 그래서 영국이란 모국을 향한 충성심을 입증하기 위해 오스트레일리아의 이익과는 무관하지만 영국에는 전략적으로 중요한 머나먼 지역에서 많은 오스트레일리아 청년이 영국을 위해 기꺼이 죽음을 각오하는가? 반대로 오스트레일리아는 아시아의 주변부에 있는 독립국가인가? 따라서 대사를 파견하는 외교정책과 국익에서 유럽과 아시아를 더 중심에 두어야 하는가? 시간이 지남에 따라 영국의 문화적 유산은 줄어들까?

이런 문제는 제2차 세계대전 이후에야 진지하게 논의하기 시작했고 지금까지도 계속하고 있다. 오스트레일리아가 대영제국의 자랑스러운 전초기지라는 정체성을 두고 논쟁을 벌일 때도 영국은 제국의 자랑스러운 중심이란 정체성에 스스로 의문을 제기하며, 제국이란 허울을 떨쳐내고 유럽 대륙에 더 중심을 두는 새로운 정체성을 모색하고 있었다.

제2차 세계대전 이후에 정직한 자기평가를 요구하는 목소리도 오스트레일리아에서 점점 높아졌다. 오스트레일리아인도 세계에서 오스트레일리아의 지위가 변했다는 사실을 인정할 수밖에 없었기 때문이다. 오스트레일리아는 영국이 한때 최고의 무역 상대국이었지만 이제는 작은 상대국으로 전락했고, 한때 최악의 적이던 일본이 이제는 가장 중요한 무역 상대국이 되었다는 현실을 마음에 들지 않더라도 인정해야만 했다. 따라서 오스트레일리아가 아시아 주변부에 위치한 영국의 전초기지로 존재하는 것은 더 이상 전략적으로 실리적인 선택이 아니라는 것도 인정해야 했다.

오스트레일리아의 변화를 추동한 요인에는 외부적인 것과 내부적인 것이 있었다. 예컨대 영국의 쇠락과 대영제국의 종말, 일본과 중국을 비롯한 아시아 국가들의 부상이 외적 요인이었다. 한편 이민을 통해 영국계는 점점 줄어들고 비영국계 유럽인과 아시아인이 증가하며 인구 비율이 달라진 것이 대표적인 내적 요인이다. 인구 비율이 달라짐으로써 정책도 달라져야 했기 때문이다.

오스트레일리아는 선택적 변화와 울타리 세우기의 좋은 예를 보여주는 국가이다(요인 3). 자아상이 변했고 영국에 의존하던 외교정책을 독자적으로 결정했으며 농촌 지역보다 도시에서 인구와 문화의 다민족화가 급속히 진행되었고, 정치와 경제도 아시아와 미국에 더 중점을 두었다. 하지만 변하지 않은 것도 있다. 오스트레일리아 정부는 여전히 의회 민주주의이고 영국 여왕을 명목상 국가수반으로 두며 영국과 상징적으로 중요한 관계를 유지하고 있다. 예컨대 오스트레일리아의 5달러짜리 지폐와 여러 액수의 동전에는 여왕의 초상이 있고, 국기에도 여전히 영국 국기가 포함되어 있다. 평등주의와 개인주의를 중요한 사회적 가치로 그대로 견지하고 있다. 특히 스포츠에 대한 열정은 오스트레일리아 사회에서 예나 지금이나 대단하다. 영국에서 유래한 크리켓과 럭비만이 아니라 오스트레일리아식 풋볼Australian rules football(럭비의 변형으로 다른 나라에서는 행하지 않는다)과 수영에 대한 열정에서는 오스트레일리아 냄새가 물씬 풍긴다. 정치 지도자들도 국민 스포츠를 즐기며 주변 상황이 위험한데도 스포츠를 마다하지 않는다. 예컨대 해럴드 홀트Harold Holt(1908~1967) 총리는 1967년 바다에서 수영하다가 강력한 이안류離岸流에 휘말려 재임 중 사망했다.

선택적 변화를 시도한 대부분의 국가에서는 다양한 변화가 다년간 독자적으로 이뤄진다. 그러나 드물긴 하지만 많은 변화를 동시에 시행하는 경우도 있다. 고프 휘틀럼 총리가 1972년 12월 1일부터 12월 19일까지 19일 동안 휘몰아친 변화의 시도는 이런 통합 프로그램 중 하나였다.

'지리적 제약으로부터 해방'이란 문제는 오스트레일리아에 무척 중요했고(요인 12), 그 자유의 정도는 시간과 더불어 변했다. 제2차 세계대전 전까지는 바다가 외부의 공격 위험으로부터 오스트레일리아를 지켜주었다. 독립 이후 2001년 9월 11일 세계무역센터가 공격받기 전까지 바다가 미국을 지켜주던 것과 다를 바 없었다. 하지만 1942년 2월 19일 일본이 다윈을 폭격하자 오스트레일리아는 더 이상 외부의 위협에서 자유롭지 않다는 걸 깨달았다.

하지만 1942년 전까지 유럽인이 지배하던 오스트레일리아는 우방국의 지원에 의존했다(요인 4). 수인 선단이 처음 도착한 이후로는 영국이 식량을 공급하고 국가 방위도 지원했지만 제2차 세계대전 이후로는 미국이 그 역할을 이어받았다. 다윈이 공습받기 전에는 외부로부터 직접적인 공격을 받지 않았지만 19세기 후반부터 프랑스와 독일, 미국과 일본이 태평양 섬으로 군사력을 확대하며 식민지를 건설하는 데 오스트레일리아가 불안을 느낀 것은 사실이다. 오스트레일리아는 영국 함대에 의존하며 이런 불안감을 씻어내려 했다. 결국 오스트레일리아는 1930년대에 독자적으로 방어력을 구축하는 책임을 외면하며 자체의 군사력을 위축시킨 것이다(요인 2).

오스트레일리아가 지난 70년 동안 꾸준히 진행한 변화는 급작스러운 위기의 대응이 아니라 오랜 시간에 걸친 점진적 과정이었고, 제2차 세계대전 이후에 가속화되었다. 그 결과, 영국인이라는 오스트레일리아의 정체성이 현실에서 신화로 추락했다. 또 오스트레일리아인은 오스트레일리아의 상황에 '위기'라는 단어가 적합하지 않다고 주장할지 몰라도 내 생각에는 오스트레일리아가 서서히 전개된 위기를 겪었다고 보는 게 맞는 듯하다. 오스트레일리아의 선택적 변화는 급작스러운 위기를 맞은 국가들의 대응과 유사했기 때문이다. 이런 점에서 오스트레일리아의 변화는 같은 시기에 독일이 신중하게 천천히 시도한 변화와 상당히 유사하다(6장 참조). 물론 서서히 전개된 오스트레일리아의 위기에서도 눈에 띄는 순간이 있었다. 특히 프린스 오브 웨일스호와 리펄스호의 침몰, 싱가포르 포기, 다윈 공습은 모두 71일 사이에 일어났다.

그러나 오스트레일리아의 위기와 변화에는 페리 제독이 1853년 7월 8일 일본에 입항하며 메이지 일본에 던진 충격, 1939년 11월 30일 핀란드를 위기에 빠뜨린 소련의 침략, 1973년 9월 11일 피노체트의 쿠데타와 아옌데의 죽음으로 위기에 빠진 칠레, 1965년 10월 1일 쿠데타의 실패와 그에 따른 대량 학살이 자행된 인도네시아의 경우에 비견할 만한 충격이 없었다.

오스트레일리아에서 핵심 가치의 재평가와 일련의 선택적 변화는 아직 끝나지 않았다. 1999년 오스트레일리아는 '국가수반으로서 영국 여왕을 포기하고 공화국으로 재탄생할 것인가?'라는 안건을 두고 국민투표를 실시했다. 국민투표는 55% 대 45%로 부결되었지만 수십 년 전이었다면 45%라는 반대표는 고사하고 그런 국민투표 자체를 생각할 수도 없었을 것이다.

영국에서 태어난 오스트레일리아인의 비율이 이제 급속히 줄어들고 있다. '오스트레일리아는 공화국이 되어야 하는가?'라는 안건에 대한 새로운 국민투표는 시간문제일 뿐인 듯하고 설령 부결되더라도 반대표는 더 높아질 것이다. 10년 혹은 20년 내에 아시아계가 오스트레일리아 인구와 국회의원의 15%를 넘어서고, 아시아계 대학생이 상위 대학교 정원의 50%를 넘어설 가능성이 크다. 머지않아 오스트레일리아는 아시아계를 총리로 선택할 것이다(실제로 사우스오스트레일리아의 주지사는 이미 2014년부터 베트남계 이민자이다). 이런 변화가 진행되고 있는데 오스트레일리아가 영국 여왕을 국가수반으로 유지하고 통화에 여왕의 초상을 새기며, 영국 국기에 기초한 국기를 사용한다는 게 좀 이상하지 않은가?

3

국가와 세계: 현재진행형인 위기들

NATIONS AND THE WORLD: CRISES UNDERWAY

8장

장래에 일본이 해결해야 할 과제는?

현재의 일본 – 경제적 이점 – 다른 이점들 – 정부 부채 – 여성 – 추락하는 출산율 – 고령화와 인구 감소 – 이민 – 중국과 한국 – 자연 자원의 관리 – 위기의 기준틀

현재의 일본

지금까지 우리는 여섯 국가의 과거 위기를 다루었다. 먼저 다룬 네 국가의 사례에서는 166년 전(메이지 시대 일본)과 46년 전(칠레)에 위기가 급작스레 닥쳤고, 뒤에 다룬 두 국가의 사례에서는 위기가 점진적으로 나타났지만 반세기 전쯤 최고조에 이르렀다. 이들 중 어떤 위기도 완전히 해결되었거나 완전한 교착 상태에 빠졌다고 주장할 수 없지만, 그 결과를 평가해서 유익한 결론을 이끌어낼 정도로 충분한 시간이 흐른 것은 사실이다.

3부에서는 현재 진행되고 있는 듯한 위기를 본격적으로 다루려고 한다. 물론 현재로서는 결과가 불확실하기 때문에 그 위기가 실제로 중대한 것이었는지는 미래만이 대답해줄 수 있을 것이다. 3부에서

는 현대 일본과 미국 및 전 세계를 차례로 다룬다.

우리가 다룬 과거의 위기에 메이지 시대 일본이 포함되었듯 일본이 당면한 현재의 위기로 3부를 시작해보자(이 장에서는 일본에 국한된 문제만 다루지만 일본은 11장에서 범세계적 문제를 다룰 때도 언급할 것이다). 내 일본인 친구와 친척들은 물론이고 대부분의 일본인이 몇몇 국가적 문제 때문에 걱정한다는 걸 인정한다. 한편 내가 일본과 관련해 추가로 걱정하는 다른 문제가 있지만, 정작 일본인은 그 문제를 무시하거나 묵살하곤 한다. 그러나 일본에 대한 무수한 논의는 극단적인 일본 비난하기에 치중하거나 정반대로 일본을 무비판적으로 동경한다. 따라서 일본의 강점을 논의하는 것으로 현대 일본의 문제를 따져보기로 하자. 그 과정에서 많은 국가가 그렇듯 일본의 경우도 일부 강점이 오히려 문제와 관련 있다는 사실을 확인할 수 있을 것이다. 여기서 일본의 강점으로 꼽은 부문은 경제와 인적 자본, 문화와 환경이다.

경제적 이점

현재 일본은 경제 규모가 세계에서 세 번째로 큰 국가이며, 중국에 추월당한 것도 최근의 일이다. 일본은 세계 총생산량의 약 8%를 차지한다. 세계 최대 경제국인 미국의 절반에 가깝고, 생산적인 국가로 유명한 영국의 두 배가 넘는다. 일반적으로 국내총생산량은 두 수치, 즉 인구수에 1인당 평균 생산량을 곱한 값이다. 일본은 인구가 많고(부유한 민주국가 중에서 미국 다음으로 많다), 개개인의 평균 생산성도 높기 때문에 국내총생산량이 높다.

뒤에서 더 자세히 살펴보겠으나, 일본은 과도한 국내 부채로도 주목을 끌지만 세계에서 손꼽히는 채권국이기도 하다. 또 일본은 세계에서 외환 보유고가 두 번째로 많고, 중국에 필적할 정도로 미국 국채를 많이 보유한 국가이다.

이런 경제적 강점을 뒷받침하는 중요한 요인 중 하나는 연구 개발에 막대한 돈을 투자하며 혁신을 유도하는 것이다. 연간 절대 액수에서 일본의 연구 개발비는 세계에서 세 번째로, 인구가 훨씬 많은 중국과 미국만이 앞서 있을 뿐이다. 상대적으로 말하면 일본이 연구 개발에 투자하는 비용이 국내총생산에서 차지하는 비율은 3.5%로 1.8%에 불과한 미국의 거의 두 배이고, 연구 개발로 유명한 두 국가 독일(2.9%)과 중국(2.0%)보다도 훨씬 더 높다.

매년 세계경제포럼World Economic Forum, WEF은 각국의 경제 생산성에 영향을 미치는 12개 부문을 통합한 세계 경쟁력 지수Global Competitiveness Index를 보고한다. 일본은 이 지수에서 오랫동안 꾸준히 세계 10위권 내에 속했다. 서유럽과 미국을 제외하면 일본과 싱가포르, 홍콩은 10위권 내에 포함되는 유일한 세 국가이다. 일본이 항상 최상위권에 포함되는 이유 중 두 가지는 평범한 관광객도 당연하게 받아들인다. 하나는 세계 최고의 철도를 비롯한 교통망과 탁월한 기반 시설이고, 다른 하나는 건강하고 교육 수준이 높은 노동력이다. 특히 일본 노동자는 수학과 과학에 능숙하다. 다른 많은 이유는 일반인에게 명확히 다가오지 않지만 일본과 사업하는 외국인에게는 친숙하다. 중요성을 따지지 않고 그 이유를 생각나는 대로 나열하면 인플레이션 관리 능력, 협력적 노사 관계, 경쟁력 높은 지역 시장, 뛰어난 과학자와 공학자를 양산해내는 연구소, 거대한 국내시장, 낮은 실업률, 어떤 국가보다 높은 인구 대비 특허 신청률, 재산권과 지적재산권의 보호, 새로운 테크놀로지의 신속한 흡수, 세련되고 교양 있는 소비자와 기업가, 제대로 훈련받은 영업 직원 등이다. 여기에서 그 이유를 한도 끝도 없이 나열하고 싶지 않지만 일본 기업인이 세계시장에서 경쟁력이 있는 이유가 많다는 것은 분명하다.

이러한 일본 경제의 특징이 지금은 일본에 막대한 재무적 이익을 안겨주지만, 미래에는 큰 골칫거리가 될 수 있다는 것도 잊어서는 안 된다. 경제 규모에서 일본을 앞서는 두 국가는 미국과 중국이지만 이들 국가는 상당한 예산을 국방비에 할애한다. 미국이 강요했지만 지금도 일본의 많은 국민이 동의하는 1947년 헌법 중 한 조항, 즉 일본은 군대를 최소한의 수준으로 유지해야 한다는 조항 덕분에 일본은 군비를 절약하고 있다.

다른 이점들

일본의 두 번째 강점은 '인적자원human capital', 즉 인구의 강점이다. 현재 일본 인구는 1억 2,000만 명이 넘고 대체로 건강하고 교육 수준도 높다. 기대 수명은 세계에서 가장 높아 남자는 80세, 여자는 86세이다. 국민의 기회를 제한하는 사회경제적 불평등이 미국에 비교하면 크게 낮은 편이다. 예컨대 일본은 소득분배가 세계에서 덴마크와 스웨덴 다음으로 평등한 국가이다. 이런 결과는 어느 정도 일본 정부의 교육정책 덕분이라 할 수 있다. 사회경제적으로 혜택을 받지 못한 지역의 학교는 부유한 지역의 학교에 비해 학급 수가 적지만 교사 대 학생 비율이 좋아 학생이 학습하기에는 더 유리하다.

반면 미국의 교육제도에서는 가난한 지역의 학급당 학생 수가 더 많아 불평등이 영속화하는 경향을 띤다. 일본에서 사회적 지위는 상속과 가족 관계보다 교육에 더 큰 영향을 받지만 미국의 경우는 정반대이다. 요컨대 일본은 소수의 국민에 많은 돈을 투자하지 않고 국민 모두에게, 적어도 남성 시민에게 골고루 투자한다. 일본 여성에 대해서는 뒤에서 자세히 다루기로 한다.

일본의 문해력과 교육 수준은 세계 최고에 가깝다. 거의 모든 아이가 유치원과 중등학교에 입학하지만 의무적인 것은 아니다. 전 세계 학생을 대상으로 실시한 학업 성취도 평가에서 일본 학생들은 수학과 과학 이해력에서 네 번째로 높은 점수를 받았는데, 유럽 국가들과 미국에 뒤처졌을 뿐이다. 또 일본은 고등학교 이상의 교육을 받은 성인 비율이 거의 50%로 캐나다에 이어 두 번째로 높다. 하지만 일본 교육은 시험 점수를 강조하며 학생들에게 압박감을 주고, 자기 동기 부여와 독립적 사고를 충분히 강조하지 않는다는 비판의 목소리가 일본 내에서도 높다. 이 때문에 일본 교육의 강점이 상쇄되는 것도 사실이다. 압력솥 같은 고등학교를 졸업하고 대학교에 입학하면 많은 학생이 학습 의욕을 상실하기 때문이다.

문화적 강점과 국가 정체성 및 삶의 질을 측정하기는 쉽지 않은 일이지만, 그 수준을 짐작할 만한 일화적 증거는 많다. 일본을 방문한 외국인은 누구나 금방 인식하겠지만 도쿄는 아시아에서 가장 깨끗한 도시를 두고 싱가포르와 경쟁할 정도이다. 여하튼 세계에서 가장 깨끗한 도시 중 하나이다. 일본 아이들은 일본을 깨끗이 보존해서 다음 세대에 전해주는 책임의 일환으로 주변을 깨끗하게 청소하고 유지하는 법을 배우기 때문이다(일본 고고학 유적지의 설명 글을 보면 일본인의 청결은 고대부터 유래한 것이라는 고고학적 증거를 간혹 언급한다). 또 외국인 방문자는 일본 도시의 안전성과 낮은 범죄율도 어렵지 않게 확인할 수 있다. 교도소에 감금된 죄수의 수는 미국보다 훨씬 적다. 일본은 약 8만 명에 불과하지만 미국은 거의 250만 명에 달한다. 폭동과 약탈도 일본에서는 무척 드물다. 또 일본은 민족적 동질성을 유지하고 소수민족은 극소수에 불과하기 때문에 민족 간 갈등도 미국과 유럽에 비하면 거의 없는 편이다. 뒤에서 다시 다루겠지만 이런 점도 현재는 이점이지만 결국 골칫거리가 될 또 다른 예이기도 하다.

끝으로 환경적 이점도 일본의 강점에 포함된다. 열대 지역의 농해충이 없는 온대성 기후, 농작물이 성장하는 여름에 집중되는 높은 강우량, 비옥한 화산토 등 복합적 이유로 일본의 농업 생산성은 높다. 인구와 농경지가 일본 국토의 일부, 즉 12%에 집중되어 있음에도 산업 세계에서 가장 높은 인구밀도를 유지하는 이유가 여기에 있다(일본 국토의 대부분은 가파른 숲 지대와 산악이며 이곳에는 거주민도 많지 않고 농경지도 거의 없다). 비옥한 토양을 지나 영양분을 함유한 빗물이 강과 바다로 흘러 들어가 어류와 갑각류, 먹을 수 있는 해초 등 수산물이 풍부하다. 일본은 해산물 수확량이 세계에서 여섯 번째로 많은 국가이다. 과거에는 연안 지역에서만 해산물을 수확했지만 이제 일본 어선단은 세계 전역의 바다를 누비며 해산물을 잡아 올리고 있다.

이런 환경적 이점의 결과, 농경시대가 도래하기 1만 년 전에 수렵 채집인들이 유목민처럼 살지 않고 마을을 형성해 정착 생활을 하며 도기를 만들었다는 점에서 일본은 고대 세계에서도 특이한 국가였다. 따라서 150년 전 인구가 폭발적으로 증가하기 시작한 시기까지 일본은 식량을 자급자족했다.

정부 부채

이번에는 일본의 강점에서 문제점으로 눈을 돌려보자. 경제학자들에게 일본의 가장 중대한 문제가 무엇인지 물어보면 이구동성으로 "정부의 지나친 부채"라고 대답할 것이다. 일본의 현재 정부 부채government debt는 국내총생산—일본에서 1년 동안 생산한 총생산물의 가치—의 약 2.5배이다. 달리 말하면 일본인이 나랏빚을 갚는 데 모든 소득과 노력을 투입하고 자신을 위해서는 아무것도 생산하지 않더라도, 모든 빚을 갚으려면 2년 6개월이 걸린다는 뜻이다. 더구나 그 빚은 수년 전부터 계속 증가하는 추세이다. 비교해서 말하면 미국의 보수적인 재정 전문가들은 나랏빚이 많다고 걱정하지만 미국의 나랏빚은 아직까지 국내총생산의 약 1.0배에 '불과하다'. 그리스와 스페인은 경제문제로 유럽에서 악명 높은 두 국가이지만 (이 글을 쓰는 현재) 국내총생산 대비 일본의 나랏빚 비율은 그리스의 두 배, 스페인의 네 배이다. 일본 정부의 부채는 유로존에 속한 17개국 전체와 비슷하지만 유로존의 총인구는 일본의 세 배에 달한다.

이런 부담을 안고도 일본 정부가 오래전에 붕괴되거나 채무불이행 상태에 빠지지 않은 이유는 무엇일까? 첫째는 대부분의 국채를 외국 채권자가 아니라 일본 국민과 일본 기업 및 공기업인 연기금과 일본은행이 보유하고 있기 때문이다. 결국 대부분의 채권자가 일본 정부에 압력을 가하지 않는 경제 주체이다. 하지만 그리스의 국채 대부분은 외국 채권자가 보유한 까닭에 채권자들은 그리스를 거칠게 대하며 재정 정책을 전환하라고 압력을 가한다. 일본 정부는 국민에게 많은 빚을 지고 있지만 일본 정부 자체는 다른 국가에 많은 돈을 빌려준 순채권국이다. 둘째, 일본의 이자율은 정부 정책에 의해 거의 언제나 낮기 때문이다(1% 이하). 따라서 정부의 이자 부담도 상대적으로 크지 않다. 끝으로 외국 채권자와 일본인 모두 일본 정부의 국채 상환 능력을 확신하며 지금도 국채를 꾸준히 매입하고 있기 때문이다. 결국 일본 국민과 일본 기업의 높은 저축률이 일본 정부의 과도한 빚을 지탱해주는 주된 이유이다. 그러나 나랏빚이 얼마나 더 증가해야 일본 채권자들의 신뢰를 잃고 일본 정부가 채무불이행 상태에 빠질 것인지는 현재로선 누구도 모른다.

낮은 이자율에도 나랏빚이 늘어나고 노령층과 은퇴자가 증가하는 현상은 이자 부담과 의료비, 사회보장비가 세수 중 많은 부분을 차지한다는 뜻이다. 결국 교육과 연구 개발, 기반 시설 등 궁극적으로 세수의 확대로 이어질 경제성장에 필요한 부문에 투자할 정부의 여력이 떨어진다는 뜻이다. 더구나 선진국의 기준에 비해 일본의 세율은 낮은 편이고, 따라서 정부 수입도 적으므로 이런 문제가 더욱 악화된다. 또 국채는 주로 노령층이 보유하고 있다. 노령층이 직접 국채를 매입하거나 국채에 투자한 연기금을 통해 연금을 받는 형식으로 투자했기 때문이다. 반면 젊은 층은 일을 하고 세금을 납부하면서도 과거의 나랏빚에 대한 이자를 궁극적으로 지불하고 있는 셈이다. 따라서 노령층의 빚을 젊은 층이 떠안은 셈이므로 세대 간 갈등이 유발되고, 젊은 층은 미래를 저당 잡힌 것과 다를 바 없다. 게다가 젊은 인구는 줄어드는 반면, 상대적인 노인 인구는 증가하기 때문에 그 저당도 확대되고 있다.

나랏빚을 줄이기 위해서는 세율을 높이고, 정부 지출을 낮추며 노령층의 연금도 삭감해야 한다는 다양한 해법이 제시되었다. 이런 해법과 그 밖의 제시된 해법도 시행하기에 무척 어렵다는 사실이 입증되었다. 따라서 나랏빚은 일본에서 폭넓게 인지하고 있는 중대한 문제이다. 게다가 오래전부터 누적되고 점점 악화해 합의할 만한 해법이 도무지 눈에 들어오지 않는 해묵은 문제이다.

여성

일본 국민이 대체로 인정하는 또 다른 근본 문제는 여성의 역할과 지금도 낮지만 계속 감소하는 출산율, 줄어드는 인구 규모와 인구의 노령화이다. 이 네 가지 문제는 서로 밀접한 관계가 있다. 여성의 역할부터 살펴보자.

이론적으로 보면 일본에서 여성과 남성의 지위는 동등하다. 미국 군정청이 기초했지만 현재에도 시행하고 있는 1947년 헌법에는 양성평등을 선언한 (미국 여성이 작성한) 조항이 있다. 일본 정부의 격렬한 반대에도 그 조항을 채택했는데, 지금도 적잖은 의원이 그 조항을 수정하려 한다.

현실 세계에서 일본 여성은 여전히 평등을 가로막는 사회적 장벽과 싸워야 한다. 물론 여기에서 언급하는 장벽은 일본만이 아니라 다른 국가에도 존재하지만, 한국을 제외하면 어떤 부유한 산업국가보다 일본이 더욱 높다. 건강과 교육에서 성별 격차가 뚜렷하고, 노동과 정치에 참여하는 비율도 크게 차이 난다. 내 생각에는 일본이 부유하고 산업화한 국가이지만 여성의 역할이 비교적 최근까지 종속적이고 정형화한 업무에 국한되었기 때문인 듯하다. 예컨대 전통적인 일본 여성은 외출할 때 남편에게서 세 걸음쯤 떨어져서 걸어야 했다. 논의를 단순화하기 위해 나는 여성에 대한 사회적 장벽을 일반화할 수밖에 없지만, 그러한 사회적 장벽은 지역과 연령에 따라 다르다. 예컨대 도쿄보다 지방이 더 높고, 젊은 층보다 노인층이 더 견고하다.

일본 가정에서 남편과 부인의 역할 분담은 종종 '결혼 패키지marriage package'라 일컬어진다. 가사 노동의 비효율적인 분담이 만연하다. 남편은 식구를 부양하려고 밖에서 힘들게 일하기 때문에 자식들과 함께해야 할 시간을 희생하는 반면, 부인은 집에서 머물며 개인의 이력을 개발할 가능성을 포기한다. 고용주는 직원(대부분이 남성)이 늦게까지 근무하고 업무를 끝낸 후에는 술잔을 나누며 서로 어울리기를 바란다. 이 때문에도 남편은 마음이 있어도 아내와 함께 집안일을 하기 힘들다. 다른 부유한 산업국가의 남편과 비교할 때 일본 남편은 가사를 덜 담당한다. 정확히 말하면 미국 남편이 주당 가사에 투입하는 시간의 3분의 2에 불과하다. 밖에서 일하는 아내를 둔 남편이 전업주부를 둔 남편보다 가사에 더 많은 시간을 할애하는 것도 아니다. 자식과 남편, 심지어 친정 부모와 시부모를 돌보는 것은 주로 아내의 몫이다. 그렇게 일하고 남는 시간에는 가정 살림을 관리해야 한다. 오늘날 일본의 많은 중·장년 여성은 자신들이 모든 가사를 떠맡는 여성의 마지막 세대가 될 것이라고 단언한다.

일본 여성의 사회참여도와 임금은 낮은 편이다. 책임 수준이 높은 고위직에서 여성의 비율은 급격히 떨어진다. 일본에서 대학생의 49%, 신입 직원의 45%가 여성이지만 대학교수는 14%만이 여성이다(미국과 영국, 독일과 프랑스에서는 33~44%라는 사실을 고려하면 상당히 낮은 수치이다). 또 중간과 고급 관리직은 11%, 이사진은 2%, 경영위원회는 1%만이 여성이며, 여성 최고경영자는 1%에도 미치지 못한다. 이런 최고위직에서 일본은 다시 한국을 제외하면 모든 주요 산업국가에 뒤처진다. 특히 정치계에서는 여성을 찾아보기 힘들 정도이며 지금까지 여성 총리는 없었다. 정직원에 대한 남녀의 임금 차이도 심해 부유한 산업국가 35개국에서 세 번째로 격차가 크다. 한국과 에스토니아만이 일본을 앞설 뿐이다. 같은 직급에서 일본 여성 직원의 임금은 남성 직원의 73%에 불과하지만 부유한 산업국가에서는 평균 85%이고, 뉴질랜드의 경우에는 94%에 달한다. 장시간 노동, 일과 후의 술자리, 직장에 다니는 아내가 모임으로 늦게 퇴근할 수밖에 없을 때 남편도 바쁘거나 달가워하지 않는다면 누가 아이를 돌봐야 하는가에 대한 문제도 여성이 노동 현장에 뛰어드는 것을 가로막는 장애물이다.

양육은 일본의 일하는 여성에게 중대한 문제이다. 원칙적으로 일본 법에서는 출산 전에 4주, 출산 후에 8주의 출산휴가를 보장한다. 때로는 남성에게 출산휴가를 허용하기도 한다. 1992년에 제정된 법에 따르면 부모가 원하는 경우에는 무급으로 1년을 꼬박 양육 휴가를 얻을 수 있다. 하지만 현실에서는 거의 모든 아버지와 어머니가 법적으로 보장된 휴가를 얻지 못한다. 따라서 70%의 직장 여성이 첫아이를 출산하면 일을 그만두고, 직장에 복귀하더라도 대부분이 오랜 시간이 지난 뒤에야 돌아온다. 물론 고용주가 아기를 둔 여성에게 퇴직하라고 압력을 가하는 것이 원칙적으로는 불법이지만 많은 여성이 그런 압력을 받는다. 미국과 스칸디나비아 국가들과 달리 일본에는 아기를 돌봐줄 이민자 여성도 거의 없고, 민간이나 정부에서 운영하는 놀이방도 극소수에 불과하기 때문에 여성이 직장을 다니며 양육하기는 정말 힘들다. 하지만 어머니는 일을 그만두고 집에서 어린아이를 돌봐야 한다는 것이 일본인의 전반적 인식이다.

따라서 일본의 직장 여성은 그야말로 진퇴양난에 처해 있다. 대다수 혹은 대부분의 일본 여성이 일하기를 원하며, 자식을 낳고 자식과 함께하는 시간을 보내고 싶어 한다. 한편 일본 기업들은 직원 훈련에 막대한 비용을 투자하는 대신 직원이 장시간 일하며 평생 근무하기를 바란다. 따라서 기업은 여성을 고용하고 훈련시키기를 꺼린다. 여성은 자식을 갖기 위해 휴가를 원하고 장시간 노동을 원하지 않으며, 출산 후에도 즉시 복귀하지 않으려 하기 때문이다. 결국 여성은 기업에서 고위직 일자리를 제안받지 못하고, 제안받더라도 정규직이면 받아들이지 않는 경향이 있다.

일본의 현 총리 아베 신조安倍晋三는 보수주의자로 과거에는 여성 문제에 별다른 관심을 보이지 않았다. 하지만 최근에는 방향을 전환해 일하는 어머니의 일자리 복귀 지원 방법을 적극적으로 찾아보겠다고 선언했다. 많은 평론가의 판단에 따르면 아베가 그렇게 선언한 이유는 갑자기 여성 문제에 관심을 갖게 되었기 때문이 아니라, 일본 인구가 감소하며 노동인구까지 줄어들고 있기 때문이다. 전체적으로는 일본 국민의 절반, 특히 대학 졸업자의 절반이 여성이다. 따라서 여성의 불완전고용underemployment은 결국 인적자원의 절반을 포기하는 것과 같다. 아베는 일하는 어머니에게 3년간의 출산휴가와 직장에 복귀할 수 있다는 확약을 하고, 정부는 공공 놀이방의 수를 확대하며 여성을 고용하는 기업에 금융 혜택을 제공하겠다고 발표했다. 그러나 미국에서 교육받고 해외 생활을 경험한 여성을 포함해 많은 일본 여성이 아베의 정책에 반대했다. 그들은 아베의 정책이 오히려 일본 여성을 집에 가둬두려는 정부의 음모라고 의심하기도 했다.

추락하는 출산율

인구 문제와 관련한 두 번째 문제는 지금도 낮지만 계속 감소하는 추세인 출산율이다. 일본인은 이 문제가 심각하다는 걸 인정하면서도 적절한 해법을 찾지 못하고 있다.

낮은 출산율은 제1세계에서는 만연한 현상이지만 일본의 출산율은 세계에 가장 낮은 수준이다. 미국은 1,000명당 연간 13명, 세계 평균은 연간 19명이며, 아프리카의 일부 국가에서는 40명이 넘지만 일본은 연간 7명에 불과하다. 게다가 최근 그러잖아도 낮은 출산율이 계속 떨어지고 있다. 출산율이 이런 식으로 떨어진다면 단순 계산으로 2017년에는 출산율이 제로가 될 것이라는 예측까지 있었다. 달리 말하면 일본이 아기가 더 이상 태어나지 않는 국가가 된다는 뜻이다. 다행히 그렇게 나빠지지는 않았지만 일본의 낮은 출산율은 계속 추락하고 있는 것이 사실이다.

출산은 '합계 출산율total fertility rate'이란 말로 일컫기도 한다. 합계 출산율은 보통 여성이 평생 출산할 수 있는 아기의 총수를 가리킨다. 세계 평균 합계 출산율은 2.5명이다. 경제 규모가 큰 제1세계의 평균은 1.3~2.0명이다. 미국을 예로 들면 1.9명이다. 한편 일본은 1.27명에 불과해서 가장 낮은 편에 속한다. 한국과 폴란드는 합계 출산율이 더 낮은 극소수 국가에 속한다. 그러나 안정적인 인구를 유지하려면, 즉 안정적인 치환율replacement rate을 유지하려면 여성이 낳아야 하는 아기 수는 2.0명이 약간 넘어야 한다. 일본을 비롯해 제1세계의 일부 국가에서는 평균 합계 출산율이 치환율보다 낮다. 제1세계에 속하지만 이런 문제를 겪지 않는 국가도 있다. 낮은 출산율에도 이민자를 받아들여 인구 규모를 일정하게 유지하거나 약간 증가하고 있기 때문이다. 하지만 일본은 이민을 거의 받아들이지 않는다. 달리 말하면 일본 인구가 현실적으로 감소하고 있다는 뜻이다. 이 문제는 뒤에서 더 자세히 살펴보기로 하자.

일본의 출산율이 추락하는 데는 많은 이유가 있겠지만 초혼 연령이 높아진 것도 한 원인이다. 요즘에는 남녀 모두의 초혼 연령이 서른 남짓이다. 결국 여성이 폐경을 맞기 전에 아기를 임신할 수 있는 기간이 줄어들었다는 뜻이다. 하지만 혼인율(1,000명당 연간 혼인 수)이 급격히 추락하는 현상은 출산율을 떨어뜨리는 더 큰 이유이다. 물론 혼인율은 대부분의 선진국에서 떨어지고 있지만 일본처럼 출산율이 재앙적 수준으로 추락하는 원인은 아니라고 주장할 사람도 있을 것이다. 다른 선진국에서는 결혼하지 않은 여성이 출산하기 때문이다. 미국의 경우에는 전체 출산의 40%, 프랑스는 50%, 아이슬란드는 66%가 미혼모의 출산이다. 그러나 일본에서는 미혼모의 출산이 전체 출산의 2%에 불과하기 때문에 이런 완충 효과가 없다.

일본인이 결혼을 회피하고 아이를 낳지 않으려는 이유는 무엇일까? 이렇게 물으면 일본인은 대략 대여섯 가지 이유를 거론한다. 하나는 경제문제다. 독립하고 결혼해서 양육비와 집세를 부담하는 것보다 홀몸으로 부모 집에서 사는 게 더 편하고 돈도 덜 든다. 특히 여성의 경우 결혼해서 아기를 낳으면 일자리를 구하거나 유지하기 어렵기 때문에 경제적으로 재앙이나 다를 바 없다. 그들이 거론하는 또 다른 이유는 홀몸의 자유로움이다. 가사, 남편과 양육, 친정 부모와 시부모 봉양이란 책임을 짊어지지 않으려는 여성에게는 특히 중요한 고려 사항이다. 남녀를 불문하고 많은 젊은이가 결혼을 충만한 삶에 '불필요한 것'이라 생각하는 것도 흔히 거론되는 이유이다.

이런 반론에도 70%의 미혼 남녀는 여전히 결혼하고 싶다고 말한다. 그럼 그들이 적절한 배우자를 만나는 데 성공하지 못하는 이유는 무엇일까? 과거에는 중매인이 젊은 미혼 남녀가 결혼을 전제로 적합한 배우자를 공식적으로 만나도록 주선했기 때문에 당사자가 배우자를 구하려고 힘들게 노력할 필요가 없었다. 1960년대까지도 그런 중매결혼이 일본에서는 주된 결혼 방식이었다. 그 이후 연애결혼이란 서구 문화가 급속도로 유입되면서 중매인의 수가 줄어들고, 전체 결혼에서 차지하는 중매결혼의 비율이 5%까지 떨어졌다. 그러나 많은 젊은이가 일에 바쁘고 연애에 미숙해서 원만하게 낭만적인 관계를 맺지 못한다.

특히 중매결혼이 도태되기 시작한 시기는 전자메일과 휴대폰 문자메시지를 이용한 비대면 커뮤니케이션이 등장한 시기와 일치한다. 이렇게 수십 년을 보낸 결과 사회성이 떨어졌다. 한 일본인 친구가 나에게 전해준 사례는 서글픈 지경이었다. 그가 식당에서 식사하고 있을 때였다. 옆 식탁에 옷을 깔끔하게 차려입은 젊은 커플이 어색하게 마주 보고 말없이 앉아 있었다. 그들은 서로 상대의 얼굴을 바라보지 않고 고개를 숙인 채 자신의 무릎에 눈길을 두었다. 그들은 무릎 위에 휴대폰을 올려놓고 교대로 휴대폰 문자를 또닥이고 있었다. 서로 얼굴을 마주 보고 대화하는 게 너무나 불편하게 느낀 까닭에 식탁을 사이에 두고 앉아서도 문자메시지를 주고받은 것이다. 낭만적 관계를 발전시켜 결혼으로 마무리 짓기에는 결코 좋은 방법이 아니다! 물론 미국 젊은이들도 전자 기기를 이용한 커뮤니케이션에 중독된 것은 똑같지만 (일본 젊은이와 달리) 자유로운 연애라는 문화적 전통의 후예이다.

고령화와 인구 감소

낮은 출산율과 혼인율은 일본에서 폭넓게 인정되는 두 가지 큰 걱정거리—줄어드는 인구 규모와 인구의 고령화—에 직접적인 책임이 있다.

일본의 출산율은 오래전부터 치환율보다 낮았기 때문에 인구가 결국 증가세를 멈추고 떨어지기 시작할 것은 명백했다. 하지만 인구조사로 그 두려운 순간이 실제로 닥쳤다는 사실을 확인하자 일본은 큰 충격을 받았다. 2010년의 인구조사에서 인구수는 1억 2,805만 7,352명이었다. 5년 후 2015년의 인구조사로 확인된 인구수는 1억 2,711만 명이었다. 거의 100만 명이 줄어든 셈이다. 현재의 추세와 연령 분포를 고려하면 2060년쯤에는 4,000만 명이 줄어들어 총인구가 8,000만 명 수준까지 떨어질 것으로 예측한다.

인구 감소와 농촌에서 도시로의 인구 이동에 따른 결과는 이미 뚜렷이 드러나고 있다. 매년 약 500곳의 학교가 폐교되고, 농촌 인구의 감소로 마을과 소도시가 버려지고 있다. 경제성장의 동력으로 여기는 인구 증가가 이루어지지 않으면 일본이 지금보다 가난해질 것이고, 결국 세계 무대에서도 힘을 상실할 것이란 우려가 적지 않다. 1948년 일본은 세계에서 다섯 번째로 인구가 많았지만, 2007년에는 나이지리아와 방글라데시보다 적어 10위로 물러섰다. 현재의 추세가 계속되면 수십 년 내에 콩고와 에티오피아 같은 후진국에도 뒤처질 것으로 예상한다. 인구가 콩고보다 적은 국가는 콩고보다 약하고 하찮은 국가라고 암묵적으로 전제한다면 일본에는 그야말로 굴욕이 아닐 수 없을 것이다.

따라서 2015년 아베 총리는 평균 합계 출산율을 여성 1인당 1.4명에서 1.8명으로 높이는 데 국력을 집중하며 인구를 최소한 1억 명으로 유지하겠다고 선언했다. 그러나 출산 증가는 아베보다 일본 젊은이들의 선택에 달려 있다. 출산율이 높아지면 국가로서 일본은 더 좋아지겠지만, 앞에서 언급한 여러 이유로 일본 젊은이들은 아기를 낳지 않거나 적게 낳는 쪽을 선택하고 있다.

인구 감소가 일본에 정말 '문제'가 될까? 인구가 일본보다 훨씬 적지만 세계 무대에서 중요한 역할을 하는 부유한 국가는 많다. 오스트레일리아, 핀란드와 스웨덴, 네덜란드와 싱가포르, 이스라엘과 스위스, 타이완이 대표적 예이다. 물론 이 국가들이 군사 강국은 아니다. 그러나 일본도 헌법과 국민정신에 팽배한 평화주의 때문에 군사 강국이 아니다. 내가 보기에 일본은 인구가 줄어들더라도 가난해지기는커녕 더 풍요로워질 듯하다. 그만큼 국내 자원과 수입해야 하는 자원에 대한 수요가 줄어들 것이기 때문이다. 뒤에서 다시 살펴보겠지만 자원의 압력은 현대 일본이 역사적으로 직면한 골칫거리 중 하나였고 지금도 마찬가지이다. 게다가 일본인은 일본을 자원 빈곤국이라 여긴다. 따라서 나는 일본의 인구 감소를 골칫거리가 아니라 커다란 이점 중 하나라고 생각한다.

인구 감소를 걱정하는 일본인도 인구 고령화가 훨씬 더 큰 문제라는 데 동의한다. 일본은 이미 세계에서 기대 수명(84세. 미국은 77세, 아프리카의 많은 국가는 40~45세)이 가장 높은 국가이고, 노인 비율이 가장 높은 국가이기도 하다. 인구의 23%가 65세 이상이고, 6%는 80세가 넘는다. 2050년이면 그 수치가 각각 거의 40%와 16%로 치솟을 것으로 예상한다(말리공화국의 경우에는 3%와 0.1%에 불과하다.) 그때가 되면 80세 이상 노인이 14세 이하 인구보다 많을 것이고, 65세 이상의 인구는 14세 이하 인구보다 세 배는 더 많을 것으로 추정한다.

분명히 말하지만 나는 80세를 넘긴 노인에게 어떤 반감도 없다. 그런 반감이 있다면 지금 내가 82세이니 자기혐오가 되는 셈이다. 그러나 좋은 것에도 한계가 있는 법이고 이런 냉정한 현실은 노인에게도 다를 바 없다. 무엇보다 노령층이 많아지면 국가 의료 체계에 큰 부담이 된다. 노령층은 젊은 층보다 병에 걸리기 쉽고, 특히 만성질환 및 심장 질환과 치매처럼 치료하기 어렵거나 불가능하고 비용이 많이 드는 질병에 시달리기 때문이다. 인구에서 65세 이상이 차지하는 비율이 증가하면 은퇴자 비율도 자연스레 증가하고 노동인구 비율은 줄어든다. 달리 말하면 점점 줄어드는 젊은 층이 하루하루 증가하는 노령의 은퇴자를 부양해야 한다는 뜻이다. 가족이란 울타리 안에서 금전적으로 지원하고 개인이 돌봄으로써 직접 부양할 수도 있지만, 젊은 노동자에게 거둔 세금으로 지원하는 정부 연금과 노인 요양 시스템을 통해 간접적으로 부양할 수도 있다. 실제로 일본에서는 은퇴자에 대한 노동자 비율이 거의 재앙적인 수준으로 떨어지고 있다. 1965년에는 은퇴자 1인당 노동자가 9명이었지만, 현재는 2.4명이고 2050년에는 1.3명이 될 것으로 추정된다.

일본만이 출산율이 떨어지고 인구가 고령화하는 까닭에 연금제도와 사회보장제도에 대한 부담이 증가하는 국가는 아니라고 반박할 사람도 있을 것이다. 물론 다른 선진국에서도 똑같은 문제가 발생하고 있지만, 일본에서만 그런 문제가 극단적으로 나타난다. 예컨대 미국도 사회보장제도가 향후에 약화될까 걱정하고 있다. 서유럽의 모든 국가에서 출산율이 치환율을 밑돌며, 특히 두 국가는 일본보다 훨씬 더 낮다. 그러나 미국과 유럽은 일본만큼 그런 문제로 걱정하지 않는다. 인구 감소와 고령층이 지나치게 많은 인구구조의 덫에 빠지지 않았기 때문이다. 그 이유가 무엇일까? 미국과 유럽은 어떻게 그런 덫에서 벗어났을까?

그 답은 일본에서 아직 폭넓게 인정되지 않는 세 가지 문제 중 하나, 즉 무척 제한적인 이민정책과 관계있다.

이민

일본은 세계에서 민족적으로 가장 동질적이고 부유하면서도 인구가 많은 국가이며, 이런 사실을 자랑스럽게 생각한다. 일본은 이민자를 환영하지 않는다. 따라서 일본으로 옮겨가기를 원하는 사람이 이민에 성공하기 어렵고, 어렵게 이민에 성공하더라도 시민권을 얻기는 더더욱 어렵다. 총인구 대비 이민자와 그 자녀의 비율이 오스트레일리아 28%, 캐나다 21%, 스웨덴 16%, 미국 14%이지만 일본은 1.9%에 불과하다. 난민이 망명을 신청하면 스웨덴은 92%를 인정한다. 독일은 70%, 캐나다는 48%를 인정하지만 일본은 0.2%만 받아들일 뿐이다(예컨대 2013년과 2014년에 일본은 각각 6명과 11명의 난민만 받아들였다). 외국인 노동자 비율도 미국 15%, 독일 9%이지만 일본은 1.3%에 불과하다. 일본은 숙련된 기술이 필요한 직종에서 1~3년의 취업 비자를 받은 외국인 노동자를 일시적으로 받아들일 뿐이다(예컨대 조선 기술자, 2020년 도쿄 올림픽 준비 현장에서 일할 건설 노동자). 그러나 일본에서는 이런 외국인도 영주권이나 시민권을 얻기는 어렵다.

일본에서 상당한 비율을 차지한 유일한 이민 집단은 제2차 세계대전 이전과 그 기간, 즉 한국이 일본 식민지이던 때 이주한 수백만 명의 한국인이다. 하지만 그 한국인의 대다수는 강제 노역자로 끌려온 비자발적 이주자였다. 예컨대 최초의 원자폭탄이 떨어진 히로시마에서 사망한 피해자의 10%가 그곳에서 일하던 한국인 노동자였다는 사실은 거의 알려져 있지 않다.

최근에 두 명의 장관이 더 많은 이민이 필요하다고 공식적으로 발언했다. 이시바 시게루石破茂 지방 장관은 "과거에 일본인은 남북 아메리카로 이주해 일본인으로서 자긍심을 유지하면서도 지역민과 자연스레 어울렸다. (…) 따라서 일본을 찾아오는 외국인을 거부하는 것은 이치에 맞지 않는다고 생각한다"라고 말했다. 예컨대 페루는 한때 일본계 대통령이 있었고, 미국에는 적잖은 일본계 상원의원과 하원의원 및 대학 총장이 있다. 그러나 일본 정부는 이민 장벽을 낮추는 방안을 지금도 재고하지 않는다.

일본 정부의 반이민정책은 많은 여론조사에서 확인되었듯 이민에 대한 일본 국민의 부정적 견해를 반영한 것이다. 일본 여론은 다른 부유한 국가의 여론과 정반대편에 있는 셈이다. 일본인의 63%가 외국인 거주자가 늘어나는 것을 반대한다. 75%는 이민자가 증가하면 범죄율이 늘어날 것이라 응답했고, 80%는 이민자가 새로운 사상을 전파함으로써 사회를 더 개선할 것이란 의견에 동의하지 않았다. 57~75%의 국민이 이민자가 사회 개선에 도움이 된다고 생각하는 미국과 캐나다, 오스트레일리아와는 전혀 다르다. 게다가 미국과 영국, 프랑스와 스웨덴은 국민의 15%가 이민을 당면한 가장 중요한 문제로 생각하지만, 일본은 그렇게 생각하는 국민이 0.5%로 거의 없다시피 한다.

분명히 해두지만 내가 이민에 대한 일본의 반감이 '잘못된 것'이므로 바뀌어야 한다고 이야기하는 게 아니다. 어떤 나라에서나 이민은 장점과 단점이 있기 마련이다. 장점과 단점을 평가해 이민정책을 수립하는 것은 각 국가가 감당해야 할 문제이다. 일본처럼 오랫동안 고립되어 이민자를 받아들이지 않고 민족적으로 동질적인 국가가 민족의 동질성을 소중하게 생각하는 반면, 미국처럼 거의 모든 국민이 이민자의 후손이어서 다양한 민족으로 구성된 국가가 민족의 동질성을 중요하게 생각하지 않는다고 놀라워할 것은 없다. 하지만 일본의 딜레마는 다른 국가들이 이민을 통해 그럭저럭 완화하고 있는 문제로 골치를 앓으면서도 이민 외에 그 문제를 해결할 방법을 아직 찾아내지 못했다는 것이다.

일본이 당면한 가장 큰 문제는 앞에서 다룬 일련의 문제들과 관계가 있다. 앞서 말했듯 추락하는 출산율과 인구 고령화로 건강한 젊은 납세자는 점점 감소하는 반면, 일하지 않는 연금 수령자는 점점 증가한다. 연금 수령자는 나이가 많아 건강 문제가 있을 수밖에 없어 젊은 납세자가 늙은 은퇴자의 연금과 의료 비용을 부담해야 한다. 미국과 캐나다, 오스트레일리아와 서유럽도 일본처럼 출산율이 떨어지고 현지인이 고령화되고 있지만, 그 국가들은 다수의 젊은 이주 노동자를 허용함으로써 인구구조의 변화에 따른 문제를 최소화하고 있다. 일본은 일하지 않는 어머니를 적극적으로 고용해서 노동인구 감소를 상쇄할 수도 없다. 미국에는 일하는 어머니 대신 자녀를 돌봐주는 이주 여성이 많지만 일본에는 거의 없기 때문이다. 미국의 요양원과 병원에서 노인을 돌보는 돌보미 및 간호사와 의료 보조원도 대부분이 이민자이지만 일본에는 그런 이민자가 없다(이 글을 쓰는 현재 나는 일본인 친척의 죽음으로 인해 받은 끔찍한 충격에서 회복되고 있는 중이다. 그 친척이 병원에 입원해 있던 동안 환자의 식사와 세탁물을 가족이 도맡아야 했다).

일본 발명가들이 획득한 특허 수로 판단하면 일본은 혁신이 활발히 진행되는 국가이지만, 정작 일본인은 연구 개발에 투자하는 막대한 비용에 비하면 획기적인 혁신이 부족하다고 걱정한다. 일본 과학자가 받은 노벨상이 상대적으로 많지 않다는 게 그 증거이다. 미국의 노벨상 수상자는 대체로 제1 세대 이민자이거나 그들의 후손이다. 그러나 일본 과학자는 거의 모두 순수 일본인이고 이민자와 그 자손은 무척 드물다. 위험을 감수하고 완전히 새로운 것을 시도하는 적극성이 고향을 떠나 타국으로 이주하는 용기와 최고 수준의 혁신을 이루어내려는 도전 정신의 전제 조건이란 사실을 고려하면 이민과 노벨상의 이런 상관관계는 그다지 놀랍지 않다.

현재 일본은 이민이란 단기적 처방으로 이 문제들을 해결할 의지가 없다. 장기적으로 보면 일본 국민이 계속 이 문제들로 골머리를 앓을 것인지, 아니면 이민정책에 변화를 주는 해결책을 선택할 것인지, 아니면 이민이 아닌 다른 기막힌 해법을 찾아낼 것인지도 미지수이다. 일본이 이민정책을 재평가하기로 결정한다면 본받을 만한 표본은 캐나다의 정책이다. 캐나다는 국가에 잠재적으로 어떤 가치를 더해줄 수 있는가를 기초로 이민 지원자를 평가하기 때문이다.

중국과 한국

일본 내에서는 거의 무시하는 또 하나의 중대한 문제는 전쟁 기간에 일본이 한국과 중국에 취한 태도가 두 국가와의 현재 관계에도 미치는 영향이다. 제2차 세계대전 기간과 그 이전에 일본은 아시아 국가, 특히 한국과 중국 국민에게 끔찍한 짓을 저질렀다. 1941년 12월 7일 일본이 '공식적'으로 전쟁을 선포하기 훨씬 전 1937년부터 일본은 선전포고도 없이 중국과 전면전을 벌였다. 그 전쟁에서 일본군은 수백만 명의 중국인을 죽였고, 일본 병사의 정신을 강하게 키우겠다며 중국인 죄수를 기둥에 묶어두고 총검 훈련용으로 사용하는 야만적인 짓도 서슴지 않았다. 게다가 1937년 12월부터 1938년 1월까지 난징南京에서는 수십만 명의 중국 민간인을 학살했고, 1942년 4월에는 둘리틀 공습Doolittle Raid(제임스 해럴드 둘리틀 중령이 지휘하는 경폭격기 편대가 일본의 여러 도시를 폭격한 사건—옮긴이)에 대한 보복으로 많은 중국인을 살해했다. 지금도 일본은 이런 학살을 포괄적으로 부정하지만, 중국인 목격자뿐 아니라 외국인 목격자가 남긴 많은 증거가 있다. 더구나 일본 병사가 직접 찍은 사진도 있다. 예컨대 시 영과 제임스 인이 1999년에 출간한《난징의 강간: 사진으로 본 부인할 수 없는 역사The Rape of Nanking: An Undeniable History in Photographs》에는 400장 넘는 사진이 실려 있다. 또 일본은 1910년 한국을 합병했고 한국 학교에서 한국어보다 일본어를 사용하도록 지시했다. 따라서 35년의 강점기에 한국 학교는 일본어로 가르쳐야 했다. 일본은 한국인 여성과 다른 국적의 여성에게 일본 병사들을 위한 성 노예로 일하도록 강요했고, 많은 한국인 남성은 일본 군대에서 사실상 노예 노동자로 일했다.

그 결과, 지금도 중국과 한국에는 반일 감정이 팽배하다. 한국인과 중국인 관점에서 보면 일본은 당시의 잔혹 행위를 충분히 인정하지 않았고, 사과하지 않았으며 유감을 표명하지도 않았다. 중국 인구는 일본의 11배이지만, 남한과 북한을 합한 인구는 일본의 절반을 조금 넘는다. 중국과 북한은 핵무기를 보유하고 있다. 한국·중국·북한에는 상당한 규모의 잘 훈련된 군대가 있지만, 일본은 미국이 강요한 헌법과 오늘날 일본에 만연한 평화주의 때문에 병력은 무시해도 좋은 수준이다. 북한은 때때로 일본 너머로 미사일을 발사하며 언제라도 일본을 타격할 수 있다고 위협한다. 하지만 일본은 조그만 섬들을 두고 중국과 한국을 상대로 영토 분쟁을 벌이고 있다. 그 섬들은 그 자체로는 아무런 가치가 없지만 각 섬의 해양 지역에 존재하는 어류와 석유와 광물자원 때문에 무척 중요하다. 내 생각에는 이런 사실들이 복합되어 장기적으로 일본에 큰 위험을 야기할 가능성이 있다.

제2차 세계대전에 대한 일본인의 생각을 아시아인은 어떻게 해석하는지 리콴유李光耀(1923~2015)의 평가를 통해 알아보자. 리콴유는 수십 년 동안 싱가포르의 초대 총리로 일하며 일본과 중국, 한국 및 그 국가의 지도자들을 지켜본 예리한 관찰자였다.

"독일인과 달리 일본인은 정화 과정을 거치지 않았고, 자신들의 체제에 내재한 독소를 제거하지 않았다. 그들은 젊은이들에게 자신들이 범한 잘못을 가르치지 않았다. 하시모토 류타로(일본 총리)는 1997년 제2차 세계대전 종전 52주년 기념식에서 '깊은 유감'을 표명했고, 같은 해 9월 베이징을 방문해서는 '충심의 회한'이란 표현을 사용했다. 그러나 하시모토는 중국이나 한국이 일본 지도자에게 원하는 사과를 하지는 않았다. 나는 일본인이 왜 과거를 인정하고 사과한 후 미래로 나아가려 하지 않는지 이해할 수 없다. 몇 가지 이유로 그들은 사과하려 들지 않는다고 볼 수 있다. 사과한다는 것은 결국 자신들이 과거에 악한 짓을 저질렀다는 걸 인정하는 것이다. 유감이나 회한을 표명하는 것은 현재의 주관적 감정을 표현하는 것일 뿐이다. 그들은 난징에서 대학살이 있었다는 걸 부인했다. 또 한국과 필리핀, 네덜란드 등 여러 나라의 여성을 납치하거나 강제로 끌고 가 전선에서 일본 병사들을 위한 '위안부(성 노예의 완곡한 표현)'로 삼았다는 사실도 부인했다. 게다가 만주에서는 한국과 중국, 몽골과 러시아 등 여러 국적의 포로를 대상으로 잔혹한 생물 실험을 시행했다는 사실도 부인했다. 경우마다 반박할 수 없는 증거가 일본인의 손으로 쓴 기록에서 발견된 후에야 마지못해 인정했다. 이 때문에 일본의 장래 의도를 의심할 수밖에 없다. 현재의 태도는 미래의 행동을 짐작하게 해주는 지표이다. 일본이 과거를 부끄럽게 생각한다면 과거의 잘못을 되풀이할 가능성도 거의 없지 않겠는가."

내가 캘리포니아대학교 로스앤젤레스 캠퍼스에서 하는 강의에는 항상 일본에서 유학 온 학생들이 있다. 그들은 일본에서 배운 학교 교육과 캘리포니아에서 겪은 경험에 대해 나에게 간혹 이야기한다. 그들의 푸념에 따르면 일본 학교의 역사 시간에는 제2차 세계대전을 거의 다루지 않는다("수천 년의 일본 역사에서 그 전쟁의 기간은 기껏해야 수년에 불과하기 때문이다"). 따라서 침략자로서 일본이 어떤 역할을 했는지는 거의 혹은 전혀 언급하지 않고, 수백만의 다른 민족과 역시 수백만에 달하는 일본 군인과 민간인의 죽음에 대한 책임도 외면한 채 두 발의 원자폭탄으로 약 12만 명의 일본인이 죽었다며 일본을 피해자로 묘사하는 데 급급하며, 오히려 미국이 일본을 자극해 전쟁에 끌어들였다고 비난한다(공평하게 말하면 한국과 중국과 미국의 교과서도 제2차 세계대전을 자신들에게 유리하도록 편향된 시각에서 설명한다). 일본인 학생들은 로스앤젤레스 캠퍼스의 학생 모임에 참여해 한국인 학생과 중국인 학생을 만나 일본이 전쟁 기간에 저지른 잔혹 행위에 대해 처음으로 듣고, 그 때문에 아시아의 여러 국가에서 지금도 일본에 대한 증오심을 불러일으키고 있다는 걸 알면 충격을 받곤 한다.

하지만 일본 정치인들이 수없이 사과했다고 말하며 "일본이 이미 충분히 사과하지 않았느냐?"라고 묻는 학생과 일본인이 적지 않다. 간단히 대답하면 "그렇지 않다"! 사과가 억지로 꾸민 듯하고 설득력 없게 들리기 때문이다. 게다가 일본의 책임을 최소화하거나 부인하는 발언이 뒤섞인다. 좀 길게 대답하면 일본과 독일이 보여준 최근의 역사 유산에 대한 상반된 접근법을 비교하게 된다. 그리고 과거의 적들이 독일의 접근법을 인정하며 받아들이는 반면, 일본의 접근법은 한국과 중국 같은 주된 피해국에서 진심으로 받아들이지 않는 이유를 묻게 된다. 6장에서 자세히 설명했듯이 독일 지도자들은 다양한 방식으로 회한과 책임을 표명했고, 학생들은 조국이 과거에 범한 짓을 인정하는 법을 배운다.

일본도 독일처럼 행동했더라면, 예컨대 일본 총리가 난징을 방문해서 중국인들 앞에 무릎 꿇고 일본이 전시에 자행한 학살에 대한 용서를 구한다면, 일본이 전시에 저지른 잔혹 행위를 고발하는 사진과 자세한 설명 글을 전시한 박물관과 기념관 또는 전쟁 포로수용소가 일본 전역에 있다면, 일본 학생들이 시시때때로 일본 내에 있는 그런 곳을 견학하고 일본 밖에서는 난징과 산다칸 그리고 바탄과 사이판 같은 곳을 방문한다면, 또 일본이 전쟁으로 입은 피해보다 자국이 다른 국가에 가한 잔혹 행위의 피해를 묘사하는 데 더 많은 노력을 기울인다면 한국인과 중국인도 일본의 진정성을 인정하며 받아들일 것이다.

이런 반성과 행동이 일본에서 전혀 없는 것은 아니지만 독일에서는 광범위하게 이뤄지고 있다. 반성을 더한 진실한 행동이 일본에서도 행해질 때까지 한국인과 중국인은 일본의 형식적 사과를 계속 불신하며 일본을 미워할 것이다. 한국과 중국이 최대로 무장하는 반면,

일본은 자주적으로 방어할 수단을 앞으로도 갖추지 않을 경우 큰 위험에 대한 불안감을 떨쳐내지 못할 것이다.

자연 자원의 관리

모든 지구인의 생존은 나무와 어류, 표토, 깨끗한 물과 깨끗한 공기 등 재생 가능한 자연 자원에 달려 있다. 이런 모든 자연 자원은 관리 문제를 초래하며 과학자들은 이와 관련한 많은 경험을 오래전부터 축적해왔다. 세계의 숲과 어장을 최선의 방식으로 관리한다면 임산물과 수산물을 현 세계 인구의 욕구를 만족시키기에 충분한 양으로 무한한 미래까지 수확하는 게 가능할 것이다. 하지만 안타깝게도 현재의 수확 방식은 파괴적이고 지속 가능하지 않다. 세계 전역에서 대부분의 숲이 줄어들고 있으며, 대부분의 어장도 위축되었거나 이미 붕괴했다. 그러나 어떤 국가도 자연 자원을 자급자족할 수는 없다. 모든 국가가 적어도 일부 자원을 수입해야 한다. 따라서 대부분의 국가에는 자연 자원을 최적으로 관리하는 문제를 해결하기 위해 열심히 일하는 정부 기관, 세계야생생물기금과 국제보호협회Conservation International, CI 같은 국제 환경 조직의 지부, 지역 환경 단체가 있다.

자연 자원의 관리는 일본에서 특히 화급한 문제이다. 일본은 외부 세계와 담을 쌓고 물품을 거의 수입하지 않던 1853년까지 자연 자원을 자급자족했다. 그리고 자체의 숲에 의존할 수밖에 없었기 때문에 1600년대에 숲이 줄어들자 크게 놀라 독일 및 스위스와는 별개로 과학적인 임업을 독자적으로 개발했다. 일본 인구는 1853년 이후 폭발적으로 늘어나고 생활수준과 소비율도 증가했다. 또 많은 인구가 좁은 지역에 모여 살고, 현대 산업 경제에 필수적인 원자재의 수요도 당연히 증가했다. 그 결과로 일본은 세계 최대의 자연 자원 수입국 중 하나가 되었다. 재생 불가능한 자연 자원 중 석유와 천연가스, 니켈과 알루미늄, 질산염과 칼륨, 인산염은 거의 모든 수요량을 수입하고 철광석과 석탄, 구리는 대부분의 수요량을 수입해야 한다. 재생 가능한 자연 자원 중 해산물, 통나무와 합판, 열대 경질목, 종이와 펄프재의 경우 세계 1·2·3위를 다투는 수입국이다.

위에서 나열한 목록은 일본이 수입에 의존해야 하는 필수적인 자원이다. 그중 하나라도 고갈되면 일본은 그 결과에 악영향을 받는 첫 국가이거나 초기 국가 중 하나가 될 것이다. 일본은 식량 수입에 크게 의존하는 주된 국가이기도 하다. 정확히 말하면 농산물 수입이 수출의 20배로, 많은 산업국 중 가장 높은 비율이다. 두 번째로 높은 국가인 한국의 경우에도 그 비율은 여섯 배에 불과하다. 반면 미국과 브라질, 인도와 오스트레일리아 등 몇몇 주요 국가는 식량 부문에서 순수출국이다.

이처럼 일본인이 일본을 자원 빈곤국이라 생각하는 데는 타당한 이유가 있다. 그러므로 자연 자원의 수입에 극단적으로 의존하는 선진국으로서 일본은 자국의 이익을 위해서라도 자연 자원을 지속 가능하게 활용하는 선두국이 되려고 노력할 것이라 예상할 수 있다. 구체적으로 말하면 일본이 세계의 어장과 숲을 지속 가능한 방향으로 활용하는 데 앞장서는 게 합리적일 것이다.

하지만 얄궂게도 현실은 정반대이다. 나는 세계야생생물기금 미국 지부와 국제보호협회의 사무총장인 까닭에 두 조직이 관심을 갖는 자연 자원의 관리에 대한 국가정책을 들을 기회가 많다. 또 일본인 친구와 동료에게 일본의 정책에 대해서도 자주 듣는다. 일본은 지속 가능한 정책을 지원하기는커녕 가장 강력하게 반대하는 선진국인 듯하다. 불법적이고 지속 가능하지 않은 방식으로 수확한 임산물의 수입량에서 일본은 미국과 유럽연합 국가들보다 월등히 많다. 1인당으로 계산하든 임산물 총수입량에서 차지하는 비율로 계산하든 일본이 압도적으로 많다. 또 일본은 원양어업과 포경업에 대한 신중한 규제에 앞장서서 반대하는 국가이기도 하다. 두 가지 예를 들어보자.

첫 번째 예는 대서양과 지중해의 참다랑어와 관계있다. 참다랑어는 특히 일본에서 인기가 좋으며 회나 초밥으로 소비된다. 최근에는 대형 참다랑어가 일본에서 100만 달러 넘는 경이로운 가격에 팔리기도 했다. 참다랑어의 개체 수가 남획으로 급속히 줄어들자 지속 가능한 어획에 합의하고 어획 할당량을 강제함으로써 소중한 자원을 보존하려는 운동이 본격적으로 시작되었다. 믿기지 않겠지만 2010년 참다랑어를 국제 보호종—멸종 위기에 처한 야생 동식물종의 국제 거래에 관한 협약Convention on International Trade in Endangered Species of Wild Flora and Fauna, CITES에 따라 보호해야 할 야생동물—으로 지정하려 할 때 일본은 그 제안의 공동 발의국에 포함되지 않았다. 오히려 일본은 그 제안의 통과를 저지하려 애썼고, 그 노력이 성공하자 외교적 승리라고 자찬하기까지 했다.

두 번째 예는 포경업과 관련한 것이다. 현재 일본은 고래를 가장 꾸준히 포획하는 선두 국가이다. 국제포경위원회International Whaling Commission, IWC가 사냥할 수 있는 고래의 할당량을 결정한다. 매년 일본은 연구 목적이라는 구실로 많은 고래를 포획하며 할당량 규제를 합법적으로 피하지만, 포획한 고래에 대한 연구 보고서는 거의 혹은 전혀 발표하지 않고 고기로 파는 데 열중한다. 하지만 고래 고기에 대한 일본 소비자의 수요가 점점 줄어들고 있어 고래 고기는 개 사료와 비료로 소비되는 실정이다. 고래잡이를 유지하는 것은 일본에 경제적으로도 큰 손실이다. 포경 산업은 다각도로 일본 정부의 지원을 받아야 지탱할 수 있기 때문이다. 포경선에는 직접 지원하고, 포경선을 호위하고 보호하는 선박에도 추가로 지원한다. 또 국제포경위원회 회원국이지만 고래를 잡지 않는 작은 국가들에 포경업을 찬성한 대가로 지불하는 이른바 '해외 원조'라는 숨은 비용도 일본 정부의 부담이다.

그런데 일본이 이런 입장을 고집하는 이유가 무엇일까? 나의 일본인 친구들은 세 가지 가능성으로 설명했다. 첫째, 일본인은 자연과 조화롭게 생활하는 자아상을 소중히 여기며 전통적으로 일본의 숲을 지속 가능하게 관리해왔다. 하지만 해외의 숲과 어장은 그런 대상이 아니어서 그렇게 착취한다는 것이다. 둘째, 일본 국민은 국제사회의 압력에 굴복하는 걸 싫어한다. 특히 일본은 그린피스Greenpeace와 시셰퍼드Sea Shepherd의 반反포경 운동과 참다랑어 어획을 규제하는 국제사회의 압력에 항복하는 모습으로 비치는 걸 원하지 않는다. 이런 점에서 일본은 친포경 국가가 아니라 '반-반포경 국가'라 할 수 있다. 끝으로 국내 자원은 한계가 있다는 인식 때문에 일본은 지난 140년 동안 세계의 자연 자원을 무제한적으로 활용하는 권리를 국가 안보의 핵심이나 외교정책의 주춧돌로 유지해왔다. 자연 자원이 풍부하고 공급이 수요보다 많았던 과거에는 이런 생각이 실행 가능한 정책이었지만, 지금처럼 자원이 줄어드는 상황에서 이 정책은 더 이상 존속될 수 없다.

나처럼 일본을 좋아하는 외부 사람에게도 해외 자연 자원을 지속 가능한 방향으로 사용하자는 제안에 반대하는 일본의 고집은 안타깝고 자기 파괴적인 행위로 여겨진다. 해외 자연 자원을 장악하려는 시도는 과거에도 일본을 자기 파괴적 행동으로 몰아넣은 적이 있었다. 일본이 중국, 미국과 영국, 오스트레일리아와 뉴질랜드, 네덜란드를 상대로 한꺼번에 전쟁을 벌인 때였다. 당시 패배는 불가피했다. 이번에도 패배할 것이 뻔하다. 군사적 정복을 당한다는 뜻이 아니라, 재생 가능하거나 불가능한 해외 자연 자원 모두가 결국 고갈될 것이기 때문이다. 만약 내가 일본을 증오하는 사악한 독재자여서 전쟁이란 수단에 기대지 않고도 일본을 파멸로 몰아넣으려면 일본이 지금 하고 있는 짓을 똑같이 따라 할 것이다. 다시 말하면 일본이 의존하는 해외 자연 자원을 철저히 파괴해버릴 것이다.

위기의 기준틀

끝으로 우리가 위기의 기준틀로 제시한 12가지 요인에 비추어 일본의 미래가 어떠할지 생각해보자. 순전히 학문적 차원에서 우리는 12가지 요인을 기준으로 "일본이 현재의 문제를 해결하는 데 성공할 수 있을까?"라는 의문에 답해보려는 것이다. 일본을 위해 고언하며, 이 예측 요인을 정확히 이해할 때 적절한 해결책을 모색해내고 지금 자초하고 있는 장애물을 돌파하는 데 유용하게 활용할 수 있을 것이다.

일본의 미래를 낙관하는 이유 중 하나는 역사적으로 위기를 해결하는 능력을 보여주었다는 것이다(표 2의 요인 8). 현대사에서만 일본은 재평가와 선택적 변화에 국가적으로 탁월하게 성공한 사례를 두 번이나 보여주었다. 가장 극적인 변화는 1868년 메이지유신으로 시작되었다. 1853년 페리 제독의 강압에 일본은 문호를 개방할 수밖에 없었고, 비유럽권의 많은 국가처럼 일본도 서구 열강에 점령될지 모른다는 우려가 있었다. 하지만 일본은 선택적 변화를 추구하는 긴급 계획으로 서구 열강의 압력을 견뎌냈다. 국제사회와 담을 쌓는 쇄국정책을 버렸고, 쇼군 통치와 사무라이 계급과 봉건제도도 포기했다. 대신 헌법과 내각제, 국가 방위군, 산업화와 유럽식 금융 제도, 새로운 교육 제도를 채택했고 서구식 의상과 음식, 음악까지 받아들였다. 동시에 일본은 천황제와 언어, 표기법 등 대부분의 문화를 유지했다. 그리하여 일본은 독립을 지켰고, 비유럽권으로서는 최초로 국부와 군사력에서 서구 열강과 경쟁할 만한 국가가 되었다. 또 제2차 세계대전 후에도 일본은 다시 과감한 선택적 변화를 시도하며 군사 강국이란 전통과 황제의 신성이란 믿음까지 버렸고, 민주주의와 새로운 헌법을 채택하며 수출 경제를 발전시키고 되살려냈다.

일본의 미래를 낙관하는 또 다른 큰 이유는 과거의 기록에서도 확인할 수 있듯 실패와 패배를 딛고 일어서는 인내심과 역량이다(요인 9). 앞에서 인용한 것처럼 일본을 비판한 싱가포르 총리 리콴유도 이런 일본의 기질을 인정했다. "일본 점령기의 경험을 통해 일본인에게는 무서운 기질이 있다는 걸 알았지만, 나는 그들을 존경하고 우러러본다. 집단 결속력, 규율과 지성, 근면성 그리고 조국을 위해 희생하겠다는 의지로 그들은 경이로울 정도로 생산적인 힘을 보여준다. 일본에는 자원이 부족하다는 걸 알기 때문에 그들은 성취할 수 없는 것을 이루어내기 위해 끊임없이 전력을 다한다. 또 고유한 문화적 가치관 때문에도 일본은 어떤 재앙에서도 살아남는 유일한 생존국이 될 것이다. 일본은 때때로 예기치 못한 자연 재앙—지진, 태풍, 쓰나미—에 큰 피해를 입었다. 그때마다 그들은 피해를 수습하고 다시 일어나 재건에 열중한다. (…) 나는 1996년 11월 고베를 방문했다. 엄청난 지진이 일어난 지 겨우 1년 반이 지난 때였지만 그들의 삶이 정상을 되찾은 걸 보고는 깜짝 놀랐다. 그들은 그 재앙을 완전히 딛고 일어나 새로운 일상을 영위하고 있었다."

좁은 바다 건너에 한국과 중국이 있지만 육지에서 국경을 맞댄 이웃 국가가 없는 섬나라라는 지리적 환경에서 얻는 선택의 자유(요인 12), 강력한 국가 정체성, 국민적 자부심과 결속력(요인 6), 한국과 중국을 제외하면 우호적으로 지지하거나 적어도 호의적인 중립을 유지하는 많은 무역 상대국(요인 4), 적잖은 중대한 문제를 해결하는 데 본보기로 삼을 만한 국가들이 있다는 사실(요인 5)도 일본에는 유리한 환경이다. 앞에서 다룬 경제적 강점, 인적자원과 문화, 환경도 일본에는 큰 이점이다.

하지만 세 가지 요인이 이런 이점을 상쇄한다. 내가 비관주의를 퍼뜨리려고 이 요인들을 구체적으로 밝히려는 것은 아니다. 오히려 일본이 현재의 문제를 해결하는 데 성공하려면 반드시 바꿔야 할 태도를 강조하려는 것이다. 첫 번째 장애물은 변화된 환경에는 더 이상 맞지 않는 전통적 핵심 가치이다(요인 11). 예컨대 일본은 점점 줄어드는 자연 자원을 지속 가능하게 수확하려는 국제사회의 공동 노력을 선도하지 않고, 세계의 자연 자원이 무궁무진한 것처럼 무제한적으로 확보하려는 욕심을 좀처럼 거두지 않고 있다.

두 번째 장애물은 제2차 세계대전과 당시의 잔혹 행위에 대한 책임을 통감하지 않고, 자기 연민에 초점을 맞추며 일본을 피해국으로 해석하는 경향이다(요인 2). 개인의 삶이 그렇듯 국가정책에서도 자신의 책임을 부인하면 문제 해결에 한 걸음도 가까이 다가갈 수 없다. 일본이 한국과 중국과의 관계를 진정으로 개선하고 싶다면 독일의 선례를 따라 자국의 책임을 인정해야 할 것이다.

끝으로 몇몇 핵심 영역에서 정직하고 현실적인 자기평가가 부족한 것도 일본의 미래를 어둡게 하는 요인이다(요인 7). 앞에서 언급한 자연 자원과 제2차 세계대전도 정직한 자기평가의 결여를 보여주는 사례이다. 또 다른 예를 들면, 인구 감소의 예방이 무엇보다 중요하다고 생각하는 잘못된 믿음이다. 물론 인구가 현재의 1억 2,700만 명에서 2,000만 명으로 줄어들면 문제가 되겠지만, 내가 보기에 8,000만 명 수준으로 줄어들면 불리한 것은 없고 오히려 이점이 훨씬 더 많다. 구체적으로 말하면 일본의 현대사에서 저주와 다름없는 수입 자원에 대한 수요가 줄어든다. 이 장의 앞부분에서 말했듯 일본이 강한 이유는 질적인 부분에 있는 것이지 인구 자체 때문이 아니다.

정직한 자기평가가 필요한 또 하나의 분야는 이민이다. 이민은 많은 국가가 일본이 심각하다고 생각하는 문제—젊은 노동인구와 은퇴한 노령자 비율, 보육을 위한 제한된 선택 가능성, 턱없이 부족한 노령자 도우미—를 해결하기 위해 사용하는 방법이다. 따라서 일본은 캐나다의 성공한 이민정책을 모방하거나, 일본인 해외 이주자가 미국과 남아메리카에서 겪은 경험을 바탕으로 자국에 적합한 이민정책을 수립하는 방법을 생각해볼 수 있다. 반면 일본이 계속 이민을 제한하더라도 명확한 대안을 실행에 옮기는 방법도 있다. 예컨대 여성이 노동시장에 진입하는 걸 방해하는 요인을 제거함으로써 일본인 노동인구를 확대하고, 어린아이의 보육자와 간호사 혹은 노령자의 도우미 등 특정한 분야에서 일할 이주 노동자에게 발급하는 비자 요건을 완화하는 방법이다. 이런저런 해법 중 완벽한 것은 없다. 어떤 방법이든지 장점과 단점이 있기 마련이다. 필요한 것은 지금처럼 좌고우면하며 망설이지 않고 어떻게든 하나의 해결책에 대한 국민적 합의를 이루어내는 것이다.

지금까지 제기한 의문이 10년 후에는 일본에서 어떻게 해결되고 있을까? 냉정하게 말해 오랜 쇄국정책을 갑자기 끝내야 했던 1853년에 맞닥뜨린 문제, 패전으로 완전히 쑥대밭이 된 1945년 8월에 마주한 문제에 비교하면 일본이 지금 당면한 문제는 대단한 것이 아니다. 일본이 과거에 엄청난 충격을 딛고 회복한 경험이 있기 때문에 이번에도 핵심 가치를 선택적으로 재평가해서 더 이상 타당하지 않은 것은 버리고 여전히 의미 있는 것은 유지하며, 변화된 새로운 환경에 적합한 새로운 가치와 현명하게 공존하도록 만들 수 있기를 기대한다.

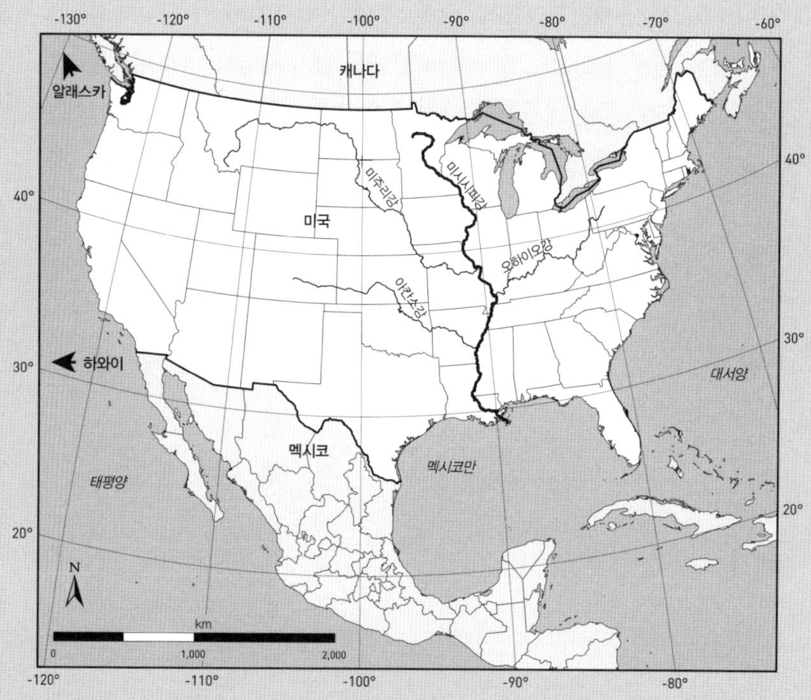
-130°
-120°
-110°
-100°
-90°
-80°
-70°
-60°
캐나다
알래스카
미주리강
미시시피강
미국
오하이오강
아칸소강
하와이
대서양
멕시코
멕시코만
태평양
40°
30°
20°
N
km
0
1,000
2,000
-120°
-110°
-100°
-90°
-80°

도판 8. 미국 지도

9장

장래에 미국이 해결해야 할 과제는? 강점과 중대한 문제

현재의 미국 – 국부 – 지리적 조건 – 민주주의의 이점 – 다른 이점들 – 정치의 양극화 – 왜? – 양극화하는 다른 부문

현재의 미국

내가 이 글을 쓰는 현재, 미국이 당면한 위기는 일본이 1853년 7월 8일 초대하지 않은 페리 제독의 방문 이후 겪은 위기에 비교하면 급작스러운 것이 아니다. 하지만 대부분의 미국인은 미국이 중대한 문제에 직면해 있다는 데 동의할 것이다. 또 미국이 현재 직면한 위기가 전후 독일과 오스트레일리아의 경우처럼 서서히 진행된 위기라는 데에도 많은 사람이 동의할 것이다. 미국이 내부적으로 사회·정치적 문제만이 아니라 외교 관계에서도 중대한 문제에 부딪힌 것은 사실이다.

예컨대 외교 관계와 관련한 문제에서 많은 미국인이 중국의 부흥에 따른 장기적 위협을 걱정한다. 더구나 중국은 어느새 미국 다음으로 세계에서 두 번째 큰 경제 대국이 되었다. 중국 인구는 미국의 네

배가 넘고, 수년 전부터 미국뿐 아니라 모든 주요 경제국의 경제성장률을 꾸준히 상회했다. 또 중국은 세계 최대 병력을 보유하고 있으며 국방비 지출도 미국 다음으로 많고, 반세기 전부터는 핵무기도 보유하고 있다. 게다가 대체에너지 발전alternative energy generation과 초고속 열차 같은 몇몇 첨단 테크놀로지 분야에서는 미국을 앞질렀다. 중국은 독재 정부여서, 두 정당이 옥신각신하고 견제와 균형이 작용하는 미국보다 모든 일을 훨씬 더 신속하게 처리할 수 있다. 많은 미국인은 중국이 경제적으로나 군사적으로 미국을 앞서는 것은 시간문제에 불과하다고 여긴다. 21세기가 아시아의 세기, 특히 중국의 세기가 될 것이라는 주장이 귀가 따갑도록 들리는 것도 사실이다.

내 생각에도 이런 우려는 결코 가볍게 넘길 게 아니다. 지금까지 내가 살아온 삶을 돌이켜보면 10년 단위로 미국이 역사적으로 가장 힘든 문제를 마주했다고 생각하기에 충분한 이유가 있었다. 1940년대에는 일본과 나치 독일에 맞서 싸운 제2차 세계대전이 일어났고, 1950년에는 냉전, 1960년대에는 미국 사회에 큰 충격을 준 쿠바 미사일 위기와 베트남전쟁이 있었다. 그러나 매번 그 10년이 당시에는 불안의 가장 큰 원인을 제공한 시기인 것처럼 보였기 때문에 의혹을 완전히 떨칠 수는 없지만, 그래도 현재의 2010년대는 불안의 가장 큰 원인을 제공하는 시기인 게 분명한 것 같다.

따라서 앞에서 일본이 장래에 당면할 문제를 다루었듯 9장과 10장에서는 미국이 장래에 당면할 문제가 무엇인지 살펴볼 필요가 있다. 일본을 다룬 장에서처럼 미국의 경우에도 부정적 면에만 일방적으로 초점을 맞추지는 않을 것이다. 오히려 장기적 관점에서 미국이 지닌 이점이 무엇인지 먼저 살펴보려 한다. 또 각각의 이점에 대해 중국의 경우를 간략하게 평가함으로써 시간이 중국 편이라는 미국의 두려움이 현실적인 것인지 가늠해보려 한다. 물론 중국과 인접한 국가들, 특히 북한과 러시아, 아프가니스탄도 미국에는 상당한 골칫거리이다. 그러나 중국에 비하면 이 국가들은 미국에 지엽적인 문제를 제기할 뿐이다. 따라서 이 책의 목적에 맞추어 미국과 중국을 비교하는 것이 더 유익한 듯하다. 이렇게 장점을 먼저 알아본 후 내가 생각하는 현재의 미국이 당면한 근본 문제를 살펴보려 한다. 정확히 말하면 2020년 선거를 앞두고 당장 걱정해야 할 문제가 아니라 2020년대에도 가장 중요한 위치를 차지할 것이라 예상하는 문제를 살펴보려 한다. 일본을 다룬 8장처럼 여기에서는 미국에 국한된 문제만 다루고, 11장에서는 미국에도 영향을 미치는 세계적 문제를 살펴볼 것이다. 끝으로 위기의 결과에 영향을 미치는 12가지 요인이 미국의 근본 문제를 해결하는 데 유리하게 작용하는지 혹은 불리하게 작용하는지도 따져볼 것이다.

국부

미국의 강점에 대한 평가는 당연히 수십 년 전부터 지금까지의 미국, 즉 영향력과 경제력에서 최강국이란 현실부터 시작해야 마땅하다(중국 경제는 규모에서 미국에 근접했고, 일부 평가에서는 미국을 이미 넘어섰다). 미국 경제의 기초를 이해하려면 앞 장에서 일본 경제의 규모를 이해하기 위해 언급한 사실을 되풀이하면 충분하다. 국가 경제의 생산량 혹은 수입은 두 수치, 즉 인구수에 1인당 평균 생산량 혹은 소득을 곱한 값이다. 미국은 두 요인 모두에서 최상위에 가깝지만, 다른 모든 국가는 두 요인 중 하나에서만 최상위에 있을 뿐이다.

현재 3억 3,000만 명에 가까운 미국의 인구수는 중국과 인도에 이어 세계에서 세 번째로 많다. 그러나 인구로 볼 때 중국과 인도를 비롯한 세계 상위 20개국 중 16개국은 1인당 생산량이나 소득이 무척 낮아 미국의 30~40%에 불과하다. 나머지 3개국은 일본과 독일과 프랑스로, 이 국가들의 인구도 미국의 21~39%에 불과하다. 미국이 많은 인구를 감당할 수 있는 주된 이유는 드넓은 비옥한 토지 때문이다. 면적이 미국보다 넓은 2개국, 러시아와 캐나다는 영토의 많은 부분이 주거지가 드문드문하고 농사에 부적합한 북극권에 있어 인구가 적을 수밖에 없다.

많은 인구가 미국 경제력의 일부라는 내 주장은 앞 장에서 많은 인구가 일본에는 이점이 아니라 단점일 수 있다고 말한 것과 모순되게 들릴 수 있다. 그런 모순이 성립하는 이유는 이렇게 설명할 수 있다. 즉 미국은 자원이 풍부해서 식량과 대부분의 원자재를 자급자족할 수 있고, 면적이 넓은 데다 인구밀도가 일본의 10분의 1도 안 되기 때문이다. 그러나 일본은 자원이 부족해서 식량과 원자재를 수입에 크게 의존할 수밖에 없고, 면적은 미국의 20분의 1에도 미치지 못하지만 인구밀도는 미국의 10배 이상이다. 다시 말하면 미국이 일본보다 많은 인구를 부담하기가 훨씬 더 쉽다.

미국이 세계 최대 경제력과 국부國富를 유지하는 또 하나의 요인은 높은 1인당 생산량과 국부이다. 뒤에서 자세히 다루겠지만 그 이유는 지리적 조건과 정치·사회적으로 유리한 조건에 있다. 1인당 생산량 혹은 수입을 측정하는 다른 방법으로는 1인당 국내총생산 혹은 1인당 국민소득이 있다. 구매력 평가purchasing power parity의 차이, 즉

9.1 미국의 항공모함. 미국을 제외한 모든 국가가 보유한 항공모함보다 미국이 보유한 항공모함의 수가 더 많다.

1달러의 소득으로 해당 국가에서 얼마나 많은 재화를 실질적으로 구입할 수 있느냐는 차이로 그 수치를 수정하든 않든 우리 목적에서 달라지는 것은 없다. 1인당으로 계산하는 모든 기준에서 미국은 인구가 많은 모든 경제 대국을 압도적인 차이로 앞선다. 1인당 국내총생산이나 1인당 국민소득에서 미국보다 높은 곳은 한결같이 작은 국가(인구가 200만~900만 명에 불과한 쿠웨이트, 카타르, 아랍에미리트, 싱가포르, 노르웨이, 스위스)이거나 극소한 국가(인구가 30만~50만 명인 브루나이, 리히텐슈타인, 룩셈부르크, 산마리노)이다. 이 국가들에서는 주로 석유나 금융에서 얻은 국부를 소수의 국민에게 분배하기 때문에 1인당 국내총생산과 국민소득은 높지만 국가 경제의 총생산량은 1인당 평균 생산량에 인구수를 곱한 값이므로 낮은 수준이다.

미국은 세계 최대의 경제 대국이기 때문에 세계 최대의 군사력을 보유할 수 있다. 병력 수는 중국이 훨씬 더 많지만 미국은 군사 과학 기술과 전함에 꾸준히 투자한 까닭에 그 부족을 상쇄하고도 남는다. 예컨대 미국은 세계 어디에서나 작전을 전개할 수 있는 열 척의 핵 추진 항공모함을 보유하고 있는 반면, 프랑스는 겨우 한 척에 불과하다. 또 소수의 국가가 항공모함을 보유하고 있어도 핵 추진 항공모함은 아니다. 그 결과, 오늘날 미국은 세계 전역에서 간섭하고 또 간섭할 수 있는 유일한 군사 강국이다. 그런 간섭에 동의하느냐 않느냐는 별개의 문제이다.

지리적 조건

미국이 경제적으로 부유해지고 군사적으로 최강이 된 것은 결코 우연이 아니다. 이런 결과를 낳은 데는 많은 이유가 있다. 앞에서 언급한 넓은 면적과 많은 인구라는 이점 외에 다른 이점으로는 지리적 조건과 경제적 조건 및 정치·사회적 조건 등이 있다. 내가 맹목적 애국심에 사로잡혀 미국의 이점을 지나치게 과장하는 것이라고 적잖은 독자가 생각할지도 모른다는 염려에 미리 경고해두려 한다. 미국이 직면한 중대한 문제에 대해서는 더 많은 분량을 할애했다고!

지리적 조건에서 미국은 기막힌 옥토를 신에게 선물 받은 행운의 국가이다. 알래스카와 하와이를 제외하고 48개 주는 온대 지역에 위치한 덕분에 세계에서 농업 생산량이 가장 많고, 공중위생 관점에서도 가장 안전한 지역이다. 중국도 온대 지역에 크게 자리하지만 남중국은 아열대 지역이고 일부는 열대 지역까지 이어진다. 게다가 중국에는 농업에 적합하지 않은, 세계에서 가장 넓고 높은 고원지대가 있다. 그리고 강에 물을 공급하는 빙하 및 등산과 관광 외에 경제적 가치가 거의 없는 높은 산악 지대가 있다. 예컨대 세계에서 가장 높은 여섯 개 산 중 다섯 개가 중국에 있다.

온대 지역 토양은 고위도 빙하기의 빙하가 진퇴를 거듭하며 바위를 잘게 부수고, 그 결과로 비옥한 흙을 생성하거나 드러나게 하며 남긴 부분적 유산이기 때문에 열대 지역 토양보다 일반적으로 더 비옥하다. 이런 현상은 북아메리카뿐 아니라 북부 유라시아에서도 나타나 유라시아 토양도 비옥하게 만들었다. 그러나 빙하 작용은 북아메리카에서 특히 효과가 있었다. 북아메리카가 세계 대륙에서 유일하게 지리적으로 특유한 특징을 띠기 때문이다. 이 특징이 무엇인지 알아보려면 세계지도를 슬쩍 훑어보고는 각 대륙의 모양을 한 문장으로 요약해보는 것만으로 충분하다. 남아메리카와 아프리카는 중간 부분이 가장 넓고 남극 쪽으로 점점 좁아진다. 반면 유라시아와 오스트레일리아는 고위도와 저위도에서 넓은 편이다. 그러나 북아메리카는 특이하게도 북극 쪽으로 점점 넓어지고, 저위도로 내려갈수록 점점 좁아지는 쐐기 모양이다.

이런 지리적 특징의 영향으로 북아메리카 토양이 비옥해졌다. 빙하기, 즉 홍적세Pleistocene Era에 수십 번씩 빙하가 북극권에서 형성되어 남쪽의 북아메리카와 유라시아로 내려왔다. 북아메리카는 아래쪽이 좁아지는 쐐기 모양을 띠기 때문에 고위도에서는 넓고 큼직하게 형성된 빙하가 저위도로 내려갈 때 깔때기 모양의 좁은 공간으로 이동하며 밀도가 높아졌다. 한편 유라시아는 쐐기 모양이 아니어서 고위도에서 형성된 빙하가 동일한 폭으로 저위도로 이동했다. 남아메리카, 아프리카, 오스트레일리아는 모두 남극권에서 멀지 않고 북쪽으

9.2 드넓게 펼쳐진 미국의 그레이트플레인스는 세계에서 가장 생산적인 경작지이다.

로 이동하는 대륙 빙하를 만들어내지 못했다. 따라서 고위도에서 생성된 빙하가 진퇴를 거듭하며 비옥한 토양을 만들어낸 효과는 북아메리카에서 가장 극대화되었다. 한편 유라시아에서는 그 효과가 약간 떨어졌으며, 남반부의 세 대륙에서는 효과가 미미하거나 거의 없었다. 그런 빙하 작용의 결과로 형성된 그레이트플레인스Great Plains의 깊고 비옥한 토양에 유럽에서 이주해온 농부들은 놀라면서도 기뻐했다. 현재 그레이트플레인스는 세계에서 가장 드넓게 펼쳐진 생산적인 농지이다. 결국 쐐기 모양의 북아메리카에서 빙하 작용이 반복되고 적절한 강우가 더해진 덕분에 미국은 높은 농업 생산성을 자랑하며 세계 최대의 식량 수출국이 되었다. 반면 중국은 그러잖아도 비옥하지 않은 땅이 침식으로 크게 훼손된 데다 평균 인구밀도가 미국보다 네 배나 높아 식량 순수입국이다.

9.3 미국 해안에 분포된 수심이 깊은 여러 항구 중 하나인 로스앤젤레스 항구.

미국의 또 다른 지리적 이점은 내륙과 해안에 형성된 수로水路이다. 해상 운송은 철도와 도로를 이용한 육상 운송보다 10~30배 저렴하기 때문에 많은 돈을 절약할 수 있다. 미국의 동쪽 국경(대서양), 서쪽 국경(태평양), 남동쪽 국경(멕시코만)은 긴 해안으로 이루어져 있고, 특히 대서양과 멕시코만에서는 방파제 역할을 하는 평행 사도barrier island, 平行砂島의 보호를 받고 있다. 따라서 대서양과 멕시코만에서는 평행 사도 덕분에 많은 선박이 연안 안쪽의 수로를 안전하게 항해한다. 또 세 해안에는 육지로 움푹 크게 들어간 만입부가 곳곳에 있어 비바람을 막아주고 수심이 깊은 항구가 생겨났다. 롱아일랜드 해협Long Island Sound, 체서피크만Chesapeake Bay, 갤버스턴만Galveston Bay, 샌프란시스코만San Francisco Bay, 퓨젓사운드Puget Sound 등이 대표적 예이다.

미국은 이렇게 지리적으로 보호받는 자연항이 많은 천혜의 땅이

9.4 미국의 많은 내륙 수로 중 미시시피강을 운항하는 화물선이 가장 많다. 해상 운송비는 상대적으로 저렴하다.

다. 특히 동부 해안에 멕시코 남쪽의 중남미 대륙 전체보다 그런 자연항이 더 많다. 게다가 미국은 세계에서 대서양과 태평양을 양쪽에 둔 유일한 강대국이다.

내륙 수로에 대해 말하자면 동부 해안에는 단거리 항해에 유용한 강이 많다. 그러나 가장 중요한 내륙 수로는 방대한 미시시피 수계 Mississippi River System와 그 주된 지류(미주리강 등)로, 그레이트플레인스를 비롯해 미국 국토의 절반 이상에 물을 공급한다(도판 8 참조). 이 강들에서 항해를 방해하는 요인을 제거하며 운하를 건설하고 갑문을 설치하자, 선박들은 멕시코 연안에서부터 미국 중부 지역까지 약 1,950킬로미터를 항해할 수 있게 되었다. 미시시피강의 원류 지역 너머에는 오대호가 있다. 오대호는 다섯 개의 호수가 모인 세계에서 가장 넓은 호수 지역으로 다른 호수보다 항해가 빈번한 곳이다. 따라서 미시시피 수계와 오대호는 세계에서 가장 넓은 내륙 수로망을 형성한다. 여기에 연안 안쪽의 수로를 더하면 항해 가능한 미국의 내륙 수로는 세계 모든 지역을 합한 것보다 더 길다.

비교해서 말하면 멕시코에는 항해 가능한 넓은 강이 전혀 없고, 아프리카 대륙 전체에도 바다로 이어지는 항해 가능한 강은 나일강이 유일하다. 중국 해안은 동부에만 있어 전체 길이가 훨씬 더 짧고 미국만큼 좋은 항구도 없다. 게다가 항해 가능한 강에 접근할 수 있는 내륙 지역이 훨씬 좁고 오대호에 비견할 만한 큰 호수도 없다. 미시시피 수계와 오대호는 미국의 많은 지역을 연결하는 데 그치지 않고 저렴한 수상 운송으로 미국과 세계를 잇는 역할도 한다.

사면의 해안은 미국을 침략에서 보호하는 이점도 있다. 조금 전까지 긴 해안이 화물을 운송하는 이상적 조건이라 찬양하고는 군대가 이동하기에는 적합하지 않다고 주장하는 게 모순되게 들릴 수 있다. 물론 계획에 따라 항구에서 군대를 안전하게 맞아주는 병력이 있다면 육로로 이동하는 교통수단보다 해안에 정박한 선박을 통해 병력이 상륙하는 게 더 안전하고 비용도 덜 든다. 하지만 적이 그 항구를 미리 점령한 뒤 상륙하는 병사들에게 총격을 가한다면 해상을 통한 병력 이동은 위험하고 비경제적이다. 실제로 전쟁에서 상륙작전은 항상 가장 위험한 작전으로 여겨졌다.

예컨대 1942년 8월 프랑스 해안의 디에프에 기습적으로 상륙한 캐나다군은 무려 58%가 전사하거나 부상당했고, 1943년 11월 타라와 환초를 점령할 때 미군 해병대는 30%가 전사하거나 부상당하는 피해를 입었다. 또 미국은 하와이와 알래스카를 합병함으로써 태평양 연안으로 접근하는 공격으로부터 보호받았다. 해안으로 이루어지지 않은 국경, 즉 육지의 국경은 멕시코 및 캐나다와 마주하고 있지만 두 국가는 미국을 위협할 정도의 군대와 인구를 갖추지 못했다(19세기 초에 미국은 두 국가를 상대로 전쟁을 벌인 적이 있기는 하다).

따라서 미국은 실질적으로 침략하기 힘든 땅이다. 실제로 미국은 독립 이후 침략을 받은 적이 없다. 또 미국이 먼저 도발한 1846~1848년 멕시코 전쟁 이후 미국 본토에서 외국과 전투에 휘말린 적이 없다. 미국 본토에 대한 급습 또한 무시해도 좋을 정도였다. 1812년 전쟁 동안 영국군이 워싱턴을 습격한 사례, 1916년 판초 비야Pancho Villa(1878~1923)가 뉴멕시코의 콜럼버스를 급습한 사례, 제2차 세계대전 당시 일본군 잠수함이 샌타바버라의 해안 지역에 발사한 포탄 하나, 역시 제2차 세계대전 동안 일본에서 발진한 폭발물을 담은 열기구가 미국 본토에 떨어져 민간인 여섯 명이 사망한 사례가 전부였다. 반면 다른 주요 국가들은 지난 세기에만 해도 침략받거나(일본, 중국, 프랑스, 독일, 인도), 점령당했으며(일본, 이탈리아, 한국, 독일), 혹은 침략의 위협을 받았다(영국). 특히 중국은 1937~1945년 바다 쪽에서 일본의 격렬한 공격을 받았고, 결국 많은 지역을 점령당했다. 게다가 19세기에는 영국과 프랑스와 일본으로부터 바다 쪽에서 공격을 받았고, 20세기 후반에는 육지의 국경에서 러시아와 인도 그리고 베트남과 싸웠다. 또 먼 과거에는 중앙아시아 국가들로부터 빈번하게 공격을 받았는데, 특히 몽골족과 여진족은 중국 전체를 정복하기도 했다.

민주주의의 이점

지금까지 우리는 미국의 지리적 이점에 대해 살펴보았다. 이번에는 정치적 이점에 대해 살펴보자. 가장 큰 정치적 이점이라면 독립한 이후 230년 동안 민주주의를 중단 없이 통치 원리로 삼았다는 것이다. 반면 중국은 국가가 성립한 이후 2,240년 동안 중단 없이 비민주적인 독재정치를 계속해왔다.

민주주의의 실질적 이점은 무엇일까? 적어도 잠재적 이점은 무엇일까? 여기에서 내가 '잠재적'이란 단어를 강조하는 이유는 현재 미국의 민주 정부가 민주주의에서 일탈하며 몇몇 잠재적 이점을 상실하고 있기 때문이다. 요즘에는 민주주의에 환멸을 느끼는 경우가 많다. 따라서 간혹 적잖은 미국인이 좋은 정책을 신속히 결정하고 시행하는 중국의 독재 정부를 부러워하기도 한다. 독재국가보다 민주국가에서 결정과 시행에 더 오랜 시간이 걸린다는 것은 의심의 여지가 없다. 민주주의의 본질은 견제와 균형 및 시간이 소요되는 광범위한 의사 결정 과정에 있기 때문이다. 예컨대 중국이 무연 휘발유를 채택하는 데 1년밖에 걸리지 않았지만, 미국에서는 10년간의 논쟁과 소송전이 있었다. 또 중국은 초고속 철도망, 도시 지하철, 장거리 에너지 전송망을 신속하게 건설하며 미국을 앞질렀다. 게다가 민주주의에 회의적인 사람들은 민주 선거를 통해 권력을 잡았던 지도자들의 참담한 사례를 지적하기도 한다.

민주주의의 이런 단점은 현실적인 것이다. 그러나 독재의 단점은 훨씬 심각하고 때로는 치명적이기도 하다. 인류 역사에서 중앙집권적 정부가 출범한 이후 5,400년이 지났지만 독재 정권이 부러울 정도로 신속하게 시행하는 정책이 대체로 좋은 정책이 되도록 유도하는 방법을 찾아낸 사람은 한 명도 없었다. 중국이 신속히 시행한 자멸적 정책을 생각해보면 충분히 이해할 수 있을 것이다. 그 끔찍한 결과는 제1세계의 민주국가에서는 유례가 없는 것이었다. 중국은 1958~1962년의 대기근으로 수천만 명이 죽음을 맞자 교육 자체를 중단시키고, 교사들을 논과 밭으로 내보내 농민과 함께 일하게 하는 자멸적 정책을 시행했다. 게다가 독재 정부의 성급한 정책으로 중국은 세계 최대 오염 배출국이 되었다. 만약 미국의 대기오염이 중국 대도시 오염 수준의 절반 정도로 악화해도 미국 유권자들은 항의하며 다음 선거에서 그 정부에 끔찍한 패배를 안겨줄 것이다.

이번에는 1930년대에 독일과 일본에서 독재 정부가 폭넓은 의사 결정 과정을 거치지 않고 시행한 훨씬 더 자멸적인 정책에 대해서도 생각해보자. 그 정책으로 독일과 일본은 전쟁에 돌입했고, 결과적으로 다른 국가에서 사망한 2,000만 명의 민간인은 말할 것도 없고 자국 시민도 수백만 명이 사망했다. 이런 이유에서 윈스턴 처칠은 민주주의의 단점을 습관적으로 불평하던 사람들에게, 간혹 시도된 모든 대안적 권력 구조를 제외하면 민주주의는 최악의 권력 구조인 게 분명하다고 빈정거리기도 했다.

민주 정부의 이점은 한두 가지가 아니다. 민주주의에서 시민은 실질적으로 어떤 의견이든 제안하고 토론할 수 있다. 그 의견이 처음에는 현 정부의 뜻에 맞지 않을 수 있지만 토론과 반론 과정에서 최선의 정책이라는 사실이 드러날 수 있다. 하지만 독재국가에서 그런 의견은 토론 대상조차 되지 않을 것이고, 그 의견의 장점 또한 채택되지 않을 것이다. 미국 역사에서는 정부가 집요하게 추진하던 베트남전쟁이 뜨거운 논쟁 끝에 잘못된 것으로 밝혀졌고, 그 정책에 대한 반대가

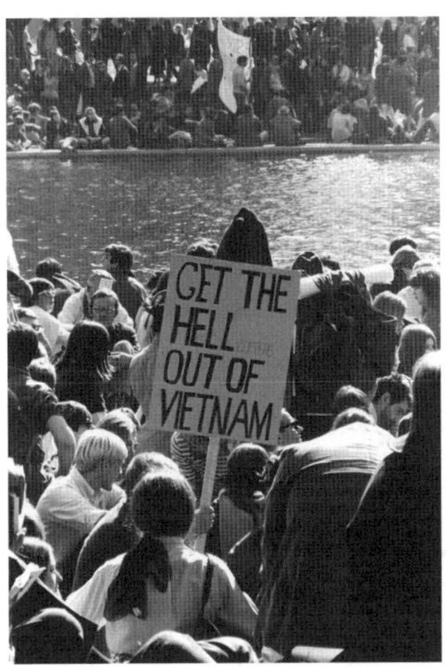

9.5 미국 정부의 베트남전쟁 정책을 반대하는 시위. 결국 미국 정부는 베트남전쟁을 잘못된 정책으로 인정하며 포기했다. 이런 반정부 시위는 민주주의국가에서만 가능하다.

격렬했기 때문에 결국 그 전쟁을 종결하기로 한 결정이 민주주의의 장점을 보여주는 좋은 예이다. 한편 1941년 독일인은 이미 영국과 전쟁을 하고 있으면서도 소련을 침략하고 미국에 선전포고한 히틀러의 어리석은 결정에 대해 토론할 기회를 갖지 못했다.

시민들이 자신의 의견을 언제라도 제안하며 토론 주제로 올릴 수 있는 걸 알고 있다는 사실도 민주주의의 기본적 이점이다. 자신의 의견이 당장은 아니더라도 향후 선거 결과에 따라 채택될 가능성이 있다는 것도 알고 있다. 민주주의라는 제도가 없다면 사람들은 실망하고 좌절하며 폭력에 의존해서라도 정부를 무너뜨릴 수밖에 없다는 결

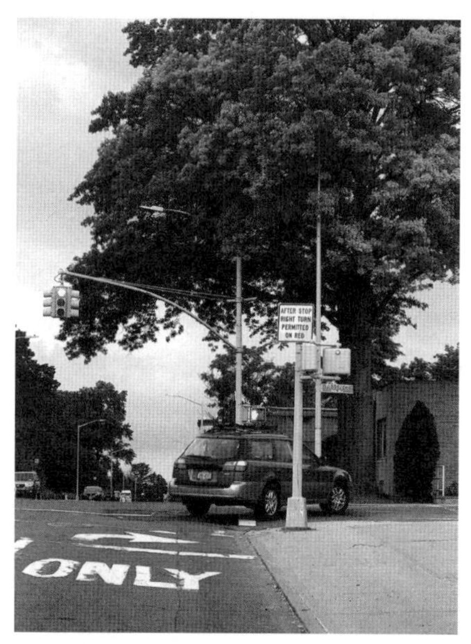

9.6 특정 주 정부에서 채택한 법을 다른 주에서는 처음에 터무니없이 여기지만, 결국에는 현실적이라는 게 입증되어 모든 주가 채택할 수 있다는 것이 미국 연방 제도의 이점이다. 예컨대 캘리포니아는 붉은 신호등일 때 완전히 정지한 후 우회전을 허용한 최초의 주였다.

론을 내릴 수 있다. 누구나 자신의 의견을 자유롭게 표현할 수 있다는 걸 아는 한 폭동이 일어날 위험은 크게 줄어든다. 냉소적이지만 정치적 통찰력이 뛰어난 한 친구는 "민주주의에서 중요한 것은 민주주의라는 '겉모습semblance'이다"라고 말했다. 그 친구의 설명에 따르면 (현재의 미국처럼) 민주주의가 눈에 띄지 않게 위축되어 있더라도 민주주의라는 겉모습을 유지하면 국민이 폭력에 의지하지 않도록 설득하는 게 충분히 가능하다는 것이다.

타협이 민주주의의 운영에서 필수적이란 사실도 민주주의의 기본적 이점이다. 타협은 권력 집단의 폭압을 줄이는 효과를 발휘한다. 타협이 없으면 권력 집단이 반대 의견을 실질적으로 무시할 것이기 때문이다. 따라서 역으로 생각하면 타협은 정부를 전복하려고 시도하지 않겠다는, 좌절한 소수의 동의를 뜻하기도 한다.

현대 민주국가에서는 보통선거를 실시하며 모든 시민이 투표할 수 있다는 것도 민주주의의 장점이다. 따라서 독재국가에서는 소수의 권력자가 기회를 독점하지만, 민주국가의 집권 정부는 모든 시민에게 의견 제시 기회를 제공함으로써 생산적인 결과를 끌어낼 수 있다.

민주주의의 일반적 이점 외에 미국은 특별한 형태의 민주주의, 즉 연방 정부로부터도 추가적 이점을 누린다. 연방 체제에서는 정부의 중요한 기능이 역시 민주적으로 뽑힌 지방정부에 이전되고, 하나의 중앙정부에 국가권력이 집중되지 않는다. 미국식 연방 체제는 50개 주로 이루어진다. 이는 동일한 공통된 문제에 대해 다양한 해법을 시험해 최적의 해법이 무엇인지 찾아내는 50가지 실험을 할 수 있다는 뜻이기도 하다. 예컨대 오리건주는 자살 방조를 허용하지만 앨라배마주에서는 금지한다. 또 캘리포니아주는 높은 주세를 부과하지만 몬태나주는 주세가 낮다. 다른 예를 들어보자. 나는 어릴 때 매사추세츠주 북동부에서 자랐다. 당시 내가 처음 사귄 캘리포니아 친구는 캘리포니아에서는 자동차가 교차로에서 일단 완전히 정차한 후에는 붉은 신호등에도 합법적으로 우회전할 수 있는 유일한 주라고 말해주었다. 미국에서 이런 교통법규는 개별 주의 특권이지 중앙정부의 몫이 아니다. 1960년대 초 매사추세츠의 내 동료들과 다른 주 주민들에게 그 교통법규는 정말 위험한 발상이어서 미치광이 괴짜인 캘리포니아 사람이나 시도할 만한 짓으로 여겼다. 그러나 실험 결과, 그 교통법규가 안전한 것으로 밝혀지자 몇몇 다른 주가 캘리포니아의 사례를 받아들였고, 결국 모든 주가 그 법규를 채택했다.

물론 완전히 정차한 후 붉은 신호등에도 우회전할 수 있느냐 없느냐 하는 것으로 미국 연방 체제의 이점을 확실히 설명하기에는 부족하다고 반박할 사람도 있을 것이다. 그렇다면 이번에는 최근에 시행한 다른 중대한 실험을 예로 들어보자. 샘 브라운백Sam Brownback 캔자스 주지사는, 캔자스 주민에게는 주 정부가 지원하는 공공 교육 제도보다 주세 감세가 더 중요하다고 주장했다. 그 결과, 2012년부터 캔자스주 정부의 세수가 줄어들었고 공공 교육 지원도 당연히 크게 감축되었다. 다른 주들은 캔자스주의 이런 실험을 관심 있게 지켜보았다. 2017년 브라운백과 같은 정당에 속한 주의원들도 실험 결과에 실망해서 공공 교육의 지원비 삭감은 좋은 의견이 아니라는 데 동의하며 주세를 다시 인상했다. 이처럼 미국식 연방 체제는 한 주가 새로운 의견을 독자적으로 시험하는 걸 허용함으로써 다른 주들이 그 주의 실험에서 교훈을 얻을 기회를 제공한다.

지금까지 우리는 미국이 향유하는 민주주의의 이점에 대해 살펴보았다. 중국은 민주국가가 아니어서 이런 이점을 누리지 못한다. 중국이 1인당 평균 소득에서 미국을 따라잡지 못하는 이유를 하나만 꼽으라면 내 생각에는 민주주의의 결여이다. 요컨대 미국이 민주 정부를 유지하고 중국이 독재를 고집하는 한 중국은 미국을 따라잡을 수 없을 것이다. 이쯤에서 다시 강조하고 싶은 원칙이 있다. 민주주의가 중대한 침해를 받는다면, 즉 명목상 민주주의국가는 앞에서 나열한 이점을 잃을 수 있다는 것이다. 이에 대해서는 뒤에 자세히 살펴보기로 하자. 물론 민주주의가 모든 국가에 반드시 최선의 선택이라고는 생각하지 않는다. 유권자가 문해력을 갖추고 국가 정체성이 폭넓게 확산되어야 한다는 전제 조건이 없다면 민주주의는 성공하기 어렵다.

이번에는 민주적 통치 구조 외에 미국이 정치적 측면에서 지닌 두 가지 이점을 추가로 간략히 살펴보자. 미국은 역사적으로 중단 없이 민간인이 군부를 지배해왔다. 중국이나 대부분의 라틴아메리카 국가에서는 볼 수 없는 현상이며, 이는 1930년대부터 1945년까지 일본도 마찬가지였다. 또 세계 기준에서 보면 미국의 부패 지수는 낮은 편이지만, 덴마크와 싱가포르 등 25개국보다 뒤처진다. 부패는 국가에나 기업에나 좋지 않다. 국가와 기업 전체에는 나쁘더라도 부패한 정치인과 기업인에게 유리한 방향으로 이런저런 결정에 영향을 미칠 것이기 때문이다. 부패는 기업에도 피해를 준다. 부패가 만연하면 기업이 계약을 굳이 지켜야 할 필요가 없다고 생각할 것이기 때문이다. 부패가 만연한 중국에는 이 부분도 엄청나게 불리한 점이다. 그러나 미국에도 은밀히 감추어진 부패가 많다. 월스트리트를 비롯한 부유한 조직과 개인이 압력단체를 동원하고 선거운동을 지원하는 방식으로 미국의 정부 정책과 결정에 영향을 미친다. 미국에서 그런 돈의 지출은 합법적이지만, 그 결과는 불법·부패적인 행위에 따른 결과와 유사하다. 달리 말하면 입법자와 정부 관리가 공익에는 해롭지만 기부자에게는 이롭고 때로는 입법자와 관리에게도 이로운 정책이나 결정을 채택한다는 뜻이다.

다른 이점들

지금까지 우리는 미국의 지리적 이점과 정치적 이점에 대해 살펴보았다. 마지막으로 언급해야 할 미국이 지닌 두 가지 이점 중 하나는 가장 친숙한 이점, 대부분의 미국인이 지리적이고 정치적인 이점을 떠올리기 전에 흔히 언급하는 이점이다. 적어도 최근까지 미국의 자랑거리는 높은 사회경제적 이동성socio-economic mobility이었다. 이에 대해서는 10장에서 자세히 살펴보겠지만 '무일푼에서 부자로'라는 미국의 이상과 현실은 가난하게 태어났거나 무일푼으로 미국에 이주했더라도 유능하고 근면한 사람은 부자가 될 수 있다는 뜻이다(혹은 뜻이었다). 이 이상은 미국인으로 하여금 열심히 일하도록 유도한 커다란 자극제였고, 미국이 잠재적 인적자원을 유효 적절하게 활용했다는 뜻이다.

미국은 젊은 층도 기업을 설립해 성공하기가 상대적으로 쉬운 국가이다. 아마존과 애플, 페이스북, 구글과 마이크로소프트 등은 물론 아직 크게 부각되지는 않았지만 상당한 수익을 거두는 무수한 신생기업을 생각해보라.

미국에는 연방 정부와 주 정부와 지방정부뿐 아니라 민간 기업도 교육과 기반 시설, 인력 자원, 연구와 개발에 막대한 자금을 투자한 오랜 역사가 있다. 중국은 최근에야 몇몇 분야의 투자에서 미국을 따라잡았다. 따라서 미국은 모든 주된 과학 분야에서 세계 모든 국가를 합한 결과보다 앞선 성과를 거두었다. 그 증거는 발표 논문과 노벨상으로 확인할 수 있다. 세계 10대 과학 연구소와 연구 대학으로 평가받는 곳 중 절반이 미국에 있다. 거의 150년 동안 미국은 발명과 과학기술과 혁신적 제조업에서 최고의 경쟁력을 과시했다. 엘리 휘트니Eli Whitney(1765~1825)는 호환성을 갖춘 부품을 개발해 머스킷 총을 대량생산했고, 헨리 포드Henry Ford(1863~1947)는 일관된 작업 방식의 공장을 생각해냈고, 라이트 형제는 동력 항공기를 개발했다. 또 토머스 에

9.7 미국에서 가장 유명한 발명가이자 혁신가인 토머스 에디슨.

디슨Thomas Edison(1847~1931)은 알칼리 축전지와 백열전구 그리고 활동사진 영사기와 축음기를 발명했고, 알렉산더 그레이엄 벨Alexander Graham Bell(1847~1922)은 전화를, 벨 연구소는 트랜지스터를 발명했다. 인간을 가장 먼저 달에 보내고, 휴대폰·인터넷·전자메일을 개발한 국가도 미국이다.

요즘에는 많은 미국인이 전혀 이점이라 생각하지 않지만, 잊지 않고 언급해야 할 미국의 마지막 이점은 이민이다. 물론 이민은 미국인의 마음을 괴롭히는 적잖은 문제를 초래하기도 한다. 그러나 엄격히 말하면 미국인 모두가 이민자이거나 이민자의 후손이며, 압도적 다수가 지난 4세기 동안 미국에 건너왔다. 나의 조부모도 1890년과 1904년에 이주해왔다. 심지어 아메리카 원주민조차 적어도 1만

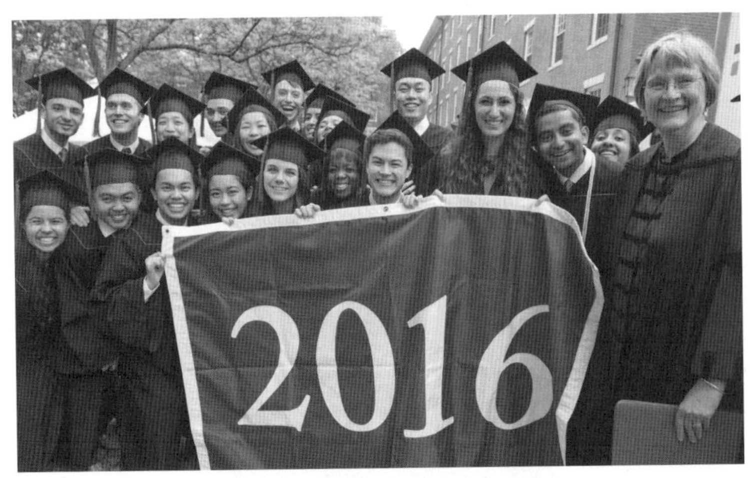

9.8 다수가 이민자인 하버드대학교 졸업반 학생들.

3,000년 전부터 이 대륙에 들어온 이민자의 후손이다.

이민의 근본 이점을 이해하기 위해 한 국가의 국민을 두 집단으로 나눈다고 가정해보자. 한 집단은 젊고 건강하며 대담하고 위험을 감수하며 근면하고 야심 차면서 혁신적인 사람으로 이루어졌고, 다른 한 집단은 그렇지 않은 사람으로 이루어졌다고 해보자. 앞의 집단은 다른 국가에 이주하고, 뒤의 집단은 본국에 남는다면 어떻게 되겠는가? 이런 선택적 이주는 결국 성공을 향한 열망의 표출이다. 따라서 노벨상을 수상한 미국인 중 3분의 1 이상이 외국 태생이고, 절반 이상이 이민자이거나 이민자의 후손이란 사실은 조금도 놀랍지 않다. 노벨상을 수상할 만한 연구에도 대담하고 위험을 감수하는 도전 정신, 근면성과 야심, 혁신 정신이 필요하기 때문이다. 이민자와 그들의 후손은 미국의 미술과 음악, 요리와 운동에도 크게 기여하고 있다.

정치의 양극화

이 장에서 지금까지 살펴본 모든 것은 “미국은 막대한 이점을 향유하고 있다”라는 한 문장으로 요약할 수 있다. 그러나 아르헨티나처럼 자국의 이점을 헛되이 낭비하는 국가가 적지 않다. 오늘날 미국 또한 고유한 이점을 허비하고 있는 듯한 조짐이 곳곳에서 보인다. 많은 조짐이 있지만, 특히 네 가지 특징이 서로 복합되며 미국의 역사적 강점 중 하나인 민주주의의 와해를 재촉하고 있는 듯하다. 이제부터 네 가지 문제를 하나씩 살펴보려 한다. 이 장의 남은 부분에서는 첫 번째이자 가장 중대한 한 가지 문제를 자세히 알아보고, 10장에서는 ‘다른’ 세 가지 문제를 살펴보려 한다. 굳이 ‘다른’이란 수식어를 덧붙인 이유는 첫 번째 문제가 워낙 중대한 까닭에 자체의 중대함이 가려질 수 있기 때문이다.

미국 민주주의를 위협하는 근본 문제 중 첫 번째이며, 내가 생각하기에 불길하기 그지없는 문제는 정치적 타협의 악화가 가속화하는 현상이다. 앞에서 설명했듯이 정치적 타협은 다수에 의한 폭정과 역으로는 좌절한 소수의 무력함을 예방하거나 축소하기 때문에 독재주의와 비교하면 민주주의의 기본 이점 중 하나이다. 미국 헌법은 견제와 균형이란 체제를 고안해냄으로써 타협의 중요성을 강조했다. 예컨대 대통령은 정부 정책을 주도하지만 의회는 정부 예산을 통제하고, 하원의장은 대통령의 제안을 심사하는 의사일정을 결정한다. 흔히 그렇듯 의원들의 의견이 충돌하고 특정 정책을 지지하는 쪽이 자신들의 뜻을 관철할 만큼 충분한 표를 확보하지 못하면 정부가 그 정책을 추진하기 위해서라도 타협점을 찾아야 한다.

당연한 말이겠지만 미국 역사에서도 정치 투쟁이 빈번했고, 때로는 다수의 폭정과 소수의 무력화 시도가 있었다. 1861~1865년의 남

9.9 과거 미국에서는 정치적 타협이 제대로 기능했다. 공화당 출신 대통령 로널드 레이건과 민주당 출신 하원의장 팁 오닐은 종종 의견이 달랐지만, 생산적으로 타협하고 협력하며 많은 법안을 통과시켰다.

북전쟁으로 치달은 타협의 결렬이 아주 드물게 있었지만, 미국은 거의 언제나 타협점을 찾아내곤 했다. 최근의 사례는 공화당 출신 로널드 레이건Ronald Reagan(1911~2004) 대통령과 민주당 출신 하원의장 토머스 팁 오닐Thomas Tip O'Neill(1912~1994)이 1981~1986년에 보여준 관계이다. 두 사람은 노련한 정치인이었고 개성도 뚜렷했으며 정치 철학과 대다수 혹은 대부분의 정책에서도 서로 반대편에 섰다. 따라서 그들은 주된 쟁점에서 사사건건 부딪쳤고 정치적으로 다투었다. 하지만 그들은 서로 존중하며 상대의 헌법적 권위를 인정했고 규칙을 따랐다. 오닐은 레이건의 경제정책을 싫어했지만 정책을 제안할 수 있는 대통령의 헌법적 권리를 인정하며 하원에서 투표할 일정을 정했고, 그렇게 결정한 일정을 어김없이 지켰다. 레이건과 오닐 시대의 연방 정부는 기능적으로 운영되었다. 마감 시한을 어기지 않고 예산안을 인가했다. 따라서 연방 정부의 셧다운은 존재하지 않았고, 필리버스터filibuster의 위협도 극히 드물었다. 레이건과 오닐이 처음에는 다른 의견을 제시했지만 결국 타협점을 찾아내고 입법화한 많은 쟁점 중에는 감세, 연방 세법의 개혁, 이민정책, 사회보장제도 개혁, 비군사비 삭감, 국방비 증액 등이 있었다. 또 레이건이 지명하는 연방 법원 판사는 거의 언제나 민주당의 마음에 들지 않은 까닭에 민주당은 몇몇 지명자의 취임을 저지했다. 하지만 레이건은 세 명의 연방 대법원 판사를 포함해 절반 이상의 연방 법원 판사를 지명할 수 있었다.

그러나 이러한 정치적 타협이 1990년대 중반 이후, 특히 2005년경부터 점점 악화하고 있다. 두 거대 정당 사이에서는 물론이고 각 정당의 온건파와 급진파 사이에서도 타협이 결렬되는 경우가 잦다. 특히 공화당에서 그런 현상이 눈에 띈다. 재선을 위해 민주당과 타협한 온건한 공화당 후보자들이 예비선거에서 극단적인 티파티Tea Party의 반발을 이겨내야 하기 때문이다. 그 결과로 2014~2016년 의회는 최근의 미국 역사에서 가장 적은 수의 법안을 통과시켰고, 법정 시한 내에 예산을 채택하지 못해 연방 정부의 셧다운을 초래하기도 했다.

타협의 결렬을 보여주는 사례로, 대통령이 지명하는 후보의 임명 방해와 필리버스터를 생각해보자. 필리버스터는 헌법에 명시하지는 않았지만 상원의 의사규칙에 따라 상원에서 허용된 전술로, 어떤 발의안에 반대하는 소수의 상원의원 혹은 한 명의 상원의원이 타협이나 그 발의안의 철회를 요구하며 쉬지 않고 끝없이 발언하는 행위를 가리킨다. 물론 필리버스터로 의사 진행을 저지할 것처럼 위협하는 '유령 필리버스터phantom filibuster'의 경우도 있다. 1967년에 세운 기록이 최고로 24시간 이상 쉬지 않고 계속된 연설이다. 상원의 의사규칙에 따르면 필리버스터도 상원의원의 단수 과반수가 아니라 압도적 다수(100명 중 60명)가 투표로 '토론 종결cloture'을 원하면 끝내야 한다. 필리버스터가 수적으로 열세여서 다른 방법이 없는 단호한 소수가 타협을 강요하는 방법이라면, 토론 종결은 단호한 압도적 다수가 타협을 거부하는 수단이다.

필리버스터로 의회를 마비시키고 토론 종결로 다수의 힘을 전횡하는 남용의 가능성이 상존했지만, 이 시스템은 미국 역사에서 대체로 제대로 작동했다. 소수와 압도적 다수는 모두 권한을 남용할 가능성을 알았던 까닭에 필리버스터를 아주 드물게 활용했고, 토론 종결을 사용한 경우는 훨씬 더 드물었다. 버락 오바마Barack Obama 이전까지 43명의 대통령과 220년의 입헌 정부에서 대통령이 정부 요직에 지명한 후보를 상원이 필리버스터로 반대한 사례는 모두 68명에 불과했다. 그러나 2008년 민주당 후보 버락 오바마가 대통령에 당선되자 공화당 지도자들은 오바마가 무엇을 제안하든 반대하겠다는 의사를 천명했다. 실제로 4년 동안에만 오바마가 지명한 후보 79명의 임명을 필리버스터로 막았다. 과거 220년 동안의 수보다 더 많은 수였다. 민주당도 여기에 반발하며 연방 대법원 판사를 제외하고는 대통령이 지명한 후보를 승인하는 데 필요한 압도적 다수라는 조건을 폐지해버렸다. 그리하여 정부 요직을 채울 수는 있었지만, 소수가 불만을 쏟아내는 데 필요한 배출구를 좁혀버리고 말았다.

필리버스터는 대통령이 지명한 후보의 임명을 방해하는 가장 극단적이면서 가장 드물게 사용하는 방법일 뿐이다. 오바마 2기인 2012년부터 2016년까지 공화당이 지배한 상원은 대통령이 지명한 연방 판사를 승인한 수가 1950년대 초 이후 가장 적었고, 연방 대법

9.10 제임스 스트롬 서먼드 상원의원은 소수 정당 의원으로서 다수당에 타협을 요구하며 필리버스터 연설에서 최장 시간을 기록했다.

원 바로 아래 항소법원 판사를 승인한 수는 1800년대 이후 가장 적었다. 대통령 지명권을 방해하는 데 가장 빈번하게 사용한 방법은 지명자를 심의하기 위한 위원회의 일정을 정하지 않는 것이고, 다음으로 자주 사용한 방법은 관련 상원위원회가 승인한 지명자에 대한 상원 전체의 투표일을 차일피일 미루는 것이었다. 예를 들어 대사로 지명된 한 후보는 2년 이상 미룬 상원의 승인을 기다리다가 사망하는 바람에 부임지로 출발하지도 못했을 정도였다. 연방 판사나 대사보다 논란이 덜하고 영향력도 없는 직책에 대한 승인도 쉽지 않았다. 내 친구는 미국 해양대기청National Oceanic and Atmospheric Administration, NOAA에서 크게 중요하지 않은 직책에 지명받았지만, 1년을 기다려도 승인이 나지 않자 후보직을 스스로 사퇴하고 말았다.

왜? 정치적 타협의 결렬이 지난 20년 사이에 가속화한 이유는 무엇일까? 타협 결렬은 비타협적인 이념가가 아닌 일반 국민까지 공직자를 국민의 대표로 생각하지 않게 만드는 폐해뿐만 아니라 자기 확신을 심화하는 폐단까지 있다. 내 두 친구는 오랫동안 연방 상원의원으로 일하며 존경받은 까닭에 재선을 위해 출마하면 당선할 가능성이 높았지만, 워싱턴의 정치적 분위기에 실망하고 좌절해 은퇴하기로 결심했다. 하원의원과 상원의원에게 또 의회에서 일한 경험이 있는 사람에게 현재 추세에 대한 이유를 물으면 그들의 대답은 세 유형으로 압축된다.

첫째는 천문학적 단위로 치솟은 선거비용이다. 따라서 기부자가 과거보다 더 중요해졌다. 소액을 조금씩 모아 선거비용을 충당하는 데 성공하는 고위직 후보자는 일부에 불과하며, 대다수 혹은 대부분은 거액을 내놓은 소수의 기부자에게 의존해야 한다. 물론 거액 기부자는 특정한 목적을 절실하게 지향하며 그 목적에 동의하는 후보에게 선거비용을 지원한다. 요컨대 타협을 모색하는 중도적인 후보에게 선거비용을 지원하지 않는다. 정치계에서 오랫동안 경력을 쌓았지만 환멸을 느낀 끝에 은퇴한 한 친구는 나에게 이런 편지를 보냈다. "우리는 많은 문제에 직면해 있지만 내 생각에는 우리 정치계와 개인적 삶을 왜곡하는 돈의 폐해가 가장 큰 것 같네. 정치인과 정책이 과거보다 돈에 좌우되는 경우가 훨씬 많으니까. (…) 정치자금을 긁어모으느라 시간과 열정을 쏟고, 게다가 돈까지 써야 하는 세상이 되었다네. (…)

정치 일정이 돈에 영향을 받고 정치적 담론이 파국으로 치달으며, 정치인들은 지역구를 들락거리느라 서로 얼굴도 잘 모른다네."

내 친구가 마지막에 언급한 사실에 두 번째 대답이 숨어 있다. 국내 항공 산업의 발전으로 워싱턴과 미국의 모든 주가 신속하게 이어진다. 과거 의원들은 주중에 워싱턴에서 열리는 의회에 참석하더라도 주말 동안 지역구, 즉 고향 주에 다녀오기가 쉽지 않아 주말에도 워싱턴에 머물러야 했다. 따라서 의원의 가족도 워싱턴에서 살았고 자녀들은 워싱턴에서 공부했다. 주말이면 의원들과 배우자들과 자녀들이 서로 어울렸다. 의원들은 당파를 떠나 다른 의원들의 배우자와 자녀까지 알고 지냈다.

하지만 오늘날에는 천문학적 선거비용의 압력으로 의원들은 기금 모금 때문에라도 지역구를 시시때때로 방문해야 하고, 국내 항공 산업의 발전으로 그런 왕래가 가능하다. 또 많은 의원의 가족이 고향 주에 살며 자녀들은 그곳에서 학교에 다닌다. 따라서 자녀들이 다른 의원의 자녀들과 어울릴 기회가 없고, 의원들은 다른 의원들의 배우자와 자녀를 알지 못한 채 그저 정치인으로서 서로 얼굴만 마주할 뿐이다. 상원의원 100명과 하원의원 435명, 총 535명의 의원 중 약 80명이 워싱턴에 집이 없고, 주중에는 사무실의 간이침대에서 밤을 보내고 주말이면 비행기를 타고 지역구로 날아간다.

타협이 결렬되는 이유로 내가 들은 세 번째 유형의 대답은 '게리맨더링gerrymandering'과 관계가 있다. 게리맨더링은 어떤 정당을 선택하는 유권자의 비율보다 더 많은 의원을 당선시킬 목적에서 그 정당에 유리하게 선거구를 재조정하는 행위를 가리킨다. 실제로 1812년 매사추세츠의 주지사 엘브리지 게리Elbridge Gerry(1744~1814)가 자신이

요즘의 게리맨더링

현재 미국에서 가장 왜곡된 형태로 획정된 하원의원 선거구들. 일부 지역의 폭은 고속도로보다 크게 넓지 않다.

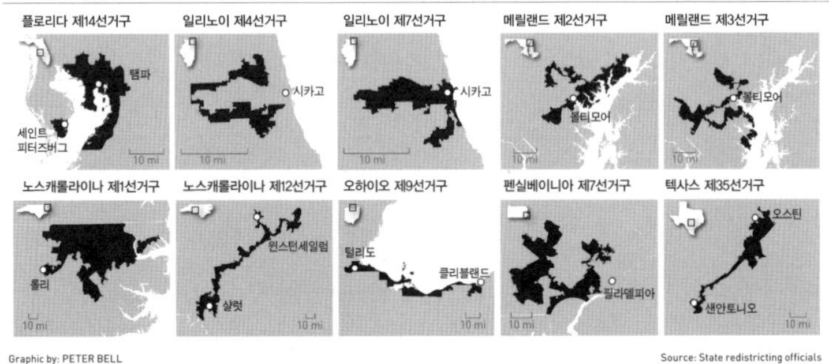

9.11 게리맨더링화된 하원의원 선거구. 집권당이 더 많은 의원을 당선시키기 위해 선거구를 유리하게 구획하는 전략인 게리맨더링이란 단어는 당시 선거구의 모양이 도롱뇽을 닮았다는 것에서 유래했다.

소속된 정당의 후보자를 더 많이 당선시키기 위해 선거구를 재획정했다. 그 결과, 선거구의 지리적 모양이 기기묘묘하게 변했고 그중 하나는 도롱뇽salamander 모양을 닮았다. '게리맨더링'이란 명칭은 이렇게 해서 생겨났다.

10년을 주기로 실시하는 전국 인구조사에 따라 하원의원 수를 각 주에 재할당하면 주 의회는 하원의원 선거구를 재획정할 수 있다. 요즘에는 특히 공화당이 다수당을 차지한 주 의회에서 선거구를 재조정하는 경우가 점점 증가하고 있다. 친민주당 유권자를 민주당이 압도적 강세를 보이는 지역(주로 도시)에 몰아넣고, 온건하지만 믿을 만한 친공화당 유권자가 강세를 보이는 지역(주로 시골)에 소수의 친민주당 유권자를 조금씩 섞어놓는 식이다. 최근에 연방 대법원은 공화당이 다수당인 노스캐롤라이나주 의회가 제시한 선거구 재조정안을 거부하며, 선거구 경계가 지리적으로 불합리할 뿐만 아니라 민주당보다 공화당에 절대 유리하도록 '외과 수술의 정밀함surgical precision'으로 재획정한 것이 분명하다고 지적했다.

게리맨더링으로 각 선거구에서 어느 정당과 어느 정책이 다수를 차지할지 미리 알 수 있기에 정치적 타협도 여기에 영향을 받을 수밖에 없다. 따라서 어떤 후보든 양 정당의 유권자 모두에게 호소하는 중도적 입장을 견지한다면 선거에서 패배할 가능성이 크다. 후보들도 조정된 선거구에서 승리할 가능성이 큰 정당의 극단적 공약을 채택해야 한다는 걸 알고 있다. 이처럼 게리맨더링이 현재의 양극화한 정치에 적잖게 기여한 것은 분명하지만 여러 이유에서 전부는 아니다. 첫째로 게리맨더링만으로 상원의 양극화를 설명할 수 없다. 주州는 하원 선거의 경우 여러 선거구로 분할되지만 상원 선거에서는 전혀 분할되지 않는다. 그런데도 요즘 상원의원은 하원의원 못지않게 비타협적이다. 둘째로 게리맨더링으로 재조정하지 않은 선거구도 의견이 극단적으로 갈리는 경향을 띤다는 점이다. 셋째로는 게리맨더링 이전에도 재조정한 선거구에서는 상당한 양극화 현상을 보였다는 것이다.

하지만 미국 정치의 양극화 현상에 대한 앞의 세 이론—정치자금 모금, 국내 항공 산업의 발전, 게리맨더링—은 정치 집단의 양극화를 설명하려는 시도에 불과하다. 미국의 양극화는 정치 집단을 넘어 폭넓게 만연한 현상이다. 미국 전체가 양극화하고 정치적 타협이 불가능해지는 듯하다. 2016년 대통령 선거 결과를 요약한 지도에서 공화당에 투표한 붉은색과 민주당에 투표한 푸른색을 분석해보자. 해안 지역과 대도시는 압도적으로 민주당이 강세이고, 중부 지역과 지방은 압도적으로 공화당이 강세이다. 각 정당이 이념에서 점점 동질적이고 극단적으로 변해간다. 공화당은 더욱더 보수적인 색채를 띠고 민주당은 더욱더 진보적으로 변해가기 때문에 중도파는 양 정당 모두에서 위축되는 실정이다. 여러 조사에서 확인할 수 있듯 각 정당의 지지 세력은 상대 정당을 용납하지 않는 경향을 띠고, 상대 정당을 미국의 안녕에 대한 실질적 위협으로 생각한다. 심지어 가까운 친척이 상대 정당을 지지하는 사람과 결혼하는 것도 바라지 않고, 정치적 견해를 공유하는 사람들과 어울리며 같은 지역에서 살기를 바란다. 이 책을 읽는 미국 독자라면 당신 자신한테 이렇게 물어보라. 당신의 편향성을 스스로 점검해볼 수 있을 것이다. 2016년 대통령 선거에서 상대 정당 후보에 투표했다고 스스럼없이 당신에게 말한 사람을 개인적으로 몇 명이나 알고 있으며, 친구 중에 그런 사람이 몇 명이나 되는가?

따라서 정치인이 유권자와 상관없이 점점 비타협적으로 변해가는 이유에 대해서만 궁금해할 것이 아니다. 미국 유권자들 자체가 편협하고 정치적으로 타협하지 않는 옹고집으로 변한 이유도 찾아봐야 한다. 정치인은 유권자의 요구에 따르는 법이니까!

미국 사회의 전반적인 정치적 양극화에 대해 말할 때 흔히 제시하는 설명은 '틈새 정보niche information'이다. 내가 10대였을 때는 케이블 텔레비전이 없었다. 내가 자란 보스턴에서 형식을 막론하고 최초의 텔레비전 프로그램이 처음 등장한 것은 1948년이었다. 그 후로 오랫동안 미국인은 세 곳의 거대 텔레비전 방송국과 세 곳의 주요 시사 주간지 및 신문을 통해 뉴스를 얻었다. 그 뉴스 매체 중 어떤 곳도 보수적이거나 진보적인 색채를 뚜렷이 드러내지 않았고 정보를 편향되게 전달하지도 않았다. 대부분의 미국인은 거의 동일한 출처에서 정보를 얻은 셈이다. 요즘은 뉴스를 전문으로 다루는 웹사이트와 케이블 텔레비전, 페이스북은 부상한 반면, 한때 큰 시장을 형성하던 주간 시사 잡지는 쇠락했다. 하지만 미국인은 여전히 과거부터 지녀온 견해에 따라 정보의 출처를 선택한다. 가령 내가 매달 납부하는 케이블 텔레비전 청구서를 보면 477개 채널을 선택할 수 있다. 보수적인 가입자와 진보적인 가입자를 위한 폭스 뉴스와 MSNBC가 있고 그 밖에 아프리카, 대서양 연안의 대학 스포츠, 요리, 범죄, 프랑스, 하키, 보석, 유대인, 러시아, 테니스, 날씨 등 세밀하게 구분한 주제와 관점을 전문으로 취급하는 채널이 있다. 따라서 나는 현재의 관심사와 생각에 집중해 채널을 선택하며, 다른 주제와 달갑지 않은 견해에는 아예 담을 쌓을 수 있다. 그 결과, 나는 내가 선호하는 '정치적 틈새'에 파묻히고 나만의 '사실'에 집착하며 내가 예부터 선호하던 정당에 계속 투표한다. 따라서 다른 사람들이 상대 정당을 지지하는 이유를 알지 못하고, 내가 선택한 의원이 나와 다른 의견을 가진 의원들과 타협하지 않기를 바란다.

요즘은 대부분의 의원이 페이스북과 트위터 같은 소셜 미디어를 이용한다. 나에게는 우연찮게도 민주당원인 친구와 공화당원인 친구가 있다. 그 둘은 서로 아무런 관계가 없지만 페이스북 계정이 자신에게 전달되는 정보를 여과하는 주된 역할을 한다고 이구동성으로 말한다. 예컨대 민주당원은 새로운 읽을거리를 포스팅하고, 페이스북 친구들이 포스팅한 읽을거리에 자신의 생각을 덧붙인다. 결국 그가 친구로 선택한 부류는 그와 견해를 공유하는 사람들이다. 따라서 누군가 공화당의 견해에 동의하는 읽을거리를 포스팅하면 그는 그를 페이스북의 친구 명단에서 지워버린다. 내 민주당 친구는 숙모와 삼촌 부부를 친구 명단에서 삭제했을 뿐 아니라 그들이 공화당의 견해에 동의한다는 이유로 직접적인 접촉마저 끊어버렸다. 또 그는 시시때때로 페이스북 계정을 점검하며 자신의 견해에 동조하는 온라인 뉴스를 확인하고 읽지만, 오프라인 신문은 구독하지 않고 텔레비전을 보지도 않는다. 한편 공화당원 친구의 설명도 이와 거의 똑같았다. 그가 친구 명단에서 삭제한 지인은 민주당 견해에 동의하는 읽을거리를 포스팅하는 사람들이라는 게 다를 뿐이다. 그 결과로 그들은 각자 선택한 확고한 틈새에서만 정보를 얻는다.

양극화하는 다른 부문

그러나 오늘날 미국에 만연한 정치의 양극화 문제는 정치인의 양극화한 견해부터 전체 유권자의 양극화까지 확대하더라도 전반적인 양극화 현상의 극히 일부에 불과하다. 따라서 지금까지는 정치권의 양극화에 대해서만 의문을 제기했다. 하지만 양극화 현상은 훨씬 광범위하다. 정치권뿐 아니라 삶의 많은 영역에서 양극화와 편협성과 욕설이 눈에 띄게 증가하는 추세이다.

40세를 넘긴 미국인 독자라면 엘리베이터에서 사람들의 행동이 어떻게 달라졌는지 유심히 보라. 엘리베이터 문이 열리면 사람들이 모두 나올 때까지 기다리지 않고 성급하게 타려는 사람이 자주 눈에 띈다. 또 교통 예절도 크게 퇴보해서 다른 운전자에게 양보하지 않는다. 산책로와 도로에서 다정하게 인사를 나누는 사람도 거의 눈에 띄지 않는다. 달리 말하면 40세 이하 미국인은 낯선 사람에게 인사말을 건네는 경우가 거의 없다. 무엇보다 온갖 종류의 '욕설'이 많은 영역에서, 특히 전자 기기를 사용하는 영역에서 이런 현상은 크게 증가했다.

내가 1955년에 입문한 학문과 연구의 세계도 이런 변화에서 예외가 아니다. 60년 전과 비교하면 학문적 토론이 공격적이고 포악해졌다. 물론 나는 학문의 세계에 입문했을 때부터 논란에 휘말린 게 한두 번이 아니었다. 하지만 과학적 쟁점에 대해 의견이 다른 과학자라도 개인적으로는 친구라 생각했지 적이라 생각하지는 않았다. 예컨대 지금도 기억에 생생하지만 나는 생리학회에서 논문을 발표한 후 영국에서 휴가를 보내며 시토 수도원의 유적지를 여행한 적이 있었다. 그때 함께 여행한 다정하고 점잖은 친구는 논문 발표에서 상피조직의 수분 전달 메커니즘에 관한 내 이론을 강력하게 반박한 미국 생리학자였다. 지금이라면 이런 관계는 상상조차 할 수 없을 것이다. 요즘 나는 걸핏하면 피소되거나 소송하겠다는 위협을 받는다. 게다가 내 의견에 동의하지 않는 학자들의 언어폭력에 시달리곤 한다. 따라서 나에게 강연을 요청하는 조직은 보디가드를 고용해 성난 평론가들로부터 나를 지켜주어야 한다. 한 학자는 내 책에 대한 공개적인 서평을 "입 닥쳐!"로 끝내기도 했다. 정치인과 유권자, 엘리베이터 사용자, 자동차 운전자와 보행자가 그렇듯 미국 학계는 미국의 삶 전체를 그대로 보여주는 거울이라 할 수 있다.

미국인의 삶에서 이 모든 영역은 최근에 폭넓게 논의되는 현상—사회적 자본social capital의 쇠퇴—의 면면이다. 정치학자 로버트 퍼트넘Robert Putnam이 《나 홀로 볼링》에서 정의했듯 "사회적 자본은 개인의 관계, 즉 사회적 네트워크와 그로부터 발생하는 호혜성과 신뢰성의 규범을 가리키는 말이다. 이런 의미에서 사회적 자본은 몇몇 사람이 '시민적 품성civic virtue'이라 부르던 것과 밀접하게 관련되어 있다." 구체적으로 말하면 사회적 자본은 북 클럽과 볼링 클럽, 교회 모임과 공동체 조직, 사친회부터 정치 조직, 전문가 모임과 로터리 클럽, 주민 회의와 노동조합, 재향군인회까지 온갖 종류의 단체에 적극적으로 가입해 회원이 됨으로써 얻는 신뢰와 우애, 소속감, 도움을 주고받을 수 있을 것이란 기대감을 가리킨다. 이런 단체에 가입하면 일반화한 호혜성이 형성된다. 달리 말하면 다른 사람들과 함께 무엇인가를 하고 그들을 위해 무엇인가를 한다. 따라서 우리를 위해 무엇인가를 하는 회원을 신뢰하고 의지하게 된다. 그러나 얼마 전부터 얼굴을 대면하는 오프라인 모임의 기회가 줄어든 반면, 상대를 만나지도 않고 목소리를 듣지도 않는 온라인 모임의 기회가 늘어나고 있다.

퍼트넘을 비롯한 많은 학자는 미국에서 사회적 자본이 쇠퇴하는 이유에 대해 직접적인 커뮤니케이션을 포기하고 비대면 커뮤니케이션을 활성화했기 때문이라고 설명한다. 전화는 1890년에 처음 등장했지만 1957년경에야 미국 시장에서 포화되었다. 라디오는 1923~1937년에, 텔레비전은 1948~1955년에 포화 상태로 보급되었다. 가장 큰 변화는 인터넷과 휴대폰 및 문자메시지의 등장이다. 우리는 지금도 라디오와 텔레비전에서 정보를 얻고 오락물을 즐긴다. 또 전화와 그 이후의 전자 매체electronic media는 앞의 두 목적, 즉 정보와 오락물 외에 커뮤니케이션을 위해서도 사용한다. 그러나 문자를 발명하기 전 모든 정보와 커뮤니케이션은 대면 접촉으로 이루어졌다. 요컨대 서로 얼굴을 맞대고 대화를 나누거나 함께 나란히 앉아 웅변가와 연주자 그리고 배우들의 공연을 보았다. 1900년 이후에 등장한 영화관은 대면 오락물을 제공하지 않았지만 적어도 사람들에게 집에서 나와 사회적으로 어울릴 기회를 제공했다. 하지만 극장은 연주자와 배우의 현장 공연을 친구들과 함께 즐기는 공간으로 사용되기도 했다.

하지만 오늘날의 많은 오락거리, 예컨대 스마트폰과 아이폰, 비디오게임은 사회적이지 않고 혼자 즐기는 것이다. 개개인이 정치적 틈새 정보를 선택하듯 이런 오락거리도 개별적으로 선택하는 틈새 오락이다. 텔레비전은 미국인에게 여전히 가장 보편적인 오락거리로 사람들을 집에 머물게 하며, 가족과 함께하게 해주는 명목상의 도구에 불과하다. 실제로 미국인은 가족과 대화하는 시간보다 함께 텔레비전을 시청하는 시간이 3~4배 더 많고, 텔레비전을 시청하는 총시간 중 3분의 1 이상을 혼자 보낸다(텔레비전보다 인터넷으로 시청하는 경우가 많다).

그 결과, 보통 사람과 비교할 때 중독적인 텔레비전 시청자는 상대적으로 타인에 대한 신뢰도가 떨어지고 봉사 단체에 가입하는 경우도 드물다. 하지만 텔레비전을 중독적으로 시청하기 때문에 그렇게 행동하는 것이라 탓하기 전에 "어느 쪽이 원인이고 어느 쪽이 결과인가? 혹시 두 현상은 인과관계에 있는 게 아니라 상관관계에 불과한 것은 아닌가?"라고 반문할 사람도 있을 것이다. 캐나다에서 의도하지 않게 시행한 자연 실험natural experiment에서 이 의문의 답을 찾을 수 있다. 캐나다의 한 골짜기에 거의 모든 면에서 유사한 세 마을이 있었는데 그중 한 마을에만 텔레비전 방송이 제공되지 않았다. 마침내 그 마을에도 텔레비전 방송이 들어오자 이런저런 모임에 참석하는 주민 수가 과거에 비해 줄어들었고, 예부터 텔레비전 방송이 제공되던 두 마을의 참석률까지 떨어졌다. 이 자연 실험에서 확인할 수 있듯 텔레비전 시청이 모임 참석률 하락의 원인이었다. 애초부터 모임에 참석하지 않던 사람들이 텔레비전 시청을 선택한 것이 아니었다.

내가 현장 연구를 하는 주된 지역이자 첨단 통신 기술이 아직 도입되지 않은 뉴기니의 외딴 지역에서는 여전히 모든 커뮤니케이션이 서로 얼굴을 맞댄 상태에서 이루어진다. 미국이 과거에 그랬듯이 전통적인 뉴기니 사람들은 깨어 있는 시간 중 대부분을 누군가와 대화하며 보낸다. 미국인은 물리적으로 앞에 있는 사람에게도 극히 일부의 관심만 가지며 산만하고 피상적으로 대화하지만, 전통적인 뉴기니인의 대화는 무릎에 놓인 휴대폰을 확인하고 문자메시지를 또닥거리느라 끊기는 일이 없다. 예를 들어 설명해보자. 뉴기니의 외딴 마을에서 자란 한 미국인 선교사의 아들이 미국 고등학교에 진학한 후 뉴기니 아이들과 미국 아이들이 노는 방식이 확연히 다른 것을 보고 충격을 받았다. 뉴기니 아이들은 거의 하루 내내 이 오두막 저 오두막을 돌아다니며 시간을 보낸다. 미국에 있을 때 그 선교사 아들은 내 친구였는데, "여기 아이들은 각자의 집에 들어가 문을 닫고는 혼자 텔레비전을 본다"며 아쉬워했다.

미국의 휴대폰 사용자는 평균 4분마다 휴대폰을 확인하고, 휴대폰이나 컴퓨터 화면을 바라보며 하루 평균 여섯 시간 이상을 보낸다. 그리고 어떤 형태로든 전자 기기와 연결된 상태로 하루 열 시간 이상, 즉 깨어 있는 시간의 대부분을 보낸다. 따라서 대부분의 미국인은 상대를 살아 있는 사람으로 경험하지 않는 셈이다. 달리 말하면 서로의 얼굴 표정과 몸의 움직임을 보고 목소리를 들으며 상대를 이해하는 게 아니라, 주로 모니터에 올라온 디지털 메시지를 통하거나 간혹 휴대폰 너머의 목소리를 통해 상대의 존재를 인식할 뿐이다. 우리는 눈앞에 서 있는 사람, 다시 말하면 얼굴을 마주 보고 목소리를 주고받는 사람에게 무례하지 않고 조심하려는 경향이 있다. 그러나 상대가 모니터 위의 글로 바뀌면 억제력이 느슨해진다. 눈앞에 보이는 사람보다 모니터 위의 글에는 무례하고 경멸하게 굴기가 훨씬 더 쉽다. 이렇게 멀리 떨어졌다는 이유로 언어폭력을 행하고, 그런 행위가 익숙해지면 나중에는 눈앞의 사람에게도 더 쉽게 언어폭력을 행사한다.

하지만 미국에서 정치적 타협, 더 나아가 정치적 행위가 결렬된 이유에 대한 앞의 설명은 그다지 설득력 있게 들리지 않는다. 비대면 커뮤니케이션은 미국에서만 폭발한 것이 아니라 범세계적 현상, 특히 부유한 국가에서 눈에 띄는 현상이기 때문이다. 이탈리아인과 일본인도 미국인만큼 오랫동안 휴대폰을 사용한다. 그런데 왜 다른 부유한 국가에서는 정치적 타협이 쇠퇴하지 않고, 사회적 타락이 확대되지 않을까?

내 생각에는 두 방향으로 설명할 수 있다. 하나는 전자 통신을 비롯해 많은 테크놀로지 혁신이 20세기에 미국에서 처음 시작된 후 기기 자체와 그 영향까지 다른 부유한 국가로 전해졌다는 것이다. 이렇게 추론하면 정치적 타협의 결렬도 미국에서 처음 나타난 것일 뿐 영원히 미국만의 현상은 아닐 것이다. 전화와 텔레비전도 나중에 다른 국가로 전해지지 않았던가! 실제로 영국 친구들의 푸념에 따르면 영국에서도 내가 살았던 60년 전보다 개인적인 인신공격이 많아졌다고 한다. 오스트레일리아 친구들 역시 오스트레일리아 정치계에서도 타협이 결렬되는 경우가 잦아졌다고 한탄한다. 이런 방향의 설명이 맞다면 다른 부유한 국가에서도 정치적 교착이 미국 수준까지 도달하는 것은 시간문제일 것이다.

다른 하나는 과거에도 이미 그랬듯이 미국에서는 여러 이유로 현대 테크놀로지의 비인격화에 반대하는 사회적 자본이 상대적으로 적다는 것이다. 미국 면적은 캐나다를 제외하고 대부분의 부유한 국가보다 25배 이상 넓다. 반대로 인구밀도, 즉 단위 면적당 인구수는 대부분의 부유한 국가보다 10배 이상 적다. 인구밀도는 캐나다와 오스트레일리아 그리고 아이슬란드만이 더 낮을 뿐이다. 또 유럽과 일본은 공동체를 강조하는 반면, 미국은 예부터 개인을 줄곧 강조해왔다. 개인주의 순위에서 부유한 국가 중 오스트레일리아만이 미국을 앞선다. 또 미국인은 평균 5년마다 이주한다. 일본·서유럽의 경우와 비교하면 미국에서 이주할 때는 상당히 먼 곳으로 떠나기 때문에 옛 친구들과 헤어질 가능성이 크다. 따라서 미국인의 사회적 유대는 단명하고 지근거리에 사는 평생 친구를 사귀는 것보다 친구를 바꾸는 경우가 많다.

그러나 면적과 먼 이주 거리는 고정된 상수이지 앞으로 줄어들 수 있는 변수가 아니다. 또 미국인이 휴대폰을 포기하거나 덜 자주 이주할 가능성도 거의 없다. 따라서 정치적 타협의 쇠퇴를 적은 사회적 자본과 관련해 연계하는 이런 설명이 맞는다면, 정치적 타협은 앞으로도 다른 부유한 국가보다 미국에서 더 큰 위협이 될 것이다. 그렇다고 미국의 정치적 정체 상태가 필연적으로 더욱 악화할 것이란 뜻은 아니다. 오히려 현재의 정체를 해소하기 위해 미국 정치 지도자와 유권자의 의식적 노력이 더욱더 필요하다는 뜻이다.

정치적 타협의 결렬이 군부독재로 이어지며 반대편을 말살하는 명확한 목표를 추진한 두 사례—칠레와 인도네시아—를 앞에서 살펴보았다. 미국도 이렇게 될 수 있다는 전망은 대부분 여전히 터무니없게 여길 것이다. 내가 1967년 칠레에 체류할 때 칠레 친구들도 누군가가 그 이후에 닥칠 결과를 염려하면 쓸데없는 걱정을 하지 말라고 면박을 주곤 했다. 하지만 칠레에서는 1973년 실제로 그런 사태가 닥쳤다.

미국인은 "하지만 미국은 칠레와 달라!"라고 반박할 것이다. 그렇다. 미국은 칠레와 분명 다르다. 몇몇 차이 때문이 미국이 칠레처럼 폭력적인 군사독재국가로 전락할 가능성은 적다. 하지만 몇몇 차이는 오히려 미국이 군사독재국가로 추락할 가능성이 높다는 걸 보여준다. 미국이 이런 끔찍한 결과를 맞이할 가능성을 줄여주는 요인으로는 민주주의에 대한 강력한 전통과 평등주의를 추구한 역사적 이상을 들 수 있다. 또 칠레와 달리 드넓은 토지를 세습하는 소수의 특권층도 없고, 미국 역사에서 군부가 독자적으로 정치 행위를 한 적도 없다(칠레 군부는 1973년 이전에도 짧게나마 두 번이나 정치에 개입했다). 한편 칠레보다 미국이 끔찍한 결과를 맞이할 가능성이 크다는 걸 말해주는 요인으로는 개인의 총기 휴대권과 더욱 심화된 개인의 폭력성을 들 수 있다. 미국엔 아프리카계 미국인과 아메리카 원주민 및 일부 이민자 집단에 행한 폭력의 역사가 있다. 물론 미국이 군사독재국가로 전락하는 단계는 1973년 칠레의 경우와 다를 것이다. 달리 말하면 미국에서 군부가 독자적 행위로 권력을 장악할 가능성은 무척 낮다. 하지만 연방 정부나 주 정부에서 정권을 잡은 정당이 유권자 등록을 조작하고 법원을 동조적인 판사로 채울 가능성이 있다. 그럼 이런 법원을 이용해 선거 결과에 이의를 제기하고 '법 집행'을 핑계로 경찰과 주 방위군, 예비군이나 군대 자체를 동원해 정치적 반대 세력을 억압할 가능성을 배제할 수 없다.

이런 이유에서 나는 정치의 양극화를 현재 미국이 당면한 가장 위험한 문제라고 생각한다. 미국의 정치 지도자들이 상대적으로 집착하는 중국이나 멕시코와의 경쟁보다 훨씬 더 위험하다. 중국이나 멕시코가 미국을 파괴할 가능성은 없다. 미국을 파괴할 수 있는 존재는 미국인뿐이다. 이 문제에 대해서는 다음 장에서 더 자세히 살펴보기로 하자. 하지만 미국이 당면한 다른 근본 문제와 그런 암울한 가능성을 예방하기 위한 선택적 변화 그리고 관련 요인을 먼저 살펴보는 것이 올바른 순서인 듯하다.

10장

장래에 미국이 해결해야 할 과제는? 세 가지 '다른' 문제

다른 문제들 - 선거 - 불평등과 사회경제적 신분 이동 - 그래서 뭐가 문제인가? - 미래를 위한 투자 - 위기의 기준틀

다른 문제들

앞 장은 미국에 대한 좋은 소식으로 시작했다. 미국이 세계에서 가장 부유하고 강대한 국가가 된 것은 우연히 일어난 일이 아니다. 인구와 지리, 정치와 역사, 경제와 사회 등 많은 부분의 이점이 복합된 결과였다. 하지만 9장 뒷부분에서는 미국에 대한 나쁜 소식을 주로 다루었다. 내 생각이지만 특히 정치적 타협의 결렬은 (역시 미국도 위협하는 범세계적 문제와는 별개로) 미국에 닥친 많은 문제 중 가장 심각한 사안인 듯하다.

이 장에서는 세 가지 '다른' 중대한 문제를 다루려고 한다. 먼저 투표와 관련한 문제로 시작해보자. 내가 이 문제를 겉보기에 부차적인 듯한 '다른' 문제에 포함한 이유는 정치적 타협의 결렬만큼 미국의 민주 정부를 훼손할 가능성이 즉각적이지 않기 때문일 뿐이다. 그

러나 투표와 관련한 문제가 심각하다는 데는 변함이 없다. 이에 대해 더 깊이 알고 싶으면 하워드 프리드먼Howard Friedman의 저서《국가의 척도》를 참조하기 바란다. 아래에서 언급하는 많은 변수를 중심으로 미국을 다른 주요 민주국가들과 비교한 수십 개의 그래프가 실린 책이다. 물론 내가 미국 문제로 제시하는 목록이 완벽하지는 않다. 일단 나는 여기에서 인종 관계와 여성의 역할은 다루지 않으려 한다. 두 부문은 50년 전과 비교할 때 많이 개선되긴 했지만 지금도 미국 사회에 드리운 어두운 그림자인 것은 분명하다. 내가 논의 대상으로 선택한 네 부문—하나는 이미 앞에서 살펴본 정치적 타협의 결렬이고, 나머지 셋은 이 장에서 살펴볼 예정—은 지난 수십 년 전부터 의심할 여지가 없이 악화되었으며, 내 생각에는 오늘날 미국 민주주의와 경제적 강점을 가장 심각하게 위협하는 문제이다.

선거

선거는 민주주의의 본질이다. 민주 정부를 명시하는 헌법이나 법률은 없지만 국민이 투표하지 않거나 투표할 수 없다면 그런 국가는 민주주의라고 불릴 자격이 없다. 이 기준에 따르면 미국은 민주주의라고 불릴 자격이 절반밖에 되지 않는다. 투표권이 있는 미국 시민 중 거의 절반은 가장 중요한 선출직, 즉 대통령 선거에도 투표하지 않는다. 덜 중요한 선출직에 투표하지 않는 시민의 비율은 이보다 훨씬 더 높다. 예컨대 내가 거주하는 로스앤젤레스는 미국에서 손꼽히는 주된 도시 중 하나이고, 이곳에서 가장 중요한 선출직은 시장이다. 하지만 최근에 실시한 로스앤젤레스 시장 선거에서는 투표 자격이 있는 거주민의 80%가 투표하지 않았다.

선거와 관련한 투표율은 여러 방법으로 계산할 수 있다. 하나는 투표할 수 있는 연령의 거주민 비율로 계산하는 것이다. 반면 투표할 자격을 지닌 유권자 비율로 계산하는 방법도 있다. 이렇게 계산하면 투표율이 약간 올라간다. 미국의 경우 투표 연령에 도달한 거주민의 92%만 투표 자격이 있다. 8%의 비자격자는 주로 시민권이 없는 거주자, 교도소 재소자, 유죄판결을 받고 석방된 중죄인 등이다. 그런데 투표율을 화끈하게 올리는 방법이 있다. 등록 유권자의 비율로 계산하는 방법이다. 투표 자격이 있지만 투표 등록을 하지 않는 유권자가 적지 않다. 그 이유에 대해서는 뒤에서 자세히 살펴보기로 하자.

세 방법 모두 결과는 똑같다. 부유한 민주국가, 이른바 경제협력개발기구Organisation for Economic Cooperation and Development, OECD 중 미국은 투표율에서 항상 최하위라는 것이다. 다른 민주국가들에서 등록 유권자의 평균 투표율은 벨기에 89%, 대부분의 유럽 국가와 동아시아 민주국가 58~80%이다. 특히 오스트레일리아에서는 투표가 법적 의무이므로 93%에 이른다. 인도네시아는 자유 민주 선거를 다시 시작한 1999년 이후 투표율이 86~90%를 오르내렸고, 이탈리아 투표율은 1948년 이후로 93%까지 올라갔다.

전국 선거에서 투표할 자격이 있는 유권자의 투표율은 오래전부터 대통령 선거에서는 평균 60%, 하원의원을 다시 뽑는 중간선거에서는 평균 40%에 불과하다. 미국 현대사에서 기록된 최고의 투표율은 2008년 대통령 선거였지만 고작 62%로, 이탈리아나 인도네시아의 가장 낮은 투표율보다 훨씬 더 낮았다. 또 미국의 등록 유권자에게 왜 투표하려고 애쓰지 않느냐고 물으면 정부를 믿지 않고 투표 가치를 신뢰하지 않으며, 정치에 관심이 없기 때문이라는 게 가장 흔한 대답이다.

그러나 많은 미국 유권자가 투표하지 않는 다른 이유가 있다. 투표할 자격을 갖추었더라도 유권자로 등록하지 않았기 때문에 투표할 수 없는 경우가 적지 않다. 이 부분은 설명이 필요한 미국식 민주주의의 독특한 특징이다. 많은 민주국가에서 투표할 자격을 갖춘 유권자는 굳이 '등록'할 필요가 없다. 정부가 운전면허자, 납세자, 거주자 등 다양한 데이터베이스를 활용해 등록 유권자 명단을 자동으로 작성하기 때문이다. 달리 말하면 정부가 유권자를 대신해서 등록하기 때문이다. 예컨대 독일에서 18세 이상 독일인은 모두 곧 다가오는 선거일에 투표할 자격이 있다고 알려주는 통지를 받는다.

하지만 미국에서는 그 과정이 무척 복잡하다. 18세 이상이고 교도소에 있지 않으며 유죄판결을 받은 적 있는 중죄인이 아니면 모든 시민이 무조건 투표 자격을 부여받는 게 아니다. 유권자 등록이라는 과정을 추가로 거쳐야 한다. 미국에는 투표 연령을 넘긴 모든 시민이 유권자로 등록하는 걸 가로막은 오랜 역사가 있었다. 가장 큰 집단이 여성이었는데 여성은 1919년에야 투표권을 얻었다. 다른 집단, 특히 아프리카계 미국인을 비롯한 다른 소수 집단과 이민자 집단은 인두세, 영어 해독 시험, 조부 조항grandfather clause(할아버지가 투표할 수 없었던 사람은 유권자로 등록할 수 없다는 조항) 등의 이유로 유권자로 등록할 수 없었다. 물론 이런 조치를 아프리카계 미국인에게 투표권을 허용하지 않으려는 목적에서 실시했다는 사실은 법에 명시되지 않았다. 하지만 조부 조항 같은 조치 이면에 감춰진 목적은 아프리카계 미국인의 유권자 등록을 차단하기 위한 것이란 사실은 모두가 알고 있고, 실제로 그 조치는 원하는 효과를 거두었다.

이런 조치는 이미 먼 과거에 사라졌다고 생각할 독자도 있을 것이다. 하지만 2000년에도 플로리다주에서 약 10만 명의 유권자가 등록 유권자 명단에서 지워진 사례가 있었는데 그 대다수가 민주당원이었다. 그런 배제는 2000년 대통령 선거에 엄청난 영향을 미치며 결국 미국 대통령을 엘 고어에서 조지 부시로 바꿔놓았다. 달리 말하면 무효로 처리되며 선거 결과에 잘못된 영향을 미친 수백 장의 '천공 투표용지chad ballot'에 대한, 차후에 널리 알려진 주장보다 유권자 등록이 더 큰 영향을 미친 것이다. 유권자 등록이 미국 선거 시스템의 기본적 결함이라는 사실은 플로리다를 비롯한 많은 주에서 등록 유권자 명단과 선거 절차를 연방 정부 차원에서 초당적으로 관리하지 않고 주 정부와 지방정부 차원에서 당파적으로 관리한다는 뜻이다. 따라서 당파적 관리라면 반대 당을 선호할 가능성이 있는 유권자가 투표하기 어렵게 만들려고 하지 않겠는가.

미국 현대사에서 유권자 등록 절차를 간소화하고 투표에 관한 차별을 전반적으로 금지한 조치는 1965년 선거권법Voting Rights Act of 1965이다. 이 법은 유권자 등록을 위한 영어 해독 시험을 불법으로 규정했고, 유권자 등록을 방해하지 못하도록 선거구에 대한 감독권을 연방정부에 부여했다. 그 결과로 미국 남부에서 아프리카계 미국인의 유권자 등록이 31%에서 73%로 껑충 뛰었고, 전국에서 투표로 당선된 아프리카계 미국인의 수도 500명 이하에서 1만 명 이상으로 늘었다. 의회는 2006년 거의 만장일치로 이 법을 갱신했다. 그러나 2013년 연방 대법원은 1965년 선거구를 감독 대상으로 규정한 문구를 5:4로 무효화했는데, 아프리카계 미국인의 유권자 등록을 높일 목적이라면 그런 문구가 불필요해졌다는 게 이유였다. 그 결과, 주 의회는 유권자 등록을 까다롭게 하는 새로운 조건을 앞다투어 채택했는데 그 조건은 주마다 제각각이었다. 2004년 이전에는 유권자 등록을 위해 정부가 발행한 사진을 부착한 신분증을 요구하는 주가 한 곳도 없었다. 또 2008년까지도 그런 조건을 채택한 주는 두 곳에 불과했다. 그러나 연방 대법원의 결정이 내려진 직후에는 14개 주가 사진을 부착한 신분증(대체로 운전면허증이나 여권)이나 다른 까다로운 조건을 채택했다. 이제는 대부분의 주가 그런 조건을 이미 채택했거나 채택을 고려하고 있는 실정이다.

과거의 조부 조항이 아프리카계 미국인, 즉 흑인을 명시적으로 언급하지 않았지만 그들의 선거권을 박탈하려고 정교하게 꾸며 성공한 것처럼 요즘 유권자 등록을 제약하는 방법도 이와 비슷한 의도를 띠며 상당한 성공을 거두고 있다. 사진을 부착한 신분증을 지닌 잠재적 유권자 비율은 흑인이나 라틴계보다 백인이 더 높고(연령대에 따라 다르지만 세 배까지 높기도 하다) 가난한 사람보다 부유한 사람이 더 높다. 그 이유는 새로울 것이 없으며 투표권의 자격과 직접적 관계도 없다. 일반적으로 말하면 상대적으로 가난한 사람과 흑인은 교통 범칙금을 제대로 납부하지 못한 까닭에 운전면허증을 갖고 있지 않을 가능성이 더 높다. 앨라배마주는 흑인이 많이 거주하는 카운티에 차량국 Department of Motor Vehicles(운전면허증을 발급하는 기관)을 폐쇄한 적이 있다. 이 때문에 주민들의 항의가 잇따르자 앨라배마주 정부는 차량국을 다시 열었지만 한 달에 하루에 불과했다! 또 텍사스주는 전체 카운티의 3분의 1에서만 차량국을 유지하는 까닭에 운전면허증을 발급받아 사진을 부착한 신분증을 보유해야 한다는 잠재적 유권자 조건을 충족하려면 400킬로미터를 여행해야 한다.

유권자 등록과 투표를 방해하는 다른 장애물도 주마다 다르다. 일부 주는 유권자에게 투표 당일에 등록하는 걸 허용하고, 유권자가 투표장에 반드시 찾아갈 필요 없이 투표용지를 우편으로 발송하는 것을 허용하며, 투표소를 저녁과 주말에도 열어둔다는 점에서 '유권자 친화적'이다. 한편 선거일 전 짧은 기간에 유권자 등록을 끝내도록 요구하고, 근무시간이나 주중에만 투표소를 열어두는 '유권자 비친화적'인 주도 적지 않다. 하지만 흑인을 비롯해 상대적으로 가난한 사람들은 유권자 등록을 하기 위해 하루를 결근하고 긴 줄을 서서 기다릴 만한 여유가 없다.

이렇게 유권자 등록을 방해하는 선택적 조건 때문에 연 소득이 15만 달러를 넘는 미국인의 투표율은 80%가 넘지만, 2만 달러 이하의 투표율은 50%를 넘지 않는다. 이런 장애 요인은 대통령과 의원 선거뿐 아니라 매년 박빙으로 치러지는 주와 지역 단위 선거 결과에도 영향을 미친다.

투표율이 낮은 이유가 유권자의 자발적 선택이든 아니든 유권자 등록을 위한 까다로운 조건은 유권자에게 자신의 의지와 다르게 행동하도록 만들며, 미국 민주주의의 기본 장점을 완전히 뒤집어버린다. 앞에서도 말했듯 민주주의의 장점은 국민에게 모든 제안을 토론하고 평가한 후 선택할 기회를 제공하며, 국민에게 자신의 요구를 들어주고 의견을 평화롭게 표현할 수단이 있다는 사실을 알리는 것이다. 또 시민 폭력의 위험을 줄이고, 타협을 장려하며, 정부가 일부 엘리트뿐 아니라 모든 국민에게 투자하도록 유도하는 것도 민주주의의 장점이다. 결국 투표는 정부의 잘잘못을 평가하는 수단인 셈이다. 따라서 미국인이 적극적으로 투표하지 않고, 투표하더라도 정보를 제대로 파악하지 않는다면 민주주의의 장점을 스스로 내팽개치는 짓과 다를 바 없음을 명심해야 한다.

미국 민주주의에 대해 흔히 비판적으로 거론하는 문제점, 즉 폭발적으로 상승한 선거비용을 다루지 않고는 현대 미국 민주주의에 대한 어떤 토론도 완전하지 않을 것이다. 홍보 수단이 비교적 저렴한 인쇄물에서 값비싼 텔레비전으로 바뀐 것이 원인이다. 선거비용은 이해관계를 따지는 부자에게 주로 지원받는다. 게다가 선거운동 기간이 한없이 늘어진 것도 비용 상승의 주원인이다. 이제는 실질적으로 선거가 끝난 직후부터 선거운동을 시작해야 할 지경이다. 그 때문에 미국 정치인은 국가 관리라는 본연의 임무보다 기금 모금과 선거운동에 대부분의 시간을 할애한다(지금은 은퇴한, 상원의원을 지낸 내 친구의 추정에 따르면 80%). 따라서 제대로 자격을 갖춘 사람들은 정부 요직에 출마하기를 꺼린다.

또 선거운동이 처음에는 30초의 짤막한 웅변으로, 그 후에는 더 짧은 트위터 트윗으로 축소된다. 그에 반해 1858년 일리노이주 상원의원 선거에서 에이브러햄 링컨Abraham Lincoln(1809~1865)과 스티븐 더글러스Stephen Douglas(1813~1861) 간의 유명한 토론은 각각 여섯 시간씩 계속되었다. 물론 일부 일리노이 유권자만이 토론회에 참석했지만 토론 내용은 신문을 통해 널리 전해졌다. 지치도록 계속되는 선거운동과 그 비용에서 미국과 비견할 수 있는 국가는 없다. 그에 반해 영국에서는 선거운동 기간이 법으로 제한되어 선거일 이전 수 주에 불과하고, 선거운동을 위해 사용하는 비용도 법으로 제한된다.

불평등과 사회경제적 신분 이동

미국 민주주의가 직면한 또 하나의 문제는 불평등이다. 먼저 미국인이 미국의 평등과 불평등에 대해 어떻게 생각하고, 불평등의 수준을 어떻게 측정하며, 다른 주요 민주국가와 비교할 때 미국의 불평등과 사회경제적 신분 이동이 어떤 수준인지 살펴보자. 불평등 지수가 높다고? 그래서 뭐가 문제인가? 많은 미국인이 실제로 가난하고 앞으로 가난에서 벗어나기 힘들다면, 물론 그 가난한 사람들에게는 실로 안타까운 일인 것은 분명하다. 하지만 이것이 부유한 미국인 또는 미국인 모두가 슬퍼해야 할 일인가?

미국인에게 평등과 불평등에 대해 질문하면 대부분이 평등은 미국의 핵심 가치라고 대답할 것이다. 1776년 독립선언문 두 번째 문장에서도 "우리는 다음과 같은 사실을 자명한 진리로 받아들인다. 모든 사람은 평등하게 태어났고…"라며 평등을 강조한다. 하지만 독립선언문은 모든 사람이 '실제로' 평등하고 동일한 임금을 받을 자격이 있다고 말하는 것이 아니다. 이어지는 문장에서 독립선언문은 모든 사람에게 몇몇 양도할 수 없는 권리가 부여되었다고 말하고 있을 뿐이다. 하지만 그 온건한 주장도 1776년 세계 기준에서는 대단한 것이었다. 유럽에서는 귀족과 농민, 성직자에게 완전히 다른 법적 권리가 보장되었고, 재판을 받는 경우에도 다른 법원에서 하던 때였다. 따라서 독립선언문은 '법 앞의 평등legal equality'을 미국의 핵심 가치로 선언한 것이다. 적어도 이론적으로는 그렇다. 그럼 미국에서 경제적 불평등은 현실적으로 어떤 수준일까?

한 국가의 경제적 불평등은 여러 방법으로 측정할 수 있다. 첫째로는 국민의 어떤 면을 계량적으로 비교할 것인가를 따져야 한다. 조정되지 않는 총소득을 비교해야 하는가? 아니면 세금 같은 부문을 공제하고 사회보장 연금과 식품 구입권 같은 사회부조금을 고려한 뒤의 조정 후 소득adjusted income을 비교해야 하는가? 아니면 재산이나 총자산을 비교해야 하는가? 이런 부문에서 개인적 차이도 다양한 방법으로 측정할 수 있다. 이른바 지니계수Gini coefficient로 측정할 수 있고, 상위 1%의 소득과 하위 1%의 소득을 비교하는 방법도 있다. 또 상위 1%가 총국민소득에서 차지하는 비율을 계산하거나 억만장자가 인구에서 차지하는 비율을 계산하는 방법도 있다.

그러나 대통령 한 명이 총국민소득과 국부의 대부분을 보유한 적도기니 같은 독재국가와 민주국가를 비교할 수는 없는 노릇이지 않은가. 따라서 비교 범위를 주요 민주국가로 제한하기로 하자. 주요 민주국가 사이에도 평등을 어떻게 측정하느냐에 따라 가장 평등한 국가 산출과 관련한 결과가 달라진다. 하지만 가장 불평등한 민주국가와 관련해서는 비교되는 모든 계수와 모든 기준이 하나의 결론을 가리킨다. 가장 불평등한 주요 민주국가는 바로 미국이다. 이 결론은 오래전부터 분명한 사실이었고 미국의 불평등은 지금도 더욱 심화하고 있다.

미국에서 경제적 불평등이 심화하고 있다는 사실을 보여주는 몇몇 기준은 자주 인용되며 이제는 상당히 친숙한 개념이 되었다. 예컨대 미국인 상위 1%가 벌어들인 조정 전前 국민소득은 1970년대에 10% 이하였지만, 오늘날에는 25% 이상으로 증가했다. 부유한 계층

내에서도 불평등이 심화하는 실정이다. 상위 1%의 소득이 상위 5%보다 훨씬 많이 증가했다. 3대 부자(현재 제프 베조스, 빌 게이츠, 워런 버핏)의 순자산을 합하면 하위 1억 3,000만 명의 순자산을 합한 액수와 거의 동일하다. 또 미국 국민 중에서 억만장자가 차지하는 비율은 두 번째로 비율이 높은 캐나다와 독일의 두 배이고, 대부분의 주요 민주국가와 비교하면 일곱 배나 높다. 한편 미국 최고경영자의 평균 소득은 1980년에 이미 동일 회사 근로자 평균임금의 40배였는데, 이제는 수백 배까지 치솟았다. 또 다른 주요 민주국가들과 비교할 때 미국 부자의 경제적 지위는 월등히 높은 반면, 가난한 미국인의 경제적 지위는 더 낮다.

미국에서 빈부 격차가 점점 커지는 이유는 정부 정책과 미국인의 사고방식이 복합된 결과이다. 먼저 정부 정책에 대해 살펴보자. 미국에서 '재분배redistribution', 즉 정부 정책을 통해 부유한 계층에서 가난한 계층으로 실질적으로 이전하는 돈은 다른 주요 민주국가에 비해 적다. 예컨대 소득세율, 사회보장제도에 따른 이전 소득social transfer, 저소득층을 위한 교환권과 보조금 같은 지출도 미국이 다른 주요 민주국가에 비해 상대적으로 낮다. 아울러 가난한 사람은 자신의 잘못으로 가난한 것이므로 더 열심히 일하면 윤택해질 것이란 믿음, 또 식품 구입권 등 저소득층을 위한 정부의 지원은 일종의 악습으로 가난한 사람을 부당한 방법으로 풍족하게 해준다는 믿음이 다른 민주국가에 비해 널리 퍼진 것도 빈부 격차가 확대되는 부분적 이유이다. '일하지 않고 빈둥대며 온갖 복지 혜택을 찾아 누리는 여인'을 뜻하는 '웰페어 퀸welfare queen'이란 신조어가 생겼을 정도이다. 또 앞에서 언급한 유권자 등록과 투표 및 과도한 선거비용도 적잖은 원인이라 할 수 있다. 가난한 사람보다 부유한 사람이 등록하고 투표하며 정치인에게 영향력을 행사하기가 더 쉽기 때문에 정치권력이 부유한 집단에 지나치게 집중하는 경향이 있다.

경제적 불평등과 밀접한 관계가 있는 또 다른 쟁점은 사회경제적 신분 이동, 즉 개인이 경제적 불평등을 극복하고 가난한 사람이 부유해질 수 있는 가능성이다. 다른 주요 민주국가의 국민보다 미국인은 '미국이 능력을 중시하는 국가'라고 굳게 믿는다. 따라서 능력이 있으면 얼마든지 성공하고 보상받을 수 있는 사회가 미국이라는 게 미국 국민의 믿음이다. 이런 믿음은 '무일푼에서 부자로!'라는 미국의 이상으로 상징된다. 요컨대 미국인은 무일푼으로 미국에 이주한 사람도 능력과 근면으로 부자가 될 수 있다고 믿는다. 미국인의 이 소중한 믿음은 과연 진실일까?

사회학자들이 이 믿음을 검증하는 방법 중 하나는 여러 국가를 대상으로 성인 세대의 소득과 그 부모 세대의 소득 사이 상관계수 correlation coefficient를 비교하는 것이다. 상관계수가 1.0이면 부모와 성인 자녀의 상대 소득이 완전히 상관관계에 있다는 뜻이다. 구체적으로 말하면 모든 고소득자는 고소득자인 부모의 자녀이고, 모든 저소득자는 저소득자인 부모의 자녀이다. 저소득 가정에서 태어난 아이가 고소득자로 올라설 가능성은 제로이고, 사회경제적 신분 이동의 가능성도 전혀 없다. 정반대로 그 상관계수가 제로라면 저소득자 부모의 자녀는 고소득자 부모의 자녀만큼이나 고소득자로 성장할 가능성이 있다는 뜻이다. 결국 사회경제적 신분 이동의 가능성도 높다.

이런 연구 결론에 따르면 다른 주요 민주국가와 비교할 때 미국에서 사회경제적 신분 이동 가능성은 낮지만, 가족 세대 간 상관관계는 더 높다. 예컨대 아버지가 자신의 세대에서 하위 20%에 속한 경우, 그 아들 역시 42%가 그 세대에서 하위 20%에 머물렀다. 반면 그렇게 가난한 아버지를 두고도 상위 20%까지 올라선 아들, 즉 무일푼에서 부자가 된 아들은 8%에 불과하다. 스칸디나비아 국가들에서 두 부문의 비율은 약 26%(미국은 42%)와 13%(미국은 8%)이다.

안타깝게도 이런 상황은 더욱 악화하고 있다. 지난 수십 년 전부터 미국에서 경제적 불평등은 심화했고, 사회경제적 신분 이동은 줄어들었다. 연방과 주, 지방 차원에서 모든 정부가 부자에게 영향을 받으면 어떻게 되겠는가? 각 정부는 부자에게 유리한 법(예컨대 유권자 등록법과 조세정책)을 통과시키고, 그 결과로 부자가 선호하는 후보가 선거에서 승리할 가능성이 높아진다. 그 후보가 당선되면 다시 부자에게 유리한 법을 더 많이 통과시키고 그로 말미암아 정부는 다시 부자에게 영향을 받으면서 악순환이 끝없이 이어진다. 이런 시나리오가 고약한 농담처럼 들릴 수 있겠지만 미국이 최근에 실제로 보여준 역사이다.

요약하면 무일푼에서 부자가 될 수 있다는 미국인의 믿음은 신화에 불과하다는 것이다. 오히려 무일푼에서 부자로 성공할 가능성은 미국보다 다른 주요 민주국가에서 더 높다. 이렇게 변한 이유가 무엇일까? 부자인 부모가 더 많은 교육을 받고, 따라서 자녀 교육에도 더 많은 돈을 투자하며 자녀에게 경력 관리에 더 유익한 지인을 소개할 가능성이 높기 때문이다. 예컨대 미국에서 부자 부모를 둔 자녀가 가난한 가정의 자녀보다 대학을 끝마칠 가능성이 10배 높다. "부모를 신중하게 선택하라!"라는 경제학자 리처드 리브스Richard Reeves와 이사벨 소힐Isabel Sawhill의 말이 허투루 들리지 않는다.

그래서 뭐가 문제인가?

불평등 문제를 거론하기 시작하면서 제기한 의문으로 돌아가보자. 불평등은 도덕적으로 중대한 문제이고 어떤 이유로든 가난한 사람에게는 안타깝지만, 그래서 뭐가 문제인가? 불평등이 미국 전체의 경제와 안전을 위협하는 문제인가? 부유한 미국인이 가난한 사람들에게 에워싸이면 부유한 미국인에게 해가 되는가?

이렇게 이기적인 의문을 제기하며 나는 목이 멘다. 도덕적 문제라는 이유만으로 불평등에 대해 걱정해야 하는가? 그러나 잔혹한 현실은 인간이 도덕적 문제로 고뇌하면서도 자기 이익을 추구하는 동물이라는 것이다. 따라서 불평등이 추상적인 도덕적 쟁점이면서도 부자에게 직접적으로 악영향을 미친다는 사실을 깨닫는다면 많은 부유한 미국인이 불평등에 대해 더 크게 걱정할 것이다.

1992년 4월 29일 아내와 나는 학회에 참석하기 위해 아이들을 베이비시터에게 맡기고 로스앤젤레스를 떠나 시카고의 한 호텔에 도착했다. 우리는 호텔 로비에서 친구들을 만났고 그들은 우리 부부를 보자마자 "당장 호텔 방에 올라가 텔레비전을 켜보게. 정말 보고 싶지 않은 장면을 보게 될 거야"라고 말했다. 우리는 서둘러 방으로 올라가 텔레비전을 켰다. 훗날 로드니 킹Rodney King 사건이라 명명된 폭동이 벌어지고 있었다. 폭동과 약탈, 방화와 살인이 센트럴 로스앤젤레스의 가난한 소수민족 구역에서 시작된 후, 도로를 따라 이웃한 구역까지 걷잡을 수 없이 확대되었다. 그 순간 우리 부부는 지금 로스앤젤레스가 몇 시인지 머릿속으로 계산해보았다. 우리 계산이 맞는다면 아이들이 베이비시터와 함께 자동차를 타고 학교에서 집으로 돌아올 시간이었다. 베이비시터가 우리에게 전화를 걸어 아이들과 함께 안전하

10.1 1992년 로스앤젤레스에서 일어난 로드니 킹 사건. 궁극적으로 미국 사회의 경제적 불평등과 절망감에서 발생한 인종 폭동이었다.

게 집에 귀가했다는 사실을 알려줄 때까지 우리는 불안에 떨며 두 시간을 보내야 했다. 중과부적이었던 로스앤젤레스 경찰이 폭도들로부터 부유한 지역을 보호하기 위해 취한 조치는 출입을 차단하는 표시로 노란 경찰 테이프를 두른 것이 전부였다. 이때 우리 부부는 "그래서 뭐가 문제인가?"라는 의문에 대한 답을 얻었다.

그 사건에서 폭도들은 어떤 이유로든 부유한 지역을 공격하지 않았다. 1965년 로스앤젤레스 와츠에서 일어난 폭동에서도 폭도들은 부유한 지역을 약탈하지 않았다. 로드니 킹 사건과 와츠 사건은 모두 인종 폭동이었다. 구체적으로 말하면 경제적 불평등과 절망감으로 발전한 인종차별에서 비롯한 인종 폭동이었다. 그러나 앞으로 로스앤젤레스를 비롯해 미국의 주요 도시에서 더 많은 폭동이 일어나리라는 것은 거의 자명하다. 불평등이 심화하고 인종차별이 지속되며 사회경제적 신분 이동이 줄어들면 가난한 미국인은 자식 세대도 괜찮은 소득을 얻고 경제적 지위를 조금이나마 끌어올릴 가능성이 무척 낮다는 사실을 깨달을 것이고, 그런 깨달음은 조금도 잘못된 것이 아니다. 가까운 미래에 미국은 노란 경찰 테이프로는 폭도들이 부유한 미국인에게 불만을 터뜨리는 걸 막을 수 없는 도시 폭동을 경험하게 될 것이다. 그때가 되면 많은 부유한 미국인이 "부유한 미국인이 가난한 사람들에게 에워싸이면 부유한 미국인에게 해가 되는가?"라는 의문에 대한 답을 개인적으로 얻을 것이다.

폭도들에게서 멀찌감치 떨어진 안전한 곳에 거주하는 부유한 미국인도 "그래서 뭐가 문제인가?"라는 의문에 대한 답을 얻을 것이다. 그 답은 상대적으로 덜 폭력적이겠지만 그들의 지갑과 생활 방식에 중대한 영향을 미치는 답일 것이다. 또 그 답은 내 생각에 지금 미국이 당면한 네 가지 근본 문제 중 마지막 것—인적자원과 공공의 목적을 위해 투자하는 돈의 감소가 경제에 미치는 영향—과 관계가 있다. 그 영향은 부유한 계층까지 모든 미국인이 뼈저리게 느낄 것이다.

미래를 위한 투자

개인이든 국가이든 미래를 위한 투자는 반드시 필요하다. 오늘 부유하지만 돈을 쥐고 앉아 투자하지 않으면 혹은 돈을 현명하지 않게 투자하면 가난해지는 것은 시간문제일 뿐이다. 이것이 정말 미국의 걱정거리일까?

이 질문에 가장 먼저 떠오르는 대답은 "천만에!"일 수 있다. 많은 사람이 미국의 민간 자본 투자가 많고, 대담하며 창의적이고 수익성도 무척 높다고 생각한다. 다른 국가와 비교하면 미국에서 창업에 필요한 자금을 모금하고, 아이디어의 상업적 가능성을 시험하기가 상대적으로 쉬운 것은 사실이다. 그래서 마이크로소프트와 페이스북, 구글과 페이팔, 우버 등 최근에 설립했지만 이미 세계적 대기업으로 성장한 많은 기업이 탄생할 수 있었다. 벤처 캐피털업계에서 일하는 친구들을 통해 나는 간접적으로 미국 민간 자본의 투자가 그처럼 성공하는 이유를 들었다. 벤처 캐피털사는 수백만 혹은 수억 달러를 모금한 후 그 돈을 분할해 많은 신생 기업에 투자한다. 대부분의 신생 기업이 실패하지만, 하나 혹은 소수가 크게 성공하며 초기 투자자에게 막대한 이익을 안겨준다. 내 친구들은 친숙한 재테크 기법의 변형된 형태가 아니라 파격적이고 위험성이 큰 아이디어에 대담하게 투자한다. 신생 기업이 창업 자금을 쉽게 모금할 수 있는 분위기가 미국이 폭발적으로 성장하는 신규 업종에서 세계를 지배하는 주된 이유이다.

내가 12년 전이었다면 터무니없고 위험도가 높다고 생각했을 법한 여덟 가지 아이디어로 미국에서 창업 자금을 모금하기 쉬운 이유를 설명해보려 한다. A형으로 분류한 두 아이디어는 이미 성공해서 수백억 달러의 가치를 지닌 기업을 탄생시킨 것이다. B형에 속한 두 아이디어는 부자들에게 후원받았지만 아직 뚜렷한 성과를 내지 못한 경우이다. C형에 속한 두 아이디어는 벤처 캐피털의 지원을 받아 어느 정도 성과를 거두었지만 아직 크게 성장하지 못한 경우이다. D형에 속한 두 아이디어는 내가 아는 한 어떤 지원도 받지 못한 순전한 속임수이다. 그 아이디어들을 소개하면 다음과 같다. (1) 전자 기기를 이용한 상어 퇴치 장치, (2) 반려견의 활동과 건강 상태 및 GPS 위치를 주인에게 알려주는 반려견용 목걸이, (3) 반려견이 은빛 여우처럼 진귀한 털이 난 새끼를 낳을 수 있도록 해주는 DNA 조작 테크놀로지, (4) 사진과 글을 온라인으로 올린 후 24시간 이내에 자동 삭제하는 소셜 미디어, (5) 진공관을 통해 항공기 속도로 사람을 이동시키는 기구, (6) 빈방을 임대하려는 사람에게 일면식도 없는 낯선 사람을 소개하며 방을 빌려주도록 해주는 테크놀로지, (7) 당신이 사망하는 즉시 시신을 동결시켜 미래의 언젠가 의사들이 당신을 죽게 한 질병의 치료 방법을 찾아내면 되살아날 수 있게 해주는 테크놀로지, (8) 피부에 뿌리면 물속에서도 15분가량 '호흡'할 수 있게 해주는 화학물질이다.

위의 아이디어들을 정확히 A, B, C, D형으로 분류할 수 있겠는가? 아래에 그 답이 있는데, 네 개라도 정확히 맞히는 독자는 극소수에 불과할 것이다.• 결국 처음에는 터무니없게 들리는 아이디어도 미국에서는 창업 자금을 끌어들여 가능성을 입증할 기회를 부여받고, 성공하면 전 세계에 확산되어 억만 단위의 기업으로 성장할 수 있다는 걸 명확히 보여주는 사례이다.

얼핏 생각할 때 미국이 미래에 대한 투자를 걱정할 필요가 없는 듯 보이는 또 다른 이유는 과학과 테크놀로지에 대한 미국의 지배력이다. 현재 과학과 테크놀로지는 미국 경제 생산량의 40%를 차지하며 주요 민주국가에서 가장 높은 비율이다. 또한 화학과 물리학, 생물학, 지구환경 과학 등 모든 주요 분야에서 발표하는 고품질의 과학 논문량에서도 미국은 압도적 차이로 선두를 기록하고 있다. 세계 최고의 과학 및 과학기술 연구소 중 절반이 미국에 있다. '절대적인' 연구개발비에서도 미국은 세계 1위이다. 하지만 '상대적인' 연구 개발비,

• 1C, 2C, 3D, 4A, 5B, 6A, 7B, 8D

즉 연구 개발에 투자하는 비용이 국내총생산에서 차지하는 비율로는 이스라엘과 한국, 일본이 미국보다 더 높다.

미래에 대한 미국의 투자를 낙관적으로 볼 만한 요소를 몽땅 지워버리는 비관적 이유가 하나 있다. 미국 정부가 공공의 목적을 위해 투자하는 돈이 줄어들고 있다는 것이다. 예컨대 공교육에는 물론이고 사회 기반 시설, 비군사적인 연구 개발에 투자하는 액수, 즉 경제적 이윤을 추구하지 않는 목적에 투자하는 정부 지출이 줄어들었다. 게다가 정부 투자를 '사회주의'라고 조롱하는 국민의 비율이 증가하는 추세에 있다. 하지만 정부 투자는 가장 오래전에 확립된 정부 기능 중 하나이다. 5,400년 전 처음 생겨난 이후로 정부는 두 가지 주된 기능을 맡았다. 하나는 무력을 독점해 분규를 해결하고, 시민들이 직접 분쟁을 해결하겠다며 폭력을 행사하는 걸 금지해 국내 평화를 유지하는 것이다.

다른 하나는 더 큰 목적을 위해 개인의 부를 재분배하는 것이다. 재분배는 최악으로 진행되면 소수의 특권층을 더 부자로 만들고, 최선으로 진행되면 사회를 전반적으로 더 개선한다. 물론 부유한 개인과 기업이 투자를 통해 이익을 기대하며 많은 투자를 한다. 그러나 많은 잠재적 이익이 민간투자를 끌어들이지 못한다. 그 보상이 머나먼 미래의 것일뿐더러 민간투자자에게 집중되지 않고 사회 전반에 분산되기 때문이다. 예컨대 초등교육에 투자하면 그 효과는 먼 훗날에야 나타나고, 지역 소방서와 도로와 교양 교육에 투자하면 많은 사람에게 혜택을 준다. 따라서 작은 정부를 열렬히 지지하는 사람도 소방서와 주간 고속도로와 공립학교를 사회주의적 발상이라고 비난하지 않는다.

그 결과, 미국은 과학과 테크놀로지 및 고급 노동 인력에 기초한 과거의 경쟁 우위를 상실하고 있다. 적어도 세 가지 추세에 이런 쇠퇴가 가속화되고 있다. 첫째는 교육에 투자하는 비용의 감소이고, 둘째는 교육비에서 얻는 결과의 감소이며, 셋째는 미국인이 받는 교육의 질이 천양지차라는 현실이다.

정부가 교육, 특히 고등교육에 투자하는 비용은 21세기에 접어들어 뚝뚝 떨어지기 시작했다. 인구는 증가하는데 주 정부가 고등교육에 지원하는 자금은 교도소를 운영하는 비용의 25분의 1에 불과하다. 실제로 12개 주에서 고등교육에 투자하는 비용보다 교정 제도를 운영하는 데 사용하는 비용이 더 많다.

두 번째 추세는 미국 대학생의 실력이 세계 기준에 비해 떨어지는 현실과 관계가 있다. 수학과 과학 분야의 이해력 테스트에서 미국 대학생의 성적은 이제 주요 민주국가에서 하위권을 헤매고 있다. 미국의 미래에 위험한 징조가 아닐 수 없다. 미국 경제가 과학과 테크놀로지에 크게 의존하기 때문이고, 학교교육 외에 수학과 과학에 투자하는 교육이 국가 경제성장을 가장 확실하게 예측할 수 있는 지표이기 때문이다. 그러나 미국이 학생 한 명에게 투자하는 교육비가 줄어들고 있는 추세이지만, 세계 기준에서 보면 여전히 높은 편이다. 달리 말하면 미국이 교육에 투자하는 비용에 비해 성과가 형편없다는 뜻이다. 그 이유가 무엇일까?

한국과 핀란드, 독일 등 여러 민주국가에서는 교사가 높은 보수를 받고 사회적 지위도 높아 이직률이 낮다. 따라서 그 국가들에서는 뛰어난 학생들이 교사직을 원한다. 특히 한국의 경우 초등학교 교사를 전문으로 양성하는 대학교의 응시자는 대학 수학 능력 시험에서 상위 5% 안에 들어야 한다. 또 중등학교에서 교사직을 얻으려면 12:1의 경쟁률을 뚫어야 한다. 반면 주요 민주국가에서 미국의 교사는 연봉이 상대적으로 가장 낮은 편이다(모든 직종의 평균 연봉과 비교할 때). 예컨대 내가 아내와 함께 매년 여름휴가를 보내는 몬태나주에서 교사 연봉은 거의 빈곤선에 가깝다. 따라서 교사는 그런대로 입에 풀칠이라도 하려면 퇴근 후에 한두 가지 부업을 해야 한다. 예컨대 슈퍼마켓에서 포장 일이라도 해야 한다. 한국과 싱가포르, 핀란드의 교사는 모두 학급에서 상위 3등 출신이지만, 미국에서 교사의 거의 절반은 하위 3등 출신이다. 내가 53년 동안 재직한 캘리포니아대학교 로스앤젤레스 캠퍼스는 뛰어난 학생들이 모이는 대학이다. 그동안 많은 제자를 배출했지만 교사가 되고 싶다고 말한 학생은 단 한 명뿐이었다.

끝으로 미국에서 고급 노동 인력이 줄어드는 이유는 주간州間과 주내州內 모두에서 교육 수준이 크게 차이 나기 때문이다. 한편 대부분의 주요 민주국가에서는 연방 정부가 교육을 지원하고 교육 수준을 설정하는 반면, 미국에서는 그 책임이 주 정부와 지방정부의 몫이다. 주 정부의 재산과 세수와 정치철학에 따라 주 정부가 공공 고등교육 분야에서 학생 한 명에게 투자하는 비용은 주 사이에 11배의 차이가 있다. 동일한 주에서도 교육비 지원은 지역에 따라 다르다. 상대적으로 가난한 지역과 가난한 주는 학교에 대한 지원도 적기 마련이다.

교육은 경제적 성과에서 상당히 큰 비중을 차지하기 때문에 미국 내에서도 지리적 차이에 따른 빈곤은 지속되는 경향이 있다. 게다가 같은 지역에서도 교육의 질은 사립학교와 공립학교 사이에 커다란 차이가 있다. 수업료를 징수하는 사립학교는 부유한 가정의 자녀를 받아들여 교사에게 더 나은 보수를 지급하며, 교실당 학생 수도 적어 양질의 교육을 제공한다. 핀란드에서는 정부가 공립학교와 사립학교 교사에게 봉급을 지급하고, 또 공립과 사립을 구분하지 않고 양쪽 교사에게 동일한 봉급을 지급하기 때문에 교육의 질적 차이는 상상조차 할 수 없다. 따라서 미국 부모와 달리 핀란드 부모는 아이를 사립학교에 보내면 더 나은 교육을 받을 것이라 생각하지 않는다.

미국 정부가 공립학교에 투자하는 비용이 줄어들고, 학생에게 제공하는 교육 기회에 큰 편차가 있다는 메시지에 담긴 핵심 내용은 무엇일까? 달리 말하면 미국 정부가 대다수 미국인의 미래를 위한 투자에 인색하다는 뜻이다. 미국은 부유한 민주국가 중 인구수가 압도적으로 많지만, 그 인구의 대부분은 미국 경제를 끌어가는 엔진이라 할 수 있는 기능과 기량을 키우는 적절한 훈련을 받지 못하고 있다. 그러나 미국의 경쟁국인 한국과 독일, 일본과 핀란드 같은 국가는 모든 학생을 위한 교육에 투자한다. 만약 그 국가들의 인구가 미국보다 턱없이 적다는 사실에서 위안을 찾는다면, 즉 미국 학생의 20%가 한국 학생의 100%보다 약간 많다는 사실에 안심한다면 미국보다 인구가 다섯 배나 많은 중국도 어린아이에게 더 나은 교육 기회를 제공하는 비상 프로그램을 시작했다는 사실을 기억해야 할 것이다. 이런 변화는 미국 경제가 지금까지 향유한 경쟁 우위에 대한 나쁜 징조이다.

이 모든 사실에서 역설적인 의문이 제기된다. 미국은 세계에서 가장 부유한 국가인데, 미국 정부가 국민의 미래에 투자하지 않는다면 그 많은 돈을 어디에 쓰는 것일까?

첫째로 대부분의 돈이 납세자의 주머니에 그대로 남아 있다. 달리 말하면 대부분의 부유한 민주국가와 비교하면 미국의 세금 부담은 낮은 편이다. 둘째로 많은 세금이 교도소, 군사비, 보건에 지출되고 있다. 세 부문에 사용하는 지출은 주요 민주국가의 수준을 훌쩍 넘어선다. 사회 복귀와 재교육보다 감금과 처벌에 초점을 맞춘 미국의 교정 제도가 미래를 위한 투자라고 주장할 사람은 어디에도 없을 것이다. 군사비 지출은 미래를 위한 투자라는 사실을 인정할 수 있지만, 인구가 두 배나 많은 유럽연합보다 더 많은 군사비를 써야 할 이유가 무엇인가? 더구나 유럽연합의 미래를 보장하고 보호하기 위한 군사비의 상당 부분을 미국이 부담해야 할 이유는 또 무엇인가?

건강관리 비용에 대해 말하자면 미래를 위한 투자로 보아야 마땅한 듯하다. 적어도 그 효용성과 결과를 점검할 때까지는 그렇다. 기대수명, 유아 사망률, 산모 사망률 등과 같은 지표에서 미국은 모든 주요 민주국가보다 낮은 편이다. 그 이유가 무엇일까? 미국의 경우에는 영리를 추구하는 보험회사가 부과하는 높은 보험료, 과도한 행정 비용, 비싼 처방약, 의료사고에 따른 높은 보험 비용, 의료 소송을 우려해 필요 이상으로 치료하는 자기 방어적 의료 조치, 보험이 없는 데다 일반 진료비를 감당할 수 없는 환자에 대한 값비싼 응급실 진료비 등 건강 향상과 직접적 관련이 없는 부문에 대한 지출이 많기 때문이다.

위기의 기준틀

미국을 다룬 9장과 10장을 시작하며 미국의 강점을 먼저 언급했고, 그다음에는 내가 보기에 미국이 당면한 가장 중대한 문제들이 어떻게 전개되고 있는지 살펴보았다. 이번에는 위기와 변화의 기준틀에서 그 문제들을 분석하며 결론을 내려보자.

미국이 선택적 변화를 시도함으로써 그 문제들을 해결하려 할 때

1장의 표 2에서 제시한 12가지 예측 변수 중 어느 것이 미국의 장래에 유리하고, 어느 것이 불리할까? 내가 위기의 기준들을 미국에 적용하는 이유는 학문적 관심 때문이기도 하지만 미국인에게 해결책의 방향성을 제시하고 싶은 작은 바람이 있기 때문이다. 우리 연구를 방해하는 요인을 명확히 이해하면 그런 깨달음만으로도 그 방해 요인을 해결하는 방법을 찾아내는 데 관심을 집중할 수 있을 것이다.

바람직한 결과와 관련한 요인에는 물리적 혹은 부분적으로 문화적인 이점과 물리적인 이점이 있다. 부분적으로 물리적인 이점에는 인구가 많다는 인구학적 이점, 지리적 이점(넓은 면적, 온대기후대와 비옥한 토양, 드넓은 연안 해역과 내륙의 수로), 정치적 이점(연방제 민주주의, 군부보다 우위에 있는 민간, 상대적으로 낮은 부패 지수), 역사적 이점(개인의 기회, 정부 투자, 이민자의 통합)이 있다. 이런 이점이 복합된 덕분에 현재의 미국이 존재하는 것이고, 오래전부터 세계에서 가장 강력한 경제 대국으로 군림할 수 있었다. 한편 완전한 물리적 이점은 미국에 선택의 자유를 폭넓게 부여한 지리적 이점이다(표 2의 요인 12). 광활한 바다가 양쪽에서 영토를 보호하고, 육지에서 남북으로 국경을 맞댄 두 국가는 위협적이지도 않고 인구도 훨씬 더 적다. 따라서 미국이 가까운 장래에 침략당할 위험은 없다. 반면 이 책에서 다룬 다른 여섯 국가 중 독일과 일본은 가까운 과거에 정복 및 점령당한 전례가 있고, 핀란드와 오스트레일리아는 공격받은 적이 있다. 그러나 대륙간탄도미사일, 경제의 세계화, 현대화한 교통수단과 한결 쉬워지고 통제하지 않는 이민 등으로 지정학적 제약으로부터의 자유가 예전에 비하면 크게 줄었다.

한편 문화적 이점으로 첫손에 꼽는 것은 미국의 강력한 국가 정체성이다(요인 6). 미국이 탄생한 이후 지금까지 대부분의 미국인은 미국을 유일무이하고 훌륭하며 자랑스러운 국가라고 생각해왔다. 외부인은 미국인의 낙관주의와 '할 수 있다can-do'라는 정신을 논할 때 "미국인은 문제라는 건 해결하기 위해 존재하는 것이라 생각한다"라는 식으로 흔히 말한다.

미국이 지닌 또 다른 문화적 이점은 다양한 방향으로 표현하는 유연성이다(요인 10). 미국인은 평균 5년마다 이사하는데, 이 횟수는 여기에서 다룬 다른 국가들에 비해 훨씬 잦은 편이다. 또 두 정당 간 정권 교체도 빈번하게 이루어지는 편이어서 지난 70년 동안 대통령 소속 정당이 아홉 번이나 바뀌었다. 게다가 두 정당—민주당은 1820년대부터, 공화당은 1854년부터—이 오랫동안 그대로 유지되는 것도 경직성보다 유연성의 증거라 할 수 있다. 시어도어 루스벨트의 불무스당Bull Moose Party, 헨리 월리스의 진보당Progressive Party, 조지 월리스의 미국독립당American Independent Party처럼 제3당이 두각을 나타낼 때마다 곧 희미하게 사그라든 이유는 두 정당 중 하나가 그 정당의 정책을 부분적으로 흡수했기 때문이다.

핵심 가치에 대한 유연성도 미국의 특징이다. 첫째로 자유와 평등과 민주주의라는 미국의 핵심 가치는 대외적으로는 협상의 대상이 아니다(요인 11. 하지만 그 핵심 가치를 적용하는 데는 맹점이 있다). 하지만 미국은 지난 70년 전부터 낡은 것으로 판단하는 오래된 핵심 가치를 하나씩 폐기해왔다. 제2차 세계대전 이후 정치적 고립주의를 버린 것이나 1950년대 이후 여성 차별과 인종차별이 줄어든 것이 대표적 예이다.

이번에는 미국의 불리한 점에 대해 살펴보자. 어떤 국가이든 국가적 위기를 해결하는 첫 단계는 국가가 실제로 위기에 직면하고 있다는 국민적 합의(요인 1)를 이루어내고, 위기와 관련한 문제를 '다른 쪽(다른 국가나 국내의 다른 집단)' 탓으로 돌리지 않고 자신의 책임으로 받아들이며(요인 2), 무엇이 제대로 작동하고 무엇이 잘못되고 있는지에 대해 정직한 자기평가를 시도하는 것이다(요인 7). 미국은 이런 첫 단계의 근처에도 이르지 못했다. 미국인은 미국 상황에 대해 끊임없이 걱정하지만, 무엇이 잘못되고 있는지에 대한 국민적 합의를 아직 이루어내지 못했다. 정직한 자기평가도 턱없이 부족하다. 근본 문제가 양극화, 투표율과 까다로운 유권자 등록, 불평등과 쇠퇴하는 사회경제적 신분 이동, 교육과 공공의 목적에 대한 정부 투자의 감소라는 폭넓은 합의도 없다. 대다수 미국 정치인과 유권자는 이런 문제를 해결하기는커녕 오히려 악화시키고 있을 뿐이다. 또 압도적 다수가 미국 문제를 미국인 자신보다 '다른 쪽' 탓으로 돌리며, 그 비판의 화살은 중국과 멕시코 및 불법 이민자에게도 향한다.

부유하고 영향력 있는 소수에게 권력이 과도하게 집중된 현상 자체가 무엇인가 잘못되었다는 방증이다. 그러나 그들은 문제를 해결하기 위해 부와 영향력을 할애하지 않고 오히려 그들 자신과 가족만이라도 미국 사회의 문제에서 탈출할 방법을 찾으려고 발버둥 칠 뿐이다. 요즘 선호하는 탈출 전략은 뉴질랜드(가장 외떨어진 제1세계 국가)에서 부동산을 매입하거나, 미국 땅에서 폐기된 지하 미사일 격납고를 고가에 매입해 호화로운 방어 시설로 꾸미는 것이다. 그러나 미국이 무너진다면 그 방어 시설에 호화롭게 꾸민 작은 문명이나 멀리 떨어진 뉴질랜드라는 제1세계가 얼마나 오랫동안 버틸 수 있을까? 며칠? 몇 주? 몇 개월? 이런 불길한 생각은 다음의 씁쓸레한 대화에 고스란히 담겨 있다.

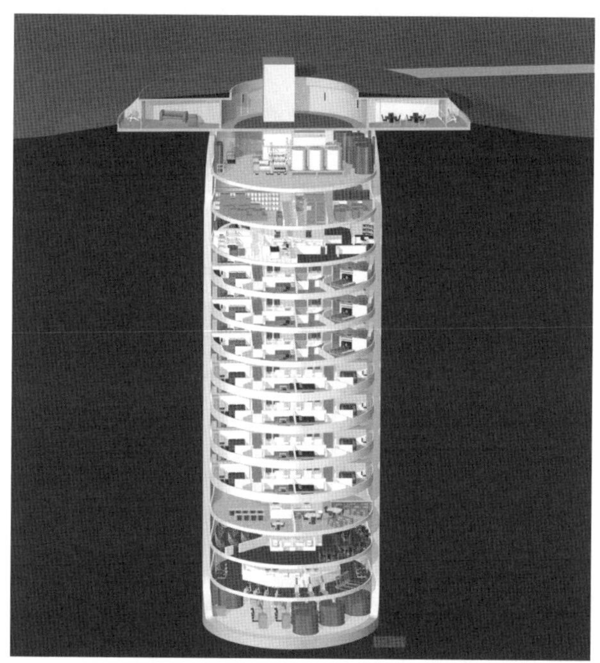

10.2 미국 사회의 광범위한 문제에 대응하는 부유한 권력자의 태도: 근본 문제를 해결하려고 애쓰지 않고 폐기된 지하 미사일 격납고를 고가에 매입해 호화로운 방어 시설로 꾸미고 있다.

질문: 언제쯤에야 미국은 이 문제들을 진지하게 받아들일까?

대답: 강력하고 부유한 미국인이 물리적으로 불안을 느끼기 시작할 때.

위의 대답에 나는 "대부분의 미국인이 강력하고 부유한 미국인의 어떤 행위도 물리적 안정을 유지하는 데 도움이 되지 않는다는 걸 깨닫고, 분노하며 좌절하고 현실적으로 아무런 희망도 품지 못할 때"라고 덧붙이고 싶다.

미국에는 또 하나의 중대한 결함이 있다. 다른 국가들이 실행해서 성공한 방법으로 교훈을 얻으려는 의지와 적극성이 미국에는 전혀 보이지 않는다는 점이다(요인 5). 다른 국가로부터 배우려 하지 않는 미국의 태도는 '미국 예외주의American exceptionalism'라는 믿음과 관계가 있다. 달리 말하면 미국은 유일무이한 국가여서 다른 모든 국가에 적용되는 것도 미국에는 자동으로 적용되지 않는다는 믿음이다. 물론 이런 믿음은 얼토당토않은 허튼 생각이다. 미국이 많은 면에서 남다른 것은 사실이지만 모든 인간과 사회, 정부와 민주국가는 공통된 면이 있어 서로 배워야 한다. 즉 미국도 다른 국가로부터 무엇인가를 배워야 한다.

특히 이웃 국가인 캐나다도 미국처럼 넓은 면적을 보유하고 인구밀도가 낮으며, 영어를 지배 언어로 사용하고, 지리적 장벽으로 영토를 보호받아 선택의 자유가 다양하며 광물자원이 풍부하다. 게다가 국민이 주로 1600년 이후에 도래한 이민자로 이루어진 것도 미국과 비슷하다. 세계에서 캐나다가 맡은 역할은 미국의 역할과 다르지만, 인간이 보편적으로 고민하는 문제는 캐나다에서나 미국에서나 똑같다. 하지만 국민 건강보험, 이민과 교육, 교정 제도, 공동체와 개인의 균형 등 많은 사회·정치적 정책에서 캐나다는 미국과 무척 다르다.

미국인이 결코 해결할 수 없다고 좌절하던 몇몇 문제를 캐나다에서는 국민의 폭넓은 지지를 얻는 방법으로 해결했다. 예컨대 캐나다가 이민자를 받아들이는 기준은 미국보다 상세하고 합리적이다. 따라서 캐나다인의 80%는 이민자가 캐나다 경제에 도움이 된다고 생각한다. 이민 때문에 갈갈이 분열된 미국 사회와는 전혀 다르다. 이웃 국가인 캐나다에 대한 미국인의 무지는 놀라울 정도이다. 대부분의 캐나다인이 영어를 사용하고 미국을 옆집처럼 생각하며, 전화용 지역

번호도 미국과 공유하기 때문인지 다수의 미국인은 캐나다를 독립된 주체라고 생각하지 않는다. 따라서 캐나다가 미국과 무척 다르고, 미국을 괴롭히는 문제를 해결하는 방식을 캐나다에서 배울 수 있다고 여기지 않는다.

서유럽에 대한 미국인의 생각은 얼핏 보면 캐나다에 대한 생각과 다르다. 미국인에게 서유럽은 캐나다와 달리 명확히 다른 땅이다. 일단 캐나다와 달리 서유럽은 미국에서 멀리 떨어져 있어 자동차로 가기에는 어림없고 적어도 비행기로 다섯 시간을 날아가야 한다. 게다가 대부분이 영어가 아닌 다른 언어를 모국어로 사용하는 데다 최근의 이민에 기반하지 않고 유구한 역사를 지니고 있다. 하지만 서유럽 국가들도 미국이 직면한 문제, 예컨대 건강보험과 교육, 교정 제도 등의 문제와 맞닥뜨린 부유한 민주국가이지만 미국과는 다른 방식으로 그 문제들을 해결하고 있다. 특히 유럽 정부는 건강보험과 공공 교통, 교육과 고령 연금자, 예술 활동 등 삶의 다양한 면을 정부 투자라는 형식으로 지원한다. 하지만 서유럽의 이런 정책을 미국은 '사회주의적'이라고 묵살하는 경향이 있다. 1인당 소득은 대부분의 유럽 국가보다 미국이 약간 높지만, 개인적 욕구를 충족시키는 조치와 기대 수명은 대체로 서유럽이 높다.

결국 미국이 서유럽을 본보기 삼아 배울 것이 많다는 뜻이다. 그러나 일본 정부 사절단이 메이지 시대에 그랬던 것처럼 미국 현대사에서 미국 정부가 서유럽과 캐나다에서 무엇인가 배우기 위해 사절단을 파견한 사례는 거의 없다. 그 이유가 무엇이겠는가? 미국식 방법이 서유럽과 캐나다의 방식보다 항상 더 낫고, 미국은 특별하기 때문에 서유럽과 캐나다에 적용한 해법이 미국에는 통하지 않을 것이란 잘못된 확신에서 비롯된 오만이다. 이런 부정적 사고방식 때문에 많은 개인과 국가가 위기를 해결하는 과정에서 찾아낸 유용한 방법을 미국인은 스스로 내치고 있는 셈이다. 다른 국가가 유사한 위기를 해결한 방법에서 미국도 분명히 배울 점이 있을 것이기 때문이다.

끝으로 미국의 작은 단점, 복합적인 경험과 관련한 두 가지 요인이 남았다. 작은 단점이라면 미국이 국가적 불확실성과 실패를 쉽게 용인하지 않는다는 것이다(요인 9). 실패의 용인은 '할 수 있다'라는 정신이나 성공에 대한 기대감과 충돌하기 때문이다. 1956년 수에즈 위기의 굴욕을 견뎌낸 영국, 제2차 세계대전의 참담한 패배를 딛고 일어선 일본·독일(독일의 경우에는 추가로 제1차 세계대전까지)과 비교하면 미국은 베트남전쟁의 패전을 쉽게 용납하지 못하고 국론까지 분열되었다. 한편 미국이 위기를 극복한 과거의 경험은 복합적 성격을 띤다. 미국은 전쟁에서 패한 적도 없고 일본과 독일처럼 점령당한 적도 없으며, 핀란드처럼 침략당한 적도 없고 영국과 오스트레일리아처럼 침략 위협을 받은 적도 없다. 또 미국은 1868~1912년의 일본, 1945~1946년과 그 이후의 영국처럼 거대한 변혁을 겪지도 않았다. 그러나 국가 정체성을 심각하게 위협한 남북전쟁을 견뎌냈고, 1930년대의 대공황에서 벗어났으며, 제2차 세계대전 때는 평화로운 고립 정책에서 벗어나 전면전에 뛰어들었다.

지금까지 나는 12가지 예측 요인이 미국에 어떻게 적용되는지 따져보았다. 미국에 폭넓은 선택의 자유를 부여하는 지리적 장점, 강력한 국가 정체성, 유연성을 보여준 역사적 사례는 긍정적 미래를 예상하

게 하는 요인이다. 한편 긍정적 결과를 방해하는 요인은 미국이 위기와 직면한 것이 맞느냐에 대한 국민적 합의가 없고, 자신의 책임을 인정하지 않고 '다른 쪽'을 탓하는 습관, 자체의 문제를 바로잡으려 노력하지 않고 자기 보호에 급급한 태도, 다른 국가로부터 배우려 하지 않는 오만함이다. 그러나 이 요인들을 근거로 미국인이 자체의 문제를 해결하기 위해 나설 것이라고 예측할 수는 없다. 미국인이 자체의 문제를 어떤 식으로 해결할 가능성이 큰지 예측할 수 있을 뿐이다.

앞으로 미국은 어떻게 될까? 미국이 어떤 선택을 하느냐에 따라 달라질 것이다. 미국이 기본적으로 누리는 이점이 막대하다는 사실은 미국이 자초하고 있는 문제를 현명하게 해결하면 미국의 미래가 과거만큼 밝을 수 있다는 뜻이다. 그러나 안타깝게도 미국은 현재 그 이점을 헛되이 낭비하고 있다. 다른 국가들도 과거에 이런저런 이점을 누렸지만 헛되이 낭비한 탓에 급작스럽거나 서서히 덮친 위기를 겪었다. 그 국가적 위기는 현재 미국이 당면한 위기만큼이나 중대한 것이었다. 메이지유신 이후 일본과 전후 핀란드나 독일처럼 몇몇 국가는 고통스러웠겠지만, 궁극적으로 국가 위기를 해결하기 위한 긴 과정을 밟는 큰 변화를 채택했다. 따라서 미국이 앞으로 울타리 세우기를 시도할 것이냐 하는 문제가 남는다(요인 3). 그러나 그 울타리는 멕시코와 맞댄 국경에 쌓는 장벽이 아니라, 미국 사회에서 제대로 기능하는 부문과 그렇지 않은 부문을 구분하는 울타리여야 할 것이다. 그 후에는 울타리 내에서 위기를 재촉하는 부문을 바꿔갈 수 있는지도 신중히 지켜봐야 할 것이다.

11장

장래에 세계가 해결해야 할 과제는?

오늘의 세계 – 핵무기 – 기후변화 – 화석연료 – 대체에너지원 – 다른 자연 자원 – 불평등 – 위기의 기준틀

오늘의 세계

앞에서 우리는 단일 국가에 닥친 위기를 다루었다. 이 책에서 다루지 않은 국가의 독자라도 자신의 조국에 닥칠지도 모를 위기를 나름대로 생각해볼 수 있을 것이다. 이번에는 세계에 임박한 위기를 살펴보자. 세계를 기준으로 할 때 어떤 요인이 인류와 생활수준을 위협할까? 최악의 경우 범세계적 문명의 실존을 위협하는 것은 무엇일까?

나는 전 세계를 위협할 가능성이 있는 네 가지 유형의 문제를 지적해보려 한다. 중요성보다 시각적 충격의 순서로 나열하면 (1) 핵무기 폭발, (2) 기후변화, (3) 세계적 자원 고갈, (4) 세계적 차원의 생활수준 불평등이다. 물론 여기에 다른 문제를 덧붙이고 싶은 사람도 있을 것이다. 예컨대 이슬람 근본주의, 새롭게 생겨난 전염병, 소행성 충

돌, 생물의 대량 멸종도 가볍게 넘길 수 없는 문제이다.

핵무기 1945년 8월 6일 히로시마에 떨어진 원자폭탄으로 약 10만 명이 그 자리에서 사망했고, 부상과 화상 및 방사능 노출에 따른 후유증으로 사망한 사람도 수천 명이 넘었다. 인도와 파키스탄, 미국과 러시아 혹은 중국이 서로 핵무기를 주고받는 전쟁을 벌인다면 수억 명이 그 자리에서 사망하겠지만 전 세계적으로 겪는 후유증은 훨씬 더 클 것이다. 핵폭탄 자체는 인도와 파키스탄에서 폭발하더라도 대기에 미치는 영향은 전 세계에서 감지할 수 있을 것이다. 핵폭발로 인한 연기와 그을음과 먼지가 수주 동안 대부분의 햇빛을 차단함으로써 기온이 급강하하면 겨울 같은 상황이 벌어질 것이기 때문이다. 게다가 광합성이 멈춰 많은 동식물이 말살되고 세계적인 흉작으로 기아도 걷잡을 수 없이 확산될 것이다. 최악의 시나리오는 흔히 '핵겨울nuclear winter'이라 부른다. 대부분의 인류가 굶주림뿐 아니라 추위와 질병과 방사능으로 사망한다는 시나리오이다.

지금까지 핵무기를 사용한 사례는 히로시마와 나가사키가 전부이다. 그 이후 전면적 핵전쟁에 대한 두려움이 내 삶의 배경을 이루었다. 1990년 이후 냉전이 종식되며 핵전쟁에 대한 두려움이 처음에는 줄어들었지만, 그 이후 전개된 세계정세는 다시 핵전쟁의 위험을 높였다. 어떤 사태가 벌어지면 핵무기를 사용하게 될까?

다음의 설명은 스탠퍼드대학교 명예교수 윌리엄 페리William Perry와 나눈 대화와 그의 책《핵 벼랑을 걷다》(2015)에서 얻은 정보를 근

11.1 오늘날 세계가 직면한 중대한 문제 중 하나는 핵무기를 사용할 가능성이다.

거로 한 것이다. 페리의 경력을 보면 핵 문제 전문가로 평가하기에 조금도 부족하지 않다. 그는 1962년 쿠바 미사일 위기 때 케네디 행정부 대신 소련이 쿠바에 설치하려는 핵 역량을 분석했고, 1994년부터 1997년까지는 클린턴 정부에서 국방부 장관을 지냈다. 또 북한과 소련, 러시아, 중국, 인도, 파키스탄, 이란, 이라크와 핵 문제를 비롯해 여러 쟁점을 두고 협상을 벌였으며 소련이 붕괴한 후에는 우크라이나와 카자흐스탄에 있던 구소련의 핵 시설 해체 과정을 협상하기도 했다.

국가권력과 테러 집단이 결국 핵폭탄을 터뜨리게 되는 파국으로 이어질 네 가지 유형의 시나리오를 생각해볼 수 있다. 처음 세 경우는 국가권력(정부)에 의한 폭발이고, 마지막 하나는 테러 집단에 의한 폭발이다. 가장 흔히 논의되는 시나리오는 핵무기를 보유한 국가가 역시 핵무기를 보유한 다른 국가를 계획적으로 기습 공격하는 경우이다. 그렇게 기습 공격하는 목적은 경쟁국의 무기를 순식간에 완전히 파괴함으로써 경쟁국이 보복할 수단조차 남겨두지 않으려는 것이다. 이는 세계인이 수십 년간 계속된 냉전 시기에 가장 두려워한 시나리오였다. 미국과 소련은 상대를 파괴하기에 충분한 핵무기를 보유했기 때문에 '합리적으로 계획된rationally planned' 유일한 공격법은 상대의 보복 역량까지 완전히 없앨 수 있는 기습이었다. 따라서 미국과 소련은 그런 현실에 대응해 핵무기를 발사하는 다양한 시스템을 개발했고, 그 목적은 자신들의 보복 역량이 순식간에 제거되는 위험을 피하기 위함이었다.

예컨대 미국은 세 가지 발사 시스템을 갖추었다. 적의 공격을 견뎌낼 수 있는 강력한 방어 설비를 갖춘 지하 미사일 격납고, 잠수함, 핵무기를 탑재한 폭격기 편대이다. 따라서 소련이 기습 공격으로 지하 격납고를 빠짐없이 파괴하더라도 미국은 폭격기와 잠수함을 동원해 즉각 대응함으로써 소련을 파괴할 수 있었다. 하지만 미국은 위장된 격납고, 강력한 방어 시설을 갖춘 지하 격납고, 상상을 초월할 정도로 정밀한 타격 능력을 갖춘 미사일이라야 맞힐 수 있는 작은 격납고까지 아주 다양한 격납고를 보유하고 있어 소련이 이 모든 것을 빠짐없이 파괴한다는 전제 자체가 불가능했다.

그 결과, 미국과 소련의 핵무기는 '상호 확증 파괴mutual assured destruction' 능력을 갖추었고, 따라서 어느 쪽도 기습 공격을 시행하지 않았다. 달리 말하면 경쟁국의 핵 능력을 파괴하겠다는 목표는 유혹

적이었지만, 미국과 소련 양측의 군사전략가들은 기습 공격이 무모한 짓이라는 걸 분명히 알고 있었다. 상대가 반격을 시도하지 못할 정도로 발사 시스템을 완전히 파괴하는 것은 불가능했기 때문이다. 그러나 이렇게 합리적으로 판단하더라도 미래를 완전히 낙관할 수 없다. 최근에는 무모하고 비이성적인 지도자가 적잖게 눈에 띄기 때문이다. 이라크의 사담 후세인과 북한의 김정은을 필두로 독일과 일본, 미국과 러시아에도 유사한 지도자가 있다. 게다가 이제는 인도와 파키스탄도 핵미사일을 탑재한 잠수함까지는 아니더라도 지상에서 핵미사일을 발사하는 시스템을 갖추었다. 따라서 인도나 파키스탄의 어떤 지도자가 기습 공격이야말로 대국의 보복 역량까지 파괴하는 좋은 기회이고, 합리적인 전략적 기회라고 생각할 가능성이 없지 않다.

두 번째 시나리오는 경쟁국 정부의 잘못된 계산에 따른 행동에 정부 수반에게 강력히 대응하라는 양국 장군들의 압력까지 더해지면 결국 어느 쪽도 처음에는 원치 않던 상호 핵 공격으로 치닫게 된다는 것이다. 대표적 예가 1962년의 쿠바 미사일 위기이다. 니키타 흐루쇼프 소련 총리는 1961년 빈 회담에서 존 F. 케네디 미국 대통령을 만났고, 그때 받은 인상으로 케네디를 평가절하하게 되었다. 그 때문에 흐루쇼프는 쿠바에 소련 미사일을 설치하려 해도 미국이 크게 반발하지 않을 거라고 잘못 판단했다. 소련이 쿠바에 건설 중이던 미사일 기지가 탐지되자 미군 장성들은 케네디에게 소련의 보복을 감수하더라도 즉각 그 기지를 파괴하라고 촉구했고, 어떤 조치도 취하지 않을 경우 탄핵될 것이라는 위협도 덧붙였다. 다행히 케네디는 덜 극단적인 조치를 취했고, 흐루쇼프도 덜 극단적으로 대응함으로써 아마겟돈을 피했다. 그러나 훗날 양쪽이 당시 고려한 행동에 대한 자료가 공개되면서 밝혀졌듯 그야말로 위기일발이었다. 예컨대 거의 일주일 동안 계속된 쿠바 미사일 위기 첫날, 케네디는 쿠바에서 소련 미사일이 한 발이라도 발사되면 "미국은 소련에 전면적으로 보복할 것"이라고 공개적으로 선언했다. 그러나 소련 잠수함 함장에게는 모스크바 지도부와 먼저 협의하지 않고도 핵 어뢰를 발사할 권한이 있었다. 실제로 한 함장은 자신의 잠수함을 위협하던 미 해군 구축함에 핵 어뢰를 발사하려 했지만 다행히 다른 장교들이 만류했다. 만약 소련 함장이 원래 의도대로 핵 어뢰를 발사했다면 케네디도 보복하라는 거부할 수 없는 압력에 직면했을 것이고, 그랬더라면 흐루쇼프도 더 크게 보복하라는 압력에 시달렸을 것이다.

오늘날에도 잘못된 판단과 계산은 핵전쟁으로 이어질 수 있다. 예컨대 북한은 한국과 일본을 타격할 수 있는 중거리 미사일을 보유하고 있으며, 미국까지 도달 가능한 장거리 대륙간탄도미사일ICBM도 발사한 적이 있다. 북한이 ICBM의 개발을 완료하면 미국을 향해 ICBM을 발사해 군사적 능력을 과시할 가능성을 배제할 수 없다. 미국은 그런 행위를 용납할 수 없는 도발로 생각할 것이다. 더구나 그 ICBM이 실수로 목표 지점보다 미국에 더 가까이 떨어진다면 미국 대통령은 보복하라는 엄청난 압력에 직면할 것이고, 미국이 북한에 보복하면 중국 지도자들은 동맹인 북한을 지키라는 큰 압력을 받을 것이다.

잘못된 계산에 따라 의도하지 않은 보복을 주고받을 가능성은 파키스탄과 인도 사이에도 존재한다. 파키스탄 테러리스트들은 핵무기를 사용하지는 않았지만 2008년 인도 뭄바이에 이미 치명적인 공격을 가한 적이 있다. 가까운 장래에 파키스탄 테러리스트들이 더 도발적인 공격을 시도할 가능성을 배제할 수 없다. 가령 인도의 수도 뉴델리를 공격하면 어떻게 되겠는가? 설령 그런 테러 공격을 실제로 시도하더라도 파키스탄 정부가 뒤에 있는지는 분명하지 않을 수 있다. 하지만 인도 지도자들은 파키스탄을 공격해 테러의 위협을 제거하라는 압력을 받을 것이다. 그래서 인도가 파키스탄을 침략하면 파키스탄 지도자들은 인도를 상대로 소형 전술 핵을 사용하라는 압력을 받을 것이다. 게다가 파키스탄 지도자들은 인도가 그런 제한적인 핵무기 사용을 '용인되는 것'이라 생각해 전면적인 보복은 하지 않을 것이라 여기겠지만, 인도 지도자들은 자체의 핵무기로 대응하라는 압력을 받을 것이다.

잘못된 계산이 결국 핵전쟁으로 이어지는 상황이 내 생각에는 10년 내에 일어나기 시작할 듯하다. 쿠바 미사일 위기에서 그랬던 것처럼 그때도 지도자들이 뒤로 물러설 것인지, 아니면 사태가 악화되어 결국 핵무기를 사용할 것인지는 정말 중대한 문제이지만 확실하지 않다.

핵전쟁을 유발하는 세 번째 유형의 시나리오는 기계적인 경고 신호를 잘못 읽는 사고에서 시작된다. 미국과 러시아는 조기 경보 시스템을 갖추어 상대국이 공격용 미사일을 발사하면 곧바로 탐지할 수 있다. 일단 미사일이 발사되고 그걸 탐지하면 미국 대통령이나 러시아 대통령은 그 미사일이 자국의 지상 미사일 기지를 파괴하기 전에 보복 공격을 할 것인지 결정해야 한다. 그때 허용되는 시간은 10분을 넘지 않는다. 발사된 미사일은 회수할 수 없다. 따라서 조기 경보가 울리면 최소한의 시간 내에 그 경보가 실제인지 기계적 결함에 따른 오작동인지 판단해야 한다. 달리 말하면 수억 명을 죽일 수도 있는 버튼을 눌러야 하는지 최소한의 시간 내에 재빨리 결정해야 한다.

그러나 모든 복잡한 테크놀로지가 그렇듯 미사일 탐지 시스템도 오작동하고 불명확하게 해석할 수 있다. 지금까지 알려진 바에 따르면 미국의 탐지 시스템이 잘못된 경보를 울린 적이 적어도 세 번은 있었다. 예컨대 1979년 11월 9일 탐지 시스템의 당직 사관으로 근무하던 미군 장성이 한밤중에 당시 국방부 차관이던 윌리엄 페리에게 전화를 걸어 "제 경고 컴퓨터에 따르면 200기의 ICBM이 소련에서 발진해 미국으로 향하고 있습니다"라고 보고했지만 페리는 그 신호가 잘못된 경보라고 결론지었다. 따라서 페리는 카터 대통령을 깨우지 않았고, 카터는 버튼을 눌러 수많은 소련인을 죽이는 실수를 범하지 않았다. 다행히 그 신호는 실제로 인간의 실수에 의한 잘못된 경보였던 것으로 밝혀졌다. 컴퓨터 조작원이 200기의 소련 ICBM이 발사된 경우를 시뮬레이션하는 훈련용 테이프를 미국 경보 시스템 컴퓨터에 삽입하는 실수를 저지른 게 원인이었다. 물론 러시아 탐지 시스템도 잘못된 경보를 울린 경우가 적어도 한 번은 있었던 것으로 알려졌다. 1995년 노르웨이 인근의 한 섬에서 발사되어 북극 쪽으로 날아가던 한 발의 비군사용 로켓을 러시아 레이더의 자동추적 시스템이 미국 잠수함에서 발사한 미사일로 오인한 사건이었다.

이런 사고들에서 무척 중요한 점을 확인할 수 있다. 경고 신호가 항상 확실한 것은 아니라는 사실이다. 잘못된 경보가 언제라도 가능하고 실제로 일어나고 있지만, 진짜 발진과 진짜 경보도 얼마든지 가능하다. 따라서 경고 표시가 들어오면 미군 당직 사관과 대통령은 당시 상황을 고려하며 그 경고를 해석해야 한다. 러시아의 경우도 다를 바 없다. 예컨대 '현재 세계 상황이 러시아나 미국이 즉각적 보복을 당할 것이 뻔한 공격을 시도하는 엄청난 위험을 감행할 정도인가?'라고 생각해봐야 한다. 1979년 11월 9일 당시에는 세계적으로 대륙간 탄도미사일을 발사할 만한 사건이 없었고, 소련과 미국의 관계도 크게 혼란스럽지 않았다. 따라서 미군 당직 사관과 윌리엄 페리는 경고 신호가 잘못된 경보라고 자신 있게 해석할 수 있었다.

안타깝게도 그런 안심되는 상황을 이제는 기대할 수 없을 듯하다. 냉전이 끝난 까닭에 많은 사람이 러시아와 미국 간 핵전쟁 위험도 줄어들거나 사라졌다고 순진하게 생각했을 수 있지만, 실제 결과는 역설적으로 정반대였다. 오히려 핵전쟁의 위험은 쿠바 미사일 위기 이후로 어느 때보다 높다. 그 이유가 무엇일까? 러시아와 미국의 관계와 대화가 악화일로에 있기 때문이다. 악화하는 이유는 부분적으로는 푸틴 러시아 대통령의 최근 정책 때문이며, 부분적으로는 미국의 현명하지 못한 정책 때문이다.

1990년대 말, 미국 정부는 소련의 후신인 러시아를 허약한 국가, 더는 존중할 가치가 없는 국가로 폄하하는 중대한 실수를 저질렀다. 이런 새로운 해석에 따라 미국은 과거 소련의 일부이던 발트 3국을 성급히 나토에 편입시켰고, 러시아의 완강한 반대에도 세르비아에 간섭한 나토군을 지원했으며, 이란의 미사일 공격을 방어한다는 구실로 동유럽에 탄도미사일 기지를 설치했다. 러시아 지도자들이 미국의 이런 조치에 위협을 느낀 것은 당연하다.

오늘날 미국의 대러시아 정책은 핀란드 지도자들이 1945년 이후 소련의 위협에서 얻은 교훈—핀란드의 안전을 확보하는 유일한 방법은 소련과 끊임없이 솔직히 대화하고, 핀란드는 신뢰할 만하고 전혀 위협이 되지 않는 국가라는 확신을 소련에 주는 것—을 전혀 고려하지 않는다(요인 2). 또 오늘날 미국과 러시아는 서로 상대에게 중대한 위협이고, 어떤 위협적 행위를 잘못 해석하면 전혀 계획하지 않은 파괴적 공격으로 이어질 수 있다. 그 이유가 무엇이겠는가? 미국과 러시아가 서로 솔직하게 대화하지 않기 때문이고, 계획된 공격으로 상대를 위협하지 않을 거라는 믿음을 서로에게 주지 못하기 때문이다.

핵무기 사용의 마지막 시나리오는 원자력발전소에서 우라늄이나 플루토늄 혹은 완성된 원자폭탄을 훔치거나 구입하려는 테러리스트와 관계있다. 파키스탄과 북한, 이란에서 어떻게든 훔치거나 구입한 핵폭탄이 미국이나 다른 표적 국가에 밀반입되어 폭발한다고 상상해보라. 알카에다는 2001년 세계무역센터를 공격하려고 준비하는 동안 구할 수 있다면 핵무기로 미국을 공격하려고 했다. 핵무기 저장고의 보안이 철저하지 않다면 핵무기를 제조하는 국가의 도움을 받지 않아도 테러리스트들은 우라늄이나 핵무기를 훔칠 수 있다. 예컨대 소련이 해체되었을 때 600킬로그램의 우라늄이 전에는 소련 땅이었지만 새로 독립한 카자흐스탄에 남아 있었다. 그 우라늄을 저장한 창고의 보안 장치는 철조망 울타리가 거의 전부여서 테러리스트들이 마음만 먹었다면 쉽게 훔칠 수 있었을 것이다. 그러나 테러리스트들은 '내부자 범행inside job', 즉 파키스탄과 북한과 이란의 지도자나 핵폭탄 관리원의 도움을 받아 핵 물질을 확보할 가능성이 더 크다.

핵폭탄을 확보하려는 테러리스트의 위험과 곧잘 혼동되는 것은 '더러운 폭탄dirty bomb'을 손에 넣으려는 테러리스트의 행위이다. 더러운 폭탄은 핵폭탄은 아니지만 동위원소 세슘 137처럼 반감기가 30년인 장수명 방사능 물질을 채운 폭탄이다. 미국의 어떤 도시에서 그 폭탄이 폭발하면 세슘이 상당히 넓은 지역에 퍼질 것이다. 심리적 충격도 엄청나겠지만 세슘이 퍼진 지역은 거의 영구적으로 사람이 살 수 없는 곳이 된다(세계무역센터에 대한 공격에서 폭발물이나 장수명 동위원소를 사용하지 않았지만, 그 공격이 미국의 태도와 정책에 항구적으로 미친 영향을 생각해보라). 테러리스트들은 많은 국가의 도시에서 폭탄을 터뜨릴 수 있다는 걸 이미 입증했고, 세슘 137은 의료용으로도 사용되기 때문에 대형 병원에서 쉽게 구할 수 있다. 따라서 테러리스트들이 테러에 사용하는 전통적인 폭탄에 세슘 137을 아직 추가하지 않은 것이 놀라울 뿐이다.

물론 네 가지 유형의 시나리오 중 확률이 가장 높은 경우는 테러리스트가 제조하기 쉬운 더러운 폭탄이나 핵폭탄을 사용할 가능성이다. 더러운 폭탄으로는 소수의 사람만이 사망하고 핵폭탄은 히로시마급이어도 10만 명이 사망하겠지만, 두 폭탄 모두 사망자 수를 무색하게 만드는 치명적 영향을 남길 것이다. 한편 수억 명의 목숨을 곧바로 앗아가고 결국 대부분의 인류를 죽음의 늪에 몰아넣을 처음 세 시나리오는 확률이 낮지만 전혀 불가능한 것은 아니다.

기후변화

향후 수십 년에 우리 삶에 영향을 미칠 중대한 네 가지 유형의 문제 중 두 번째는 지구의 기후변화global climate change이다. 이제는 기후변화라는 말을 들어보지 않은 사람이 거의 없을 것이다. 그러나 기후변화는 무척 복잡하고 혼란스럽고 모순으로 가득해서 소수의 기후 전문가를 제외하면 대부분이 제대로 이해하지 못하는 개념이다. 따라서 미국의 적잖은 정치인을 포함해 많은 유력 인물도 기후변화를 날조된 거짓으로 일축하는 실정이다. 그래서 나는 기후변화를 설명할 때 인과관계를 나타낸 도표(표 3)를 사용해 최대한 명확하게 기후변화가 무엇인지 소개해보려 한다.

출발점은 세계 인구와 1인당 평균 인간 영향human impact, 즉 한 사람이 평균적으로 세계에 미치는 영향이다. 1인당 평균 인간 영향은 한 사람이 소비하는 평균 자원량(예: 석유)과 생산하는 평균 폐기물량(예: 하수)을 뜻한다. 세 요소의 양—인구수, 자원 소비량, 폐기물 생산량—은 꾸준히 증가하는 추세이다. 따라서 인류 전체가 세계에 미치는 영향도 당연히 증가하는 추세이다. 그 영향의 총량은 1인당 평균 인간 영향에 인구수를 곱한 값이기 때문이다.

중요한 폐기물 중 하나는 이산화탄소이다. 이산화탄소는 우리 인간을 비롯한 동물의 호흡에서 끊임없이 발생하고 배출된다. 하지만 산업혁명이 시작되고 인구가 폭발적으로 증가한 이후 인간이 화석연료를 태움으로써 발생하는 이산화탄소 배출량에 비하면, 그런 자연스러운 이산화탄소 배출량은 소량에 불과하다. 이산화탄소 다음으로 기후변화에 영향을 주는 온실가스는 메탄이다. 현재 메탄은 이산화탄소보다 훨씬 적은 양이어서 크게 위협적이지는 않지만, 흔히 '양성 순환 고리positive feedback loop'라 일컫는 현상을 고려하면 곧 중대한 위협이 되리라 예상한다. 양성 순환 고리에 따라 지구온난화로 북극의 영구동토층이 녹으면 메탄이 배출되고, 그 메탄이 다시 지구온난화를 부추기며, 그로 인해 더 많은 영구동토층이 녹으면 더 많은 메탄이 배출될 것이기 때문이다.

이산화탄소 배출의 1차 효과로 가장 많이 논의되는 악영향은 대기에서 온실가스로 작용한다는 것이다. 달리 말하면 대기의 이산화탄

표 3. 범세계적 기후변화의 인과관계 사슬

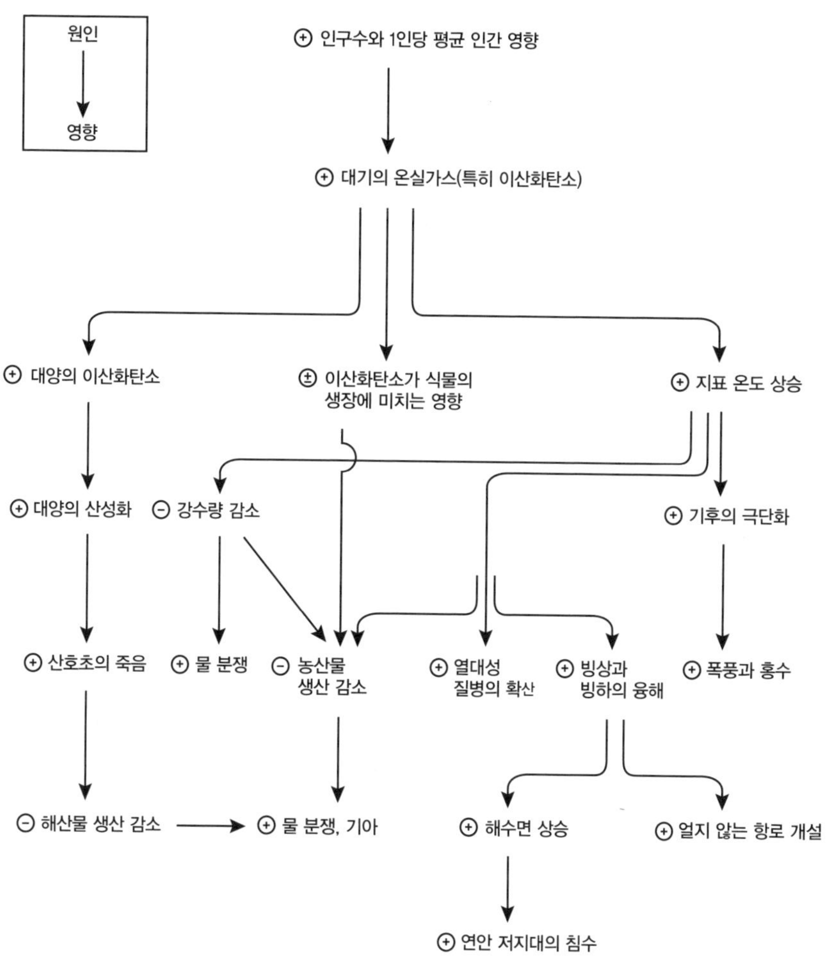

소는 태양의 단파 복사를 차단하지 못해 햇빛이 대기를 그대로 통과하며 지표 온도를 높인다는 뜻이다. 정상적인 상황에서 지구는 그 열에너지를 우주로 되돌리지만, 파장이 더 길어진 그 열 적외선이 이산화탄소에 차단된다. 따라서 이산화탄소가 재방사된 열에너지를 흡수하며 사방으로 재배출한다. 이때 그 열에너지의 일부가 지구 표면에 되돌아온다. 그 결과로 지구 표면은 유리온실 내부처럼 더워진다. 물론 정확히 말하면 지구온난화의 물리적 메커니즘은 유리온실과 다르다.

그러나 이산화탄소는 온실효과 외에 다른 두 가지 주된 영향을 미친다. 하나는 인간 활동으로 발생한 이산화탄소가 탄산으로 대양에도 축적된다는 것이다. 대양의 산성도는 현재 1,500만 년 전 이후의 그 어느 시대보다 높다. 이 때문에 산호 껍질이 녹고 산호초가 죽고 있다. 산호초는 바닷물고기의 주된 요람 역할을 하는 동시에 열대와 아열대 지역의 해안을 폭풍 해일파와 쓰나미로부터 보호하는 역할도 한다. 현재 세계 전역에서 산호초가 매년 1~2%가량 줄어들고 있다. 달리 말하면 이번 세기 내에 산호초가 거의 사라질 수 있다는 뜻이며, 그렇게 되면 열대 지역의 해안도 안전하지 않을 것이고 해산물에서 얻는 단백질량도 크게 줄어들 것이다. 이산화탄소의 배출이 지구에 미치는 또 하나의 주된 영향은 이산화탄소가 식물의 생장에 영향을 미친다는 것이다. 물론 그 영향은 긍정적인 경우도 있고 부정적인 경우도 있다.

하지만 이산화탄소 배출이 지구에 미치는 영향으로 가장 많이 논의되는 부문은 처음에 언급한 것, 즉 지구 표면과 하층 대기권의 온도를 높이는 현상으로 흔히 '지구온난화global warming'라고 부른다. 그러나 이산화탄소가 대기에 미치는 영향은 무척 복잡해서 지구온난화는 부적절한 명칭이라 여겨진다. 첫째, 인과관계에 따라 대기가 뜨거워지면 대부분의 지역이 더워지지만 모순되게도 일부 지역(예: 미국 남동부)은 더 추워진다. 대기가 더워지면 북극해의 해빙이 더 많이 녹고 그로 인해 북극해의 찬물이 더 많이 남쪽으로 내려가는데, 그 해류의 영향으로 인근 육지 지역의 기온이 내려가기 때문이다.

둘째, 전반적인 온난화 추세도 인간 사회에 많은 영향을 미치지만 빈번해지는 기후의 극단화 현상도 이에 못지않게 중요하다. 예컨대 폭풍과 홍수의 발생 횟수가 증가하고, 최고 온도만 아니라 최저 온도까지 계속 갱신되고 있다. 따라서 이집트에 눈이 내리고 미국 북동부에 한파가 밀려오는 이상기후 현상이 벌어지고 있다. 이 때문에 기후변화의 뜻을 제대로 이해하지 못한 일부 회의적인 정치인은 그런 이상기후를 기후변화론이 틀렸다는 걸 입증하는 것이라 생각한다.

셋째, 기후변화에는 원인과 결과 사이에 커다란 시차時差가 있다. 예컨대 대양은 이산화탄소를 무척 서서히 축적한 후 배출하기 때문에 온 인류가 지상에서 오늘 밤 죽어 호흡을 중단하거나 화석연료의 연소를 완전히 중단하더라도 대기는 그 이후로도 수십 년 동안 계속 뜨거워질 것이다. 그러나 원인과 결과를 단순히 선형 관계로 추정한 현재의 보수적인 예측보다 지구가 훨씬 빠른 속도로 뜨거워질 가능성이 무척 높다. 그렇게 되면 영구동토층과 해빙은 당연히 녹을 것이고, 남극과 그린란드를 뒤덮은 빙상氷上까지 붕괴할 수 있다.

전반적 온난화 추세가 세계에 미치는 영향 네 가지를 언급해보려 한다(이쯤에서 지구의 기후변화가 실제로 무척 복잡하다는 걸 모든 독자가 인정할 수 있을 것이다). 온난화의 영향으로 가장 분명하게 드러나는 현상은 가뭄이다. 예컨대 내가 사는 남캘리포니아는 강수량이 점점 줄어들고 있고, 특히 2015년은 로스앤젤레스 역사상, 즉 1800년대에 기상을 기록하기 시작한 이후로 가장 가문 해였다. 가뭄은 농업에 치명적이다. 지구의 기후변화에 의한 가뭄이 세계 곳곳에서 똑같은 정도로 나타나는 것은 아니다. 최악의 피해를 입은 지역은 북아메리카, 지중해와 중동 지역, 아프리카, 오스트레일리아의 곡창지대인 남부 지역, 히말라야 산맥 지역이다. 예컨대 히말라야에 겹겹이 쌓인 눈은 중국과 베트남, 인도와 파키스탄과 방글라데시에 물을 공급하는 큰 수원水源이다. 서로 공유해야 하는 두껍게 쌓인 눈이 줄어들고 그 때문에 수량도 감소하고 있지만, 그 국가들은 갈등을 평화적으로 해결하지 못한 쓰라린 역사가 있다.

전반적 지구온난화 추세가 세계에 미치는 두 번째 영향은 식량 생산의 감소이다. 앞에서 언급한 가뭄도 식량 생산량이 줄어들게 하는 원인이지만, 지표 온도의 상승도 식량 생산 감소에 큰 역할을 한다. 지표 온도의 상승은 곡물의 생장보다 잡초의 생장에 더 유리하기 때문이다. 세계 인구와 생활수준 및 식량 소비가 향후 수십 년 동안 50%가량 증가할 것이라 추정하기 때문에 식량 생산의 감소가 문제인 것이다. 지금도 수십억 명이 배불리 먹지 못하는 식량 문제를 겪고 있는데, 식량 생산까지 감소하면 엎친 데 덮친 격이 아닐 수 없다. 특히 미국은 세계 최대 식량 수출국이지만 농경지가 집중된 서부와 중부의 기후는 꾸준히 일관되게 더워지고 건조해지면서 생산성이 떨어지고 있다.

전반적 온난화 추세가 세계에 미치는 세 번째 영향은 열대성 질병을 옮기는 벌레가 온대 지역까지 이동하도록 만드는 것이다. 그 결과, 전형적인 열대성 질병이던 치쿤구니아열熱이 최근 이탈리아와 프랑스에서 발병했다. 또 미국에 뎅기열이나 진드기가 매개인 질병이 확산되는 현상이나 말라리아와 바이러스성 뇌염이 확산되는 현상도 그 영향 때문이다.

전반적 온난화 추세가 세계에 미치는 마지막 네 번째 영향은 해수면의 상승이다. 보수적으로 예측하면 이번 세기에 해수면이 1미터가량 상승할 것으로 추정한다. 하지만 과거에 비교하면 해수면이 23미터까지 상승했다. 현재로서는 남극과 그린란드를 뒤덮은 빙상이 녹고 붕괴할지 불확실하지만, 해수면이 평균 1미터만 상승하더라도 폭풍과 조수의 영향이 더해지면 플로리다와 미국 동부 해안 지역, 네덜란드와 방글라데시 저지대 및 많은 인구 밀집 지역의 생활환경이 크게 위협받을 것이고, 바닷물고기의 요람 역할을 하는 강어귀도 타격을 받을 것이다.

많은 친구가 때때로 나에게 "기후변화가 인간 사회에 미치는 긍정적인 영향은 없을까?"라고 묻는다. 그렇다. 분명히 긍정적인 면도 있다. 가령 북극해가 녹으면 얼음이 사라져 선박으로 북단을 통과하는 항해가 가능해질 것이고, 캐나다 남부의 밀 생산 지대를 비롯한 일부 지역에서 밀 생산량이 증가할 것이다. 하지만 기후변화가 인간 사회에 미치는 영향은 대체로 부정적이고 파괴적이다.

그런데 이런 문제들을 과학기술로 해결할 방법은 없을까? 다양하게 제시된 지구 공학geoengineering적 방법을 들어본 사람도 있을 것이다. 예컨대 입자를 대기에 주입하거나 이산화탄소를 대기에서 추출해 지구의 표면 온도를 낮추자는 제안이 있었다. 그러나 아직까지 지구 공학적 방법을 시도한 적도 없으며, 따라서 효과가 있다고 알려진 방법도 없다. 지구 공학적 방법은 엄청난 비용이 들 것으로 예상하고, 시험 단계를 거쳐 본격적으로 시행하려면 상당한 시간이 지나야 할 것이다. 게다가 예측하지 못한 뜻밖의 부작용이 나타날 수도 있다. 예컨대 1940년대 이전 냉장고에 사용하던 유독성 가스를 무해한 염화불소탄소chlorofluorocarbon, CFC로 대체했을 때 냉장고의 냉매 문제를 안전하게 해결한 공학의 승리로 여겼다. 실험실 시험에서는 CFC의 부정적 측면이 전혀 발견되지 않았기 때문이다. 실험실 시험으로는 CFC가 대기에 배출되면 우리를 자외선으로부터 보호하는 오존층이 파괴된다는 사실을 밝혀낼 수 없었다. 그 때문에 CFC 사용을 대부분의 세계에서 금지한 것은 수십 년이 지난 후였다. 이 사례는 지구 공학에서 먼저 '대기권 시험atmospheric testing'이 필요한 이유를 잘 보여준다. 하지만 그런 시험은 불가능하다. 지구 공학적 방법은 실험을 이유로 지구에 열 번쯤 큰 피해를 입힌 후 열한 번째 시도에서야 원하는 긍정적 효과를 기대할 수 있을지도 모르기 때문이다. 이런 이유에서 대부분의 과학자와 경제학자는 지구 공학적 실험은 무척 위험하므로 금지해야 마땅하다고 생각한다.

그럼 인류 문명의 미래는 희망이 없다는 뜻일까? 우리 후손은 결국 살기에 부적합한 세상을 만나게 될까? 아니, 그렇지 않다. 기후변화는 주로 인간 활동에서 비롯되는 것이다. 따라서 인간 활동을 줄이면 기후변화를 줄일 수 있다. 인간 활동을 줄이자는 것은 화석연료를 덜 태우고 풍력과 태양광과 원자력 같은 재생 가능한 에너지를 더 많이 사용하자는 뜻이다.

화석연료

핵무기와 범지구적 기후변화 외에 전 세계에서 직면할 세 번째 문제는 기본적인 자연자원의 범세계적 고갈이다. 자원 고갈은 사회를 혼돈으로 몰아넣는 공식이다. 일부 자원, 특히 물과 목재는 과거 사회에도 제약을 가하며 붕괴의 원인이 되었다. 다른 자원, 예컨대 화석연료와 광물 및 생산적인 땅은 전쟁의 이유가 되었다. 자원 부족으로 지금도 적잖은 사회가 위태롭게 흔들리고, 많은 지역에서 금방이라도 전쟁이 일어날 듯한 분위기가 조성되고 있다. 이쯤에서 우리가 에너지를 얻기 위해 주로 사용하고, 많은 화학합성 제품의 원자재로도 사용하는 화석연료를 예로 들어 설명해보자. 화석연료는 지구의 맨틀에 오래전 형성된 탄화수소 연료, 즉 석유와 석탄, 셰일 석유와 천연가스를 뜻한다.

인간의 모든 활동에는 에너지가 필요하다. 특히 무엇인가를 옮기고 들어 올리려면 상당한 에너지가 필요하다. 수백 년이란 진화 과정에서 근력筋力은 인간의 유일한 에너지원이었다. 약 1만 년 전 우리는 큰 동물을 길들여 수레를 끌고 짐을 운반했다. 또 도르래와 톱니바퀴 장치를 사용해 무거운 것을 끌어 올렸다. 그 후에는 풍력을 범선과 풍차의 동력으로 사용했고, 수력을 물레방아의 동력으로 사용해 무엇인가를 들어 올리고 빻고 돌렸다.

오늘날 우리가 가장 흔히 사용하는 에너지원은 화석연료이다. 화석연료는 나중에 어떻게 되든 '표면적으로는' 비용이 적게 들고 에너지 밀도가 높아 소량으로도 많은 에너지를 얻을 수 있기 때문이다. 게다가 화석연료는 사용하는 곳까지 운반하기도 상대적으로 쉽다. 반면 축력畜力과 풍력, 수력은 한정된 지역에서만 사용하거나 유지할 수 있다. 이런 이유에서 화석연료는 최근까지지도 전쟁과 외교정책의 주된 고려 사항이었다. 예컨대 미국과 영국의 대중동 정책을 좌우한 것도 석유였고, 일본이 제2차 세계대전을 시작한 이유도 석유 확보 때문이었다.

이미 고대부터 인간은 소량이지만 지표에 노출된 석유와 석탄을 사용해왔다. 하지만 화석연료의 대대적 사용은 산업혁명과 더불어 1700년대부터 시작되었다. 화석연료에도 여러 유형이 있기 때문에 시간이 지남에 따라 주로 사용하는 종류가 달랐다. 가장 먼저 사용한 화석연료는 지표에 노출되거나 얕게 매장되어 가장 쉽게 접근할 수 있는 것이었다. 요컨대 값싼 비용으로 지표에 큰 피해를 입히지 않고 손쉽게 채굴할 수 있는 연료였다. 따라서 가장 먼저 산업적 규모로 개발된 화석연료는 얕은 탄광에서 얻은 석탄이었다. 석탄은 증기기관에 동력을 공급하는 데 사용했고, 증기기관은 물을 끌어 올리거나 물레를 돌렸으며, 결국 1800년대에는 증기선과 기관차의 동력원이 되었다. 석탄 다음으로는 석유와 셰일 석유, 천연가스를 산업적 규모로 개발하고 사용했다. 예컨대 지하에서 석유를 채굴한 최초의 유정油井은 1859년 펜실베이니아에서 얕게 뚫은 것이었지만 그 후로 유정은 점점 깊어졌다.

우리가 '피크 오일peak oil'에 이미 도달했느냐, 즉 석유 생산이 최대치에 이른 까닭에 생산이 곧 줄어들기 시작할 시점에 도달했느냐에 대해서는 여전히 논란이 많다. 하지만 가장 값싸게 채굴할 수 있고 주변에 별다른 피해를 주지 않은 석유가 이미 고갈되었다는 데는 이론의 여지가 없다. 미국에는 표층에서 긁어모을 석유가 더는 남지 않았고 펜실베이니아에도 이제는 얕은 유정이 없다. 이제 유정을 더 깊이 1.5킬로미터 남짓 파야 한다. 육지만 아니라 해저에서, 얕은 바다에서

나 깊은 바다에서, 또 미국 산업의 중심지인 펜실베이니아만이 아니라 저 멀리 떨어진 뉴기니의 열대우림과 북극권에서도 유정을 깊이 파야 한다. 외딴곳에 깊이 매장된 석유는 펜실베이니아의 지하에 얕게 매장된 석유보다 채굴하는 데 훨씬 많은 비용이 든다. 게다가 석유 유출로 주변에 피해를 입힐 가능성도 더 높다. 석유를 채굴하는 비용이 상승하면 대안적이지만 더 해로운 화석연료인 셰일 석유와 석탄, 바람과 태양광 같은 연료가 더 경제적인 에너지가 된다. 이런 상황에서도 오늘날 거대 석유 회사들은 높은 석유 가격으로 막대한 이익을 거두고 있다.

앞에서 언급했듯 화석연료는 나중에야 어떻게 되든 '표면적으로는' 비용이 적게 든다. 석유(혹은 석탄)의 '실제 비용'은 어떻게 될까? 예컨대 석유가 배럴당 60달러에 팔린다고 가정해보자. 석유 회사가 석유를 채굴해서 운송하는 데 배럴당 20달러를 사용하고 그 밖의 비용을 지출하지 않는다면 배럴당 60달러라는 가격은 석유 회사에 어마어마한 이익을 안겨주는 셈이다.

그러나 화석연료는 많은 피해를 남긴다. 그 피해를 복구하는 비용을 석유 회사에 부과하면 석유 가격이 급격히 상승할 것이다. 화석연료를 태울 때 야기되는 즉각적인 피해는 공기 오염이다. 공기 오염은 얼마 전까지 미국과 유럽의 중대한 문제였지만, 이제는 인도와 중국의 공기 오염이 더 심각하다. 공기 오염 때문에 매년 수백만 명이 사망하고 의료비 지출도 상당하다. 화석연료에서 비롯되는 다른 피해로는 기후변화가 있고, 기후변화는 다시 엄청난 피해—농산물 생산이 감소하고 해수면이 상승하며, 해수면 상승으로 인한 피해를 막으려면 막대한 비용을 투자해 장벽을 쌓아야 하고 홍수와 가뭄이 잦아진다—를 야기한다.

화석연료가 유발하는 이런 간접 비용에 대한 이해를 돕기 위해 예를 들어보자. 그 간접 비용은 화석연료 생산자가 당장 지불하지 않는 비용을 뜻한다. 가령 당신이 '해피 돌'이란 인형을 생산하는 공장을 운영한다고 해보자. 또 해피 돌 1톤을 생산하는 데 20달러가 필요하지만 경쟁 기업이 제작하는 인형의 평균 생산비는 톤당 30달러라고 해보자. 만약 당신이 해피 돌을 톤당 60달러에 팔 수 있다면 이윤폭이 40달러이므로 이윤에서 경쟁 기업을 압도할 수 있다.

그런데 안타깝게도 해피 돌을 제작하는 과정에서 검은 침전물이 부산물로 생기지만 경쟁 기업에서는 그런 부산물이 생기지 않는다. 당신은 검은 침전물을 주변의 밀밭에 버리고, 그 결과로 밀 생산량이 감소한다. 해피 돌을 제작하는 과정에서 생긴 검은 침전물 때문에 밀밭 주인들의 소득이 해피 돌 1톤에 대해 70달러씩 줄어든다고 해보자.

따라서 밀밭 주인들이 소송을 제기하며 당신에게 해피 돌 때문에 줄어든 소득—해피 돌 1톤당 70달러씩—을 보상하라고 요구한다. 당신은 이런저런 변명을 늘어놓으며 밀밭 주인들의 요구를 반박한다. 당신은 해피 돌 제작 과정에서 검은 침전물이 생긴다는 사실을 부인하지만, 당신 회사의 과학자들은 수십 년 전부터 그런 부산물의 위험을 꾸준히 경고해왔다. 또 당신은 검은 침전물이 유해하다는 게 입증되지 않았고, 검은 침전물은 수백만 년 전부터 자연적으로도 생겼으므로 밀밭을 뒤덮은 검은 침전물 중 얼마만큼이 당신 공장에서 버린 것인지 확인하려면 치밀한 조사가 필요하다고 주장한다. 심지어 해피 돌은 문명적인 삶과 수준 높은 생활을 누리기 위해 반드시 필요한 것이므로 검은 침전물 때문에 피해를 본 사람들은 입을 다물고 불평을 중단해야 한다고도 주장한다.

결국 그 소송은 재판에 회부된다. 하지만 판사와 배심원은 크게 고민하지 않고 쉽게 결정을 내린다. 당신은 해피 돌 1톤에 대해 70달러를 지급함으로써 생산량 감소에 따른 밀밭 주인의 손해를 보상해야 한다. 결국 해피 돌의 실제 제작 비용은 톤당 20달러가 아니라 20+70=90달러가 된다. 따라서 해피 돌은 더 이상 큰 이익을 보장하는 상품이 아니다. 게다가 당신이 해피 돌을 톤당 60달러에 팔 수 있더라도 실제 제작 비용은 톤당 90달러이므로 결코 경제적이지 않다. 게다가 경쟁 기업의 인형 제작 비용이 여전히 톤당 30달러라면 상황이 바뀌어 해피 돌을 압도하게 된다.

화석연료는 이익을 내지만 결국 손해를 야기한다는 점에서 해피 돌과 유사하다. 차이가 있다면 화석연료의 연소로 배출되는 이산화탄소는 검은 침전물보다 눈에 띄지 않는다는 것이다. 따라서 화석연료의 생산자와 사용자는 다른 사람에게 미친 악영향에 대한 비용을 즉각 지불할 필요가 없지만, 앞에서 가정한 인형 제작자는 그 손해를 보상해야 한다. 그러나 화석연료의 생산자와 사용자도 해피 돌 제작자처럼 탄소 배출세를 비롯한 여타 방법으로 비용을 지불해야 한다는 주장이 점점 힘을 얻고 있다. 이런 주장은 화석연료를 대신할 대체에너지 연구에 힘을 실어주는 요인 중 하나이기도 하다.

대체 에너지원

바람과 태양광, 조력과 수력, 지열 에너지 등 몇몇 대체에너지는 실질적으로 무궁무진한 듯하다. 조력을 제외하고 모든 대체에너지는 이미 입증되어 오래

전부터 대규모로 사용하고 있기도 하다. 예컨대 덴마크는 이미 많은 에너지를 북해에 설치한 풍차에서 얻고, 아이슬란드의 수도 레이캬비크는 지열 에너지에서 난방열을 얻는다. 한편 강에 설치한 댐에서 만들어내는 수력 에너지는 한 세기 전부터 광범위하게 사용해왔다.

물론 각 대체에너지는 고유한 문제를 내포하고 있다. 예컨대 내가 거주하는 남캘리포니아는 대규모 태양에너지를 만들어내기 위해 햇살이 내리쬐는 사막을 태양광 패널로 뒤덮었다. 이런 행위는 이미 멸종 위기에 내몰린 사막거북에게는 결코 반가운 소식이 아니다. 풍차는 새와 박쥐를 죽이고, 땅 주인들은 풍차가 아름다운 풍광을 망친다고 불평한다. 강을 가로지르는 수력용 댐은 회유 어류에게는 크나큰 장애물이다. 우리가 값싸고 어떤 문제도 야기하지 않는 에너지를 만드는 방법을 찾아낸다면 사막거북을 멸절로 내몰지 않고 새와 박쥐를 죽이지도 않을 것이며, 풍광을 망치지도 않고 어류의 회유를 방해하지 않을 것이다. 그러나 앞에서 말했듯 화석연료는 기후변화와 호흡기 질환을 야기하고 석유와 석탄의 채굴 과정에서도 문제가 발생한다. 결국 우리는 좋은 해결책과 나쁜 해결책을 두고 선택해야 하는 상황에 처한 것이 아니므로 "나쁜 대체에너지 중 어느 것이 가장 덜 나쁜가?"라고 물어야 한다.

풍차를 예로 들어 이 문제를 생각해보자. 미국에서 풍차 때문에 죽는 새와 박쥐는 매년 4만 5,000마리 이상으로 추정한다. 얼핏 생각하면 상당히 많은 수처럼 느껴지지만 종합적 관점에서 보면 달라진다. 예컨대 집 안팎을 자유롭게 돌아다니는 반려묘 한 마리는 매년 평균 300마리 이상의 새를 죽이는 것으로 추정한다. 그렇다! 300마리 이상이다. 잘못 말한 것이 아니다! 미국에서 집 밖을 돌아다니는 고양이 개체 수가 대략 1억 마리라면 미국에서만 고양이 때문에 죽는 새가 무려 300억 마리라는 뜻이다. 풍차 때문에 죽는 새와 박쥐 4만 5,000마리에 비교하면 어마어마한 수치이다. 결국 풍차가 죽이는 조류의 수는 고양이 150마리가 죽이는 수에 불과하다. 따라서 우리가 미국의 새와 박쥐를 진정으로 걱정한다면 풍차보다 고양이에게 먼저 관심을 집중해야 마땅하다. 고양이보다 풍차를 옹호하는 입장에서 말하면 고양이는 새에게 가하는 피해를 청정에너지로 보상하지 않지만, 풍차는 에너지와 오염되지 않은 맑은 공기를 우리에게 제공하고 지구 온난화를 경감하는 효과가 있다는 사실을 기억하기 바란다.

앞의 예는 풍차와 사막의 태양광 패널과 댐에도 분명한 결함이 있지만 그런 대체에너지의 타당성을 분명히 보여주는 증거이다. 화석연료에 비하면 대체에너지의 피해가 훨씬 더 적다. 따라서 대체에너지는 화석연료를 에너지원으로 대체할 만한 타협안으로 받아들일 수 있다. 물론 풍차와 태양에너지는 화석연료에 비해 경제성이 떨어진다는 반박이 여전히 들려온다. 그러나 일부 환경에서는 풍력과 태양에너지가 이미 경쟁력을 확보했고, 화석연료가 경제적으로 이득이란 주장은 오해의 소지가 있다. 거듭 말하지만 해피 돌의 예에서 봤듯이 화석연료의 엄청난 간접 비용을 고려하면 대체에너지가 훨씬 더 싸다.

이쯤에서 핵에너지 발전에 대해 궁금해할 사람이 있을 것이다. 핵은 대체에너지인 것은 분명하지만 엄청난 두려움의 대상이기 때문이다. 또 대부분의 미국인, 더 나아가 많은 국가의 많은 시민이 무작정 귀를 막고 듣지 않으려는 주제이기도 하다. 많은 사람이 핵에너지를 부정적으로 생각하는 데는 경제성 외에 세 가지 이유가 있는 듯하다. 사고에 대한 두려움, 핵 원자로의 연료를 핵폭탄의 원료로 전용한다는 두려움, 그리고 사용 후 핵연료를 보관하는 문제가 해결되지 않았다는 것이다.

히로시마와 나가사키에 떨어진 핵폭탄에 대한 기억 때문에 많은 사람이 핵 원자로를 본능적으로 죽음과 관련시키지 에너지로 연결하지는 않는다. 1945년 이후 인명 피해로 이어진 핵 발전소 사고는 두 건 있었다. 하나는 구소련의 체르노빌 핵 원자로 사고로 32명이 현장에서 사망했고, 그 후 방사능 후유증으로 인한 사망자는 정확히 파악되지 않지만 엄청난 수였다. 다른 하나는 일본 후쿠시마 원자로 사고이다. 1979년 미국 스리마일섬 원자로 사고는 인간의 실수에 의한 것이었다. 다행히 한 건의 인명 피해도 없었고 방사능 물질의 누출도 최소한으로 그쳤다. 하지만 스리마일섬 사고가 남긴 심리적 영향은 엄청나서 미국에서는 에너지 발전을 위한 원자로 건설을 오랫동안 중단해왔다.

핵 발전과 관련한 또 다른 두려움은 사용 후 핵연료를 보관하는 문제가 해결되지 않았다는 것이다. 이상적으로 말하면 사용 후 핵연료는 외지고 지리적으로 안정된 곳에 지하 깊숙이 묻어 지진이나 물의 침투로 핵연료가 누출되지 않도록 영원히 완벽하게 보관해야 한다. 지금까지 미국에서 확인된 최적지는 물리적 조건을 완벽하게 갖춘 듯 보이는 네바다의 한 지역이다. 하지만 안전에 대한 완벽한 확신은 불가능하다. 따라서 네바다 주민은 후보지 채택을 반대했고 그들의 저항운동은 성공했다. 그 결과, 미국은 아직도 사용 후 핵연료를 비롯한 폐기물을 처리할 곳을 마련하지 못했다.

풍차로 죽어가는 새와 박쥐의 문제에서 언급했듯 핵에너지 발전도 결함이 없지 않다. 이런 결함 이외에도 핵에너지가 인간의 주된 에너지 욕구를 모두 충족하지는 못한다. 예컨대 자동차와 항공기의 동력원으로 핵 원자로를 사용할 수는 없다. 스리마일섬과 체르노빌, 후쿠시마의 사고로 히로시마와 나가사키의 악몽이 되살아나며, 핵에너지 발전에 대한 많은 미국인과 세계인의 정상적인 생각을 마비시켰다. 따라서 우리는 "원자력의 위험은 무엇이고, 대체에너지의 위험은 무엇인가?"라고 다시 물어야 한다. 프랑스는 수십 년 전부터 전기 중 대부분을 원자로에서 생산하지만 한 건의 사고도 없었다. 프랑스에서도 사고가 있었지만 인정하지 않았을 것이라고 반박하는 것도 불가능하다. 체르노빌 사고에서 입증되었듯이 훼손된 원자로에서 방사능이 대기에 누출되면 다른 국가들이 쉽게 탐지한다. 한국과 타이완·핀란드 등 여러 국가가 핵 원자로에서 많은 전기를 생산하지만 지금까지 중대한 사고는 전혀 없었다. 따라서 우리는 핵 원자로 사고의 '가능성'에 대한 두려움을 화석연료의 연소에서 비롯되는 공기 오염으로 매년 수백만 명이 사망한다는 '확실성'과 비교해봐야 한다. 물론 화석연료가 유발하는 범지구적 기후변화에 따른 엄청난 폐해의 '가능성'도 고려해야 한다.

미국의 경우 이런 딜레마를 해결하려면 두 부문을 반드시 포함해야 한다. 하나는 1인당 에너지 소비량을 줄이는 것이다. 에너지 소비량에서 미국은 유럽보다 대략 두 배가 많지만 전반적 생활수준은 유럽이 미국보다 더 높다. 여러 이유가 있겠지만 자동차 구입에 영향을 미치는 정부 정책이 다른 것도 한 요인이다. 유럽인이 연비가 낮고 값비싼 대형 자동차의 구입을 자제하는 이유가 무엇일까? 일부 유럽 국가에서는 자동차 취득세가 무려 100%에 달하기 때문이다. 결국 자동차값에 해당하는 세금을 납부해야 한다는 뜻이다. 또 유럽 정부가 갤

런당 9달러가량의 주행세를 부과하는 정책도 연비 낮은 비효율적인 자동차의 구입을 망설이게 하는 요인이다. 미국도 이런 조세정책을 도입하면 연료를 많이 소비하는 자동차 구입을 자제하도록 유도할 수 있을 것이다.

에너지 딜레마를 해결하기 위해 전반적인 에너지 소비의 감축 외에 고려해야 할 다른 하나는 화석연료가 아닌 다른 에너지원에 더 큰 비중을 두는 것이다. 즉 바람과 태양광, 조력과 수력, 지열 에너지와 원자력까지 에너지원을 확대해야 한다. 1973년 석유파동 이후 미국 정부는 대체에너지를 개발하는 기업에 보조금을 지급했고, 미국 기업들은 보조금을 활용해 효과적인 풍력발전기를 개발하기 위해 애썼다.

하지만 안타깝게도 1980년경 미국 정부는 대체에너지 개발을 위한 보조금 지급을 중단했고, 그에 따라 미국의 효과적인 풍력발전 시장이 급속히 축소되었다. 한편 덴마크와 독일, 스페인 등 유럽 국가들은 미국이 개발한 풍력발전기를 개량해 자국에 필요한 전기의 상당량을 생산하고 있다. 마찬가지로 중국도 풍력발전이 집중된 서부 지역에서 인구가 밀집한 동부 지역까지 전기를 전달하는 장거리 송전선을 갖추었지만, 미국은 아직 그런 장거리 송전 시스템을 마련하지 못했다.

다른 자연 자원

지금까지 우리는 하나의 자연 자원, 즉 에너지 수요라는 넓은 맥락에서 보면 화석연료의 고갈과 관련 있는 문제를 살펴보았다. 이번에는 다른 주된 자연 자원과 그 자원의 고갈이 우리 미래에 유발할 수 있는 어려움에 대해 간략히 살펴보자. 그중 두 부문은 일본이 당면한 문제와 관련해 8장에서 이미 소개했다. 하나는 목재·종이·꽃가루를 옮기는 중요한 생물학적 행위자 등을 제공하는 숲이고, 다른 하나는 세계인에게 필요한 식이 단백질의 상당 부분을 제공하는 어장漁場(바다뿐 아니라 담수호와 강에서 얻는 어류와 갑각류)이다. 이 밖에도 많은 종류의 자연 자원이 있다. 예컨대 산업 활동에 사용하는 광물(철광석과 알루미늄, 구리와 니켈, 납 등), 농업과 임업에 필수인 비옥한 토양, 마시고 씻는 데뿐 아니라 농업과 임업과 공업에도 필요한 담수, 우리 모두가 살아가며 호흡하는 대기도 자연 자원이다. 이 다양한 자원은 우리에게 문제를 야기하는 정도가 네 가지 점에서 다르다. 첫째는 자원의 재생 가능성과 관리 문제, 둘째는 인간 사회를 제약할 가능성, 셋째는 자원에 대한 국제사회의 관점, 넷째는 전쟁을 비롯한 국제 경쟁이다.

첫째, 자연 자원은 재생 가능성의 정도가 다르다. 화석연료처럼 광물은 무기물이다. 달리 말하면 생물학적 물질이 아니고 재생 가능하지도 않다. 따라서 광물은 재생되지 않고 아기 광물을 낳지도 않는다. 현실적으로 말하면 지구에서 우리가 사용할 수 있는 광물의 총량은 우리가 훗날까지 사용해야 하는 자원이다. 반면 숲과 어장은 재생 가능한 생물학적 자원이다. 어류와 나무는 어린 물고기와 어린 나무를 낳는다. 따라서 어린 물고기와 어린 나무가 생성되는 속도보다 어류와 나무를 느린 속도로 수확하면 그 개체 수가 안정적으로 유지되거나 심지어 확대되기 때문에 이론적으로는 물론, 현실적으로도 어류와 나무를 지속 가능하게 활용할 수 있다. 비옥한 토양은 대체로 무기물이고 지극히 일부만 생물학적 성격을 띠지만 재생 가능한 자원으로 분류할 수 있다. 비옥한 토양은 인간 활동에 의해 침식되더라도 지렁

이와 미생물의 활동으로 재생될 수 있다. 담수는 재생 불가능한 경우(예: 완전히 말라버린 대수층)도 있지만 바다에서 증발된 수분은 결국 빗물로 땅에 떨어지며 새로운 담수를 만들어내기 때문에 재생 가능하다고도 할 수 있다.

현재의 관리 방식으로는 세계 곳곳에 매장된 재생할 수 없는 자원(광물과 화석연료)을 유지하는 게 불가능하다. 그러나 관리 습관은 재생 가능한 생물학적 자원의 보존량에도 중대한 영향을 미친다. 8장에서 이미 언급했듯 숲과 어장을 지속 가능하게 관리하는 방법은 많이 알려진 편이다. 독일의 숲과 알래스카의 야생 연어 어장을 비롯해 세계 곳곳에는 적절한 방법으로 관리하는 숲과 어장이 적지 않다. 하지만 안타깝게도 대부분은 그렇지 못하고 남획되는 까닭에 나무와 어류의 개체 수가 줄어들거나 아예 사라지고 있다. 여기서 생살을 뜯어내는 듯한 아픈 질문: 대서양산 황새치를 마지막으로 먹은 것이 언제인가? 답: 남획되어 상업적으로 멸종했기 때문에 마지막으로 언제 먹었는지 기억조차 없다. 표토를 관리하는 방법은 많이 알려져 있지만 안타깝게도 이를 잘못 관리해 강과 바다로 쓸려 내려가고, 그 결과로 표토의 비옥도가 떨어진다. 요컨대 현 세계는 재생 가능한 소중한 생물학적 자원의 대부분을 잘못 관리하고 있다.

둘째, 어떤 자연 자원이 인간 사회를 제약할 수 있을까? 답: 우리가 대기의 산소까지 몽땅 써버릴 징조는 보이지 않으니 대기의 산소를 제외하면 모든 자연 자원! 일부 광물, 특히 철광석과 알루미늄은 아직도 엄청난 양이 남아 있어 인간 사회를 제약할 가능성이 없지만 지금까지 우리는 얕게 매장되어 상대적 쉽게 접근하고 값싼 비용으로 채굴할 수 있는 광상鑛床을 이용한 까닭에 선불리 그렇게 확신하고 싶지는 않다. 화석연료에서 이미 경험했듯 시간이 지나면 필연적으로 더 깊이 매장된 철광석이나 알루미늄에 의존해야 할 것이고, 그러면 채굴 비용도 당연히 상승할 것이기 때문이다. 산업 활동에 중요한 몇몇 다른 광물은 매장량이 훨씬 적어 우리 사회를 제약할 것이란 두려움이 이미 존재한다. 예컨대 몇몇 희토류는 지금까지 알려진 매장지가 중국에 집중되어 있다. 또 많은 사람이 담수는 무한히 공급될 것이라 생각하곤 한다. 바닷물은 그야말로 무궁무진하기 때문에 바닷물에서 염분을 제거하면 담수를 무한정으로 만들 수 있으리라 여기기 때문이다. 그러나 바닷물의 담수화에도 에너지가 필요하다. 그런데 에너지를 남용한 탓에 우리는 새로운 에너지원을 찾아야 한다는 압박감과 에너지를 생산하는 높은 비용에 시달린다. 따라서 실질적으로 담수는 제한적으로만 이용할 수 있을 뿐이다.

다음으로 고려해야 할 문제는 자원에 대한 국제사회의 관점이다. 일부 자원, 예컨대 숲은 움직이지 않는다. 나무는 현재 생장하고 있는 국가를 떠나지 않는다. 따라서 숲의 관리는 이론적으로 해당 국가의 몫일 수 있지만 실제로는 다른 국가가 그 자원을 구입하거나 임차할 수 있기 때문에 국제적 차원의 문제가 된다. 그러나 국제적 '공유지commons'에 있는 자원이나 국경을 넘어 이동하는 자원에 대해서는 국제 분쟁을 피할 수 없다.

공해公海는 공유지이다. 육지에서 약 320킬로미터 내에 있는 바다는 그 육지를 보유한 국가의 영토로 여기지만, 그 밖의 바다는 어느 국가의 것도 아니다. 공유지라는 단어는 중세에 넓은 방목지를 이르던 명칭에서 유래한 것이다. 개인의 소유가 아니라 공공이 함께 사용할 수 있는 '공동의 땅'을 뜻했다. 국가는 영해 내에서는 어업을 법적으로 규제할 수 있지만, 공해에서는 국적을 막론하고 모든 어선이 어디에서나 어업 행위를 할 수 있다. 따라서 공해에서는 남획을 규제할 법적 수단이 없어 많은 어류 자원이 줄어들고 있는 실정이다. 다른 세 가지 소중한 자원—바다에 녹아 있는 무기물, 남극의 빙원에 담긴 담수, 해저에 묻힌 광물—이 국가의 권한이 미치지 않는 공유지에 존재한다. 이 세 가지 자원을 개발하려는 시도는 이미 적잖게 있었다. 제1차 세계대전 후에 독일인 화학자 프리츠 하버Fritz Haber(1868~1934)는 바닷물에서 황금을 추출하는 공정에 몰두했다. 남극의 빙산을 물이 부족한 중동 국가까지 끌고 가려는 시도도 있었다. 해저에서 광물을 채굴하려는 노력도 있었다. 그러나 공유지에서 그런 자원을 추출하려는 시도는 지금까지 성공한 적이 없었다. 결국 현재 공유지의 문제는 공해에서 자행하는 어류의 남획이다.

국경을 넘나드는 이동성 자원도 국제 분쟁의 원인이 될 수 있다. 많은 동물이 계절에 따라 국경을 넘어 이동한다. 경제적으로 가장 중요한 이동성 자원은 상업적으로 가치가 높은 바닷물고기(예: 참다랑어)와 몇몇 민물고기(예: 산천어), 계절에 따라 이동하는 조류와 육지 동물(예: 북극 순록과 아프리카 영양)이다. 따라서 어떤 국가의 어선이 회유성 바닷물고기를 잡으면 다른 국가의 몫이 되었을 수도 있는 그 바닷물고기를 가로챈 셈이다. 또 담수도 이동한다. 많은 강이 두 국가 혹은 그 이상의 국가를 관통하며 흐르고, 많은 호수가 둘 혹은 그 이상의 국가와 국경을 맞대고 있다. 따라서 어떤 국가가 담수를 함부로 사용하거나 오염시키면 다른 국가가 사용하려는 담수를 더럽힌 셈이 된다.

물이나 공기에 이미 존재하는 이런 소중한 이동성 자연 자원뿐 아니라 인간 활동이 물이나 공기에 가하는 해악이 해류나 바람을 타고 국경 너머로 이동하는 경우도 있다. 예컨대 인도네시아 숲에서 화재가 발생하면 그 연기가 인접한 말레이시아와 싱가포르로 날아가 공기 질을 심각하게 해칠 수 있다. 또 중국과 중앙아시아에서 피어오른 먼지가 한국을 넘어 일본, 심지어 북아메리카까지 날아간다. 미세 플라스틱이 강을 타고 바다로 흘러가 지구 반대편의 바다와 해변까지 이동한다.

마지막으로 자원에 대한 국제 경쟁에 대해 생각해보자. 이 문제를 우호적으로 풀지 않으면 전쟁을 해결책으로 모색할 가능성도 있기 때문에 여간 중대한 사안이 아니다. 자연 자원에 대한 국제 경쟁이 전쟁으로 확대된 사례는 역사적으로 한두 번이 아니었다. 일본이 제2차 세계대전에 뛰어든 주된 동기가 석유였다. 또 칠레가 볼리비아와 페루를 상대로 벌인 태평양전쟁(1879~1883)은 아타카마사막에 풍부하게 매장된 구리와 질산염의 통제권에 대한 다툼이었다. 요즘은 세계 곳곳에서 담수를 두고 치열한 경쟁이 벌어지고 있다.

예컨대 히말라야에 겹겹이 쌓인 만년설이 녹아 생성된 담수는 중국과 인도 및 동남아시아 국가를 관통하는 강들에 물을 공급한다. 동남아시아를 흐르는 메콩강과 그 밖의 강에서 상류 지역 국가들이 댐을 건설하면 영양분 많은 퇴적물이 하류 지역 국가에까지 흘러가지 못할 것이다. 또 서아프리카 앞바다에서는 서아프리카 국가들뿐 아니라 유럽연합과 중국의 어선들이 바닷물고기를 두고 치열한 경쟁을 벌인다. 자연 자원에 대한 국제사회의 '쟁탈전'은 온대 지역의 선진국들이 탐내는 열대 지역의 경질목, 산업용 희토류에 대해서도 진행 중이다. 심지어 중국이 아프리카에서 경작지를 임차하듯 토양도 국제 경쟁의 대상이 되었다. 요컨대 세계 인구와 소비가 증가하는 한 제한된 자원에 대한 국제 경쟁으로 갈등은 더욱 잦아지고 깊어질 것이라 예상한다.

불평등 석유·금속 같은 자원의 1인당 평균 소비량과 플라스틱·온실가스 같은 폐기물의 1인당 평균 생산량은 개발도상국가보다 제1세계 국가에서 약 32배 높다. 예컨대 가난한 국가의 시민보다 미국인이 32배 많은 휘발유를 소비하고, 32배 많은 플라스틱 폐기물과 이산화탄소를 배출한다는 뜻이다. 32라는 인수는 개발도상국가 국민의 행동에는 물론이고, 우리 모두의 미래에도 중대한 영향을 미친다. 그 영향이 내가 인류 문명과 인간을 위협하는 것으로 제시한 네 가지 유형의 문제 중 마지막 문제이다.

그 영향을 정확히 이해하기 위해 세계 인구에 대한 우려를 되짚어보자. 오늘날 세계 인구는 75억 명이 넘고 반세기 내에 95억 명까지 증가하리라 예상한다. 수십 년 전 많은 사람이 인류에게 닥친 유일한 최대 문제를 인구로 생각했다. 그러나 그 이후 우리는 인구가 진정으로 중요한 결과를 빚어내는 두 요인 중 하나에 불과하다는 걸 깨달았다. 그 '결과'라는 것은 총 세계 소비량Total World Consumption이다. 물론 총 세계 소비량은 지역 소비량의 총합이고 지역 소비량은 두 변수—지역 인구수와 1인당 평균 소비량—를 곱한 값이다.

인간이 소비하고 생산하는 한 인구는 중요한 요소이다. 만약 75억 명 인구 중 대부분이 냉장실에 있어 신진대사를 하지 않고 소비하지도 않는다면 자원 문제를 거의 일으키지 않을 것이다. 그러나 제1세계의 인구가 약 10억 명으로 대부분이 북아메리카와 유럽, 일본과 오스트레일리아에서 살며 1인당 평균 소비율은 32이다. 한편 나머지 65억 명 중 대부분은 개발도상국가에서 살고, 상대적인 평균 소비율은 32에 훨씬 미치지 못하며 거의 1에 수렴한다. 이런 수치는 대부분의 자원 소비가 제1세계에서 이루어지고 있다는 뜻이다.

하지만 적잖은 학자가 여전히 인구 문제에 집착한다. 그들은 케냐 같은 국가의 인구 증가율이 연간 4%를 넘는다며 이 같은 현상은 여간 큰 문제가 아니라고 지적한다. 케냐의 인구가 5,000만 명이란 사실을 고려하면 그런 증가율이 문제인 것은 맞다. 그러나 세계적 차원에서 더 큰 문제는 3억 3,000만 명에 달하는 미국 인구로, 케냐보다 6.6배나 많고 1인당 소비량은 무려 32배나 높다. 자원 소비량을 결정하는 미국과 케냐의 두 비율(6.6:1, 32:1)을 곱해보라. 그럼 미국이 케냐보다 210배나 많은 자원을 소비하고 있다는 걸 알 수 있다. 내친김에 다른 예를 들어보자. 이탈리아 인구는 6,000만 명이지만 아프리카 대륙 전체에서 살아가는 10억 명보다 거의 두 배에 가까운 자원을 소비한다.

최근까지 가난한 사람의 존재는 제1세계 국가에 큰 위협이 아니었다. '그들'은 다른 세계에 존재해서 부유한 국가의 생활 방식을 잘 알지 못했고, 설령 알게 되어 시샘하고 분노하더라도 마땅히 대응할 방법이 없었다. 오래전 미국 외교관들은 미국의 국익과 가장 무관한 국가가 어디인지를 두고 토론을 벌이곤 했다. 대체적인 대답은 '아프가니스탄'과 '소말리아'였다. 두 국가는 가난한 데다 아득히 멀리 떨어져 있어 미국에 골칫거리를 안겨줄 가능성이 전혀 없는 듯했다. 얄궂게도 얼마 후부터 두 국가는 미국에 중대한 위협으로 인식되어 미국은 두 국가 모두에 군대를 파견했다. 심지어 아프가니스탄에는 아직도 미군이 주둔하고 있다.

현 세계에서 가난한 국가가 지리적 거리에도 불구하고 부유한 국가에 문제를 야기할 수 있는 이유는 '세계화globalization'란 단어로 요약할 수 있다. 즉 전 세계 구석구석이 긴밀히 연결되었기 때문이다. 특히 통신과 교통의 발달로 개발도상국가 국민이 소비율과 생활수준에 커다란 격차가 있다는 걸 알았고 다수가 부유한 국가로 이주할 수 있게 되었다.

세계화로 야기되는 생활수준의 격차가 더 이상 옹호할 수 없는 지경에까지 이르렀다. 그 결과로 나타난 많은 현상 중 세 가지가 눈에 띈다. 첫째는 가난한 국가에서 부유한 국가로 새로운 질병이 전이 및 확산되는 현상이다. 수십 년 전부터 공공 위생 정책이 미비해 풍토병이 많은 가난한 국가에서 부유한 국가로 넘어온 이주자나 여행자는 치명적 질병, 예컨대 콜레라와 에볼라 출혈열, 독감, 에이즈 등을 옮겨왔다. 게다가 그런 이주자가 점점 많아지고 있다.

새로운 질병의 확산은 세계화의 뜻하지 않은 영향이지만 두 번째 현상은 인간의 의도가 개입된 결과이다. 가난한 국가의 많은 주민은 다른 세계에 안락하고 편안한 삶의 방식이 있다는 걸 알자 좌절하며 분노했다. 그리하여 일부는 테러리스트가 되고, 테러리스트가 되지 않은 다수는 테러리스트를 용인하고 지지한다. 2001년 9월 11일 세계무역센터 공격이 있은 후 과거에는 미국을 보호하던 양쪽의 바다가 더는 보호막이 아니라는 사실이 분명해졌다. 따라서 이제 미국인은 항상 테러의 위협에 전전긍긍하며 살아간다. 소비율에서 32배라는 차이가 지속된다면 앞으로 미국과 유럽을 겨냥한 테러 공격은 더 많아질 것이 분명하고, 일본과 오스트레일리아에 대한 테러 공격도 얼마든지 가능하리라 예상한다.

물론 범세계적 불평등 자체가 테러 공격의 직접적 원인은 아니다. 종교의 근본주의와 개인의 정신병리적 현상도 주된 역할을 한다. 어떤 국가나 분노에 휩싸여 모두를 닥치는 대로 죽이려는 미치광이가 있다. 가난한 국가에만 그런 광적인 존재가 있는 것은 아니다. 예컨대 미국에도 오클라호마시티에서 트럭으로 폭탄 테러를 일으켜 168명의 애꿎은 목숨을 빼앗아간 티머시 맥베이Timothy McVeigh(1968~2001), 정교하게 설계한 폭탄이 담긴 소포를 우편으로 발송해 세 명을 살해하고 23명에게 부상을 입힌 시어도어 카진스키Theodore Kaczynski가 있었다. 노르웨이에는 폭탄과 총으로 77명을 살해하고 다수의 어린아이를 포함해 319명에게 부상을 입힌 안데르스 베링 브레이비크Anders Behring Breivik가 있었다. 그러나 대부분의 미국인과 노르웨이인은 테러를 계획할 만큼 절망하거나 분노하지 않기에 그 세 명의 테러리스트는 광기에 빠진 외로운 늑대였을 뿐 폭넓은 지지를 받지 못했다. 대다수 국민이 절망하고 분노하는 가난한 국가에서만 테러리스트를 용납하고 지지하는 분위기이다.

32라는 인수가 세계화와 맞물려 나타난 세 번째 현상은 지금까지 적게 소비하던 사람들도 소비율이 높은 생활 방식을 원하게 되었다는 것이다. 그들의 이런 욕구는 주로 두 가지 방식으로 충족된다. 첫째는 개발도상국가 정부가 소비율을 포함해 생활수준의 향상을 국가정책의 주된 목표로 삼는 것이고, 둘째는 개발도상국가에서도 수억 명이 정부의 조치를 진득하게 기다리지 않고 자체적으로 생활수준의 향상을 꾀하는 것이다. 따라서 그들은 당장 제1세계의 생활 방식을 원하며 서유럽과 미국 또는 오스트레일리아로 이주한다. 특히 아프리카와 일부 아시아 국가, 또 중앙아메리카와 남아메리카를 떠나 제1세계로 향하는 이주민이 많다. 이런 이민자를 막으려는 조치는 불가능하다는 게 입증되고 있다. 대부분의 이민자가 즉각적으로 32라는 인수까지 소비율을 끌어올리지 못하더라도 저소비 국가에서 고소비 국가로 한 명이 이주할 때마다 총 세계 소비량은 증가하기 마련이다.

그렇다면 모두가 꿈꾸는 대로 제1세계 시민처럼 살 수 있을까? 숫자로 생각해보자. 하나하나의 국가에 대해서 인구수에 석유, 금속, 물 등의 1인당 소비량을 곱한 값을 하나씩 더하면 해당 자원의 총 세계 소비량을 구할 수 있다. 모든 개발도상국가의 소비량이 현재보다 32배 상승해서 제1세계의 수준에 이르지만, 인구수와 그 밖의 변수에서는 아무런 변화가 없다는 조건에서 이런 계산을 다시 해보자. 그럼 총 세계 소비량이 지금보다 11배 증가한다. 그 값은 800억 명의 인구가 1인당 소비량에서 지금과 같은 조건으로 소비하는 값과 같다.

낙관적인 학자들은 우리가 세계 인구를 95억 명까지 부담할 수 있다고 주장한다. 그러나 내가 과문한 탓인지 몰라도 800억 명까지 우리가 부담할 수 있을 거라고 주장하는 미친 낙관주의자는 아직까지 한 명도 만나지 못했다. 그럼에도 우리는 개발도상국가에 정직한 정부와 자유 시장경제 같은 좋은 정책만 채택하면 제1세계처럼 될 수 있다고 약속한다. 그 약속은 완전히 실현 불가능하기 때문에 잔인한 거짓말이다. 제1세계 인구는 75억 명 세계 인구 중 10억 명에 불과하지만 그들도 이제는 현재의 생활 방식을 지속하기가 쉽지 않다.

미국인은 중국과 여러 개발도상국가에서 증가하는 소비량을 '문제'라고 습관적으로 언급하며 그 문제가 존재하지 않기를 바란다. 하지만 그 문제는 앞으로도 지속될 것이다. 중국과 여러 개발도상국가의 국민도 미국인과 유사한 소비를 즐기려고 할 것이기 때문이다. 미국인이 그들에게 미국인처럼 소비하지 말라고 충고하더라도 그들은 그 충고를 귀담아듣지 않을 것이 뻔하다. 세계화한 세계에서 중국과 인도, 브라질과 인도네시아, 아프리카 국가 등 개발도상국가도 소비량과 생활수준이 거의 똑같은 수준으로 올라서기를 바랄 것이고 그런 결과를 지속적으로 추구할 것이다. 그러나 현 세계에 존재하는 자원은 개발도상국가는 고사하고 지금의 제1세계를 현재 수준으로 지탱하기에도 버거울 정도이다. 그렇다면 우리는 결국 재앙을 맞이할 것이란 뜻일까?

그렇지는 않다. 제1세계와 다른 국가들이 현재의 제1세계 소비량보다 훨씬 낮은 수준의 소비를 합의하면 안정된 결과를 유지할 수 있다. 대부분의 미국인은 다른 세계에서 살아가는 사람들을 위해 현재의 생활수준을 희생할 수 없다고 반대할 것이다. 미국 부통령이던 딕 체니Dick Cheney는 "미국식 생활 방식은 타협의 대상이 아니다!"라고 말했다. 그러나 세계 자원의 잔인한 현실도 타협의 대상이 아니다. 세계 자원의 잔인한 현실을 고려하면 미국식 생활 방식도 바뀌어야 한다. 미국이 어떤 식으로 결정하든 상관없다. 세계가 현재의 소비량을 감당할 수 없기 때문에 미국도 현재의 소비량을 희생해야 한다.

그렇다고 그런 희생이 반드시 실질적인 희생인 것은 아니다. 소비량과 인간의 행복은 서로 관계가 있지만 완전히 짝을 이루는 것은 아니기 때문이다. 미국인의 경우 많은 소비가 낭비적이어서 삶의 질에 크게 기여하지 않는다. 예컨대 1인당 석유 소비량에서 서유럽은 미국의 절반에 불과하다. 그러나 기대 수명과 건강, 유아 사망률, 의료 접근성, 은퇴 이후의 경제적 안정, 휴가 기간, 공립학교의 질, 예술에 대한 지원 등 의미 있는 기준들로 계산하는 행복 지수는 서유럽이 미국보다 높다. 미국인 독자라면 이 책을 끝까지 읽은 후 도심으로 나가 도로를 달리는 자동차의 연비를 추정해보라. 낮은 연비로 휘발유를 낭비하면 삶의 질이 향상된다고 생각하는가? 미국과 제1세계 국가의 소비량이 낭비적인 분야는 휘발유 외에도 적지 않다. 예를 들면 세계 대부분의 지역에서 어장과 숲을 파괴적으로 착취하고 있다는 사실은 이미 앞에서 언급했다.

요컨대 우리 생전에 제1세계의 1인당 소비량이 지금보다 낮아져야 한다는 것은 분명하다. '그 결과에 우리가 선택한 계획대로 도달할 것인가, 아니면 우리가 선택하지 않은 불편한 방법으로 도달할 것인가?'라는 문제만이 남는다. 또 우리 생전에 많은 개발도상국가의 1인당 소비량이 제1세계 소비량의 32분의 1을 훌쩍 넘어 지금보다 낮아진 제1세계의 소비량에 거의 근접하리란 것도 분명하다. 이런 추세는 바람직한 목표이지 우리가 완강히 반대해야 할 끔찍한 미래는 아니다. 우리는 이런 목표를 향해 상당한 진전을 이루었지만 정작 부족한 중요한 요인은 정치적 의지이다.

위기의 기준틀

지금까지 살펴본 문제는 전 세계가 전반적으로 직면한 가장 큰 문제이다. 위기의 기준틀이란 관점에서 보면 인류가 이 문제들을 해결하는 데 어떤 요인이 도움을 주고, 어떤 요인이 방해가 될까?

우리가 중대한 장애물을 마주하고 있다는 현실을 부인할 수는 없다. 개별 국가가 직면한 국가적 위기와 달리 세계의 문제를 해결하기 위한 범세계적 노력은 우리에게 익숙하지 않은 영역이며, 우리에게 방향을 제시해줄 만한 전례도 없다. 잠깐만 생각해봐도 세계는 개별 국가와 무척 다르다. 우리가 이 책에서 다룬 국가들에는 누구나 인정하는 뚜렷한 국가 정체성과 공유하는 가치가 있어 다른 정체성과 다른 가치를 지닌 국가들과 구분되었다. 우리가 다룬 일곱 국가에는 오래전부터 확립된 정치적 토론장이 있었고, 현재의 문제를 해결하는 데 필요한 교훈을 얻을 만한 역사가 있었다. 또 일곱 국가는 우호적인 동맹으로부터 물질적 지원과 조언을 얻었고, 수정하더라도 받아들일 만한 선례가 주변에 있었다.

그러나 우리 세계에는 개별 국가가 누리는 이런 이점이 없다. 우리는 생명체가 존재하는 다른 행성을 접촉해 도움을 구할 수도 없고(표 2의 요인 4), 해결 방안을 모색하기 위해 본보기로 삼아 면밀히 조사할 만한 행성도 없다(요인 5). 인류가 폭넓게 공유하며 다른 행성의 지배적 정체성이나 핵심 가치와 대조되는 정체성(요인 6)은 물론 핵심 가치(요인 11)도 없다. 역사상 처음으로 우리는 범세계적 문제에 맞닥뜨렸지만 과거에 그런 문제를 겪은 경험이 없고(요인 8), 따라서 그런 문제를 해결하는 데 성공하거나 실패한 사례도 없다(요인 9). 우리가 세계적 차원으로 결집하는 데 성공한 사례는 지극히 제한적이다.

예컨대 국제연맹과 국제연합(유엔)이 초기에 시도한 두 번의 제도적 기관이었다. 국제연맹과 국제연합은 어느 정도 성공을 거두었지만 그 성공은 규모 면에서 현재 당면한 세계 문제에 전혀 비견되지 않는다. 또 세계가 위기에 봉착했다는 세계적 합의(요인 1)도 없고, 현재의 문제에 대한 책임을 수용하겠다는 의식(요인 2)도 없으며, 세계적으로 정직한 자기평가도 없다(요인 7). 선택의 자유(요인 12)는 가혹한 제약으로 상당히 제한적이다. 세계 자원의 멈추지 않는 소모와 이산화탄소 수치의 상승 및 세계적으로 만연한 불평등은 우리에게 실험하고 연습할 여유를 허락하지 않는다. 이런 잔혹한 현실 때문에 많은 사람이 인류의 미래를 비관적이고 절망적으로 생각한다.

하지만 세계가 직면한 문제를 해결하려는 세 방향 모두에서 상당한 진전이 있다. 하나는 오래전부터 시도해 유효성이 입증된 방향으로 국가끼리의 양자 간 협정과 다자간 협정이다. 문자가 탄생한 이후로 기록된 자료에서 확인할 수 있듯이 거의 5,000년 전부터 독립된 정치적 단위, 즉 국가 간 협상과 협정이 있었다. 문자가 없는 무리와 부족도 협정을 맺는다는 것은 현 세계에서 확인할 수 있다. 따라서 정치적 협상의 역사는 국가가 탄생하기 전, 더 정확히 말하면 현생 인류가 존재하기 시작한 수만 년 전으로까지 거슬러 올라간다. 특히 여기에서 네 가지 유형으로 분류한 세계적 문제는 모두 양자 간 협상과 다자간 협상의 주제였다.

나는 여기에서 하나의 예만 언급해보려 한다. 협상으로 해결한 그 문제가 긴급한 것이었기 때문이 아니라, 자칫하면 극단적 적대감에 사로잡혔을 두 국가—이스라엘과 레바논—도 합의에 도달할 가능성이 있다는 걸 명확히 보여주는 사례이기 때문이다. 이스라엘은 레바논을 침략해 영토의 일부를 점령했다. 레바논이 이스라엘을 향해 발사하는 로켓포 기지를 제공했기 때문이다. 하지만 두 국가의 조류 관찰자들은 획기적인 합의에 도달하는 데 성공했다. 계절에 따라 유럽과 아프리카를 왕래하는 독수리와 그 밖의 철새는 매년 가을이면 레바논을 떠나 이스라엘을 거쳐 남쪽으로 날아가고, 봄이 되면 이스라엘을 떠나 레바논을 거쳐 북쪽으로 날아간다. 항공기가 그런 철새들과 충돌하면 그 결과는 둘 모두에 치명적이다(우리 가족이 빌린 작은 항공기가 독수리와 충돌하는 사고를 당하고 1년 후에 나는 이 글을 쓰고 있다. 우리 가족이 탄 항공기는 움푹 찌그러졌지만 천만다행으로 추락하지는 않았다. 그러나 독수리는 죽었다). 그런 충돌은 레바논과 이스라엘에서 간혹 일어나는 치명적 항공기 사고의 주된 원인이었다. 따라서 양측의 조류 관찰자들은 상호 경보 시스템을 수립하기로 합의를 봤다. 가을에 레바논의 조류 관찰자들이 이스라엘을 향해 남쪽으로 날아가는 철새 떼를 보면 이스라엘의 조류 관찰자와 항공 교통 관제사에게 알려주고, 봄에는 이스라엘의 조류 관찰자들이 북쪽으로 날아가는 철새 떼의 경로를 알려주기로 합의한 것이다. 이 합의는 양쪽 모두에게 이로운 것이 분명했지만, 상대에 대한 증오심을 극복하고 오직 철새와 항공기 안전에만 집중하는 데는 상당한 시간이 걸렸다.

물론 전 세계에 존재하는 216개국의 협정에 비교하면 양자 간 협정이나 다자간 협정은 턱없이 부족하다. 그러나 양자 간 혹은 다자간 협정도 세계 협정을 향한 큰 걸음이다. 일부 국가가 세계 인구와 경제에서 가장 큰 몫을 차지하기 때문이다. 예컨대 중국과 인도는 세계 인구의 3분의 1을 차지한다. 또 미국과 중국은 세계 이산화탄소 배출량의 41%를 차지한다. 미국과 중국에 인도와 일본 그리고 유럽연합까지 더하면 이산화탄소 배출량의 60%를 차지한다. 미국과 중국은 이산화탄소 배출에 대해 이미 원칙적 합의에 이르렀다. 그 양자 간 협정을 확대해 인도와 일본, 유럽연합이 가입한 파리협정Paris Agreement이 2016년에 발효되었다. 물론 파리협정으로도 충분하지 않았다. 강제력을 집행할 방법이 없고, 2017년 미국 정부가 탈퇴 의향을 공개적으로 밝혔기 때문이다. 그럼에도 파리협정은 훗날 더 나은 협정에 도달하기 위한 표본이나 출발점이 될 수 있다. 이산화탄소 배출량이 상대적으로 적은 200개국이 향후 협정에 가입하지 않더라도 앞에서 언급한 5개국의 협상만으로도 이산화탄소 배출 문제를 해결하는 데 상당한 도움을 줄 수 있다. 그 이유는 막강한 경제력을 갖춘 5개국이 협정에 가입하지 않은 국가들에 관세와 탄소세를 부과함으로써 200개국에 압력을 행사할 수 있기 때문이다.

세계가 당면한 문제를 해결하는 두 번째 방향은 지역별 국가 간 협정이다. 북아메리카와 라틴아메리카, 유럽과 동남아시아, 아프리카 등 여러 지역에서 그런 지역 협정을 맺었다. 다양한 기관과 협정 및 구속력을 지닌 규정까지 갖춘 가장 앞선 지역 협정은 현재 27개국이 참여한 유럽연합이다. 물론 유럽연합을 언급하면 의견 충돌, 과거 악습으로의 회귀, 브렉시트 및 그 밖의 정치적 출구를 먼저 떠올릴 사람도 적지 않을 것이다. 이런 부작용은 예측한 것이었다. 유럽연합은 유럽만이 아니라 다른 지역을 위해서도 미래를 향한 급진적인 큰 진전이었기 때문이다.

그러나 유럽연합의 미래를 비관적으로 생각하기 전에 제2차 세계대전이 끝난 1945년 당시 폐허와 다를 바 없던 유럽 상황을 떠올려보고, 유럽연합이 어떤 성과를 이루어냈는지 생각해보기 바란다. 세계사에서 수천 년 동안 거의 끊임없이 전쟁이 계속되었고 급기야 유럽 국가들은 두 번의 파괴적인 전쟁을 치렀다. 하지만 1950년대에 유럽연합의 전신을 설립한 이후로는 유럽연합 회원국이 다른 회원국을 상대로 전쟁을 벌인 적은 여태껏 없었다. 1950년 내가 유럽을 처음 방문했을 당시에는 국경을 넘을 때마다 여권 검사를 철저히 했다. 그러나 이제 유럽에서 국경을 넘을 때 제약이 거의 없는 편이다. 또 내가 1958년부터 1962년까지 영국에 체류할 때 유럽에서 영주하며 그곳 대학에서 강의하고 연구할 자격을 갖춘 영국 과학자는 극소수였다. 내 분야에서 그런 과학자는 다섯 손가락에 꼽을 정도였다. 물론 그 반대 경우도 마찬가지였다. 하지만 지금은 상황이 완전히 다르다. 유럽연합의 많은 국가에서 상당수의 교수가 국적자가 아니다. 또 유럽연합 국가들의 경제는 상당히 통합되어 있다. 또 대부분의 회원국이 공동 화폐인 유로를 사용한다. 에너지와 자원 활용, 이민 같은 주된 문제에서도 유럽연합은 논의를 거쳐 동일한 정책을 채택하는 경우가 적지 않다. 거듭 말하지만 유럽연합 내에 알력과 불화가 있다는 걸 인정한다. 그러나 개인과 국가에서도 알력과 불화가 있다는 걸 잊어서는 안 된다.

상대적으로 구체적인 문제를 다룬 지역 간 협정의 다른 예로는 지역 질병을 근절하기 위한 협력이 있다. 가축에게 생기던 무서운 질병으로 과거 아프리카와 아시아, 유럽의 많은 지역에 큰 피해를 안겨준 우역rinderpest, 牛疫의 근절이 대표적 성공 사례이다. 수십 년간 노력을 기울인 덕분에 2001년 이후로 우역이 발병한 사례가 없었다. 지금도 동서 양쪽에서는 기니충병guinea worm disease과 사상충증river blindness 같은 지역 질병을 근절하기 위한 대대적인 노력이 진행 중이다. 따라서 지역 협정은 초국가적 문제의 해결책으로 이미 효과가 검증된 또 하나의 방향이라 할 수 있다.

세 번째 방향은 국제기관을 통해 이루어내는 세계 협정이다. 유엔에서는 포괄적 문제를 다루고 그 밖의 세계 기구에서는 농업, 동물 밀매, 어장과 포경, 식량, 건강 등 구체적 쟁점을 집중적으로 다루는 방법이다. 유럽연합이 그렇듯이 유엔과 국제 전문 기구도 쉽게 냉소 대상이 될 수 있다. 더구나 유엔은 유럽연합보다 구속력이 전반적으로 약하고, 영토 내에서는 대부분의 국가권력보다 훨씬 약하기 때문이다. 그러나 국제기구들은 이미 많은 성과를 이루어냈고 더 큰 진전을 위한 방향성을 보여주고 있다. 대표적인 성공 사례로는 1980년 세계 전역에서 천연두가 박멸되었다고 선언한 세계보건기구, 성층권의 오존층을 보호하기 위한 1987년 몬트리올 의정서, 선박에서 연료통과 물로 채우는 밸러스트 탱크를 분리·규제하고 유조선을 이중 선체로 건조하도록 강제함으로써 해양 오염을 줄이기 위한 1978년의 국제해양오염방지협약International Convention for the Prevention of Pollution from Ships, MARPOL(73/78로도 알려짐)이 있다. 또 한 국가의 배타적 수역과 국제사회가 공유하는 국제 경제 수역을 규정한 1994년의 해양법에 대한 협약Law of the Sea Convention, 해저 광물 개발에 대한 법적 틀을 규정한 국제해저기구International Seabed Authority도 성공 사례로 꼽힌다.

세계화는 문제를 야기하기도 하지만 문제를 쉽게 해결하도록 해주기도 한다. 오늘날 세계화가 뜻하는 불길한 현상 중 하나는 국제화한 자원 경쟁, 오염 물질과 대기 가스, 질병, 인구 이동 등 많은 문제가 세계 곳곳에서 생겨나고 확산하는 것이다. 그러나 세계화에는 고무적인 측면도 있다. 방금 언급한 세계적인 문제들을 해결하는 데 도움을 주는 요인이 세계화 덕분에 신속히 확산된다는 것이다. 예컨대 정보통신의 발달로 기후변화에 대한 인식이 보편화되었고, 소수의 언어가 세계어로 통용되면서 커뮤니케이션이 쉬워졌으며, 또 다른 지역에서 검증된 해결책과 조건이 널리 알려지기도 했다. 따라서 세계가 상호

의존적이어서 더 강하게 결속할 수도 있고 함께 무너질 수도 있다는 인식 또한 적지 않다.

나는 2005년에 발표한 《문명의 붕괴》에서 문제와 해결책의 긴장 관계를 경마—파괴라는 말과 희망이라는 말의 경쟁—에 비유했다. 일반적인 경마에서 두 말은 출발점부터 결승점까지 모든 거리를 거의 똑같이 전속력으로 달린다. 하지만 현재 상황은 두 말이 점점 빨리 달리며 속도가 기하급수적으로 가속화하는 경마이다.

2005년 《문명의 붕괴》를 발표할 때만 해도 어느 쪽 말이 승리할지 확실하지 않았다. 이 글을 쓰고 있는 2019년 현재까지 두 말은 지난 14년 동안 줄기차게 속도를 더해가며 달려왔다. 우리가 당면한 문제, 특히 세계 인구와 소비량은 2005년 이후 뚜렷이 증가해왔다. 그 문제에 대한 세계의 인식과 이를 해결하려는 노력도 2005년 이후로 분명히 확대되었다. 하지만 어느 쪽 말이 승리할지는 아직도 분명하지 않다. 어쨌든 경주는 좋은 쪽으로든 나쁜 쪽으로든 조만간 결론이 날 테고, 그때까지 이제 수십 년밖에 남지 않았다는 것은 분명하다.

에필로그

교훈과 남는 의문 그리고 미래 전망

예측 요인 – 위기는 필요한가? – 역사에서 지도자의 역할 – 특정한 지도자의 역할 – 다음에는? – 미래를 위한 교훈

예측 요인

마지막 장은 국가의 위기에 영향을 미치는 요인으로 제시한 표 2의 12가지 요인이 우리가 본보기로 삼은 일곱 국가에 실제로 어떻게 적용되는지 간략히 요약하는 것으로 시작하려 한다. 그런 다음 그 본보기를 근거로 삼아 나에게 흔히 제기되는 위기에 대한 두 가지 질문—국가가 큰 변화를 시도하려면 위기를 유발하는 급격한 변화가 필요한가, 특별한 지도자가 역사의 흐름을 크게 바꿔놓을 수 있는가—에 대해 알아볼 것이다. 그다음에는 위기에 대한 이해의 깊이를 더하기 위한 전략을 제안하고, 끝으로 미래를 위해 그 이해에서 이끌어낼 수 있는 교훈이 무엇인지 살펴볼 것이다.

1. 위기의 인정

위기의 인정은 국가의 경우보다 개인이 더 쉽다. 개인의 경우 다른 사람과 머리를 맞대고 상의해서 합의를 끌어낼 필요가 없기 때문이다. 자신이 위기에 빠졌다는 걸 혼자 인정하면 그것으로 충분하다. 그러나 개인도 위기를 간단히 '그렇다, 아니다'로 인정할 수 없는 경우가 적지 않다. 적어도 세 경우로 나뉜다. 처음에는 위기를 부정하거나 문제의 일부만 인정하고 문제의 심각성을 대단치 않게 생각하지만 결국에는 '살려달라고 애걸복걸할 수 있다'. 바로 그때가 위기를 실제로 인정하는 순간이다. 국가의 위기도 똑같이 세 유형으로 부정할 수 있지만 문제를 복잡하게 만드는 또 하나의 요인이 있다. 국가를 구성하는 국민은 다양한 집단으로 분류되고 많은 추종자를 거느린 소수의 지도자가 있는데, 그 집단 및 지도자와 추종자가 위기를 얼마나 인정하는지 다를 수 있기 때문이다.

개인과 마찬가지로 국가도 처음에는 문제를 무시하고 부정하거나 과소평가할 수 있다. 하지만 그런 부정은 외적인 사건으로 종결된다. 예컨대 1853년 이전에도 일본은 서구 세계가 중국을 침략한 제1차 아편전쟁(1839~1842)이 있었고 일본에 대한 서구 세계의 위협이 증대하고 있다는 것을 알고 있었다. 그러나 일본은 위기를 인정하지 않았고, 1853년 7월 8일 페리 제독이 도쿄만에 들어선 후에야 개혁을 논의했다. 핀란드도 1930년대 말 소련의 요구를 받아들였고 소련이 인구도 많고 막강한 군대를 보유하고 있다는 사실을 알았지만, 1939년 11월 30일 소련이 공격해올 때까지 그 위협을 심각하게 여기지 않았다. 소련이 침공하자 핀란드는 반격으로 대응하자는 거의 만장일치에 가까운 국민적 합의를 하룻밤 사이에 이루어냈다. 한편 페리의 등장으로 일본은 국가에 시급한 문제가 닥쳤다는 일치된 합의를 신속히 이루어냈지만 쇼군의 통치가 최적의 대응은 아니라고 반발하는 반反쇼군 개혁가들이 있었다. 결국 그 개혁가들이 쇼군을 타도하고 15년 후에야 그러한 반발은 해소되었다.

국가에 위기가 닥치면 국가가 '어떤' 중대한 문제에 부딪혔다는 데는 폭넓은 합의를 하더라도 그 문제가 무엇인가에 대해서는 의견이 분분할 수 있다. 예컨대 칠레에서 아옌데와 좌익은 그 문제가 칠레의 제도에 있다고 생각하며 개혁을 주장했지만, 우익은 아옌데와 그의 개혁 프로그램에 문제가 있다고 보았다. 마찬가지로 인도네시아에서 공산주의자는 문제가 정부 구조에 있다고 생각하며 개혁이 필요하다고 주장했지만, 군부는 공산주의자들이 제기하는 개혁에 문제가 있다고 여겼다. 칠레와 인도네시아, 두 경우 모두에서 위기는 국민적 합의를 도출하거나 한쪽이 무력으로 승리한 후 패한 쪽의 목숨을 살려주고 권리를 보장해줌으로써 해결되지는 않았다. 안타깝게도 두 국가에서는 국가의 위기를 승리한 쪽이 패배한 쪽을 대량 학살함으로써 해결했다(일본의 경우 도쿠가와 막부의 마지막 쇼군은 상대의 허락을 받아 은퇴했고, 메이지유신이 시작된 이후 34년이나 더 살았다).

제2차 세계대전이 끝난 후 오스트레일리아와 독일은 조금씩 누적되는 위기를 오랫동안 부인한 국가의 전형적인 예였다. 오스트레일리아는 영국에 뿌리를 둔 백인이란 정체성을 오랫동안 고집해왔다. 독일은 나치 범죄에 대한 책임이 평범한 독일인에게도 있다는 사실, 독일이 영토를 상실했다는 불편한 현실, 동유럽을 지배하는 공산주의 정부의 존재를 오랫동안 부정했다. 오스트레일리아와 독일에서는 이런 문제들을 서서히 민주적으로 정부 정책을 바꾸기 위해 국민적 합의를 이루어낸 유권자의 힘으로 해결했다.

끝으로 이 글을 쓰는 현재 일본과 미국은 주된 문제를 선택적으로 부정하고 있다. 예컨대 일본은 정부 부채, 인구 고령화 등 일부 문제는 인정하지만 여성의 역할에 대한 쟁점은 부분적으로 인정할 뿐이다. 게다가 몇몇 문제는 여전히 부인으로 일관한다. 예컨대 인구통계학적 문제를 해결하기 위한 방법 중 하나로 이민을 거의 고려하지 않고, 일본과 한국·중국 사이에 존재하는 긴장 관계의 역사적 원인도 부인한다. 또 해외 자연 자원을 지속 가능하게 유지하려는 국제적 노력에 동참하지 않고, 탐욕스럽게 남획하려는 일본의 전통적인 정책이 이제는 시대에 뒤떨어진 것이란 사실도 부정한다. 미국도 현재 당면한 주된 문제—정치 양극화, 낮은 투표율, 까다로운 유권자 등록, 제한적인 사회경제적 신분 이동, 공공재에 대한 정부 투자의 감소 등—를 외면하며 부정하고 있다.

2. 책임을 수용하라! 자신을 피해자로 여기는 자기 연민을 중단하고 남을 탓하지 마라!

위기를 인정하는 첫 단계 후 개인적 문제를 해결하기 위한 다음 단계는 개인적 책임을 받아들이는 것이다. 다시 말하면 자기 연민에 빠지거나 자신을 피해자로 미화하지 않고 개인적 변화의 필요성을 인정하는 것이다. 개인의 경우가 그렇듯이 국가의 경우도 다를 바 없다. 또 위기의 인정과 마찬가지로 책임의 인정과 자기 연민의 회피도 개인과 국가 모두 간단히 "그렇다, 아니다"로 대답할 수 있는 문제가 아니다. 다만 국가는 다양한 성격을 띤 집단과 많은 추종자를 거느리고 세상을 보는 관점이 제각각인 지도자들로 이루어진다.

이 책에서 다룬 일곱 국가는 책임의 수용과 부인에서 각양각색의 모습을 보여주었다. 자기 연민의 회피는 핀란드와 메이지 시대 일본이 명확히 보여주였다. 1944년 이후 핀란드는 피해자처럼 자기 연민에 빠져 허우적대며 소련의 침략과 무자비한 살상을 탓할 수도 있었다. 하지만 핀란드는 소련이 어르고 달래야 할 상대라는 걸 인정했다. 그리하여 소련과 정치적 논의를 끊임없이 이어가며 소련의 신뢰를 얻는 데 집중함으로써 많은 성과를 거두었다. 예컨대 소련은 헬싱키 근처의 포르칼라 해군기지를 철수했고, 핀란드에 요구한 전쟁 배상금을 줄여주었으며 기간까지 연장해주었다. 게다가 핀란드가 유럽경제공동체와 관계를 맺고 유럽자유무역연합에 가입하는 것도 허용했다. 소련이 붕괴하고 오랜 시간이 지난 오늘날에도 핀란드는 당시 상실한 땅 카렐리야를 되찾으려고 시도하지 않는다. 마찬가지로 메이지 시대의 일본도 수십 년 동안 서구의 위협을 받았고 불공정한 조약을 강요당했다. 그러나 일본은 피해자처럼 행동하지 않았다. 오히려 자국의 책임을 통감하며 훗날을 도모하기 위해 외세에 저항할 힘을 키웠다.

위기의 책임을 자신에게 두지 않고 다른 국가 탓으로 돌린 사례로는 오스트레일리아가 있다. 오스트레일리아는 제2차 세계대전 전에 자체적으로 국방력을 강화하지 않은 것을 인정하지 않고 싱가포르를 포기한 영국의 '배신'을 탓했다. 또 오스트레일리아는 유럽경제공동체 가입을 신청한 영국의 행위를 처음에는 기만적 배신이라고 규탄했지만, 결국 영국도 자국의 이익을 추구할 수밖에 없다는 사실을 씁쓸히 인정했다. 이런 책임 회피 때문에 오스트레일리아가 정치·경제적으로 아시아 국가들과 결속하는 게 늦어진 것인지도 모른다.

책임을 부정함으로써 파멸을 초래한 극단적 사례로는 제1차 세계대전 이후의 독일이 있다. 상당수의 독일 국민이 나치를 비롯한 많은 독일 학자의 거짓 주장, 즉 독일이 연합군의 압도적 전력에 군사적으로 패배한 것이 아니라 독일 사회주의자의 '비겁한 배신' 때문에 전쟁에서 패한 것이란 주장을 곧이곧대로 받아들였다. 나치와 많은 독일 학자는 베르사유조약의 역겨운 불공정성을 강조하며 빌헬름 2세와 그 정부가 전쟁 전에 연이어 범한 정치적 실수로 인해 불리한 군사적 조건에서도 전쟁에 휘말려든 것이란 사실을 인정하지 않았다. 물론 그 결과 독일이 재앙적 패배를 당했고 불공정한 베르사유조약을 체결할 수밖에 없었다는 사실도 인정하지 않았다. 이렇게 자체의 책임을 부정하고 피해자인 척하며 자기 연민에 빠진 탓에 독일인은 나치를 지지했고, 그 결과는 제2차 세계대전으로 이어져 독일에 훨씬 큰 재앙을 안겨주었다.

제2차 세계대전 후의 독일과 일본은 책임을 인정하는 태도에서 뚜렷이 대조되는 사례를 보여주었다. 두 국가의 정부에는 전쟁을 시작했다는 전적인 책임이 있었다. 이런 점에서 제1차 세계대전 후의 독일과 달랐다. 그 전쟁의 책임은 독일만이 아니라 적국들에도 적잖게 있었기 때문이다. 제2차 세계대전 기간에 독일과 일본은 다른 민족에게 끔찍한 짓을 저질렀고 독일 국민과 일본 국민도 극심한 고통을 받았다. 그런 사실에 대한 독일과 일본의 접근법은 완전히 달랐다. 독일은 전쟁으로 수백만의 동포를 잃고 동쪽에서 진격한 소련군에게 수많은 독일 여성이 강간을 당했으며, 전후에는 상당한 영토를 빼앗긴 까닭에 피해 의식에 사로잡히고 자기 연민에 빠질 수도 있었다. 또 연합군이 승리하지 않았다면 독일의 도시들에 폭격을 퍼부어 수많은 독일 시민을 죽인 연합군의 작전은 전쟁 범죄로 여겨야 마땅하다고 푸념할 수도 있었을 것이다. 하지만 그들은 나치의 범죄를 광범위하게 인정했고, 학교에서도 나치의 범죄와 독일의 책임에 대해 가르쳤다. 제2차 세계대전 동안 독일에 핍박당한 폴란드 등 여러 국가와도 과거보다 더 나은 관계를 수립해나갔다. 반면 일본은 전쟁을 시작한 책임을 지금까지도 줄기차게 부정하고 있다. 미국의 속임수에 넘어가 일본이 진주만을 폭격했고, 그 때문에 전쟁이 시작되었다는 게 일본인의 전반적인 인식이다. 결국 일본이 그보다 4년 전에 중국에 선전포고도 없이 전쟁을 일으켰다는 사실까지 무시하는 셈이다. 또 일본은 한국과 중국의 민간인과 연합군의 전쟁 포로에게 범한 범죄적 행위에 대한 책임도 여전히 부정한다. 오히려 일본은 원자폭탄으로 큰 피해를 입었다는 자기 연민에 허우적댈 뿐 원자폭탄이 떨어지지 않았다면 더 참혹한 사태가 벌어졌을 가능성에 대해서는 솔직히 논의조차 하지 않는다. 이렇게 역사적 사실을 부인하고 오히려 피해 의식과 자기 연민을 강조하는 태도는 한국이나 중국과의 관계 회복에 악영향을 미치고, 이는 결국 일본에 큰 부담이 될 것이다.

3. 울타리 세우기와 선택적 변화

2~7장에서 살펴보았듯이 우리가 표본으로 삼은 여섯 국가는 위기를 맞았을 때 선택적 변화를 시도했다. 한편 3부에서 다룬 두 국가 일본과 미국은 현재 변화를 시도하고 있으며, 미국보다 일본이 변화에 더 적극적이다. 이 모든 국가는 몇몇 특정 정책만 바꾸었거나 변화 여부를 논의했지만, 어떤 국가정책은 논의 대상에 올리지도 않았다. 메이지 시대 일본과 핀란드의 사례는 변한 것과 변하지 않은 것의 뚜렷한 차이를 보여주기 때문에 무척 교훈적이다. 메이지 시대 일본은

정치와 법, 사회와 문화 등 많은 영역에서 서구화를 시도했다. 그러나 각 영역에서 일본은 무작정 서구를 모방하지는 않았다. 많은 서구 모델 중 어떤 것이 일본에 가장 적합한지 찾아냈고, 그렇게 찾아낸 모델을 일본 상황에 맞게 수정했다. 한편 일본 사회의 다른 기본 영역—황제 숭배와 일본식 한자 등 많은 전통문화—은 변하지 않고 그대로 유지되었다.

핀란드는 공산국가 소련과 끊임없이 대화하며 변화를 시도했고, 행동의 자유를 부분적으로 포기하면서도 1차산업 국가에서 현대식 공업 국가로 변신해갔다. 하지만 핀란드는 다른 영역에서는 자유민주주의를 계속 추구했고, 실제로 유럽에서 구소련과 이웃한 어떤 국가보다 더 많은 행동의 자유를 누렸다. 그 때문에 핀란드의 행동은 겉보기에 일관성이 결여되어 지리적으로 잔혹한 핀란드 현실을 제대로 이해하지 못한 외부인들에게 많은 비난을 받았다.

4. 다른 국가로부터의 지원

타자로부터의 지원이란 요인은 개인의 위기에도 중요하지만, 여기에서 다룬 국가들의 위기를 해결하는 데도 중요한 역할이나 부정적 역할을 했다. 자문단 파견과 일본 사절단 영접부터 순양 전함 건조까지 서구 세계가 일본에 제공한 다양한 지원은 선택적 서구화를 추구한 메이지 시대 일본에 무척 중요했다. 또 칠레와 인도네시아 군사정권이 각각 1973년과 1965년 쿠데타 이후 경제성장을 추구하는 데 미국의 경제원조가 큰 도움이 되었다. 물론 제2차 세계대전 후 잿더미에서 일본과 독일이 국가를 재건하는 데도 미국의 경제원조가 중요한 역할을 했다. 오스트레일리아는 군사적 보호를 영국과 미국에 차

레로 의존했다. 한편 부정적인 면을 살펴보면 미국이 경제원조를 중단하고 장벽을 쌓음으로써 칠레의 아옌데 정부는 와해되었다. 제1차 세계대전 후 독일 바이마르공화국은 영국과 프랑스가 요구한 전쟁 배상금에 시달린 끝에 와해되었다. 오스트레일리아는 영국이 싱가포르를 양도하며 오스트레일리아에 대한 군사적 보호를 포기했을 때, 또 영국이 유럽경제공동체에 가입한 결과 오스트레일리아에 대한 호혜관세를 철회할 수밖에 없었을 때 큰 충격을 받았지만 새로운 국가 정체성을 모색하는 계기가 되었다.

우방의 도움을 받지 못한 대표적 사례는 소련과 맞선 겨울 전쟁 기간의 핀란드이다. 당시 핀란드의 모든 잠재적 우방은 군사적 지원군을 파견할 수 없었고 결국 파견하지 않기로 결정했다. 그때 겪은 잔혹한 경험이 1945년 이후 핀란드 외교정책의 기초가 되었다. 소련과 다시 갈등을 빚을 경우 우방의 도움을 기대하지 못할 수 있기 때문에 독립성을 약간 포기하더라도 소련과 실용적 관계를 유지해야 한다는 현실을 인정한 것이다.

5. 본보기로 삼을 만한 다른 국가의 사례

개인적 위기의 해결에도 본보기가 중요하듯이 본보기는 긍정적으로든 부정적으로든 대부분의 국가에 의미 있는 역할을 한다. 예컨대 서구 모델을 차용하고 수정했다는 점에서 본보기로 삼을 만한 다른 국가의 사례는 메이지 시대 일본의 변화에 특히 중요했지만, 제2차 세계대전 후 미국식 민주 정부를 차용해 수정한 일본에는 크게 중요하지 않았다. 칠레와 인도네시아 군사정부는 미국식 자유 시장경제(더 정확히 말하면 그들이 미국식 자유 시장경제라고 생각했던 것)를 차용했다. 한편 오스트레일리아는 제2차 세계대전 전에는 영국을 거의 절대적으로 본보기로 삼았지만 그 후에는 영국식 모델을 하나씩 버렸다.

반대로 본보기로 삼을 만한 사례를 찾지 못한 국가도 있다. 핀란드의 경우 소련에 인접한 국가로 소련의 요구에 부응하며 독립성을 유지한 본보기가 없었다. 여기에서 핀란드 외교정책의 근간, 즉 핀란드화가 탄생했다. 핀란드는 자국의 독특한 상황을 인정했고, 그런 인정은 "핀란드화는 수출용이 아니다"라는 케코넨 대통령의 발언에서도 확인할 수 있다. 본보기를 찾지 못한 또 다른 국가는 오늘날의 미국이다. '미국 예외주의'라는 믿음이 '미국은 캐나다와 서유럽 국가로부터 배울 것이 없다'는 믿음으로 폭넓게 변형되었기 때문이다. 의료 관리, 교육과 이민, 교정 제도, 노인의 안전 등 모든 나라에서 제기되는 쟁점에 대해 각국이 찾아낸 해결책에서도 미국은 교훈을 얻으려 하지 않는다. 대부분의 미국인이 미국식 해결책에 불만스러워하지만 캐나다와 서유럽 국가의 해법에서 배우려 하지는 않는다.

6. 국가 정체성

개인적 위기의 결과에 영향을 미치는 12가지 요인 중 일부는 국가의 위기를 예측하는 데도 그대로 적용된다. 반면 쉽게 응용되지 않는 요인 중 하나가 개인적 특성인 '자아 강도'이지만 이는 국민성, 즉 국가 정체성을 가리키는 비유로 사용할 수 있다.

국가 정체성이란 무엇인가? 국가 정체성은 한 국가를 남다르게 특징짓는 가치 있는 것에 대한 공유된 자부심을 뜻한다. 언어와 군사적 성취, 문화와 역사 등 많은 것에서 국가 정체성이 결정되며 그 근원은 국가마다 다르다. 예컨대 핀란드와 일본은 어떤 나라에서도 사용하지 않는 고유한 언어를 갖추었고 그들은 그 모국어를 무척 자랑스럽게 생각한다. 한편 칠레는 대부분의 중남미 국가와 같은 언어를 사용하지만 그런 공통점을 역설적으로 고유한 정체성으로 승화시켰다. “정치적 안정과 민주적 전통에서 우리 칠레인은 스페인어를 사용하는 다른 라틴아메리카 국가 사람들과 다르다. 우리는 라틴아메리카보다 유럽에 더 가깝다!” 군사적 성취도 일부 국가의 정체성을 규정하는 데 큰 역할을 한다. 예컨대 핀란드는 겨울 전쟁, 오스트레일리아는 갈리폴리반도 상륙 전쟁, 미국은 제2차 세계대전, 영국은 많은 전쟁에서 승리를 거두었지만 가장 가까운 것으로는 제2차 세계대전과 포클랜드전쟁에서 국민적 자부심을 느낀다.

많은 국가는 문화에서 국민적 자부심과 국가 정체성을 찾는다. 예컨대 이탈리아는 역사적으로는 예술을 선도했고 현대에는 요리와 패션을 선도하는 국가라는 자부심이 대단하다. 영국은 문학에서, 독일은 음악에서 국가 정체성의 근원을 찾는다. 한편 스포츠 국가대표팀에서 자부심을 느끼는 국가도 많다. 또 영국과 이탈리아는 한때 세계를 제패한 기억에서 자부심을 느끼는 대표적 국가이다. 이탈리아인에게는 2,000년 전 로마제국을 건설했다는 자랑스러운 기억이 있다.

이 책에서 다룬 일곱 국가 중 여섯 국가에는 강력한 국가 정체성이 있다. 유일한 예외는 인도네시아로 국가 정체성이 상대적으로 약하다. 그렇다고 인도네시아인을 비판할 이유는 없다. 약한 국가 정체성은 인도네시아가 1949년에야 독립국가가 되었고, 식민지 상태에서 1910년경에야 실질적으로 통일되었다는 사실을 반영할 뿐이다. 따라서 인도네시아가 역사적으로 최근에 분리 운동과 반란을 겪었다고 놀라울 것은 없다. 하지만 인도네시아의 국가 정체성은 최근 들어 빠르게 형성되고 있다. 특히 통일된 인도네시아어가 널리 확산되고 민주주의와 시민의 참여로 그 속도가 더욱 빨라지고 있다.

국가 정체성은 여기에서 제시한 여섯 국가 모두가 위기를 해결하는 데 중요한 역할을 했다. 국가 정체성은 메이지 시대 일본인과 핀란드인을 하나로 묶어주며 외부의 위협을 이겨낼 수 있다는 용기를 주었다. 그들이 당시의 곤고함과 국가적 수치를 견뎌내고 국익을 위해 개인적으로 희생할 수 있었던 이유도 강력한 국가 정체성에 있었다. 핀란드인은 조국이 소련에 전쟁 배상금을 갚는 걸 도우려고 결혼 예물로 받은 금반지까지 내놓았다. 전후 독일과 일본의 경우에는 강력한 국가 정체성 덕분에 참담한 군사적 패배와 그 후의 모욕적인 점령을 딛고 일어섰다. 오스트레일리아에서 국가 정체성은 "우리는 누구인가?"라는 질문을 중심으로 돌아가며 엄밀한 재평가와 선택적 변화의 중심이 되었다. 칠레에서 국가 정체성은 피노체트가 몰락한 이후 좌익이 권력을 되찾고도 절제력을 발휘한 이유이기도 했다. 군부에 대한 두려움이 약해지자 정권을 잡은 좌익은 피노체트 지지자를 여전히 혐오하면서도 피노체트를 동경하는 우익뿐 아니라 아옌데를 동경하는 좌익까지 포용하는 '모든 칠레인을 위한 칠레'를 건설하려는 회유 정책conciliatory policy을 채택했다. 이 회유 정책은 놀라운 성취였다. 반면 현재의 미국은 포괄적인 국가 정체성보다 소집단 정체성을 더욱 강조하는 듯한 분위기이다.

어떤 국가에서나 국민과 정부는 국민적 자부심을 함양하는 방향으로 역사를 반복해서 이야기하며 국가 정체성을 강화하려고 애쓴다. 이런 식의 역사 이야기는 '국가의 신화national myth'가 된다. 그렇다고 내가 '거짓말'이란 경멸적인 뜻에서 '신화'라고 말하는 것은 아니다.

오히려 '표면적으로는 역사적 근거를 갖지만 어떤 현상을 설명하거나 어떤 목적을 고취하려는 전통적인 이야기'라는 중립적 의미에서 사용한 것이다. 현실 세계에서 국가의 신화가 정치적 목적을 띠고 반복되면 관련 영역에서 진실부터 거짓까지 전체를 망라하게 된다.

한쪽 끝에는 과거에 대한 사실적으로 정확하며 당시 국가에 닥친 가장 중요한 사건에 초점을 맞춘 설명이 존재한다. 하지만 과거를 다시 이야기하는 행위 자체가 정치적 목적을 띠게 마련이다. 예컨대 영국은 1940년 여름 독일 공군에 맞서 영국 본토와 영공을 지킨 영국 공군의 활약을 이야기하며 국가적 자부심을 함양하고, 핀란드는 1939년 12월부터 1940년 4월까지 진행된 겨울 전쟁에 초점을 맞추어 역사 이야기를 반복하며 국민에게 자부심을 심어준다. 물론 그 전쟁들이 당시 영국과 핀란드에서 일어난 가장 중대한 사건이었고, 그 때문에 그 사건이 정치적 목적을 띠고 오늘날에도 반복해서 언급되는 것이라 주장할 수 있다.

중간 단계는 과거에 대한 설명이 부분적으로 옳은 경우이다. 다시 말하면 당시 일어난 많은 사건 중 하나에만 초점을 맞추고 다른 중요한 사건을 의도적으로 생략하는 방향으로 과거를 다시 이야기하는 것이다. 예컨대 미국은 19세기 초의 역사를 이야기할 때 루이스·클라크 대륙 횡단 탐험Lewis and Clark Expedition과 유럽인의 탐험, 서부의 정복을 강조하지만 아메리카 원주민에 대한 학살과 강제 이주 및 아프리카계 미국인의 노예화는 의도적으로 언급하지 않는다. 또 인도네시아는 네덜란드에 항거한 인도네시아공화국의 역사를 강조하며 독립 투쟁을 설명하지만 많은 집단이 인도네시아공화국에 저항했다는 사실은 언급하지 않는다. 또 오스트레일리아는 20세기 초의 역사에서 갈리폴리반도 상륙전을 강조할 뿐 원주민을 학살하고 그들의 땅을 강제로 빼앗은 과거는 언급하지 않는다.

정반대편에는 전적으로 거짓에 기반한 과거의 설명이 있다. 독일이 제1차 세계대전에서 패전한 이유를 독일 사회주의자들의 배신 탓으로 돌린 사례와 난징 대학살을 최소화하고 부인하는 일본의 사례가 대표적인 예이다.

과거를 정확히 알 수 있는가, 역사에는 필연적으로 다수의 해석이 있을 수밖에 없는가, 모든 대안적 해석에는 동일한 가치를 부여해야 하는가에 대한 논의는 역사학자의 몫이다. 이런 의문에 대한 대답이 무엇이든 간에 국가 정체성은 정치적 목적에서 국가의 신화로 강화된다. 아울러 국가 정체성은 모든 국가에 중요하며 이를 뒷받침하는 신화는 역사적 근간에 따라 달라진다는 사실은 변하지 않는다.

7. 정직한 자기평가

인간과 인간 사회에 대해 아무것도 모르는 철저히 합리적인 외계의 방문객이라면 개인과 국가가 위기를 극복하는 데 실패하는 이유로 여러 요인을 꼽겠지만, 정직한 자기평가를 그중 하나로 거론하지는 않을 것이다. 그 합리적인 외계 방문객은 '개인이나 국가가 아무리 이상하더라도 자신에게조차 정직하지 못하면서까지 자멸의 길을 선택할 이유가 어디에 있겠는가?'라고 생각할 것이기 때문이다.

정직한 자기평가에는 두 단계가 필요하다. 첫째, 개인이나 국가는 정확히 알아야 한다. 물론 정확히 알기가 힘들 수 있다. 위기에 성공적으로 대처하지 못하는 것은 부정직이란 도덕적 해이보다 정보 부족 때문이다. 둘째, 그렇게 알아낸 것을 정직하게 평가해야 한다. 안타깝게도 국가나 인간의 속성을 그런대로 아는 사람이라면 누구나 자기기만이 인간사에서 흔히 볼 수 있는 현상이라는 데 동의할 것이다.

국가가 정직하게 자기평가를 하느냐 않느냐는 강력한 지도자 혹은 독재자의 영향을 받는다. 강력한 영향을 미치는 지도자가 자신을 정직하게 평가하느냐 안 하느냐에 따라 국가도 똑같은 방향을 따라가게 마련이기 때문이다. 세계적으로 널리 알려진 대조적 사례는 근대 독일의 지도자들에서 찾아볼 수 있다. 걸출한 현실주의자인 오토 폰 비스마르크는 독일 통일이란 까다로운 목표를 이루어내는 데 성공했다. 한편 감성적 비현실주의자인 빌헬름 2세는 불필요하게 독일의 적을 만들었고, 결국 제1차 세계대전에 휘말려 들어가는 어리석은 실수를 저질렀으며 당연히 그 전쟁에서 패했다. 또 히틀러는 남달리 영리했지만 그보다 훨씬 더 사악했다. 히틀러는 소련을 무모하게 공격해 초기의 성공까지 원점으로 돌려버렸고, 소련과 영국을 상대로 싸우면서도 미국에 전쟁을 선포하는 불필요한 짓을 저질렀다. 전후에 독일은 운 좋게도 빌리 브란트라는 또 한 명의 현실주의자를 만났다. 브란트는 독일을 수년 동안 이끌며 동독만이 아니라 동독 너머의 영토까지 상실한 현실을 정직하게 인정했다. 따라서 동유럽에 대한 고통스럽지만 정직한 정책의 필요성을 인정함으로써 20년 후에 실현된 독일의 재통일을 위한 토대를 만들었다.

서구에는 거의 알려지지 않았지만 인도네시아에서도 뚜렷이 다른 두 지도자가 연속해서 등장했다. 건국 대통령 수카르노는 자신만이 인도네시아 국민의 무의식적인 바람까지 해석할 수 있다는 착각에 빠졌다. 수카르노는 인도네시아의 내부 문제를 등한시한 채 국제적인 반식민주의 운동에 깊숙이 참여했고, 국민의 바람이나 군 장교들의 회의적 판단을 무시한 채 인도네시아 군부에 말레이시아령 보르네오를 점령하라는 명령을 내렸다. 수카르노와 달리 군 장군으로 인도네시아의 2대 대통령에 오른 수하르토는 상당한 현실주의자여서 정권 말에 이르기 전까지는 신중하게 처신하며 성공할 확신이 있는 경우에만 행동했다. 그렇게 수하르토는 서서히 수카르노를 밀어내는 데 성공했고 수카르노의 허세와 말레이시아 원정을 포기했으며, 종종 폭력이 개입되었지만 국내 문제에 집중했다.

다음의 세 사례는 강력한 지도자의 지배가 아니라 정직한 자기평가에 근거해 국민적 합의에 도달한 국가들이다. 메이지 시대 일본은 혐오스러운 서구 야만인들이 더 강하다는 고통스러운 현실에 맞닥뜨렸고, 서구로부터 배워야만 일본이 강해질 수 있다는 현실을 인정해야 했다. 당시 일본은 정부 관리와 민간인을 대거 유럽과 미국에 파견함으로써 서구에 대해 정확히 알아갔다. 그에 반해 일본이 제2차 세계대전에 끼어든 이유는 정반대였다. 1930년대의 일본 군 장교들은 젊고 패기만만했지만 서구와 서구의 힘에 대한 직접적인 지식이 부족했기 때문이다. 핀란드도 잠재적인 동맹에게서 거의 지원을 받지 못할 것이며 소련의 신뢰를 얻고 소련의 관점을 이해하는 방향으로 대소련 정책을 결정해야 한다는 고통스러운 현실을 맞닥뜨렸다. 끝으로 오스트레일리아도 영국이 경제와 국방에서 차지하던 중요성이 희석되었고, 아시아와 미국이 더 중요해졌다는 현실을 직시함으로써 국민적 합의에 이르렀다.

마지막으로 언급하려는 두 사례는 정직한 자기평가가 부족한 현재의 두 국가이다. 앞에서 이미 설명했듯 현재의 일본은 적잖은 문제를 인정하지만 몇몇 문제에 대해서는 현실적으로 냉정하게 판단하지 않고 부인으로 일관한다. 오늘날의 미국도 정직한 자기평가가 부족하다. 적지 않은 미국 시민과 정치인이 현재의 주된 문제를 진지하게 받아들이지 않는다는 점에서 그렇다. 게다가 많은 미국인이 현재 미국에 닥친 문제를 다른 국가 탓으로 돌리는 경향이 있다. 과학에 대한 회의가 미국에 폭넓게 확산되는 현상도 결코 좋지 않은 징조이다. 과학은 기본적으로 현실 세계에 대한 정확한 묘사와 이해에 불과하기 때문이다.

8. 역사적으로 과거에 경험한 국가적 위기

과거의 위기를 이겨낸 경험에 바탕을 둔 자신감은 개인이 위기를 극복하는 데도 중요한 요인이다. 국가 차원에서도 과거의 경험에 기초한 자신감은 중요하다. 현재의 일본을 예로 들어보자. 현재 일본은 메이지 시대에 신속히 변화를 시도함으로써 서구의 압력과 위협에 저항하고 궁극적으로 서구의 두 강국(1904~1905년에는 러시아, 1914년에는 독일령 남양군도에 주둔한 독일 식민지 부대)을 격퇴할 정도로 힘을 기른 과거의 성취에서 얻은 자신감이 있다. 면적이 훨씬 더 넓고 외견상 더 강해 보이던 중국이 같은 시기에 서구의 압력을 견뎌내지 못했다는 사실을 고려하면 메이지 시대 일본의 성공은 더욱더 인상적이다.

핀란드도 과거의 성공에 기반한 자신감을 보여준 국가이다. 핀란드인에게 제2차 세계대전 당시 소련을 격퇴한 데서 얻은 자부심은 무척 중요하기 때문에 2017년 독립 100주년 기념식은 독립 자체만큼이나 겨울 전쟁에 초점을 맞추었다. 이 책에서 다루지 않은 국가이지만 영국도 과거의 성공에서 비롯한 자신감에 충만한 국가이다. 영국은 미국과 소련의 도움을 받아 제2차 세계대전에서 히틀러를 궁극적으로 물리쳤지만, 1940년 6월 프랑스가 항복한 때부터 1941년 6월 소련을 침략할 때까지 거의 혼자 히틀러와 맞서 싸웠고, 특히 1940년 후반에는 영국 영공에서 독일 공군을 물리침으로써 영국을 침략하려던 독일의 계획을 좌절시킨 찬란한 역사를 자랑한다. 영국은 1945년부터 현재까지 많은 어려움에 부딪혔지만 '영국 영공에서 벌어진 항공전보다 어려운 것이 있겠는가! 당시에도 승리했으니 우리는 어떤 어려움도 능히 이겨낼 수 있을 것이다!'라는 굳건한 마음가짐을 보여준다.

과거의 성공은 미국인에게도 자신감의 원천이다. 미국인이 흔히 뒤돌아보는 과거의 성공에는 독립 혁명, 북아메리카 대륙 전체의 획득과 정복, 미국 역사상 가장 많은 사상자를 남긴 오랜 남북전쟁에도 갈라지지 않고 단결한 것, 제2차 세계대전에서 독일과 일본을 상대로 거둔 군사적 승리 등이 있다.

끝으로 인도네시아는 신생국가인 까닭에 자신감을 얻을 만한 성공의 역사도 가장 짧다. 그러나 내가 1979년 인도네시아의 한 호텔 로비에 전시된 역사화에서 보았듯이 인도네시아는 1945~1949년 네덜란드에 항거해 획득한 독립과 1961년 네덜란드령 뉴기니의 점령을 지금도 거듭해서 이야기하고 있다. 이런 성공이 인도네시아에 국가적 자신감을 안겨주는 데 큰 역할을 하는 셈이다.

9. 국가의 실패와 인내심

개인의 문제에 비하면 국가의 문제는 신속하게 해결하는 것이 쉽지 않고, 해결을 위한 첫 시도가 성공할 가능성도 떨어진다. 하지만 개인의 문제이든 국가의 문제이든 위기 자체가 복잡한 까닭에 효과적인 해결책을 찾아내기 전에 일련의 가능한 해법을 시도해야 하는 경우도 적지 않다. 따라서 인내심이 필요하고 불만과 모호함과 실패를 용납할 수 있어야 한다. 국가적 결정이 한 명의 절대적인 독재자에 의해 이루어지더라도 인내심이 필요하다. 그러나 대부분의 국가적 결정에는 다양한 이해관계가 있는 집단 간 협상이 개입된다. 따라서 국가의 위기 해결에는 더욱더 인내심이 필요하다.

우리가 본보기로 삼은 국가들은 대체로 실패와 패배를 경험하며 인내심을 키웠다. 특히 메이지 시대 일본, 독일과 핀란드, 현재의 일본이 대표적인 예이다. 1853년 페리 제독이 도쿄만에 무단으로 들어와 일본의 쇄국을 끝낸 후 50년 이상이 지나서야 일본은 서구 열강과 싸우고 첫 전쟁에서 승리할 수 있었다. 독일은 1945년 실질적으로 분할된 이후 재통일을 이루는 데 45년이 걸렸다. 핀란드는 소련을 상대로 한 전쟁이 1944년 끝난 후 수십 년 동안 대소련 정책을 끊임없이 재평가했다. 즉 또다시 소련의 침략 욕구를 자극하지 않으면서 소련의 어떤 압력을 거부해도 안전한지, 어느 정도까지 독자적으로 행동해도 안전한지 알아내려고 애썼다. 또 제2차 세계대전 이후의 일본은 미국 점령기, 수십 년간의 물질적이고 경제적인 재건, 지진과 태풍과 쓰나미 같은 자연 재앙을 이겨내야 했다. 결국 네 국가, 즉 메이지 시대 일본과 독일, 핀란드와 현재의 일본은 좌절을 겪었지만 성급하고 어리석게 행동하는 덫에 빠지지 않았다. 결론적으로 그 국가들의 궁극적 성공에는 인내가 결정적 역할을 했다.

안타깝게도 현대 미국은 이런 인내의 미덕을 보여주지 못하고 있다. 물론 미국도 역사적으로 초기의 실패를 용납하며 인내를 보여주었고 수많은 좌절, 특히 4년간의 남북전쟁, 12년 동안 지속된 대공황,

4년간의 제2차 세계대전을 견뎌내지 않았느냐고 반박할 사람도 있을 것이다. 그러나 독일과 일본, 프랑스 등 많은 국가와 달리 미국은 참담한 패배와 점령에 단련된 적이 없었다. 미국은 1846~1848년의 멕시코-미국 전쟁부터 제2차 세계대전까지 네 번의 전쟁에서 모두 승리를 거둔 까닭에 실질적인 교착 상태에 빠진 한국전쟁을 용납하지 못했고, 베트남전쟁의 패배를 감내하지 못했으며, 아프가니스탄에서 지루하게 계속되는 군사적 교착 상태를 쉽게 받아들이지 못했다. 21세기에 들어선 이후 미국은 내부적으로 복잡한 사회경제적이고 정치적인 문제와 씨름하고 있지만 그 문제들은 쉽게 해결될 만한 것이 아니다. 따라서 그 문제들을 해결하려면 미국이 여태껏 보여주지 못한 인내와 타협이 필요하다.

10. 상황에 따라 유연하게 대응하는 국가 능력

심리학자들은 인간의 성격을 구분할 때 '유연성 대 경직성'이란 이분법을 사용한다. 개인의 유연성은 어떤 문제에 대한 다양한 관점을 수용하려는 자세를 뜻한다. 한편 개인의 경직성은 어떤 문제에 대해 오직 하나의 접근법만이 있다고 생각하는 자세를 뜻한다. 위기 해결 방법에서 새로운 접근법을 고안해내느냐 여부는 개인의 차이를 이해하는 데도 중요하다는 사실이 입증되었다. 또 개인이 어떤 영역에서는 유연하지만 어떤 영역에서는 경직될 수 있듯이 심리학자들도 개인의 성격에 유연한 부분과 경직된 부분이 뒤섞여 있고 그 정도 또한 개인마다 다르며, 어린 시절과 그 이후의 경험에 영향받는다는 사실을 인정한다.

개인에서 국가로 시야를 돌리면 국가의 유연성이나 경직성을 명확히 보여주는 사례는 무척 드문 듯하다. 내가 그런대로 잘 알고 있는 유일한 사례는 이 책에 다루지 않은 국가인 아이슬란드로, 당시의 아이슬란드에는 그렇게 대응할 수밖에 없는 이해할 만한 이유가 있었다. 덴마크의 지배를 받은 수 세기 동안 아이슬란드는 변화를 제안받을 때마다 경직되고 적대적으로 대응하며 덴마크 총독에게 좌절을 안겨주었다. 덴마크 정부가 좋은 의도로 개선을 제안하더라도 아이슬란드 사람들은 습관적으로 "싫다. 우리는 다른 것을 시도하고 싶지 않다. 전통적인 방법으로 모든 것을 계속할 거다!"라고 대답했다. 그들은 어선과 고기잡이 그물, 밧줄 제작, 농업과 광업을 개량하자는 덴마크의 제안을 무작정 거부했다.

아이슬란드의 취약한 환경을 고려하면 그런 경직성은 충분히 이해할 수 있다. 아이슬란드는 고위도에 위치한 까닭에 서늘한 기후여서 곡물 성장 기간이 짧다. 토양도 화산재로 형성되어 가볍고 척박하며 쉽게 침식되고 재생 속도도 느리다. 초목은 가축 방목이나 바람 혹은 물에 의한 침식으로 성장하는 데 상당한 시간이 걸린다. 덴마크 식민지 초기에 아이슬란드인은 다양한 생존 전략을 시도했지만 매번 그 결과는 참담했고, 마침내 지속 가능한 일련의 농법을 고안해냈다. 그 농법을 찾아낸 후 아이슬란드인은 생존 방법이나 삶의 다른 영역에서 어떤 변화도 고려하지 않으려 했다. 그 일련의 농법은 온갖 시행착오와 고통스러운 시간을 겪은 끝에 그들의 땅에서 효과가 있는 것이라고 여긴 최후의 생존 전략이었기 때문이다.

과거의 아이슬란드 외에도 많은 부문에서 역사적으로 유연성이나 경직성을 보여준 국가가 있다. 그러나 국가의 유연성 판단은 상황에 따라 달라야 한다는 게 보편적 인식이다. 한 국가가 어떤 영역에서는 유연하지만 어떤 영역에서는 경직될 수 있기 때문이다. 핀란드는 점령을 전제로 한 타협을 완강히 거부했지만 다른 국가라면 민주국가로서 양도할 수 없는 권리라 생각할 영역에 대해서는 타협하는 남다른 유연성을 보여주었다. 예컨대 대통령을 선출하는 규칙을 결코 바꾸지 않으려는 국가가 있다. 메이지 시대 일본도 황제와 전통 종교의 역할에 대해서는 타협하지 않았지만 정치제도에 대해서는 타협하는 놀라운 유연성을 과시했다. 또 오스트레일리아는 영국인이란 정체성에 대한 타협을 오랫동안 거부하면서도 영국보다 더 개인적이고 평등한 사회를 만들어갔다.

미국은 유연성에 대해 흥미로운 의문을 제기한다. 예컨대 미국인이 평균 5년마다 거주지를 옮긴다는 사실을 고려하면 개인으로서는 상당히 유연한 성품이라 할 수 있다. 미국 정치의 역사에서도 유연성을 확인할 수 있다. 연방 정부의 통치권이 두 거대 정당 사이에서 빈번히 교체되었고, 두 정당은 신생 정당의 정책을 주저 없이 받아들여 그 정당의 성장을 가로막았다. 하지만 20년 전부터 미국은 타협을 거부하는 완고한 모습을 보여주고 있다.

따라서 사회학자들이 어떤 국가를 획일적으로 유연하다거나 경직적이라고 일반화하는 것은 바람직하지 않다는 게 내 생각이다. 오히려 그 국가가 하나하나의 기준에 따라 유연한가, 경직적인가를 분류하는 게 더 나은 듯하다. 이 문제는 앞으로 꾸준히 연구해나가야 할 과제이다.

11. 국가의 핵심 가치

개인의 핵심 가치는 개인적 도덕관의 기초가 되고 때로는 개인이 목숨을 버리더라도 지키려는 것이다. 개인에게 핵심 가치는 위기 해결에 도움을 주기도 하지만 방해가 되기도 한다. 핵심 가치는 삶에서 다른 부분의 변화를 고려할 때 명확한 기준과 방향을 제시할 수 있다는 점에서 긍정적 역할을 한다. 그러나 변화된 환경에서는 더 이상 적절하지 않아 위기를 해결하는 데 방해가 되는데도 계속 고집한다면 그 핵심 가치는 부정적일 수밖에 없다.

국가에도 국민이 전반적으로 받아들이고, 때로는 국민이 목숨을 희생하면서까지 지키려는 핵심 가치가 있다. 핵심 가치는 국가 정체성과 관계가 있지만 적잖은 차이점이 있다. 예컨대 핀란드의 국가 정체성은 고유한 언어 및 문화적 성취와 관계가 있지만 많은 핀란드 국민이 소련과 맞선 전쟁에서 목숨과 바꾼 핵심 가치는 핀란드의 독립이었다. 소련이 핀란드로부터 언어보다 독립된 지위를 빼앗으려 했기 때문이다.

마찬가지로 독일의 국가 정체성은 독일어와 독일 문화 및 독일 민족이 공유하는 역사를 중심으로 형성된다. 그러나 독일의 핵심 가치에는 많은 미국인이 '사회주의'라고 매도하지만 대부분의 독일인은 좋은 것이라고 생각한 부분이 있다. 구체적으로 말하면 공공선을 위해 개인의 권리를 제한하고 중요한 공익을 이기적인 사익보다 우선시해야 한다는 것이다. 예컨대 독일 정부는 오페라 극단·교향악단·연극 극단 등 예술 분야를 상당한 규모로 지원하고, 고령자에게 질 높은 의료와 금전적 안정을 제공하며 전통적인 지역 건축물과 숲 지대를 보존하고 유지한다. 이런 것들이 현대 독일의 핵심 가치 중 일부이다.

개인에게 그렇듯이 국가의 핵심 가치도 선택적 변화의 시도에 도움을 주기도 하지만 방해가 되기도 한다. 과거의 핵심 가치가 지금도 적절하다면 국민에게 그 가치를 지키기 위해 희생하라고 요구할 수 있겠지만 그렇지 않을 수도 있기 때문이다. 핀란드인은 조국의 독립이란 핵심 가치를 지키기 위해 기꺼이 목숨까지 희생했고, 메이지 시대 일본인은 서구를 따라잡기 위해 노력했으며, 전후 독일과 일본은 잿더미로 변한 조국을 재건하기 위해 열심히 일하며 곤고한 삶을 견뎠다. 그러나 국가의 경우에도 과거의 핵심 가치가 현재에는 부적절할 수 있다. 그렇게 시대에 뒤떨어진 핵심 가치에 집착하면 국가에 필요한 선택적 변화를 시도하기도 쉽지 않다.

오스트레일리아의 경우 핵심 가치의 고집은 제2차 세계대전 후 서서히 밀려온 위기를 인정하지 못하게 했다. 요컨대 영국의 전초기지로서 오스트레일리아의 역할이 점점 의미를 상실해가고 있었지만 많은 오스트레일리아인에게 그 역할을 포기하는 것은 쉽지 않은 일이었다. 이와 유사한 사례는 제2차 세계대전 후의 일본에서도 찾을 수 있다. 일본 문화와 황제를 향한 존경이란 핵심 가치는 지금도 일본의 강점이지만 일본은 해외 자연 자원에 대한 무제한적 활용이란 과거의 정책을 고수하며 손해를 자초하는 듯하다.

12. 지정학적 제약으로부터의 자유

개인의 경우 선택적 변화를 추구하는 자유를 구속하는 외적인 제약으로는 금전적 한계, 가족이나 누군가를 부양해야 한다는 부담, 신체적 위험 등이 있다. 국가의 경우에도 행동의 자유를 구속하는 제약이 있지만 그 유형은 개인의 경우와 사뭇 다르다. 특히 이웃한 강대국에서 비롯되는 지정학적 제약과 경제적 한계는 국가에만 존재하는 행동의 제약이다. 이는 우리가 제시한 12가지 요인 중 '역사적'으로 큰 폭의 차이를 보이는 요인이다. 과거 미국에는 지정학적 제약이 거의 없었다. 네 국가(메이지 시대 일본, 칠레, 인도네시아, 오스트레일리아)는 어떤 영역에서는 제약을 받았지만 어떤 영역에서는 상대적으로 자유로웠다. 두 국가(핀란드와 독일)는 극단적인 제약을 받았다. 따라서 우리가 본보기로 삼은 일곱 국가의 지정학적 제약이 과거와 비교할 때 어떻게 달라졌는지 살펴보려 한다.

미국은 동서로는 드넓은 바다가 있고 남북으로는 위협적이지 않은 이웃 국가가 있어 역사적으로 어떤 제약도 받지 않았다. 게다가 많은 인구와 풍부한 자원이 있어 세계 어떤 국가보다 국경 내에서 마음껏 자유롭게 살았다. 반대로 핀란드와 독일의 지정학적 제약은 가혹할 정도이다. 핀란드는 유럽 대륙에서 러시아(구소련)와 가장 긴 국경을 맞댄 국가이다. 따라서 핀란드의 근현대사는 그런 가혹한 지정학적 제약에도 선택의 자유를 최대한 확보하는 방법에 대해 고민하는 시대였다. 독일은 중앙 유럽에 위치한 것이 불운이었다. 따라서 육지와 바다에서 유럽의 어떤 국가보다 많은 국경을 맞대야 했고 게다가 몇몇 국가는 독일보다 크고 군사력도 강했다. 이런 기본적인 지정학적 요소를 무시한 두 지도자(빌헬름 2세와 히틀러)는 20세기에만 두 번이나 독일을 재앙의 늪에 밀어 넣었다. 하지만 독일에는 두 명의 탁월한 지도자(비스마르크와 빌리 브란트)가 있었다. 두 지도자는 독일에 주어진 지정학적 제약을 협상으로 해결하려 애썼다.

한편 네 국가는 지정학적 제약에서 복합적인 면을 보였다. 메이지 시대 일본은 섬나라였지만 식민지를 찾아 돌아다니던 서구 열강의 위협을 크게 받았다. 칠레는 동쪽에서는 안데스산맥, 북쪽에서는 사막이 자연 경계를 이룬 덕분에 역사적으로 남아메리카에서 큰 위협을 받지는 않았다. 그러나 칠레 경제는 아옌데 시대에 미국의 압력으로 악화되었다. 인도네시아도 지리적으로는 바다의 보호를 받고 부근에 위협적인 이웃 국가가 없었지만 지구 반대편에 있는 네덜란드에서 독립하기 위해 싸워야 했다. 독립한 이후 인도네시아는 가난과 급속한 인구 증가로 행동에 제약을 받았다. 끝으로 오스트레일리아는 지리적으로는 바다의 보호를 받고 강대국에서 멀리 떨어져 있었지만 제2차 세계대전 기간 일본의 위협을 받고 폭격도 당했다. 따라서 이 모든 국가는 간헐적으로 행동의 자유에 제약을 받았지만 핀란드와 독일처럼 가혹하고 고질적이지는 않았다.

새로운 밀레니엄을 맞아 지정학적 제약은 범세계적으로 눈에 띄게 변했다. 먼 옛날 지역민은 대체로 자급자족했고 상대적으로 근거리에 있는 이웃과 상품 및 정보를 주고받았다. 또 군사적 위협을 가하는 적도 항상 가까운 이웃이었다. 그런데 크게 보면 500년 전부터 커뮤니케이션과 경제적이고 군사적인 관계가 범세계화되었다. 특히 바다를 통한 군사적 위협은 지리적 한계에 구애받지 않았다. 예컨대 네덜란드는 1595년부터 인도네시아를 점령했고, 페리 제독의 미국 함대는 1853년 일본을 압박하며 쇄국의 문을 열었다. 그 이전에 일본은 경제적으로 자급자족했고 수입과 수출도 보잘것없었다. 하지만 오늘날 산업화한 일본 경제는 자연 자원에 혹독한 제약을 받고 수입과 수출에 크게 의존한다. 미국도 이제 국가 경제에서 수입과 수출이 차지하는 비중이 크다. 칠레는 과거에 구리 광산을 개발하기 위해 미국 자본과 과학기술에 의존했다. 칠레의 아옌데 대통령과 그 정도까지는 아니었지만 인도네시아의 수카르노 대통령은 미국으로부터 경제적 압력을 받았다. 한편 그들의 정적은 미국의 지원을 받았다. 또 우리가 본보기로 삼은 일곱 국가 중 세 국가는 수천 킬로미터나 떨어진 곳에 정박한 적의 항공모함에서 출발한 폭격기의 공격을 받았다. 예컨대 일본은 1941년 12월 미국의 진주만을 급습했고, 1942년 2월에는 오스트레일리아의 다윈을 폭격했다. 한편 미국의 제임스 해럴드 둘리틀James Harold Doolittle 중령이 지휘한 폭격기 편대가 일본을 폭격했다. 제2차 세계대전 동안 독일과 일본은 육지에서 발진한 폭격기의 공격에 시달리기도 했다. 게다가 1944년과 1945년 독일은 V-2 로켓 폭탄으로 320킬로미터나 떨어진 영국과 프랑스·벨기에를 공격했다. 현재의 ICBM은 드넓은 바다라는 장벽을 넘어 세계 어느 곳이나 표적으로 삼아 타격할 수 있다.

이런 군사적 테크놀로지의 발달은 과거의 지정학적 제약을 거의 무의미하게 만들었다. 그럼 지리적 조건이 이제는 완전히 의미가 없다는 뜻일까? 그렇지 않다! 핀란드의 해외 정책은 여전히 러시아와 맞댄 국경에 영향을 받는다. 독일의 해외 정책도 육지에서 국경을 맞댄 아홉 국가, 발트해와 북해를 사이에 둔 다른 여덟 국가의 영향을 받는다. 칠레는 북쪽·동쪽의 사막과 높은 산맥 덕분에 독립한 이후로 200년 동안 외부의 침략을 받지 않았지만 앞으로도 외세의 침략이 없을 것이라 확신할 수는 없다. 미국도 미사일의 표적이 될 수 있지만 미국을 침략하고 정복하는 것은 거의 불가능하다. 오스트레일리아를 침략하고 정복하는 것도 미국만큼이나 어려울 것이다. 요컨대 핀란드의 '우리의 지리적 조건은 결코 변하지 않을 것이다!'라는 좌우명은 모든 국가에 변함없이 적용된다.

위기는 필요한가?

지금까지 이 책을 쓰게 된 동기로 작용한 의문—개인적 위기의 결과에 영향을 미치는 12가지 요인은 국가의 위기에 얼마나 적용되는가—에 대한 연구를 개략적으로 요약했다. 이번에는 내가 이 책을 쓰게 된 애초의 동기는 아니지만 우리가 국가의 위기를 논할 때 가장 흔히 제기되는 의문으로 밝혀진 두 가지에 대해 살펴보자.

"국가가 중요한 선택적 변화를 시도하도록 자극하려면 위기가 먼저 있어야 하는가 혹은 문제를 예상하고 행동한 적이 있는가?"

이 책에서 논의한 위기들은 이 의문에 대한 두 가지 유형의 답을 명확히 보여준다. 메이지 시대 일본은 증대하는 서구의 위협에 적극적으로 대응하지 않고 차일피일 미루다가 결국 페리의 달갑지 않은 방문을 받았다. 하지만 1868년 메이지유신이 시작된 이후로는 변화를 위한 긴급한 정책을 추진하는 데 더 이상의 외부 충격이 필요 없었다. 일본은 서구의 압력이 더 커질 것이라 예상하고 변화를 시도했다.

마찬가지로 핀란드도 1939년 소련의 공격을 받을 때까지 소련의 존재를 무시하고 별다른 관심을 기울이지 않았다. 그러나 1944년 이후 핀란드인은 소련이 공격하지 않아도 경각심을 늦추지 않았다. 핀란드의 외교정책은 소련의 압력을 예측하고 미연에 방지하는 데 목적을 두었다.

아옌데의 정책은 칠레의 만성적 문제인 양극화에 대응한 것이지, 긴급한 위기에 대응한 것이 아니었다. 따라서 아옌데는 미래의 문제를 예측하며 당면한 문제를 해결하고 있었다. 그러나 군부는 칠레를 마르크스주의 국가로 전환하겠다는 아옌데의 공공연한 의도에서 비롯된 현상을 급격한 위기로 인식하며 쿠데타를 시도했다.

인도네시아에서는 두 유형의 대응이 있었다. 공산주의에 호의적인 장교들이 공산주의를 혐오하던 장군 협의회의 대응을 두려워한 까닭에 먼저 쿠데타를 시도했다. 겉으로 보면 인도네시아 군부는 1965년 10월 1일 일어난 쿠데타로 인한 위기에 신속히 대응했지만, 군부가 그 쿠데타를 예상하고 어떻게 대응할 것인지 준비하고 있었다고 의심할 만한 근거가 적지 않다.

제2차 세계대전 이후의 독일은 위기를 겪은 후에 대응하는 대신, 위기를 예상하고 행동하는 탁월한 사례를 두 번이나 보여주었다. 유럽석탄철강공동체European Coal and Steel Community를 설립하고, 그 후에는 훗날 유럽경제공동체와 유럽연합으로 이어지는 정치·경제적 기구를 설립하려던 콘라트 아데나워 총리의 계획은 위기를 예측하고, 그 위기가 일어나는 걸 방지하기 위해 채택한 것이었다(11장 참조). 끔찍한 제2차 세계대전을 경험한 뒤여서 아데나워를 비롯한 유럽 지도자들은 서유럽 국가들이 서로 공격할 수도 없고 공격할 엄두도 내지 못하도록 서유럽을 통합함으로써 제3차 세계대전을 피하려 애썼다. 빌리 브란트의 '동방 정책Ostpolitik'도 동유럽에 임박한 위기에 대응하려고 시작한 것이 아니었다(6장 참조). 브란트가 동독이나 다른 공산주의 동유럽 국가를 화급히 인정해야 할 위기에 직면한 상황이 아니었다. 먼 장래에 다가올 재통일의 기회를 예측하고, 독일의 재통일에 필요한 안정된 조건을 조성하려고 동방 정책을 시도한 것이다. 결국 브란트의 준비는 옳았던 것으로 입증되었다.

오늘날 일본은 일곱 가지 중대한 문제와 씨름하고 있지만 어떤 문제에 대해서도 해결하겠다는 단호한 결정을 내리지 않는다. 전후 오스트레일리아가 그랬듯이 일본도 느릿한 변화로 이 문제들을 해결하는 데 성공할까, 아니면 단호하게 행동하도록 자극하는 급작스러운 위기가 필요한 것은 아닐까? 오늘날의 미국도 비슷하다. 세계무역센터가 공격받았을 때 아프가니스탄을 침략하고, 이라크에 존재하는 것으로 추정하는 대량 살상 무기를 없애기 위해 이라크를 침략하며 신속히 대응한 경우를 제외하면 중대한 문제에 대해 단호한 결정을 내리지 못하고 있다.

요약하면 이 책에서 본보기로 삼은 일곱 국가 중 네 국가는 위기를 맞은 후에야 부랴부랴 변화를 시도했다. 하지만 그중 두 국가는 오늘날 중대한 위기를 맞았음에도 피부로 느끼지 못하는 탓인지 단호한 행동을 취하지 않고 있다. 그러나 메이지 시대 일본과 핀란드, 칠레와 인도네시아는 위기가 닥치자 변화를 시도했고, 그 후로 더 이상의 위기가 없어도 향후의 위기를 예상하며 수년 혹은 수십 년 동안 꾸준히 변화를 시행했다. 예컨대 인도네시아와 독일은 위기가 구체화되는 것을 예방하고, 칠레는 위기가 악화되는 걸 예방하기 위해 선제적 조치를 취했다. 물론 모든 국가의 정부가 다급하지는 않아도 현재의 문제와 예상되는 문제를 해결하려고 끊임없이 노력하고 있다.

따라서 "국가가 중요한 선택적 변화를 시도하도록 자극하려면 위기가 먼저 있어야 하는가?"라는 의문에 대한 대답은 개인의 경우에 대한 대답과 유사하다. 우리는 개인으로서 현재의 문제 혹은 예상되는 문제를 해결하려고 끊임없이 행동한다. 또 향후에 직면할지 모를 새로운 문제를 예측하고, 그 문제를 원천적으로 차단하려고 노력한다. 개인의 경우에 그렇듯이 국가의 경우에도 타성과 저항을 극복해야 한다. 서서히 밀려오는 문제, 또 향후에 닥칠지 모를 중대하고 심각한 문제보다 갑자기 닥친 심각한 문제에 더 놀라고 자극

받는 것은 사실이다. 이쯤에서 나는 영국 평론가 새뮤얼 존슨Samuel Johnson(1709~1784)의 "분명히 말씀드리지만, 누구든 보름 후 교수형에 처해진다는 걸 알면 마음을 좋은 쪽으로 집중할 것입니다!"라는 말이 머릿속에서 맴돈다.

역사에서 지도자의 역할

"지도자가 차이를 만들어내는가?"

국가의 위기에 대해 논할 때 많은 사람이 흔히 제기하는 또 하나의 의문은 역사적으로 오랫동안 논쟁해온 문제와 관계가 있다. 국가 지도자가 역사에 중대한 영향을 미치는가? 특정한 시기에 누가 국가 지도자였더라도 역사는 똑같은 식으로 진행되었을까? 이 의문에 대한 대답으로 한쪽 끝에는 영국 역사학자 토머스 칼라일Thomas Carlyle(1795~1881)의 이른바 '영웅사관英雄史觀'이 있다. 칼라일의 주장에 따르면 역사는 올리버 크롬웰Oliver Cromwell(1599~1658)과 프리드리히 대제Friedrich der Große(1712~1786) 같은 영웅의 행동에 영향을 받는다. 이런 견해는 전시에 정치 지도자들과 장군들의 결정을 강조하는 경향을 띠는 군軍 역사학계에서 오늘날에도 팽배하다. 정반대편에는 지도자와 장군이 역사의 흐름에 미치는 영향은 미미하다고 주장한 레프 톨스토이의 견해가 있다. 톨스토이는《전쟁과 평화》에서 장군들이 내리는 명령이 전투가 벌어지는 실제 상황과 동떨어진 명령임을 고발하는 허구적인 이야기로 자신의 견해를 역설했다.

역사의 흐름은 위대한 지도자의 정책이나 결정보다 많은 세부 항목에 따라 달라진다는 견해가 요즘의 역사학계에서는 대세를 이룬다. 역사학자들의 일반적 주장에 따르면, 지도자는 국민이 이미 마음속으로 생각하는 견해를 반영한 정책을 추진하는 경우에만 영향력이 있는 듯하다. 예컨대 텍사스를 합병하고 멕시코-미국 전쟁을 승리로 이끈 미국 대통령 제임스 포크James Polk(1795~1849)와 제2차 세계대전에서 승리를 거둔 해리 트루먼Harry Truman(1884~1972) 대통령처럼 정치인들은 뚜렷한 개성 때문이 아니라 당시의 상황이 부여한 기회를 잘 활용했기 때문에 위대한 지도자가 된 것일 수 있다. 또 지도자는 역사의 여러 요인이 결정하는 제한된 선택안 중에서 선택하는 것일 뿐이라는 게 요즘 역사학계의 이론이다. 한편 독일 사회학자 막스 베버Max Weber(1864~1920)는 영웅사관과 '지도자는 중요하지 않다'라는 사관을 절충한 견해로, 이른바 카리스마형 지도자는 특정한 상황에서 영향력을 발휘할 수 있다고 주장했다.

이에 대한 논쟁은 아직도 결론이 나지 않았다. 역사학자는 경험적 증거를 평가하는 유효한 방법론보다 원칙에 근거한 선험적이고 일반적인 견해를 품고, 그 견해를 개별적 사례 연구에 적용하는 경향을 띤다. 예컨대 히틀러의 모든 전기는 그의 삶 중 동일한 핵심적 사건을 거론한다. 그러나 영웅사관을 옹호하는 학자는 그 사건을 언급하며 히틀러가 예외적으로 유능했지만 사악한 지도자였다고 주장하는 동시에, 당시 독일이 다른 지도자를 만났더라면 다른 방향으로 발달했을 것이라 덧붙인다. 반면 영웅사관에 반대하는 학자는 역시 똑같은 사건을 언급하며 히틀러를 당시 독일 사회에 팽배한 분위기를 대변한 정치인으로 묘사한다. 지도자 역할에 대한 문제는 일화적 이야기와 개별적 사례 연구로 해결할 수 없는 문제이다.

하지만 세 지표를 결합해서 분석하는 최근의 방식은 유망한 접근 방법인 듯하다. 첫째는 많은 역사적 사건이나 명확히 규정된 유형의 모든 역사적 사건을 표본으로 삼는 것이다. 둘째는 '역사의 자연 실험'을 활용하는 것이다. 다시 말하면 역사적으로 유사한 궤적에서 어떤 혼란스러운 사건이 일어난 경우와 그렇지 않은 경우를 비교하는 것이다(뒤에서 두 사례를 예로 들어 설명해보려 한다). 셋째는 그 결과를 계량적으로 측정하는 것이다. 노스웨스턴대학교의 벤저민 존스Benjamin Jones와 매사추세츠 공과대학교의 벤저민 올켄Benjamin Olken이 이 방법론을 적용해 두 건의 탁월한 논문을 공동으로 발표했다.

첫 논문에서 존스와 올켄은 이런 의문을 제기했다. "지도자가 재직 중 사망하지 않은 때의 경제성장률과 재직 중 자연사한 때의 경제성장률은 어떻게 다를까?" 이 비교는 리더십의 변화를 연구하는 자연 실험일 수 있다. 영웅사관이 맞는다면, 지도자의 죽음에 경제성장률의 변화가 뒤따를 가능성이 높다. 요컨대 지도자의 정책이 좋은 쪽으로나 나쁜 쪽으로 차이를 만들어내는 게 사실이라면 경제성장률이 높아지거나 하락해야 한다. 존스와 올켄은 1945년부터 2000년까지 전 세계에서 국가 지도자가 재임 중 자연사한 57건의 사례를 찾아냈다. 대부분의 사망 원인은 심장마비나 암이었고, 항공기 추락 사고가 몇 건 있었으며 익사와 낙마, 화재와 다리 골절로 인한 사망이 각각 한 건씩 있었다. 이런 사고도 엄격히 따지면 무작위로 일어난 하나의 작은 혼란에 불과하다. 지도자의 경제정책이 지도자가 사고로 익사할 가능성에 어떤 영향도 미치지 않기 때문이다. 존스와 올켄의 조사에 따르면 지도자가 사망하지 않은 이후 무작위로 선택한 시기보다 지도자가 자연사한 때의 경제성장률이 긍정적으로든 부정적으로든 더 크게 변한 것으로 나타났다. 많은 사례에서 입증된 결론에 따르면 지도자는 경제성장에 영향을 미치는 경향을 띤다.

두 번째 논문에서 존스와 올켄은 "지도자가 자연사하지 않고 암살당하면 어떻게 될까?"라는 의문을 연구했다. 물론 암살은 결코 무작위적 사건이라 할 수 없다. 암살은 특정 상황(예를 들면 낮은 경제성장률 때문에 시민이 불만을 가질 때)에서 시도될 가능성이 높기 때문이다. 따라서 존스와 올켄은 암살이 성공한 경우와 실패한 경우를 비교했다. 암살의 성패는 무작위적 차이에 불과하다. 국가의 정치 상황은 암살 시도 횟수에 영향을 미칠 수 있지만, 암살자의 표적에 영향을 미치지는 않기 때문이다. 두 저자는 1875년부터 2005년까지 국가 지도자에게 일어난 298건의 암살 시도를 조사했다. 그중 59건이 성공했고 239건이 실패했다. 조사 결과, 실패한 때보다 성공한 때 국가 정치제도의 변화가 뒤따르는 일이 많았다.

두 논문에서 밝혀진 바에 따르면 민주적인 지도자보다 독재적인 지도자의 죽음이 미치는 영향이 더 컸다. 또 입법부와 정당의 견제를 받는 독재자보다 권력 행사에서 어떤 제약도 받지 않는 독재자의 죽음이 미치는 영향이 더 컸다. 이런 결과는 충분히 예상할 수 있는 것이다. 무한한 권력을 지닌 강력한 지도자가 제한적 권력만을 지닌 지도자보다 좋은 방향으로든 나쁜 방향으로든 더 큰 영향을 미칠 수밖에 없기 때문이다. 따라서 존스와 올켄의 연구는 "지도자는 '때때로' 차이를 만들어낸다"라는 일반적 결론을 재확인해줄 뿐이다. 그 차이는 지도자의 유형에 따라 달라지고 어떤 영향을 조사하느냐에 따라서도 달라진다.

특정한 지도자의 역할

이번에는 지도자의 역할에 대한 이런 자연 실험을 일곱 국가에 적용해보자. 그 목적은 우리가 본보기로 삼은 국가들의 지도자가 존스와 올켄의 결론과 맞아떨어지는지, 또 충분히 검증하기 위해서는 어떤 의문을 더 제기해야 하는지 확인해보려는 것이다. 지금까지 살펴본 일곱 국가에 대한 이야기를 근거로 하면 많은 역사학자가 각국의 지도자를 다음과 같이 평가할 것이다.

메이지 시대 일본에는 한 명의 주도적인 지도자가 없었다. 여러 지도자가 유사한 정책을 공유했다.

핀란드에서는 소련의 공격에 저항하기 위해 최선을 다해야 한다는 데 정치 지도자들과 시민이 실질적으로 뜻을 같이했다. 하지만 군사령관으로서 카를 구스타프 만네르헤임 원수의 역량, 전후에 소련 지도자들의 신뢰를 얻은 파시키비 대통령과 케코넨 대통령의 능력이 핀란드의 운명에 긍정적 영향을 주었다는 의견도 때때로 제시된다.

칠레의 피노체트는 동료 장군들조차 지나치게 잔혹하다고 여겼지만 권력의 장악과 경제정책의 선택에서는 단호한 과단성을 보여주었다.

인도네시아의 경우 수카르노와 수하르토는 결단력 있는 지도자로 여겼지만 그 이후의 대통령들은 그렇지 않다.

전후 독일에서 빌리 브란트는 서독 정부의 과거 대외 정책을 뒤집고 동유럽 공산주의 국가들과 독일 국경을 인정함으로써 독일의 재통일을 위한 기반을 마련하는 데 중요한 역할을 한 것으로 평가받는다. 그 이전의 독일 역사에서 비스마르크, 빌헬름 2세와 히틀러는 좋은 방향으로든 나쁜 방향으로든 차이를 만들어낸 대표적 지도자로 자주 거론된다.

오스트레일리아에는 한 명의 확실한 지배적인 지도자가 없었다. 그런 지도자에 가장 가까운 인물을 굳이 찾자면 고프 휘틀럼 총리이지만, 휘틀럼 자신은 그의 개혁 프로그램을 "이미 발생한 사건의 인정"이라고 표현했다.

미국에서는 프랭클린 루스벨트 대통령이 (초기에는 미국인의 과반을 차지했던) 고립주의자들의 반대에 맞서 제2차 세계대전을 서서히 준비하고 미국을 대공황에서 끌어낸 지도자로 인정받는다. 19세기에는 에이브러햄 링컨 대통령이 남북전쟁의 전개에서 남다른 역할을 해낸 것으로 여겨진다.

요약하면 우리가 선택한 일곱 국가는 나름대로 차이를 만들어냈다고 평가받는 아홉 지도자의 사례를 보여준다. 여섯 명은 독재적 지도자였고 세 명은 민주적 지도자였다. 게다가 여기에서 언급한 일곱 국가 외에 한 국가에서 차이를 만들어낸 것으로 자주 언급되는 지도자로는 영국의 윈스턴 처칠, 소련의 레닌과 스탈린, 중국의 마오쩌둥, 프랑스의 샤를 드골, 이탈리아의 카밀로 카보우르, 인도의 마하트마 간디가 있다. 이로써 근현대사에서 차이를 만들어낸 지도자로 흔히 평가받는 16명의 지도자 목록이 간단하게나마 완성된다. 16명 중 11명은 독재국가 체제 아래 있었고 다섯 명은 민주국가 체제 아래 있었다. 얼핏 생각하면 이런 결과는 독재적인 지도자의 영향이 더 크다는 존스와 올켄의 결론과 맞아떨어지는 듯하다. 그러나 내가 제시한 16명은 근현대 세계사에서 모든 독재적 지도자와 민주적 지도자를 망라한 것이 아니다. 따라서 어떤 유형의 지도자가 압도적으로 많다고 단정할 수 없다.

여하튼 우리의 적은 자료를 통해서도 존스와 올켄의 방법과 유사한 방법—자연 실험까지 포함해서 자료를 대규모로 수집한 후 결과를 계량적으로 측정하는 방법—으로 검증해볼 만한 가치가 있는 두 가지 가정을 세울 수 있다.

하나는 흔히 특별한 영향을 미친 것으로 거론되는 네 명의 민주적 지도자(루스벨트와 링컨, 처칠과 드골) 중 적어도 세 명은 전시에 큰 영향을 미쳤다는 관찰에서 비롯된 가정이다. 링컨이 대통령으로 재직한 시기는 남북전쟁 기간과 거의 겹친다. 처칠과 루스벨트, 드골은 전시뿐 아니라 평화 시에도 지도자로 재직했지만, 두 명 혹은 세 명 모두 전시에 가장 뚜렷한 영향을 미친 것으로 평가된다(처칠은 1940년부터 1945년까지 전시의 총리로는 뚜렷한 영향을 미쳤지만 1951년부터 1955년까지 평화 시에는 총리로서 별다른 영향을 미치지 못했다. 드골은 세계대전 때는 장군으로, 알제리전쟁 기간에는 1959년부터 1962년까지 대통령으로서 영향력을 발휘했다. 루스벨트는 1939년 유럽에서 제2차 세계대전이 발발한 후 영향력을 행사했지만 대공황기에도 상당한 영향력을 발휘했다). 이런 결과는 "권력 행사에 제약을 덜 받는 지도자가 더 강력한 영향력을 발휘하고, 민주적 지도자는 전시에 더 집중된 권력을 행사한다"라는 존스와 올켄의 결론과 맞아떨어진다.

검증이 필요한 또 하나의 가정은, 지도자는 민주국가에서나 독재국가에서나 완전히 다른 정책을 지지하는 국민에게 강력한 저항을 받지만 신중하게 단계적인 노력으로 결국 자신의 정책을 관철하는 상황에서 가장 큰 차이를 만들어낸다는 것이다. 대표적 예가 사르데냐왕국의 총리 카보우르와 프로이센의 총리 비스마르크이다. 그들은 처음에는 외국의 강력한 반대를 이겨냈고, 그 후에는 이탈리아 국민과 독일 국민, 심지어 국왕의 반대까지 차근차근 이겨내며 결국 이탈리아와 독일의 통일을 이루어냈다. 윈스턴 처칠도 처음에는 분열된 영국의 전쟁 내각을 설득해 히틀러와 협상해서 평화를 추구하자던 핼리팩스 경의 제안을 거부했고, 미국을 설득해 일본과의 전쟁보다 독일과의 전쟁을 우선순위에 놓도록 했다(처음에 미국은 일본에 진주만을 공격당한 까닭에 일본과의 전쟁을 우선순위에 두었다). 프랭클린 루스벨트는 고립주의자들의 반대를 이겨내며 제2차 세계대전 참전을 차근차근 준비했고, 샤를 드골은 프랑스인과 알제리인을 설득해 독립을 원하는 알제리의 투쟁을 협상으로 해결했다. 수하르토는 인도네시아인에게 사랑받던 건국 대통령 수카르노를 서서히 신중하게 밀어냈다. 빌리 브란트는 그때까지 서독을 연속해서 20년 동안 통치하던 기독교민주연합의 치열한 반대에도 과거의 영토를 포기하는 쓴 약을 삼키도록 서독 국민을 설득했다.

다음에는?

이 책은 국가의 위기를 비교 연구하는 프로그램의 첫 단계로, 소수의 국가를 선택해 이야기식으로 조사한 입문서이다. 이 연구를 어떻게 확대하면 국가의 위기에 대한 이해를 심화할 수 있을까? 이 질문에 대한 대답으로 두 방향을 제안하고 싶다. 하나는 더 많은 표본을 다양하게 확보하는 것이고, 다른 하나는 이야기식으로 표현된 결과와 예측 요인을 연산화한 변수operationalized variable로 한층 더 엄격하게 분석하는 것이다.

첫째, 표본의 확대이다. 내가 여기에서 표본으로 삼은 국가들은 수적으로 적기는 하지만 무작위로 선택한 것은 아니다. 달리 말하면 그 국가들은 전 세계에 존재하는 216개국 중 무작위로 고른 부분집

합이 아니라 내가 가장 잘 아는 국가 중에서 선택한 것이다. 그 결과, 유럽 국가 둘, 아시아 국가 둘, 남북 아메리카에서 각각 하나, 그리고 오스트레일리아로 이루어졌다. 그중 다섯 국가는 부유하다. 또 일곱 국가 모두 현재는 민주국가이지만 두 국가는 독재 체제 아래 있던 때를 다루었다. 인도네시아를 제외하고 모든 국가가 독립국가(혹은 자치국가)로서 오랜 역사와 강력한 제도를 겸비한 국가이다. 결국 한 국가, 즉 인도네시아만이 상대적으로 최근에 식민지에서 독립한 국가이다. 아프리카 국가, 현재 독재 체제 아래 있는 국가, 극빈한 국가는 연구 대상에서 제외했다. 과거의 위기를 다룬 여섯 국가 모두 정도의 차이는 있지만 어떻게든 위기를 극복한 국가이며, 적절한 선택적 변화로 위기에 대응하는 데 실패하지 않은 국가이다. 한마디로 그 여섯 국가를 포함해 미국은 결코 무작위로 선택한 국가가 아니다. 따라서 더 많은 국가를 표본으로 연구하면 어떤 결론이 나올지는 향후 연구할 과제이다.

둘째, 향후 연구에서 가장 중요한 방법론적 과제는 이야기식의 언어적이고 정성적인 분석을 한층 엄격한 계량적 분석으로 확대하는 것이다. 서문에서 말했듯 사회과학, 특히 경제학과 경제사 및 일부 심리학 분야의 최근 추세는 사례 연구에 근거한 이야기식 접근법을 계량적 자료와 도표, 표본의 확대, 중요성의 통계적 검증, 자연 실험, 연산화한 측정을 결합한 방식으로 대체하는 것이다. 여기에서 '연산화한 측정operationalized measure'은 언어적 개념이나 그와 관련한 것을 숫자로 측정할 수 있는 단위로 바꿔놓는다는 뜻이다.

앞에서 언급한 존스와 올켄의 두 논문이 이런 접근법의 대표적 사례이다. 두 논문은 특정 지도자가 행한 것이나 행하지 않은 것에 대한 사례 연구를, 57명이나 298명의 지도자를 동시에 분석하는 방법으로 대체했다. 또 존스와 올켄은 특정 지도자의 유무에 따른 결과를 비교하기 위해 자연 실험의 이점을 활용했다. 달리 말하면 어떤 지도자가 자연사하기 전후 상황을 비교했고, 암살 시도가 실패하거나 성공한 국가를 비교했다. 끝으로 두 학자는 숫자로 계량화할 수 있는 척도(예: 경제성장률)나 명확히 규정한 기준(예: 지도자에 대한 제약이 적은 독재 체제부터 지도자에 대한 제약이 많은 민주 체제까지 정부 기관에 대한 평가 기준)으로 계산한 결과 변수outcome variable(예측 변수가 변함에 따라 변하는 종속변수—옮긴이)를 추정해 보였다.

이런 접근법을 국가의 위기에 대한 연구에 적용하려면 내가 제시한 요인, 특히 국민의 합의, 책임의 수용, 국가 정체성, 제약으로부터의 자유, 실패를 용인하는 인내, 유연성, 정직한 자기평가, 변화 유무, 국가적 위기를 해결하려는 노력의 성패를 계량적으로 측정할 수 있어야 한다. 이런 연산화한 측정을 개발하려면 사회과학 분야에서 축적된 자료, 예컨대 로널드 잉글하트Ronald Inglehart가 주도하는 세계 가치관 조사World Values Survey, 경제적 가치 조사Economic Values Survey, 유럽 사회 조사European Social Survey, 아시아·태평양 경제사회 조사Economic and Social Commission for Asia and the Pacific 및 네덜란드 사회심리학자 헤이르트 호프스테더Geert Hofstede, 불가리아 언어학자 미카엘 민코프Michael Minkov 등의 저서를 활용하면 된다.

요즘 나는 이런 자료들을 활용해 앞에서 제시한 요인을 부분적으로라도 계량화해보려 애쓰고 있다. 연산화한 측정을 전혀 고려하지 않고 이야기식으로만 쓴 이 책을 위한 자료를 조사하는 데도 꼬박 6년이 걸렸다. 따라서 내키지 않지만 연산화한 측정 방법까지 고안하려면 이 책의 범위를 넘어서는 대대적인 프로젝트가 필요하다고 결론지을 수밖에 없다. 그런 계량적 접근법은 이 책의 주제인 국가의 위기만이 아니라 1장에서 잠깐 언급한 개인의 위기를 위해서도 개발되어야 한다. 심리학자들이 이 장에서 언급한 일부 변수를 연산화하며 개인적 위기의 결과에 영향을 미치는지 검증하고 있지만, 개인의 위기에 대해서도 앞으로 더 많은 것을 연구해야 한다. 따라서 국가의 위기에 대한 내 연구와 리더십에 대해 과거에 시도한 대부분의 연구에 적용된 이야기식 접근법의 한계는 개인의 위기에 대한 연구에도 똑같이 적용된다고 할 수 있다.

미래를 위한 교훈

우리는 역사에서 무엇을 배울 수 있을까? 물론 지나치게 일반적인 질문이다. 이 질문의 범위를 좁혀보자. 이 책에서 다룬 일곱 국가가 보여준 위기에 대한 대응에서 무엇을 배울 수 있을까? 허무주의적으로 대답하면 "아무것도 없다!" 하기야 많은 역사학자가 말하듯 역사의 흐름은 너무 복잡하고, 그 결과는 너무도 많은 독립변수와 예측할 수 없는 변화에 따라 달라지기 때문에 우리는 과거로부터 어떤 것도 배울 수 없다. 1944년 6월 누가 전후 동유럽 지도를 예측할 수 있었겠는가? 1944년 7월 20일 클라우스 폰 슈타우펜베르크Claus von Stauffenberg(1907~1944)가 시한폭탄을 담은 서류 가방을 히틀러 가까이 50센티미터 거리까지 운반하는 데 성공했더라면, 그래서 소련군이 동유럽과 동독 전체와 베를린까지 점령한 1945년 4월 30일 히틀러가 자살로 삶을 끝내지 않고 암살 시도가 있던 그날, 즉 소련군이 여전히 독일 국경 너머에 있던 그날 히틀러가 상처를 입는 데 그치지 않고 죽었더라면 동유럽 지도는 완전히 달라졌을 것이다.

그렇다! 역사에서는 많은 것이 예측하지 않은 방향으로 진행된다. 하지만 역사에서 배워야 할 두 유형의 교훈이 있다. 우선 개인을 이해함으로써 끌어낼 수 있는 교훈을 살펴보자. 국가의 역사와 개인의 삶에는 유사한 점이 많기 때문이다.

그럼 개인의 삶에 대한 이야기와 전기에서 무엇을 배울 수 있을까? 국가와 마찬가지로 인간은 무척 복합한 존재이고 저마다 다르며 예측할 수 없는 사건에 시시때때로 맞닥뜨리기 때문에, 어떤 사람의 행동을 기준으로 다른 사람의 행동을 추정하는 것은 고사하고 인간의 행동 자체를 예측하는 것도 어렵지 않은가? 물론 어렵다! 이런 어려움에도 많은 사람이 가까운 사람의 향후 행동을 예측하는 데 삶의 많은 부분을 할애하는 게 유용하다고 생각한다. 물론 그 예측은 그 지인이 과거에 살아온 과정을 근거로 한 것이다. 게다가 심리학자들이 전문 훈련을 받아 처음 만나는 사람의 행동도 예측할 수 있듯 평범한 사람도 대인 관계 능력을 갖추면 이미 알고 있는 사람과 나눈 경험을 일반화함으로써 새롭게 만나는 사람의 행동도 예측할 수 있다. 이런 이유에서 우리가 얼굴을 마주칠 가능성이 전혀 없는 사람의 전기를 읽고, 그렇게 함으로써 인간 행동을 이해하기 위한 자료의 범위를 확대하는 것도 유익하다.

나는 평소 친하게 지내는 두 여성과 저녁을 함께 보낸 직후에 이 글을 쓰고 있다. 한 여성은 겨우 20대로 심리적으로 순진할 정도로 낙관적이고, 한 여성은 70대로 상당한 지각력을 지녔다. 젊은 여성은 수년 전부터 사귀던 무척 자상하고 매력적인 이성 친구가 얼마 전 돌

변해서 잔인하게 아무런 예고도 없이 이별을 선고한 탓에 큰 충격을 받았다. 그녀는 파국적인 종말을 맞기 훨씬 전에 그 남자에 대한 이야기를 우리에게 간혹 털어놓곤 했다. 70대 여성은 그 남자를 실제로 만난 적은 없었지만 그가 매력적이긴 해도 자기 파괴적인 나르시시스트라는 걸 알아차렸다. 이 사례를 통해 많은 사람을 폭넓게 경험하며 깊이 성찰하는 것이 유익한 이유를 설명할 수 있다. 인간 행동은 세세한 면에서 저마다 다르지만 포괄적이고 일반적인 면이 있다.

그럼 인류의 역사에서 끌어낼 수 있는 유형의 교훈은 무엇일까? 하나는 특정 국가의 역사를 이해함으로써 예측할 수 있는 그 국가의 향후 행동에 대한 구체적인 교훈이다. 핀란드를 예로 들어보자. 핀란드는 이웃한 독재국가 러시아와 좋은 관계를 유지하고 잘 훈련된 군대를 유지하며 국가의 안전을 우방에 의존하지 않으려고 진지하게 노력하는 작은 민주국가이다. 핀란드가 이런 정책을 추진하는 이유는 이 나라의 근대사를 보면 명확히 설명된다. 핀란드 역사를 모르면 누구도 핀란드가 이런 정책을 추진하는 이유를 이해하지 못할 것이다. 예컨대 내가 핀란드를 처음 방문한 1959년에는 핀란드의 역사를 거의 몰랐던 까닭에 미국이 보호해줄 것이라 믿고 소련의 압력에 맞서지 않는 이유가 뭐냐고 핀란드 친구들에게 물었던 기억이 아직도 생생하다.

역사에서 끌어낼 수 있는 또 다른 유형의 교훈은 일반적인 논제로 이루어진다. 이번에도 핀란드와 러시아를 예로 들어보자. 핀란드와 러시아의 고유한 특징과 마찬가지로 두 국가의 관계는 '공격적인 대국 옆 작은 국가에 드리운 위험'이란 일반적인 논제의 전형적 예이다. 그 위험을 해결할 수 있는 보편적인 해결책은 없다. 역사를 기록하기 시작한 이후 가장 일찍 쓰였고 가장 자주 인용되며 가장 매력적인 역사서, 즉 기원전 5세기에 아테네의 역사학자 투키디데스가 쓴 《펠로폰네소스 전쟁사》의 한 구절에서 다룬 주제도 그 위험이다. 투키디데스는 그리스의 작은 섬 밀로스의 시민들이 강력한 아테네 제국의 압력에 어떻게 대응했는지 설명했다. '밀로스의 대화'로 알려진 구절에서 투키디데스는 밀로스섬과 아테네 제국의 일방적 협상을 재구성했다. 밀로스 시민들은 자유와 목숨을 버리더라도 밀로스를 지키겠다며 아테네에 함부로 무력을 사용하지 말라고 압박했다. 아테네는 밀로스 시민들에게 현실적으로 판단하라고 경고했다. 투키디데스는 협상 결과를 간략하게 서술했다. 요컨대 2,000년 후 핀란드가 처음에 소련의 요구를 거절했듯 밀로스도 아테네의 요구를 거부했다. 결국 아테네는 밀로스섬을 포위했다. 밀로스는 잠시 성공적으로 저항했지만 결국 항복해야 했다. 아테네는 밀로스섬의 모든 남자를 죽였고 여자와 아이를 노예로 삼았다.

물론 핀란드는 러시아에 몰살당하거나 노예가 되지는 않았다. 밀로스의 딜레마에 따른 결과와 그 딜레마를 해결하기 위한 최선의 전략이 국가마다 다르다는 뜻이다. 하지만 보편적으로 적용되는 교훈이 있다. 이웃한 대국의 위협을 받는 작은 국가는 항상 경계심을 늦추지 않아야 하고, 다양한 선택안을 고려하며 냉철하게 평가해야 한다는 교훈이다. 이 교훈은 너무도 명백해서 새삼스레 언급할 필요도 없지만 안타깝게도 무시되는 경우가 많다. 밀로스 시민은 이 교훈을 무시했다. 파라과이도 이 교훈을 무시하고 훨씬 강력한 브라질과 아르헨티나·우루과이 연합군을 상대로 1865년부터 1870년까지 재앙적인 전쟁을 벌였으며, 결국 파라과이 국민의 60%가 희생되는 참혹한 결과를 맞아야 했다. 핀란드도 1939년 이 교훈을 무시했고, 일본 또한 1941년 이 교훈을 무시한 채 적대적인 러시아를 옆에 두고 미국과 영국, 네덜란드와 오스트레일리아, 중국을 동시에 공격했다. 최근에는 우크라이나가 이 교훈을 무시하고 러시아와 맞서 재앙적 결과를 감수해야 했다.

우리가 역사에서 유용한 교훈을 배울 가능성을 묵살하지 말라는 내 설득이 타당하게 여겨진다면, 이 책에서 다룬 국가가 맞은 위기의 역사에서는 무엇을 배울 수 있을까? 지금까지 많은 일반적 논제를 언급했다. 일곱 국가가 위기를 해결하는 데 도움을 준 행동도 그 일반적 논제의 일부이다. 국가가 위기에 빠졌다는 걸 인정하고 다른 국가를 탓하거나 피해 의식에 사로잡히지 않고 변화를 주도할 책임을 수용해야 한다. 이제 국가를 위한 어떤 노력도 효과가 없다는 의식에 짓눌리지 않고, 해결해야 할 국가적 문제를 규정하기 위해 울타리를 세워야 한다. 도움을 얻을 만한 국가를 찾아내고 당면한 문제와 유사한 문제를 해결한 경험이 있어 표본으로 삼을 만한 국가를 찾아내야 한다. 또 문제 해결을 위한 첫 시도는 실패할 수 있고 연속적인 시도가 필요하다는 현실을 인정하며 인내해야 한다. 어떤 핵심 가치가 여전히 유효하고 어떤 핵심 가치가 더 이상 유효하지 않은지 심사숙고하며, 정직하게 자신의 능력을 평가해야 한다.

또 다른 논제는 국가 정체성과 관계있다. 인도네시아가 그랬듯 신생국가는 국가 정체성을 확립할 필요가 있다. 보츠와나와 르완다는 현재 국가 정체성 확립에 매진하고 있다. 반면 역사가 오래된 국가의 경우에는 핵심 가치와 국가 정체성의 수정이 필요할 수 있다. 오스트레일리아가 최근에 그런 수정을 이루어낸 대표적 예이다.

위기의 결과에 영향을 미치지만 통제할 수 없는 요인과 관련된 논제도 있다. 과거에 위기를 극복한 경험과 지정학적 제약은 국가에 떨쳐낼 수 없는 짐과 같다. 하루아침에 더 많은 경험을 쌓을 수도 없고, 지정학적 제약이 없어지기를 바랄 수도 없다. 그러나 비스마르크와 빌리 브란트 시대의 독일이 그랬듯 어떤 국가든 그런 경험과 제약을 현실적 관점에서 고려할 수 있다.

비관주의자는 이런 제안에 "당연한 말을 늘어놓은 거잖아. 정직하게 자신을 평가하고, 표본으로 삼을 만한 국가를 찾고, 피해 의식에 빠지지 말라는 교훈을 얻자고 굳이 재레드 다이아몬드의 책을 읽을 필요는 없어!"라고 반박할 수 있다. 그렇지 않다. 그 '당연한' 조건이 과거에도 시시때때로 무시되었고, 지금도 여전히 걸핏하면 무시된다는 게 명백하기 때문에 우리에게 책이 필요한 것이다. 과거에 그 '당연한' 조건을 무시한 까닭에 밀로스섬 시민과 수십만 명의 파라과이인, 수백만 명의 일본인이 목숨을 잃었다. 또 그 '당연한' 조건을 무시하며 오늘날의 행복을 위협하는 사람들로는 내가 사랑하는 수억 명의 미국 동포가 있다.

비관주의자는 어쩌면 이렇게 반박할지도 모른다. "맞다. 안타깝게도 우리는 그 당연한 조건을 자주 무시한다. 하지만 책이 그런 무분별을 바꿀 수는 없다. 투키디데스의 '밀로스의 대화'는 2,000년 전부터 우리에게 교훈으로 존재해왔지만, 지금도 많은 국가가 똑같은 실수를 저지르고 있잖아. 그런데 책이 또 나온다고 무슨 소용이겠어?" 그럼에도 우리 같은 저자가 열심히 글을 쓰고 책을 발표하는 명확한 이유가 있다. 세계사에서 지금만큼 문해력을 갖춘 독자가 있던 시대는 없었다. 또 투키디데스보다 우리가 세계사에 대해 훨씬 많은 것을 알고 객관적인 자료에 근거한 주장을 펼칠 수 있다. 게다가 민주 체제 국가도 더 많아졌다. 달리 말하면 과거 어느 때보다 더 많은 시민이 정치에 관여할 수 있다는 뜻이다. 무지한 지도자도 많지만 광범위한 분야의 책을 읽는 지도자도 적지 않다. 그런 지도자라면 상대적으로 쉽게 역사에서 교훈을 얻을 것이다. 내가 예전에 쓴 책을 읽고 영향을 받았다는 국가수반과 정치인을 적잖게 만났고, 그런 말을 들을 때마다 나는 놀라면서도 기뻤다. 지금 전 세계가 범세계적 문제에 맞닥뜨리고 있다. 그러나 지난 세기, 특히 수십 년 전부터 여러 국가에서 범세계적인 문제를 해결하기 위한 국제기구를 설립하고 발전시켜왔다.

내가 비관주의자의 푸념에 귀를 기울이지 않고, 또 희망을 포기하지 않고, 역사에 대해 꾸준히 글을 쓰는 것은 이 때문이다. 우리에게는 선택권이 있다. 역사에서 교훈을 얻는 방향을 선택하는 편이 더 낫다. 위기는 과거에도 국가를 곤경에 빠뜨렸고, 지금도 마찬가지이다. 그러나 현대 국가와 현 세계는 앞으로 위기에 대응하려고 어둠 속에서 헤맬 필요가 없을 것이다. 과거에 효과를 발휘한 변화와 그렇지 않았던 변화가 올바른 방향을 제시해줄 것이기 때문이다.

감사의 글

나는 이 책을 쓰는 데 많은 동료와 친구에게 큰 빚을 졌다는 사실을 기꺼이 인정하고 싶다. 그들이 쏟은 열정과 노력은 보상을 받아야 마땅하다.

먼저 이 책의 아이디어를 제시해준 아내 마리 코헨에게 감사의 말을 전하고 싶다.

편집자 트레이시 베허와 저작권 대리인 존 브록먼은 이 책의 개념을 정립하고 완성할 때까지 내 원고의 틀을 잡고 방향을 제시했다. 아일린 케티는 교열자로서 글을 깔끔하게 다듬었고, 벳시 어리그는 제작 편집자로서 자신의 역할을 다했다.

린다와 스튜어트 레스니크, 피터 코프먼, 수와 키스 티블스, 프랭크 코필드, 스킵과 해더 브리트넘 및 국제보호협회의 지원 덕분에 이 책을 출간하기 위한 6년간의 프로젝트를 진행할 수 있었다.

미셸 피셔와 유키 시무라, 보라사 양은 연구 조교로 일하며 참고 자료로 사용할 책과 논문을 추적해주었다. 특히 미셸은 전체 원고를 몇 번이고 타이핑했고, 유키는 일본에 대한 지식을 아낌없이 전해주었다. 루스 맨델은 이 책에 실린 모든 사진을 찾아냈다. 내 사촌 이블린 히라타는 책 표지 선정에 도움을 주었고, 맷 제브로스키는 지도를 맡아주었다.

지난 6년 동안 UCLA에서 내 강의를 들은 수백 명의 학부생은 물론이고, 교육 조교인 카차 앙투안과 케이티 헤일, 알리 함단도 내가 위기를 설명하고 이해하는 데 많은 도움을 주었다.

특히 여덟 명의 친구가 내 초고를 전부 혹은 대부분 읽고, 글의 방향을 개선하는 데 도움을 주었다. 감사하는 마음으로 마리 코헨, 폴 에얼릭, 앨런 그린넬, 레베카 칸타르, 카이 미셸, 이언 모리스, 마이클 셔머, 수 티블스의 이름을 소개한다.

그 밖에 많은 친구와 동료가 각 장의 원고를 꼼꼼히 읽고 비판을 아끼지 않았으며, 자신들의 경험과 함께 관련 자료까지 보내주었다. 엘든 볼, 바버라 바렛, 스콧 바렛, 니콜라스 베르크루엔, 데이비드 비숍, 하이디 보르하우, 대니얼 보츠먼, 데이비드 브라운, 프랭크 코필드, 카말라 찬드라키라나, 알레안드라 콕스, 서배스천 에드워즈, 에른스트 피터 피셔, 케빈 포그, 미카엘 포르텔리우스, 제피어 프랭크, 하워드 프리드먼, 에버하르트 프뢴터, 네이선 가델스, 앨 고어, 제임스 그린, 베리티 그린넬, 카를테오도어 추 구텐베르크, 제프리 해들러, 야수 히비, 슈테판 루트비히 호프만, 안테로 호밀라, 데이비드 하웰, 다이언 이라와티, 이반 자크시치, 마틴 제이, 벤저민 존스, 피터 코프먼, 조지프 켈너, 히로시 기토, 제니퍼 클라인, 마티 클링지, 쇼 코니시, 마르쿠 쿠이스마, 로버트 레멜슨, 하르무트 레핀, 톰 러브조이, 해리엇 머서, 로빈 밀러, 노먼 나이마크, 모니카 날레파, 올리비아 나린스, 피터 나린스, 톰 나린스, 네이선 넌, 벤저민 올켄, 카이자 페후 레토넨, 윌리엄 페리, 루이스 퍼터먼, 요한나 라이니오니에미, 제프리 로빈슨, 프랜시스 매콜 로젠블러스, 샤를리 살로니우스파스테르나크, 켄 슈케브, 유키 시무라, 샹탈 시뇨리오, 니나 실렘, 케리 스미스, 로런스 스미스, 수전 스토크스, 그레그 스톤, 마크 서스터, 마크 타카노, 주리스트탄, 스펜서 톰슨, 시르파 투오마이넨, 훌리오 베르가라, 게리 와이시, D. A. 왈라치, 스튜어트 워드, 팀 워스, 요시노리 야수다가 그들이다.

이 모든 사람들에게 충심으로 고맙다는 말을 전하고 싶다.

옮긴이의 글

지금이 위기인가?

내가 사는 충주는 공장이 많지도 않고, 있더라도 거의 친환경 공장이다. 수도권의 식수원 역할을 맡고 있어 오염 물질의 배출도 지극히 적다. 그럼에도 미세먼지가 심각한 40개 도시 중 하나로 꼽혔다. 왜 그럴까? 지리적 원인을 생각해볼 수 있다. 충주 뒤쪽에 위치한 태백산맥이 원인일 가능성이 크다. 충주는 미세먼지로 하늘이 자욱한 날에도 태백산맥 너머의 울산과 부산 하늘은 대체로 맑기 때문이다. 이 환경적 위기를 해결하려면 어떻게 해야 할까? 미세먼지가 문제라는 데는 국민적 합의가 있지만 해결 방법에 대해서는 시끌벅적이다.

그런데 두 건의 재밌는 기사가 눈에 띈다. "환경부 국립환경과학원은 지난해 서울 연평균 미세먼지와 초미세먼지 농도가 프랑스 파리와 미국 로스앤젤레스 등 선진국 주요 대도시보다 두 배 이상이라고 밝혔다."(연합뉴스) "미세먼지 범부처 프로젝트 사업단 (…) 최근 5년간 초미세먼지 농도 구간별 중국 영향도를 분석한 결과 초미세먼지 농도가 덜한 날에는 약 30%, 극심한 날에는 50% 이상 중국의 영향을 받는 것으로 나타났다."(뉴데일리) 현상과 원인에 대한 대략적인 분석이다. 중국과 타협해 미세먼지를 해결하거나 우리가 미세먼지 배출을 제로로 줄이면 파리와 같은 맑은 하늘을 만끽할 수 있다. 이기적이고 자기애적인 중국에 국제사회의 일원으로서 책임 있는 자세를 기대하기 힘들다면, 우리라도 미세먼지 배출을 줄이기 위해 노력해야 할 것이다. 어떤 방법이 최선일까? 그 답은 분명하지만 우리가 정직한 자기 평가를 하지 않는 까닭에 미세먼지 문제는 영원히 해결하지 못할 듯하다.

개인의 삶을 예측할 수 없듯이 국가의 앞날도 예측하기 힘들다. 잘못된 정책 등 어떤 이유로든 국가는 위기를 맞을 수 있다. 그리고 위기는 급작스레 닥칠 수도 있지만 작은 실수가 서서히 누적된 결과일 수도 있다. 재레드 다이아몬드는 국가적 위기의 결과에 영향을 미치는 12가지 요인을 근거로 여섯 국가—핀란드, 일본, 칠레, 인도네시아, 독일, 오스트레일리아—가 위기를 극복하는 데 성공한 이유와 위기에 빠진 이유를 설명했다. 저자는 과거의 분석에 그치지 않고 일본과 미국의 미래 및 세계의 미래까지 예측해 보였다. 2부에 집중된 과거에 대한 설명도 무척 설득력 있게 들리지만 더욱 흥미로운 부분은 미래에 대한 예측이다. 특히 일본의 인구 감소에 대한 다이아몬드의 설명은 일반 이론을 완전히 뒤집는다. 인구 문제를 환경 및 자연 자원과 연계한 그의 설명이 맞다면 우리도 인구 감소를 무작정 걱정할 필요는 없는 듯하다. 앞에서 말했듯이 국가의 앞날은 예측할 수 없지만 합리적 판단은 가능하다. 하지만 예측할 수 없다는 것은 합리성을 벗어난다는 뜻이니 그것이 걱정일 뿐이다. 미래의 예측에서 또 하나 흥미로운 점은 전통적인 지정학적 제약이 과학기술과 교통수단의 발달로 과거만큼 큰 제약이 아니라는 사실이다. 이 부분을 번역할 때는 "파리가 만 리를 가는데 날아갈 순 없지만 말 궁둥이에 딱 붙어 가면 갈 수 있다"라는 아무개 씨의 주장이 21세기에 어울리지 않는 20세기적 발언이란 생각이 들었다.

이 책은 우리에게 많은 반성과 생각을 강요한다. 하기야 우리가 책을 읽는 이유이기도 하다. 지금 우리는 전기 생산에서 원자력과 태양광을 두고 씨름을 벌인다. 석탄 발전소 대신 천연가스 발전소를 건설한다지만 천연가스도 화석연료인 것은 똑같다. 다이아몬드는 이 딜레마에도 약간의 해결책을 제시한다. 또 이념의 차이에 따라 다른 핵심 가치에 대해서도 고민하게 만든다. 과거 역사에서 배운다고 하지만 정말 우리가 배우고 있는지도 의문이다. 주변을 둘러보면 정직한 자기평가가 눈에 띄지 않는다. "너희 가운데 죄 없는 사람이 먼저 이 여인에게 돌을 던져라"라는 예수의 가르침도 정직한 자기평가와 그에 따른 행동의 변화를 촉구한 것이지만 개인적으로 오랜 종교 생활 동안 이렇게 설교하는 목사를 만나지 못했다.

재레드 다이아몬드의 대표적인 저작《총, 균, 쇠》,《문명의 붕괴》와《어제까지의 세계》가 문명을 추적한 3부작이라면, 이 책은 다이아몬드가 60년 동안 집요하게 추적한 문명연구의 총결산이라 할 수 있다. 나아가 위의 3부작에 이 책까지 더해 다이아몬드의 기념비적 4부작이라 규정해도 과언이 아닐 것이다.

충주에서

강주헌

참고문헌

1장 개인의 위기

이 장의 참고문헌으로는 위기 요법의 현재 상황을 설명하는 최근의 서적 외에 이 분야의 발전 과정을 설명한 과거의 서적과 학술 논문을 주로 활용했다.

Donna C. Aguilera and Janice M. Messick. *Crisis Intervention: Theory and Methodology*, 3rd ed. (Mosby, St. Louis, MO, 1978).

Robert Calsyn, Joseph Pribyl, and Helen Sunukjian. Correlates of successful outcome in crisis intervention therapy. *American Journal of Community Psychology* 5: 111~119 (1977).

Gerald Caplan. *Principles of Preventive Psychiatry*. (Basic Books, New York, 1964).

Gerald Caplan. Recent developments in crisis intervention and the promotion of support service. *Journal of Primary Prevention* 10: 3~25 (1985).

Priscilla Dass-Brailsford. *A Practical Approach to Trauma*. (Sage Publications, Los Angeles, CA, 2007).

James L. Greenstone and Sharon C. Leviton. *Elements of Crisis Intervention: Crises and How to Respond to Them*, 3rd ed. (Brooks-Cole, Belmont, CA, 2011).

Charles Holahan and Rudolf Moos. Life stressors, resistance factors, and improved psychological functions: An extension of the stress resistance paradigm. *Journal of Personality and Sociopsychology* 58: 909~917(1990).

Gerald Jacobson. Programs and techniques of crisis intervention. Pp. 810~825, in *Child and Adolescent Psychiatry, Socioculture and Community Psychiatry*, ed. G. Caplan. (Basic Books, New York, 1974).

Gerald Jacobson. Crisis-oriented therapy. *Psychiatric Clinics of North America* 2, no. 1: 39~54 (1979).

Gerald Jacobson, Martin Strickler, and Wilbur Morley. Generic and individual approaches to crisis intervention. *American Journal of Public Health* 58: 338~343 (1968).

Richard James and Burt Gilliland. *Crisis Intervention Strategies*, 8th ed. (Cengage, Boston, 2016).

Erich Lindemann. *Beyond Grief: Studies in Crisis Intervention*. (Jason Aronson, New York, 1979).

Rick A. Myer. *Assessment for Crisis Intervention: A Triage Assessment Model*. (Brooks Cole, Belmont, CA, 2001).

Howard J. Parad, ed. *Crisis Intervention: Selective Readings*. (Family Service Association of America, New York, 1965).

Kenneth Yeager and Albert Roberts, eds. *Crisis Intervention Handbook: Assessment, Treatment, and Research*, 4th ed. (Oxford University Press, New York, 2015).

학술지 *Crisis: The Journal of Crisis Intervention and Suicide Prevention*. (Volumes 1~38, 1980~2017)에 게재된 논문들.

2장 핀란드와 소련의 전쟁

학술서는 주석에 수십 페이지를 할애하는 것이 일반적 관례이다. 주석은 독자에게 도서관에서 찾을 수 있는 전문적인 학술 논문과 그 밖의 자료를 알려주고, 책 내용에 대한 근거를 제시해주기 때문이다. 이런 점에서 내가 과거에 쓴 책(《제3의 침팬지》,《총, 균, 쇠》,《섹스의 진화》,《문명의 붕괴》,《역사학, 사회과학을 품다》)에는 주석이 필요했다. 그 책들에서는 대부분의 독자가 출처를 찾기 힘든 전문적인 주제—예컨대 종자가 큰 곡물의 신석기시대 분포와 그린란드 바이킹의 중세 쓰레기장에서 물고기 뼈가 발견되는 횟수—를 다룬 논문을 많이 참고했기 때문이다. 그러나 참고문헌을 자세히 소개하는 것은 책의 두께와 무게를 늘리고 책값을 인상하는 주된 이유가 되었다. 한 친구는 "재레드, 나는 자네 책을 좋아하지만 침대에 누워 자네 책을 읽으려면 너무 무거워서 목과 팔이 아플 지경이네. 다음에는 무게라도 좀 줄여주면 좋겠네"라고 불평하기도 했다.

따라서 지난번에 발표한《어제까지의 세계》는 주석과 참고문헌을 책 뒤에 덧붙이지 않고 온라인 웹사이트로 옮김으로써 두께와 무게 및 책값을 줄일 수 있었다. 덕분에 얼마나 많은 독자가 실제로 주석과 참고문헌을 참조하는지 확인할 수 있었다. 매년 전 세계에서 한두 명의 독자가 그 웹사이트를 방문할 뿐이었다.

따라서 이 책에서는 다른 방법을 시도해보려 한다. 독자가 실제로 찾아볼 수 있고 유용하다고 생각할 만한 참고문헌만 소개하는 방법이다. 여기에서 소개하는 참고문헌은 일반 도서관에서 어렵지 않게 구할 수 있다. 따라서 이 책에서 다루는 국가에 대해 더 깊이 알고 싶은 독자는 참고문헌에 소개한 대부분의 책을 쉽게 읽을 수 있을 것이다. 다음 책에는 참고문헌을 어떤 식으로 소개할지 방향을 정하기 위해 많은 독자가 각자 선호하는 방식을 나에게 편지로 알려주면 고맙겠다.

—

Seppo Hentilä, Markku Kuisma, Pertti Haapala, and Ohto Manninen. Finlandization for better and for worse. *Historical Journal/Historiallinen Aikakauskirja*. no. 2: 129~160 (1998).

Max Jakobson. *Finland Survived: An Account of the Finnish-Soviet Winter War 1939~1940*, 2nd ed. (Otava, Helsinki, 1984).

Eino Jutikkala and Kauko Pirinen. *A History of Finland*, 6th ed. (WS Bookwell Oy, Helsinki, 2003).

Sakari Jutila. *Finlandization for Finland and the World*. (European Research Association, Bloomington, IN, 1983).

Urho Kekkonen. *A President's View*. (Heinemann, London, 1982).

Tiina Kinnunen and Ville Kiviimäki, eds. *Finland in World War 2: History, Memory, Interpretations*. (Brill, Leiden, 2012).

Matti Klinge. *A Brief History of Finland*, 3rd ed. (Otava, Helsinki, 2000).

Walter Laqueur. *The Political Psychology of Appeasement: Finlandization and Other Unpopular Essays*. (Transaction Books, New Brunswick, NJ, 1980).

Ohto Manninen, Riitta Hjerppe, Juha-Antti Lamberg, Markku Kuisma, and Pirjo Markkola. Suomi—Finland. *Historical Journal/Historiallinen Aikakauskirja*. no. 2: 129~160 (1997).

George Maude. *The Finnish Dilemma: Neutrality in the Shadow of Power.* (Oxford University Press, London, 1976).

Johanna Rainio-Niemi. *The Ideological Cold War: The Politics of Neutrality in Austria and Finland*. (Routledge, New York, 2014).

Esko Salminen. *The Silenced Media: The Propaganda War between Russia and the West in Northern Europe.* (St. Martin's Press, New York, 1999).

William Trotter. *A Frozen Hell: The Russo-Finnish Winter War of 1939~1940.* (Algonquin Books, Chapel Hill, NC, 1991).

Steven Zaloga. *Gustaf Mannerheim*. (Osprey, Oxford, 2015).

---

https://www.sotasampo.fi/en/cemeteries/list 핀란드의 전몰자 공동묘지를 지역별로 총망라한 자료집으로, 매장된 병사와 행방불명된 병사의 수뿐 아니라 매장된 병사의 이름과 생년월일 그리고 출생지도 기록되어 있다.

www.sotasampo.fi 이 자료집에는 제2차 세계대전 기간 핀란드와 핀란드인에 대한 많은 정보가 실려 있다.

3장 현대 일본의 기원

Michael Auslin. *Negotiating with Imperialism: The Unequal Treaties and the*

Culture of Japanese Diplomacy. (Harvard University Press, Cambridge, MA, 2004).

W. G. Beasley. *The Japanese Experience: A Short History of Japan*. (University of California Press, Berkeley, 1999).

Daniel Botsman. *Punishment and Power in the Making of Modern Japan*. (Princeton University Press, Princeton, NJ, 2005).

Takashi Fujitani. *Splendid Monarchy: Power and Pageantry in Modern Japan*. (University of California Press, Berkeley, 1996).

Carol Gluck. *Japan's Modern Myths: Ideology in the Late Meiji Period*. (Princeton University Press, Princeton, NJ, 1985).

Robert Hellyer. *Defining Engagement: Japan and Global Contexts, 1640~1868*. (Harvard University Press, Cambridge, MA, 2009).

Marius Jansen. *Sakamoto Ryōma and the Meiji Restoration*. (Princeton University Press, Princeton, NJ, 1961).

Donald Keene. *Emperor of Japan: Meiji and His World, 1852~1912*. (Columbia University Press, New York, 2002).

Kyu Hyun Kim. *The Age of Visions and Arguments: Parliamentarianism and the National Public Sphere in Early Meiji Japan*. (Harvard University Press, Cambridge, MA, 2007).

Hyoson Kiryaku. *Drifting Toward the Southeast: The Story of Five Japanese Castaways*. (Spinner, New Bedford, MA, 2003).

Ernest Satow. *A Diplomat in Japan*. (Seeley Service, London, 1921).

Ronald Toby. *State and Diplomacy in Early Modern Japan: Asia in the Development of the Tokugawa Bakufu*. (Princeton University Press, Princeton, NJ, 1984).

James White. State building and modernization: The Meiji Restoration. Pp. 499~559, in *Crisis, Choice and Change: Historical Studies of Political Development*, ed. G. A. Almond, S. C. Flanagan, and R. J. Mundt. (Little, Brown, Boston, 1973).

4장 모든 칠레인을 위한 칠레

Patricio Aylwin Azócar. *El Reencuentro de los Demócratas: Del Golpe al Triunfo del No*. (Ediciones Grupo Zeta, Santiago, 1998).

Edgardo Boeninger. *Democracia en Chile: Lecciones para la Gobernabilidad*. (Editorial Andres Bello, Santiago, 1997).

Erica Chenoweth and Maria Stephan. *Why Civil Resistance Works: The Strategic Logic of Nonviolent Conflict*. (Columbia University Press, New York, 2011).

Simon Collier and William Sater. *A History of Chile, 1808~1994*. (Cambridge University Press, Cambridge, 1996).

Pamela Constable and Arturo Valenzuela. *A Nation of Enemies: Chile under Pinochet*. (Norton, New York, 1991).

Sebastian Edwards. *Left Behind: Latin America and the False Promise of Populism*. (University of Chicago Press, Chicago, 2010).

Carlos Huneeus. *El Régimen de Pinochet*. (Editorial Sudamericana Chilena, Santiago, 2000).

Peter Kronbluh. *The Pinochet File: A Declassified Dossier on Atrocity and Accountability*. (New Press, New York, 2013).

Thomas Skidmore, Peter Smith, and James Green. Chapter 10. Chile: Repression and democracy. Pp. 268~295, in *Modern Latin America*, 8th ed. (Oxford University Press, Oxford, 2014).

Arturo Valenzuela. Chile. Pp. 1~133, in *The Breakdown of Democratic Regimes*, ed. Juan Linz and Alfred Stepan. (Johns Hopkins University Press, Baltimore, 1978).

Stefan de Vylder. *Allende's Chile: The Political Economy of the Rise and Fall of the Unidad Popular*. (Cambridge University Press, Cambridge, 1976).

Edwin Williamson. Chapter 4. Chile: Democracy, revolution and dictatorship. Pp. 485~510, in *The Penguin History of Latin America, rev. ed*. (Penguin, London, 2009).

5장 인도네시아: 신생국가의 탄생

Benedict Anderson. *Java in a Time of Revolution*. (Cornell University Press, Ithaca, NY, 1972).

Edward Aspinall. *Opposing Suharto: Compromise, Resistance, and Regime Change in Indonesia*. (Stanford University Press, Stanford, CA, 2005).

Harold Crouch. *The Army and Politics in Indonesia*, rev. ed. (Cornell University Press, Ithaca, NY, 1988).

Harold Crouch. *Political Reform in Indonesia after Soeharto*. (Institute of Southeast Asia Studies, Singapore, 2010).

R. E. Elson. *Suharto: A Political Biography*. (Cambridge University Press, Cambridge, 2001).

R. E. Elson. *The Idea of Indonesia: A History*. (Cambridge University Press, Cambridge, 2008).

Herbert Feith. *The Decline of Constitutional Democracy in Indonesia*. (Cornell University Press, Ithaca, NY, 1962).

George Kahin. *Nationalism and Revolution in Indonesia*. (Cornell University Press, Ithaca, NY, 1970).

George Kahin and Audrey Kahin. *Subversion as Foreign Policy: The Secret Eisenhower and Dulles Debacle in Indonesia*. (New Press, New York, 1995).

J. D. Legge. *Sukarno: A Political Biography*. 3rd ed. (Archipelago Press, Singapore, 2003).

Daniel Lev. *The Transition to Guided Democracy: Indonesian Politics 1957~1959*. (Cornell University Press, Ithaca, NY, 1966).

Katharine McGregor. *History in Uniform: Military Ideology and the Construction of Indonesia's Past*. (NUS Press, Singapore, 2007).

Joshua Oppenheimer. *The Act of Killing*. (2012). [Documentary film].

Joshua Oppenheimer. *The Look of Silence*. (2014). [Documentary film].

Elizabeth Pisani. *Indonesia etc.: Exploring the Improbable Nation*. (Norton, New York, 2014).

M. C. Ricklefs. *A History of Modern Indonesia*. (Macmillan Education, London, 1981).

Geoffrey Robinson. *The Dark Side of Paradise: Political Violence in Bali*. (Cornell University Press, Ithaca, NY, 1995).

Geoffrey Robinson. *If You Leave Us Here, We Will Die: How Genocide Was Stopped in East Timor*. (Princeton University Press, Princeton, NJ, 2010).

Geoffrey Robinson. *The Killing Season: A History of the Indonesian Massacres, 1965~1966*. (Princeton University Press, Princeton, NJ, 2018).

John Roosa. *Pretext for Mass Murder: The September 30th Movement and Suharto's Coup d'État in Indonesia*. (University of Wisconsin Press, Madison, 2006).

J. Sidel. *Riots, Pogroms, Jihad: Religious Violence in Indonesia*. (Cornell University Press, Ithaca, NY, 2006).

Bradley Simpson. *Economists with Guns: Authoritarian Development and U.S.–Indonesian Relations, 1960~1968*. (Stanford University Press, Stanford, CA, 2008).

6장 독일의 재건

Neal Bascomb. *Hunting Eichmann*. (Mariner, Boston, 2010).

Jillian Becker. *Hitler's Children: The Story of the Baader-Meinhof Terrorist Gang*, 3rd ed. (Pickwick, London, 1989).

Gordon Craig. *The Germans*. (Putnam, New York, 1982).

Norbert Frei. *1968: Jugendrevolte und Globaler Protest*. (Deutscher Taschenbuch Verlag, München, 2008).

Ulrich Herbert, ed. *Wandlungsprozesse in Westdeutschland*. (Wallstein, Göttingen, 2002).

Ulrich Herbert. *Geschichte Deutschlands im 20. Jahrhundert*. (C. H. Beck, München, 2014).

Michael Hughes. *Shouldering the Burden of Defeat: West Germany and the*

Reconstruction of Social Justice. (University of North Carolina Press, Chapel Hill, 1999).

Peter Merseburger. *Willy Brandt 1913~1992: Visionär und Realist*. (Deutsche Verlags, Stuttgart, 2002).

Hans-Joachim Noack. *Willy Brandt: Ein Leben, ein Jahrhundert*. (Rowohlt, Berlin, 2013).

Andreas Rödder. *Die Bundesrepublik Deutschland 1969~1990*. (Oldenbourg, München, 2004).

Axel Schildt. *Die Sozialgeschichte der Bundesrepublik Deutschland bis 1989/1990*. (Oldenbourg, München, 2007).

Hanna Schissler, ed. *The Miracle Years*. (Princeton University Press, Princeton, NJ, 2001).

Gregor Schöllgen. *Willy Brandt: Die Biographie*. (Propyläen, Berlin, 2001).

Edith Sheffer. *Burned Bridge: How East and West Germans Made the Iron Curtain*. (Oxford University Press, Oxford, 2011).

Nathan Stoltzfus and Henry Friedlander, eds. *Nazi Crimes and the Law*. (Cambridge University Press, Cambridge, 2008).

Nikolaus Wachsmann. *KL: A History of the Nazi Concentration Camps*. (Farrar, Straus and Giroux, New York, 2015).

Hans-Ulrich Wehler. *Deutsche Gesellschaftsgeschichte*, vol. 5: *Bundesrepublik und DDR 1949~1990*. (C. H. Beck, München, 2008).

Harald Welzer, Sabine Moller, and Karoline Tschuggnall. *Opa war kein Nazi: Nationalsozialismus und Holocaust im Familiengedächtnis*. (Fischer, Frankfurt, 2002).

Irmtrud Wojak. *Fritz Bauer 1903~1968*. (C. H. Beck, München, 2011).

Alexei Yurchak. *Everything Was Forever, Until It Was No More: The Last Soviet Generation*. (Princeton University Press, Princeton, NJ, 2006).

7장 오스트레일리아: 우리는 누구인가?

Peter Brune. *A Bastard of a Place: The Australians in Papua*. (Allen & Unwin, Crows Nest, Australia, 2003).

Anthony Burke. *Fear of Security: Australia's Invasion Anxiety*. (Cambridge University Press, Cambridge, 2001).

James Curran and Stuart Ward. *The Unknown Nation: Australia after Empire*. (Melbourne University Press, Carlton South, Australia, 2010).

Peter Edwards. *Crises and Commitments: The Politics and Diplomacy of Australia's Involvement in Southeast Asian Conflicts 1948~1965*. (Allen & Unwin, North Sydney, Australia, 1992).

Marilyn Lake. British world or new world? *History Australia* 10, no. 3: 36~50 (2013).

Stuart Macintyre. *A Concise History of Australia*, 4th ed. (Cambridge University Press, Port Melbourne, Australia, 2016).

Neville Meaney. The end of "white Australia" and Australia's changing perceptions of Asia, 1945~1990. *Australian Journal of International Affairs* 49, no. 2: 171~189 (1995).

Neville Meaney. Britishness and Australia: Some reflections. *Journal of Imperial and Commonwealth History* 31, no. 2: 121~135 (2003).

Mark Peel and Christina Twomey. *A History of Australia*. (Palgrave Macmillan, Houndmills, UK, 2011).

Deryck Schreuder and Stuart Ward, ed. *Australia's Empire*. (Oxford University Press, Oxford, 2008).

Gwenda Tavan. The dismantling of the White Australia policy: Elite conspiracy or will of the Australian people? *Australian Journal of Political Science* 39, no. 1: 109~125 (2004).

David Walker. *Anxious Nation: Australia and the Rise of Asia 1850~1939*. (University of Queensland Press, St. Lucia, Australia, 1999).

Stuart Ward. *Australia and the British Embrace: The Demise of the Imperial*

Ideal. (Melbourne University Press, Carlton South, Australia, 2001).

Frank Welsh. *Australia: A New History of the Great Southern Land*. (Overlook, New York, 2004).

8장 장래에 일본이 해결해야 할 과제는?

W. G. Beasley. *The Japanese Experience: A Short History of Japan*. (University of California Press, Berkeley, 1999).

Ian Buruma. *The Wages of Guilt: Memories of War in Germany and Japan*. (Farrar, Straus and Giroux, New York, 1994).

John Dower. *Embracing Defeat: Japan in the Wake of World War Two*. (Norton, New York, 1999).

Eri Hotta. *Japan 1941: Countdown to Infamy*. (Knopf, New York, 2013).

McKinsey Global Institute. *The Future of Japan: Reigniting Productivity and Growth*. (McKinsey, Tokyo, 2015).

David Pilling. *Bending Adversity: Japan and the Art of Survival*. (Penguin, London, 2014).

Frances McCall Rosenblugh, ed. *The Political Economy of Japan's Low Fertility*. (Stanford University Press, Stanford, CA, 2007).

Sven Steinmo. *The Evolution of Modern States: Sweden, Japan, and the United States*. (Cambridge University Press, Cambridge, 2010).

N. O. Tsuia and L. S. Bumpass, eds. *Marriage, Work, and Family Life in Comparative Perspective: Japan, South Korea, and the United States*. (University of Hawaii Press, Honolulu, 2004).

Lee Kuan Yew. *From Third World to First: The Singapore Story: 1964~2000*. (HarperCollins, New York, 2000).

9장과 10장 장래에 미국이 해결해야 할 과제는?

Larry Bartels. *Unequal Democracy: The Political Economy of the New Gilded Age*, 2nd ed. (Princeton University Press, Princeton, NJ, 2016).

Ari Berman. *The Modern Struggle for Voting Rights in America*. (Farrar, Straus and Giroux, New York, 2015).

Joseph Califano, Jr. *Our Damaged Democracy: We the People Must Act*. (Touchstone, New York, 2018).

Tim Flannery. *The Eternal Frontier: An Ecological History of North America and Its Peoples*. (Text, Melbourne, 2001).

Howard Friedman. *The Measure of a Nation: How to Regain America's Competitive Edge and Boost Our Global Standing*. (Prometheus, New York, 2012).

Al Gore. *The Assault on Reason*. (Penguin, New York, 2017).

Steven Hill. *Fixing Elections: The Failure of America's Winner Take All Politics*. (Routledge, New York, 2002).

Robert Kaplan. *Earning the Rockies: How Geography Shapes America's Role in the World*. (Random House, New York, 2017).

Jill Lepore. *These Truths: A History of the United States*. (Norton, New York, 2018).

Steven Levitsky and Daniel Ziblatt. *How Democracies Die: What History Reveals about Our Future*. (Crown, New York, 2018).

Thomas Mann and Norman Ornstein. *It's Even Worse than It Looks: How the American Constitution System Collided with the New Politics of Extremists*. (Basic Books, New York, 2012).

Chris Matthews. *Tip and the Gipper: When Politics Worked*. (Simon & Schuster, New York, 2013).

Yascha Mounk. *The People vs. Democracy: Why Our Freedom Is in Danger and How to Save It*. (Harvard University Press, Cambridge, MA, 2018).

Robert Putnam. *Bowling Alone: The Collapse and Revival of American Community*. (Simon & Schuster, New York, 2000).

Joseph Stiglitz. *The Price of Inequality: How Today's Divided Society Endangers Our Future*. (Norton, New York, 2012).

Sherry Turkle. *Reclaiming Conversation: The Power of Talk in a Digital Age*. (Penguin, New York, 2015).

11장 장래에 세계가 해결해야 할 과제는?

Scott Barrett. *Environment and Statecraft: The Strategy of Environmental Treaty-making*. (Oxford University Press, Oxford, 2005).

Scott Barrett. *Why Cooperate? The Incentive to Supply Global Public Goods*. (Oxford University Press, Oxford, 2007).

Nick Bostrom and Milan Cirkovic, eds. *Global Catastrophic Risks*. (Oxford University Press, Oxford, 2011).

Jared Diamond. *Collapse: How Societies Choose to Fail or Succeed*. (Viking Penguin, New York, 2005).

Tim Flannery. *Atmosphere of Hope: Searching for Solutions to the Climate Crisis*. (Atlantic Monthly Press, New York, 2015).

Clive Hamilton. *Earthmasters: The Dawn of the Age of Climate Engineering*. (Yale University Press, New Haven, CT, 2013).

Michael T. Klare. *The Race for What's Left: The Global Scramble for the World's Last Resources*. (Metropolitan Books, New York, 2012).

Fred Pearce. *Confessions of an Eco-sinner: Tracking Down the Sources of My Stuff*. (Beacon Press, Boston, 2008).

William Perry. *My Journey at the Nuclear Brink*. (Stanford University Press, Stanford, CA, 2015).

Laurence Smith. *The World in 2050: Four Forces Facing Civilization's Northern Future*. (Dutton Penguin Group, New York, 2010).

Richard Wilkinson and Kate Pickett. *The Spirit Level: Why More Equal Societies Almost Always Do Better*. (Allen Lane, London, 2009).

에필로그: 교훈과 남는 의문 그리고 미래 전망

Thomas Carlyle. *On Heroes, Hero-Worship, and the Hero in History*. (James

Fraser, London, 1841).

Jared Diamond and James Robinson, eds. *Natural Experiments of History.* (Harvard University Press, Cambridge, MA, 2010).

Geert Hofstede. *Culture's Consequences: International Differences in Work-Related Values.* (Sage, Beverly Hills, 1980).

Geert Hofstede, Gert Jan Hofstede, and Michael Minkov. *Cultures and Organizations: Software of the Mind.* (McGraw Hill, New York, 2010).

Ronald Inglehart. *Modernization and Postmodernization: Cultural, Economic, and Political Change in 43 Societies.* (Princeton University Press, Princeton, NJ, 1997).

Benjamin Jones and Benjamin Olken. Do leaders matter? National leadership and growth since World War II. *Quarterly Journal of Economics* 120, no. 3: 835~864 (2005).

Benjamin Jones and Benjamin Olken. Hit or miss? The effect of assassinations on institutions and war. *American Economic Journal: Macroeconomics* 1/2: 55~87 (2009).

Michael Minkov. *What Makes Us Different and Similar: A New Interpretation of the World Values Survey and Other Cross- Cultural Data.* (Klasika I Stil, Sofia, Bulgaria, 2007).

Thucydides. *The Peloponnesian War.* Steven Lattimore, translator. (Hackett, Indianapolis, IN, 1988).

Leo Tolstoy. *War and Peace.* Ann Dunnigan, translator. (New American Library, New York, 1968).

이미지 저작자

0.1: AP Photo

2.1: Courtesy of Alexander Stielau

2.2: History Photo Collection, National Board of Antiquities Collections, Helsinki

2.3: E. J. Reinikainen, National Board of Antiquities Collections, Helsinki

2.4: Courtesy of St. Petersburg Travel Guide, www.guidetopetersburg.com

2.5: History Photo Collection, National Board of Antiquities Collections, Helsinki

2.6: Library of Congress LC-DIG-ppmsca-18369

2.7: History Photo Collection, National Board of Antiquities Collections, Helsinki

3.1: Wikimedia

3.2: Library of Congress LC-USZ62-110249

3.3: Takeo City Library and Historical Museum

3.4: Courtesy of Getty's Open Content Program

3.5: Waseda University Archive

3.6: Bain News Service, Library of Congress LC-DIG-ggbain-38442

3.7: Photo by Underwood & Underwood, Library of Congress LC-USZC2-6353

3.8: Courtesy of the Print Department of the National Library of Russia

3.9: © SZ Photo / Scherl / The Image Works

4.1: Estate of Naúl Ojeda

4.2: Naval History & Heritage Command: Photographic Section, Naval Subjects Collection, L-53-41-1

4.3: © Chas Gerretsen, Nederlands Fotomuseum, Rotterdam

4.4: © Chas Gerretsen, Nederlands Fotomuseum, Rotterdam

4.5: Antonio Larrea / Fundacion Victor Jara

4.6: © Julio Etchart

4.7: © Rickey Rogers / Reuters Pictures

5.1: Historic Images, Inc. Press handout

5.2: Historic Images, Inc. Source unknown

5.3: State Secretariat of the Republic of Indonesia

5.4: Bettmann / Getty Images

5.5: © Hans Tanawi

5.6: Gunawan Kartapranata, CC Attribution-Share Alike 3.0 Unported License

5.7: Courtesy of Muhamad Taufiq Hidayat

6.1: U.S. Army Center for Military History

6.2: Courtesy of www.b24.net

6.3: U.S. Information Agency / National Archives & Records Administration (NARA)

6.4: © Barbara Klemm

6.5: © 51/1970 Der Spiegel

6.6: National Digital Archives of Poland(NAC)

7.1: © Johncarnemolla / Dreamstime

7.2: From the collection of the National Archives of Australia

7.3: Leonard Zhukovsky / Shutterstock.com

7.4: Lachlan Fearnley, Wikimedia CC Attribution-Share Alike 3.0 Unported license; Edward Orde, Wikimedia CC Attribution-Share Alike 4.0 International license

7.5: National Archives and Records Administration, NAID 533108

7.6: Australian War Memorial

7.7: Source unknown

7.8: Australian War Memorial

7.9: From the collection of the National Archives of Australia

7.10: Knödelbaum, Wikipedia, Creative Commons Attribution-Share Alike 3.0 Unported license

9.1: U.S. Navy photo by Mass Communication Specialist 2nd Class Ernest R. Scott / Released

9.2: © Tyler Olson / Shutterstock.com

9.3: Courtesy of the Port of Los Angeles

9.4: Bob Nichols / United States Department of Agriculture(USDA)

9.5: Lyndon Baines Johnson Library photo by Frank Wolfe / NARA

9.6: Courtesy of Alan Chevat

9.7: Thomas Edison National Historical Park

9.8: © Jim Harrison

9.9: Courtesy Ronald Reagan Library / NARA

9.10: Strom Thurmond Collection, Special Collections & Archives, Clemson University

9.11: Republished with permission of National Journal Group, Inc., from *National Journal*, March 30: 2012; permission conveyed through Copyright Clearance Center, Inc.

10.1: AP Photo / Paul Sakuma

10.2: Courtesy of Larry Hall

11.1: U.S. Department of Defense

도판 1: Matt Zebrowski

도판 2: Matt Zebrowski

도판 3: Matt Zebrowski

도판 4: Matt Zebrowski

도판 5: Matt Zebrowski

도판 6: Matt Zebrowski

도판 7: Matt Zebrowski

도판 8: Matt Zebrowski

표 3: Matt Zebrowski

찾아보기

ㅅ

ㅇ

ㅋ

ㅌ

ㅍ

ㅎ

UPHEAVAL

JARED DIAMOND